TEORIA MICROECONÔMICA

PRINCÍPIOS BÁSICOS E APLICAÇÕES

Dados Internacionais de Catalogação na Publicação (CIP)

N624t   Nicholson, Walter.
          Teoria microeconômica : princípios básicos e aplicações / Walter Nicholson, Christopher Snyder ; revisão técnica Galo Carlos Lopez Noriega, Márcio Issao Nakane ; tradução Noveritis do Brasil. – São Paulo, SP : Cengage, 2018.
          432 p. : il. ; 26 cm.

          Inclui bibliografia, índice e glossário.
          Tradução de: Microeconomic theory (12. ed.).
          ISBN 978-85-221-2702-3

          1. Microeconomia. I. Snyder, Christopher. II. Noriega, Galo Carlos Lopez. III. Nakane, Márcio Issao. IV. Título.

CDU 330.101.542   CDD 338.5

Índice para catálogo sistemático:
1. Microeconomia   330.101.542
(Bibliotecária responsável: Sabrina Leal Araujo – CRB 10/1507)

TEORIA MICROECONÔMICA

PRINCÍPIOS BÁSICOS E APLICAÇÕES

TRADUÇÃO DA 12ª EDIÇÃO NORTE-AMERICANA

Walter Nicholson
e Christopher Snyder

Revisão técnica
Galo Carlos Lopez Noriega
Mestre em Engenharia pela Escola Politécnica da Universidade de São Paulo (USP), gestor de Novos Negócios da Fundação Instituto de Pesquisas Contábeis, Atuariais e Financeiras (Fipecafi). Consultor nas áreas de pesquisa operacional, análise multivariada, métodos quantitativos, modelagem e estatística aplicada e docente da Fundação Instituto de Administração (FIA), Ibmec, Business School São Paulo (BSP), Insper e Saint Paul em programas de MBA, atuando em cursos abertos e corporativos, nas áreas de métodos quantitativos para decisão, econometria, gestão de processos, estatística aplicada, pesquisa operacional, tomada de decisão e processo decisório.

Márcio Issao Nakane
Professor Doutor do Departamento de Economia da Universidade de São Paulo (USP). Mestre em Economia pela Faculdade de Economia, Administração e Contabilidade da Universidade de São Paulo (USP) e Doutor (D.Phil.) em Economia pela Universidade de Oxford. Possui publicações em periódicos e capítulos de livros tanto no Brasil como no exterior nas áreas de macroeconomia, economia monetária, economia bancária, organização industrial e economia dos esportes. Foi analista do Departamento de Estudos e Pesquisas do Banco Central do Brasil, consultor na Tendências Consultoria Integrada e Coordenador do Índice de Preços ao Consumidor da FIPE (Fundação Instituto de Pesquisas Econômicas).

Tradução
Noveritis do Brasil

Austrália • Brasil • México • Cingapura • Reino Unido • Estados Unidos

Teoria microeconômica: princípios básicos e aplicações
Tradução da 12ª edição norte-americana
1ª edição brasileira
Walter Nicholson e Christopher Snyder

Gerente editorial: Noelma Brocanelli

Editora de desenvolvimento: Viviane Akemi Uemura

Supervisora de produção gráfica: Fabiana Alencar Albuquerque

Revisão técnica: Galo Carlos Lopez Noriega e Márcio Issao Nakane

Revisão: Raquel Benchimol de Oliveira Rosenthal, Daniela Paula Bertolino Pita e Setsuko Araki

Diagramação: Alfredo Carracedo Castillo

Indexação: Casa Editorial Maluhy

Capa: BuonoDisegno

Imagem da capa: Antishock/Shutterstock

© 2019 Cengage Learning Edições Ltda.

Todos os direitos reservados. Nenhuma parte deste livro poderá ser reproduzida, sejam quais forem os meios empregados, sem a permissão por escrito da Editora. Aos infratores aplicam-se as sanções previstas nos artigos 102, 104, 106, 107 da Lei nº 9.610, de 19 de fevereiro de 1998.

Esta editora empenhou-se em contatar os responsáveis pelos direitos autorais de todas as imagens e de outros materiais utilizados neste livro. Se porventura for constatada a omissão involuntária na identificação de algum deles, dispomo-nos a efetuar, futuramente, os possíveis acertos.

A Editora não se responsabiliza pelo funcionamento dos *links* contidos neste livro que possam estar suspensos.

> Para informações sobre nossos produtos, entre em contato pelo telefone
> **800 11 19 39**
> Para permissão de uso de material desta obra, envie seu pedido para
> **direitosautorais@cengage.com**

© 2019 Cengage Learning. Todos os direitos reservados.

ISBN 13: 978-85-221-2702-3
ISBN 10: 85-221-2702-6

Cengage Learning
Condomínio E-Business Park
Rua Werner Siemens, 111 – Prédio 11 – Torre A – Conjunto 12
Lapa de Baixo – CEP 05069-900 – São Paulo – SP
Tel.: (11) 3665-9900 Fax: 3665-9901
SAC: 0800 11 19 39
Para suas soluções de curso e aprendizado, visite
www.cengage.com.br

Impresso no Brasil
Printed in Brazil
1ª impressão – 2018

Walter: Para Beth, Sarah, David, Sophia, Abby, Nate, Christopher e Ava

Christopher: Para Maura

Sumário

PARTE UM   **INTRODUÇÃO**

CAPÍTULO 1
Modelos econômicos 1
Modelos teóricos 1
Verificação de modelos econômicos 2
Características gerais de modelos econômicos 3
Estrutura de modelos econômicos 4
Desenvolvimento da teoria econômica do valor 7
Desenvolvimentos modernos 16
   Resumo 17

CAPÍTULO 2
Matemática para microeconomia 19
Maximização de uma função de uma variável 19
Funções de diversas variáveis 24
Maximização de funções de várias variáveis 33
Teorema do envelope 35
Maximização condicionada 39
Teorema do envelope em problemas de maximização condicionada 45
Restrições de desigualdade 46
Condições de segunda ordem e curvatura 48
Funções homogêneas 56
Integração 59
Otimização dinâmica 65
Estatística matemática 69
   Resumo 79
   Problemas 80

PARTE DOIS   **ESCOLHA E DEMANDA**

CAPÍTULO 3
Preferências e utilidade 85
Axiomas de escolha racional 85
Utilidade 86
Trocas e substituição 89
A matemática da curvas de indiferença 95

Funções utilidade para preferências específicas 98

Caso de muitos bens 102

   Resumo 103

   Problemas 104

CAPÍTULO 4
Maximização da utilidade e escolha 109

Levantamento inicial 110

O caso de dois bens: análise gráfica 111

Caso de n bens 114

Função da utilidade indireta 121

Princípio do *Lump Sum* 122

Minimização do dispêndio 124

Propriedades das funções dispêndio 127

   Resumo 129

   Problemas 129

CAPÍTULO 5
Efeitos de renda e substituição 133

Funções demanda 133

Variações na renda 135

Variações no preço de um bem 137

A curva de demanda individual 140

Curvas e funções de demanda compensadas (Hicksiana) 144

Desenvolvimento matemático da resposta às variações de preço 148

Elasticidades da demanda 151

Excedente do consumidor 158

Preferência revelada e o efeito substituição 163

   Resumo 165

   Problemas 166

PARTE TRÊS — PRODUÇÃO E OFERTA

CAPÍTULO 6
Funções de produção 171

Produtividade marginal 171

Mapas de isoquantas e a taxa de substituição técnica 174

Rendimentos de escala 178

Elasticidade de substituição 182

Quatro funções de produção simples 184

Progresso técnico 189

   Resumo 192

   Problemas 193

CAPÍTULO 7
Funções de custo 197

Definições de custos 197

Relacionamento entre maximização de lucro e minimização de custo 199

Escolhas de insumos para a minimização de custos 200

Funções custo 206

Deslocamentos em curvas de custo 210

Distinção de curto e longo prazo 221

    Resumo 229

    Problemas 230

CAPÍTULO 8
Maximização de lucro 233

A natureza e o comportamento das empresas 233

Maximização de lucro 235

Receita marginal 237

Oferta de curto prazo por uma empresa tomadora de preço 242

Funções de lucro 246

Maximização de lucro e demanda por insumo 252

    Resumo 258

    Problemas 259

PARTE QUATRO — MERCADOS COMPETITIVOS

CAPÍTULO 9
O modelo competitivo de equilíbrio parcial 265

Demanda de mercado 265

Tempo da resposta da oferta 269

Precificação no curtíssimo prazo 269

Determinação do preço de curto prazo 270

Deslocamentos nas curvas de oferta e de demanda: uma análise gráfica 275

Um modelo de estática comparativa do equilíbrio de mercado 278

Análise de longo prazo 281

Equilíbrio de longo prazo: caso do custo constante 282

Forma da curva de oferta de longo prazo 285

Elasticidade de oferta de longo prazo 288

Análise estática comparativa do equilíbrio de longo prazo 289

Excedente do produtor no longo prazo 292

Eficiência econômica e análise de bem-estar aplicado 295

Controles de preço e escassez 298

Análise de incidência tributária 299

    Resumo 304

    Problemas 305

CAPÍTULO 10
Equilíbrio geral e bem-estar 311

Sistema de preços perfeitamente competitivo 311

Modelo gráfico do equilíbrio geral com dois bens 312

Análise estática comparativa 322

Modelagem de equilíbrio geral e preços de fatores 325

Modelo matemático de troca 326

Modelo matemático de produção e troca 337

Modelos de equilíbrio geral computável 341

    Resumo 345

    Problemas 345

PARTE CINCO — PRECIFICAÇÃO EM MERCADO DE INSUMOS

CAPÍTULO 11
Mercados de trabalho 351

Alocação de tempo 351

Análise matemática da oferta de trabalho 354

Curva de oferta de trabalho de mercado 359

Equilíbrio no mercado de trabalho 359

Variação no salário 361

Monopsônio no mercado de trabalho 366

Sindicatos 369

    Resumo 372

    Problemas 373

CAPÍTULO 12
Capital e tempo 377

Capital e a taxa de retorno 377

Determinação da taxa de retorno 379

Preço de ativos arriscados 387

Demanda da empresa por capital 388

Critério de valor presente descontado 390

Preço de recurso natural 395

    Resumo 398

    Problemas 398

Glossário 403

Índice remissivo 409

Prefácio

A 12ª edição de *Teoria microeconômica: princípios básicos e aplicações* continua sendo uma colaboração bem-sucedida entres os autores, iniciada na 10ª edição. Esta edição representa o esforço de continuar refinando e modernizando nosso tratamento da teoria microeconômica. Apesar das diferenças significativas visíveis em cada capítulo, o texto mantém todos os elementos que garantiram seu sucesso por tantas edições. A abordagem básica é atentar para o desenvolvimento da intuição sobre modelos econômicos, enquanto proporciona aos estudantes as ferramentas matemáticas necessárias para se aprofundarem em seus estudos. O texto também busca facilitar essa conexão ao fornecer muitos exemplos numéricos, problemas avançados e discussões extensas de implementação empírica – todos os quais pretendem mostrar aos estudantes como a teoria microeconômica é usada hoje. Novos desenvolvimentos continuam a manter o campo interessante, e esperamos que esta edição consiga capturar este interesse.

DESTAQUES

Observamos com novas lentes cada capítulo para assegurar que eles continuam fazendo uma cobertura clara e atualizada de todos os temas examinados. As maiores revisões incluem as seguintes:

- Muitos dos temas em nosso capítulo de introdução sobre Matemática (Capítulo 2) foram revistos para se adaptarem aos métodos encontrados na literatura econômica recente. O capítulo apresenta material significativo sobre análise estática comparativa (incluindo o uso da regra de Cramer) e sobre a interpretação do teorema do envelope.
- No Capítulo 7 há passagens que ajudam a esclarecer as principais fontes de confusão entre estudantes com relação às diferentes categorias de custos – econômico e contábil, fixo e irrecuperável (afundado), e assim por diante – ilustradas com exemplos de indústrias reais.
- Nossa discussão da estática comparativa do modelo competitivo no Capítulo 9 usa material matemático exibido no Capítulo 2.
- O Capítulo 12 contém material sobre capital, com uma análise das decisões de poupança quando há incerteza. O conceito do fator de desconto estocástico é introduzido e usado para descrever diversas questões na teoria moderna de finanças.
- A discussão sobre economia comportamental possui inúmeras referências adicionais em todos os capítulos relevantes. Problemas de economia comportamental estão presentes nos capítulos 4, 5 e 12.

Muitos problemas têm por objetivo ampliar o foco naqueles que ajudarão a desenvolver sua capacidade analítica.

RECURSOS *ON-LINE*

Teoria microeconômica possui material disponível para alunos e professores. Para os alunos, há Aplicações, Sugestões de leituras complementares, Respostas breves às perguntas e Soluções dos problemas ímpares (todos em português). Para os professores, além do material disponibilizado aos alunos, arquivos de PowerPoint® e o Manual de Soluções (em inglês).

Todos os recursos *on-line* estão disponíveis para *download* na página do livro, no *site* da Cengage.

AGRADECIMENTOS

Devemos muito à equipe da Cengage, particularmente à Anita Verma, por manter todas as partes desta nova edição caminhando dentro do prazo esperado. Os editores da Lumina Datamatics, Inc. fizeram um excelente trabalho ao dar sentido a nossos manuscritos confusos. Joseph Malcolm coordenou a edição e supervisionou a produção de provas de página, lidando de forma experiente com muitos dos problemas técnicos que surgem na passagem do texto para equações impressas. Apreciamos muito a sua atenção às complexidades deste processo e somos gratos por seu profissionalismo e disposição para o trabalho.

Agradecemos nossos colegas no Amherst College e Dartmouth College pelas conversas e compreensão valiosas. Vários colegas que usaram este livro para seus cursos ofereceram sugestões detalhadas para revisão. Também nos beneficiamos das reações de gerações de estudantes ao uso do livro em nossos cursos de microeconomia. No decorrer dos anos, os estudantes Eric Budish, Adrian Dillon, David Macoy, Tatyana Mamut, Anoop Menon, Katie Merrill, Jordan Milev e Doug Norton, de Amherst, e Wills Begor, Paulina Karpis, Glynnis Kearny e Henry Senkfor, de Dartmouth, trabalharam conosco na revisão dos capítulos.

Walter agradece novamente sua esposa, Susan; depois de oferecer apoio muito valioso durante as vinte e quatro edições dos livros de microeconomia, ela fica feliz com seu sucesso, mas segue duvidando de sua sanidade. Os filhos de Walter (Kate, David, Tory e Paul) ainda parecem estar vivendo vidas felizes e produtivas, apesar da falta de uma educação rígida em microeconomia. Talvez isso possa ser corrigido enquanto a próxima geração envelhece. Pelo menos ele espera que eles queiram saber do que tratam os livros dedicados a eles. Ele está agora oferecendo um prêmio para o primeiro que ler o livro inteiro.

Chris oferece seu agradecimento especial à sua família – sua esposa, Maura Doyle, e suas filhas, Clare, Tess e Meg – pela paciência durante o processo de revisão. Maura tem extensa experiência com o uso deste livro em seus conhecidos cursos de microeconomia no Dartmouth College e tem sido uma fonte valiosa de sugestões refletidas nesta revisão.

Talvez nossa maior dívida seja com os instrutores que adotam nosso livro, que compartilham uma visão semelhante de como a microeconomia deve ser ensinada. Agradecemos as sugestões que professores e alunos dividiram conosco no decorrer desses anos. Devemos uma menção especial a esse respeito para Genevieve Briand, Ramez Guirguis, Ron Harstad, Bradley Ruffle e Adriaan Soetevent, que ofereceram comentários detalhados e perspicazes à edição anterior. Encorajamos professores e estudantes a continuarem nos enviando *e-mails* com quaisquer comentários sobre o livro no endereço wenicholson@amherst.edu ou chris.snyder@dartmouth.edu.

Walter Nicholson Amherst, Massachusetts
Christopher Snyder Hanover, New Hampshire
Junho de 2016

Sobre os autores

Walter Nicholson é professor de Economia *Ward H. Patton* (Emérito) no Amherst College. Ele concluiu o Bacharelado em Matemática no Williams College e o Doutorado em Economia no Instituto de Tecnologia de Massachusetts (MIT). Os principais interesses de pesquisa do professor Nicholson estão na análise econométrica de problemas do mercado de trabalho, incluindo o bem-estar social, o desemprego e o impacto do comércio internacional. Por muitos anos, ele foi Pesquisador Sênior na Mathematica, Inc. e serviu como consultor dos governos canadense e norte-americano. Ele e sua esposa, Susan, moram em Naples, na Flórida, e em Montague, Massachusetts.

Christopher M. Snyder é o professor de Economia *Joel and Susan Hyatt* no Dartmouth College, atualmente servindo como Diretor do Departamento de Economia. Recebeu seu Bacharelado em Economia e Matemática da Universidade de Fordham, e seu Doutorado em Economia da MIT. Ele é pesquisador associado no National Bureau of Economic Research, tesoureiro-secretário da Industrial Organization Society e editor associado da publicação *Review of Industrial Organization*. Sua pesquisa cobre vários temas teóricos e empíricos em organização industrial, teoria de contratos, além de direito e economia.

O professor Snyder e sua esposa, Maura Doyle (que também leciona Economia em Dartmouth), vivem próximo ao *campus* da universidade, em Hanover, New Hampshire, com suas três filhas.

Os professores Nicholson e Snyder também são autores de *Intermediate Microeconomics and Its Application* (Cengage Learning, 2015), uma abordagem intuitiva da microeconomia intermediária, enfatizando conceitos e aplicações reais sobre derivações matemáticas.

PARTE UM
INTRODUÇÃO

CAPÍTULO UM
Modelos econômicos

O objetivo principal deste livro é apresentar a você os modelos que os economistas usam para explicar o comportamento de consumidores, empresas e mercados. Estes modelos são centrais para o estudo de todas as áreas da Economia. Portanto, é essencial compreender a necessidade de tais modelos e também a base teórica usada para desenvolvê-los. Este capítulo começa descrevendo algumas das formas como os economistas estudam praticamente qualquer questão que lhes interessa.

1.1 MODELOS TEÓRICOS

Economia moderna é um lugar complicado. Milhares de empresas envolvidas na produção de milhões de mercadorias diferentes. Muitos milhares de pessoas trabalhando em todos os tipos de ocupação e tomando decisões sobre quais dessas mercadorias comprar. Vamos usar amendoins como exemplo. Os amendoins devem ser colhidos no momento certo e embarcados para os processadores que os transformam em manteiga de amendoim, óleo de amendoim, amendoim triturado e inúmeras outras iguarias feitas de amendoim. Esses processadores, por sua vez, devem assegurar que seus produtos cheguem a milhares de pontos de venda nas quantidades certas para satisfazer a demanda.

Como seria impossível descrever detalhadamente as características até mesmo desses mercados de amendoim, os economistas devem abstrair das complexidades do mundo real e desenvolver, em vez disso, modelos simples que capturem o "essencial". Assim como um mapa é útil, embora não registre cada casa ou cada estabelecimento, os modelos econômicos do, digamos, mercado de amendoins, também são úteis, embora não registrem cada detalhe da economia de amendoins. Neste livro, estudaremos os modelos econômicos mais amplamente utilizados. Veremos que, mesmo que esses modelos façam abstrações significativas das complexidades do mundo real, eles, sem dúvida, capturam as características essenciais comuns a todas as atividades econômicas.

O uso de modelos é comum nas ciências físicas e sociais. Na física, a noção de vácuo "perfeito" ou gás "ideal" é uma abstração que permite que os cientistas estudem fenômenos do mundo real em contextos simplificados. Na química, a ideia de átomo ou molécula é, na verdade, um modelo simplificado da estrutura da matéria. Arquitetos usam maquetes para planejar edifícios. Técnicos em manutenção de televisores se referem a diagramas de fiação para localizar problemas. Os modelos dos economistas desempenham funções semelhantes. Eles fornecem retratos simplificados da forma como indivíduos tomam decisões, de como as empresas se comportam e como estes dois grupos interagem para estabelecer mercados.

1.2 VERIFICAÇÃO DE MODELOS ECONÔMICOS

Obviamente, nem todos os modelos se provaram "bons". Por exemplo, o modelo geocêntrico de movimento planetário, concebido por Ptolomeu, foi eventualmente descartado porque se provou incapaz de explicar com precisão como os planetas se movimentam em torno do Sol. Um objetivo importante da investigação científica é distinguir os modelos "ruins" dos modelos "bons". Dois métodos gerais têm sido usados para comprovar modelos econômicos: (1) uma abordagem direta, que busca estabelecer a validade das suposições básicas nas quais um modelo está fundamentado, e (2) uma abordagem indireta, que tenta confirmar sua validade ao mostrar que um modelo simplificado prevê corretamente eventos no mundo real. Para ilustrar as diferenças básicas entre as duas abordagens, vamos examinar brevemente um modelo que usaremos extensivamente em capítulos posteriores deste livro – o modelo de uma empresa que busca maximizar os lucros.

1.2.1 Modelo da maximização de lucro

O modelo de uma empresa buscando maximizar os lucros é obviamente uma simplificação da realidade. Ele ignora as motivações pessoais dos gerentes da empresa e não considera os conflitos entre eles. Supõe que os lucros são o único objetivo relevante da empresa; outros objetivos possíveis, como obter poder ou prestígio, são tratados como irrelevantes. O modelo também supõe que a empresa tem informações suficientes sobre seus custos e a natureza do mercado para o qual vende para descobrir suas opções para maximizar o lucro. A maioria das empresas do mundo real, obviamente, não tem essa informação, pelo menos não sem algum custo. Ainda assim, essas falhas no modelo não são necessariamente graves. Nenhum modelo pode descrever exatamente a realidade. A verdadeira questão é se esse modelo simples tem qualquer pretensão de ser bom.

1.2.2 Testando suposições

Um teste do modelo de uma empresa que busca maximizar os lucros investiga suas suposições básicas: a empresa realmente busca lucros máximos? Alguns economistas examinaram essa questão enviando questionários para executivos, pedindo a eles que especificassem os objetivos que pretendiam alcançar. Os resultados desses estudos têm variado. Empresários geralmente mencionaram objetivos diferentes do lucro ou defenderam que faziam apenas "o melhor que podiam" para aumentar os lucros, dadas as limitações de informação. Por outro lado, a maioria dos participantes também citou um forte "interesse" pelos lucros e expressou a visão de que a maximização do lucro é um objetivo importante. Consequentemente, testar o modelo da maximização dos lucros através do teste de suas suposições tem gerado resultados inconclusivos.

1.2.3 Testando previsões

Alguns economistas, especialmente Milton Friedman, negam que um modelo possa ser testado por meio da investigação da "realidade" de suas suposições.[1] Eles argumentam que todos os modelos teóricos se baseiam em suposições "irrealistas"; a própria natureza da teorização exige que façamos certas abstrações. Esses economistas concluem que a única forma de determinar a validade de um modelo é observar se ele é capaz de prever e explicar eventos do mundo real. O teste definitivo de um modelo econômico ocorre quanto ele é confrontado com dados da economia propriamente dita.

Friedman fornece uma ilustração importante daquele princípio. Ele pergunta que tipo de teoria deve ser usada para explicar quais as jogadas que experientes jogadores de bilhar farão. Ele argumenta que as leis da velocidade, da aceleração e dos ângulos, da física teórica, seriam um modelo

---

[1] Veja M. Friedman, *Essays in Positive Economics* (Chicago: University of Chicago Press, 1953), cap. 1. Para uma visão alternativa sobre a importância do uso de suposições "realistas", veja H. A. Simon, "Rational Decision Making in Business Organizations", *American Economic Review* 69, nº 4 (setembro de 1979): 493-513.

adequado. Jogadores de bilhar fazem jogadas *como se* seguissem essas regras. Mas a maioria dos jogadores, quando perguntados sobre a compreensão precisa dos princípios físicos por trás do jogo de bilhar, certamente responderiam que não. Mesmo assim, Friedman argumenta, as leis físicas oferecem previsões precisas e, portanto, deveriam ser aceitas como modelos teóricos apropriados de como os especialistas jogam bilhar.

Assim, um teste do modelo de maximização dos lucros seria concretizado por meio da previsão do comportamento das empresas do mundo real ao supor que essas empresas se comportam *como se* estivessem maximizando os lucros. (Veja o Exemplo 1.1, mais adiante neste capítulo.) Se essas previsões estiverem razoavelmente de acordo com a realidade, podemos aceitar a hipótese de maximização dos lucros. No entanto, poderíamos rejeitar o modelo se dados do mundo real parecessem inconsistentes com ele. Portanto, o teste definitivo de qualquer teoria é sua capacidade de prever *eventos do mundo real*.

1.2.4 Importância da análise empírica

A maior preocupação deste livro é a construção de modelos teóricos. Mas o objetivo de tais modelos é sempre descobrir algo sobre o mundo real.

1.3 CARACTERÍSTICAS GERAIS DE MODELOS ECONÔMICOS

O número de modelos econômicos usados hoje é, sem dúvida, grande. Suposições específicas usadas e o grau de detalhes fornecidos variam muito dependendo do problema abordado. Os modelos usados para explicar o nível geral de atividade econômica nos Estados Unidos, por exemplo, devem ser consideravelmente mais agregados e complexos que aqueles que procuram interpretar os preços de morangos do Arizona. Apesar dessa variedade, praticamente todos os modelos econômicos incorporam três elementos comuns: (1) a suposição *ceteris paribus* (outras coisas iguais); (2) a suposição de que tomadores de decisões econômicas procuram otimizar algo; e (3) a cuidadosa distinção entre questões "positivas" e "normativas". Como encontraremos esses elementos durante todo o livro, pode ser útil, de início, descrever a filosofia por trás de cada um deles.

1.3.1 Suposição *ceteris paribus*

Assim como na maioria das ciências, os modelos usados em economia tentam retratar relacionamentos relativamente simples. Um modelo do mercado de trigo, por exemplo, pode procurar explicar os preços do trigo com um número pequeno de variáveis quantificáveis, como o salário dos cultivadores, as chuvas e a renda dos consumidores. Essa parcimônia na especificação do modelo permite o estudo do preço do trigo em um contexto simplificado no qual é possível compreender como as forças específicas operam. Apesar de qualquer pesquisador reconhecer que muitas forças "externas" (por exemplo, presença de pragas no trigo, mudanças nos preços de fertilizantes ou tratores ou mudanças nas atitudes do consumidor sobre o consumo de pão) afetam o preço do trigo, essas outras forças são mantidas constantes na construção do modelo. É importante reconhecer que os economistas *não* estão supondo que outros fatores não afetam os preços do trigo; em vez disso, essas outras variáveis são consideradas constantes durante o período de estudo. Dessa forma, o efeito de apenas algumas forças pode ser estudado em um contexto simplificado. Tais suposições *ceteris paribus* (outras coisas iguais) são usadas em todos os modelos econômicos.

O uso da suposição *ceteris paribus* impõe algumas dificuldades para a verificação de modelos econômicos a partir de dados do mundo real. Em outras ciências, os problemas podem não ser tão severos por causa da capacidade de conduzir experimentos controlados. Por exemplo, um físico que deseja testar um modelo da força da gravidade provavelmente não o faria derrubando objetos do Empire State Building. Experimentos conduzidos dessa forma estariam sujeitos a diversas forças externas (como correntes de vento, partículas no ar, variações de temperatura) para permitir um teste preciso da teoria. Em vez disso, o físico conduziria experimentos em um laboratório, usando um vácuo parcial no qual a maioria das outras forças poderia ser controlada ou eliminada. Assim, a teoria poderia ser verificada em um contexto simples, sem considerar todas as outras forças que afetam corpos em queda no mundo real.

Com algumas poucas exceções, economistas não têm sido capazes de conduzir experimentos controlados para testar seus modelos. Ao contrário, eles têm sido forçados a depender de vários modelos estatísticos para controlar outras forças ao testar suas teorias. Embora esses métodos estatísticos sejam tão válidos em princípio quanto os métodos controlados de experimento usados por outras ciências, na prática, eles levantam inúmeras questões difíceis. Por esse motivo, as limitações e o significado preciso da suposição *ceteris paribus* na economia estão sujeitos a mais controvérsia que nas ciências de laboratório.

1.4 ESTRUTURA DE MODELOS ECONÔMICOS

A maioria dos modelos econômicos que você encontra neste livro tem uma estrutura matemática. Eles destacam os relacionamentos entre fatores que afetam as decisões de pessoas e empresas e os resultados dessas decisões. Economistas tendem a usar nomes diferentes para aqueles tipos de fatores (ou, em termos numéricos, *variáveis*). Variáveis que estão fora do controle do tomador de decisão são chamadas *variáveis exógenas*. Tais variáveis são os insumos (*inputs*) para os modelos econômicos. Por exemplo, na teoria do consumo, trataremos os indivíduos normalmente como "tomadores de preços". Os preços das mercadorias são determinados fora de nossos modelos de comportamento do consumidor, e desejamos estudar como os consumidores se ajustam a eles. Os resultados de tais decisões (as quantidades de cada mercadoria que um consumidor compra, por exemplo) são *variáveis endógenas*. Essas variáveis são determinadas dentro de nossos modelos. Essa distinção é ilustrada esquematicamente na Figura 1.1. Embora os modelos reais desenvolvidos por economistas possam ser complicados, todos eles apresentam essa mesma estrutura. Uma forma interessante de começar a estudar um modelo específico é identificar precisamente como ele se encaixa nessa estrutura.

Essa distinção entre variáveis exógenas e endógenas ficará mais clara à medida que explorarmos diversos modelos econômicos. Saber diferenciar quais variáveis são determinadas fora de um modelo específico e quais variáveis são determinadas dentro de um modelo pode ser confuso; portanto, tentaremos lembrá-lo disso enquanto prosseguimos. A diferenciação entre variáveis exógenas e endógenas também é útil para compreender de que forma a suposição *ceteris paribus* é incorporada aos modelos econômicos. Na maior parte dos casos, nossa intenção é estudar como os resultados de nossos modelos mudam quando uma das variáveis exógenas (como o preço ou a renda de uma pessoa) muda. É possível, e até provável, que a modificação dessa única variável mude todos os resultados calculados a partir do modelo. Por exemplo, como veremos, é possível que a mudança do preço de uma única mercadoria leve um indivíduo a mudar as quantidades de praticamente todas as mercadorias que compra. A análise de todas essas respostas é o motivo que leva economistas a construírem modelos. A suposição *ceteris paribus* é aplicada ao alterar-se apenas uma variável exógena, mantendo todas as outras constantes. Se você deseja estudar os efeitos de uma mudança no preço da gasolina nos gastos domésticos de uma família, nós alteramos aquele preço em nosso modelo, mas não alteramos os preços de outras mercadorias (e, em alguns casos, também não alteramos a renda do indivíduo). Manter os outros preços constantes é o que representa o estudo do efeito *ceteris paribus* de um aumento de preço da gasolina.

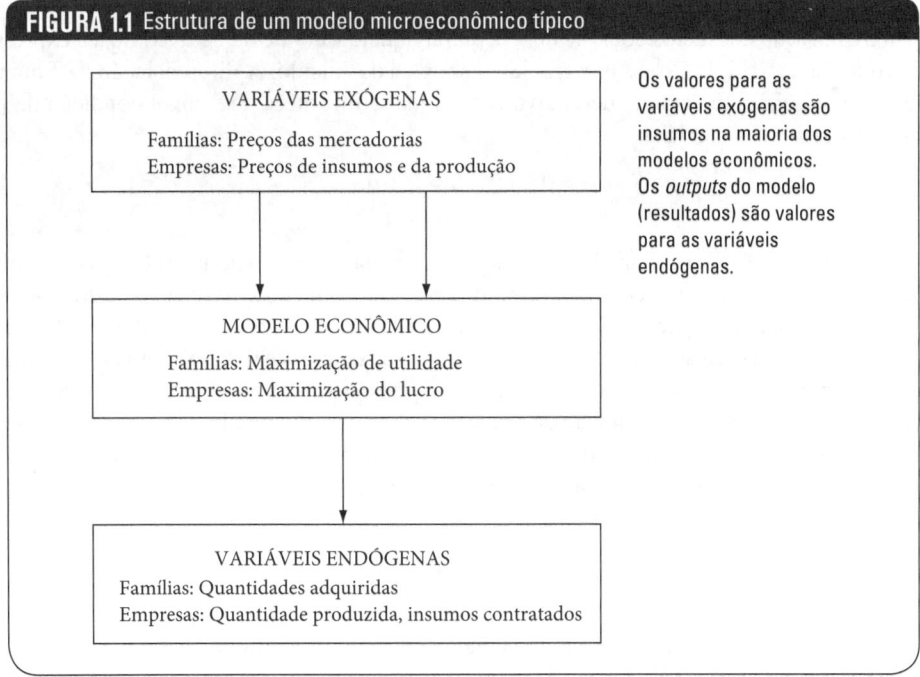

FIGURA 1.1 Estrutura de um modelo microeconômico típico

1.4.1 Suposições sobre otimização

Muitos modelos econômicos se baseiam na suposição de que os atores econômicos estudados estão racionalmente buscando algum objetivo. Discutimos brevemente essa suposição ao investigar a noção de empresas maximizando o lucro. O Exemplo 1.1 mostra como aquele modelo pode ser usado para fazer previsões que podem ser testadas. Outros exemplos que encontraremos neste livro incluem consumidores maximizando seu próprio bem-estar (utilidade), empresas minimizando custos e reguladores governamentais tentando maximizar o bem-estar público. Como veremos, mesmo que todas essas suposições sejam irrealistas, todas ganharam aceitação como bons pontos de partida para o desenvolvimento de modelos econômicos. Parece haver dois motivos para essa aceitação. Em primeiro lugar, as suposições sobre otimização são úteis para gerar modelos precisos e solucionáveis, principalmente porque tais modelos podem se basear em várias técnicas matemáticas para problemas de otimização. Muitas dessas técnicas, em conjunto com a lógica por trás delas, são revistas no Capítulo 2. Um segundo motivo para a popularidade dos modelos de otimização diz respeito à sua validade empírica aparente. Assim como mostram nossas Aplicações (disponível na internet), tais modelos parecem ser relativamente eficientes em explicar a realidade. No geral, portanto, os modelos de otimização passaram a ocupar uma posição proeminente na teoria econômica moderna.

EXEMPLO 1.1 Maximização de lucro

A hipótese da maximização de lucro oferece uma boa ilustração de como as suposições sobre otimização podem ser usadas para gerar, de forma empírica, proposições que podem ser testadas sobre o comportamento econômico. Suponha que uma empresa possa vender toda a produção (*output*) que deseja a um preço determinado de forma exógena de p por unidade, e que os custos totais da produção, C, dependam da quantidade produzida, q. Então, os lucros são determinados por

$$\text{lucro} = \pi = pq - C(q). \tag{1.1}$$

A maximização dos lucros consiste em encontrar aquele valor de q que maximiza a expressão do lucro na Equação 1.1. Esse é um problema simples de cálculo. A diferenciação da Equação 1.1 e o estabelecimento daquela derivativa como igual a 0 fornece a seguinte condição de primeira ordem para um máximo:

$$\frac{d\pi}{dq} = p - C'(q) = 0 \quad \text{ou} \quad p = C'(q). \tag{1.2}$$

Traduzindo em palavras, o nível de produção para a maximização do lucro (q^*) é encontrado por meio da seleção daquele nível de produção para o qual o preço se iguala ao custo marginal, $C'(q)$. Esse resultado deve parecer familiar para você por causa de seu curso introdutório de economia. Note que, nessa derivação, o preço para a produção da empresa é tratado como uma constante, porque a empresa é uma tomadora de preço. Isto é, o preço é uma variável exógena neste modelo.

A Equação 1.2 é apenas a condição de primeira ordem para um máximo. Levando em conta a condição de segunda ordem pode nos ajudar a derivar uma implicação que pode ser testada desse modelo. A condição de segunda ordem para um máximo é que em q^* deve ser o caso de que

$$\frac{d^2\pi}{dq^2} = - C''(q) < 0 \quad \text{ou} \quad C''(q^*) > 0. \tag{1.3}$$

Isto é, o custo marginal deve estar aumentando em q^* para que este seja um ponto verdadeiro de lucros máximos.

Nosso modelo pode ser usado agora para "prever" como uma empresa reagirá à mudança de preço. Para fazer isso, diferenciamos a Equação 1.2 com relação ao preço (p), assumindo que a empresa continua a escolher um nível de maximização de lucros para q:

$$\frac{d[p - C'(q^*) = 0]}{dp} = 1 - C''(q^*) \cdot \frac{dq^*}{dp} = 0. \tag{1.4}$$

Ao reorganizar os termos um pouco, temos

$$\frac{dq^*}{dp} = \frac{1}{C''(q^*)} > 0. \tag{1.5}$$

Aqui, a desigualdade final reflete mais uma vez o fato de que o custo marginal deve estar aumentando em q^* se esse ponto for um máximo verdadeiro. Essa, portanto, é uma das proposições que podem ser testadas da hipótese de maximização do lucro – se outras coisas não mudarem, uma empresa tomadora de preços deve responder a um aumento no preço aumentando a produção. Por outro lado, se as empresas responderem a aumentos de preços reduzindo a produção, deve haver algo errado com nosso modelo.

Embora seja um modelo simples, ele reflete a forma como agiremos durante a maior parte deste livro. Especificamente, o fato de que a implicação principal do modelo é derivada por cálculo e consiste em mostrar que sinal uma derivada deve ter, é o tipo de resultado que veremos com frequência. Note que nesse modelo há apenas uma variável endógena – q, a quantidade que a empresa escolhe produzir. Há apenas uma variável exógena – p, o preço do produto, o qual a empresa considera como dado. Nosso modelo faz uma previsão específica sobre como as mudanças nessa variável exógena afetam a escolha da empresa quanto à produção.

PERGUNTA: Em termos gerais, como as implicações desse modelo seriam modificadas se o preço que uma empresa obtém para sua produção fosse uma função do quanto ela vendeu? Isto é, como o modelo funcionaria se as suposições de ser tomadora de preços fossem abandonadas?

1.4.2 Distinção positiva-normativa

Uma característica final da maioria dos modelos econômicos é uma tentativa de diferenciar cuidadosamente as questões "positivas" das "normativas". Até agora, temos nos concentrado mais nas teorias econômicas *positivas*. Tais teorias tomam o mundo real como um objeto a ser estudado, tentando explicar aqueles fenômenos econômicos observados. A economia positiva busca determinar como os recursos são alocados *de fato* em uma economia. Um uso possivelmente diferente da teoria econômica é a análise *normativa*, que assume uma posição definida sobre o que *deveria* ser feito. Embasados pelo que chamam de análise normativa, os economistas têm muito a dizer sobre como os recursos *deveriam* ser alocados. Por exemplo, um economista envolvido em uma análise positiva pode investigar como os preços são determinados no mercado de saúde dos EUA. O economista também pode querer medir os custos e benefícios da destinação de ainda mais recursos para a saúde através da oferta de seguro médico subsidiado pelo governo, por exemplo. Mas quando ele defende especificamente que tal plano de saúde deve ser adotado, a análise se torna normativa.

Alguns economistas acreditam que a única análise econômica adequada é a análise positiva. Fazendo uma analogia com as ciências físicas, eles argumentam que economistas "científicos" devem se preocupar apenas com a descrição (e possivelmente a previsão) de eventos econômicos do mundo real. Assumir posições políticas e defender interesses específicos são consideradas atitudes que extrapolam a competência de um economista atuando como tal. Obviamente, um economista, como qualquer outro cidadão, está livre para expressar suas visões sobre assuntos políticos. Mas, ao fazer isso, ele está agindo como cidadão, e não como economista. Para outros economistas, no entanto, a distinção positiva-normativa parece artificial. Eles acreditam que o estudo da economia envolve necessariamente as próprias visões dos pesquisadores sobre ética, moralidade e justiça. De acordo com esses economistas, a busca por "objetividade" científica nessas circunstâncias é inútil. Apesar de alguma ambiguidade, este livro tenta adotar um tom positivista, deixando as questões normativas para que você decida.

1.5 DESENVOLVIMENTO DA TEORIA ECONÔMICA DO VALOR

A atividade dos economistas tem sido um elemento central em todas as sociedades, por isso, é surpreendente que essas atividades não fossem estudadas em nenhum detalhe até recentemente. Em sua maioria, os fenômenos econômicos eram tratados como um aspecto básico do comportamento humano que não era interessante o suficiente para merecer atenção específica. É verdade, é claro, que indivíduos têm estudado atividades econômicas com a visão direcionada para algum tipo de benefício pessoal. Os comerciantes romanos não estavam interessados em nada além do lucro em suas transações. Mas investigações sobre a natureza básica dessas atividades não começaram em qualquer profundidade até o século XVIII.[2] Como este livro é sobre teoria econômica conforme se define hoje, em vez da história do pensamento econômico, nossa discussão da evolução da teoria econômica será breve. Apenas uma área do estudo da economia será examinada em seu contexto histórico: a *teoria do valor*.

1.5.1 Primeiros pensamentos econômicos sobre valor

A teoria do valor, é claro, observa os determinantes do "valor" de uma mercadoria. Esse tema está no centro da teoria microeconômica moderna e intimamente ligado ao problema fundamental da economia de alocar recursos escassos para usos econômicos alternativos. A forma mais lógica de começar é pela definição da palavra "valor". Infelizmente, o significado desse termo tem se mostrado ambíguo durante toda a história da economia. Hoje, assumimos o valor como sendo sinônimo do preço de uma mercadoria.[3] Muitos dos primeiros estudos sobre economia, no entanto, buscaram estabelecer a ideia de "preço

---

[2] Para um tratamento detalhado dos fundamentos do pensamento econômico, veja o clássico trabalho de J. A. Schumpeter, *History of Economic Analysis* (Nova York: Oxford University Press, 1954), parte II, caps. 1-3.
[3] Isso não é completamente verdadeiro quando "externalidades" estão envolvidas, e uma distinção deve ser feita entre valor privado e social.

justo" para alguns itens e examinaram como os preços reais do mercado se encaixavam nesse ideal. Em muitos casos, essas discussões tocaram em questões modernas. Por exemplo, os primeiros filósofos-economistas estavam todos cientes do efeito que os monopólios tinham sobre os preços e rapidamente condenavam situações em que tais preços excediam consideravelmente os custos de produção. Em outros casos, porém, esses pensadores adotaram entendimentos filosóficos sobre o que um preço deveria ser e, ocasionalmente, o preço diferia significativamente do que era observado em mercados reais. Essa distinção foi mais claramente ilustrada durante os séculos XIV e XV por argumentos sobre se os pagamentos de juros em empréstimos eram "justos". A discussão concentrava-se principalmente na questão de se os credores realmente incorriam em quaisquer custos reais ao fazer empréstimos e, se não, como a cobrança de juros representava uma "usura". Argumentos semelhantes continuam até hoje, não apenas com relação aos juros de empréstimos, mas também com relação a temas como preços de aluguéis justos ou salários justos para trabalhadores com baixa remuneração.

1.5.2 A inauguração da economia moderna

Durante a última parte do século XVIII, os filósofos começaram a adotar uma abordagem científica para as questões econômicas ao focar mais explicitamente nos mecanismos pelos quais os preços são determinados. A publicação de 1776 de *The Wealth of Nations*, de Adam Smith (1723-1790), é normalmente considerada o início da economia moderna. Em seu vasto e abrangente trabalho, Smith estabeleceu a fundação para o pensamento sobre as forças do mercado de forma ordenada e sistemática. Ainda assim, Smith e seus sucessores imediatos, como David Ricardo (1772-1823), continuaram lutando para descobrir uma forma de descrever a relação entre valor e preço. Para Smith, por exemplo, o valor de uma mercadoria significava, com frequência, seu "valor em uso", enquanto o preço representava seu "valor em troca". A distinção entre esses dois conceitos foi ilustrada pelo famoso paradoxo água-diamante. Água, que obviamente tem grande valor em uso, possui pouco valor em troca (tem um preço baixo); diamantes têm pouco uso prático, mas possuem alto valor de troca. O paradoxo sobre o qual os primeiros economistas discutiram deriva da observação de que alguns itens úteis possuem preços baixos, enquanto alguns itens não essenciais apresentam preços altos.

1.5.3 Teoria do trabalho sobre o valor de troca

Nem Smith, nem Ricardo resolveram de forma satisfatória o paradoxo água-diamante. O conceito de valor em uso foi deixado para que os filósofos debatessem, enquanto os economistas transferiram a atenção para explicar os determinantes do valor em troca (isto é, explicar os preços relativos). Uma óbvia explicação possível é que os valores de troca das mercadorias são determinados pelo quanto custam para serem produzidas. Os custos de produção são principalmente influenciados pelos custos do trabalho – pelo menos era assim na época de Smith e Ricardo – e, portanto, foi a um curto passo para aceitarem uma teoria do valor trabalho. Por exemplo, para parafrasear um exemplo de Smith, se caçar um cervo leva duas vezes o número de horas de trabalho que caçar um castor, então um cervo deve ser trocado por dois castores. Em outras palavras, o preço de um cervo deve ser o dobro do preço de um castor. Da mesma forma, diamantes são relativamente custosos porque sua produção exige grande insumo de mão de obra, enquanto a água está livremente disponível.

Para estudantes com algum conhecimento básico sobre o que chamamos hoje de *lei da oferta e demanda*, a explicação de Smith e Ricardo deve parecer incompleta. Eles não reconheciam os efeitos da demanda no preço? A resposta a essa pergunta é sim e não. Eles observaram períodos de aumento e diminuição rápida de preços relativos e atribuíram essas mudanças a alterações na demanda. Porém, definiram essas mudanças como anormalidades que produziam apenas uma divergência temporária do preço de mercado a partir do valor do trabalho. Como eles não tinham desenvolvido completamente uma teoria do valor em uso (isto é, "demanda"), não estavam dispostos a atribuir à demanda algo além de um papel transitório na determinação dos preços relativos. Em vez disso, os valores de troca de longo prazo eram supostos como tendo sido determinados exclusivamente pelos custos do trabalho na produção.

1.5.4 Revolução marginalista

Entre 1850 e 1880, os economistas ficaram mais cientes de que, para construir uma alternativa adequada à teoria do valor-trabalho, teriam que idealizar uma teoria do valor em uso. Durante a década de 1870, vários economistas descobriram que não é a utilidade total de uma mercadoria que ajuda a determinar seu valor de troca, mas sim a utilidade da *última unidade consumida*. Por exemplo, água é certamente útil – é necessária a todas as formas de vida. No entanto, como a água é relativamente abundante, consumir mais um copo (*ceteris paribus*) tem um valor relativamente baixo para as pessoas. Esses "marginalistas" redefiniram o conceito de valor em uso de uma ideia de utilidade geral para uma ideia de utilidade marginal ou incremental – a utilidade de uma *unidade adicional de uma mercadoria*. O conceito de demanda por uma unidade incremental de produto era agora contrastada com a análise dos custos de produção de Smith e Ricardo para derivar um retrato abrangente da determinação de preço.[4]

1.5.5 Síntese da oferta-demanda de Marshall

A declaração mais clara sobre esses princípios marginais foi apresentada pelo economista inglês Alfred Marshall (1842-1924) em seu *Princípios de Economia*, publicado em 1890. Marshall mostrou que a demanda e a oferta trabalham *simultaneamente* para determinar o preço. Como notou Marshall, da mesma forma que não é possível dizer qual lâmina da tesoura faz o corte, também é impossível dizer que a oferta ou a procura é capaz de determinar o preço de forma isolada. Aquela análise é ilustrada pela famosa cruz de Marshall, exibida na Figura 1.2. No diagrama, a quantidade de mercadoria adquirida por período é representada pelo eixo horizontal, e o preço aparece no eixo vertical. A curva *DD* representa a quantidade de mercadorias demandada por período a cada preço possível. A curva é negativamente inclinada para refletir o princípio marginalista que afirma que à medida que a quantidade aumenta, as pessoas estão dispostas a pagar menos pela última unidade adquirida. É o valor dessa última unidade que define o preço para todas as unidades adquiridas. A curva *SS* mostra como os custos da produção (marginal) aumentam proporcionalmente ao crescimento da produção. Isso reflete o aumento do custo da produção de mais uma unidade à medida que a produção total se expande. Em outras palavras, a inclinação ascendente da curva *SS* reflete custos marginais crescentes, da mesma forma como a inclinação descendente da

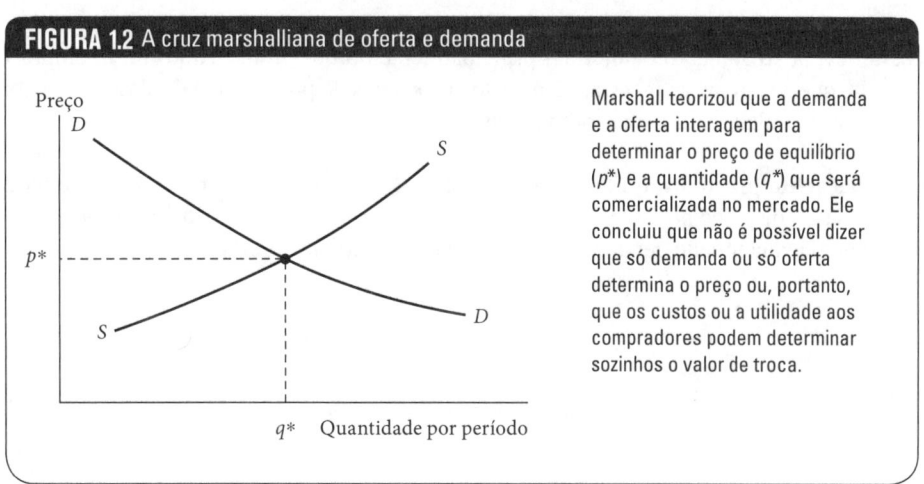

FIGURA 1.2 A cruz marshalliana de oferta e demanda

Marshall teorizou que a demanda e a oferta interagem para determinar o preço de equilíbrio (p^*) e a quantidade (q^*) que será comercializada no mercado. Ele concluiu que não é possível dizer que só demanda ou só oferta determina o preço ou, portanto, que os custos ou a utilidade aos compradores podem determinar sozinhos o valor de troca.

---

[4] Ricardo deu um primeiro passo importante para a análise marginal em sua discussão sobre o aluguel ao teorizar que, à medida que a produção de milho aumentou, terras de qualidade inferior seriam usadas e isso levaria o preço do milho a aumentar. Em seu argumento, Ricardo reconheceu que é o custo marginal – o custo da produção de uma unidade adicional – que é relevante para o preço. Note que Ricardo implicitamente manteve outros insumos constantes quando discutiu a diminuição da produtividade da terra; isto é, ele usou uma versão da suposição *ceteris paribus*.

curva *DD* reflete um valor marginal decrescente. As duas curvas se intersectam em p^*, q^*. Esse é um ponto de *equilíbrio* – tanto compradores quanto vendedores estão contentes com a quantidade sendo comercializada e o preço com que é comercializada. Se uma das curvas vier a se deslocar, o ponto de equilíbrio mudará para um lugar novo. Assim, preço e quantidade são determinados simultaneamente pela operação conjunta de oferta e demanda.

EXEMPLO 1.2 Equilíbrio oferta-demanda

Embora as apresentações gráficas sejam adequadas para alguns propósitos, os economistas frequentemente usam representações algébricas dos modelos tanto para esclarecer seus argumentos quanto para torná-los mais precisos. Como exemplo elementar, suponha que você gostaria de estudar o mercado de amendoins e, com base na análise estatística de dados históricos, concluiu que a quantidade de amendoins demandada a cada semana (q, quantidade em alqueires) dependia do preço dos amendoins (p, medido em dólares por alqueire), de acordo com a equação:

$$\text{quantidade demandada} = q_D = 1.000 - 100p. \tag{1.6}$$

Como essa equação para q_D contém apenas uma única variável independente p, estamos implicitamente mantendo constantes outros fatores que podem afetar a demanda por amendoins. A Equação 1.6 indica que, se outras coisas não mudam, a um preço de $ 5 por alqueire, as pessoas demandariam 500 alqueires de amendoins, enquanto ao preço de $ 4 por alqueire, elas demandariam 600 alqueires. O coeficiente negativo para p na Equação 1.6 reflete o princípio marginalista de que um preço mais baixo levará as pessoas a comprarem mais amendoins.

Para completar esse modelo simples de precificação, suponha que a quantidade de amendoins ofertada também dependa do preço:

$$\text{quantidade ofertada} = q_S = -125 + 125p. \tag{1.7}$$

Aqui, o coeficiente positivo do preço também reflete o princípio marginal de que um preço mais alto levará ao aumento da oferta – principalmente porque (como vimos no Exemplo 1.1) ela permite que as empresas incorram em custos marginais de produção mais altos sem incorrer em perdas nas unidades adicionais produzidas.

Determinação do preço de equilíbrio. Portanto, as Equações 1.6 e 1.7 refletem nosso modelo de determinação de preço no mercado de amendoim. Um preço de equilíbrio pode ser encontrado estabelecendo a quantidade demandada como igual à quantidade ofertada:

$$q_D = q_S \tag{1.8}$$

ou

$$1.000 - 100p = -125 + 125p \tag{1.9}$$

ou

$$225p = 1.125. \tag{1.10}$$

Assim,

$$p^* = 5. \tag{1.11}$$

A um preço de $ 5 por alqueire, esse mercado está em equilíbrio. A esse preço, as pessoas querem comprar 500 alqueires, e é exatamente isso que os produtores estão dispostos a oferecer. Esse equilíbrio é ilustrado graficamente como a intersecção de D e S na Figura 1.3.

Modelo mais geral. Para ilustrar como esse modelo oferta-demanda pode ser usado, vamos adotar uma notação mais geral. Suponha agora que as funções de demanda e oferta sejam dadas por

$$q_D = a + bp \quad \text{e} \quad q_S = c + dp, \tag{1.12}$$

em que a e c são constantes que podem ser usadas para deslocar as curvas de demanda e oferta, respectivamente, e b (< 0) e d (> 0) representam as reações dos demandantes e ofertantes ao preço. O equilíbrio nesse mercado exige

$$q_D = q_S \quad \text{ou} \quad a + bp = c + dp. \tag{1.13}$$

Assim, o preço de equilíbrio é dado por[5]

$$p^* = \frac{a - c}{d - b}. \tag{1.14}$$

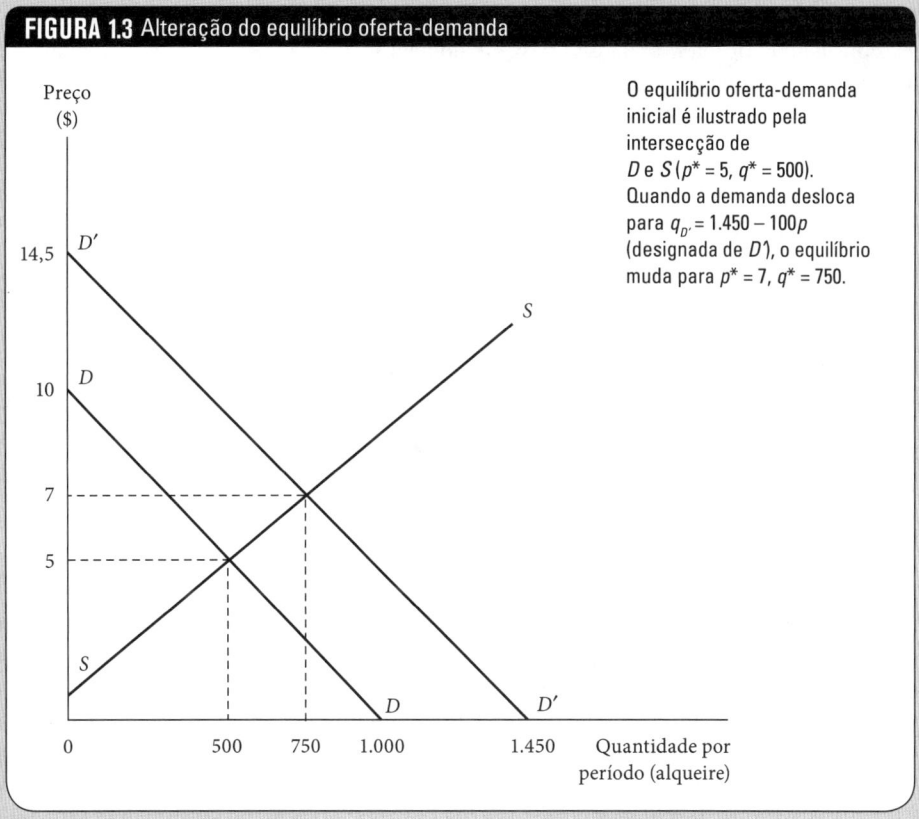

FIGURA 1.3 Alteração do equilíbrio oferta-demanda

O equilíbrio oferta-demanda inicial é ilustrado pela intersecção de D e S ($p^* = 5$, $q^* = 500$). Quando a demanda desloca para $q_{D'} = 1.450 - 100p$ (designada de D'), o equilíbrio muda para $p^* = 7$, $q^* = 750$.

---

[5] A Equação 1.14 é às vezes chamada de "forma reduzida" para o modelo estrutural de oferta-demanda das Equações 1.12 e 1.13. Ela mostra que o valor de equilíbrio para a variável endógena p depende em última instância apenas de fatores exógenos no modelo (a e c) e dos parâmetros de comportamento b e d. Uma equação semelhante pode ser calculada para a quantidade de equilíbrio.

Note que, em nosso exemplo anterior, $a = 1.000$, $b = -100$, $c = -125$, e $d = 125$; portanto,

$$p^* = \frac{1.000 + 125}{125 + 100} = \frac{1.125}{225} = 5. \qquad (1.15)$$

Com essa formulação mais geral, no entanto, podemos propor questões sobre como o preço de equilíbrio pode mudar se a curva de oferta ou demanda mudar. Por exemplo, a diferenciação da Equação 1.14 mostra que

$$\frac{dp^*}{da} = \frac{1}{d-b} > 0.$$
$$\frac{dp^*}{dc} = \frac{-1}{d-b} < 0. \qquad (1.16)$$

Isto é, o aumento na demanda (aumento em a) aumenta o preço de equilíbrio, enquanto o aumento na oferta (aumento em c) reduz o preço. É exatamente isso o que uma análise gráfica das curvas de oferta e demanda mostraria. Por exemplo, a Figura 1.3 mostra que, quando o termo constante, a, na equação de demanda aumenta de 1.000 para 1.450, o preço de equilíbrio aumenta para $p^* = 7[= (1.450 + 125)/225]$.

PERGUNTA: Como você pode usar a Equação 1.16 para "prever" como cada aumento unitário na constante exógena a afeta a variável endógena p^*? Essa equação prevê corretamente o aumento em p^* quando a constante a aumenta de 1.000 para 1.450?

1.5.6 Paradoxo resolvido

O modelo de Marshall resolve o paradoxo água-diamante. Os preços refletem tanto a avaliação marginal que os demandantes fazem das mercadorias quanto os custos marginais da produção das mercadorias. Visto dessa forma, não há paradoxo. A água tem preço baixo porque tem tanto valor marginal baixo quanto custo marginal de produção baixo. Por outro lado, diamantes têm preço alto porque possuem alto valor marginal (porque as pessoas estão dispostas a pagar caro por um a mais deles) e alto custo marginal de produção. Esse modelo básico de oferta e demanda está por trás de muitas das análises apresentadas neste livro.

1.5.7 Modelos de equilíbrio geral

Embora o modelo marshalliano seja uma ferramenta extremamente útil e versátil, é um *modelo de equilíbrio parcial*, que avalia apenas um mercado de cada vez. Para algumas questões, essa limitação da perspectiva oferece *insight* valioso e simplicidade analítica. Para outras questões, essa visão limitada pode impedir a descoberta de importantes relacionamentos entre mercados. Para responder a questões mais gerais, devemos ter um modelo da economia como um todo, que reflete adequadamente as conexões entre vários mercados e agentes econômicos. O economista francês Leon Walras (1831-1910), fundamentado por uma longa tradição continental em tal análise, criou a base para as investigações modernas sobre essas questões mais amplas. Seu método de representar a economia por meio de grande número de equações simultâneas forma a base para o entendimento das inter-relações implícitas na análise do *equilíbrio geral*. Walras reconheceu que não se pode falar sobre um único mercado de forma isolada; o que é necessário é um modelo que permita que os efeitos de uma mudança em um mercado sejam seguidos por outros mercados.

Por exemplo, suponha que a demanda por amendoins aumentasse. Isso levaria o preço dos amendoins a aumentar. A análise marshalliana buscaria entender o tamanho desse aumento ao analisar as condições de oferta e demanda no mercado de amendoim. A análise do equilíbrio geral observaria não só aquele mercado, mas também as repercussões em outros. O aumento no preço dos amendoins aumentaria os custos para os produtores de manteiga de amendoim, o que, por sua vez, afetaria a curva de oferta de manteiga de amendoim. De forma semelhante, o preço mais alto dos amendoins pode significar preços de terras mais altos para os fazendeiros de amendoim, o que afetaria as curvas de demanda para todos os produtos que compram. As curvas de demanda para automóveis, móveis e viagens à Europa todas seriam deslocadas para fora, e isso poderia criar rendas adicionais para os fornecedores daqueles produtos. Consequentemente, os efeitos do aumento inicial na demanda por amendoins iriam eventualmente se alastrar por toda a economia. A análise de equilíbrio geral tenta desenvolver modelos que nos permitem examinar tais efeitos em um contexto simplificado. Vários modelos desse tipo são descritos no Capítulo 10.

1.5.8 Fronteira de possibilidade de produção

Aqui, apresentamos brevemente algumas ideias gerais sobre equilíbrio usando outro gráfico que você deve se lembrar da introdução à economia – a *fronteira de possibilidade de produção*. Esse gráfico mostra as várias quantidades de duas mercadorias que uma economia pode produzir utilizando seus recursos disponíveis durante algum período (digamos, uma semana). Como a fronteira de possibilidade de produção mostra duas mercadorias, em vez de uma única mercadoria no modelo de Marshall, ela é usada como um bloco de construção básico para modelos de equilíbrio geral.

A Figura 1.4 mostra a fronteira de possibilidade de produção para duas mercadorias: alimento e vestuário. O gráfico ilustra a oferta dessas mercadorias ao mostrar as combinações que podem ser produzidas com os recursos dessa economia. Por exemplo, 10 libras de alimento e 3 unidades de vestuário, ou 4 libras de alimento e 12 unidades de vestuário poderiam ser produzidas. Muitas outras combinações de alimento e vestuário também poderiam ser produzidas. A fronteira de possibilidade de produção mostra todas elas. Combinações de alimento e vestuário fora da fronteira não podem ser produzidas porque não há tantos recursos disponíveis. A fronteira de possibilidade de produção nos lembra do fato econômico básico de que os recursos são escassos – não há recursos suficientes disponíveis para produzir toda a quantidade que queremos de cada mercadoria.

Essa escassez significa que devemos escolher a quantidade que queremos produzir de cada mercadoria. A Figura 1.4 deixa claro que cada escolha tem seu custo. Por exemplo, se essa economia produz 10 libras de alimento e 3 unidades de roupas no ponto A, a produção de mais 1 unidade de vestuário "custaria" ½ libra de alimento – aumentar a produção de vestuário em 1 unidade significa que a produção de alimento terá que diminuir ½ libra. Assim, o *custo de oportunidade* de 1 unidade de vestuário no ponto A é ½ libra de alimento. Por outro lado, se a economia produz inicialmente 4 libras de alimento e 12 unidades de vestuário no ponto B, custaria 2 libras de alimento para produzir mais 1 unidade de vestuário. O custo de oportunidade de mais 1 unidade de vestuário no ponto B aumentou para 2 libras de alimento. Como mais unidades de vestuário são produzidas no ponto B que no ponto A, as ideias de Ricardo e Marshall sobre o aumento de custos incrementais sugerem que o custo de oportunidade de uma unidade adicional de vestuário será maior no ponto B que no ponto A. Esse efeito é ilustrado pela Figura 1.4.

A fronteira de possibilidade de produção fornece dois *insights* sobre o equilíbrio geral que não estão claros no modelo de oferta e demanda de Marshall para um único mercado. Primeiro, o gráfico mostra que produzir mais de uma mercadoria significa produzir menos de outra porque os recursos são escassos. Os economistas com frequência (talvez com excessiva frequência!) usam a expressão "almoço grátis não existe" para explicar que cada ação econômica tem custos de oportunidade. Em segundo lugar, a fronteira de possibilidade de produção mostra que os custos de oportunidade dependem da quantidade produzida de cada produto. A fronteira é como a curva de oferta para duas mercadorias: ela mostra o custo de oportunidade de produzir quantidade maior de uma mercadoria enquanto a quantidade da segunda mercadoria diminui. Portanto, a fronteira de possibilidade de produção é uma ferramenta especialmente útil para estudar vários mercados ao mesmo tempo.

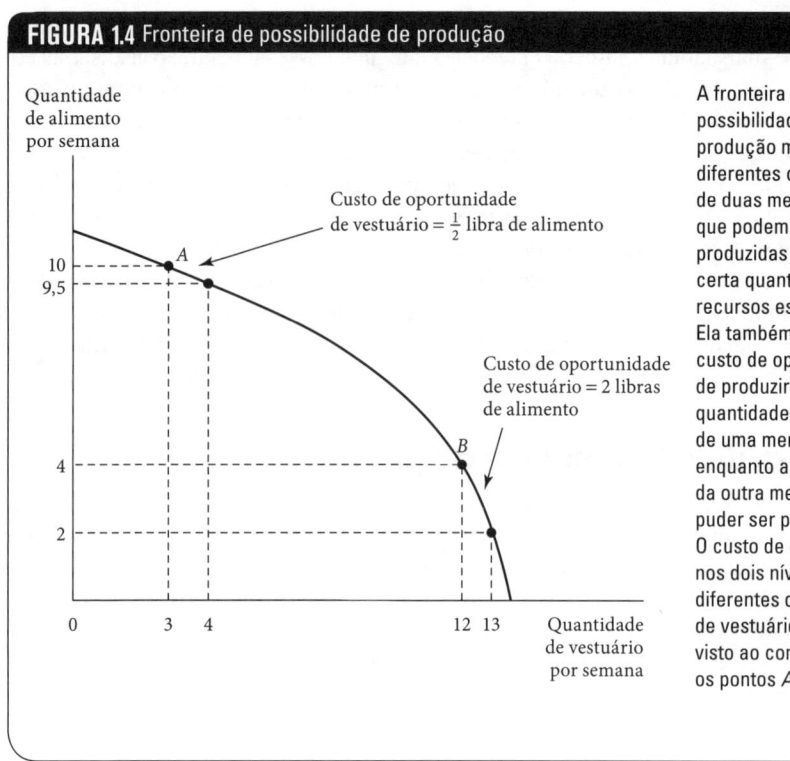

FIGURA 1.4 Fronteira de possibilidade de produção

A fronteira de possibilidade de produção mostra as diferentes combinações de duas mercadorias que podem ser produzidas a partir de certa quantidade de recursos escassos. Ela também mostra o custo de oportunidade de produzir uma quantidade maior de uma mercadoria enquanto a quantidade da outra mercadoria não puder ser produzida. O custo de oportunidade nos dois níveis diferentes da produção de vestuário pode ser visto ao compararmos os pontos A e B.

EXEMPLO 1.3 Fronteira de possibilidade de produção e a ineficiência econômica

Os modelos de equilíbrio geral são boas ferramentas para avaliar a eficiência de vários arranjos econômicos. Como veremos no Capítulo 13, tais modelos têm sido usados para avaliar várias políticas como acordos comerciais, estruturas tributárias e regulamentações ambientais. Nesse exemplo simples, exploramos a ideia de eficiência em sua forma mais elementar.

Suponha que uma economia produza duas mercadorias, x e y, utilizando a mão de obra como o único insumo. A função de produção para a mercadoria x é $x = l_x^{0,5}$ (em que l_x é a quantidade de trabalho usada na produção x), e a função de produção para a mercadoria y é $y = 2l_y^{0,5}$. O total de mão de obra disponível é limitado por $l_x + l_y \leq 200$. A construção da fronteira de possibilidade de produção nesta economia é extremamente simples:

$$l_x + l_y = x^2 + 0{,}25y^2 \leq 200, \tag{1.17}$$

em que a igualdade se mantém se a economia produzir o máximo possível (é por isso que a chamamos de "fronteira", afinal). A Equação 1.17 mostra que a fronteira aqui tem a forma de um quarto de elipse – sua concavidade deriva dos retornos decrescentes exibidos por cada função de produção.

Custo de oportunidade. Supondo que essa economia esteja na fronteira, o custo de oportunidade da mercadoria y em termos da mercadoria x pode ser derivado ao resolver para y como

$$y^2 = 800 - 4x^2 \quad \text{ou} \quad y = \sqrt{800 - 4x^2} = [800 - 4x^2]^{0,5}. \tag{1.18}$$

E, em seguida, diferenciando essa expressão:

$$\frac{dy}{dx} = 0{,}5[800 - 4x^2]^{-0{,}5}(-8x) = \frac{-4x}{y}. \qquad (1.19)$$

Suponha, por exemplo, que a mão de obra esteja sendo igualmente alocada para as duas mercadorias. Então, $x = 10$, $y = 20$ e $dy/dx = \frac{-4(10)}{20} = -2$. Com essa alocação de mão de obra, cada aumento unitário em x exigiria uma redução em y de 2 unidades. Isso pode ser verificado considerando-se uma alocação um pouco diferente, $l_x = 101$ e $l_y = 99$. Agora, a produção é $x = 10{,}05$ e $y = 19{,}9$. A passagem para essa alocação alternativa teria

$$\frac{\Delta y}{\Delta x} = \frac{(19{,}9 - 20)}{(10{,}05 - 10)} = \frac{-0{,}1}{0{,}05} = -2,$$

que é precisamente o que foi derivado da abordagem de cálculo.

Concavidade. A Equação 1.19 ilustra claramente a concavidade da fronteira de possibilidade de produção. A inclinação da fronteira fica mais acentuada (mais negativa) à medida que o produto x aumenta e o produto y diminui. Por exemplo, se a mão de obra for alocada tal que $l_x = 144$ e $l_y = 56$, então a produção é $x = 12$ e $y \approx 15$ e, então, $dy/dx = -4(12)/15 = -3{,}2$. Com a produção ampliada de x, o custo de oportunidade de mais uma unidade de x aumenta de 2 para 3,2 unidades de y.

Ineficiência. Se uma economia opera dentro de sua fronteira de possibilidade de produção, ela está operando de forma ineficiente. Mover em direção à fronteira poderia aumentar a produção de ambas as mercadorias. Neste livro exploraremos muitos motivos para tal ineficiência. Elas geralmente derivam da falha de alguns mercados em obter um desempenho satisfatório. Para os fins dessa ilustração, vamos supor que o mercado de trabalho nessa economia não funciona bem e que 20 trabalhadores estão permanentemente desempregados. Agora, a fronteira de possibilidade de produção seria

$$x^2 + 0{,}25y^2 = 180, \qquad (1.20)$$

e as combinações de produção que descrevemos antes não são mais viáveis. Por exemplo, se $x = 10$, então a produção de y é agora $y \approx 17{,}9$. A perda de aproximadamente 2,1 unidades de y é uma medida do custo da ineficiência do mercado de trabalho. Por outro lado, se a oferta de trabalho de 180 fosse alocada igualmente entre a produção das duas mercadorias, então, teríamos $x \approx 9{,}5$ e $y \approx 19$, e a ineficiência ficaria evidente na produção de ambas as mercadorias – quantidades maiores dos dois produtos poderiam ser produzidas se a ineficiência do mercado de trabalho fosse resolvida.

PERGUNTA: Como o custo da ineficiência das imperfeições do mercado de trabalho seria medido somente em termos da produção de x nesse modelo? Como ele seria medido somente em termos da produção de y? O que você precisaria saber para atribuir um único número ao custo de eficiência da imperfeição quando a mão de obra é alocada igualmente para as duas mercadorias?

1.5.9 Economia do bem-estar

Além da utilização de modelos econômicos para examinar questões positivas sobre como a economia funciona, as ferramentas usadas na análise de equilíbrio geral também têm sido aplicadas ao estudo de questões normativas sobre as propriedades de bem-estar de vários arranjos econômicos. Embora essas questões fossem um foco de atenção dos economistas dos séculos XVIII e XIX (Smith, Ricardo, Marx e Marshall, por exemplo), talvez os avanços mais significativos em seus estudos tenham sido feitos pelo economista britânico Francis Y. Edgeworth (1848-1926) e pelo economista italiano Vilfredo Pareto (1848-1923) nos primeiros anos do século XX. Esses economistas ajudaram a construir uma definição precisa do conceito de "eficiência econômica" e demonstraram as condições nas quais os mercados são capazes de alcançar aquele objetivo. Ao esclarecer o relacionamento entre a alocação e a precificação de recursos, eles deram algum apoio à ideia, enunciada pela primeira vez por Adam Smith, de que os mercados que funcionam adequadamente proporcionam uma "mão invisível" que auxilia na alocação eficiente dos recursos. Futuras seções deste livro serão dedicadas a algumas dessas questões.

1.6 DESENVOLVIMENTOS MODERNOS

A atividade de pesquisa em economia se expandiu rapidamente nos anos que seguiram a Segunda Guerra Mundial. Um dos objetivos principais deste livro é resumir grande parte dessa pesquisa. Ao ilustrar como os economistas tentaram desenvolver modelos para explicar aspectos cada vez mais complexos do comportamento econômico, este livro oferece uma base geral para o estudo deles.

1.6.1 Fundamentos matemáticos dos modelos econômicos

Desenvolvimentos importantes do pós-guerra na teoria microeconômica foram o esclarecimento e a formalização das suposições básicas feitas sobre indivíduos e empresas. O primeiro marco nesse desenvolvimento foi a publicação, em 1947, de *Fundamentos da Análise Econômica*, de Paul Samuelson, no qual o autor (o primeiro americano a vencer um Prêmio Nobel em Economia) estabeleceu inúmeros modelos de otimização de comportamento.[6] Samuelson demonstrou a importância de fundamentar modelos de comportamento em postulados matemáticos bem-especificados para que várias técnicas de otimização pudessem ser aplicadas. O poder de sua abordagem deixou inevitavelmente claro que a matemática se tornou parte integral da economia moderna. No Capítulo 2 deste livro, revisaremos alguns dos conceitos matemáticos usados com mais frequência na microeconomia.

1.6.2 Novas ferramentas para estudar os mercados

Um segundo recurso incorporado a este livro é a apresentação de diversas novas ferramentas para explicar o equilíbrio de mercado, as quais incluem técnicas para descrever a precificação em mercados isolados, como modelos cada vez mais sofisticados de precificação monopolista ou modelos de relacionamentos estratégicos entre empresas que utilizam a teoria dos jogos. Elas também incluem ferramentas de equilíbrio geral para explorar relacionamentos entre muitos mercados simultaneamente. Como veremos, todas essas novas técnicas nos ajudam a oferecer uma visão mais completa e realista de como os mercados funcionam.

1.6.3 Economia da incerteza e informação

Um terceiro avanço importante durante o período pós-guerra foi a incorporação da incerteza e da informação imperfeita aos modelos econômicos. Algumas das suposições básicas usadas para estudarmos o comportamento em situações de incerteza foram originalmente desenvolvidas nos anos 1940 em

---

[6] Paul A. Samuelson, *Foundations of Economic Analysis* (Cambridge, MA: Harvard University Press, 1947).

conexão com a teoria dos jogos. Desenvolvimentos subsequentes mostraram como essas ideias poderiam ser usadas para explicar por que os indivíduos tendem a ser avessos aos riscos e como eles podem reunir informações para reduzir as incertezas que enfrentam. Neste livro, os problemas de incerteza e informação integram a análise em muitas situações.

1.6.4 Economia comportamental

Um último avanço teórico nos últimos anos se reflete nas tentativas de tornar os modelos econômicos mais realistas em termos de como descrevem as decisões que os atores econômicos tomam. Com base em conceitos da psicologia e outras ciências sociais, esses modelos buscam ilustrar como informações imperfeitas e diversos vieses sistemáticos podem ser usados para explicar por que as decisões podem nem sempre corresponder às suposições "racionais" que fundamentam os modelos econômicos tradicionais. Neste livro, examinamos essas ideias principalmente por meio de uma série de problemas analíticos que mostram como os elementos comportamentais podem ser incorporados a muitos dos modelos tradicionais que discutimos.

1.6.5 Computadores e análise empírica

Outro aspecto do desenvolvimento da microeconomia no pós-guerra deve ser mencionado – o uso cada vez maior de computadores para analisar dados econômicos e construir modelos econômicos. À medida que os computadores se tornam capazes de gerenciar quantidades maiores de informação e realizar manipulações matemáticas complexas, a capacidade dos economistas de testar suas teorias se aprimorou drasticamente. Enquanto as gerações anteriores tinham que se contentar com análises tabulares ou gráficas rudimentares de dados do mundo real, os economistas de hoje têm à disposição várias técnicas sofisticadas juntamente de extensos dados microeconômicos com os quais testam seus modelos.

Resumo

Este capítulo mostrou o contexto em que os economistas abordam o estudo da alocação de recursos. Muito do material discutido aqui deve parecer familiar para você de seu curso de introdução à Economia. Em muitos aspectos, o estudo da Economia representa a aquisição de ferramentas cada vez mais sofisticadas para resolver os mesmos problemas básicos. O objetivo deste livro (e, de fato, da maioria dos livros mais detalhados sobre Economia) é proporcionar a você mais dessas ferramentas. Como introdução, este capítulo relembrou os seguintes pontos:

- A economia é o estudo sobre como recursos escassos são alocados dentre vários usos alternativos. Os economistas buscam desenvolver modelos simples para nos ajudar a compreender esse processo. Muitos desses modelos têm uma base matemática porque o uso da matemática oferece uma base precisa para descrever os modelos e explorar suas consequências.

- O modelo econômico mais comumente usado é o modelo da oferta-demanda, desenvolvido amplamente primeiramente por Alfred Marshall na última parte do século XIX. Esse modelo mostra como preços observados podem ser considerados para representar um equilíbrio dos custos de produção pelas empresas e a disposição dos demandantes de pagar por esses custos.

- O modelo de equilíbrio de Marshall é apenas "parcial" – isto é, avalia apenas um mercado de cada vez. Analisar muitos mercados em conjunto exige um grupo ampliado de ferramentas de equilíbrio geral.

- Testar a validade de um modelo econômico é talvez a tarefa mais difícil que os economistas enfrentam. Ocasionalmente, a validade de um modelo pode ser averiguada perguntando-se se ela se baseia em suposições "razoáveis". Com mais frequência, porém, os modelos são julgados sobre o quão bem eles podem explicar os eventos econômicos no mundo real.

CAPÍTULO DOIS
Matemática para microeconomia

Os modelos microeconômicos são construídos utilizando-se várias técnicas matemáticas. Neste capítulo, oferecemos um breve resumo de algumas das técnicas mais importantes que você verá neste livro. Grande parte do capítulo discute os procedimentos matemáticos para encontrar o valor ótimo de alguma função. Como adotaremos com frequência a suposição de que um ator econômico procura maximizar ou minimizar alguma função, encontraremos esses procedimentos (a maioria dos quais baseados em cálculo) inúmeras vezes.

Após nossa discussão detalhada sobre o cálculo de otimização, tocaremos em outros quatro tópicos cobertos com menos detalhes. Primeiro, voltaremos nossa atenção para alguns tipos especiais de funções que surgem na economia. O conhecimento das propriedades dessas funções pode ser útil muitas vezes para a solução de problemas. Em seguida, forneceremos um resumo breve do cálculo integral. Embora a integração seja usada neste livro com muito menos frequência que a diferenciação, encontraremos situações, contudo, em que desejaremos utilizar integrais para medir áreas importantes para a teoria econômica ou para somar resultados que ocorram no decorrer de alguns períodos ou para muitos indivíduos. Um uso específico da integração é examinar problemas nos quais o objetivo é maximizar uma sequência de resultados em vários períodos. Nosso terceiro tópico se concentra nas técnicas a serem usadas para tais problemas na otimização dinâmica. Finalmente, o capítulo conclui com a apresentação sucinta da estatística matemática, que será especialmente útil em nosso estudo do comportamento econômico em situações de incerteza.

2.1 MAXIMIZAÇÃO DE UMA FUNÇÃO DE UMA VARIÁVEL

Podemos motivar nosso estudo da otimização com um exemplo simples. Suponha que o gerente de uma empresa deseje maximizar[1] os lucros recebidos com a venda de uma mercadoria específica. Suponha que os lucros (π) recebidos dependam apenas da quantidade (q) de mercadoria vendida. Matematicamente,

$$\pi = f(q). \tag{2.1}$$

---

[1] Aqui exploramos de forma genérica os problemas de maximização. Uma abordagem quase idêntica seria adotada para estudar os problemas de minimização, porque a maximização de $f(x)$ é equivalente à minimização de $-f(x)$.

A Figura 2.1 mostra uma possível relação entre π e q. Claramente, para alcançar lucros máximos, o gerente deve ter uma produção q*, que rende lucros π*. Se um gráfico como o da Figura 2.1 estivesse disponível, esta pareceria ser uma simples questão a ser resolvida com uma régua.

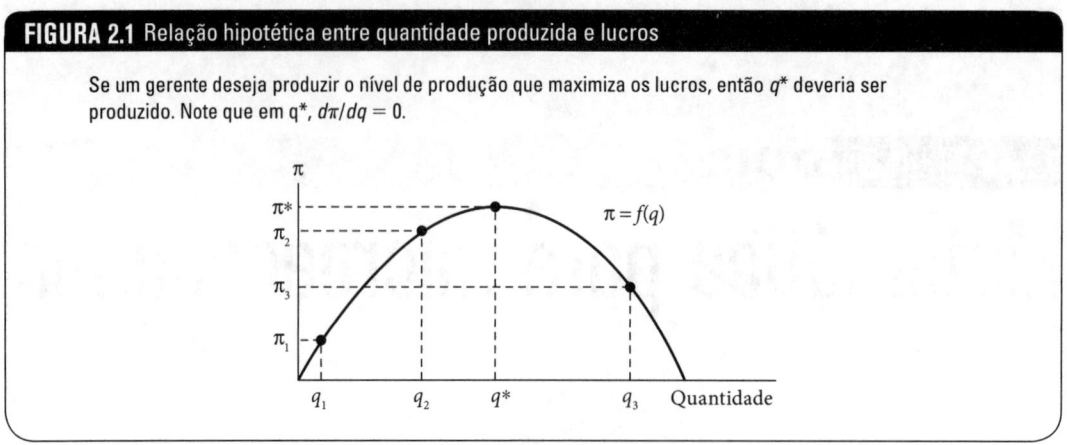

FIGURA 2.1 Relação hipotética entre quantidade produzida e lucros

Se um gerente deseja produzir o nível de produção que maximiza os lucros, então q* deveria ser produzido. Note que em q*, $d\pi/dq = 0$.

Suponha que, no entanto, como seria mais provável, o gerente não possui tal quadro preciso do mercado. Ele poderá tentar variar q para ver onde um lucro máximo é obtido. Por exemplo, ao começar em q_1, os lucros da venda seriam π_1. Em seguida, o gerente poderia tentar a produção q_2, observando que os lucros aumentaram para π_2. A ideia comumente aceita de que os lucros aumentaram em resposta a um aumento em q pode ser formalizada como

$$\frac{\pi_2 - \pi_1}{q_2 - q_1} > 0 \quad \text{ou} \quad \frac{\Delta\pi}{\Delta q} > 0, \tag{2.2}$$

em que a notação Δ é usada para significar "a variação em" π ou q. Contanto que $\Delta\pi/\Delta q$ seja positivo, os lucros estão aumentando e o gerente continuará a aumentar a produção. Para aumentos na produção para a direita de q*, porém, $\Delta\pi/\Delta q$ será negativo, e o gerente perceberá que um erro foi cometido.

2.1.1 Derivadas

Como você provavelmente já sabe, o limite de $\Delta\pi/\Delta q$ para pequenas variações em q é chamado a derivada da função, $\pi = f(q)$, e é indicado por $d\pi/dq$ ou df/dq ou $f'(q)$. Mais formalmente, a derivada da função $\pi = f(q)$ no ponto q_1 é definido como

$$\frac{d\pi}{dq} = \frac{df}{dq} = \lim_{h \to 0} \frac{f(q_1 + h) - f(q_1)}{h}. \tag{2.3}$$

Note que o valor dessa proporção depende do ponto q_1 que é selecionado. A derivada da função poderá nem sempre existir ou poderá ser indefinido em alguns pontos. No entanto, a maioria das funções estudadas neste livro são completamente diferenciáveis.

2.1.2 Valor da derivada em um ponto

Uma convenção notacional deve ser mencionada: ocasionalmente, queremos notar explicitamente o ponto no qual a derivada será avaliada. Por exemplo, a avaliação da derivada no ponto $q = q_1$ poderia ser indicada por

$$\left.\frac{d\pi}{dq}\right|_{q=q_1}. \tag{2.4}$$

Em outros momentos, estamos interessados no valor de $d\pi/dq$ para todos os valores possíveis de q, e nenhuma menção explícita de um ponto de avaliação específico é feita.

No exemplo da Figura 2.1,

$$\left.\frac{d\pi}{dq}\right|_{q=q_1} > 0,$$

enquanto

$$\left.\frac{d\pi}{dq}\right|_{q=q_3} < 0.$$

Qual o valor de $d\pi/dq$ em q^*? Pareceria ser 0 porque o valor é positivo para valores de q menores que q^* e negativo para valores de q maiores que q^*. A derivada é a inclinação da curva em questão; essa inclinação é positiva para a esquerda de q^* e negativa para a direita de q^*. No ponto q^*, a inclinação de $f(q)$ é 0.

2.1.3 Condição de primeira ordem para um máximo

Esse resultado é geral. Para uma função de uma variável obter seu máximo valor em algum ponto, a derivativa naquele ponto (se este existir) deve ser 0. Assim, se um gerente pudesse estimar a função $f(q)$ a partir de algum tipo de dado do mundo real, seria teoricamente possível encontrar o ponto em que $df/dq = 0$. Nesse ponto ótimo (digamos, q^*),

$$\left.\frac{df}{dq}\right|_{q=q^*} = 0. \tag{2.5}$$

2.1.4 Condições de segunda ordem

Um gerente menos experiente poderia ser iludido, porém, por apenas uma aplicação ingênua dessa regra da primeira derivada. Por exemplo, suponha que a função do lucro se parecesse com o que mostra a Figura 2.2a ou 2.2b. Se a função do lucro é aquela exibida na Figura 2.2a, o gerente, ao produzir onde $d\pi/dq = 0$, escolheria o ponto q_a^*. Esse ponto, na realidade, rende lucros mínimos, e não máximos, para o gerente. Da mesma forma, se a função de lucro é aquela exibida na Figura 2.2b, o gerente escolherá o ponto q_b^*, que, embora renda um lucro maior que aquele para qualquer produção abaixo de q_b^*, é certamente inferior a qualquer produção maior que q_b^*. Essas situações ilustram o fato matemático de que $d\pi/dq = 0$ é uma condição *necessária* para um máximo, mas não é uma condição *suficiente*. Para assegurar que o ponto selecionado seja de fato o ponto máximo, uma segunda condição deve ser imposta.

Intuitivamente, essa condição adicional é clara: o lucro disponível ao produzir tanto um pouco mais ou um pouco menos que q^* deve ser menor que aquele disponível em q^*. Se isso não é verdadeiro, o gerente pode alcançar um resultado melhor que q^*. Matematicamente, isso significa que $d\pi/dq$ deve ser maior que 0 para $q < q^*$ e deve ser menor que 0 para $q > q^*$. Portanto, em q^*, $d\pi/dq$ deve estar diminuindo. Outra forma de dizer isso é que a derivada de $d\pi/dq$ deve ser negativa em q^*.

2.1.5 Segundas derivadas

A derivada de uma derivada é chamada de *segunda derivada* e é indicada por

$$\frac{d^2\pi}{dq^2} \quad \text{ou} \quad \frac{d^2f}{dq^2} \quad \text{ou } f''(q).$$

FIGURA 2.2 Duas funções de lucro que dão resultados confusos se a regra da primeira derivada é aplicada incorretamente

Em (a), a aplicação da regra do primeiro derivativo resultaria na escolha do ponto q_a^*. Esse ponto é de fato um ponto de lucros mínimos. De forma semelhante, em (b), o nível de produção q_b^* seria recomendado pela regra da primeira derivativa, mas esse ponto é inferior a todas as produções maiores que q_b^*. Isso demonstra graficamente que encontrar um ponto no qual a derivada é igual a 0 é uma condição necessária, mas não suficiente, para que uma função alcance seu valor máximo.

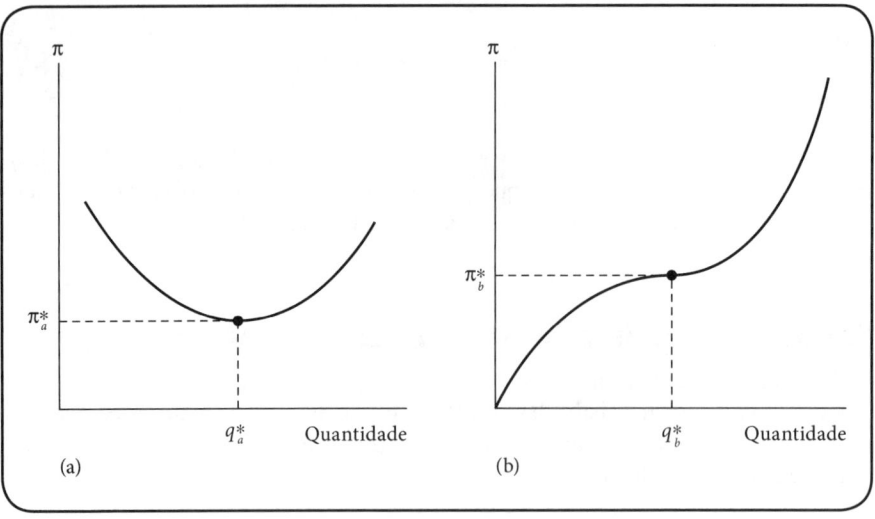

Portanto, a outra condição para que q^* represente um máximo (local) é

$$\left.\frac{d^2\pi}{dq^2}\right|_{q=q^*} = f''(q)\bigg|_{q=q^*} < 0, \tag{2.6}$$

em que a notação é novamente um lembrete de que essa segunda derivada deve ser avaliada em q^*.

Consequentemente, embora a Equação 2.5 ($d\pi/dq = 0$) seja uma condição necessária para um máximo, aquela equação deve ser combinada com a Equação 2.6 ($d^2\pi/dq^2 < 0$) para garantir que o ponto é um máximo local para a função. Portanto, as Equações 2.5 e 2.6 juntas são condições suficientes para tal máximo. Obviamente, é possível que, por meio de uma série de tentativas, o gerente possa ser capaz de decidir sobre q^* com base em informações do mercado em vez de raciocínio matemático (lembre-se da analogia da mesa de bilhar de Friedman). Neste livro, estaremos menos interessados em como o ponto é descoberto do que em suas propriedades e como o ponto muda quando as condições mudam. Um desenvolvimento matemático será útil para responder a essas questões.

2.1.6 Regras para encontrar derivadas

Aqui estão algumas regras comuns para encontrar derivadas de uma função de uma única variável. Nós as usaremos em muitas passagens deste livro.

1. Se a é uma constante, então $\dfrac{da}{dx} = 0$.

2. Se a é uma constante, então $\quad \dfrac{d[af(x)]}{dx} = af'(x)$.

3. Se a é uma constante, então $\quad \dfrac{dx^a}{dx} = ax^{a-1}$.

4. $\dfrac{d \ln x}{dx} = \dfrac{1}{x}$

em que ln significa o logaritmo para a base e (= 2,71828).

5. $\dfrac{da^x}{dx} = a^x \ln a$ para qualquer constante a.

Um caso particular dessa regra é $de^x/dx = e^x$.

Agora suponha que $f(x)$ e $g(x)$ são duas funções de x e que $f'(x)$ e $g'(x)$ existem, então:

6. $\dfrac{d[f(x) + g(x)]}{dx} = f'(x) + g'(x)$.

7. $\dfrac{d[f(x) \cdot g(x)]}{dx} = f(x)g'(x) + f'(x)g(x)$.

8. $\dfrac{d[f(x)/g(x)]}{dx} = \dfrac{f'(x)g(x) - f(x)g'(x)}{[g(x)]^2}$,

desde que $g(x) \neq 0$.

Finalmente, se $y = f(x)$ e $x = g(z)$ e se tanto $f'(x)$ quanto $g'(z)$ existem, então

9. $\dfrac{dy}{dz} = \dfrac{dy}{dx} \cdot \dfrac{dx}{dz} = \dfrac{df}{dx} \cdot \dfrac{dg}{dz}$.

Esse resultado é chamado de *regra da cadeia*. Ele fornece uma maneira conveniente de estudar como uma variável (z) afeta outra variável (y) apenas por meio de sua influência sobre alguma variável intermediária. Alguns exemplos são

10. $\dfrac{de^{ax}}{dx} = \dfrac{de^{ax}}{d(ax)} \cdot \dfrac{d(ax)}{dx} = e^{ax} \cdot a = ae^{ax}$.

11. $\dfrac{d[\ln(ax)]}{dx} = \dfrac{d[\ln(ax)]}{d(ax)} \cdot \dfrac{d(ax)}{dx} = \dfrac{1}{ax} \cdot a = \dfrac{1}{x}$.

12. $\dfrac{d[\ln(x^2)]}{dx} = \dfrac{d[\ln(x^2)]}{d(x^2)} \cdot \dfrac{d(x^2)}{dx} = \dfrac{1}{x^2} \cdot 2x = \dfrac{2}{x}$.

EXEMPLO 2.1 Maximização de lucro

Suponha que a relação entre lucros (π) e quantidade produzida (q) seja dada por

$$\pi(q) = 1.000q - 5q^2. \tag{2.7}$$

Um gráfico dessa função lembraria a parábola da Figura 2.1. O valor de q que maximiza os lucros pode ser encontrado por diferenciação:

$$\frac{d\pi}{dq} = 1.000 - 10q = 0 \qquad (2.8)$$

Assim,
$$q^* = 100 \qquad (2.9)$$

Em $q = 100$, a Equação 2.7 mostra que os lucros são de 50.000 – o maior valor possível. Se, por exemplo, a empresa optou por produzir $q = 50$, os lucros seriam de 37.500. Em $q = 200$, o lucro é precisamente 0.

Que $q = 100$ é um máximo "global" que pode ser comprovado ao notarmos que a segunda derivada da função de lucro é –10 (veja a Equação 2.8). Portanto, a taxa de aumento nos lucros está sempre diminuindo – até $q = 100$, essa taxa de aumento ainda é positiva, mas além daquele ponto ela se torna negativa. Neste exemplo, $q = 100$ é o único valor máximo local para a função π. Com funções mais complexas, porém, pode haver vários desses máximos.

PERGUNTA: Suponha que a produção de uma empresa (q) seja determinada pela quantidade de mão de obra (l) que contrata de acordo com a função $q = 2\sqrt{l}$. Suponha também que essa empresa possa contratar toda a mão de obra de que necessite por \$ 10 a unidade e venda a produção por \$ 50 a unidade. Portanto, os lucros são uma função de l dada por $\pi(l) = 100\sqrt{l} - 10l$. Quanta mão de obra essa empresa deve contratar para maximizar os lucros, e quais seriam esses lucros?

2.2 FUNÇÕES DE VÁRIAS VARIÁVEIS

Problemas econômicos raramente envolvem funções de uma única variável. A maioria das metas de interesse de agentes econômicos depende de diversas variáveis, e compensações devem ser feitas entre essas variáveis. Por exemplo, a *utilidade* que um indivíduo recebe das atividades como um consumidor depende da quantidade de cada mercadoria consumida. Para a função de *produção de uma empresa*, a quantidade produzida depende da quantidade de mão de obra, capital e terra dedicada à produção. Nessas circunstâncias, essa dependência de uma variável (y) sobre uma série de outras variáveis (x_1, x_2, ..., x_n) é indicada por

$$y = f(x_1, x_2, ..., x_n). \qquad (2.10)$$

2.2.1 Derivadas parciais

Estamos interessados no ponto no qual y alcance um máximo e nas compensações que devem ser feitas para alcançar esse ponto. É novamente conveniente ilustrar o agente como uma força que altera as variáveis à sua disposição (os x's) para localizar um máximo. Infelizmente, para uma função de diversas variáveis, a ideia da derivada não é bem definida. Assim como o aclive de subida ao escalar uma montanha depende de qual direção você vai, o mesmo ocorre com a inclinação (ou derivada) da função, a qual depende da direção que é tomada. Normalmente, as únicas inclinações direcionais de interesse são aquelas obtidas ao aumentar um dos x's enquanto as outras variáveis são mantidas constantes (a analogia com a escalada da montanha pode ser medir as inclinações em uma direção norte-sul ou leste-oeste).

Essas inclinações direcionais são chamadas de *derivadas parciais*. A derivada parcial de *y* com relação a (isto é, na direção de) x_1 é indicada por

$$\frac{\partial y}{\partial x_1} \quad \text{ou} \quad \frac{\partial f}{\partial x_1} \quad \text{ou} \quad f_{x_1} \quad \text{ou} \quad f_1.$$

Entende-se que, ao calcular essa derivada, todos os outros *x*'s são mantidos constantes. Mais uma vez, deve-se enfatizar que o valor numérico dessa inclinação depende do valor de x_1 e dos (pré-atribuídos e constantes) valores de $x_2, ..., x_n$.

Uma definição um pouco mais formal da derivativa parcial é

$$\left.\frac{\partial f}{\partial x_1}\right|_{\bar{x}_2,...,\bar{x}_n} = \lim_{h \to 0} \frac{f(x_1 + h, \bar{x}_2, ..., \bar{x}_n) - f(x_1, \bar{x}_2, ..., \bar{x}_n)}{h}, \tag{2.11}$$

em que a notação pretende indicar que $x_2, ..., x_n$ são todos mantidos constantes nos valores pré-atribuídos de $\bar{x}_2, ..., \bar{x}_n$ para que apenas o efeito de se alterar x_1 possa ser estudado. Derivativos parciais com relação a outras variáveis $(x_2, ..., x_n)$ seriam calculadas de forma semelhante.

2.2.2 Cálculo das derivadas parciais

É fácil calcular derivadas parciais. O cálculo prossegue para a derivada usual ao tratar $x_2, ..., x_n$ como constantes (o que, de fato, eles são na definição de uma derivada parcial). Considere os seguintes exemplos.

1. Se $y = f(x_1, x_2) = ax_1^2 + bx_1x_2 + cx_2^2$, então

$$\frac{\partial f}{\partial x_1} = f_1 = 2ax_1 + bx_2$$

e

$$\frac{\partial f}{\partial x_2} = f_2 = bx_1 + 2cx_2.$$

Note que $\partial f/\partial x_1$ é, em geral, uma função de x_1 e x_2; portanto, seu valor dependerá dos valores específicos atribuídos a essas variáveis. Ele também depende dos parâmetros *a*, *b* e *c*, que não mudam conforme mudam x_1 e x_2.

2. Se $y = f(x_1, x_2) = e^{ax_1+bx_2}$, então

$$\frac{\partial f}{\partial x_1} = f_1 = ae^{ax_1+bx_2}$$

e

$$\frac{\partial f}{\partial x_2} = f_2 = be^{ax_1+bx_2}.$$

3. Se $y = f(x_1, x_2) = a \ln x_1 + b \ln x_2$, então

$$\frac{\partial f}{\partial x_1} = f_1 = \frac{a}{x_1}$$

e

$$\frac{\partial f}{\partial x_2} = f_2 = \frac{b}{x_2}.$$

Note aqui que o tratamento de x_2 como uma constante na derivação de $\partial f/\partial x_1$ causa o desaparecimento termo $b \ln x_2$ na diferenciação porque ele não muda quando x_1 muda. Nesse caso, ao contrário de nossos exemplos anteriores, o tamanho do efeito de x_1 sobre y é independente do valor de x_2. Em outros casos, o efeito de x_1 sobre y dependerá do nível de x_2.

2.2.3 Derivadas parciais e a suposição *ceteris paribus*

No Capítulo 1, descrevemos a forma pela qual os economistas usam a suposição *ceteris paribus* em seus modelos para manter constantes várias influências externas, então o relacionamento específico estudado pode ser explorado em um contexto simplificado. Derivadas parciais consistem em uma maneira matemática precisa de representar essa abordagem; em outras palavras, elas mostram como as mudanças em uma variável afetam algum resultado quando outras influências são mantidas constantes – exatamente o que os economistas precisam para seus modelos. Por exemplo, a curva de demanda de Marshall mostra o relacionamento entre preço (p) e quantidade (q) demandada quando outros fatores são mantidos constantes. Ao usar derivadas parciais, poderíamos representar a inclinação dessa curva por $\partial q/\partial p$ para indicar as suposições *ceteris paribus* que estão em efeito. A lei fundamental da demanda – de que o preço e a quantidade se movem em direções opostas quando outros fatores não mudam – é, portanto, refletida pela afirmação matemática $\partial q/\partial p < 0$. Novamente, o uso de uma derivada parcial serve como lembrança das suposições *ceteris paribus* ligadas à lei de demanda – isto é, a lei de demanda apenas se mantém quando outros fatores que afetam a demanda (como renda e outros preços) são mantidos constantes.

2.2.4 Derivadas parciais e unidades de medida

Na Matemática, relativamente pouca atenção é dada à maneira como as variáveis são medidas. De fato, é frequente que nenhuma menção seja feita sobre a questão. Entretanto, as variáveis usadas na economia geralmente se referem a magnitudes do mundo real; portanto, devemos atentar para o modo como elas são medidas. Talvez a consequência mais importante de escolher unidades de medição é que as derivadas parciais geralmente usadas para resumir comportamentos econômicos refletirão essas unidades. Por exemplo, se q representa a quantidade de gasolina demandada por todos os consumidores dos EUA durante determinado ano (medida em bilhões de galões) e p representa o preço em dólares de cada galão, então $\partial q/\partial p$ medirá a variação na demanda (em bilhões de galões por ano) para uma mudança de um dólar por galão no preço. O tamanho numérico dessa derivada depende de como q e p são medidos. A decisão de medir o consumo em milhões de galões por ano multiplicaria o tamanho da derivada por 1.000, enquanto a decisão de medir o preço em centavos por galão o reduziria por um fator de 100.

A dependência do tamanho numérico de derivadas parciais nas unidades de medição selecionadas impõe problemas para os economistas. Embora muitas teorias econômicas façam previsões sobre o sinal (direção) de derivadas parciais, quaisquer previsões sobre a magnitude numérica de tais derivadas seria contingente em como os autores escolheram medir suas variáveis. Fazer comparações entre estudos poderia se mostrar praticamente impossível, especialmente dada a grande variedade de sistemas de medição em uso ao redor do mundo. Por esse motivo, os economistas optaram por adotar uma maneira diferente e livre de unidades para medir impactos quantitativos.

2.2.5 Elasticidade – uma definição geral

Os economistas usam elasticidades para resumir praticamente todos os impactos quantitativos que lhes interessa. Como tais medições se concentram no efeito proporcional de uma mudança em uma variável sobre outra, elas são livres de unidades – as unidades "são canceladas" quando a elasticidade é calculada.

Por exemplo, suponha que y seja uma função de x (que pode ser indicada por $y(x)$). Então, a elasticidade de y com relação a x (que indicaremos por $e_{y,x}$) é definida como

$$e_{y,x} = \frac{\frac{\Delta y}{y}}{\frac{\Delta x}{x}} = \frac{\Delta y}{\Delta x} \cdot \frac{x}{y} = \frac{dy(x)}{dx} \cdot \frac{x}{y}. \tag{2.12}$$

Se a variável y depende de diversas variáveis além de x (como será normalmente o caso), a derivada na Equação 2.12 seria substituída por uma derivada parcial. Em ambos os casos, as unidades nas quais y e x são medidas são canceladas na definição de elasticidade; o resultado é um valor que é um número puro sem dimensões. Isso permite que os economistas comparem elasticidades entre países diferentes ou entre mercadorias diferentes. Você já deve estar familiarizado com as elasticidades de preço de oferta e demanda normalmente encontradas em um curso introdutório de Economia. No decorrer de todo este livro, você encontrará muitos outros conceitos como esses.

EXEMPLO 2.2 Elasticidade e Forma Funcional

A definição na Equação 2.12 deixa claro que a elasticidade deve ser avaliada em um ponto específico em uma função. Em geral, espera-se que o valor desse parâmetro varie entre diferentes intervalos da função. Essa observação é vista com mais clareza quando y é uma função linear de x da forma

$$y = a + bx + \text{outros termos}.$$

Nesse caso,

$$e_{y,x} = \frac{dy}{dx} \cdot \frac{x}{y} = b \cdot \frac{x}{y} = b \cdot \frac{x}{a + bx + \ldots}, \tag{2.13}$$

o que deixa claro que $e_{y,x}$ não é uma constante. Portanto, para funções lineares, é especialmente importante notar o ponto no qual a elasticidade deve ser computada.

Se a relação funcional entre y e x é da forma exponencial

$$y = ax^b,$$

então, a elasticidade é uma constante, independentemente de onde ela é medida:

$$e_{y,x} = \frac{dy}{dx} \cdot \frac{x}{y} = abx^{b-1} \cdot \frac{x}{ax^b} = b.$$

Uma transformação logarítmica dessa equação também fornece uma definição alternativa conveniente de elasticidade. Porque

$$\ln y = \ln a + b \ln x,$$

temos

$$e_{y,x} = b = \frac{d \ln y}{d \ln x}. \tag{2.14}$$

Assim, elasticidades podem ser calculadas por meio de "diferenciação logarítmica". Como veremos mais tarde, essa é frequentemente a forma mais fácil de executar tais cálculos.

PERGUNTA: Há algumas formas funcionais além da exponencial que têm elasticidade constante, pelo menos sobre algum intervalo?

2.2.6 Cálculo das derivadas parciais de segunda ordem

A derivada parcial de uma derivada parcial é diretamente análoga à segunda derivada de uma função de uma variável e é chamada de *derivada parcial de segunda ordem*. Isso pode ser escrito como

$$\frac{\partial(\partial f/\partial x_i)}{\partial x_j}$$

ou de forma mais simples como

$$\frac{\partial^2 f}{\partial x_j \partial x_i} = f_{ij}. \tag{2.15}$$

Para os exemplos discutidos anteriormente:

1. $y = f(x_1, x_2) = ax_1^2 + bx_1x_2 + cx_2^2$
   $f_{11} = 2a$
   $f_{12} = b$
   $f_{21} = b$
   $f_{22} = 2c$

2. $y = f(x_1, x_2) = e^{ax_1 + bx_2}$
   $f_{11} = a^2 e^{ax_1 + bx_2}$
   $f_{12} = ab e^{ax_1 + bx_2}$
   $f_{21} = ab e^{ax_1 + bx_2}$
   $f_{22} = b^2 e^{ax_1 + bx_2}$

3. $y = a \ln x_1 + b \ln x_2$
   $f_{11} = -ax_1^{-2}$
   $f_{12} = 0$
   $f_{21} = 0$
   $f_{22} = -bx_2^{-2}$

2.2.7 Teorema de Young

Esses exemplos ilustram o resultado matemático de que, em condições normais, não importa a ordem na qual a diferenciação parcial é conduzida para avaliar as derivadas parciais de segunda ordem. Isto é,

$$f_{ij} = f_{ji} \tag{2.16}$$

para qualquer par de variáveis x_i, x_j. Esse resultado é às vezes chamado de *teorema de Young*. Para uma explicação intuitiva do teorema, podemos voltar à analogia da montanha. Nesse exemplo, o teorema afirma que o ganho em elevação que um alpinista experimenta depende das direções e distâncias viajadas, mas não na ordem em que estas ocorreram. Isto é, o ganho de altitude não depende do caminho real percorrido, desde que o alpinista prossiga de um conjunto de coordenadas no mapa para outro. Ele poderá, por exemplo, ir uma milha para o norte, depois uma milha para o leste ou seguir na ordem oposta, indo primeiro uma milha para o leste e depois uma milha para o norte. Em qualquer caso, o ganho em elevação é o mesmo porque, em ambos os casos, o alpinista está se movendo de um lugar específico para outro. Em capítulos posteriores, faremos um bom uso desse resultado porque ele proporciona uma maneira conveniente de mostrar algumas predições que os modelos econômicos fazem sobre comportamento.[2]

2.2.8 Usos de parciais de segunda ordem

Derivadas parciais de segunda ordem terão um papel importante em muitas teorias econômicas desenvolvidas neste livro. É possível que os exemplos mais importantes estejam relacionados à parcial de segunda ordem "direta", f_{ii}. Essa função mostra como a influência marginal de x_i sobre y (isto é, $\partial y/\partial x_i$) muda à medida que o valor de x_i aumenta. Um valor negativo para f_{ii} é a forma matemática de indicar a ideia econômica de diminuição da eficiência marginal. Da mesma forma, o f_{ij} parcial cruzado indica como a eficiência marginal de x_i muda à medida que x_j aumenta. O sinal desse efeito pode ser tanto positivo quanto negativo. O teorema de Young indica que, em geral, tais efeitos cruzados são simétricos. De forma mais geral, as derivadas parciais de segunda ordem de uma função oferecem informações sobre a curvatura da função. Mais adiante neste capítulo, veremos como tais informações desempenham papel importante para determinar se são satisfeitas várias condições de segunda ordem para um máximo. Elas também desempenham um papel importante ao determinar os sinais de muitos derivativos importantes na teoria econômica.

2.2.9 Regra da cadeia com muitas variáveis

Calcular derivadas parciais pode ser um pouco complicado em casos em que algumas variáveis dependem de outras variáveis. Como veremos, em muitos problemas econômicos pode ser difícil dizer exatamente como proceder para diferenciar funções complexas. Nesta seção, ilustramos alguns casos simples que devem ajudar você a compreender a ideia geral. Começamos analisando como a "regra da cadeia" discutida anteriormente em um contexto de uma única variável pode ser generalizada para muitas variáveis. Especificamente, suponha que y é uma função de três variáveis, $y = f(x_1, x_2, x_3)$. Suponha também que cada um desses x's é por si só uma função de um único parâmetro, digamos a. Assim, podemos escrever $y = f[x_1(a), x_2(a), x_3(a)]$. Agora, podemos perguntar como uma mudança em a afeta o valor de y, usando a regra da cadeia:

$$\frac{dy}{da} = \frac{\partial f}{\partial x_1} \cdot \frac{dx_1}{da} + \frac{\partial f}{\partial x_2} \cdot \frac{dx_2}{da} + \frac{\partial f}{\partial x_3} \cdot \frac{dx_3}{da}. \quad (2.17)$$

Em palavras, mudanças em a afetam cada um dos x's e, em seguida, essas mudanças nos x's afetam o valor final de y. Obviamente, alguns dos termos nessa expressão podem ser zero. Esse seria o caso se um dos x's não for afetado por a ou se um x específico não afetar y (nesse caso, não deveria estar na função). Mas essa versão da regra de cadeia mostra que a pode influenciar y por vários caminhos.[3] Em nossos modelos econômicos, o objetivo é garantir que todos aqueles caminhos sejam levados em consideração.

---

[2] O teorema de Young implica que a matriz das derivadas parciais de segunda ordem de uma função é simétrica. Essa simetria oferece inúmeras conclusões econômicas. Para uma breve introdução aos conceitos de matriz usados na economia, veja as Aplicações deste capítulo, disponíveis na página do livro, no *site* da Cengage.

[3] Se os x's na Equação 2.17 dependessem de vários parâmetros, todas as derivadas na equação seriam derivadas parciais para indicar que a regra de cadeia se concentra nos efeitos de apenas um parâmetro por vez, mantendo os outros constantes.

EXEMPLO 2.3 Como usar a regra da cadeia

Como um exemplo simples (e provavelmente pouco atrativo), suponha que a cada semana um fanático por pizzas consuma três tipos de pizza, indicadas por x_1, x_2 e x_3. A pizza de tipo 1 é uma pizza simples de queijo que custa p por unidade. A pizza de tipo 2 adiciona dois ingredientes e custa $2p$. A pizza de tipo 3 é a especial da casa, que inclui cinco ingredientes e custa $3p$. Para assegurar (modestamente) um cardápio diversificado, esse fanático por pizza decide separar $ 30 toda semana a cada tipo de pizza. Aqui, queremos examinar como o número total de pizzas compradas é afetado pelo preço básico p. Note que esse problema inclui uma única variável exógena, p, que é definida pela pizzaria. As quantidades compradas de cada pizza (e as compras totais) são as variáveis endógenas no modelo.

Devido à forma como esse fanático controla suas compras de pizza, a quantidade comprada de cada tipo depende apenas do preço p. Especificamente, $x_1 = 30/p$, $x_2 = 30/2p$, $x_3 = 30/3p$. Agora, as compras totais de pizza (y) são indicadas por

$$y = f[x_1(p), x_2(p), x_3(p)] = x_1(p) + x_2(p) + x_3(p). \tag{2.18}$$

Ao aplicarmos a regra de cadeia da Equação 2.17 a essa função, teremos:

$$\frac{dy}{dp} = f_1 \cdot \frac{dx_1}{dp} + f_2 \cdot \frac{dx_2}{dp} + f_3 \cdot \frac{dx_3}{dp} = -30p^{-2} - 15p^{-2} - 10p^{-2} = -55p^{-2}. \tag{2.19}$$

Podemos interpretar isto com uma ilustração numérica. Suponha que, inicialmente, $p = 5$. Com esse preço, a compra total seria de 11 unidades. A Equação 2.19 implica que cada aumento unitário do preço reduziria as compras em 2,2 (=55/25) unidades, mas tal mudança é muito grande para o cálculo (que presume mudanças pequenas) para funcionar corretamente. Portanto, em vez disso, vamos supor que p aumenta em 5 centavos para $p = 5,05$. A Equação 2.19 prevê agora que as compras totais de pizzas diminuirão em 0,11 unidade (0,05 × 55/25). Se calcularmos as compras de unidades diretamente, teremos $x_1 = 5,94$, $x_2 = 2,97$, $x_3 = 1,98$. Assim, as unidades totais compradas são 10,89 – uma redução de 0,11 do nível original, exatamente como foi previsto pela Equação 2.19.

PERGUNTA: Deveria ser óbvio que uma forma muito mais fácil de resolver esse problema seria definir as compras totais de unidades (y) diretamente como uma função de p. Ofereça uma prova por meio dessa abordagem e, em seguida, descreva algumas razões pelas quais essa abordagem mais simples nem sempre é possível de ser implementada.

Um caso especial dessa regra da cadeia pode ser mencionado explicitamente aqui. Suponha que $x_3(a) = a$. Isto é, suponha que o parâmetro a é diretamente incluído na determinação de $y = f[x_1(a), x_2(a), a]$. Nesse caso, o efeito de a sobre y pode ser escrito como:[4]

$$\frac{dy}{da} = \frac{\partial f}{\partial x_1} \cdot \frac{dx_1}{da} + \frac{\partial f}{\partial x_2} \cdot \frac{dx_2}{da} + \frac{\partial f}{\partial a}. \tag{2.20}$$

---

[4] A expressão na Equação 2.20 é, às vezes, chamada *derivada total* ou *derivada completa da função f*, embora esse uso não seja consistente em todos os diversos campos da Matemática aplicada.

Isso mostra que o efeito de a sobre y pode ser decomposto em dois tipos diferentes de efeitos: (1) um efeito direto (que é dado por f_a) e (2) um efeito indireto que funciona somente por meio das formas pelas quais a afeta os x's. Em muitos problemas econômicos, analisar esses dois efeitos separadamente pode levar a inúmeras conclusões importantes.

2.2.10 Funções implícitas

Se o valor de uma função é mantido constante, uma relação implícita é criada entre as variáveis independentes incluídas na função. Isto é, as variáveis independentes não podem mais assumir quaisquer valores, mas devem, em vez disso, assumir apenas aquele conjunto de valores que resultam na retenção do valor exigido pela função. Examinar esses relacionamentos implícitos pode proporcionar, com frequência, outra ferramenta analítica para se tirar conclusões dos modelos econômicos.

Provavelmente, o resultado mais útil fornecido por essa abordagem está na capacidade de quantificar as compensações inerentes na maioria dos modelos econômicos. Aqui, vamos analisar um caso simples. Considere a função $y = f(x_1, x_2)$. Se mantivermos o valor de y constante, criamos um relacionamento implícito entre os x's, mostrando como as mudanças neles devem ser relacionadas para se manter o valor da função constante. Na realidade, em condições gerais[5] (a mais importante das quais é que $f_2 \neq 0$), pode-se mostrar que manter y constante permite a criação de uma função implícita da forma $x_2 = g(x_1)$. Embora às vezes possa ser difícil computar essa função, a derivada da função g está relacionada de forma específica às derivadas parciais da função original f. Para ilustrar isso, primeiro defina a função original igual a uma constante (digamos, zero) e escreva a função como

$$y = 0 = f(x_1, x_2) = f(x_1, g(x_1)). \tag{2.21}$$

Fazendo uso da regra da cadeia para diferenciar esse relacionamento com relação a x_1, temos:

$$0 = f_1 + f_2 \cdot \frac{dg(x_1)}{dx_1}. \tag{2.22}$$

Ao reorganizar os termos, temos o resultado final de que

$$\frac{dg(x_1)}{dx_1} = \frac{dx_2}{dx_1} = -\frac{f_1}{f_2}. \tag{2.23}$$

Assim, mostramos[6] que as derivadas parciais da função f podem ser usadas para derivar uma expressão explícita para as compensações entre x_1 e x_2. O próximo exemplo mostra como isso pode deixar as computações muito mais fáceis em certas situações.

EXEMPLO 2.4 Fronteira de possibilidade de produção – Novamente

No Exemplo 1.3, examinamos uma fronteira de possibilidade de produção para duas mercadorias da forma

$$x^2 + 0{,}25y^2 = 200. \tag{2.24}$$

---

[5] Para uma discussão detalhada desse teorema da função implícita e de como ele pode ser estendido para muitas variáveis, veja Carl P. Simon e Lawrence Blume, *Mathematics for Economists* (Nova York: W.W. Norton, 1994), Capítulo 15.
[6] Uma abordagem alternativa para provar esse resultado usa o diferencial total de f: $dy = f_1 dx_1 + f_2 dx_2$. Definir $dy = 0$ e reorganizar os termos mostram o mesmo resultado (assumindo que se possa fazer a operação matematicamente questionável de dividir por dx_1).

Uma vez que essa função é definida como igual a uma constante, podemos estudar o relacionamento entre as variáveis ao usar o resultado da função implícita:

$$\frac{dy}{dx} = \frac{-f_x}{f_y} = \frac{-2x}{0,5y} = \frac{-4x}{y}, \qquad (2.25)$$

que é precisamente o resultado obtido antes, com consideravelmente menos trabalho.

PERGUNTA: Por que a compensação entre x e y aqui depende somente da proporção de x para y e não do tamanho da mão de obra, como refletido pela constante 200?

2.2.11 Caso especial – Análise estática comparativa

Uma aplicação importante do teorema da função implícita surge quando uma das variáveis é uma variável exógena definida fora do modelo (como o preço) e a outra variável é uma variável endógena dependente da variável exógena (como a quantidade ofertada). Se deixarmos essa variável exógena ser representada por a, então a função de duas variáveis na Equação 2.21 pode ser escrita de forma implícita como $f(a, x(a)) = 0$, e aplicar o teorema de função implícita daria:

$$\frac{dx(a)}{da} = -\frac{f_1}{f_2} = -\frac{\frac{\partial f}{\partial a}}{\frac{\partial f}{\partial x}}. \qquad (2.26)$$

Isso mostra como as mudanças na variável exógena a afetam diretamente a variável endógena x. Isto é, essa versão do teorema da função implícita frequentemente fornece um caminho direto para explorar a "estática comparativa" de um modelo econômico. Usaremos essa abordagem em duas situações gerais neste livro dependendo da origem da função f. Primeiro, a função pode representar uma condição de primeira ordem para um problema de otimização. Nesse caso, o teorema da função implícita pode ser usado para examinar como o valor ideal de x muda quando alguma variável exógena se altera. Um segundo uso ocorre quando a função f representa uma condição de equilíbrio (como um equilíbrio oferta-demanda). Nesse caso, o teorema da função implícita pode ser usado para mostrar como o valor de equilíbrio de x muda quando o parâmetro a muda. Talvez o aspecto mais útil dessa abordagem a tais problemas é o de que o resultado na Equação 2.26 pode ser prontamente generalizado para incluir múltiplas variáveis exógenas ou múltiplas variáveis endógenas. Observamos brevemente o último caso nas Aplicações deste capítulo no *site* da Cengage, uma vez que lidar com múltiplas variáveis endógenas exigirá normalmente o uso de álgebra de matriz.

EXEMPLO 2.5 Estática comparativa de empresa tomadora de preços

No Exemplo 1.1, mostramos que a condição de primeira ordem para uma empresa de lucro que toma os preços do mercado como dados era $f(p, q(p)) = p - C'(q(p)) = 0$. Aplicando o teorema da função implícita a essa expressão, teremos:

$$\frac{dq(p)}{dp} = -\frac{\frac{\partial f}{\partial p}}{\frac{\partial f}{\partial q}} = -\frac{1}{\partial(-C'(q))/\partial q} = \frac{1}{C''(q)} > 0, \qquad (2.27)$$

que é precisamente o resultado obtido antes. Em capítulos posteriores, acharemos muito útil seguir essa abordagem para estudar as implicações de estática comparativa das condições de equilíbrio em alguns de nossos modelos.

PERGUNTA: Na economia elementar, geralmente supomos que uma empresa tomadora de preços tem uma curva de oferta com inclinação ascendente. O argumento usado para mostrar o resultado aqui é o mesmo que aquele usado naquele curso?

2.3 MAXIMIZAÇÃO DE FUNÇÕES DE VÁRIAS VARIÁVEIS

O uso de derivativos parciais permite encontrar o valor máximo (ou mínimo) para uma função de várias variáveis. Para compreender a matemática usada na solução desse problema, será útil uma analogia ao caso de uma variável. Nesse caso de uma variável, podemos ilustrar um agente que varia x em uma quantia pequena, dx, e observar a mudança em y, dy. Essa mudança é dada por

$$dy = f'(x)dx.$$

A identidade na Equação 2.26 registra o fato de que a mudança em y é igual à mudança em x, vezes a inclinação da função. Essa fórmula é equivalente à fórmula da inclinação-ponto usada para equações lineares em álgebra básica. Como ocorreu antes, a condição necessária para um máximo é $dy = 0$ para pequenas mudanças em x em torno do ponto ideal. Do contrário, y poderia ser aumentado por mudanças adequadas em x. Mas como dx não é necessariamente igual a 0 na Equação 2.26, $dy = 0$ deve implicar que no ponto desejado $f'(x) = 0$. Essa é outra forma de obter a condição de primeira ordem para um máximo que já derivamos.

Com o uso dessa analogia, vamos observar as decisões tomadas por um agente econômico que deve escolher os níveis de diversas variáveis. Suponha que esse agente deseja encontrar um conjunto de x's que irá maximizar o valor de $y = f(x_1, x_2, ..., x_n)$. O agente pode considerar mudar apenas um dos x's, digamos x_1, e manter os outros constantes. A mudança em y (ou seja, dy) que resultaria dessa mudança em x_1 é dada por

$$dy = \frac{\partial f}{\partial x_1}dx_1 = f_1 dx_1. \tag{2.28}$$

Isso nos diz que a mudança em y é igual à mudança em x_1 vezes a inclinação medida na direção x_1. Ao usar a analogia da montanha mais uma vez, o ganho em altitude que um alpinista alcança ao se dirigir ao norte é dado pela distância ao norte viajada vezes a inclinação da montanha medida na direção norte.

2.3.1 Condições de primeira ordem para um máximo

Para que um ponto específico forneça um valor máximo (local) para a função f, deve ser o caso de que nenhum movimento pequeno em qualquer direção possa aumentar seu valor. Portanto, todos os termos direcionais semelhantes à Equação 2.28 não deve aumentar y, e a única forma como isso pode acontecer é se todas as derivadas direcionais (parciais) forem zero (lembre-se, o termo dx_1 na Equação 2.28 pode ser positivo ou negativo). Isto é, uma condição necessária para que um ponto seja um máximo local é que naquele ponto:

$$f_1 = f_2 = ... = f_n = 0. \tag{2.29}$$

Tecnicamente, um ponto no qual a Equação 2.29 se mantém é chamado *ponto crítico* da função. Não é necessariamente um ponto máximo a menos que certas condições de segunda ordem (a serem discutidas mais tarde) se mantenham. Na maioria de nossos exemplos econômicos, no entanto, essas condições se manterão; assim, aplicar as condições de primeira ordem nos permitirá encontrar o máximo.

As condições necessárias para um máximo descrito pela Equação 2.29 também têm uma interpretação econômica importante. Elas dizem que, para que uma função alcance seu valor máximo, qualquer insumo acrescido à função deve ser aumentado até o ponto no qual seu valor marginal (ou incremental) para a função seja zero. Se, digamos, f_1 fosse positivo em um ponto, isso poderia não ser um máximo verdadeiro porque um aumento em x_1 (mantendo outras variáveis constantes) aumentaria f.

EXEMPLO 2.6 Como encontrar o máximo

Suponha que y seja uma função de x_1 e x_2 dada por

$$y = -(x_1 - 1)^2 - (x_2 - 2)^2 + 10$$

ou

$$y = -x_1^2 + 2x_1 - x_2^2 + 4x_2 + 5.$$

Por exemplo, y pode representar saúde de um indivíduo (medida em uma escala de 0 a 10) e x_1 e x_2 podem ser dosagens diárias de dois medicamentos. Esperamos encontrar valores para x_1 e x_2 que façam com que y seja o maior possível. Tomando as derivadas parciais de y com relação a x_1 e x_2 e aplicando as condições necessárias, obteremos

$$\frac{\partial y}{\partial x_1} = -2x_1 + 2 = 0,$$

$$\frac{\partial y}{\partial x_2} = -2x_2 + 4 = 0 \qquad (2.30)$$

ou

$$x_1^* = 1,$$
$$x_2^* = 2.$$

Portanto, a função está em um ponto crítico quando $x_1 = 1$, $x_2 = 2$. Naquele ponto, $y = 10$ é o melhor estado de saúde possível. Um pouco de experimentação apresenta evidência convincente de que esse é o maior valor que y pode ter. Por exemplo, se $x_1 = x_2 = 0$, então $y = 5$, ou se $x_1 = x_2 = 1$, então $y = 9$. Valores de x_1 e x_2 maiores que 1 e 2, respectivamente, reduzem y porque os termos quadráticos negativos ficam maiores. Consequentemente, o ponto encontrado ao aplicarmos as condições necessárias é de fato um máximo local (e global).[7]

PERGUNTA: Suponha que y tome um valor fixado (digamos, 5). Como se pareceria o relacionamento implícito entre x_1 e x_2? E para $y = 7$? Ou $y = 10$? (Esses gráficos são linhas de contorno da função e serão examinados com mais detalhes em vários capítulos posteriores.

---

[7] Mais formalmente, o ponto $x_1 = 1$, $x_2 = 2$ é um máximo global porque a função é côncava (veja nossa discussão mais à frente neste capítulo).

2.3.2 Condições de segunda ordem

Mais uma vez, ainda assim, as condições da Equação 2.29 não são suficientes para assegurar um máximo. Isso pode ser ilustrado ao retornarmos a uma analogia já bastante discutida: todos os topos de montanhas (mais ou menos) são planos, mas nem todo lugar plano é um topo de montanha. Uma condição de segunda ordem é necessária para garantir que o ponto encontrado com as condições de primeira ordem seja um máximo local. Intuitivamente, para um máximo local, y deve estar diminuindo para quaisquer mudanças pequenas nos x's distanciando-se do ponto crítico. Assim como em um caso de variável única, isso envolve observar a curvatura da função em torno do ponto crítico para garantir que o valor da função realmente não diminui para movimentos em cada direção. Para fazer isso, devemos observar as derivadas parciais de segunda ordem da função. Uma primeira condição (que deriva de maneira óbvia do caso de variável única) é de que a derivada parcial de segunda ordem para qualquer variável (f_{ii}) deve ser negativa. Se concentrarmos nossa atenção somente nos movimentos em uma única direção, um máximo verdadeiro deve ser caracterizado por um padrão no qual a inclinação da função vai de positiva (para cima) para zero (plana) para negativa (para baixo). É isso que a condição matemática $f_{ii} < 0$ representa. Infelizmente, as condições que asseguram que ao valor de f diminua para movimentos em qualquer direção arbitrária envolvem todas as derivadas parciais de segunda ordem. Um exemplo de duas variáveis é discutido mais adiante neste capítulo, mas o caso geral é mais bem discutido com a álgebra de matriz (veja as Aplicações deste capítulo no *site* da Cengage). Para teoria econômica, porém, o fato de que as derivadas parciais de segunda ordem diretas devem ser negativas para um máximo é geralmente o mais importante.

2.4 TEOREMA DO ENVELOPE

Uma aplicação importante relacionada à ideia de funções implícitas, que será usada muitas vezes neste livro, é chamada de *teorema do envelope*; ela discute como a função otimizada muda quando um parâmetro da função muda. Assim como muitos dos problemas econômicos que estudaremos com relação aos efeitos de mudar um parâmetro (por exemplo, os efeitos que a mudança no preço de mercado de uma mercadoria terá nas compras de um indivíduo), esse é o tipo de cálculo que faremos frequentemente. O teorema do envelope oferece um bom atalho para resolver o problema.

2.4.1 Exemplo específico

Talvez a maneira mais fácil de entender o teorema do envelope seja por meio de um exemplo. Suponha que y seja uma função de uma única variável (x) e um parâmetro exógeno (a) dado por

$$y = -x^2 + ax. \qquad (2.31)$$

Para valores diferentes do parâmetro a, essa função representa uma família de parábolas invertidas. Se a recebe um valor específico, a Equação 2.31 é uma função de x apenas, e o valor de x que maximiza y pode ser calculado. Por exemplo, se $a = 1$, então $x^* = \frac{1}{2}$ e, para esses valores de x e a, $y = \frac{1}{4}$ (seu valor máximo). De forma semelhante, se $a = 2$, então $x^* = 1$ e $y^* = 1$. Assim, um aumento de 1 no valor do parâmetro a aumentou o valor máximo de y por $\frac{3}{4}$. Na Tabela 2.1, valores integrais de a entre 0 e 6 são usados para calcular os valores ótimos para x e os valores associados do objetivo, y. Note que, à medida que a aumenta, o valor máximo para y também aumenta. Isso também é ilustrado na Figura 2.3, que mostra que a relação entre a e y^* é quadrática. Agora, desejamos calcular explicitamente como y^* muda à medida que o parâmetro a muda.

TABELA 2.1 VALORES ÓTIMOS DE y E x PARA VALORES ALTERNATIVOS DE a PARA $y = -x^2 + ax$

Valor de a	Valor de $x*$	Valor de $y*$
0	0	0
1	$\frac{1}{2}$	$\frac{1}{4}$
2	1	1
3	$\frac{3}{2}$	$\frac{9}{4}$
4	2	4
5	$\frac{5}{2}$	$\frac{25}{4}$
6	3	9

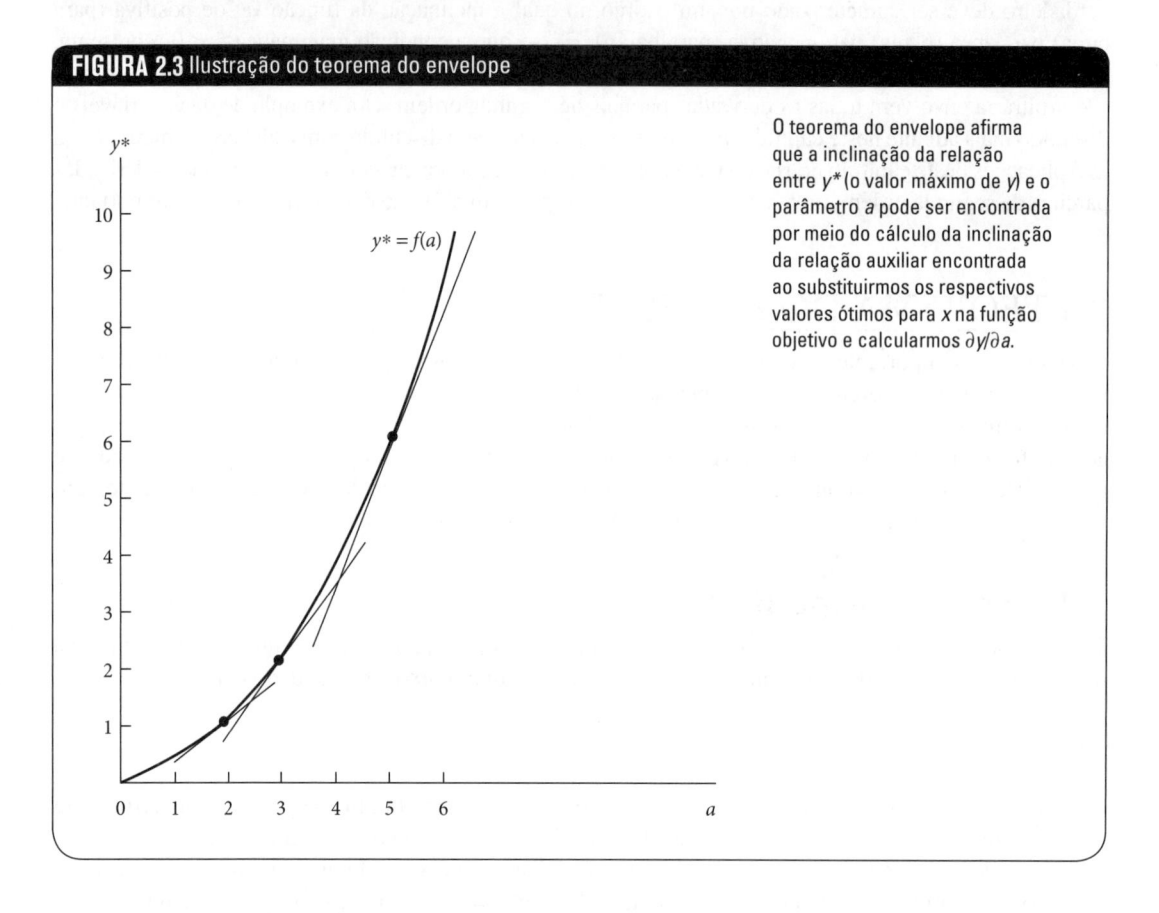

FIGURA 2.3 Ilustração do teorema do envelope

O teorema do envelope afirma que a inclinação da relação entre $y*$ (o valor máximo de y) e o parâmetro a pode ser encontrada por meio do cálculo da inclinação da relação auxiliar encontrada ao substituirmos os respectivos valores ótimos para x na função objetivo e calcularmos $\partial y/\partial a$.

2.4.2 Uma abordagem direta e exaustiva

O teorema do envelope afirma que há duas formas equivalentes pelas quais podemos fazer esse cálculo. Primeiro, podemos calcular a inclinação da função na Figura 2.3 diretamente. Para fazer isso, devemos resolver a Equação 2.32 para o valor ótimo de x para qualquer valor de a:

$$\frac{dy}{dx} = -2x + a = 0;$$

assim,
$$x^* = \frac{a}{2}.$$

Substituindo esse valor de x^* na Equação 2.31 nos dá

$$\begin{aligned} y^* &= -(x^*)^2 + a(x^*) \\ &= -\left(\frac{a}{2}\right)^2 + a\left(\frac{a}{2}\right) \\ &= -\frac{a^2}{4} + \frac{a^2}{2} = \frac{a^2}{4}, \end{aligned} \tag{2.32}$$

e esse é precisamente a relação exibida na Figura 2.3. A partir dessa equação anterior, é fácil observar que

$$\frac{dy^*}{da} = \frac{2a}{4} = \frac{a}{2} \tag{2.33}$$

e, por exemplo, em $a = 2$, $dy^*/da = 1$. Isto é, próximo a $a = 2$, o impacto marginal de aumentar a é aumentar y^* pela mesma quantia. Próximo a $a = 6$, qualquer pequeno aumento em a aumentará y por três vezes o valor da mudança. A Tabela 2.1 ilustra esse resultado.

2.4.3 Atalho do envelope

Chegar a essa conclusão foi um pouco complicado. Tivemos que encontrar o valor ótimo de x para cada valor de a e, em seguida, substituir esse valor para x na equação para y. Em casos mais gerais, isso poderá ser trabalhoso porque exige a maximização repetida da função objetivo. O teorema do envelope, ao oferecer uma abordagem alternativa, declara que, para pequenas mudanças em a, dy/da pode ser computada mantendo x *constante em seu valor ideal* e simplesmente calculando $\partial y/\partial a$ a partir da função objetivo diretamente.

Proceder dessa forma resulta em

$$\frac{dy^*}{da} = \left.\frac{\partial y}{\partial a}\right|_{x=x^*(a)} = \left.\frac{\partial(-x^2 + ax)}{\partial a}\right|_{x=x^*(a)} = x^*(a). \tag{2.34}$$

A notação aqui é um lembrete de que a derivada parcial usada no teorema do envelope deve ser avaliada no valor de x, que é ótimo para o valor específico para o parâmetro para a. Na Equação 2.32, mostramos que, para qualquer valor de a, $x^*(a) = a/2$. A substituição na Equação 2.34 agora resulta em:

$$\frac{dy^*}{da} = x^*(a) = \frac{a}{2}. \tag{2.35}$$

Esse é precisamente o resultado obtido antes. O motivo pelo qual as duas abordagens produzem resultados idênticos é ilustrado na Figura 2.3. As tangentes exibidas na figura relatam valores de y para um x^* fixo. As inclinações das tangentes são $\partial y/\partial a$. Claramente, em y^* essa inclinação nos dá o valor que procuramos.

O resultado é geral, e o usaremos em vários lugares neste livro para simplificar nossa análise. Para resumir, o teorema do envelope afirma que a mudança no valor de uma função otimizada com relação ao parâmetro daquela função pode ser encontrada com a diferenciação parcial da função objetivo enquanto x é mantido em seu valor ótimo. Isto é,

$$\frac{dy^*}{da} = \frac{\partial y}{\partial a}\{x = x^*(a)\}, \tag{2.36}$$

em que a notação novamente nos oferece um lembrete de que $\partial y/\partial a$ deve ser computado no valor de x que é ótimo para o valor específico do parâmetro a ser examinado.

2.4.4 Caso de múltiplas variáveis

Um teorema análogo ao teorema do envelope é válido para o caso em que y é uma função de diversas variáveis. Suponha que y depende de um conjunto de x's ($x_1, ..., x_n$) e de um parâmetro específico de interesse, digamos, a:

$$y = f(x_1, ..., x_n, a). \tag{2.37}$$

Encontrar um valor ótimo para y consistiria em resolver n equações de primeira ordem da forma

$$\frac{\partial y}{\partial x_i} = 0 \quad (i = 1, ..., n). \tag{2.38}$$

e uma solução para esse processo resultaria em valores ótimos para esses x's ($x_1^*, x_2^*, ..., x_n^*$) que dependeriam implicitamente do parâmetro a. Ao supormos que as condições de segunda ordem estão sendo satisfeitas, o teorema da função implícita se aplicaria a esse caso e garantiria que pudéssemos resolver cada x^* como uma função do parâmetro a:

$$\begin{aligned} x_1^* &= x_1^*(a) \\ x_2^* &= x_2^*(a) \\ &\vdots \\ x_n^* &= x_n^*(a). \end{aligned} \tag{2.39}$$

Substituir essas funções em nossa função objetivo original (Equação 2.37) resulta em uma expressão na qual o valor ideal de y (digamos, y^*) depende do parâmetro a tanto direta quanto indiretamente por meio do efeito de a sobre os x^*'s:

$$y^* = f[x_1^*(a), x_2^*(a), ..., x_n^*(a), a]$$

Essa função, que encontraremos em muitas passagens deste livro, é às vezes chamada de "função valor" porque ela mostra como o valor otimizado da função depende de seus parâmetros. Se diferenciarmos totalmente essa função com relação a a

$$\frac{dy^*}{da} = \frac{\partial f}{\partial x_1} \cdot \frac{dx_1}{da} + \frac{\partial f}{\partial x_2} \cdot \frac{dx_2}{da} + \cdots + \frac{\partial f}{\partial x_n} \cdot \frac{dx_n}{da} + \frac{\partial f}{\partial a}. \tag{2.40}$$

Mas devido às condições de primeira ordem, todos esses termos, exceto o último, são iguais a 0 se os x's estiverem em seus valores ótimos. Assim, temos o resultado envelope:

$$\frac{dy^*}{da} = \left.\frac{\partial f}{\partial a}\right|_{x_i = x_i^*(a)} \quad \text{para todo } x_i. \tag{2.41}$$

Note mais uma vez que a derivada parcial do lado direito dessa equação deve ser avaliada nos valores ótimos de todos os x's. O fato de que essas variáveis endógenas estão em seus valores ótimos é o que faz com que o teorema do envelope seja tão útil porque podemos frequentemente usá-lo para estudar as características desses valores ótimos sem termos que computá-los de verdade.

EXEMPLO 2.7 Função de oferta de uma empresa tomadora de preços

Suponha que uma empresa tomadora de preços tem uma função de custo dada por $C(q) = 5q^2$. Uma maneira direta de encontrar sua função de oferta é usar a condição de primeira ordem $p = C'(q) = 10q$ para encontrar $q^* = 0{,}1p$. Uma maneira alternativa, e aparentemente redundante, de chegar a esse resultado é calcular a função de lucro da empresa. Uma vez que os lucros são dados por $\pi(p, q) = pq - C(q)$, podemos calcular o valor ótimo dos lucros da empresa como:

$$\pi^*(p) = pq^* - C(q^*) = p(0{,}1p) - 5(0{,}1p)^2 = 0{,}05p^2. \tag{2.42}$$

Note como substituímos o valor ótimo para q (como uma função de p) na expressão para lucros a fim de obter uma função valor na qual os lucros ótimos da empresa dependem em última instância somente do preço de seu produto. Agora, o teorema do envelope afirma que:

$$\frac{d\pi^*(p)}{dp} = 0{,}1p = \left.\frac{\partial \pi(p,q)}{\partial p}\right|_{q=q^*} = q|_{q=q^*} = q^*. \tag{2.43}$$

Portanto, nesse caso, a simples diferenciação da função de valor da empresa com relação ao preço do produto resulta na função de oferta da empresa – um resultado bem genérico. Embora o uso do teorema do envelope seja certamente um exagero para esse exemplo, mais adiante veremos que esse tipo de derivação muitas vezes oferece resultados mais facilmente que a aplicação bruta das condições de primeira ordem. Isso é especialmente verdadeiro se a função de lucro de uma empresa foi estimado a partir de algum tipo de dado de mercado que fornece um quadro preciso da relação *ceteris paribus* entre preço e lucros.

PERGUNTA: Por que a aplicação do teorema do envelope na Equação 2.43 envolve uma derivada total do lado esquerdo da equação, mas uma derivada parcial do lado direito? Por que esse valor para essa derivada parcial é q^*?

2.5 MAXIMIZAÇÃO CONDICIONADA

Até agora, temos concentrado nossa atenção em encontrar o valor máximo de uma função sem restringir as escolhas dos x's disponíveis. Na maioria dos problemas econômicos, no entanto, nem todos os valores para os x's são convenientes. Em muitas situações, por exemplo, exige-se que todos os x's sejam positivos. Isso seria verdade para um problema encarado pelo gerente escolhendo a produção para aumentar os lucros; uma produção negativa não faria sentido. Em outras circunstâncias, os x's podem ser limitados por considerações econômicas. Por exemplo, ao escolher os itens que quer consumir, um indivíduo não consegue escolher todas as quantidades desejadas. Em vez disso, as escolhas são limitadas pelo montante de poder de compra disponível; isto é, pela restrição orçamentária desse indivíduo. Tais limitações podem diminuir o valor máximo para a função sendo maximizada. Como não podemos escolher livremente a quantidade de todos os x's, y pode não ser tão grande quanto poderia. Essas restrições seriam "não ativas" se pudéssemos obter o mesmo nível de y com ou sem impor a restrição.

2.5.1 Método do multiplicador de Lagrange

Um método para resolver problemas de maximização condicionada é o do *multiplicador de Lagrange*, que envolve um inteligente truque matemático que também acaba tendo uma interpretação econômica útil. O raciocínio desse método é simples, mas não faremos nenhuma apresentação rigorosa aqui.[8] Em uma seção anterior, as condições necessárias para um máximo local foram discutidas. Mostramos que, no ponto ideal, todas as derivadas parciais de f devem ser 0. Portanto, há n equações ($f_i = 0$ para $i = 1, ..., n$) em n incógnitas (os x's). Geralmente, essas equações podem ser resolvidas para os x's ótimos. Quando os x's são restringidos, no entanto, há pelo menos uma equação a mais (a restrição), mas nenhuma variável a mais. Consequentemente, o conjunto de equações é sobredeterminado. A técnica lagrangiana introduz mais uma variável (o multiplicador de Lagrange), que não só ajuda a resolver o problema à mão (porque agora há $n + 1$ equações em $n + 1$ incógnitas), mas também tem uma interpretação útil em várias circunstâncias econômicas.

2.5.2 Problema formal

Mais especificamente, suponha que queremos encontrar os valores de $x_1, x_2, ..., x_n$ que maximizam

$$y = f(x_1, x_2, ..., x_n), \tag{2.44}$$

sujeito a uma restrição que permite que apenas certos valores de x's sejam usados. Uma forma geral de escrever a restrição é

$$g(x_1, x_2, ..., x_n) = 0, \tag{2.45}$$

em que a função[9] g representa a relação que deve se manter entre todos os x's.

2.5.3 Condições de primeira ordem

O método do multiplicador de Lagrange começa com a definição da expressão para o Lagrangiano

$$\mathscr{L} = f(x_1, x_2, ..., x_n) + \lambda g(x_1, x_2, ..., x_n), \tag{2.46}$$

em que λ é uma variável adicional chamada multiplicador de Lagrange. Mais adiante, vamos interpretar essa nova variável. Primeiro, porém, note quando as restrições se mantêm, $\mathscr{L}$ e f têm o mesmo valor [porque $g(x_1, x_2, ..., x_n) = 0$]. Consequentemente, se concentrarmos nossa atenção somente nos valores dos x's que satisfaçam à restrição, encontrar o valor máximo condicionado de f é equivalente a encontrar um valor crítico de $\mathscr{L}$. Vamos fazer isso, então, tratando λ como uma variável também (além dos x's). A partir da Equação 2.46, as condições para um ponto crítico são:

---

[8] Para uma apresentação detalhada, veja A. K. Dixit, *Optimization in Economic Theory*, 2. ed. (Oxford: Oxford University Press, 1990), Capítulo 2.
[9] Como mencionamos anteriormente, qualquer função de $x_1, x_2, ..., x_n$ pode ser escrita dessa forma implícita. Por exemplo, a restrição $x_1 + x_2 = 10$ poderia ser escrita como $10 - x_1 - x_2 = 0$. Em capítulos a seguir, vamos geralmente seguir esse procedimento para lidar com as restrições. As restrições que examinamos são em sua maioria lineares.

$$\frac{\partial \mathcal{L}}{\partial x_1} = f_1 + \lambda g_1 = 0,$$

$$\frac{\partial \mathcal{L}}{\partial x_2} = f_2 + \lambda g_2 = 0,$$

$$\vdots \qquad (2.47)$$

$$\frac{\partial \mathcal{L}}{\partial x_n} = f_n + \lambda g_n = 0,$$

$$\frac{\partial \mathcal{L}}{\partial \lambda} = g(x_1, x_2, \ldots, x_n) = 0.$$

As equações incluídas na Equação 2.47 são, portanto, as condições para um ponto crítico para a função $\mathcal{L}$. Note que há $n + 1$ equações (uma para cada x e uma final para λ) em $n + 1$ incógnitas. As equações podem ser geralmente resolvidas para $x_1, x_2, \ldots, x_n$ e λ. Tal solução terá duas propriedades: (1) Os x's obedecerão à restrição porque a última linha na Equação 2.47 impõe aquela condição, e (2) entre todos aqueles valores de x's que satisfazem à restrição, aqueles que também resolvem a Equação 2.47 fazem com que $\mathcal{L}$ (e, portanto, f) seja o maior possível (supondo que as condições de segunda ordem sejam satisfeitas). Portanto, o método do multiplicador de Lagrange oferece uma forma de encontrar a solução para o problema da maximização condicionada que impusemos no início.[10]

A solução para a Equação 2.47 será geralmente diferente daquela no caso sem restrição (veja a Equação 2.29). Em vez de prosseguir até o ponto em que a contribuição marginal de cada x é 0, a Equação 2.47 exige que fiquemos um pouco atrás por causa da restrição. Somente se a restrição fosse ineficaz (em cujo caso, como mostramos a seguir, λ seria 0), as equações restritas e irrestritas (e suas respectivas soluções) concordariam. Essas condições marginais revisadas têm interpretações econômicas em muitas situações diferentes.

2.5.4 Interpretação do multiplicador de Lagrange

Até aqui, usamos o multiplicador de Lagrange (λ) somente como um "truque" matemático para chegar à solução que queremos. Na realidade, aquela variável também tem uma importante interpretação econômica, que será essencial para nossa análise em muitos pontos deste livro. Para desenvolver essa interpretação, reescreva as primeiras n equações da Equação 2.47 como

$$\frac{f_1}{-g_1} = \frac{f_2}{-g_2} = \cdots = \frac{f_n}{-g_n} = \lambda. \qquad (2.48)$$

Em outras palavras, nos pontos máximos, a proporção de f_i para g_i é a mesma para cada x_i. Os numeradores na Equação 2.48 são as contribuições marginais de cada x para a função f. Eles mostram o *benefício marginal* que uma unidade a mais de x_i terá para a função que está sendo maximizada (isto é, para f).

Será mais prudente deixar uma interpretação completa dos denominadores na Equação 2.48 para quando encontrarmos essas razões em aplicações econômicas reais. Então veremos que eles normalmente têm uma interpretação de "custo marginal". Isto é, eles refletem o peso adicional na restrição de se usar mais um pouco de x_i. Como simples ilustração, suponha que a restrição exija que o gasto

---

[10] Estritamente falando, essas são condições necessárias para um máximo local interior. Em alguns problemas econômicos, é necessário corrigir essas condições (de maneiras relativamente óbvias) para considerar a possibilidade de que alguns dos x's podem estar na fronteira da região de x's permissíveis. Por exemplo, se todos os x's precisam ser não negativos, pode ser que as condições da Equação 2.47 não se mantenham exatamente porque podem exigir x's negativos. Vamos falar dessa situação mais adiante neste capítulo.

total em x_1 e x_2 fosse dado por uma quantia fixa em dólares, F. Assim, a restrição seria $p_1x_1 + p_2x_2 = F$ (em que p_i é o custo por unidade de x_i). Usando a nossa terminologia, essa restrição seria escrita de forma implícita como

$$g(x_1, x_2) = F - p_1x_1 - p_2x_2 = 0. \tag{2.49}$$

Nessa situação, então,

$$-g_i = p_i, \tag{2.50}$$

e a derivada $-g_i$ reflete na realidade o custo marginal por unidade da utilização de x_i. Praticamente todos os problemas de otimização que encontraremos em capítulos posteriores têm interpretação semelhante.

2.5.5 Multiplicador de Lagrange como razão custo-benefício

Agora, podemos dar uma interpretação intuitiva para a Equação 2.48. A equação indica que, nas escolhas ótimas para os x's, a razão do benefício marginal de aumentar x_i para o custo marginal de aumentar x_i deveria ser o mesmo para cada x. Para ver como essa é uma condição óbvia para um máximo, suponha que isso não seja verdade: suponha que a "razão benefício-custo" fosse maior para x_1 do que para x_2. Nesse caso, um pouco mais de x_1 deve ser usado para alcançar um máximo. Considere usar um pouco mais de x_1 mas abrir mão da quantia suficiente de x_2 para manter g (a restrição) constante. Assim, o custo marginal do x_1 usado seria equivalente ao custo salvo ao usar menos x_2. Mas, devido à razão custo-benefício (a quantia de benefício por unidade de custo) ser maior para x_1 do que para x_2, os benefícios adicionais de se usar mais x_1 excederiam a perda em benefícios de se usar menos x_2. O uso de mais x_1 e apropriadamente menos x_2 aumentaria y, então, porque x_1 oferece mais "valor ao seu dinheiro". Somente se as razões benefício marginal-custo marginal fossem iguais para todos os x's, haveria um máximo local, um no qual nenhuma variação pequena nos x's pode aumentar o objetivo. Aplicações concretas desse princípio básico são desenvolvidas em muitos lugares neste livro. O resultado é fundamental para a teoria microeconômica da otimização do comportamento.

O multiplicador de Lagrange (λ) também pode ser interpretado à luz dessa discussão. λ é a razão benefício-custo comum para todos os x's. Isto é,

$$\lambda = \frac{\text{benefício marginal de } x_i}{\text{custo marginal de } x_i} \tag{2.51}$$

para cada x_i. Se a restrição fosse sutilmente relaxada, não importaria exatamente qual x fosse alterado (na realidade, todos os x's poderiam ser alterados) porque, na margem, cada um promete a mesma proporção de benefícios e custos. O multiplicador de Lagrange, portanto, oferece uma medida de como tal relaxamento geral da restrição afetaria o valor de y. Resumindo, λ atribui um "preço sombra" à restrição. Um λ alto indica que y poderia ser aumentado substancialmente com o relaxamento da restrição porque cada x tem uma razão benefício-custo alta. Um valor baixo de λ, por outro lado, indica que não há muito a ganhar ao relaxar a restrição. Se a restrição não está ativa, λ terá um valor 0, indicando portanto que a restrição não está limitando o valor de y. Em tais casos, encontrar um valor máximo de y sujeito à restrição seria idêntico a encontrar um máximo sem restrição. O preço sombra da restrição é 0. Essa interpretação de λ também pode ser exibida utilizando-se o teorema do envelope conforme descreveremos mais adiante neste capítulo.[11]

---

[11] A discussão no livro aborda problemas envolvendo uma única restrição. Em geral, é possível manusear m restrições ($m < n$) introduzindo m novas variáveis (multiplicador de Lagrange) e prosseguindo de forma análoga àquela discutida anteriormente.

2.5.6 Dualidade

Essa discussão mostra que há um relação clara entre o problema de maximizar uma função sujeita a restrições e o problema de atribuir valores a restrições. Isso reflete o que chamamos de princípio matemático da dualidade: qualquer problema de maximização condicionada tem um problema dual associado em maximização condicionada que coloca atenção nas restrições no problema original (primal). Por exemplo, para passarmos um pouco à frente em nossa história, os economistas assumem que os indivíduos maximizam sua utilidade, sujeitos à restrição orçamentária. Esse é o problema primal do consumidor. O problema dual para o consumidor é minimizar a despesa necessária para alcançar um dado nível de utilidade. Ou, o problema primal de uma empresa pode ser o de minimizar o custo total de insumos usados para produzir um dado nível de produção, enquanto o problema dual é maximizar a produção para um dado custo total de insumos adquiridos. Muitos exemplos semelhantes serão desenvolvidos em capítulos seguintes. Cada um ilustra que sempre há duas formas de olhar para qualquer problema de otimização condicionada. Às vezes, tomar um ataque frontal ao analisar o problema primal pode levar a conclusões melhores. Em outros casos, a abordagem da "porta dos fundos" de examinar o problema dual pode ser mais instrutiva. Qualquer que seja o caminho escolhido, os resultados serão, de forma geral, mas nem sempre, idênticos; assim, a escolha feita será principalmente uma questão de conveniência.

EXEMPLO 2.8 Cercas ótimas e maximização condicionada

Suponha que um fazendeiro possui certo comprimento de cerca, P, e quer confinar a maior área retangular possível. Qual o formato de área que o fazendeiro deveria escolher? Isso é claramente um problema de maximização condicionada. Para resolvê-lo, vamos supor que x é o comprimento de um lado do retângulo e y é o comprimento do outro lado. O problema, então, é escolher x e y para maximizar a área do campo (dada por $A = x \cdot y$), sujeito à restrição de que o perímetro é fixado em $P = 2x + 2y$.

Ao definirmos a expressão para o Lagrangiano, temos

$$\mathcal{L} = x \cdot y + \lambda(P - 2x - 2y), \tag{2.52}$$

em que λ é um multiplicador desconhecido de Lagrange. As condições de primeira ordem para um máximo são

$$\frac{\partial \mathcal{L}}{\partial x} = y - 2\lambda = 0,$$

$$\frac{\partial \mathcal{L}}{\partial y} = x - 2\lambda = 0, \tag{2.53}$$

$$\frac{\partial \mathcal{L}}{\partial \lambda} = P - 2x - 2y = 0.$$

Essas três equações devem ser resolvidas simultaneamente para x, y e λ. As duas primeiras equações afirmam que $y/2 = x/2 = \lambda$, mostrando que x deve ser igual a y (o campo deve ser quadrado). Elas também implicam que x e y devem ser escolhidos tal que a razão de benefícios marginais para custo marginal seja a mesma para ambas as variáveis. O benefício (em termos de área) de uma unidade a mais de x é dado por y (a área é aumentada por $1 \cdot y$), e o custo marginal (em termos de perímetro) é 2 (o perímetro disponível é reduzido por 2 para cada unidade em que o comprimento de lado x é aumentado). As condições máximas afirmam que essa proporção deve ser igual para cada uma das variáveis.

Uma vez que mostramos que $x = y$, podemos usar a restrição para mostrar que

$$x = y = \frac{P}{4},$$ (2.54)

e, porque $y = 2\lambda$,

$$\lambda = \frac{P}{8}.$$ (2.55)

Interpretação do multiplicador de Lagrange. Se o fazendeiro estivesse interessado em saber quanto campo a mais poderia ser cercado adicionando uma jarda a mais de cerca, o multiplicador de Lagrange sugere que ele pode descobrir isso dividindo o perímetro presente por 8. Alguns números específicos podem deixar isso mais claro. Suponha que o campo tenha atualmente um perímetro de 400 jardas. Se o fazendeiro planejou "otimamente", o campo será um quadrado de 100 jardas ($= P/4$) em um lado. A área confinada será de 10.000 jardas quadradas. Suponha agora que o perímetro (isto é, a cerca disponível) fosse aumentado em uma jarda. A Equação 2.55 "preveria" então que a área total seria aumentada em aproximadamente 50 ($= P/8$) jardas quadradas. Que este é, de fato, o caso pode ser mostrado da seguinte maneira: como o perímetro é agora 401 jardas, cada lado do quadrado terá 401/4 jardas. Portanto, a área total do campo é $(401/4)^2$, a qual, de acordo com a calculadora do autor, acaba sendo 10.050,06 jardas quadradas. Assim, a "previsão" de um aumento de 50 jardas quadradas, que é provocada pelo multiplicador de Lagrange, se mostra notavelmente próxima. Como em todos os problemas de maximização condicionada, aqui, o multiplicador de Lagrange oferece informações úteis sobre o valor implícito da restrição.

Dualidade. A dualidade desse problema de maximização é o de que, para dada área de um campo retangular, o fazendeiro quer minimizar a cerca necessária para envolvê-la. Matematicamente, o problema é minimizar

$$P = 2x + 2y,$$ (2.56)

sujeito à restrição

$$A = x \cdot y.$$ (2.57)

Ao definirmos a expressão para o Lagrangiano

$$\mathcal{L}^D = 2x + 2y + \lambda^D(A - x \cdot y)$$ (2.58)

(em que o D marca o conceito dual) temos as seguintes condições de primeira ordem para um mínimo:

$$\frac{\partial \mathcal{L}^D}{\partial x} = 2 - \lambda^D \cdot y = 0,$$
$$\frac{\partial \mathcal{L}^D}{\partial y} = 2 - \lambda^D \cdot x = 0,$$ (2.59)
$$\frac{\partial \mathcal{L}^D}{\partial \lambda^D} = A - x \cdot y = 0.$$

Resolver essas equações como foi feito antes dá o resultado

$$x = y = \sqrt{A}. \tag{2.60}$$

Novamente, o campo deve ser quadrado se o comprimento da cerca deve ser minimizado. O valor do multiplicador de Lagrange nesse problema é

$$\lambda^D = \frac{2}{y} = \frac{2}{x} = \frac{2}{\sqrt{A}}. \tag{2.61}$$

Assim como antes, o multiplicador de Lagrange indica a relação entre o objetivo (minimizar a cerca) e a restrição (necessidade de cercar o campo). Se o campo tinha 10.000 jardas quadradas, como vimos antes, seriam necessárias 400 jardas de cerca. Aumentar o campo por uma jarda quadrada exigiria 0,02 jardas a mais de cerca ($2/\sqrt{A} = 2/100$). O leitor pode querer confirmar com sua calculadora para mostrar que, de fato, este é o caso – uma cerca de 100,005 jardas em cada lado confinaria uma área de 10.001 jardas quadradas. Aqui, assim como na maioria dos problemas de dualidade, o valor do multiplicador de Lagrange no dual é o recíproco do valor para o multiplicador de Lagrange no problema primal. Ambos fornecem a mesma informação, embora de forma diferente.

PERGUNTA: Como as respostas a esse problema mudariam se um lado do campo exigisse uma cerca dupla?

2.6 TEOREMA DO ENVELOPE EM PROBLEMAS DE MAXIMIZAÇÃO CONDICIONADA

O teorema do envelope, que discutimos anteriormente em conexão aos problemas de maximização sem restrição, também tem implicações importantes nos problemas de maximização condicionada. Aqui, forneceremos apenas uma breve apresentação do teorema. Em capítulos futuros, discutiremos inúmeras aplicações.

Suponha que queremos o valor máximo de

$$y = f(x_1, \ldots, x_n; a), \tag{2.62}$$

sujeito à restrição

$$g(x_1, \ldots, x_n; a) = 0, \tag{2.63}$$

em que deixamos explícita a dependência das funções f e g de algum parâmetro a.

Como já demonstramos, uma maneira de resolver esse problema é definir a expressão para o Lagrangiano

$$\mathscr{L} = f(x_1, \ldots, x_n; a) + \lambda g(x_1, \ldots, x_n; a) \tag{2.64}$$

e resolver as condições de primeira ordem (veja a Equação 2.59) para os valores ótimos e restritos $x^*_1, \ldots, x^*_n$. Esses valores (que dependerão do parâmetro a) podem então ser substituídos de volta na função original f para produzir uma função valor para o problema. Para essa função valor, o teorema do envelope afirma que:

$$\frac{dy^*}{da} = \frac{\partial \mathscr{L}}{\partial a}(x^*_1, \ldots, x^*_n; a). \tag{2.65}$$

Isto é, a mudança no valor máximo de *y* que resulta quando o parâmetro *a* muda (e todos os *x*'s são recalculados para novos valores ótimos) pode ser encontrada se diferenciarmos parcialmente o Lagrangiano (Equação 2.64) e avaliarmos a derivada parcial resultante nos valores ótimos dos *x*'s. Assim, o Lagrangiano tem o mesmo papel ao aplicar o teorema do envelope a problemas com restrições, assim como faz a função objetivo sozinho em problemas sem restrições. O próximo exemplo mostra isso para o problema da cerca ótima. Um esquema da prova do teorema do envelope em problemas com restrições é oferecido no Problema 2.12.

EXEMPLO 2.9 Cercas ótimas e o teorema do envelope

No problema da cerca no Exemplo 2.8, a função valor mostra a área do campo como uma função do perímetro de cerca disponível, a única variável exógena no problema:

$$A^* = x^* \cdot y^* = \frac{P}{4} \cdot \frac{P}{4} = \frac{P^2}{16}. \qquad (2.66)$$

Agora, a aplicação do teorema do envelope resulta em – lembre-se de que o Lagrangiano para esse problema é $\mathcal{L} = xy + \lambda(P - 2x - 2y)$:

$$\frac{dA^*}{dP} = \frac{P}{8} = \frac{\partial \mathcal{L}}{\partial P} = \lambda. \qquad (2.67)$$

Nesse caso, como já sabemos, o multiplicador de Lagrange mostra como a área otimizada do campo seria afetada pelo pequeno aumento na cerca disponível. De forma mais geral, esse problema ilustra o fato de que o multiplicador de Lagrange em um problema de maximização condicionada mostrará geralmente o ganho marginal na função objetivo que pode ser obtido a partir de um sutil relaxamento da restrição.

PERGUNTA: Como você aplicaria o teorema do envelope ao problema dual de minimizar a cerca necessária para confinar uma certa área de um campo?

2.7 RESTRIÇÕES DE DESIGUALDADE

Em alguns problemas econômicos, as restrições não precisam ser mantidas exatamente. Por exemplo, a restrição orçamentária de um indivíduo exige que ele gaste até determinada quantia por período, mas é pelo menos possível que gaste menos que aquela quantia. Restrições de desigualdade também surgem nos valores permitidos para algumas variáveis em problemas econômicos. Geralmente, por exemplo, variáveis econômicas devem ser não negativas (embora elas possam assumir o valor zero). Nesta seção, mostraremos como a técnica do Lagrangiano pode ser adaptada a tais circunstâncias. Embora encontraremos apenas alguns problemas mais adiante no livro que exigem essa matemática, o desenvolvimento aqui vai ilustrar alguns princípios gerais consistentes com a intuição econômica.

2.7.1 Exemplo de duas variáveis

Para evitar muita notação trabalhosa, vamos explorar restrições de desigualdade apenas para o caso simples envolvendo duas variáveis de escolha. Os resultados derivados são prontamente generalizados. Suponha que queremos maximizar $y = f(x_1, x_2)$ sujeito a três restrições de desigualdade:

$$1. g(x_1, x_2) \geq 0;$$
$$2. x_1 \geq 0; \quad e \tag{2.68}$$
$$3. x_2 \geq 0.$$

Portanto, estamos permitindo a possibilidade de que a restrição que introduzimos anteriormente não precisa ser mantida exatamente (uma pessoa não precisa gastar toda sua renda) e para o fato de que ambos os x's devem ser não negativos (como na maioria dos problemas econômicos).

2.7.2 Variáveis de folga

Uma maneira de resolver esse problema de otimização é introduzir três novas variáveis (a, b e c) que convertam as restrições de desigualdade em igualdades. Para garantir que as desigualdades continuem a se manter, vamos elevar ao quadrado essas novas variáveis para assegurar que os valores resultantes serão positivos. Ao usarmos esse procedimento, as restrições de desigualdade se tornam

$$1. g(x_1, x_2) - a^2 = 0;$$
$$2. x_1 - b^2 = 0; \quad e$$
$$3. x_2 - c^2 = 0. \tag{2.69}$$

Qualquer solução que obedeça a essas três restrições de igualdade também obedecerão às restrições de desigualdade. Também ocorreria que os valores ótimos para a, b e c proporcionariam várias conclusões sobre a natureza das soluções a um problema desse tipo.

2.7.3 Solução por meio dos multiplicadores do Lagrangiano

Ao converter o problema original envolvendo desigualdades em um que envolva igualdades, estamos agora em uma posição que nos permite usar os métodos do Lagrangiano para resolvê-lo. Como há três restrições, devemos introduzir três multiplicadores de Lagrange: λ_1, λ_2 e λ_3. A expressão completa para o Lagrangiano é

$$\mathcal{L} = f(x_1, x_2) + \lambda_1[g(x_1, x_2) - a^2] + \lambda_2(x_1 - b^2) + \lambda_3(x_2 - c^2). \tag{2.70}$$

Queremos encontrar os valores de $x_1, x_2, a, b, c, \lambda_1, \lambda_2$ e λ_3 que constituem um ponto crítico para essa expressão. Isso necessitará de oito condições de primeira ordem:

$$\frac{\partial \mathcal{L}}{\partial x_1} = f_1 + \lambda_1 g_1 + \lambda_2 = 0,$$

$$\frac{\partial \mathcal{L}}{\partial x_2} = f_2 + \lambda_1 g_2 + \lambda_3 = 0,$$

$$\frac{\partial \mathcal{L}}{\partial a} = -2a\lambda_1 = 0,$$

$$\frac{\partial \mathcal{L}}{\partial b} = -2b\lambda_2 = 0,$$

$$\frac{\partial \mathcal{L}}{\partial c} = -2c\lambda_3 = 0,$$

$$\frac{\partial \mathscr{L}}{\partial \lambda_1} = g(x_1, x_2) - a^2 = 0,$$

$$\frac{\partial \mathscr{L}}{\partial \lambda_2} = x_1 - b^2 = 0,$$

$$\frac{\partial \mathscr{L}}{\partial \lambda_3} = x_2 - c^2 = 0.$$

(2.71)

De muitas formas, essas condições lembram aquelas que deduzimos anteriormente para o caso de uma única restrição de igualdade. Por exemplo, as três últimas condições meramente repetem as três restrições revisadas. Isso garante que qualquer solução obedecerá a essas condições. As duas primeiras equações também lembram condições ótimas desenvolvidas antes. Se λ_2 e λ_3 fossem 0, as condições seriam, na realidade, idênticas. Mas a presença dos multiplicadores adicionais de Lagrange nas expressões mostra que as condições costumeiras de otimalidade podem não se manter exatamente aqui.

2.7.4 Folga complementar

As três equações envolvendo as variáveis a, b e c oferecem as conclusões mais importantes sobre a natureza das soluções de problemas envolvendo restrições de desigualdade. Por exemplo, a terceira linha na Equação 2.71 implica que, na solução ideal, λ_1 ou a devem ser 0.[12] No segundo caso ($a = 0$), a restrição $g(x_1, x_2) = 0$ se mantém exatamente e o valor calculado de λ_1 indica sua importância relativa à função objetiva, f. Por outro lado, se $a \neq 0$, então $\lambda_1 = 0$, e isso mostra que a disponibilidade de alguma folga na restrição implica que seu valor marginal ao objetivo é 0. No contexto do consumidor, isso significa que, se uma pessoa não gastar toda a sua renda, ainda mais renda não faria nada para melhorar seu bem-estar.

Relações com folga complementar semelhantes também se mantêm para as variáveis de escolha x_1 e x_2. Por exemplo, a quarta linha na Equação 2.71 exige que a solução ótima tenha b ou λ_2 como 0. Se $\lambda_2 = 0$, então a solução ótima tem $x_1 > 0$, e esta variável de escolha satisfaz o teste preciso de custo-benefício de que $f_1 + \lambda_1 g_1 = 0$. Alternativamente, soluções em que $b = 0$ têm $x_1 = 0$, e também exigem que $\lambda_2 > 0$. Portanto, tais soluções não envolvem nenhum uso de x_1 porque aquela variável não satisfaz o teste custo-benefício como mostra a primeira linha da Equação 2.71, que implica que $f_1 + \lambda_1 g_1 < 0$. Um resultado idêntico se mantém para a variável de escolha x_2.

Esses resultados, às vezes chamados de *condições de Kuhn-Tucker* em homenagem a seus descobridores, mostram que as soluções para problemas de otimização envolvendo restrições de desigualdade vão diferir de problemas semelhantes envolvendo restrições de igualdade de maneiras relativamente simples. Consequentemente, não cometeremos um grande erro ao trabalhar com restrições envolvendo igualdades e supor que podemos depender da intuição para afirmar o que aconteceria se os problemas envolvessem desigualdades. Essa é a abordagem geral que tomaremos neste livro.[13]

2.8 CONDIÇÕES DE SEGUNDA ORDEM E CURVATURA

Até aqui, nossa discussão de otimização se concentrou principalmente nas condições necessárias (primeira ordem) para encontrar o máximo. Essa é de fato a prática que seguiremos durante a maior parte deste livro porque, como veremos, a maioria dos problemas econômicos envolve funções para as quais as condições de segunda ordem para um máximo também são satisfeitas. Isso porque essas funções

---
[12] Não examinaremos o caso degenerado em que ambas as variáveis são 0.
[13] A situação pode se tornar muito mais complexa quando o cálculo não for confiável para se alcançar uma solução, talvez porque algumas das funções em um problema não sejam diferenciáveis. Para uma discussão, veja Avinash K. Dixit, *Optimization in Economic Theory*, 2ª ed. (Oxford: Oxford University Press, 1990).

têm as propriedades de curvatura certas para assegurar que as condições necessárias para um ótimo também sejam suficientes. Nesta seção, oferecemos um tratamento geral dessas condições de curvatura e sua relação com as condições de segunda ordem. As implicações econômicas dessas condições de curvatura serão discutidas ao longo do texto.

2.8.1 Funções de uma variável

Primeiro, considere o caso no qual o objetivo, y, é uma função de apenas uma única variável, x. Isto é,

$$y = f(x). \tag{2.72}$$

Uma condição necessária para que essa função alcance seu valor máximo em algum ponto é a de que

$$\frac{dy}{dx} = f'(x) = 0 \tag{2.73}$$

naquele ponto. Para garantir que o ponto seja de fato um máximo, devemos ter y diminuindo para movimentos que se afastem dele. Já sabemos que, para pequenas mudanças em x, o valor de y não muda; o que precisamos verificar é se y está aumentando antes que o "platô" seja alcançado e diminuindo depois disso. Já deduzimos uma expressão para a mudança em y (dy):

$$dy = f'(x)dx. \tag{2.74}$$

O que precisamos agora é que dy esteja diminuindo para pequenos aumentos no valor de x. O diferencial da Equação 2.74 é dado por

$$d(dy) = d^2y = \frac{d[f'(x)dx]}{dx} \cdot dx = f''(x)dx \cdot dx = f''(x)dx^2. \tag{2.75}$$

Mas

$$d^2y < 0$$

implica que

$$f''(x)dx^2 < 0, \tag{2.76}$$

e como dx^2 deve ser positivo (porque qualquer número elevado ao quadrado é positivo), temos

$$f''(x) < 0 \tag{2.77}$$

como a condição de segunda ordem exigida. Posto em palavras, essa condição exige que a função f tenha uma forma côncava em seu ponto crítico (compare as Figuras 2.1 e 2.2). As condições de curvatura que encontraremos neste livro representam generalizações dessa ideia simples.

2.8.2 Funções de duas variáveis

Como segundo caso, consideramos y como uma função de duas variáveis independentes:

$$y = f(x_1, x_2). \tag{2.78}$$

Uma condição necessária para que tal função alcance seu valor máximo é a de que suas derivadas parciais, tanto na direção de x_1 quanto x_2, sejam 0. Isto é,

$$\frac{\partial y}{\partial x_1} = f_1 = 0,$$

$$\frac{\partial y}{\partial x_2} = f_2 = 0. \tag{2.79}$$

Um ponto que satisfaça essas condições será um ponto "plano" na função (um ponto onde $dy = 0$) e, portanto, será um candidato a máximo. Para assegurar que o ponto é um máximo local, y deve diminuir para movimentos em qualquer direção que se afaste do ponto crítico: em termos ilustrativos, há apenas uma maneira de sair de um topo de montanha verdadeiro: descer.

2.8.3 Argumento intuitivo

Descrevemos anteriormente por que uma simples generalização do caso de variável única mostra que as duas derivadas parciais diretas (f_{11} e f_{22}) devem ser negativas para um máximo local. Em nossa analogia da montanha, se a atenção for colocada somente nos movimentos norte-sul ou leste-oeste, a inclinação da montanha deve estar diminuindo à medida que cruzamos seu cume – a inclinação deve mudar de positiva para negativa. A complexidade específica que surge no caso de duas variáveis envolve movimentos através do ponto ideal que não estão apenas nas direções x_1 ou x_2 (digamos, movimentos do nordeste para o sudoeste). Em tais casos, as derivadas parciais de segunda ordem não oferecem informações completas sobre como a inclinação está mudando em proximidade ao ponto crítico. As condições também devem ser impostas à derivada parcial cruzada ($f_{12} = f_{21}$) para garantir que dy esteja diminuindo para movimentos através do ponto crítico em qualquer direção. Como veremos, aquelas condições levam à exigência de que as derivadas parciais de segunda ordem diretas sejam suficientemente negativas para contrabalançar quaisquer possíveis derivativos parciais cruzados "perversos" que possam existir. Intuitivamente, se a montanha cai abruptamente para as direções norte-sul e leste-oeste, falhas relativamente pequenas para que isso aconteça em outras direções podem ser compensadas.

2.8.4 Análise formal

Vamos agora colocar esses pontos mais formalmente. O que queremos descobrir são as condições que devem ser colocadas nas derivadas parciais de segunda ordem da função f para garantir que d^2y seja negativo para movimentos em qualquer direção através do ponto crítico. Lembre-se primeiro de que o diferencial total da função é dado por

$$dy = f_1 dx_1 + f_2 dx_2. \tag{2.80}$$

O diferencial daquela função é dado por

$$d^2y = (f_{11}dx_1 + f_{12}dx_2)dx_1 + (f_{21}dx_1 + f_{22}dx_2)dx_2$$

ou

$$d^2y = f_{11}dx_1^2 + f_{12}dx_2 dx_1 + f_{21}dx_1 dx_2 + f_{22}dx_2^2.$$

Devido ao teorema de Young, $f_{12} = f_{21}$, podemos reorganizar os termos para obter

$$d^2y = f_{11}dx_1^2 + 2f_{12}dx_1 dx_2 + f_{22}dx_2^2. \tag{2.81}$$

Para que essa equação seja comprovadamente negativa para qualquer mudança nos x's (isto é, para quaisquer escolhas de dx_1 e dx_2), é obviamente necessário que f_{11} e f_{22} sejam negativos. Se, por exemplo, $dx_2 = 0$, então

$$d^2y = f_{11}dx_1^2 \qquad (2.82)$$

e $d^2y < 0$ implica

$$f_{11} < 0. \qquad (2.83)$$

Um argumento idêntico pode ser usado para f_{22} ao definir $dx_1 = 0$. Se nem dx_1 nem dx_2 forem 0, devemos então considerar a parcial cruzada, f_{12}, ao decidir se d^2y é comprovadamente negativo. Uma álgebra relativamente simples pode ser usada para mostrar que a condição exigida é[14]

$$f_{11}f_{22} - f_{12}^2 > 0. \qquad (2.84)$$

2.8.5 Funções côncavas

Intuitivamente, o que a Equação 2.84 exige é que as derivadas parciais de segunda ordem diretas (f_{11} e f_{22}) sejam suficientemente negativas para que seu produto (que é positivo) supere quaisquer possíveis efeitos perversos das derivadas parciais cruzadas ($f_{12} = f_{21}$). As funções que obedecem a tal condição são chamadas *funções côncavas*. Em três dimensões, tais funções lembram xícaras invertidas (para uma ilustração, veja o Exemplo 2.11). Essa imagem deixa claro que um lugar plano em tal função é, de fato, um máximo verdadeiro porque a função sempre inclina para baixo a partir desse lugar. De forma mais genérica, funções côncavas têm a propriedade de que elas sempre ficam abaixo de qualquer plano tangente a elas – o plano definido pelo valor máximo da função é simplesmente um caso especial dessa propriedade.

EXEMPLO 2.10 Condições de segunda ordem: Estado de saúde pela última vez

No Exemplo 2.6, consideramos a função do estado de saúde

$$y = f(x_1, x_2) = -x_1^2 + 2x_1 - x_2^2 + 4x_2 + 5. \qquad (2.85)$$

As condições de primeira ordem para um máximo são

$$f_1 = -2x_1 + 2 = 0,$$
$$f_2 = -2x_2 + 4 = 0 \qquad (2.86)$$

ou

$$x_1^* = 1,$$
$$x_2^* = 2. \qquad (2.87)$$

---

[14] A prova se obtém adicionando e subtraindo o termo $(f_{12}dx_2)^2/f_{11}$ à Equação 2.81 e fatorando. Mas essa abordagem só é aplicável a esse caso especial. Uma abordagem mais generalizada que usa a álgebra de matriz reconhece que a Equação 2.81 é uma "forma quadrática" em dx_1 e dx_2, e que as Equações 2.83 e 2.84 acabam exigindo que a matriz hessiana

$$\begin{bmatrix} f_{11} & f_{12} \\ f_{21} & f_{22} \end{bmatrix}$$

seja "negativa definida". Especificamente, a Equação 2.84 exige que o determinante dessa matriz hessiana seja positiva. Para uma discussão, veja as Aplicações deste capítulo no *site* da Cengage.

As derivadas parciais de segunda ordem para a Equação 2.85 são

$$f_{11} = -2,$$
$$f_{22} = -2,$$
$$f_{12} = 0. \qquad (2.88)$$

Essas derivativas claramente obedecem às Equações 2.83 e 2.84, então as condições necessárias e suficientes para um máximo local estão sendo satisfeitas.[15]

PERGUNTA: Descreva a forma côncava da função do estado de saúde e indique por que ela tem apenas um único valor máximo global.

2.8.6 Maximização condicionada

Como outra ilustração das condições de segunda ordem, considere o problema de escolher x_1 e x_2 para maximizar

$$y = f(x_1, x_2), \qquad (2.89)$$

sujeito à restrição linear

$$c - b_1 x_1 - b_2 x_2 = 0 \qquad (2.90)$$

em que c, b_1 e b_2 são parâmetros constantes no problema. Esse é um dos tipos de problema que será visto frequentemente neste livro e é um caso especial dos problemas de maximização condicionada que examinamos anteriormente. Neles, mostramos que as condições de primeira ordem para um máximo podem ser derivadas por meio da definição da expressão para o Lagrangiano

$$\mathscr{L} = f(x_1, x_2) + \lambda(c - b_1 x_1 - b_2 x_2). \qquad (2.91)$$

A diferenciação parcial com relação a x_1, x_2 e λ gera os resultados já conhecidos:

$$f_1 - \lambda b_1 = 0,$$
$$f_2 - \lambda b_2 = 0,$$
$$c - b_1 x_1 - b_2 x_2 = 0. \qquad (2.92)$$

Essas equações podem ser resolvidas, em geral, para os valores ótimos de x_1, x_2 e λ. Para assegurar que o ponto derivado daquela forma seja um máximo local, devemos examinar novamente os movimentos a partir dos pontos críticos escolhendo o "segundo" diferencial total:

$$d^2y = f_{11} dx_1^2 + 2f_{12} dx_1 dx_2 + f_{22} dx_2^2. \qquad (2.93)$$

Nesse caso, porém, nem todas as possíveis pequenas mudanças nos x's são permitidas. Apenas aqueles valores de x_1 e x_2 que continuam a satisfazer à restrição podem ser considerados alternativas válidas ao ponto crítico. Para examinar tais mudanças, devemos calcular o diferencial total da restrição:

---

[15] Note que a Equação 2.88 obedece às condições suficientes não apenas no ponto crítico, mas também para todas as escolhas possíveis de x_1 e x_2. Isto é, a função é côncava. Em exemplos mais complexos, este poderá não ser o caso: as condições de segunda ordem precisam ser satisfeitas apenas no ponto crítico para que um máximo local ocorra.

$$-b_1 dx_1 - b_2 dx_2 = 0 \qquad (2.94)$$

ou

$$dx_2 = -\frac{b_1}{b_2} dx_1. \qquad (2.95)$$

Essa equação mostra as mudanças relativas em x_1 e x_2 que são permitidas ao considerar movimentos a partir do ponto crítico. Para prosseguir com esse problema, precisamos usar as condições de primeira ordem. As duas primeiras destas implicam

$$\frac{f_1}{f_2} = \frac{b_1}{b_2}, \qquad (2.96)$$

e ao combinar esse resultado com a Equação 2.95, temos

$$dx_2 = -\frac{f_1}{f_2} dx_1. \qquad (2.97)$$

Agora substituímos essa expressão por dx_2 na Equação 2.93 para demonstrar as condições que devem ser mantidas para que d^2y seja negativo:

$$\begin{aligned} d^2y &= f_{11} dx_1^2 + 2f_{12} dx_1 \left(-\frac{f_1}{f_2} dx_1\right) + f_{22}\left(-\frac{f_1}{f_2} dx_1\right)^2 \\ &= f_{11} dx_1^2 - 2f_{12} \frac{f_1}{f_2} dx_1^2 + f_{22} \frac{f_1^2}{f_2^2} dx_1^2. \end{aligned} \qquad (2.98)$$

Ao combinar os termos e colocarmos cada um sob um denominador comum, temos

$$d^2y = (f_{11} f_2^2 - 2f_{12} f_1 f_2 + f_{22} f_1^2) \frac{dx_1^2}{f_2^2}. \qquad (2.99)$$

Consequentemente, para $d^2y < 0$, deve ser o caso em que

$$f_{11} f_2^2 - 2f_{12} f_1 f_2 + f_{22} f_1^2 < 0. \qquad (2.100)$$

2.8.7 Funções quase côncavas

Embora a Equação 2.100 pareça ser pouco mais que uma massa complexa de símbolos matemáticos, a condição é importante. Ela caracteriza um conjunto de funções denominadas *funções quase côncavas*. Essas funções têm a propriedade de que o conjunto de todos os pontos para os quais tal função assume um valor maior que qualquer constante específica é o conjunto convexo (isto é, quaisquer dois pontos no conjunto podem ser unidos por uma reta contida completamente dentro dele). Muitos modelos econômicos são caracterizados por tais funções e, como veremos com mais detalhes no Capítulo 3, nesses casos a condição para a quase concavidade tem uma interpretação econômica relativamente simples. Os Problemas 2.9 e 2.10 examinam duas funções quase côncavas específicas que encontraremos com frequência neste livro. O Exemplo 2.11 mostra a relação entre funções côncavas e quase côncavas.

EXEMPLO 2.11 Funções côncavas e quase côncavas

As diferenças entre funções côncavas e quase côncavas podem ser ilustradas com a função[16]

$$y = f(x_1, x_2) = (x_1 \cdot x_2)^k, \tag{2.101}$$

em que os x's assumem somente valores positivos e o parâmetro k pode assumir diversos valores positivos.

Independentemente do valor assumido por k, essa função é quase côncava. Uma forma de demonstrar isso é observando as "curvas de nível" da função ao definir y igual a um valor específico, digamos, c. Nesse caso,

$$y = c = (x_1 x_2)^k \quad \text{ou} \quad x_1 x_2 = c^{1/k} = c'. \tag{2.102}$$

Mas essa é apenas a equação de uma hipérbole retangular padrão. Claramente, o conjunto de pontos para os quais y assume valores maiores que c é convexo porque ele é limitado por essa hipérbole.

Uma forma mais matemática de mostrarmos a quase concavidade seria aplicar a Equação 2.99 a essa função. Embora a álgebra envolvida nisso seja um pouco confusa, pode valer a pena. Os vários componentes da equação são:

$$\begin{aligned} f_1 &= k x_1^{k-1} x_2^k, \\ f_2 &= k x_1^k x_2^{k-1}, \\ f_{11} &= k(k-1) x_1^{k-2} x_2^k, \\ f_{22} &= k(k-1) x_1^k x_2^{k-2}, \\ f_{12} &= k^2 x_1^{k-1} x_2^{k-1}. \end{aligned} \tag{2.103}$$

Assim,

$$\begin{aligned} f_{11} f_2^2 - 2 f_{12} f_1 f_2 + f_{22} f_1^2 &= k^3(k-1) x_1^{3k-2} x_2^{3k-2} - 2 k^4 x_1^{3k-2} x_2^{3k-2} \\ &\quad + k^3(k-1) x_1^{3k-2} x_2^{3k-2} \\ &= 2 k^3 x_1^{3k-2} x_2^{3k-2} (-1), \end{aligned} \tag{2.104}$$

que é claramente negativa, como exige a quase concavidade.

A concavidade da função f depende do valor de k. Se $k < 0{,}5$, a função é, de fato, côncava. Uma forma intuitiva de se observar isso é considerar apenas pontos em que $x_1 = x_2$. Para esses pontos,

$$y = (x_1^2)^k = x_1^{2k}, \tag{2.105}$$

a qual, para $k < 0{,}5$, é côncava. De forma alternativa, para $k > 0{,}5$, essa função é convexa.

Uma prova mais definitiva faz uso dos derivados parciais dessa função. Nesse caso, a condição para concavidade pode ser expressa como

$$\begin{aligned} f_{11} f_{22} - f_{12}^2 &= k^2(k-1)^2 x_1^{2k-2} x_2^{2k-2} - k^4 x_1^{2k-2} x_2^{2k-2} \\ &= x_1^{2k-2} x_2^{2k-2} [k^2(k-1)^2 - k^4] \\ &= x_1^{2k-1} x_2^{2k-1} [k^2(-2k+1)], \end{aligned} \tag{2.106}$$

---

[16] Essa função é um caso especial da função Cobb-Douglas. Veja também o Problema 2.10 e as Aplicações deste capítulo no *site* da Cengage para mais detalhes sobre essa função.

FIGURA 2.4 Funções côncavas e quase côncavas

Em todos os três casos, essas funções são quase côncavas. Para um *y* fixo, suas curvas de nível são convexas. Mas apenas para *k* = 0,2 a função é estritamente côncava. O caso *k* = 1,0 mostra claramente a não concavidade porque a função não está abaixo de seu plano tangente.

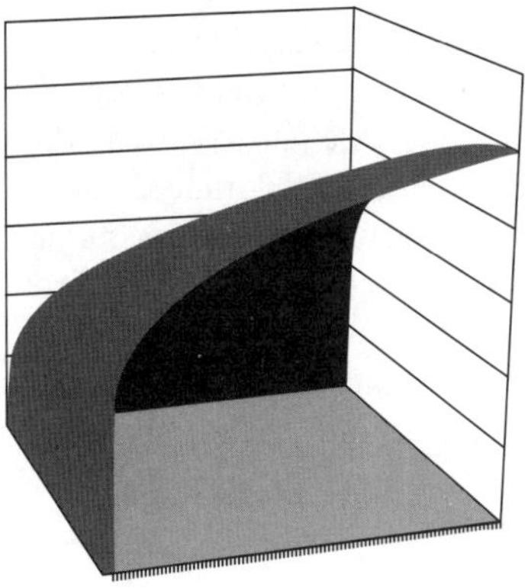

(a) *k* = 0,2

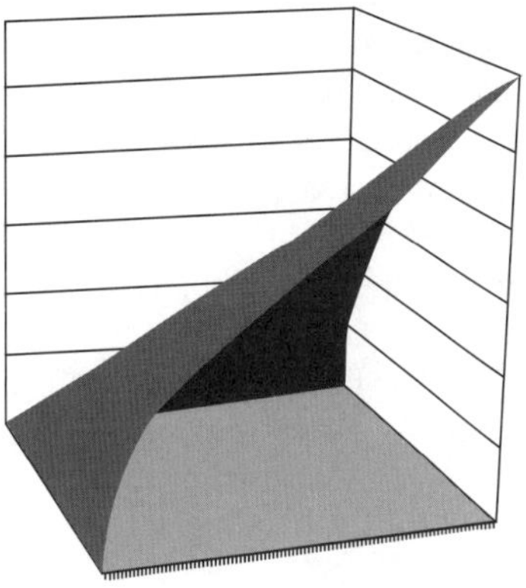

(b) *k* = 0,5

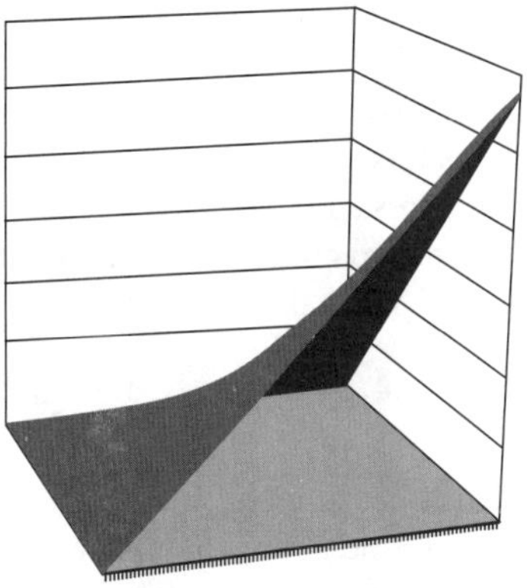

(c) *k* = 1,0

e essa expressão é positiva (conforme se exige para a concavidade) para

$$(-2k + 1) > 0 \text{ ou } k < 0{,}5.$$

Por outro lado, a função é convexa para *k* > 0,5.

Ilustração gráfica. A Figura 2.4 oferece ilustrações tridimensionais de três exemplos específicos dessa função: para *k* = 0,2, *k* = 0,5 e *k* = 1. Note que, em todos os três exemplos, as curvas de nível da função possuem formatos convexos e hiperbólicos. Isto é, para qualquer valor fixo de *y*, as funções são semelhantes. Isso mostra a quase concavidade da função. As principais diferenças entre as funções são ilustradas pela forma na qual o valor de y aumenta à medida que os dois x's aumentam juntos. Na Figura 2.4a (quando $k = 0,2$), o aumento em y com o aumento dos x's. Isso dá à função um formato arredondado, semelhante a uma xícara, que indica sua concavidade. Para $k = 0,5$, y parece aumentar de forma linear com os aumentos de ambos os x's. Essa é a fronteira entre a concavidade e a convexidade. Finalmente, quando $k = 1$ (como na Figura 2.4c), aumentos simultâneos nos valores de ambos os x's aumentam y rapidamente. A espinha da função parece convexa para refletir esses resultados crescentes. De uma maneira mais formal, a função está acima do seu plano tangente, enquanto deveria estar abaixo daquele plano para concavidade.

Uma observação cuidadosa da Figura 2.4a sugere que qualquer função que seja côncava também será quase côncava. Você será solicitado a provar que este é, de fato, o caso no Problema 2.9. Esse exemplo mostra que o oposto dessa afirmação não é verdadeiro – funções quase côncavas não precisam necessariamente ser côncavas. A maior parte das funções que encontraremos neste livro também ilustrará esse fato; a maioria será quase côncava, mas não necessariamente côncava.

PERGUNTA: Explique por que as funções ilustradas nas Figuras 2.4a e 2.4c teriam valores máximos se os x's estivessem sujeitos a uma restrição linear, mas apenas o gráfico na Figura 2.4a teria um máximo irrestrito.

2.9 FUNÇÕES HOMOGÊNEAS

Muitas das funções que surgem naturalmente da teoria econômica têm outras propriedades matemáticas. Um conjunto particularmente importante de propriedades está relacionado à forma como as funções se comportam quando todos (ou a maioria) dos seus argumentos aumentam proporcionalmente. Tais situações surgem quando fazemos perguntas tais como o que aconteceria se todos os preços aumentassem em 10% ou como a produção de uma empresa mudaria se dobrasse todos os insumos que utiliza. Pensar sobre essas questões nos leva naturalmente ao conceito de funções homogêneas. Especificamente, uma função $f(x_1, x_2, ..., x_n)$ é considerada homogênea de grau k se

$$f(tx_1, tx_2, \ldots, tx_n) = t^k f(x_1, x_2, \ldots, x_n). \tag{2.107}$$

Os exemplos mais importantes de funções homogêneas são aquelas para as quais $k = 1$ ou $k = 0$. Em palavras, quando uma função é homogênea de grau 1, a duplicação de todos os seus argumentos dobra o valor da função. Para funções homogêneas de grau 0, dobrar todos os seus argumentos deixa o valor da função constante. As funções também podem ser homogêneas para mudanças em apenas certos subconjuntos de seus argumentos – isto é, uma duplicação de alguns dos x's pode dobrar o valor da função se os outros argumentos da função se mantiverem constantes. Geralmente, no entanto, a homogeneidade se aplica às mudanças em todos os argumentos em uma função.

2.9.1 Homogeneidade e derivativas

Se uma função é homogênea de grau k e pode ser diferenciada, as derivadas parciais da função serão homogêneas de grau $k - 1$. Uma prova disso deriva diretamente da definição de homogeneidade. Por exemplo, diferenciar a Equação 2.107 com relação a x_1:

$$\frac{\partial f(tx_1, \ldots, tx_n)}{\partial x_1} = \frac{\partial f(tx_1, \ldots, tx_n)}{\partial tx_1} \cdot \frac{\partial tx_1}{\partial x_1} = f_1(tx_1, \ldots, tx_n) \cdot t = t^k \frac{\partial f(x_1, \ldots, x_n)}{\partial x_1}$$

ou

$$f_1(tx_1, \ldots, tx_n) = t^{k-1}f_1(x_1, \ldots, x_n),$$ (2.108)

que mostra que f_1 atende à definição de homogeneidade de grau $k - 1$. Como ideias marginais são tão prevalentes na teoria microeconômica, essa propriedade mostra que algumas propriedades importantes dos efeitos marginais podem ser inferidas a partir das propriedades da própria função subjacente.

2.9.2 Teorema de Euler

Outra característica útil das funções homogêneas pode ser exibida pela diferenciação da definição de homogeneidade com relação ao fator de proporcionalidade, t. Nesse caso, diferenciamos o lado direito da Equação 2.107 primeiro e, em seguida, o lado esquerdo:

$$kt^{k-1}f(x_1, \ldots, x_n) = x_1 f_1(tx_1, \ldots, tx_n) + \cdots + x_n f_n(tx_1, \ldots, tx_n).$$

Se deixarmos t = 1, essa equação se torna

$$kf(x_1, \ldots, x_n) = x_1 f_1(x_1, \ldots, x_n) + \cdots + x_n f_n(x_1, \ldots, x_n).$$ (2.109)

Essa equação é chamada de *teorema de Euler* (o matemático que também descobriu a constante e) para funções homogêneas. Ela mostra que, para uma função homogênea, há uma relação definida entre os valores da função e os valores de suas derivadas parciais. Várias relações econômicas importantes entre as funções se baseiam nessa observação.

2.9.3 Funções homotéticas

Uma função homotética é aquela formada tomando-se uma transformação monotônica de uma função homogênea.[17] Transformações monotônicas, por definição, preservam a ordem da relação entre os argumentos de uma função e o valor daquela função. Se certos subconjuntos de x's geram valores maiores para f, também produzem valores maiores para uma transformação monotônica de f. Como as transformações monotônicas podem assumir muitas formas, no entanto, não seria de se esperar que elas preservassem uma relação matemática exata como aquela das funções homogêneas. Considere, por exemplo, a função $y = f(x_1, x_2) = x_1 x_2$. Claramente, essa função é homogênea de grau 2 – uma duplicação de seus dois argumentos multiplicará o valor da função por 4. Entretanto, a transformação monotônica que simplesmente adiciona 1,0 a f (isto é, $F(f) = f + 1 = x_1 x_2 + 1$) não é em nada homogênea. Assim, exceto em casos especiais, as funções homotéticas não possuem as propriedades de homogeneidade de suas funções subjacentes. As funções homotéticas, porém, preservam uma característica interessante das funções homogêneas – de que as compensações implícitas implicadas pela função dependem apenas da razão das duas variáveis sendo trocadas, e não de seus níveis absolutos. Para mostrar isso, lembre-se do teorema da função implícita, que mostrou que, para uma função de duas variáveis da forma $y = f(x_1, x_2)$, a compensação implícita entre as duas variáveis necessárias para manter o valor da função constante é dada por

$$\frac{dx_2}{dx_1} = -\frac{f_1}{f_2}.$$

---

[17] Como um caso limitador de uma transformação monotônica é deixar a função inalterada, todas as funções homogêneas também são homotéticas.

Se supormos que f é homogênea de grau k, suas derivadas parciais serão homogêneas de grau $k-1$; portanto, podemos escrever essa compensação como:

$$\frac{dx_2}{dx_1} = -\frac{t^{k-1}f_1(x_1,x_2)}{t^{k-1}f_2(x_1,x_2)} = -\frac{f_1(tx_1,tx_2)}{f_2(tx_1,tx_2)}. \tag{2.110}$$

Agora, deixemos $t = 1/x_2$ para que a Equação 2.110 se torne

$$\frac{dx_2}{dx_1} = -\frac{f_1(x_1/x_2,1)}{f_2(x_1/x_2,1)}. \tag{2.111}$$

que mostra que as compensações implícitas em f dependem apenas da razão de x_1 para x_2. Se aplicarmos qualquer transformação monotônica F (com $F' > 0$) à função homogênea original f, as compensações implicadas pela nova função homotética $F[f(x_1,x_2)]$ são inalteradas

$$\frac{dx_2}{dx_1} = -\frac{F'f_1(x_1/x_2,1)}{F'f_2(x_1/x_2,1)} = -\frac{f_1(x_1/x_2,1)}{f_2(x_1/x_2,1)}. \tag{2.112}$$

Em muitos lugares neste livro acharemos instrutivo discutir alguns resultados teóricos com gráficos bidimensionais, e a Equação 2.112 pode ser usada para concentrar nossa atenção nas razões das variáveis-chave em vez de seus níveis absolutos.

EXEMPLO 2.12 Propriedades cardinais e ordinais

Na economia aplicada, é importante às vezes saber a relação numérica exata entre variáveis. Por exemplo, no estudo da produção, alguém pode querer saber precisamente quanto produto extra seria produzido com a contratação de outro trabalhador. Essa é uma questão sobre as propriedades "cardinais" (isto é, numérica) da função produção. Em outros casos, alguém pode estar preocupado apenas com a ordem na qual vários pontos são classificados. Na teoria da utilidade, por exemplo, supomos que as pessoas podem ranquear grupos de mercadorias e escolher o grupo com a classificação mais alta, mas não há valores numéricos únicos atribuídos a esses rankings. Matematicamente, as propriedades ordinais das funções são preservadas por qualquer transformação monotônica porque, por definição, uma transformação monotônica preserva a ordem. Geralmente, no entanto, as propriedades cardinais não são preservadas por transformações monotônicas arbitrárias.

Essas distinções são ilustradas pelas funções que examinamos no Exemplo 2.11. Ali, estudamos as transformações monotônicas da função

$$f(x_1,x_2) = (x_1 x_2)^k \tag{2.113}$$

considerando vários valores do parâmetro k. Mostramos que a quase concavidade (uma propriedade cardinal) foi preservada para todos os valores de k. Assim, ao abordar problemas que se concentram na maximização ou minimização de tal função sujeita a restrições lineares, não precisamos nos preocupar sobre qual transformação está sendo usada precisamente. Por outro lado, a função na Equação 2.113 é côncava (uma propriedade cardinal) apenas para uma gama restrita de valores de k. Muitas transformações monotônicas destroem a concavidade de f.

A função da Equação 2.113 também pode ser usada para ilustrar a diferença entre funções homogêneas e homotéticas. Um aumento proporcional nos dois argumentos de f resultaria em

$$f(tx_1, tx_2) = t^{2k}x_1 x_2 = t^{2k}f(x_1, x_2). \tag{2.114}$$

Assim, o grau de homogeneidade para essa função depende de k – isto é, o grau de homogeneidade não é preservado independentemente de qual transformação monotônica é usada. De forma alternativa, a função na Equação 2.113 é homotética porque

$$\frac{dx_2}{dx_1} = -\frac{f_1}{f_2} = -\frac{kx_1^{k-1}x_2^k}{kx_1^k x_2^{k-1}} = -\frac{x_2}{x_1}. \tag{2.115}$$

Isto é, a compensação entre x_2 e x_1 depende apenas da razão dessas duas variáveis e não é afetada pelo valor de k. Consequentemente, o fato de ser homotética é uma propriedade ordinal. Como veremos, essa propriedade é conveniente ao desenvolver argumentos gráficos sobre proposições econômicas envolvendo situações em que as razões de certas variáveis não mudam (geralmente porque elas são determinadas por preços inalterados).

PERGUNTA: Como a discussão neste exemplo poderia ser alterada se considerarmos transformações monotônicas da forma $f(x_1, x_2, k) = x_1 x_2 + k$ para vários valores de k?

2.10 INTEGRAÇÃO

Integração é outra ferramenta do cálculo que encontra diversas aplicações na teoria microeconômica. A técnica é usada tanto para calcular áreas que medem vários resultados econômicos quanto, mais geralmente, para fornecer uma forma de somar resultados que ocorrem no decorrer do tempo ou entre indivíduos. Nosso tratamento do tópico aqui deve ser necessariamente breve; por isso, os leitores que desejarem uma noção mais completa devem consultar as sugestões de leitura disponíveis na página do livro, no *site* da Cengage.

2.10.1 Antiderivadas

Formalmente, a integração é o inverso da diferenciação. Quando se pede que seja calculada a integral da função, $f(x)$, está-se solicitando que você encontre uma função que tenha $f(x)$ como sua derivada. Se chamarmos essa "antiderivada" $F(x)$, essa função deverá ter a propriedade que

$$\frac{dF(x)}{dx} = F'(x) = f(x). \tag{2.116}$$

Se tal função existir, então a denotaremos como

$$F(x) = \int f(x)\, dx. \tag{2.117}$$

A causa precisa para essa notação será descrita em detalhes mais tarde. Primeiro, vamos examinar alguns exemplos. Se $f(x) = x$, então

$$F(x) = \int f(x)\, dx = \int x\, dx = \frac{x^2}{2} + C, \tag{2.118}$$

em que *C* é uma "constante de integração" arbitrária que desaparece na diferenciação. A correção desse resultado pode ser facilmente verificada:

$$F'(x) = \frac{d(x^2/2 + C)}{dx} = x + 0 = x. \tag{2.119}$$

2.10.2 Cálculo de antiderivadas

O cálculo de antiderivadas pode ser extremamente simples, difícil, agonizante ou impossível, dependendo do *f(x)* especificado. Aqui examinaremos três métodos simples de fazer tais cálculos, mas, como você deve esperar, eles nem sempre funcionarão.

1. **Adivinhação criativa.** Provavelmente, a forma mais comum de encontrar integrais (antiderivadas) é trabalhar no caminho inverso perguntando "Qual função resultará em *f(x)* como sua derivada?". Aqui estão alguns exemplos óbvios:

$$F(x) = \int x^2 \, dx = \frac{x^3}{3} + C,$$

$$F(x) = \int x^n \, dx = \frac{x^{n+1}}{n+1} + C,$$

$$F(x) = \int (ax^2 + bx + c) \, dx = \frac{ax^3}{3} + \frac{bx^2}{2} + cx + C,$$

$$F(x) = \int e^x \, dx = e^x + C, \tag{2.120}$$

$$F(x) = \int a^x \, dx = \frac{a^x}{\ln a} + C,$$

$$F(x) = \int \left(\frac{1}{x}\right) dx = \ln(|x|) + C,$$

$$F(x) = \int (\ln x) \, dx = x \ln x - x + C.$$

Você deveria usar a diferenciação para verificar se todos obedecem à propriedade de $F'(x) = f(x)$. Note que, em cada caso, a integral inclui uma constante de integração porque as antiderivadas são únicas apenas até uma constante aditiva, que se tornaria zero na diferenciação. Para muitas finalidades, os resultados na Equação 2.120 (ou generalizações triviais deles) serão suficientes para nossos objetivos neste livro. Não obstante, aqui estão mais dois métodos que podem funcionar quando a intuição falhar.

2. **Mudança de variável.** Uma redefinição inteligente pode às vezes fazer com que uma função seja muito mais fácil de integrar. Por exemplo, não é tão óbvio qual é a integral de $2x/(1 + x^2)$. Mas, se fizermos $y = 1 + x^2$, então $dy = 2xdx$ e

$$\int \frac{2x}{1 + x^2} \, dx = \int \frac{1}{y} \, dy = \ln(|y|) = \ln(|1 + x^2|). \tag{2.121}$$

A chave para esse procedimento está em quebrar a função original em um termo em *y* e um termo em *dy*. É preciso muita prática para ver padrões para os quais isso funcionará.

3. **Integração por partes.** Um método semelhante de encontrar integrais utiliza a identidade $duv = udv + vdu$ para quaisquer duas funções u e v. Integração desse diferencial resulta em

$$\int duv = uv = \int u\,dv + \int v\,du \quad \text{ou} \quad \int u\,dv = uv - \int v\,du. \tag{2.122}$$

Assim, a estratégia é definir funções u e v de tal forma que a integral desconhecida à esquerda possa ser calculada pela diferença entre as duas expressões conhecidas à direita. Por exemplo, você provavelmente não tem ideia de qual é a integral de xe^x. Mas podemos definir $u = x$ (assim, $du = dx$) e $dv = e^x dx$ (assim, $v = e^x$). Consequentemente, temos agora

$$\int xe^x\,dx = \int u\,dv = uv - \int v\,du = xe^x - \int e^x\,dx = (x-1)e^x + C. \tag{2.123}$$

Novamente, somente a prática pode sugerir padrões úteis nas maneiras pelas quais u e v podem ser definidas.

2.10.3 Integrais definidas

As integrais que temos discutido até agora são integrais "indefinidas" – elas oferecem somente uma função geral que é a antiderivada de outra função. Uma abordagem relativamente diferente, embora relacionada, usa a integração para somar a área abaixo do gráfico de uma função ao longo de algum intervalo definido. A Figura 2.5 ilustra esse processo. Desejamos saber a área abaixo da função $f(x)$ de $x = a$ até $x = b$. Uma forma de fazer isso seria repartir o intervalo em partes pequenas de $x(\Delta x)$ e somar as áreas dos retângulos exibidos na figura. Isto é:

$$\text{área abaixo de } f(x) \approx \sum_i f(x_i)\Delta x_i, \tag{2.124}$$

em que a notação pretende indicar que a altura de cada retângulo é aproximada pelo valor de $f(x)$ para um valor de x no intervalo. Levando esse processo ao limite, ao reduzir o tamanho dos intervalos Δx, produz uma medida exata da área que queremos e é representada por:

$$\text{área abaixo de } f(x) = \int_{x=a}^{x=b} f(x)\,dx. \tag{2.125}$$

Isso explica então a origem do sinal integral de formato estranho – é um S estilizado, indicando "soma". Como veremos, integrar é uma maneira geral de somar os valores de uma função contínua sobre algum intervalo.

2.10.4 Teorema fundamental do cálculo

Avaliar a integral na Equação 2.125 é simples se soubermos a antiderivada de $f(x)$, digamos, $F(x)$. Nesse caso, temos

$$\text{área abaixo de } f(x) = \int_{x=a}^{x=b} f(x)\,dx = F(b) - F(a). \tag{2.126}$$

Isto é, tudo de que precisamos é calcular a antiderivada de $f(x)$ e subtrair o valor dessa função no limite inferior da integração a partir de seu valor no limite superior da integração. Esse resultado é às

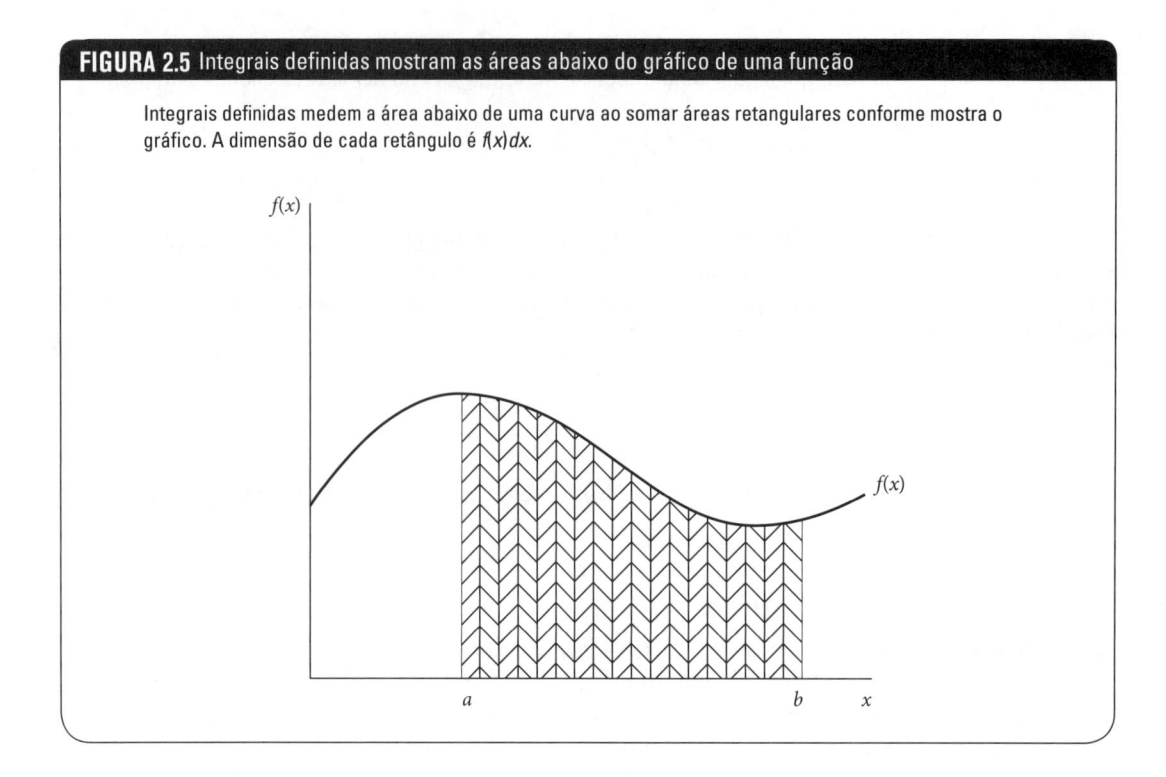

FIGURA 2.5 Integrais definidas mostram as áreas abaixo do gráfico de uma função

Integrais definidas medem a área abaixo de uma curva ao somar áreas retangulares conforme mostra o gráfico. A dimensão de cada retângulo é $f(x)dx$.

vezes denominado *teorema fundamental do cálculo*, porque une diretamente as duas ferramentas principais do cálculo – derivadas e integrais. No Exemplo 2.13, mostramos que esse resultado é muito mais geral que simplesmente uma maneira de medir áreas. Ele pode ser usado para ilustrar um dos princípios conceituais principais da economia – a distinção entre "estoques" e "fluxos".

EXEMPLO 2.13 Estoques e fluxos

A integral definida oferece uma maneira útil de somar qualquer função que esteja fornecendo um fluxo contínuo no decorrer de um período. Por exemplo, suponha que o aumento da população líquida (nascimentos menos falecimentos) para um país pode ser aproximado pela função $f(t) = 1.000e^{0,02t}$. Por isso, a mudança da população líquida está crescendo à taxa de 2% ao ano – são 1.000 novas pessoas no ano zero, 1.020 novas pessoas no primeiro ano, 1.041 no segundo ano, e assim por diante. Suponha que desejamos saber quanto no total a população aumentará no período de 50 anos. Essa pode ser uma conta tediosa sem o cálculo, mas a utilização do teorema fundamental do cálculo oferece uma resposta fácil:

$$\begin{aligned}\text{aumento na população} &= \int_{t=0}^{t=50} f(t)\,dt = \int_{t=0}^{t=50} 1.000e^{0,02t}dt = F(t)\Big|_0^{50} \\ &= \frac{1.000e^{0,02t}}{0,02}\Big|_0^{50} = \frac{1.000e}{0,02} - 50.000 = 85.914 \end{aligned} \quad (2.127)$$

em que a notação $|_a^b$ indica que a expressão deve ser avaliada como $F(b) - F(a)$]. Consequentemente, a conclusão é de que a população crescerá em aproximadamente 86.000 pessoas nos próximos 50 anos. Note como o teorema fundamental do cálculo une um conceito de "fluxo", o aumento da população líquida (que é medida como uma quantia *por ano*), a um conceito de "estoque", a população total (que é medida em uma data específica e não tem uma dimensão de tempo). Note também que o cálculo de 86.000 se refere apenas ao aumento total entre o ano 0 e o ano 50. Para saber a população real em qualquer data, teríamos que adicionar o número de pessoas na população no ano 0. Isso seria semelhante a escolher uma constante de integração nesse problema específico.

Agora, considere uma aplicação com mais conteúdo econômico. Suponha que os custos totais para uma empresa específica sejam dados por $C(q) = 0{,}1q^2 + 500$ (no qual q representa a produção durante algum período). Assim, o termo $0{,}1q^2$ representa os custos variáveis (custos que variam com a produção), enquanto o valor 500 representa os custos fixos. Os custos marginais desse processo de produção podem ser encontrados por meio da diferenciação ($MC = dC(q)/dq = 0{,}2q$) consequentemente, os custos marginais estão aumentando com q e os custos fixos desaparecem na diferenciação. Quais são os custos associados com a produção de, digamos, $q = 100$? Uma forma de responder a essa questão é usar a função de custo total diretamente: $C(100) = 0{,}1(100)^2 + + 500 = 1.500$. Uma forma alternativa seria integrar o custo marginal dentro da faixa de 0 a 100 para obter o custo variável total:

$$\text{custo variável} = \int_{q=0}^{q=100} 0{,}2q\, dq = 0{,}1q^2 \Big|_0^{100} = 1.000 - 0 = 1.000, \quad (2.128)$$

para o qual teríamos que adicionar custos fixos de 500 (a constante de integração nesse problema) para obter os custos totais. Obviamente, esse método de chegar ao custo total é muito mais trabalhoso que usar apenas a equação para o custo total diretamente. Mas a derivação mostra que o custo variável total entre dois níveis de produção pode ser encontrado por meio da integração, como a área abaixo da curva de custo marginal – uma conclusão que acharemos útil em algumas aplicações gráficas.

PERGUNTA: Como você calcularia o custo variável total associado à expansão da produção de 100 a 110? Explique por que os custos fixos não entram nesse cálculo.

2.10.5 Diferenciação da integral definida

Ocasionalmente, desejaremos diferenciar uma integral definida – geralmente, no contexto de procurar maximizar o valor dessa integral. Embora realizar tais diferenciações possa às vezes ser complexo, há algumas regras que devem deixar o processo mais fácil.

1. **Diferenciação com relação à variável de integração.** Essa é um questão que pode confundir, mas é instrutiva também. Uma integral definida tem um valor constante; por isso, sua derivada é zero. Isto é:

$$\frac{d\int_a^b f(x)\, dx}{dx} = 0. \quad (2.129)$$

O processo de soma necessário para a integração já foi realizado quando escrevemos uma integral definida. Não importa se a variável de integração é x ou t ou qualquer outra. O valor dessa soma integrada não muda quando a variável x muda, não importa o que seja x (mas veja a regra 3, a seguir).

2. **Diferenciação com relação ao limite superior de integração.** Alterar o limite superior de integração obviamente alterará o valor de uma integral definida. Nesse caso, devemos fazer uma distinção entre a variável que determina o limite superior de integração (digamos, x) e a variável de integração (digamos, t). O resultado então é uma aplicação simples do teorema fundamental do cálculo. Por exemplo:

$$\frac{d\int_a^x f(t)\,dt}{dx} = \frac{d[F(x) - F(a)]}{dx} = f(x) - 0 = f(x), \qquad (2.130)$$

em que $F(x)$ é uma antiderivada de $f(x)$. Ao nos referirmos à Figura 2.5, podemos observar por que essa conclusão faz sentido – estamos perguntando como o valor da integral definida muda se x aumenta sutilmente. Obviamente, a resposta é que o valor da integral aumenta pela altura de $f(x)$ (note que esse valor dependerá em última instância do valor especificado de x).

Se o limite superior de integração é uma função de x, esse resultado pode ser generalizado com o uso da regra da cadeia:

$$\frac{d\int_a^{g(x)} f(t)\,dt}{dx} = \frac{d[F(g(x)) - F(a)]}{dx} = \frac{d[F(g(x))]}{dx} = f\frac{dg(x)}{dx} = f(g(x))g'(x), \qquad (2.131)$$

em que, mais uma vez, o valor específico para essa derivada depende do valor especificado de x.

Finalmente, note que a diferenciação com relação a um limite inferior de integração muda somente o sinal dessa expressão:

$$\frac{d\int_{g(x)}^b f(t)\,dt}{dx} = \frac{d[F(b) - F(g(x))]}{dx} = -\frac{dF(g(x))}{dx} = -f(g(x))g'(x), \qquad (2.132)$$

3. **Diferenciação com relação a outra variável relevante.** Em alguns casos, podemos desejar integrar uma expressão que seja uma função de diversas variáveis. Em geral, isso pode envolver múltiplas integrais, e a diferenciação pode se tornar complicada. Mas há um caso simples que deve ser mencionado. Suponha que temos uma função de duas variáveis, $f(x, y)$, e que queremos integrar essa função com relação à variável x. O valor específico para esse integral dependerá obviamente do valor de y, e podemos perguntar como aquele valor muda quando y muda. Nesse caso, é possível "diferenciar através do sinal da integral" para obter o resultado. Isto é:

$$\frac{d\int_a^b f(x,y)\,dx}{dy} = \int_a^b f_y(x, y)\,dx. \qquad (2.133)$$

Essa expressão mostra que podemos primeiro diferenciar parcialmente $f(x, y)$, com relação a y antes de computar o valor da integral definida. É claro que o valor resultante ainda pode depender do valor específico que é atribuído a y, mas geralmente ele resultará em mais *insights* econômicos que o problema original. Alguns exemplos adicionais do uso de integrais definidas são encontrados no Problema 2.8.

2.11 OTIMIZAÇÃO DINÂMICA

Alguns problemas de otimização que surgem na microeconomia envolvem múltiplos períodos.[18] Estamos interessados em encontrar a trajetória temporal ótima para uma variável ou conjunto de variáveis que conseguem otimizar algum resultado. Por exemplo, um indivíduo pode querer escolher uma trajetória de consumos ao longo de sua vida que maximiza sua utilidade. Ou uma empresa pode buscar uma trajetória para escolhas de insumo e produção que maximizem o valor presente de todos os lucros futuros. A característica específica de tais problemas que os torna difíceis é a de que as decisões tomadas em um período afetam os resultados em períodos posteriores. Por isso, devemos explicitamente levar em consideração esse inter-relacionamento ao escolher trajetórias ótimas. Se as decisões em um período não afetassem os períodos posteriores, o problema não teria uma estrutura "dinâmica" – seria possível prosseguir em otimizar as decisões em cada período sem consideração do que virá a seguir. Aqui, no entanto, queremos permitir explicitamente as considerações dinâmicas.

2.11.1 Problema do controle ótimo

Matemáticos e economistas desenvolveram muitas técnicas para resolver problemas de otimização dinâmica. As sugestões de leitura oferecem amplas introduções a esses métodos. Aqui, porém, preocuparemo-nos mais somente com um desses métodos que possui muitas similaridades às técnicas de otimização discutidas anteriormente neste capítulo – o problema do controle ótimo. O quadro conceitual do problema é relativamente simples. Um tomador de decisões quer encontrar a trajetória temporal ótima para alguma variável $x(t)$ sobre um intervalo de tempo especificado $[t_0, t_1]$. Mudanças em x são governadas por uma equação diferencial:

$$\frac{dx(t)}{dt} = g[x(t), c(t), t], \qquad (2.134)$$

em que a variável $c(t)$ é usada para "controlar" a mudança em $x(t)$. Em cada período, o tomador de decisão aufere valor a partir de x e c de acordo com a função $f[x(t), c(t), t]$ e seu objetivo é otimizar $\int_{t_0}^{t_1} f[x(t), c(t), t]\, dt$. Muitas vezes, esse problema também estará sujeito às restrições "limites" na variável x. Essas podem ser escritas como $x(t_0) = x_0$ e $x(t_1) = x_1$.

Note como esse problema é "dinâmico". Qualquer decisão sobre quanto mudar x nesse período afetará não só o futuro valor de x, mas também valores futuros da função f resultante. O problema, então, é como manter $x(t)$ em sua trajetória ótima.

A intuição econômica pode ajudar a resolver esse problema. Suponha que acabamos de nos concentrar na função f e escolhemos x e c para maximizá-la em cada instante de tempo. Há duas dificuldades com essa abordagem "míope". Primeiro, não somos realmente livres para "escolher" x a qualquer momento. Em vez disso, o valor de x será determinado por seu valor inicial x_0 e pelo seu histórico de mudanças conforme dado pela Equação 2.134. Um segundo problema com essa abordagem míope é que ela desconsidera a natureza dinâmica do problema ao esquecer de perguntar como as decisões desse período afetam o futuro. Precisamos de uma forma para refletir a dinâmica desse problema nas decisões de um único período. Atribuir o valor correto (preço) para x a cada instante de tempo fará justamente isso. Como esse preço implícito terá muita coisa em comum com os multiplicadores de Lagrange estudados anteriormente neste capítulo, o chamaremos de $\lambda(t)$. O valor de λ é tratado como uma função de tempo porque a importância de x obviamente pode mudar no decorrer do tempo.

---

[18] Durante esta seção, trataremos os problemas de otimização dinâmica como se ocorressem no decorrer do tempo. Em outros contextos, as mesmas técnicas podem ser usadas para resolver problemas de otimização que ocorrem por meio de um contínuo de empresas ou indivíduos quando as escolhas ótimas para um agente afetam o que é ótimo para outros. O material nesta seção será usado em apenas alguns lugares no livro, mas é fornecido aqui como uma referência conveniente.

2.11.2 Princípio do máximo

Agora, vamos avaliar o problema do tomador de decisão em um único ponto no tempo. Ele deve estar preocupado tanto com o valor da função objetivo $f[x(t), c(t), t]$ quanto com a mudança implicada no valor de $x(t)$. Como o valor corrente de $x(t)$ é dado por $\lambda(t)x(t)$, a taxa instantânea de mudança desse valor é dada por:

$$\frac{d[\lambda(t)x(t)]}{dt} = \lambda(t)\frac{dx(t)}{dt} + x(t)\frac{d\lambda(t)}{dt}, \qquad (2.135)$$

e então, em qualquer instante t, uma medida abrangente do valor em questão[19] para o tomador de decisões é

$$H = f[x(t), c(t), t] + \lambda(t)g[x(t), c(t), t] + x(t)\frac{d\lambda(t)}{dt}. \qquad (2.136)$$

Esse valor abrangente representa tanto os benefícios correntes sendo recebidos quanto a mudança instantânea no valor de x. Agora podemos perguntar que condições devem ser mantidas para $x(t)$ e $c(t)$ para otimizar esta expressão.[20] Isto é:

$$\frac{\partial H}{\partial c} = f_c + \lambda g_c = 0 \quad \text{ou} \quad f_c = -\lambda g_c;$$
$$\frac{\partial H}{\partial x} = f_x + \lambda g_x + \frac{d\lambda(t)}{dt} = 0 \quad \text{ou} \quad f_x + \lambda g_x = -\frac{d\lambda(t)}{dt}. \qquad (2.137)$$

Essas são as duas condições de otimização para esse problema dinâmico. Normalmente são chamadas de *princípio do máximo*. Essa solução para o problema de controle ótimo foi proposta primeiramente pelo matemático russo L. S. Pontryagin e seus colegas no início dos anos 1960.

Embora a lógica do princípio do máximo possa ser mais bem ilustrada pelas aplicações econômicas que encontraremos mais adiante neste livro, um breve resumo da intuição por trás delas pode ser útil. A primeira condição pergunta sobre a escolha ótima de c. Ela sugere que, na margem, o ganho com o aumento de c em termos da função f deve ser equilibrado pelas perdas com o aumento de c em termos da forma pela qual tal mudança afetaria a mudança em x (em que aquela mudança é valorizada pelo multiplicador lagrangiano que varia com o tempo). Isto é, os ganhos presentes devem ser pesados contra os custos futuros.

A segunda condição está relacionada às características que uma trajetória temporal ótima de $x(t)$ deveria ter. Ela implica que, na margem, quaisquer ganhos líquidos de mais x corrente (seja em termos de f ou do valor que acompanha as mudanças) devem ser equilibrados pelas mudanças no valor implícito do próprio x. Isto é, o ganho líquido corrente da quantidade maior de x deve ser pesado contra o futuro valor decrescente de x.

---

[19] Denotamos essa expressão de valor corrente por H para sugerir sua similaridade com a expressão do Hamiltoniano usado na teoria formal de otimização dinâmica. Geralmente, a expressão hamiltoniana não tem um termo final na Equação 2.136, no entanto.

[20] Note que a variável x não é realmente uma variável de escolha aqui – seu valor é determinado pela história. A diferenciação em relação a x pode ser considerada com a seguinte pergunta implícita: "Se $x(t)$ fosse ideal, quais características ele teria?".

EXEMPLO 2.14 Alocação de uma oferta fixa

Como uma ilustração extremamente simples do princípio do máximo, suponha que alguém herdou 1.000 garrafas de vinho de um tio rico. Ele pretende beber essas garrafas nos próximos 20 anos. Como isso deveria ser feito de forma a maximizar a utilidade?

Suponha que a função utilidade dessa pessoa para vinho seja dada por $u[c(t)] = \ln c(t)$. Consequentemente, a utilidade de beber vinho mostra utilidade marginal decrescente ($u' > 0$, $u'' < 0$). O objetivo dessa pessoa é maximizar

$$\int_0^{20} u[c(t)]\,dt = \int_0^{20} \ln c(t)\,dt. \tag{2.138}$$

Deixemos que $x(t)$ represente o número de garrafas de vinho que restam no instante t. Essa série é limitada por $x(0) = 1.000$ e $x(20) = 0$. A equação diferencial que determina a evolução de $x(t)$ assume a forma simples:[21]

$$\frac{dx(t)}{dt} = -c(t). \tag{2.139}$$

Isto é, o consumo de cada instante apenas reduz o estoque de garrafas restantes pela quantidade consumida. O valor corrente da expressão do Hamiltoniano para esse problema é

$$H = \ln c(t) + \lambda[-c(t)] + x(t)\frac{d\lambda}{dt}, \tag{2.140}$$

e as condições de primeira ordem para um máximo são

$$\frac{\partial H}{\partial c} = \frac{1}{c} - \lambda = 0,$$
$$\frac{\partial H}{\partial x} = \frac{d\lambda}{dt} = 0. \tag{2.141}$$

A segunda dessas condições exige que λ (o valor implícito do vinho) seja constante com o tempo. Isso faz sentido, intuitivamente: como o consumo de uma garrafa de vinho sempre reduz o estoque disponível em uma garrafa, qualquer solução em que o valor do vinho se diferenciasse no decorrer do tempo forneceria um incentivo para a mudança de comportamento, bebendo-se mais vinho quando este estivesse mais barato e menos vinho quando este fosse caro. Combinar essa segunda condição para um máximo com a primeira condição implica que o próprio $c(t)$ deve ser constante no decorrer do tempo. Se $c(t) = k$, o número de garrafas restantes a qualquer momento será $x(t) = 1.000 - kt$. Se $k = 50$, o sistema obedecerá às restrições limite $x(0) = 1.000$ e $x(20) = 0$. Obviamente, neste problema você poderia provavelmente adivinhar que o plano ideal seria beber o vinho à taxa de 50 garrafas por ano por 20 anos, porque a utilidade marginal decrescente sugere que alguém não quer beber demais em nenhum período. O princípio do máximo confirma essa intuição.

---

[21] A forma simples dessa equação diferencial (em que dx/dt depende apenas do valor da variável de controle, c) significa que esse problema é idêntico ao explorado com a utilização da abordagem de "cálculos de variações" para a otimização dinâmica. Em tal caso, pode-se substituir dx/dt na função f e as condições de primeira ordem para um máximo podem ser comprimidas em uma única equação $f_x = df_{dx/dt}/dt$, que é denominada de *equação de Euler*. No Capítulo 12, encontraremos muitas equações de Euler.

Utilidade mais complicada. Agora vamos avaliar uma função utilidade mais complicada que pode permitir resultados mais interessantes. Suponha que a utilidade do consumo de vinho em qualquer data seja dada por

$$u[c(t)] = \begin{cases} [c(t)]^\gamma/\gamma & \text{se } \gamma \neq 0 \; \gamma < 1; \\ \ln c(t) & \text{se } \gamma = 0. \end{cases} \quad (2.142)$$

Suponha também que o consumidor desconte o consumo futuro a uma taxa de δ. Assim, o objetivo dessa pessoa é maximizar

$$\int_0^{20} u[c(t)] \, dt = \int_0^{20} e^{-\delta t} \frac{[c(t)]^\gamma}{\gamma} dt, \quad (2.143)$$

sujeito às seguintes restrições:

$$\frac{dx(t)}{dt} = -c(t),$$
$$x(0) = 1.000, \quad (2.144)$$
$$x(20) = 0.$$

Em termos de valor corrente, a expressão para o Hamiltoniano seria

$$H = e^{-\delta t}\frac{[c(t)]^\gamma}{\gamma} + \lambda(-c) + x(t)\frac{d\lambda(t)}{dt}, \quad (2.145)$$

e o princípio do máximo exige que

$$\frac{\partial H}{\partial c} = e^{-\delta t}[c(t)]^{\gamma-1} - \lambda = 0 \quad \text{e}$$
$$\frac{\partial H}{\partial x} = 0 + 0 + \frac{d\lambda}{dt} = 0. \quad (2.146)$$

Consequentemente, podemos concluir novamente que o valor implícito do estoque de vinho (λ) deve se manter constante no decorrer do tempo (chamaremos isso de constante k) e que

$$e^{-\delta t}[c(t)]^{\gamma-1} = k \quad \text{ou} \quad c(t) = k^{1/(\gamma-1)}e^{\delta t/(\gamma-1)}. \quad (2.147)$$

Assim, o consumo ótimo de vinho deve cair com o tempo (porque o coeficiente de t no expoente de e é negativo) para compensar o fato de que o consumo futuro está sendo descontado na mente do consumidor. Se, por exemplo, deixamos $\delta = 0,1$ e $\gamma = -1$ (valores "razoáveis", como mostraremos em capítulos posteriores), então

$$c(t) = k^{-0,5}e^{-0,05t}. \quad (2.148)$$

Agora, devemos trabalhar um pouco mais para escolher k para satisfazer às restrições limite. Queremos

$$\int_0^{20} c(t)\, dt = \int_0^{20} k^{-0,5}e^{-0,05t}\, dt = -20k^{-0,5}e^{-0,05t}\Big|_0^{20}$$
$$= -20k^{-0,5}(e^{-1} - 1) = 12,64k^{-0,5} = 1.000. \quad (2.149)$$

Finalmente, temos o plano de consumo ótimo como

$$c(t) \approx 79e^{-0,05t}. \tag{2.150}$$

Esse plano exige que o consumo de vinho comece relativamente alto e diminua a uma taxa contínua de 5% ao ano. Como o consumo diminui continuamente, devemos usar a integração para calcular o consumo de vinho em qualquer ano específico (x), da seguinte forma:

$$\text{consumo no ano } x \approx \int_{x-1}^{x} c(t)\,dt = \int_{x-1}^{x} 79e^{-0,05t}dt = -1.580 e^{-0,05t}\Big|_{x-1}^{x} \tag{2.151}$$
$$= 1.580\left(e^{-0,05(x-1)} - e^{-0,05x}\right).$$

Se $x = 1$, o consumo é de aproximadamente 77 garrafas no primeiro ano. O consumo então diminui sutilmente, terminando com aproximadamente 30 garrafas sendo usadas no vigésimo ano.

PERGUNTA: Nossa primeira ilustração foi apenas um exemplo do segundo no qual $\delta = \gamma = 0$. Explique como os valores alternativos desses parâmetros afetarão a trajetória do consumo ótimo de vinho. Explique seus resultados intuitivamente (para mais informações sobre o consumo ótimo, veja Capítulo 12).

2.12 ESTATÍSTICA MATEMÁTICA

Nos últimos anos, a teoria microeconômica se concentrou cada vez mais em questões levantadas pela incerteza e informações imperfeitas. Para entender grande parte dessa literatura, é importante ter uma boa base de Estatística matemática. Portanto, o objetivo deste capítulo é resumir alguns dos princípios estatísticos que encontraremos em várias partes deste livro.

2.12.1 Variáveis aleatórias e funções densidade de probabilidade

Uma *variável aleatória* descreve (de forma numérica) os resultados de um experimento sujeito ao acaso. Por exemplo, podemos lançar uma moeda e observar se obtemos cara ou coroa. Se chamarmos essa variável aleatória de x, podemos representar os possíveis resultados ("realizações") da variável como:

$$x = \begin{cases} 1 \text{ se a moeda der cara,} \\ 0 \text{ se a moeda der coroa.} \end{cases}$$

Observe que, antes do lançamento da moeda, x pode ser 1 ou 0. Somente após a incerteza ser resolvida (ou seja, depois que a moeda é virada) é que sabemos qual é o real valor de x.[22]

---

[22] Às vezes, variáveis aleatórias são denotadas por $\tilde{x}$ a fim de fazer uma distinção entre as variáveis cujo resultado está sujeito ao acaso e variáveis algébricas (definidas). Esse mecanismo de notação pode ser útil para acompanhar o que é aleatório e o que não é em determinado problema, e o utilizaremos em alguns casos. Quando não houver nenhuma ambiguidade, no entanto, não usaremos essa notação especial.

2.12.2 Variáveis aleatórias discretas e contínuas

Os resultados de um experimento aleatório podem ser um número finito de possibilidades ou um *continuum* de possibilidades. Por exemplo, registrar o número que aparece em um único dado é uma variável aleatória com seis resultados. Com dois dados, podemos registrar a soma das faces (nesse caso há 12 resultados, alguns dos quais mais prováveis do que outros) ou podemos registrar um número de dois dígitos, cada um pelo valor de cada dado (nesse caso haveria 36 resultados igualmente prováveis). Esses são exemplos de variáveis aleatórias discretas.

Por outro lado, uma variável aleatória contínua pode assumir qualquer valor em determinado intervalo de números reais. Por exemplo, poderíamos ver a temperatura externa de amanhã como uma variável contínua (supondo que as temperaturas possam ser medidas precisamente) variando de, digamos, −50°C a +50°C. Obviamente, algumas dessas temperaturas seriam improváveis de ocorrer, mas, em princípio, uma temperatura precisamente medida poderia estar em qualquer lugar entre esses dois limites. Da mesma forma, poderíamos ver os resultados de amanhã para mudanças percentuais de determinado índice de ações, que poderia assumir valores entre −100% e, digamos, +1.000%. Novamente, é claro, variações percentuais em torno de 0% seriam consideravelmente mais prováveis de ocorrer do que os valores extremos.

2.12.3 Funções de densidade de probabilidade

Para qualquer variável aleatória, a sua *função de densidade de probabilidade* (FDP) mostra a probabilidade de cada resultado específico ocorrer. Para uma variável aleatória discreta, definir essa função não representa grandes dificuldades. No caso do lançamento de uma moeda, por exemplo, a FDP [denotada por $f(x)$] seria dada por

$$f(x = 1) = 0{,}5,$$
$$f(x = 0) = 0{,}5. \qquad (2.152)$$

Para o lançamento de um único dado, a FDP seria:

$$f(x = 1) = 1/6,$$
$$f(x = 2) = 1/6,$$
$$f(x = 3) = 1/6,$$
$$f(x = 4) = 1/6,$$
$$f(x = 5) = 1/6,$$
$$f(x = 6) = 1/6. \qquad (2.153)$$

Observe que, em ambos os casos, as probabilidades especificadas pela FDP somam 1,0. Isso ocorre porque, por definição, um dos resultados do experimento aleatório deve ocorrer. De maneira mais geral, se denotarmos todos os resultados de uma variável aleatória discreta por x_i para $i = 1, \ldots, n$, então deveremos ter:

$$\sum_{i=1}^{n} f(x_i) = 1. \qquad (2.154)$$

Para uma variável aleatória contínua, devemos definir o conceito de FDP de maneira cuidadosa. Uma vez que tal variável aleatória assume um *continuum* de valores, se atribuíssemos qualquer valor diferente de zero como probabilidade de um resultado específico (ou seja, temperatura de +25,53470 °C), teríamos rapidamente somas de probabilidades que seriam infinitamente grandes. Portanto, para uma variável aleatória contínua, definimos a FDP $f(x)$ como uma função com a propriedade de que a probabilidade de x cair em determinado intervalo pequeno dx é dada pela área de $f(x)dx$. Utilizando essa convenção, a propriedade de que probabilidades de um experimento aleatório devem somar 1,0 é declarada da seguinte forma:

$$\int_{-\infty}^{+\infty} f(x)\,dx = 1{,}0. \tag{2.155}$$

2.12.4 Algumas FDPs importantes

A maioria das funções servirão como FDP, desde que $f(x) \geq 0$ e a função some (ou integre para) 1,0. O segredo, é claro, é encontrar funções que espelhem experiências aleatórias que ocorrem no mundo real. Aqui olharemos para quatro funções que considerararemos úteis em várias partes deste livro. Gráficos para todas estas quatro funções são mostrados na Figura 2.6.

1. **Distribuição binomial**. Essa é a distribuição discreta mais básica. Geralmente, assume-se que a x são atribuídos apenas dois valores, 1 e 0. A FDP para a binomial é dada por:

$$\begin{aligned} f(x=1) &= p, \\ f(x=0) &= 1-p, \\ \text{em que } 0 &< p < 1. \end{aligned} \tag{2.156}$$

O exemplo do lançamento da moeda é, obviamente, um caso especial da binomial, em que $p = 0{,}5$.

2. **Distribuição uniforme.** Esse é a FDP contínua mais simples. Ela assume que os possíveis valores da variável x ocorrem em um intervalo definido e que cada valor é igualmente provável. Isto é:

$$\begin{aligned} f(x) &= \frac{1}{b-a} \quad \text{para } a \leq x \leq b; \\ f(x) &= 0 \quad \text{para } x < a \text{ ou } x > b. \end{aligned} \tag{2.157}$$

Observe que aqui as probabilidades integram para 1,0:

$$\int_{-\infty}^{+\infty} f(x)\,dx = \int_{a}^{b} \frac{1}{b-a}\,dx = \left.\frac{x}{b-a}\right|_{a}^{b} = \frac{b}{b-a} - \frac{a}{b-a} = \frac{b-a}{b-a} = 1{,}0. \tag{2.158}$$

3. **Distribuição exponencial**. Essa é uma distribuição contínua para a qual as probabilidades diminuem a uma taxa exponencial suave à medida que x aumenta. Formalmente:

$$f(x) = \begin{cases} \lambda e^{-\lambda x} & \text{se } x > 0, \\ 0 & \text{se } x \leq 0, \end{cases} \tag{2.159}$$

em que λ é uma constante positiva. Novamente, demonstra-se facilmente que essa função integra para 1,0:

$$\int_{-\infty}^{+\infty} f(x)\,dx = \int_{0}^{\infty} \lambda e^{-\lambda x}\,dx = \left.-e^{-\lambda x}\right|_{0}^{\infty} = 0 - (-1) = 1{,}0. \tag{2.160}$$

4. **Distribuição normal**. A distribuição normal (ou gaussiana) é a mais importante em estatística matemática. Sua importância decorre em grande parte do *teorema central do limite*, que afirma que a distribuição de qualquer soma de variáveis aleatórias independentes será cada vez mais aproximada da distribuição normal, à medida que o número de tais variáveis aumenta. Uma vez que as médias amostrais podem ser consideradas somas de variáveis aleatórias independentes, esse teorema afirma que qualquer média amostral terá uma distribuição normal, não importando a distribuição da população da qual a amostra é selecionada. Portanto, muitas vezes pode ser apropriado supor que uma variável aleatória tem uma distribuição normal se ela puder ser considerada uma espécie de média.

A forma matemática da FDP normal é

$$f(x) = \frac{1}{\sqrt{2\pi}} e^{-x^2/2}, \qquad (2.161)$$

e isso é definido para todos os valores reais de x. Embora a função possa parecer complicada, algumas das suas propriedades podem ser facilmente descritas. Em primeiro lugar, a função é simétrica em torno de zero (por causa do termo x^2). Em segundo lugar, a função é assintótica em direção a zero à medida que assume valores grandes ou pequenos. Em terceiro lugar, a função atinge seu valor máximo em $x = 0$. Esse valor é $1/\sqrt{2\pi} \approx 0{,}4$. Finalmente, o gráfico dessa função tem geralmente a "forma de um sino" – uma forma usada ao longo de todo o estudo de Estatística. A integração dessa função é relativamente complicada (embora fácil quando se utilizam coordenadas polares). A presença da constante $1/\sqrt{2\pi}$ é necessária se a função integra para 1,0.

2.12.5 Valor esperado

O *valor esperado* de uma variável aleatória é o valor numérico que, em média, é esperado ser obtido de uma variável aleatória.[23] É o "centro de gravidade" da FDP. Para uma variável aleatória discreta que assuma os valores $x_1, x_2, \ldots, x_n$, o valor esperado é definido como

$$E(x) = \sum_{i=1}^{n} x_i f(x_i). \qquad (2.162)$$

Ou seja, cada resultado é ponderado pela probabilidade de que ocorrerá, e o resultado é somado a todos os resultados possíveis. Para uma variável aleatória contínua, a Equação 2.162 é facilmente generalizada como

$$E(x) = \int_{-\infty}^{+\infty} x f(x) \, dx. \qquad (2.163)$$

Novamente, nessa integração, cada valor de x é ponderado pela probabilidade de que esse valor ocorrerá.

O conceito de valor esperado pode ser generalizado para incluir o valor esperado de qualquer função de uma variável aleatória [digamos, $g(x)$]. No caso contínuo, por exemplo, escreveríamos

$$E[g(x)] = \int_{-\infty}^{+\infty} g(x) f(x) \, dx. \qquad (2.164)$$

---

[23] O valor esperado de uma variável aleatória é às vezes referido como a *média* dessa variável. No estudo de amostragem isso às vezes pode levar a uma confusão entre o valor esperado de uma variável aleatória e o conceito distinto da média aritmética da amostra.

Como um caso especial, considere uma função linear $y = ax + b$. Então

$$E(y) = E(ax + b) = \int_{-\infty}^{+\infty} (ax + b)f(x)\,dx$$

$$= a\int_{-\infty}^{+\infty} xf(x)\,dx + b\int_{-\infty}^{+\infty} f(x)\,dx = aE(x) + b. \qquad (2.165)$$

Às vezes os valores esperados são apresentados nos termos da *função de distribuição acumulada* (CDF) $F(x)$, definida como

$$F(x) = \int_{-\infty}^{x} f(t)\,dt. \qquad (2.166)$$

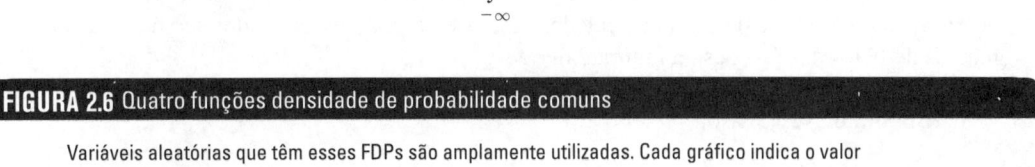

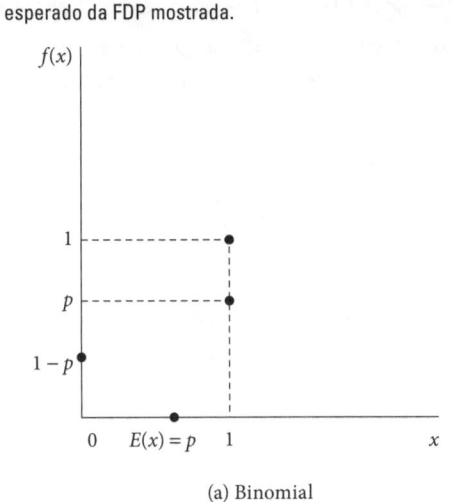

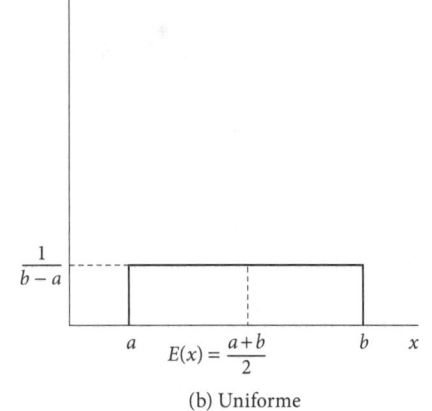

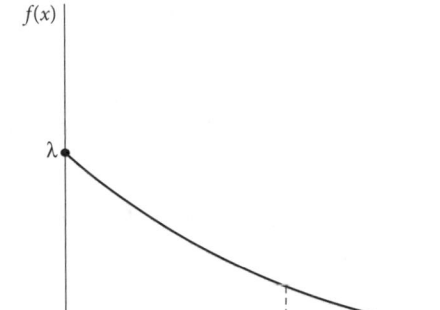

FIGURA 2.6 Quatro funções densidade de probabilidade comuns

Variáveis aleatórias que têm esses FDPs são amplamente utilizadas. Cada gráfico indica o valor esperado da FDP mostrada.

(a) Binomial

(b) Uniforme

(c) Exponencial

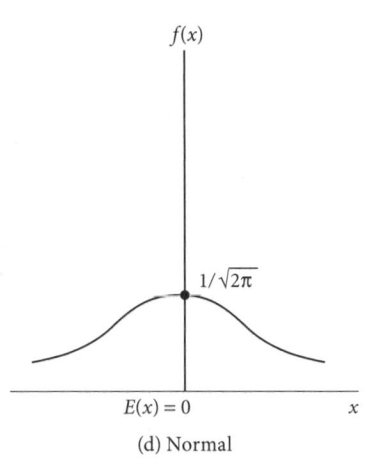

(d) Normal

Ou seja, $F(x)$ representa a probabilidade de a variável aleatória t ser menor ou igual a x. Utilizando essa notação, o valor esperado de x pode ser escrito como

$$E(x) = \int_{-\infty}^{+\infty} x dF(x). \qquad (2.167)$$

Devido ao teorema fundamental do cálculo, as Equações 2.167 e 2.163 querem dizer exatamente a mesma coisa.

EXEMPLO 2.15 Valores esperados de algumas variáveis aleatórias

Os valores esperados de cada uma das variáveis aleatórias com as FDPs simples introduzidas anteriormente são fáceis de serem calculados. Todos esses valores esperados são indicados nos gráficos de FDPs das funções na Figura 2.6.

1. **Binomial**. Nesse caso:

$$E(x) = 1 \cdot f(x=1) + 0 \cdot f(x=0) = 1 \cdot p + 0 \cdot (1-p) = p \qquad (2.168)$$

   Para o caso do lançamento da moeda (em que $p = 0{,}5$), tem-se que $E(x) = p = 0{,}5$ – o valor esperado dessa variável aleatória é, como você já deve ter adivinhado, um meio.

2. **Uniforme**. Para essa variável aleatória contínua,

$$E(x) = \int_a^b \frac{x}{b-a} dx = \frac{x^2}{2(b-a)}\Big|_a^b = \frac{b^2}{2(b-a)} - \frac{a^2}{2(b-a)} = \frac{b+a}{2}. \qquad (2.169)$$

   Novamente, como você deve ter adivinhado, o valor esperado da distribuição uniforme é precisamente a metade do caminho entre a e b.

3. **Exponencial**. Para esse caso de probabilidade decrescente:

$$E(x) = \int_0^\infty x\lambda e^{-\lambda x} dx = -xe^{-\lambda x} - \frac{1}{\lambda}e^{-\lambda x}\Big|_0^\infty = \frac{1}{\lambda}, \qquad (2.170)$$

   em que a integração decorre do exemplo de integração por partes mostrado anteriormente neste capítulo. Observe aqui que, quanto mais rapidamente as probabilidades decrescem, menor é o valor esperado de x. Por exemplo, se $\lambda = 0{,}5$ e, então $E(x) = 2$, enquanto se $\lambda = 0{,}05$, então $E(x) = 20$.

4. **Normal**. Como a FDP normal é simétrica em torno de zero, parece claro que $E(x) = 0$. Uma prova formal utiliza uma mudança de variável de integração deixando $u = x^2/2$ ($du = xdx$):

$$\int_{-\infty}^{+\infty} \frac{1}{\sqrt{2\pi}} xe^{-x^2/2} dx = \frac{1}{\sqrt{2\pi}} \int_{-\infty}^{+\infty} e^{-u} du = \frac{1}{\sqrt{2\pi}}[-e^{-x^2/2}]\Big|_{-\infty}^{+\infty} = \frac{1}{\sqrt{2\pi}}[0-0] = 0. \qquad (2.171)$$

Certamente, o valor esperado de uma variável aleatória normalmente distribuída (ou de qualquer variável aleatória) pode ser alterado por uma transformação linear, como mostrado na Equação 2.165.

PERGUNTA: Uma transformação linear altera o valor de uma variável aleatória esperada de maneira previsível – se $y = ax + b$, então $E(y) = aE(x) + b$. Portanto, para esta transformação [digamos, $h(x)$], temos $E[h(x)] = h[E(x)]$. Suponha que, em vez disso, x tenha sido transformado por uma função côncava, digamos, $g(x)$ com $g' > 0$ e $g'' < 0$. Como $g[E(x)]$ se compararia a $[E(x)]$?

NOTA: Essa é uma ilustração da desigualdade de Jensen. Veja o Problema 2.14.

2.12.6 Variância e desvio-padrão

O valor esperado de uma variável aleatória é uma medida de tendência central. Por outro lado, a *variância* de uma variável aleatória [identificada por σ_x^2 ou $\text{Var}(x)$] é uma medida de dispersão. Especificamente, a variância é definida como o "desvio esperado ao quadrado" de uma variável aleatória de seu valor esperado. Formalmente:

$$\text{Var}(x) = \sigma_x^2 = E[(x - E(x))^2] = \int_{-\infty}^{+\infty} (x - E(x))^2 f(x)\, dx. \qquad (2.172)$$

Um tanto imprecisa, a variância mede o desvio ao quadrado "típico" do valor central de uma variável aleatória. Ao fazer o cálculo, desvios em relação ao valor esperado são elevados ao quadrado para que tanto os desvios positivos quanto os negativos do valor esperado contribuam para essa medida de dispersão. Após feito o cálculo, o processo de elevação ao quadrado pode ser revertido a fim de produzir uma medida de dispersão que está nas unidades originais na qual a variável aleatória foi medida. Essa raiz quadrada da variância é chamada de *desvio-padrão* e é representada como $\sigma_x (=\sqrt{\sigma_x^2})$. A formulação do termo transmite eficazmente o seu significado: σ_x é de fato o desvio típico ("padrão") de uma variável aleatória de seu valor esperado.

Quando uma variável aleatória está sujeita a satisfazer uma transformação linear, sua variância e seu desvio-padrão serão alterados de uma forma bastante óbvia. Se $y = ax + b$, então

$$\sigma_y^2 = \int_{-\infty}^{+\infty} [ax + b - E(ax + b)]^2 f(x)\, dx = \int_{-\infty}^{+\infty} a^2[x - E(x)]^2 f(x)\, dx = a^2 \sigma_x^2. \qquad (2.173)$$

Portanto, a adição da uma constante a uma variável aleatória não altera a sua variância, enquanto que a multiplicação por uma constante multiplica a variância pelo quadrado da constante. Portanto, é evidente que multiplicar uma variável por uma constante multiplica também o seu desvio-padrão por essa constante: $\sigma_{ax} = a\sigma_x$.

Exemplo 2.16 Variâncias e desvios-padrão para variáveis aleatórias simples

Conhecer as variâncias e os desvios-padrão das quatro variáveis aleatórias simples que observamos pode, às vezes, ser útil em aplicações econômicas.

1. **Binomial**. A variância da binomial pode ser calculada aplicando-se a definição em seu análogo discreto:

$$\sigma_x^2 = \sum_{i=1}^{n} (x_i - E(x))^2 f(x_i) = (1-p)^2 \cdot p + (0-p)^2(1-p)$$
$$= (1-p)(p - p^2 + p^2) = p(1-p).$$
(2.174)

Portanto, $\sigma_x = \sqrt{p(1-p)}$. Uma implicação desse resultado é que uma variável binomial tem a maior variância e o maior desvio-padrão quando $p = 0{,}5$, nesse caso $\sigma_x^2 = 0{,}25$ e $\sigma_x^2 = 0{,}5$. Por causa da forma parabólica relativamente plana de $p(1-p)$, desvios modestos de p de 0,5 não alterarão de maneira substancial essa variação.

2. **Uniforme.** Calcular a variância da distribuição uniforme produz um resultado levemente interessante:

$$\sigma_x^2 = \int_a^b \left(x - \frac{a+b}{2}\right)^2 \frac{1}{b-a} dx = \left(x - \frac{a+b}{2}\right)^3 \cdot \frac{1}{3(b-a)}\bigg|_a^b$$
$$= \frac{1}{3(b-a)} \left[\frac{(b-a)^3}{8} - \frac{(a-b)^3}{8}\right] = \frac{(b-a)^2}{12}.$$
(2.175)

Esse é um dos poucos lugares onde o número 12 tem algum uso na Matemática além de medir as quantidades de laranjas ou *donuts*.

3. **Exponencial.** Integrar a fórmula da variância para a exponencial é relativamente trabalhoso. Felizmente, o resultado é simples; para o exponencial, obtém-se $\sigma_x^2 = 1/\lambda^2$ e $\sigma_x = 1/\lambda$. Portanto, o valor esperado e o desvio-padrão são os mesmos para a distribuição exponencial – sendo uma "distribuição de um único parâmetro".

4. **Normal.** A integração também pode ser trabalhosa nesse caso. Mas, novamente, o resultado é simples: para a distribuição normal, $\sigma_x^2 = \sigma_x = 1$. Áreas abaixo da curva normal podem ser facilmente calculadas, e as tabelas relativas a elas estão disponíveis em qualquer material de Estatística. Dois fatos úteis sobre a FDP normal são:

$$\int_{-1}^{+1} f(x)\, dx \approx 0{,}68 \quad \text{e} \quad \int_{-2}^{+2} f(x)\, dx \approx 0{,}95.$$
(2.176)

Ou seja, a probabilidade é de aproximadamente dois terços de que uma variável normal esteja ±1 desvio-padrão do valor esperado, e "a maior parte do tempo" (ou seja, com probabilidade 0,95) estará dentro de ±2 desvio-padrão.

Padronizar a normal. Se a variável aleatória x tem uma FDP normal padrão, ela terá um valor esperado de 0 e um desvio-padrão de 1. No entanto, uma transformação linear simples pode ser usada para dar a essa variável aleatória qualquer valor esperado (μ) e desvio-padrão (σ) desejados. Considere a transformação $y = \sigma x + \mu$. Agora

$$E(y) = \sigma E(x) + \mu = \mu \quad \text{e} \quad \text{Var}(y) = \sigma_y^2 = \sigma^2 \text{Var}(x) = \sigma^2.$$
(2.177)

A inversão desse processo pode ser usada para "padronizar" qualquer variável aleatória normalmente distribuída (y) com um valor esperado (μ) e desvio-padrão (σ) arbitrários. Isto é, por vezes, denotado como $y \sim N(\mu, \sigma)$ representado por $z = (y - \mu)/\sigma$. Por exemplo, a pontuação do

> SAT (y) é distribuída normalmente, com um valor esperado de 500 pontos e um desvio-padrão de 100 pontos [isto é, y ~ N(500, 100)]. Portanto, z = (y − 500)/100 tem um padrão de distribuição normal com valor esperado 0 e desvio-padrão 1. A Equação 2.176 mostra que cerca de 68% de todas as pontuações se situam entre 400 e 600 pontos e 95% de todos os pontos se mantêm entre uma faixa de pontuação de 300 e 700.
>
> **PERGUNTA:** Suponha que a variável aleatória x seja distribuída uniformemente ao longo do intervalo [0, 12]. Qual será a média e o desvio padrão de x? Que fração da distribuição x estará dentro de ±1 desvio-padrão ±1? Qual fração da distribuição x estará dentro de ±2 desvio-padrão? Explique por que isso difere das frações calculadas para a distribuição normal.

2.12.7 Covariância

Alguns problemas econômicos envolvem duas ou mais variáveis aleatórias. Por exemplo, um investidor pode considerar alocar sua riqueza entre vários ativos, sendo que os retornos serão considerados aleatórios. Embora os conceitos de valor esperado, variância e assim por diante, transitam mais ou menos diretamente ao observar uma única variável aleatória em tais casos, também é necessário considerar a relação entre as variáveis de modo a se obter uma imagem completa. O conceito de covariância é usado para quantificar essa relação. Antes de fornecer uma definição, no entanto, precisamos desenvolver uma base.

Considere um caso com duas variáveis aleatórias contínuas, x e y. A FDP para essas duas variáveis, representada por $f(x, y)$, tem a propriedade de que a probabilidade associada a um conjunto de resultados em uma área pequena (com dimensões $dxdy$) é dada por $f(x, y)dxdy$. Para ser uma FDP adequada, deve ser o caso que:

$$f(x,y) \geq 0 \quad \text{e} \quad \int_{-\infty}^{+\infty}\int_{-\infty}^{+\infty} f(x,y)\,dx\,dy = 1. \tag{2.178}$$

As medidas de variável única que já introduzimos podem ser desenvolvidas nesse contexto de duas variáveis, integrando "para fora" a outra variável. Isto é,

$$E(x) = \int_{-\infty}^{+\infty}\int_{-\infty}^{+\infty} x f(x,y)\,dy\,dx \quad \text{e}$$

$$\text{Var}(x) = \int_{-\infty}^{+\infty}\int_{-\infty}^{+\infty} [x - E(x)]^2 f(x,y)\,dy\,dx. \tag{2.179}$$

Dessa forma, os parâmetros que descrevem a variável aleatória x são medidos sobre todos os resultados possíveis para y, tendo em conta a probabilidade dos vários resultados.

Nesse contexto, a *covariância* entre x e y visa medir a direção de associação entre as variáveis. Especificamente, a covariância entre x e y [representada como Cov(x, y)] é definida como

$$\text{Cov}(x,y) = \int_{-\infty}^{+\infty}\int_{-\infty}^{+\infty} [x - E(x)][y - E(y)] f(x,y)\,dx\,dy. \tag{2.180}$$

A covariância entre duas variáveis aleatórias pode ser positiva, negativa ou nula. Se os valores de x, que são maiores que $E(x)$, tendem a ocorrer de maneira relativamente frequente com os valores de y que são superiores a $E(y)$ (e da mesma forma, se os baixos valores de x tendem a ocorrer em conjunto com os baixos valores de y), então a covariância será positiva. Nesse caso, os valores de x e y tendem a se mover na mesma direção. Como alternativa, se altos valores de x tenderem a ser associados a baixos valores de y (e vice-versa), a covariância será negativa.

Duas variáveis aleatórias são definidas como *independentes* se a probabilidade de qualquer valor específico de, digamos, x não for afetado pelo valor específico de y que puder ocorrer (e vice-versa).[24] Em termos matemáticos, isso significa que a FDP deve ter a propriedade $f(x, y) = g(x) h(y)$ – ou seja, a FDP conjunta pode ser expressa como o produto de duas FDPs de variável única. Se x e y são independentes, suas respectivas covariâncias serão zero:

$$\text{Cov}(x, y) = \int_{-\infty}^{+\infty}\int_{-\infty}^{+\infty} [x - E(x)][y - E(y)]g(x)h(y)\,dx\,dy$$

$$= \int_{-\infty}^{+\infty} [x - E(x)]g(x)\,dx \cdot \int_{-\infty}^{+\infty} [y - E(y)]h(y)\,dy = 0 \cdot 0 = 0. \quad (2.181)$$

O inverso dessa afirmação não é necessariamente verdadeiro, no entanto. Uma covariância zero não implica necessariamente independência estatística.

Finalmente, o conceito de covariância é crucial para a compreensão da variância de somas ou diferenças de variáveis aleatórias. Embora o valor esperado de uma soma de duas variáveis aleatórias seja (como se pode adivinhar) a soma dos seus valores esperados:

$$E(x + y) = \int_{-\infty}^{+\infty}\int_{-\infty}^{+\infty} (x + y)f(x, y)\,dx\,dy$$

$$= \int_{-\infty}^{+\infty} xf(x, y)\,dy\,dx + \int_{-\infty}^{+\infty} yf(x, y)\,dx\,dy = E(x) + E(y), \quad (2.182)$$

a relação para com a variância de tal soma é mais complicada. Usando as definições que desenvolvemos, é possível obter

$$\text{Var}(x + y) = \int_{-\infty}^{+\infty}\int_{-\infty}^{+\infty} [x + y - E(x + y)]^2 f(x, y)\,dx\,dy$$

$$= \int_{-\infty}^{+\infty}\int_{-\infty}^{+\infty} [x - E(x) + y - E(y)]^2 f(x, y)\,dx\,dy$$

$$= \int_{-\infty}^{+\infty}\int_{-\infty}^{+\infty} [x - E(x)]^2 + [y - E(y)]^2 + 2[x - E(x)][y - E(y)]f(x, y)\,dx\,dy$$

$$= \text{Var}(x) + \text{Var}(y) + 2\text{Cov}(x, y). \quad (2.183)$$

---

[24] Uma definição formal se baseia no conceito de probabilidade condicional. A probabilidade condicional de um evento B dado que A tenha ocorrido (escritos $P(B|A)$) é definida como $P(B|A) = P(A \text{ e } B)/P(A)$; B e A são definidos como independentes se $P(B|A) = P(B)$. Nesse caso, $P(A \text{ e } B) = P(A) \cdot P(B)$.

Portanto, se x e y são independentes, então $\mathrm{Var}(x + y) = \mathrm{Var}(x) + \mathrm{Var}(y)$. A variância da soma será maior que a soma das variâncias se as duas variáveis aleatórias tiverem uma covariância positiva, e será menor do que a soma das variâncias se elas tiverem uma covariância negativa. Os Problemas 2.14 a 2.16 fornecem mais detalhes sobre alguns dos resultados estatísticos que são usados na teoria microeconômica.

Resumo

Apesar da aparência formidável de algumas partes deste capítulo, este não é um livro sobre matemática. Pelo contrário, a intenção aqui foi reunir várias ferramentas que serão utilizadas no desenvolvimento de modelos econômicos no restante do texto. O material contido neste capítulo será útil como referência.

Uma maneira de resumir as ferramentas matemáticas introduzidas neste capítulo é dando ênfase novamente às lições econômicas ilustradas por estas ferramentas:

- O uso da matemática fornece aos economistas uma forma conveniente e rápida de desenvolverem seus modelos. As implicações de várias hipóteses de natureza econômica podem ser estudadas em um contexto simplificado, com o uso de tais ferramentas matemáticas.
- O conceito matemático das derivadas de uma função é amplamente utilizado em modelos econômicos porque os economistas frequentemente estão interessados em como as alterações marginais em uma variável afetam a outra variável. Derivadas parciais são especialmente úteis para essa finalidade, porque são definidas para representar tais mudanças marginais quando todos os outros fatores são mantidos constantes.
- A otimização matemática é uma importante ferramenta para o desenvolvimento de modelos que supõem que agentes econômicos seguem racionalmente um objetivo. Em casos irrestritos, as condições de primeira ordem afirmam que qualquer atividade que contribua para o objetivo do agente deve ser expandida até o ponto em que a contribuição marginal dessa expansão adicional seja zero. Em termos matemáticos, a condição de primeira ordem para um máximo requer que todas as derivadas parciais sejam iguais a zero.
- A maioria dos problemas de otimização econômica envolvem restrições sobre escolhas que agentes podem tomar. Nesse caso, as condições de primeira ordem para um valor máximo sugerem que cada atividade seja operada em um nível no qual a razão do benefício marginal da atividade pelo seu custo marginal seja o mesmo para todas as atividades de fato utilizadas. Essa relação de custo-benefício também é igual ao multiplicador de Lagrange, que muitas vezes é introduzido a fim de ajudar a resolver problemas de otimização condicionada. O multiplicador de Lagrange também pode ser interpretado como o valor implícito (ou preço sombra) da restrição.
- O teorema da função implícita é um mecanismo matemático útil para ilustrar a dependência das escolhas que resultam de um problema de otimização nos parâmetros de tal problema (por exemplo, os preços de mercado). O teorema do envelope é útil para examinar como essas escolhas ideais variam quando há alterações de parâmetros do problema (preços).
- Alguns problemas de otimização podem envolver restrições que são consideradas desigualdades em vez de igualdades. Soluções para esses problemas frequentemente ilustram a "folga complementar". Isto é, ou as restrições se mantêm em igualdade e os multiplicadores de Lagrange relacionados são diferentes de zero, ou as restrições são desigualdades estritas e seus multiplicadores de Lagrange relacionados são iguais a zero. Novamente, isso demonstra como o multiplicador de Lagrange sugere algo sobre a "importância" das restrições.
- As condições de primeira ordem mostradas neste capítulo são apenas condições necessárias para valores máximos ou mínimos locais. Deve-se também verificar as condições de segunda ordem que exigem que certas condições de curvatura sejam respeitadas.
- Certos tipos de funções ocorrem em muitos problemas econômicos. Funções quase côncavas (aquelas nas quais as curvas de nível formam conjuntos convexos) obedecem às condições de segunda ordem de problemas de valores máximos ou mínimos condicionados,

quando essas restrições são lineares. Funções homotéticas possuem como uma importante propriedade que as compensações implícitas entre as variáveis da função dependam somente das proporções dessas variáveis.
- O cálculo integral é usado frequentemente em Economia como uma maneira de descrever as áreas abaixo dos gráficos e como uma forma de somar resultados ao longo do tempo. Técnicas que envolvam várias formas de diferenciação integral desempenham um papel importante na teoria de otimização de comportamento.
- Muitos problemas econômicos são dinâmicos, sendo que decisões tomadas em determinada data afetam resultados ou outras decisões em datas posteriores. A matemática utilizada para resolver tais problemas de otimização dinâmica é muitas vezes uma simples generalização dos métodos de Lagrange.
- Conceitos de Estatística matemática são frequentemente utilizados no estudo da Economia da incerteza e da informação. O conceito mais fundamental é a noção de uma variável aleatória e sua FDP associada. Parâmetros dessa distribuição, tais como o seu valor esperado ou a sua variância, também desempenham papéis importantes em muitos modelos econômicos.

Problemas

2.1 Suponha que $f(x, y) = 4x^2 + 3y^2$.
a. Calcule as derivadas parciais de f.
b. Suponha que $f(x, y) = 16$. Usar o teorema da função implícita para calcular dy/dx.
c. Qual é o valor de dy/dx se $x = 1$, $y = 2$?
d. Elabore um gráfico com os resultados e utilize-o para interpretar os resultados nos itens (b) e (c) deste problema.

2.2 Suponha que a receita total de uma empresa dependa da quantidade produzida (q) de acordo com a função
$$R = 70q - q^2.$$
Os custos totais também dependem de q:
$$C = q^2 + 30q + 100.$$
a. Qual é o nível de produção que a empresa terá de atingir para maximizar os lucros ($R - C$)? Qual será o lucro?
b. Mostre que as condições de segunda ordem são satisfeitas para o nível de produção explicitado no item (a).
c. A solução calculada aqui obedece à regra "custo marginal é igual a receita marginal"? Explique.

2.3 Suponha que $f(x, y) = xy$. Localize o valor máximo de f, se x e y forem restritas a somar em 1. Resolva este problema de duas maneiras: pela substituição e usando o método de multiplicadores de Lagrange.

2.4 O problema dual ao descrito no Problema 2.3 é

minimizar a equação $x + y$
sujeito a $xy = 0{,}25$.

Resolva este problema utilizando a técnica de Lagrange. Em seguida, compare o valor que você obtém para o multiplicador de Lagrange com o valor que você obtém no Problema 2.3. Explique a relação entre as duas soluções.

2.5 A altura que uma bola lançada para cima com determinada força alcança é uma função do tempo (t) desde o momento em que ela é arremessada, dada por $f(t) = -0{,}5gt^2 + 40t$ (em que g é uma constante determinada pela gravidade).
a. Como o valor de t, no qual a altura da bola atinge o seu máximo, depende do parâmetro g?
b. Utilize a sua resposta do item (a) para descrever como o valor da altura máxima se altera à medida que g também é alterado.
c. Utilize o teorema do envelope para responder ao item (b) de maneira direta.
d. No planeta Terra, $g = 32$, mas esse valor varia ao redor do globo. Se dois locais têm constantes gravitacionais que diferem por 0,1, qual seria a diferença entre a altura máxima de uma bola arremessada nos dois locais?

2.6 Uma maneira simples de modelar a construção de um navio petroleiro é começar com uma grande folha retangular de aço, ou seja, com x pés de largura e $3x$ pés de comprimento. Agora, corte de cada canto da grande folha de aço retangular um quadrado menor, que tenha t pés de cada lateral, dobre-os e solde-os aos lados da folha de aço, de forma a criar uma estrutura parecida com uma bandeja sem a parte superior.

a. Mostre que o volume de óleo que pode ser contido por esta bandeja é dado por
$$V = t(x-2)(3x-2t) = 3tx^2 - 8t^2x + 4t^3.$$
b. Como t deve ser escolhido a fim de maximizar V para qualquer valor de x?
c. Existe um valor de x que maximize o volume de óleo que possa ser contido?
d. Suponha que em uma empresa de construção naval apenas 1.000.000 pés quadrados de chapa de aço possam ser utilizados para construir um petroleiro. Essa restrição pode ser representada pela equação $3x^2 - 4t^2 = 1.000.000$ (já que o construtor pode devolver os quadrados recortados em troca de crédito). Como a solução para este problema de máximo condicionado se compara com às soluções descritas nos itens (b) e (c)?

2.7 Considere o seguinte problema de maximização condicionada:
$$\text{maximizar } y = x_1 + 5 \ln x_2$$
$$\text{sujeito a } k - x_1 - x_2 = 0,$$
em que k é uma constante que pode assumir qualquer valor específico.

a. Mostre que, se $k = 10$, este problema pode ser resolvido envolvendo somente restrições de igualdade.
b. Mostre que a solução deste problema para $k = 4$ requer que $x_1 = -1$.
c. Se o x's presente neste problema deve ser não negativo, qual será a solução quando $k = 4$? (Este problema pode ser resolvido intuitivamente ou por meio dos métodos descritos neste capítulo.)
d. Qual é a solução para este problema quando $k = 20$? O que você conclui comparando esta solução com a solução do item (a)?

Nota: Este problema envolve o que é chamado de uma *função quase linear*. Essas funções fornecem importantes exemplos de alguns tipos de comportamento na teoria do consumidor – como veremos à frente.

2.8 Suponha que uma empresa tem uma função custo marginal dada por $MC(q) = q + 1$.

a. Qual é a função custo total desta firma? Explique por que os custos totais são conhecidos somente até determinada constante de integração, que representa os custos fixos.
b. Como você deve ter visto em cursos de Economia anteriores, se uma empresa adotar um preço (p) como dado em suas decisões, então produzirá nível de produto para o qual $p = MC(q)$. Se a empresa seguir essa regra de maximização do lucro, quanto ela produzirá quando $p = 15$? Supondo que a empresa não tenha lucro nem prejuízo a este mesmo preço, quais serão os custos fixos?
c. Quanto os lucros dessa empresa aumentarão se o preço aumentar para 20?
d. Mostre que, se continuarmos a supor a maximização do lucro, os lucros desta firma serão expressos unicamente em função do preço que ela recebe por seu produto.
e. Mostre que o aumento dos lucros de $p = 15$ a $p = 20$ pode ser calculado de duas maneiras: (i) diretamente a partir da equação derivada no item (d) e (ii), integrando a função custo marginal inversa $[MC^{-1}(p) = p - 1]$ de $p = 15$ a $p = 20$. Explique esse resultado de maneira intuitiva, usando o teorema do envelope.

Problemas analíticos

2.9 Funções côncavas e quase côncavas
Mostre que, se $f(x_1, x_2)$ é uma função côncava, então f é também uma função quase côncava. Faça isso comparando a equação 2.100 (definição de quase concavidade) com a Equação 2.84 (definição de concavidade). Você pode apresentar uma razão intuitiva para este resultado? O inverso da afirmação é verdadeiro? As funções quase côncavas são necessariamente côncavas? Se não, dê um contraexemplo.

2.10 Função Cobb-Douglas
Uma das funções mais importantes que vamos encontrar neste livro é a função Cobb-Douglas:
$$y = (x_1)^\alpha (x)^\beta,$$
em que α e β são constantes positivas, ambas menores que 1.

a. Mostre que essa função é quase côncava, usando um método de "força bruta", aplicando a Equação de 2.100.
b. Mostre que a função Cobb-Douglas é quase côncava, demonstrando que qualquer linha de

contorno da forma $y = c$ (em que c é qualquer constante positiva) é convexa e, portanto, que o conjunto de pontos para os quais $y > c$ é um conjunto convexo.

c. Mostre que se $\alpha + \beta > 1$, então a função Cobb-Douglas não é côncava (ilustrando assim novamente que nem todas as funções quase côncavas são côncavas).

Nota: Mais detalhes da função Cobb-Douglas são discutidos nas Aplicações do presente capítulo no *site* da Cengage.

2.11 Função potência
Outra função que vamos encontrar muitas vezes neste livro é a *função potência*:

$$y = x^\delta,$$

em que $0 \le \delta \le 1$ (às vezes também examinaremos essa função para casos nos quais δ pode ser negativo. Nesses casos, usaremos a fórmula $y = x^\delta/\delta$ para garantir que as derivadas apresentem o sinal apropriado).

a. Mostre que esta função é côncava (e, pelo resultado do Problema 2.9, também quase côncava). Observe que $\delta = 1$ é um caso especial e que a função é "estritamente" côncava só para $\delta < 1$.

b. Mostre que a forma multivariada da função potência

$$y = f(x_1, x_2) = (x_1)^\delta + (x_2)^\delta$$

é também côncava (e quase côncava). Explique por que, neste caso, o fato de $f_{12} = f_{21} = 0$ faz a determinação da concavidade um processo particularmente simples.

c. Uma maneira de incorporar efeitos de "escala" na função descrita no item (b) é usar a transformação monotônica

$$g(x_1, x_2) = y^\gamma = [(x_1)^\delta + (x_2)^\delta]^\gamma,$$

em que γ é uma constante positiva. Essa transformação preserva a concavidade da função? Seria g quase côncavo?

2.12 Prova do teorema do envelope em problemas de otimização condicionada
Usamos o teorema do envelope muitas vezes no texto em problemas de otimização condicionada para provar que esse teorema pode ajudar a desenvolver alguma intuição em casos simples. Assim, suponha que desejamos maximizar uma função de duas variáveis e que o valor dessa função também dependa de um parâmetro, a: $f(x_1, x_2, a)$. Este problema de maximização é sujeita a uma restrição que pode ser escrita como: $g(x_1, x_2, a) = 0$.

a. Escreva a expressão para o Lagrangiano e as condições de primeira ordem para este problema.
b. Some as duas condições de primeira ordem, envolvendo o x's.
c. Agora diferencie a soma acima em relação a a – isso mostra como o x deve mudar à medida que a se altera, exigindo que as condições de primeira ordem continuem mantidas.
d. Como mostramos neste capítulo, tanto a função objetivo quanto a restrição neste problema podem ser expressas como funções de a: $f(x_1(a), x_2(a), a), g(x_1(a), x_2(a), a) = 0$. Diferencie o primeiro destes em relação a a. Isso mostra como o valor do objetivo se altera à medida que a sofre alterações, mantendo os x's em seus valores ótimos. Você deverá ter termos que envolvam os x's e um único termo em $\partial f/\partial a$.
e. Agora, diferencie a restrição como formulado no item (d) com respeito a a. Você deverá ter termos nos x's e um único termo em $\partial g/\partial a$.
f. Multiplique os resultados do item (e) por λ (o multiplicador de Lagrange) e use isso em conjunto com as condições de primeira ordem do item (c) para substituir na derivada do item (d). Você deverá ser capaz de mostrar que

$$\frac{df(x_1(a), x_2(a), a)}{da} = \frac{\partial f}{\partial a} + \lambda \frac{\partial g}{\partial a},$$

que é apenas a derivada parcial do Lagrangiano quando todos os x's estiverem em seus valores ótimos. Isso prova o teorema do envelope. Explique de maneira intuitiva como as várias partes dessa prova impõem a condição de que os x's estão constantemente sendo ajustados a fim de estarem em seus valores ótimos.
g. Retorne ao Exemplo 2.8 e explique como o teorema do envelope pode ser aplicado a alterações na cerca de perímetro P – ou seja, como mudanças no P afetam o tamanho da área que pode ser cercada? Mostre que, nesse caso, o teorema do envelope ilustra como o multiplicador de Lagrange coloca um valor sobre a restrição.

2.13 Aproximações de Taylor
O teorema de Taylor mostra que qualquer função pode ser aproximada nas adjacências de qualquer

ponto conveniente por uma série de termos envolvendo a função e suas derivadas. Aqui olhamos para algumas aplicações do teorema para funções de uma e duas variáveis.

a. Qualquer função contínua e diferenciável de uma única variável, $f(x)$, pode ser aproximada perto do ponto a pela fórmula

$$f(x) = f(a) + f'(a)(x - a) + 0{,}5f''(a)(x - a)^2 + \text{termos em } f''', f'''', \ldots.$$

A utilização dos três primeiros resultados da fórmula acima resulta em uma aproximação de Taylor *quadrática*. Utilize essa aproximação juntamente com a definição de concavidade para mostrar que qualquer função côncava deve se situar na ou embaixo da tangente da função no ponto a.

b. A aproximação quadrática de Taylor para qualquer função de duas variáveis, $f(x, y)$, perto do ponto (a, b) é dada por

$$f(x, y) = f(a, b) + f_1(a, b)(x - a) + f_2(a, b)(y - b) \\ + 0{,}5[f_{11}(a, b)(x - a)^2 \\ + 2f_{12}(a, b)(x - a)(y - b) + f_{22}(y - b)^2].$$

Utilize essa aproximação para mostrar que qualquer função côncava (conforme definido pela Equação 2.84) deverá se situar no ou abaixo de seu plano tangente em (a, b).

2.14 Mais sobre o valor esperado

Uma vez que o conceito de valor esperado desempenha um papel importante em muitas teorias econômicas, pode ser útil resumir mais algumas propriedades desta medida estatística. Ao longo de todo este problema, o x é considerado uma variável aleatória contínua com FDP $f(x)$.

a. (Desigualdade de Jensen) Suponha que $g(x)$ é uma função côncava. Mostre que $E[g(x)] \leq g[E(x)]$. *Sugestão*: Construir a tangente a $g(x)$ no ponto $E(x)$. Essa tangente terá a forma de $c + dx \geq g(x)$ para todos os valores de x e $c + dE(x) = g[E(x)]$, em que c e d são constantes.

b. Utilize o procedimento do item (a) para mostrar que, se $g(x)$ for uma função convexa, então $E[g(x)] \geq g[E(x)]$.

c. Suponha que x assuma apenas valores não negativos – isto é, $0 \leq x \leq \infty$. Utilize a integração por partes para mostrar que

$$E(x) = \int_0^\infty [1 - F(x)]dx,$$

em que $F(x)$ é a função de distribuição acumulada para x [ou seja, $F(x) = \int_0^x f(t)dt$]

d. (Desigualdade de Markov) Mostra que, se x assumir apenas valores positivos, então a seguinte desigualdade é esperada:

$$P(x \geq t) \leq \frac{E(x)}{t}.$$

Sugestão:
$E(x) = \int_0^\infty xf(x)\,dx = \int_0^t xf(x)\,dx + \int_t^\infty xf(x)\,dx.$

e. Considere a FDP $f(x) = 2x^{-3}$ para $x \geq 1$.
 1. Mostre que se trata de uma FDP adequada.
 2. Calcule $F(x)$ para esta FDP.
 3. Utilize os resultados do item (c) para calcular $E(x)$ para esta FDP.
 4. Mostre que a desigualdade de Markov vale para essa função.

f. O conceito de valor condicional esperado é útil em alguns problemas econômicos. Denotamos o valor esperado de x condicional à ocorrência de algum evento, A, como $E(x|A)$. Para calcular esse valor, precisamos saber a FDP para x, dado que ocorreu A [representado por $f(x|A)$]. Com essa notação, $E(x|A) = \int_{-\infty}^{+\infty} xf(x|A)dx$. Talvez a maneira mais fácil de entender essas relações seja com um exemplo. Seja

$$f(x) = \frac{x^2}{3} \quad \text{para } -1 \leq x \leq 2.$$

 1. Mostre que se trata de uma FDP adequada.
 2. Calcule $E(x)$.
 3. Calcule a probabilidade de $-1 \leq x \leq 0$.
 4. Considere o evento $0 \leq x \leq 2$ e chame esse evento de A. O que é $f(x|A)$?
 5. Calcule $E(x|A)$.
 6. Explique os resultados de maneira intuitiva.

2.15 Mais sobre variâncias

A definição da variância de uma variável aleatória pode ser usada para mostrar uma quantidade de resultados adicionais.

a. Mostre que $\text{Var}(x) = E(x^2) - [E(x)]^2$.
b. Utilize a desigualdade de Markov (Problema 2.14d) para mostrar que se x pode assumir somente valores não negativos,

$$P[(x - \mu_x) \geq k] \leq \frac{\sigma_x^2}{k^2}.$$

Esse resultado mostra que há limites para a quantidade de vezes que uma variável aleatória poderá estar longe de seu valor esperado. Se $k = h\sigma$, esse resultado também diz que

$$P[(x - \mu_x) \geq h\sigma] \leq \frac{1}{h^2}.$$

Portanto, por exemplo, a probabilidade de que uma variável aleatória possa estar a mais do que 2 desvios-padrão de seu valor esperado é sempre menor que 0,25. O resultado teórico é chamado *desigualdades de Chebyshev*.

c. A Equação 2.182 mostrou que, se duas (ou mais) variáveis aleatórias forem independentes, a variância de sua soma será igual à soma das suas variâncias. Utilize esse resultado para mostrar que a soma de n variáveis aleatórias independentes, cada qual com um valor esperado m e variância σ^2, tem valor esperado $n\mu$ e variância $n\sigma^2$. Mostre também que a média dessas n variáveis aleatórias (que também é uma variável aleatória) terá valor esperado m e variância σ^2/n. Isto é às vezes chamado *a Lei dos grandes números* – ou seja, a variância da média diminui à medida que mais variáveis independentes são incluídas.

d. Utilize o resultado do item (c) para mostrar que, se x_1 e x_2 forem variáveis aleatórias independentes, cada uma com o mesmo valor esperado e variância, a variância de uma média ponderada dos dois, $X = kx_1 + (1 - k)x_2$, $0 \leq k \leq 1$, é minimizada quando $k = 0{,}5$. Em quanto a variância desta soma é reduzida pela determinação apropriada de k?

e. Como o resultado do item (d) mudaria se as duas variáveis tivessem variâncias desiguais?

2.16 Mais sobre covariâncias

Aqui estão algumas relações úteis associadas com a covariância de duas variáveis aleatórias, x_1 e x_2.

a. Mostre que $\text{Cov}(x_1, x_2) = E(x_1 x_2) - E(x_1)E(x_2)$. Uma importante implicação disso é que, se $\text{Cov}(x_1, x_2) = 0$, $E(x_1 x_2) = E(x_1)E(x_2)$. Ou seja, o valor esperado do produto de duas variáveis aleatórias é o produto dos valores dessas variáveis.

b. Mostre que $\text{Var}(ax_1 + bx_2) = a^2\text{Var}(x_1) + b^2\text{Var}(x_2) + 2ab\text{Cov}(x_1, x_2)$.

c. No Problema 2.15d, vimos a variância de $X = kx_1 + (1 - k)x_2$, $0 \leq k \leq 1$. A conclusão de que essa variância é minimizada para $k = 0{,}5$ é alterada por considerar casos em que $\text{Cov}(x_1, x_2) \neq 0$?

d. O *coeficiente de correlação* entre duas variáveis aleatórias é definido como

$$\text{Corr}(x_1, x_2) = \frac{\text{Cov}(x_1, x_2)}{\sqrt{\text{Var}(x_1)\text{Var}(x_2)}}.$$

Explique por que $-1 \leq \text{Corr}(x_1, x_2) \leq 1$ e apresente uma explicação intuitiva para esse resultado.

e. Suponha que a variável aleatória y esteja relacionada com a variável aleatória x pela equação linear $y = \alpha + \beta x$. Mostre que

$$\beta = \frac{\text{Cov}(y, x)}{\text{Var}(x)}.$$

Aqui, β é algumas vezes chamado de *(teórico) coeficiente de regressão de y em x*. Com dados reais, o análogo amostral dessa expressão é o coeficiente de regressão de mínimos quadrados ordinários (MQO).

PARTE DOIS
ESCOLHA E DEMANDA

CAPÍTULO TRÊS
Preferências e utilidade

Neste capítulo, veremos o modo como economistas caracterizam preferências individuais. Começamos com uma discussão razoavelmente abstrata sobre a "relação de preferência", mas rapidamente mudamos para a ferramenta primordial dos economistas para o estudo das escolhas pessoais – a função utilidade. Observamos algumas características gerais dessa função e alguns exemplos simples de funções utilidade específicas que encontraremos ao longo deste livro.

3.1 AXIOMAS DA ESCOLHA RACIONAL

Uma maneira de começar uma análise das escolhas dos indivíduos é estabelecer um conjunto básico de postulados ou axiomas, que caracterizam o comportamento "racional". Essas hipóteses começam com o conceito de "preferência": um indivíduo que relata que "A é preferível a B" quer dizer que, se tudo for considerado, ele ou ela se sente mais inclinado à situação A do que à situação B. Presume-se que a relação de preferência tem três propriedades básicas, como segue.

I. *Completude.* Se A e B são duas situações quaisquer, o indivíduo sempre pode especificar exatamente uma das seguintes três possibilidades:

 1. "A é preferível a B";
 2. "B é preferível a A"; ou
 3. "A e B são igualmente atraentes".

 Consequentemente, supõe-se que as pessoas não permanecem paralisadas pela indecisão: elas entendem completamente e podem sempre decidir sobre o desejo por duas alternativas quaisquer. A hipótese também elimina a possibilidade de que um indivíduo possa relatar que tanto A seja preferível a B quanto B seja preferível a A.

II. *Transitividade.* Se um indivíduo relata que "A é preferível a B" e "B é preferível a C", então ele ou ela deve também reportar que "A é preferível a C".

 Essa hipótese afirma que as escolhas do indivíduo são internamente consistentes. Tal hipótese pode ser submetida a um estudo empírico. Geralmente, tais estudos concluem que as escolhas de uma pessoa são de fato transitivas, mas essa conclusão deve ser modificada em casos em que o indivíduo pode não entender completamente as consequências das escolhas que ele ou ela faz. Porque, na maior parte das vezes, suporemos que escolhas tenham um nível de informação adequado, a propriedade de transitividade parece ser uma hipótese apropriada a ser feita sobre as preferências.

III. *Continuidade.* Se um indivíduo relata que "A é preferível a B", então situações suficientemente "parecidas" com A também devem ser preferíveis quando comparadas a B.

Essa hipótese bastante técnica é necessária se quisermos analisar as respostas dos indivíduos a mudanças relativamente pequenas na renda e nos preços. O objetivo da hipótese é excluir determinados tipos de preferências descontínuas e respostas que sejam consideradas "fio da navalha", que representem um problema para um desenvolvimento matemático da teoria da escolha. A hipótese da continuidade parece não pôr em risco a exclusão de tipos de comportamento econômico que sejam importantes no mundo real (mas, veja o Problema 3.14 para alguns contraexemplos).

3.2 UTILIDADE

Tendo em conta os pressupostos da completude, transitividade e continuidade, é possível mostrar formalmente que as pessoas são capazes de ranquear todas as possíveis situações, desde o mínimo desejável até as mais desejáveis.[1] Seguindo a terminologia introduzida por Jeremy Bentham, teórico político do século XIX, os economistas chamam essa classificação de *utilidade*.[2] Também seguiremos Bentham, dizendo que as situações mais desejáveis oferecem maior utilidade do que as menos desejáveis. Ou seja, se uma pessoa prefere a situação A ao invés da B, diríamos que a utilidade atribuída à opção A, denotada por $U(A)$, excede a utilidade atribuída à opção B, $U(B)$.

3.2.1 A não unicidade das medidas de utilidade

Pode-se até mesmo atribuir números a essas classificações de utilidade; no entanto, esses números não serão únicos. Qualquer conjunto de números que sejam arbitrariamente atribuídos e que reflitam com precisão a ordem de preferência original implicará o mesmo conjunto de escolhas. Não faz diferença se considerarmos que $U(A) = 5$ e $U(B) = 4$ ou que $U(A) = 1.000.000$ e $U(B) = 0,5$. Em ambos os casos os números sugerem que A é preferível a B. Em termos técnicos, nossa noção de utilidade é definida somente até uma transformação que preserva a relação de ordem[3] ("monotônica"). Qualquer conjunto de números que reflita com precisão a ordem de preferência de uma pessoa servirá. Consequentemente, não faz sentido perguntar "quão mais preferível é A em comparação com B?", porque essa pergunta não tem uma única resposta. Pesquisas que pedem às pessoas para classificar sua "felicidade" em uma escala de 1 a 10 poderiam muito bem utilizar uma escala de 7 a 1.000.000. Só podemos esperar que uma pessoa que relata que ele ou ela é um "6" na escala em um dia e um "7" no dia seguinte é de fato mais feliz no segundo dia. Portanto, as classificações de utilidade são como a classificação ordinal de restaurantes ou filmes com uma, duas, três ou quatro estrelas. Elas simplesmente registram o desejo relativo por conjuntos de mercadorias.

Esta falta de unicidade na atribuição de valores de utilidade também implica não ser possível a comparação das utilidades para diferentes pessoas. Se uma pessoa relata que um bife no jantar proporciona

---

[1] Essas propriedades e sua conexão com a representação das preferências por função utilidade são discutidas de maneira detalhada em Andreu Mas-Colell, Michael D. Whinston e Jerry R. Green, *Teoria microeconômica* (Nova York: Oxford University Press, 1995).

[2] J. Bentham, *Introdução aos Princípios da Moral e da Legislação* (Londres: Hafner, 1848).

[3] Pode-se representar essa ideia matematicamente ao se dizer que qualquer classificação numérica de utilidade (U) pode ser transformada em outro conjunto de números relacionados à função F, considerando que $F(U)$ é uma função que preserva a relação de ordem. Isso pode ser garantido se $F'(U) > 0$. Por exemplo, a transformação $F(U) = U^2$ preserva a relação de ordem, assim como a transformação $F(U) = \ln U$. Em alguns trechos ao longo do texto e em problemas será conveniente realizar tais transformações para fazer com que uma classificação particular de utilidade seja mais simples de se analisar.

uma utilidade de "5" e outra pessoa relata que o mesmo jantar proporciona uma utilidade de "100", não podemos dizer qual indivíduo dá mais valor ao jantar, uma vez que eles poderiam estar usando escalas diferentes. Da mesma forma, não temos como medir se uma mudança da situação A para a situação B proporciona mais utilidade para uma ou para outra pessoa. Apesar disso, como veremos, economistas podem dizer bastante a partir das classificações de utilidade, examinando o que as pessoas voluntariamente optam por fazer.

3.2.2 O pressuposto *ceteris paribus*

Uma vez que a *utilidade* refere-se à satisfação geral, tal medida é claramente afetada por uma variedade de fatores. A utilidade de uma pessoa é afetada não apenas pelo seu consumo de produtos físicos, mas também por atitudes psicológicas, pressões do grupo, experiências pessoais e o ambiente cultural em geral. Embora os economistas tenham, usualmente, um interesse em analisar tais influências, uma redução no enfoque é geralmente necessária.

Consequentemente, uma prática comum é a de focar exclusivamente em escolhas entre opções quantificáveis (por exemplo, as quantidades relativas de alimento e abrigo que comprei, o número de horas trabalhadas por semana, ou os votos entre fórmulas específicas de tributação) enquanto mantêm-se constantes outras coisas que afetam o comportamento. Esse pressuposto *ceteris paribus* ("se tudo mais for constante") é invocado em todas as análises econômicas de escolhas maximizadoras de utilidade, de modo a tornar a análise das escolhas administrável dentro de uma configuração simplificada.

3.2.3 Utilidade a partir de consumo de bens

Como um importante exemplo do pressuposto *ceteris paribus*, considere como o problema de um indivíduo em escolher entre n bens de consumo $x_1, x_2, \ldots, x_n$ em um dado momento. Suporemos que a classificação individual desses bens pode ser representada por uma função utilidade da forma

$$\text{utilidade} = U(x_1, x_2, \ldots, x_n; \text{outras coisas}), \tag{3.1}$$

em que as variáveis x referem-se às quantidades de bens que podem ser escolhidos e a notação "outras coisas" é usada como um lembrete de que muitos aspectos do bem-estar individual estão sendo mantidos constantes na análise.

Muitas vezes é mais fácil escrever a Equação 3.1 como

$$\text{utilidade} = U(x_1, x_2, \ldots, x_n). \tag{3.2}$$

Ou, se apenas dois bens forem considerados, como

$$\text{utilidade} = U(x, y), \tag{3.3}$$

na qual fica claro que tudo está sendo mantido constante (ou seja, fora do quadro de análise), exceto os bens referenciados na função utilidade. Seria tedioso lembrá-lo a cada passo o que está sendo mantido constante na análise, mas é preciso lembrar que alguma forma do pressuposto *ceteris paribus* sempre estará em vigor.

3.2.4 Argumentos de funções utilidade

A notação de função utilidade é usada para indicar como um indivíduo ranqueia os argumentos particulares da função que está sendo considerada. No mais comum dos casos, a função utilidade (Equação 3.2) será usada para representar como um indivíduo ranqueia determinadas cestas de bens que poderão ser compradas em um dado momento. Algumas vezes serão usados outros argumentos na função utilidade, sendo interessante esclarecer determinadas convenções desde o início. Por exemplo, pode ser útil falar sobre a utilidade que um indivíduo recebe a partir da riqueza real (W). Portanto, utilizaremos a notação

$$\text{utilidade} = U(W). \tag{3.3}$$

A menos que o indivíduo seja alguém bastante peculiar, do tipo frio, ganancioso e avarento, a riqueza em si não trará nenhuma utilidade direta a ele. Na verdade, apenas quando a riqueza é gasta em bens de consumo é que resulta em algum tipo de utilidade. Por essa razão, consideraremos que a Equação 3.3 significa que a utilidade a partir da riqueza é, na verdade, derivada do ato de gastar essa riqueza de forma a produzir tanta utilidade quanto possível.

Dois outros argumentos de funções utilidade serão usados em capítulos posteriores. No Capítulo 11, focaremos na escolha de trabalho – lazer do indivíduo e, portanto, terá de ser considerada a presença de lazer na função utilidade. Uma função da forma

$$\text{utilidade} = U(c, h) \tag{3.4}$$

será usada. Aqui, c representa o consumo e h representa as horas não trabalhadas (i.e., lazer) durante determinado período.

No Capítulo 12 focaremos nas decisões de consumo do indivíduo em diferentes períodos. Naquele capítulo, vamos usar uma função utilidade na forma

$$\text{utilidade} = U(c_1, c_2), \tag{3.5}$$

em que c_1 representa o consumo neste período e c_2, o consumo no próximo período. Portanto, ao alterar os argumentos da função utilidade, seremos capazes de focar aspectos específicos das escolhas do indivíduo em uma variedade de configurações simplificadas.

Em resumo, começamos a nossa análise do comportamento individual com a seguinte definição.

> **DEFINIÇÃO**
>
> **Utilidade.** As preferências dos indivíduos são supostas como representadas por uma função utilidade da forma
>
> $$U(x_1, x_2, \ldots, x_n), \tag{3.6}$$
>
> em que x_1, x_2, c, x_n são as quantidades de cada um dos n bens que podem ser consumidos em determinado período. Essa função é única somente até uma transformação que preserva a relação de ordem.

3.2.5 Bens econômicos

Nessa representação, as variáveis são consideradas "bens"; ou seja, para quaisquer quantidades econômicas que representarem, suporemos que uma quantidade maior qualquer de um x_i em particular, durante algum dado período, será preferida a menos. Supomos que isso é verdadeiro para todos os bens, seja ele um simples bem de consumo, como um cachorro-quente, seja um bem complexo, como a riqueza ou o lazer. Essa convenção é retratada para uma função utilidade para dois bens na Figura 3.1. Nela, todas as cestas de consumo na área sombreada são preferidas à cesta x^*, y^* porque qualquer cesta na área sombreada fornece pelo menos mais do que um dos bens. Pela nossa definição de "bens", as cestas de bens na área sombreada são mais bem ranqueadas do que x^*, y^*. Da mesma forma, as cestas na área marcada como "pior" são claramente inferiores a x^*, y^*, porque contêm menor quantidade de, pelo menos, um dos bens, e não mais do outro. As cestas nas duas áreas indicadas por pontos de interrogação são difíceis de comparar com x^*, y^*, porque contêm mais de um dos bens e menos do outro. Movimentações para essas áreas envolvem compensações entre os dois bens.

3.3 TROCAS E SUBSTITUIÇÃO

A maioria das atividades econômicas envolvem trocas voluntárias entre os indivíduos. Quando alguém compra, digamos, um pão, ele ou ela voluntariamente abre mão de algo (dinheiro) em troca de um bem (pão), que é de maior valor para esse indivíduo. Para examinar esse tipo de transação voluntária, precisamos desenvolver um sistema formal para ilustrar as trocas no contexto de funções utilidade. Vamos estimular primeiro a discussão com uma apresentação gráfica e então partiremos para uma matemática mais formal.

3.3.1 Curvas de indiferença e a taxa marginal de substituição

As trocas voluntárias podem ser mais bem estudadas utilizando-se um dispositivo gráfico de uma *curva de indiferença*. Na Figura 3.2, a curva U_1 representa todas as combinações alternativas de x e y para as quais um indivíduo é igualmente bem de vida (lembre-se novamente de que todos os outros argumentos da função utilidade são considerados constantes). Essa pessoa é igualmente feliz consumindo, por exemplo, a combinação de bens x_1, y_1 ou a combinação x_2, y_2. Essa curva que representa todas as cestas de consumo que são ranqueadas igualmente pelo indivíduo é chamada de *curva de indiferença*.

> **DEFINIÇÃO**
>
> **Curva de indiferença.** Uma *curva de indiferença* (ou, em várias dimensões, uma superfície de indiferença) mostra um conjunto de cestas de consumo aos quais o indivíduo é indiferente. Ou seja, todos as cestas fornecem o mesmo nível de utilidade.

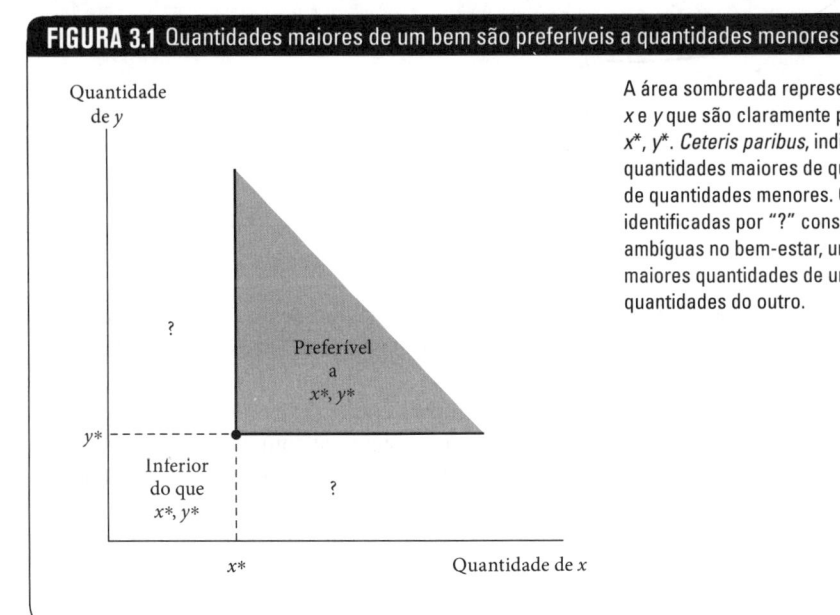

FIGURA 3.1 Quantidades maiores de um bem são preferíveis a quantidades menores

A área sombreada representa as combinações de x e y que são claramente preferidas à combinação x^*, y^*. *Ceteris paribus*, indivíduos preferem quantidades maiores de qualquer bem em vez de quantidades menores. Combinações identificadas por "?" consistem em mudanças ambíguas no bem-estar, uma vez que elas contêm maiores quantidades de um bem e menores quantidades do outro.

A inclinação da curva de indiferença na Figura 3.2 é negativa, mostrando que, se o indivíduo é forçado a desistir de alguns y, ele ou ela deve ser recompensado(a) por um montante adicional de x para manter-se indiferente entre as duas cestas de bens. A curva também é desenhada para que a inclinação aumente à medida que x aumenta (ou seja, a inclinação começa no infinito negativo e aumenta em direção a zero). Essa é uma representação gráfica da hipótese de que as pessoas tornam-se progressivamente menos dispostas a trocar y para obter maior quantidade de x. Em termos matemáticos, o valor absoluto dessa inclinação diminui à medida que x aumenta. Daí, temos a seguinte definição:

DEFINIÇÃO

Taxa marginal de substituição. O negativo da inclinação de uma curva de indiferença (U_1) em algum ponto é denominado a *taxa marginal de substituição (MRS)* nesse ponto. Isto é

$$MRS = -\frac{dy}{dx}\bigg|_{U=U_1}, \quad (3.7)$$

em que a notação indica que a inclinação é calculada ao longo da curva de indiferença de U_1.

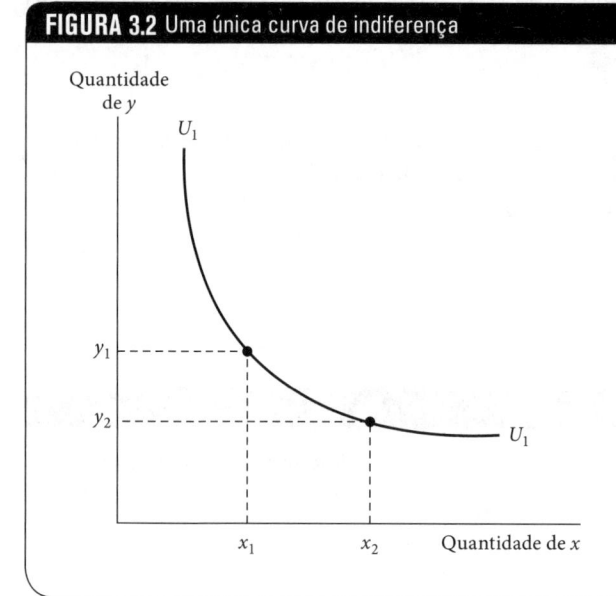

FIGURA 3.2 Uma única curva de indiferença

A curva U_1 representa as combinações de x e y, cujas utilidades são as mesmas para o indivíduo. A inclinação da curva representa a taxa em que o indivíduo está disposto a trocar x por y, mantendo-se igualmente bem de vida. Essa inclinação (ou melhor, o negativo da inclinação) é denominada *taxa marginal de substituição*. Na figura, a curva de indiferença é desenhada pressupondo-se uma taxa marginal de substituição decrescente.

Portanto, a inclinação da U_1 e a *MRS* dizem algo sobre as trocas que essa pessoa fará voluntariamente. Em um ponto como x_1, y_1, a pessoa tem uma quantidade grande de y e está disposta a gastar boa parte disso para obter mais um x. Portanto, a curva de indiferença no x_1, y_1 é bastante íngreme. Essa é uma situação na qual a pessoa tem, digamos, muitos hambúrgueres para comer (y) e pouco do que beber (x). Essa pessoa daria alguns hambúrgueres (digamos, 5) para saciar a sua sede com uma bebida adicional.

Em x_2, y_2, por outro lado, a curva de indiferença é mais plana. Aqui, essa pessoa tem algumas bebidas e está disposta a abdicar de alguns poucos hambúrgueres (digamos, 1) para pegar outra bebida. Consequentemente, a *MRS* diminui entre x_1, y_1 e x_2, y_2. A mudança na inclinação de U_1 mostra como a cesta de consumo específica disponível influencia nas trocas que essa pessoa fará voluntariamente.

3.3.2 Mapa da curva de indiferença

Na Figura 3.2, apenas uma curva de indiferença foi desenhada. O quadrante x, y, no entanto, é densamente povoado com tais curvas, cada uma correspondendo a um nível diferente de utilidade. Uma vez que cada cesta de bens pode ser ranqueada e gera algum nível de utilidade, cada ponto da Figura 3.2 deve ter uma curva de indiferença passando através dele. Curvas de indiferença são semelhantes às linhas de contorno de um mapa, em que elas representam linhas de igual "altitude" de utilidade. Na Figura 3.3 várias curvas de indiferença são mostradas para indicar que há infinitamente muitas no plano. O nível de utilidade representado por essas curvas aumenta à medida que avançamos na direção nordeste; a utilidade da curva U_1 é menor que a de U_2, que é menor do que de U_3. Isto é devido à suposição feita na Figura 3.1: quantidades maiores de um bem são preferíveis a quantidades menores. Como foi discutido anteriormente, não há uma única maneira de atribuir números a esses níveis de utilidade. As curvas apenas mostram que as combinações de bens em U_3 são preferidas àquelas na U_2, que são preferidas àqueles na U_1.

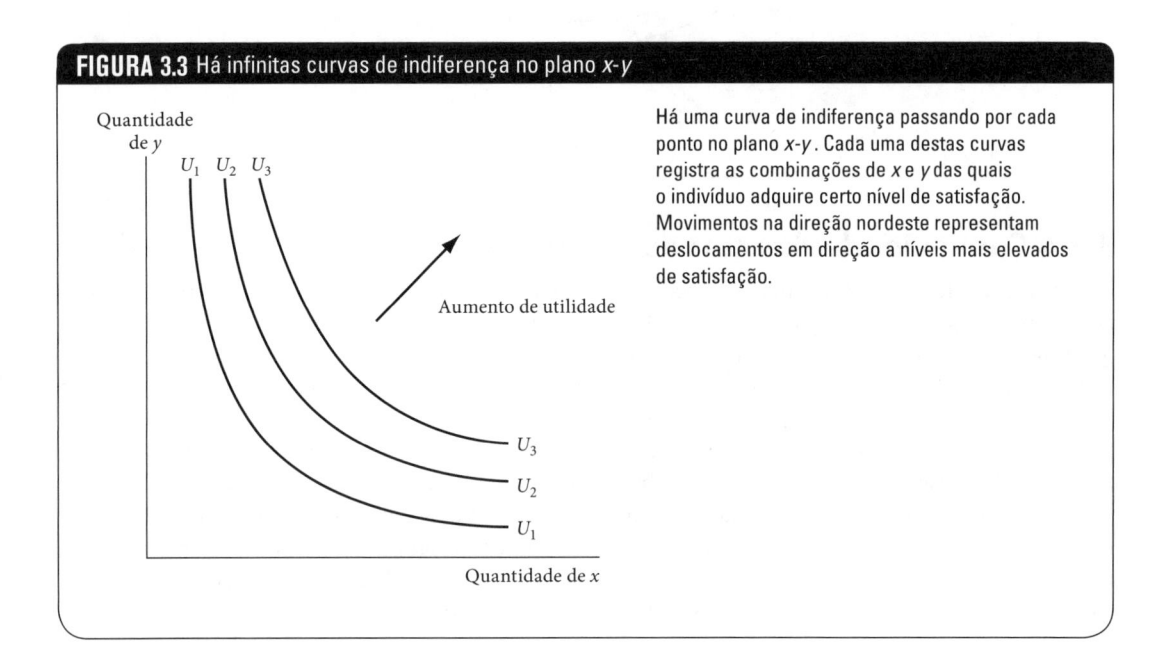

FIGURA 3.3 Há infinitas curvas de indiferença no plano x-y

Há uma curva de indiferença passando por cada ponto no plano x-y. Cada uma destas curvas registra as combinações de x e y das quais o indivíduo adquire certo nível de satisfação. Movimentos na direção nordeste representam deslocamentos em direção a níveis mais elevados de satisfação.

3.3.3 Curvas de indiferença e transitividade

Como um exercício de exame da relação entre as preferências consistentes e a representação das preferências pelas funções utilidade, considere a seguinte pergunta: Podem duas das curvas de indiferença quaisquer do indivíduo se cruzar? Duas de tais curvas de interseção são mostradas na Figura 3.4. Queremos saber se elas violam nossos axiomas básicos da racionalidade. Se usarmos a nossa analogia com mapas, parece haver algo de errado no ponto E, onde a "altitude" é igual a dois números diferentes, U_1 e U_2. Mas nenhum ponto pode estar ao mesmo tempo a 100 e 200 pés acima do nível do mar.

Para proceder formalmente, vamos analisar as cestas de bens representadas pelos pontos A, B, C e D. Pelo pressuposto da não saciedade (ou seja, mais de um bem sempre aumenta a utilidade), "A é preferível a B" e "C é preferível a D". Mas essa pessoa é igualmente satisfeita com B e C (permanecem sobre a mesma curva de indiferença), então a hipótese da transitividade implica que A deve ser preferível a D. Mas isso não pode ser verdade, porque A e D estão sobre a mesma curva de indiferença e são, por definição, considerados igualmente desejáveis. Essa contradição mostra que as curvas de indiferença não se cruzam. Portanto, devemos sempre desenhar mapas de curva de indiferença como os que aparecem na Figura 3.3.

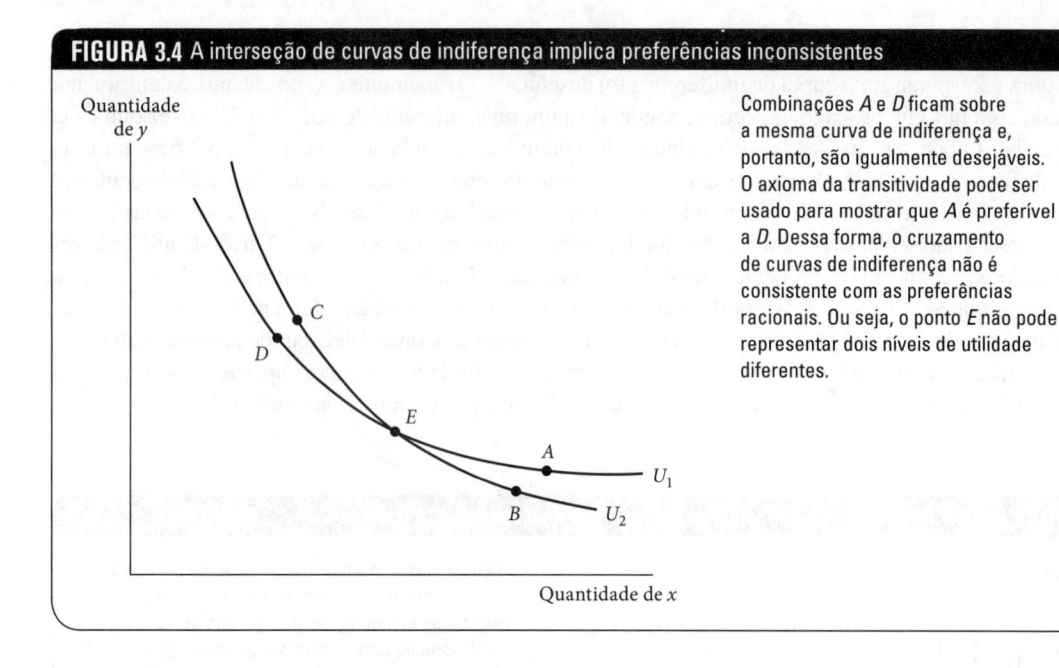

FIGURA 3.4 A interseção de curvas de indiferença implica preferências inconsistentes

Combinações *A* e *D* ficam sobre a mesma curva de indiferença e, portanto, são igualmente desejáveis. O axioma da transitividade pode ser usado para mostrar que *A* é preferível a *D*. Dessa forma, o cruzamento de curvas de indiferença não é consistente com as preferências racionais. Ou seja, o ponto *E* não pode representar dois níveis de utilidade diferentes.

3.3.4 Convexidade das curvas de indiferença

Uma maneira alternativa de afirmar o princípio de uma decrescente taxa marginal de substituição usa a noção matemática de um conjunto convexo. Um conjunto de pontos é dito ser *convexo* se dois pontos quaisquer dentro do conjunto podem ser unidos por uma linha reta que está contida completamente dentro do conjunto. O pressuposto de uma *MRS* decrescente é equivalente ao pressuposto de que todas as combinações de *x* e *y* que são preferíveis ou indiferentes a uma combinação específica x^*, y^* formam um conjunto convexo.[4] Isso é ilustrado na Figura 3.5, na qual todas as combinações preferíveis ou indiferentes a x^*, y^* estão localizadas na área sombreada. Quaisquer duas dessas combinações – digamos, x_1, y_1 e x_2, y_2 – podem ser unidas por uma linha reta também contida na área sombreada. Na Figura 3.5b isso não procede. Uma linha unindo x_1, y_1 e x_2, y_2 passa por fora da área sombreada. Portanto, a curva de indiferença através de x^*, y^* na Figura 3.5b não obedece à suposição de uma *MRS* decrescente porque o conjunto de pontos preferíveis ou indiferentes a x^*, y^* não é convexo.

3.3.5 Convexidade e consumo balanceado

Utilizando a noção de convexidade, podemos mostrar que os indivíduos preferem um balanceamento no seu consumo. Suponha que um indivíduo se mostre indiferente entre as combinações x_1, y_1 e x_2, y_2. Se a curva de indiferença for estritamente convexa, então a combinação $(x_1 + x_2)/2$, $(y_1 + y_2)/2$ será preferível se comparada a qualquer uma das combinações iniciais.[5] Intuitivamente, cestas de bens "bem balanceadas" serão preferíveis se comparadas com cestas fortemente ponderadas em direção a determinado bem. Isto é ilustrado na Figura 3.6. Uma vez que se supõe que a curva de indiferença seja convexa, todos os pontos na linha reta juntando (x_1, y_1) e (x_2, y_2) são preferíveis a esses pontos iniciais. Portanto, tal afirmação será verdadeira para o ponto $(x_1 + x_2)/2$, $(y_1 + y_2)/2$, que se localiza no ponto central de tal linha. Assim, quaisquer combinações proporcionais das duas cestas de bens

---

[4] Essa definição é equivalente a supor que a função utilidade é quase côncava. Tais funções foram discutidas no Capítulo 2, e nós retornaremos para examiná-las na próxima seção. Às vezes o termo "concavidade quase estrita" é usado para descartar a possibilidade de ter segmentos lineares em curvas de indiferença. Geralmente suporemos a concavidade quase estrita, mas em alguns lugares ilustraremos as complicações decorrentes das porções lineares das curvas de indiferença.

[5] No caso de a curva de indiferença apresentar um segmento linear, o indivíduo será indiferente em relação a todas as três combinações.

indiferentes serão preferíveis se comparadas à cesta inicial, porque representarão uma combinação mais balanceada. Portanto, a convexidade estrita é equivalente a uma *MRS* decrescente. Ambas as suposições descartam a possibilidade de uma curva de indiferença ser reta sobre qualquer parte de sua extensão.

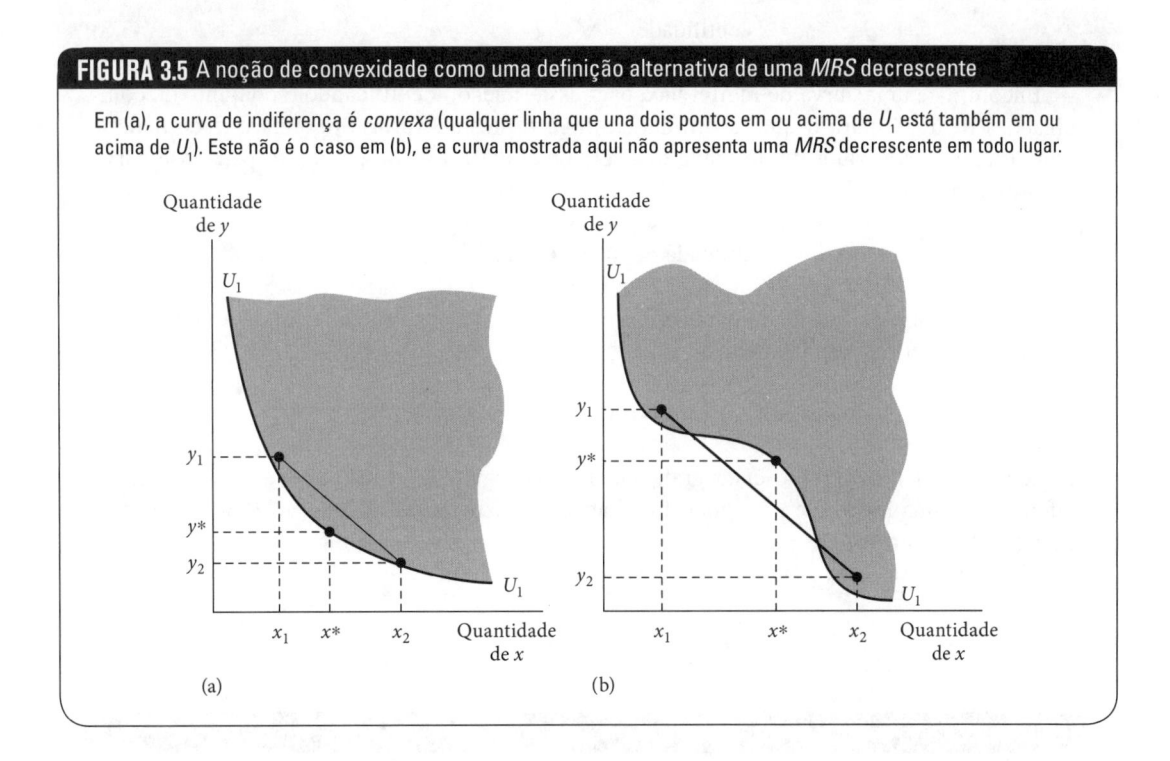

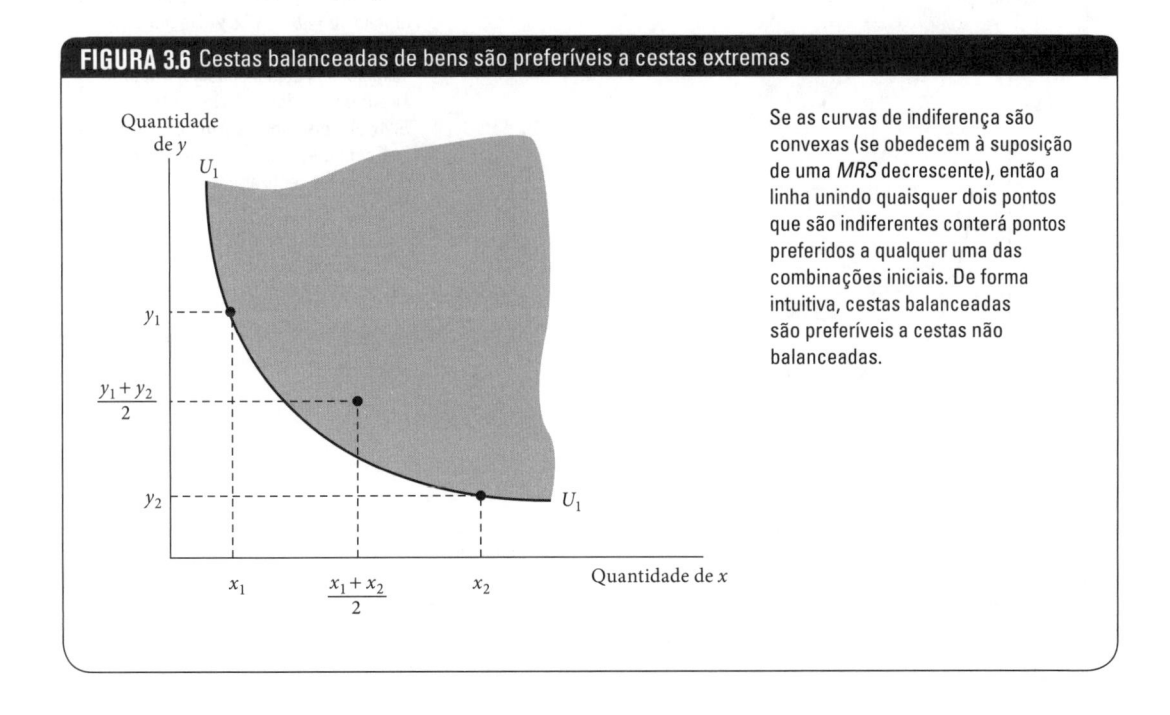

FIGURA 3.5 A noção de convexidade como uma definição alternativa de uma *MRS* decrescente

Em (a), a curva de indiferença é *convexa* (qualquer linha que una dois pontos em ou acima de U_1 está também em ou acima de U_1). Este não é o caso em (b), e a curva mostrada aqui não apresenta uma *MRS* decrescente em todo lugar.

FIGURA 3.6 Cestas balanceadas de bens são preferíveis a cestas extremas

Se as curvas de indiferença são convexas (se obedecem à suposição de uma *MRS* decrescente), então a linha unindo quaisquer dois pontos que são indiferentes conterá pontos preferidos a qualquer uma das combinações iniciais. De forma intuitiva, cestas balanceadas são preferíveis a cestas não balanceadas.

EXEMPLO 3.1 Utilidade e a *MRS*

Suponha que o ranking de uma pessoa sobre hambúrgueres (*y*) e bebidas (*x*) pudesse ser representada pela função utilidade

$$\text{utilidade} = \sqrt{x \cdot y}. \tag{3.8}$$

Encontra-se uma curva de indiferença para essa função, identificando o conjunto de combinações de *x* e *y* para o qual a utilidade atinge o mesmo valor. Suponha que definamos arbitrariamente um valor de utilidade que seja igual a 10. Então, a equação para essa curva de indiferença é

$$\text{utilidade} = 10 = \sqrt{x \cdot y}. \tag{3.9}$$

Como elevar essa função ao quadrado preserva a relação de ordem, a curva de indiferença também pode ser representada por

$$100 = x \cdot y, \tag{3.10}$$

o que é mais fácil para representar graficamente. Na Figura 3.7, mostramos essa curva de indiferença; é uma hipérbole retangular familiar. Uma maneira de calcular a *MRS* é resolver a Equação 3.10 para *y*:

$$y = \frac{100}{x}. \tag{3.11}$$

FIGURA 3.7 Curva de indiferença para utilidade $= \sqrt{x \cdot y}$

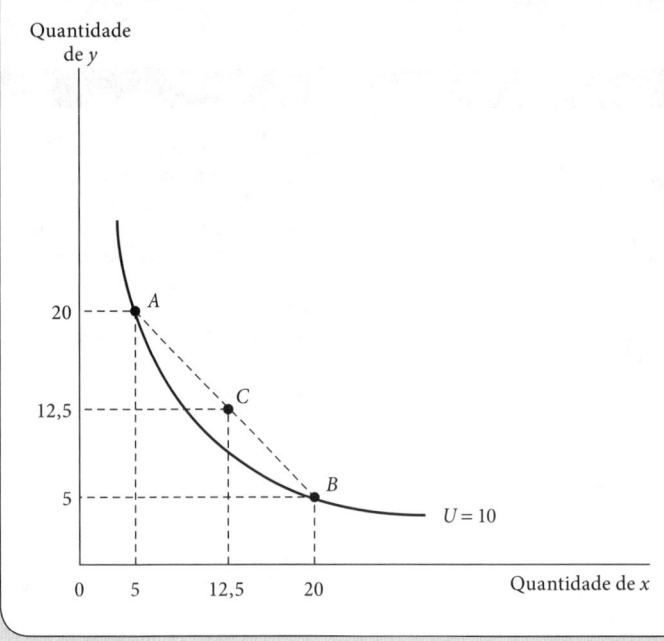

Essa curva de indiferença ilustra a função $10 = U = \sqrt{x \cdot y}$. No ponto *A*(5, 20), a *MRS* é 4, sugerindo que essa pessoa está disposta a trocar 4*y* por um *x* adicional. No ponto *B*(20, 5), entretanto, a *MRS* é 0,25, o que configura uma vontade bastante reduzida em realizar a troca.

E, em seguida, use a definição (Equação 3.7):

$$MRS = \frac{-dy}{dx} \text{ (ao longo da } U_1) \ \frac{100}{x^2}. \tag{3.12}$$

Claramente a *MRS* diminui à medida que x aumenta. Em um ponto da curva de indiferença, como no ponto *A*, com uma grande quantidade de hambúrgueres (digamos, $x = 5$, $y = 20$), a inclinação é acentuada, fazendo a *MRS* ser alta:

$$MRS \text{ em } (5, 20) = \frac{100}{x^2} = \frac{100}{25} = 4. \tag{3.13}$$

Aqui a pessoa está disposta a dar 4 hambúrgueres em troca de 1 bebida adicional. Por outro lado, em *B*, onde há relativamente poucos hambúrgueres ($x = 20$, $y = 5$), a inclinação é plana e a *MRS* é baixa:

$$MRS \text{ em } (20, 5) = \frac{100}{x^2} = \frac{100}{400} = 0{,}25. \tag{3.14}$$

Agora ele ou ela só abrirá mão de um quarto de um hambúrguer para ter um refrigerante adicional. Perceba também como a convexidade da curva de indiferença U_1 é ilustrada por este exemplo numérico. O ponto *C* se encontra no meio do caminho entre *A* e *B*; no ponto *C*, essa pessoa tem 12,5 hambúrgueres e 12,5 refrigerantes. Aqui a utilidade é dada por

$$\text{utilidade } \sqrt{x \cdot y} = \sqrt{(12{,}5)^2} = 12{,}5, \tag{3.15}$$

que claramente excede a utilidade ao longo de U_1 (que se supôs ser 10).

PERGUNTA: A partir da nossa derivação aqui, parece que a *MRS* depende apenas da quantidade de *x* consumidos. Por que isso é incorreto? Como a quantidade de *y* entra de maneira implícita nas Equações 3.13 e 3.14?

3.4 A MATEMÁTICA DAS CURVAS DE INDIFERENÇA

Uma derivação matemática do conceito de curva de indiferença fornece informações adicionais sobre a natureza das preferências. Nesta seção, observamos um exemplo de dois bens, que se relaciona diretamente ao tratamento gráfico fornecido anteriormente. Mais à frente no capítulo, nós veremos o caso de muitos bens, mas chegaremos à conclusão de que este caso mais complexo mostra apenas algumas poucas revelações adicionais.

3.4.1 Taxa marginal de substituição

Suponha que um indivíduo adquira utilidade por consumir dois bens cujas quantidades são dadas por *x* e *y*. O ranking de cestas de bens dessa pessoa pode ser representado pela função utilidade na forma $U(x, y)$. Essas combinações de bens que geram um nível específico de utilidade, digamos, *k*, são representadas por soluções para a equação implícita $U(x, y) = k$. No Capítulo 2 (ver Equação 2.23), mostramos que o "perde e ganha" implicado por tal equação é dado por:

$$\left. \frac{dy}{dx} \right|_{U(x, y) = k} = -\frac{U_x}{U_y}. \tag{3.16}$$

Ou seja, a taxa em que x pode ser trocado por y é dada pelo negativo da razão da "utilidade marginal" do bem x ao do bem y. Supondo que quantidades adicionais de ambos os produtos fornecem utilidade adicional, esta taxa de compensação será negativa, indicando que o aumento da quantidade do bem x deve acompanhar a diminuição da quantidade do bem y, para que se mantenha a utilidade constante. Anteriormente, definimos a *taxa marginal de substituição* como o negativo (ou valor absoluto) dessa compensação; então agora temos:

$$MRS = -\frac{dy}{dx}\bigg|_{U(x,y)=k} = \frac{U_x}{U_y}. \tag{3.17}$$

Esta derivação ajuda na compreensão do porquê de a *MRS* não depender especificamente de como a utilidade é medida. Uma vez que a *MRS* é a razão de duas medidas de utilidade, as unidades são canceladas do cálculo. Por exemplo, suponha que o bem x represente um alimento e que tenhamos escolhido a função utilidade para a qual uma unidade extra de comida rende 6 unidades extras de utilidade (algumas vezes, essas unidades são chamadas de *utils*). Suponha também que y represente roupas e, com esta função utilidade, cada unidade extra de roupa forneça 2 unidades extras de utilidade. Nesse caso, fica claro que essa pessoa está disposta a dar 3 unidades de vestuário (perdendo, assim, 6 *utils*) em troca de 1 unidade extra de comida (ganhando 6 *utils*):

$$MRS = -\frac{dy}{dx} = \frac{U_x}{U_y} = \frac{6 \text{ utils por unidade } x}{2 \text{ utils por unidade } y} = 3 \text{ unidades de } y \text{ por unidade de } x. \tag{3.18}$$

Observe que a medida de utilidade usada aqui (*utils*) é eliminada nesse cálculo e o que resta está puramente em termos de unidades dos dois bens. Isso mostra que, em uma combinação particular de bens, a *MRS* será inalterada, não importando qual seja a classificação de utilidade específica utilizada.[6]

3.4.2 Convexidade das curvas de indiferença

No Capítulo 1, descrevemos como os economistas foram capazes de resolver o paradoxo da água-diamante por meio da proposição de que o preço da água é baixo, uma vez que um galão de água adicional fornece relativamente pouco em termos de aumento de utilidade. A água é abundante (na sua maior parte); portanto, a sua utilidade marginal é baixa. Obviamente, em um deserto, a água será escassa e sua utilidade marginal (assim como seu preço) poderá ser elevada. Assim, pode-se concluir que a utilidade marginal associada ao consumo de água diminui conforme maiores quantidades de água são consumidas – em termos formais, a segunda derivada (parcial) da função utilidade (ou seja, $U_{xx} = \partial^2 U/\partial x^2$) deve ser negativa.

Intuitivamente, parece que essa ideia de bom senso também deve explicar por que as curvas de indiferença são convexas. O fato de que as pessoas estão cada vez mais menos dispostas a abrir mão de y para obter maior quantidade de x (mantendo a utilidade constante) parece referir-se ao mesmo fenômeno – de que as pessoas não querem uma quantidade muito alta de qualquer bem. Infelizmente, a ligação precisa entre a utilidade marginal decrescente e a *MRS* decrescente é complexa, mesmo em se tratando do caso de dois bens. Como mostramos no Capítulo 2, uma função terá (por definição) curvas de indiferença convexas, se esta for quase côncava. Mas as condições exigidas para uma quase concavidade são confusas, e a suposição de utilidade marginal decrescente

---

[6] De maneira mais formal, consideremos $F[U(x, y)]$ como qualquer transformação monotônica da função utilidade com $F'(U) > 0$. Com essa nova classificação de utilidade, a *MRS* é dada por:

$$MRS = \frac{\partial F/\partial x}{\partial F/\partial y} = \frac{F'(U).U_x}{F'(U).U_y} = \frac{U_x}{U_y},$$

que é a mesma *MRS* utilizada para a função utilidade original.

(ou seja, derivadas parciais de segunda ordem negativas) não garantirá sua validade.[7] Mesmo assim, como veremos, há boas razões para que funções utilidade (e muitas outras funções usadas em microeconomia) são quase côncavas; assim, não nos preocuparemos demasiadamente com situações em que isso não se verifica.

EXEMPLO 3.2 Mostrando a convexidade das curvas de indiferença

O cálculo da *MRS* para funções utilidade específicas é frequentemente um bom atalho para mostrar a convexidade das curvas de indiferença. O processo pode ser particularmente muito mais simples do que a aplicação da definição de quase concavidade, embora seja mais difícil de generalizar para mais de dois bens. Aqui, observaremos como a Equação 3.17 pode ser usada para três funções utilidade diferentes (para exercitar o conhecimento, consulte o Problema 3.1).

1. $U(x, y) = \sqrt{x \cdot y}$.
   Esse exemplo apenas repete o caso ilustrado no Exemplo 3.1. Um atalho para a aplicação da Equação 3.17 que pode simplificar a álgebra é considerar o logaritmo da função utilidade. Uma vez que o logaritmo preserva a relação de ordem" no lugar de "utilidade, uma vez que considerá-los representa conservação de ordem, tal ação não alterará a *MRS* a ser calculada. Assim,

$$U^*(x, y) = \ln[U(x, y)] = 0{,}5 \ln x + 0{,}5 \ln y. \tag{3.19}$$

   Aplicando a Equação 3.17, temos

$$MRS = \frac{\partial U^*/\partial x}{\partial U^*/\partial y} = \frac{0{,}5/x}{0{,}5/y} = \frac{y}{x}, \tag{3.20}$$

   que parece ser uma abordagem muito mais simples do que a utilizada anteriormente.[8] Claramente essa *MRS* diminui à medida que x aumenta e y diminui. Portanto, as curvas de indiferença são convexas.

2. $U(x, y) = x + xy + y$.
   Nesse caso, não há nenhuma vantagem em transformar essa função utilidade. Aplicando a Equação 3.17, temos

$$MRS = \frac{\partial U/\partial x}{\partial U/\partial y} = \frac{1 + y}{1 + x}. \tag{3.21}$$

   Novamente, essa relação claramente diminui à medida que x aumenta e y diminui; assim, as cuvas de indiferença para essa função são convexas.

3. $U(x, y) = \sqrt{x^2 + y^2}$.
   Para esse exemplo, é mais fácil usar a transformação

$$U^*(x, y) = [U(x, y)]^2 = x^2 + y^2. \tag{3.22}$$

---

[7] Especificamente, para a função $U(x, y)$ ser quase côncava, a seguinte condição deve ser mantida (ver Equação 2.114):

$$U_{xx}U_y^2 - 2U_{xy}U_xU_y + U_{yy}U_x^2 < 0.$$

O pressuposto de que U_{xx}, $U_{yy} < 0$ não assegurará tal situação. Deve-se também atentar para o sinal da derivada parcial cruzada U_{xy}.

[8] No Exemplo 3.1, olhamos para a curva de indiferença $U = 10$. Assim, para essa curva, $y = 100/x$, e a *MRS* na Equação 3.20 seria $MRS = 100/x^2$, como calculado anteriormente.

Uma vez que essa é a equação para um quarto de círculo, deve-se suspeitar que talvez haja alguns problemas com as curvas de indiferença desta função utilidade. Essas suspeitas se confirmam por meio da aplicação da definição da *MRS*, a fim de produzir

$$MRS = \frac{\partial U^*/\partial x}{\partial U^*/\partial y} = \frac{2x}{2y} = \frac{x}{y}. \tag{3.23}$$

Para essa função, é nítido que, à medida que x aumenta e y diminui, a *MRS* aumenta! Assim, as curvas de indiferença são côncavas, não convexas, e isso claramente não é uma função quase côncava.

PERGUNTA: Uma duplicação de x e y mudaria a *MRS* em cada um desses três exemplos? Ou seja, a *MRS* depende apenas da razão de x para y, não da escala absoluta de compras? (Veja também o Exemplo 3.3.)

3.5 FUNÇÕES UTILIDADE PARA PREFERÊNCIAS ESPECÍFICAS

Os rankings individuais das cestas de mercadorias e as funções utilidade implicadas por esses rankings não são observáveis. Tudo que podemos aprender sobre as preferências das pessoas deve vir do comportamento que observamos quando respondem a mudanças de renda, preços e outros fatores. No entanto, é útil examinar algumas das formas particulares que as funções utilidade podem tomar. Esse exame pode oferecer percepções acerca do comportamento observado, e (mais ao ponto) a compreensão das propriedades de tais funções pode servir de alguma ajuda para a resolução de problemas. Aqui, examinaremos quatro exemplos específicos de funções utilidade para dois bens. Mapas de curva de indiferença para essas funções são ilustrados em quatro painéis da Figura 3.8. Como deve ficar claro, são abrangidas poucas formas possíveis. Uma variedade ainda maior é possível uma vez que passamos para funções de três ou mais bens, e algumas dessas possibilidades serão mencionadas em capítulos posteriores.

3.5.1 Utilidade Cobb-Douglas

A Figura 3.8a mostra a forma familiar de uma curva de indiferença. Uma função utilidade comumente utilizada e que gera tais curvas tem a forma

$$U(x, y) = x^\alpha y^\beta, \tag{3.24}$$

em que α e β são constantes positivas, ambas menores que 1,0.

Nos Exemplos 3.1 e 3.2, estudamos um caso particular dessa função para a qual $\alpha = \beta = 0,5$. O caso mais geral, apresentado na Equação 3.24, é denominado *função utilidade Cobb-Douglas*, em homenagem a dois pesquisadores que usaram essa função na condução de um estudo detalhado sobre as relações de produção na economia dos EUA (veja o Capítulo 6). Em geral, os tamanhos relativos de α e β indicam a importância relativa dos dois bens para esse indivíduo. Em razão de a utilidade ser única somente até uma transformação monotônica, é frequentemente conveniente normalizar esses parâmetros de modo que $\alpha + \beta = 1$. Nesse caso, a utilidade seria dada por

$$U(x, y) = x^\delta y^{1-\delta}, \tag{3.25}$$

em que $\delta = \alpha/(\alpha + \beta)$, $1 - \delta = \beta/(\alpha + \beta)$. Por exemplo, uma função utilidade Cobb-Douglas com $\alpha = 0,9$ e $\beta = 0,3$ resultaria no mesmo comportamento de uma função com $\delta = 0,75$ e $1 - \delta = 0,25$.

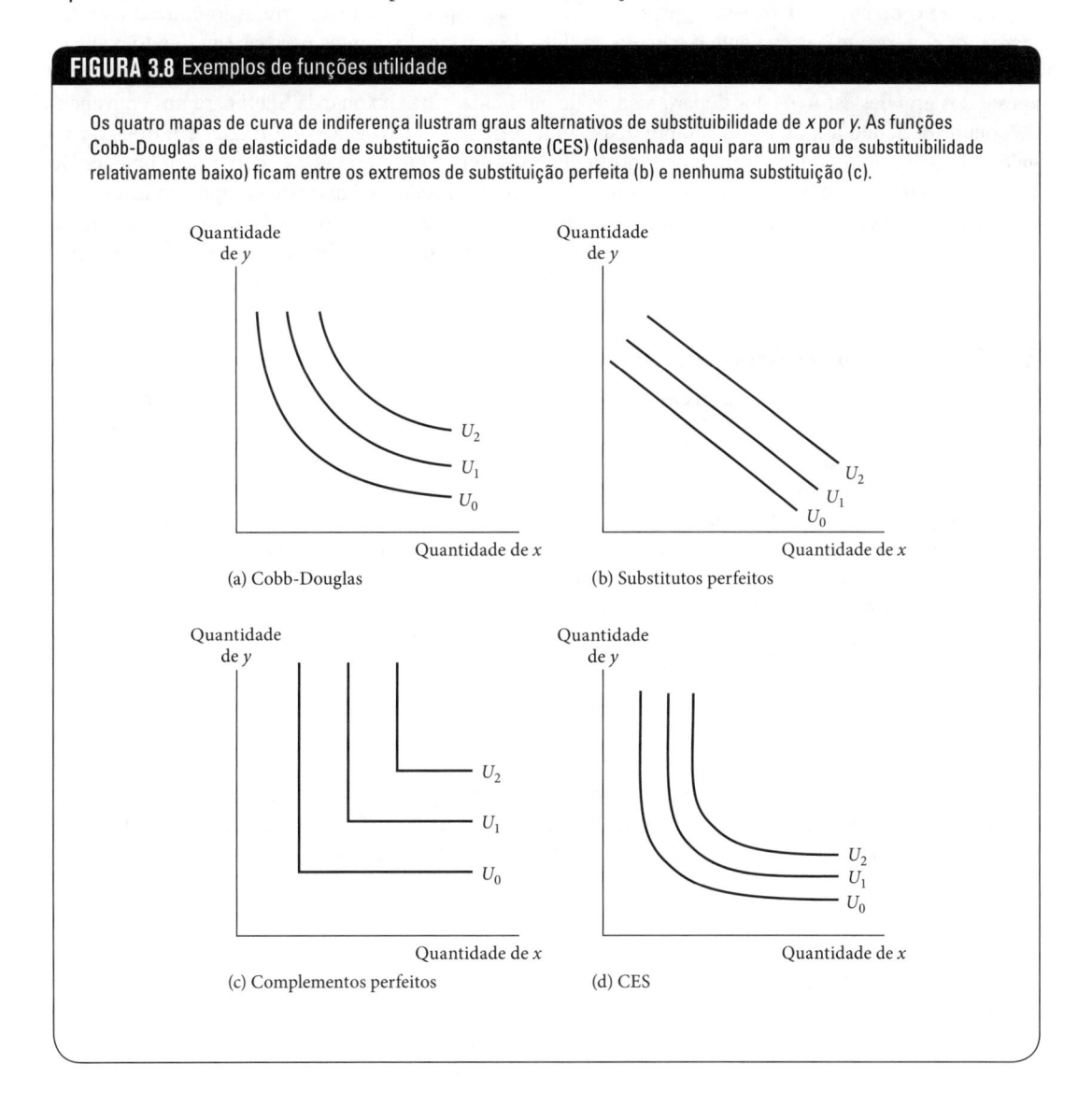

FIGURA 3.8 Exemplos de funções utilidade

Os quatro mapas de curva de indiferença ilustram graus alternativos de substituibilidade de x por y. As funções Cobb-Douglas e de elasticidade de substituição constante (CES) (desenhada aqui para um grau de substituibilidade relativamente baixo) ficam entre os extremos de substituição perfeita (b) e nenhuma substituição (c).

(a) Cobb-Douglas

(b) Substitutos perfeitos

(c) Complementos perfeitos

(d) CES

3.5.2 Substitutos perfeitos

As curvas de indiferença linear na Figura 3.8b são geradas a partir de uma função utilidade cuja fórmula é

$$U(x, y) = \alpha x + \beta y, \tag{3.26}$$

em que, novamente, α e β são constantes positivas. O fato de as curvas de indiferença para essa função serem linhas retas deve ser facilmente aparente: Qualquer curva de nível particular pode ser calculada por meio da fixação de $U(x, y)$ como igual a uma constante. Essa seria a equação para uma linha reta. A natureza linear dessas curvas de indiferença deu origem ao termo *substitutos perfeitos* para descrever a relação implicada entre x e y. Uma vez que a *MRS* é constante (e igual a α/β) ao longo de toda curva de indiferença, nossas noções anteriores de MRS decrescente não se aplicam nesse caso. Uma pessoa com essas preferências estaria disposta a dar a mesma quantidade de y a fim de obter um x a mais, não importando o quanto de x tivesse consumido. Tal situação pode descrever a relação entre diferentes marcas que ofereçam basicamente o mesmo produto. Por exemplo, muitas pessoas (incluindo o autor) não se importam com o local onde comprarão gasolina. Um galão de gasolina é um galão de gasolina, apesar dos grandes esforços dos departamentos de publicidade da Exxon e da Shell para nos convencer do contrário. Sendo assim, estou sempre disposto a abrir mão de 10 galões da Exxon em troca de 10 galões da Shell, porque para mim não importa qual dos dois eu uso ou onde encho o meu tanque. De fato, como veremos no próximo capítulo, um resultado de tal relação é que vou comprar toda a minha gasolina do vendedor que oferecer os menores preços. Uma vez que não sofro de MRS decrescente da Exxon para com a Shell, não há nenhuma razão para que eu busque um balanceamento entre os tipos de gasolina que eu utilizo.

3.5.3 Complementos perfeitos

Uma situação diretamente oposta ao caso de substitutos perfeitos é ilustrada pelas curvas de indiferença em formato de L na Figura 3.8c. Essas preferências se aplicariam às mercadorias que "combinam" – café e creme, manteiga de amendoim e geleia, e queijo cremoso e salmão são exemplos familiares. As curvas de indiferença mostradas na Figura 3.8c implicam que esses pares de mercadorias serão usados na relação proporcional fixa representada pelos vértices das curvas. Uma pessoa que prefere 1 onça de creme com 8 onças de café irá querer 2 onças de creme com 16 onças de café. Café extra sem creme não possui nenhum valor para essa pessoa, assim como creme extra não teria valor algum se não fosse acompanhado do café. É só por meio da escolha de bens em conjunto que a utilidade pode ser aumentada.

Esses conceitos podem ser formalizados pela análise da fórmula matemática da função utilidade que gera essas curvas de indiferença em forma de L:

$$U(x, y) = \min(\alpha, x, \beta y). \tag{3.27}$$

Aqui, α e β são parâmetros positivos, e o operador "min" significa que a utilidade é dada pelo menor dos dois termos entre parênteses. No exemplo do café-creme, se deixarmos uma quantidade de onças de café serem representadas por x e uma quantidade de onças de creme por y, a utilidade seria dada por

$$U(x, y) = \min(x, 8y). \tag{3.28}$$

Agora, 8 onças de café e 1 onça de creme fornecerão 8 unidades de utilidade. Mas 16 onças de café e 1 onça de creme ainda fornecem apenas 8 unidades de utilidade, porque min (16, 8) = 8. O café extra sem creme não possui qualquer valor, como mostrado pela seção horizontal das curvas de indiferença para movimento que se afasta de um vértice; a utilidade não aumenta quando apenas o x aumenta (com y sendo constante). Somente se o café e o creme forem dobrados (para 16 e 2, respectivamente) a utilidade aumentará para 16.

Geralmente, nenhum dos dois bens especificados na função utilidade dada pela Equação 3.27 serão consumidos em quantidades supérfluas se $\alpha x = \beta y$. Neste caso, a razão entre a quantidade consumida do bem y pela quantidade consumida do bem x será uma constante dada por

$$\frac{y}{x} = \frac{\alpha}{\beta}. \tag{3.29}$$

O consumo ocorrerá nos vértices das curvas de indiferença mostradas na Figura 3.8c.

3.5.4 Utilidade CES

Um problema encontrado em todas as funções utilidade simples ilustradas até agora é que estas supõem que o mapa de curva de indiferença tem uma forma predefinida. Uma função que permite várias formas a serem mostradas é a função de *elasticidade de substituição constante* (CES). A fórmula tradicional para essa função é:

$$U(x, y) = [x^\delta + y^\delta]^{\frac{1}{\delta}}, \tag{3.30}$$

em que $\delta \leq 1$; $\delta \neq 0$. Essa função incorpora todas as três funções utilidade descritas previamente, dependendo do valor de δ. Para $\delta = 1$ a correspondência para o caso de substitutos perfeitos é óbvia. Quando δ se aproxima de zero, a função se aproxima da Cobb-Douglas. E, quando δ se aproxima de ∞, a função aproxima-se do caso de complementos perfeitos. Ambos os resultados podem ser mostrados com o uso de um argumento de limite. Muitas vezes, em nossa análise, simplificaremos os cálculos necessários para essa função usando a transformação monotônica $U^* = U^\delta/\delta$, que produz a forma mais fácil

$$U(x, y) = \frac{x^\delta}{\delta} + \frac{y^\delta}{\delta}. \tag{3.31}$$

Essa fórmula pode ser generalizada ao atribuir diferentes pesos para cada um dos bens (veja o Problema 3.12).

O uso do termo *elasticidade de substituição* para essa função deriva da noção de que as possibilidades ilustradas na Figura 3.8 correspondem a vários valores para o parâmetro de substituição σ, que para essa função é dada por $\sigma = 1/(1 - \delta)$. Para substitutos perfeitos, então $\sigma = \infty$, e o caso das proporções fixas tem que $\sigma = 0$.[9] Porque a função CES nos permite explorar todos esses casos, e muitos casos intermediários (tais como o da Cobb-Douglas, para o qual $\sigma = 1$), ela será útil para ilustrar o grau de substituibilidade presente em várias relações econômicas.

A forma específica da função CES ilustrada na Figura 3.8a é para o caso de $\delta = -1$. Isto é,

$$U(x, y) = -x^{-1} - y^{-1} = -\frac{1}{x} - \frac{1}{y}. \tag{3.32}$$

Para esta situação, $\sigma = 1/(1 - \delta) = 1/2$, e como mostra o gráfico, essas curvas bruscas de indiferença aparentemente caem entre os casos da Cobb-Douglas e de proporção fixa. Os sinais negativos nessa função utilidade podem parecer estranhos, mas as utilidades marginais de x e y são positivas e decrescentes, como esperado. Isso explica o motivo da necessidade de δ constar nos denominadores na Equação 3.30. No caso particular da Equação 3.32, a utilidade aumenta de $-\infty$ (quando $x = y = 0$) em direção a 0 à medida que x e y aumentam. Essa é uma escala de utilidade peculiar, talvez, mas perfeitamente aceitável e frequentemente útil.

EXEMPLO 3.3 Preferências homotéticas

Todas as funções de utilidade descritas na Figura 3.8 são homotéticas (veja o Capítulo 2). Ou seja, a taxa marginal de substituição para essas funções depende somente da *razão* das quantidades dos dois bens, não das quantidades totais das mercadorias. Esse fato é óbvio para o caso dos substitutos perfeitos (quando a *MRS* é a mesma em todos os pontos) e para o caso de complementos perfeitos (em que a *MRS* é infinita para $y/x > \alpha/\beta$, indefinido quando $y/x = \alpha/\beta$ e zero quando $y/x = \alpha/\beta$). Para a função geral Cobb-Douglas, a *MRS* pode ser encontrada como

$$MRS = \frac{\partial U/\partial x}{\partial U/\partial y} = \frac{\alpha x^{\alpha-1} y^\beta}{\beta x^\alpha y^{\beta-1}} = \frac{\alpha}{\beta} \cdot \frac{y}{x}, \tag{3.33}$$

---

[9] O conceito de elasticidade de substituição é discutido em mais detalhes em conexão com as funções de produção no Capítulo 6.

que claramente depende apenas da relação y/x. A demonstração de que a função CES também é homotética é deixada como um exercício (veja o Problema 3.12).

A importância das funções homotéticas é que uma curva de indiferença é muito parecida com a outra. Inclinações das curvas dependem somente da razão y/x, não da distância da curva da origem. Curvas de indiferença para uma maior utilidade são simples cópias das de utilidade inferior. Portanto, podemos estudar o comportamento de um indivíduo que tenha preferências homotéticas olhando apenas para uma curva de indiferença ou para algumas curvas nas proximidades sem temer que nossos resultados mudem drasticamente em diferentes níveis de utilidade.

PERGUNTA: Como você poderia definir geometricamente as funções homotéticas? Como seria o lócus de todos os pontos com uma *MRS* particular no mapa de curva de indiferença do indivíduo?

EXEMPLO 3.4 Preferências não homotéticas

Apesar de todos os mapas de curvas de indiferença na Figura 3.8 exibirem preferências homotéticas, nem todas as funções utilidade adequadas o fazem. Considere a função utilidade quase linear

$$U(x, y) = x + \ln y. \tag{3.34}$$

Para essa função, bem y apresenta utilidade marginal decrescente; já o bem x, não. A *MRS* pode ser computada como

$$MRS = \frac{\partial U/\partial x}{\partial U/\partial y} = \frac{1}{1/y} = y. \tag{3.35}$$

A *MRS* diminui à medida que a quantidade escolhida de y diminui, mas é independente da quantidade consumida de x. Em razão de x ter utilidade marginal constante, a disposição de uma pessoa de abrir mão de y a fim de obter uma unidade adicional de x depende apenas de quanto de y ela tem. Ao contrário do caso homotético, uma duplicação de x e de y duplicaria também a *MRS* em vez de deixá-la inalterada.

PERGUNTA: Qual é a aparência do mapa da curva de indiferença para a função utilidade da Equação 3.34? Por qual motivo isso pode, aproximadamente, indicar uma situação em que y é um bem específico e x representa todo o resto?

3.6 CASO DE MUITOS BENS

Todos os conceitos que estudamos até agora para o caso de dois bens podem ser generalizados para situações em que a utilidade é uma função de muitos bens. Nesta seção, exploraremos brevemente essas generalizações. Embora essa análise não adicione muito ao que já mostramos, considerar as preferências das pessoas para muitos bens pode ser algo importante na economia aplicada, como veremos em capítulos posteriores.

Se a utilidade é uma função de n bens da forma $U(x_1, x_2, \ldots, x_n)$, então a equação

$$U(x_1, x_2, \ldots, x_n) = k \tag{3.36}$$

define uma superfície de indiferença em n dimensões. Essa superfície mostra todas as combinações dos n bens que geram o mesmo nível de utilidade. Embora seja provavelmente impossível imaginar como ficaria tal superfície, continuaremos a supor que ela seja convexa. Ou seja, cestas balanceadas de bens serão preferíveis quando comparadas às não balanceadas. Consequentemente, a função utilidade, mesmo em diversas dimensões, será presumidamente quase côncava.

3.6.1 *MRS* com muitos bens

Podemos estudar as trocas que uma pessoa pode fazer voluntariamente entre dois desses bens (digamos, x_1 e x_2), novamente usando o teorema da função implícita:

$$MRS = -\frac{dx_2}{dx_1}\bigg|_{U(x_1, x_2, \ldots, x_n) = k} = \frac{U_{x_1}(x_1, x_2, \ldots, x_n)}{U_{x_2}(x_1, x_2, \ldots, x_n)}. \tag{3.37}$$

A notação aqui traz um ponto importante, de que a disposição do indivíduo em realizar a troca de x_1 por x_2 dependerá não só das quantidades desses dois bens, mas também das quantidades de todos os outros bens. A disposição do indivíduo em trocar alimentos por roupa dependerá não somente das quantidades de alimento e vestuário que ele tem, mas também de quanto "abrigo" ele tem. Em geral, seria esperado que as alterações nas quantidades de qualquer um desses outros bens afetassem a compensação representada pela Equação 3.37. É essa possibilidade que às vezes pode tornar difícil a generalização das conclusões de modelos simples de dois bens para o caso de muitos bens. Deve-se ter cuidado em especificar o que é suposto sobre as quantidades dos outros produtos. Em capítulos posteriores, vamos ocasionalmente olhar para essas complexidades. No entanto, na maioria das vezes, o modelo de dois bens será bom o suficiente para desenvolver a intuição sobre as relações econômicas.

Resumo

Neste capítulo descrevemos a maneira utilizada por economistas para formalizar as preferências dos indivíduos sobre as mercadorias que escolhem. Tiramos várias conclusões sobre tais preferências que desempenharão papel central em nossa análise da teoria da escolha nos capítulos seguintes:

- Se indivíduos obedecem a certos postulados comportamentais básicos em suas preferências entre bens, eles serão capazes de ranquear todas as cestas de bens, e esse ranking poderá ser representado por uma função utilidade. Ao fazerem escolhas, os indivíduos se comportarão como se estivessem maximizando essa função.
- Funções utilidade para dois bens podem ser ilustradas por um mapa de curva de indiferença. Cada contorno de curva de indiferença nesse mapa mostra todas as cestas de bens que geram determinado nível de utilidade.
- O negativo da inclinação de uma curva de indiferença é definido como a taxa marginal de substituição (*MRS*). Isso mostra a taxa na qual um indivíduo abriria mão voluntariamente de um bem (y) se ele for compensado por receber uma unidade adicional de outro bem (x).
- A suposição de que a *MRS* diminui à medida que x é substituído por y no consumo é consistente com a noção de que os indivíduos preferem algum balanceamento em suas escolhas de consumo. Se a *MRS* estiver sempre diminuindo, indivíduos terão curvas de indiferença estritamente convexas. Ou seja, sua função utilidade será estritamente quase côncava.
- Algumas fórmulas funcionais simples podem captar importantes diferenças nas preferências dos indivíduos para dois (ou mais) bens de consumo. Aqui, examinamos a função Cobb-Douglas, a função linear (substitutos perfeitos), a função de proporções fixas (complementos perfeitos) e a função CES (que inclui os outros três como casos especiais).

- É uma questão simples, do ponto de vista matemático, generalizar a partir de exemplos envolvendo dois bens de consumo para casos que envolvem muitos bens. E, como veremos, o estudo das escolhas das pessoas entre vários bens é capaz de render muitas revelações diferentes. Mas a matemática de muitos bens não é especialmente intuitiva; portanto, consideraremos casos de dois bens de consumo para formar tal intuição.

Problemas

3.1 Desenhe um gráfico de uma típica curva de indiferença para as seguintes funções utilidade e determine se elas têm curvas de indiferença convexas (ou seja, se a MRS diminui à medida que x aumenta).

a. $U(x, y) = 3x + y$.
b. $U(x, y) = \sqrt{x \cdot y}$.
c. $U(x, y) = \sqrt{x} + y$.
d. $U(x, y) = \sqrt{x^2 - y^2}$.
e. $U(x, y) = \dfrac{xy}{x + y}$.

3.2 Na nota de rodapé 7, mostramos que, para uma função utilidade de dois bens ter uma MRS estritamente decrescente (i.e., ser estritamente quase côncava), esta deve conter a seguinte condição:

$$U_{xx}U_y^2 - 2U_{xy}U_xU_y + U_{yy}U_x^2 < 0.$$

Utilize essa condição para verificar a convexidade das curvas de indiferença para cada uma das funções utilidade no Problema 3.1. Descreva a relação exata entre a utilidade marginal decrescente e a quase concavidade para cada caso.

3.3 Considere as seguintes funções utilidade:

a. $U(x, y) = xy$.
b. $U(x, y) = x^2y^2$.
c. $U(x, y) = \ln x + \ln y$.

Mostre que cada uma delas tem MRS decrescente, mas apresenta uma utilidade marginal constante, crescente e decrescente, respectivamente. O que você conclui?

3.4 Como vimos na Figura 3.5, uma forma de mostrar a convexidade das curvas de indiferença é mostrar que, para quaisquer dois pontos (x_1, y_1) e (x_2, y_2) em uma curva de indiferença que apresente $U = k$, a utilidade associada ao ponto $\left(\dfrac{x_1 + x_2}{2}, \dfrac{y_1 + y_2}{2}\right)$ é pelo menos tão grande quanto k. Utilize essa abordagem para discutir a convexidade das curvas de indiferença para as três funções seguintes. Não se esqueça de desenhar gráficos a partir de seus resultados.

a. $U(x, y) = \min(x, y)$.
b. $U(x, y) = \max(x, y)$.
c. $U(x, y) = x + y$.

3.5 Phillie Phanatic (PP) sempre come suas salsichas de maneira especial; ele usa um cachorro-quente com exatamente a metade de um pão grande, 1 onça de mostarda e 2 onças de tempero de pepino. Sua utilidade é uma função de somente esses quatro itens, e qualquer quantidade extra de um único item que não seja acompanhada dos outros não vale nada.

a. Qual é a forma da função utilidade que PP possui para esses quatro itens?
b. Como podemos simplificar as coisas, considerando que a função utilidade de PP seja de apenas um bem de consumo? Qual será esse bem?
c. Suponha que os cachorros-quentes grandes custem $ 1,00 cada, os pães custem $ 0,50 cada, a mostarda custe $ 0,05 por onça, e o tempero de picles custe $ 0,15 por onça. Quanto o bem de consumo definido no item (b) custa?
d. Se os preços dos cachorros-quentes grandes aumentarem em 50% (para $ 1,50 cada), qual seria o aumento percentual do preço do bem de consumo?
e. Como 50% de aumento no preço de um pão afeta o preço do bem de consumo? Por que a sua resposta é diferente da verificada no item (d)?
f. Se o governo quisesse arrecadar $ 1,00 por meio de impostos sobre os bens adquiridos por PP, como esse imposto poderia ser di-

luído entre os quatro bens de forma a minimizar o custo de utilidade para PP?

3.6 Muitos *slogans* de publicidade parecem afirmar coisas acerca das preferências das pessoas. Como você captura a essência dos seguintes *slogans* por meio de uma função utilidade matemática?

a. Promessa de que a margarina é tão boa quanto a manteiga.
b. As coisas são melhores com uma Coca-Cola.
c. Você não consegue comer apenas uma batata Pringles.
d. Os *donuts* brilhantes Krispy Kreme são melhores que Dunkin' Donuts.
e. Miller Brewing nos aconselha a beber (cerveja) "com responsabilidade". [O que beber "sem responsabilidade" seria?]

3.7
a. Uma consumidora está disposta a trocar 3 unidades de x por 1 unidade de y quando ela tiver 6 unidades de x e 5 unidades de y. Ela também está disposta a trocar 6 unidades de x por 2 unidades de y quando ela tiver 12 unidades de x e 3 unidades de y. Ela é indiferente entre as cestas de (6, 5) e (12, 3). Qual é a função utilidade para bens x e y? *Sugestão*: Qual é a forma da curva de indiferença?
b. Uma consumidora está disposta a trocar 4 unidades de x por 1 unidade de y quando esta estiver consumindo a cesta (8, 1). Ela também está disposta a trocar 1 unidade de x por 2 unidades de y quando estiver consumindo a cesta (4, 4). Ela é indiferente entre essas duas cestas. Supondo que a função utilidade é a Cobb-Douglas da forma $U(x, y) = x^\alpha y^\beta$, em que α e β são constantes positivas, qual é a função utilidade para este consumidor?
c. Havia algum tipo de informação redundante no item (b)? Se sim, qual é a quantidade mínima de informação necessária para que dessa pergunta seja derivada uma função utilidade?

3.8 Encontre funções utilidade, dadas as seguintes curvas de indiferença [definidas por $U(\cdot) = k$]:

a. $z = \dfrac{k^{1/\delta}}{x^{\alpha/\delta} y^{\beta/\delta}}$.

b. $y = 0{,}5\sqrt{x^2 - 4(x^2 - k)} - 0{,}5x$.

c. $z = \dfrac{\sqrt{y^4 - 4x(x^2 y - k)}}{2x} - \dfrac{y^2}{2x}$.

Problemas analíticos

3.9 Dotações iniciais

Suponha que uma pessoa tenha montantes iniciais de dois bens que forneçam utilidade para ela. Estes montantes iniciais são dados por $\bar{x}$ e $\bar{y}$.

a. Desenhe um gráfico com esses montantes iniciais no mapa de curva de indiferença dessa pessoa.
b. Se essa pessoa puder trocar x por y (ou vice-versa) com outras pessoas, que tipos de trocas ela fará voluntariamente? Que tipos não seriam feitos? Como essas trocas se relacionam com a *MRS* dessa pessoa no ponto $(\bar{x}, \bar{y})$?
c. Suponha que essa pessoa esteja relativamente feliz com os montantes iniciais em sua posse e que considerará apenas trocas que aumentem a sua utilidade em pelo menos k. Como você ilustraria esta situação no mapa de curva de indiferença?

3.10 Utilidade Cobb-Douglas

O Exemplo 3.3 mostra que a *MRS* para a função Cobb-Douglas

$$U(x, y) = x^\alpha y^\beta$$

é dada por

$$MRS = \frac{\alpha}{\beta}\left(\frac{y}{x}\right).$$

a. Esse resultado dependerá de $\alpha + \beta = 1$? Essa soma tem alguma relevância para a teoria da escolha?
b. Para cestas de produtos para as quais $y = x$, como a *MRS* depende dos valores de α e β? Desenvolva uma explicação intuitiva do motivo, se $\alpha < \beta$, $MRS > 1$. Ilustre o seu argumento com um gráfico.
c. Suponha que um indivíduo obtenha utilidade apenas de quantidades de x e y que excedam os níveis mínimos de subsistência dados por x_0, y_0. Nesse caso,

$$U(x, y) = (x - x_0)^\alpha (y - y_0)^\beta.$$

Essa função é homotética?

3.11 Utilidades marginais independentes

Dois bens têm utilidades marginais independentes se

$$\frac{\partial^2 U}{\partial y \partial x} = \frac{\partial^2 U}{\partial x \partial y} = 0.$$

Mostre que, se supormos a utilidade marginal decrescente para cada bem, então qualquer função utilidade com utilidades marginais independentes terão uma *MRS* decrescente. Forneça um exemplo que mostre que o inverso desta afirmação não é verdadeiro.

3.12 Utilidade CES com ponderações

a. Mostre que a função CES

$$\alpha \frac{x^\delta}{\delta} + \beta \frac{y^\delta}{\delta}.$$

é homotética. Como a *MRS* depende da razão y/x?

b. Mostre que os seus resultados do item (a) estão de acordo com a nossa discussão dos casos $\delta = 1$ (substitutos perfeitos) e $\delta = 0$ (Cobb-Douglas).

c. Mostre que a *MRS* é estritamente decrescente para todos os valores de $\delta < 1$.

d. Mostre que, se $x = y$, a *MRS* para esta função depende somente dos tamanhos relativos de α e β.

e. Calcule a *MRS* para esta função quando $y/x = 0,9$ e $y/x = 1,1$ para os dois casos $\delta = 0,5$ e $\delta = -1$. O que você conclui sobre a extensão da mudança da *MRS* nas proximidades de $x = y$? Como você interpretaria isso geometricamente?

3.13 Função quase linear

Considere a função $U(x, y) = x + \ln y$. Esta é uma função utilizada com relativa frequência na modelagem econômica, uma vez que apresenta algumas propriedades úteis.

a. Encontre a *MRS* da função. Agora, interprete o resultado.

b. Confirme que a função é quase côncava.

c. Encontre a equação de uma curva de indiferença para essa função.

d. Compare a utilidade marginal de x e y. Como você interpreta essas funções? Como os consumidores escolheriam entre x e y à medida que tentam aumentar a sua utilidade, por exemplo, consumindo mais quando sua renda aumenta? (Olharemos para esse "efeito renda" detalhadamente nos problemas do Capítulo 5.)

e. Considerando como a utilidade muda à medida que as quantidades dos dois bens aumentam, descreva algumas situações em que esta função pode ser útil.

3.14 Relações de preferência

O estudo formal de preferências utiliza uma notação geral de vetor. Uma cesta de n bens é representada pelo vetor $\mathbf{x} = (x_1, x_2, \ldots, xn)$, e uma relação de preferência ($>$) é definida sobre todas as cestas potenciais. A afirmação $\mathbf{x}^1 > \mathbf{x}^2$ significa que a cesta $\mathbf{x}^1$ é preferida se comparada com a cesta $\mathbf{x}^2$. A indiferença entre tais cestas é representada por $\mathbf{x}^1 > \mathbf{x}^2$.

A relação de preferência é "completa" se, para quaisquer duas cestas, o indivíduo seja capaz de indicar $\mathbf{x}^1 > \mathbf{x}^2$, $\mathbf{x}^2 > \mathbf{x}^1$ ou $\mathbf{x}^1 \approx \mathbf{x}^2$. A relação é "transitiva" se $\mathbf{x}^1 > \mathbf{x}^2$ e $\mathbf{x}^2 > \mathbf{x}^3$ implicar em $\mathbf{x}^1 > \mathbf{x}^3$. Finalmente, uma relação de preferência é "contínua" se para qualquer cesta y, tal que $\mathbf{y} > \mathbf{x}$, qualquer cesta suficientemente próxima de y também será preferível à $\mathbf{x}$. Usando essas definições, discuta se cada uma das seguintes relações de preferência é transitiva, completa ou contínua.

a. Preferências de soma: Essa relação de preferência pressupõe que se podem adicionar maçãs e laranjas. Especificamente,

$$\begin{array}{l}\mathbf{x}^1 > \mathbf{x}^2 \\ \mathbf{x}^1 \approx \mathbf{x}^2\end{array} \text{ se e somente se } \sum_{i=1}^{n} x_i^1 > \sum_{i=1}^{n} x_i^2. \text{ If } \sum_{i=1}^{n} x_i^1 = \sum_{i=1}^{n} x_i^2.$$

b. Preferências lexicográficas: Nesse caso, a relação de preferência é organizada como um dicionário: Se $x_1^1 > x_1^2$, $\mathbf{x}^1 > \mathbf{x}^2$ (independentemente dos montantes dos outros $n - 1$ bens). Se $x_1^1 = x_1^2$ e $x_2^1 > x_2^2$, $\mathbf{x}^1 > \mathbf{x}^2$ (independentemente dos montantes de outros $n - 2$ bens). A relação de preferência lexicográfica continua, então, dessa forma ao longo de toda a lista de bens.

c. Preferências com saciedade: Para essa relação de preferência, assume-se que existe uma cesta de consumo ($\mathbf{x}^*$) que fornece uma "felicidade" completa. O ranking de todas as outras cestas é determinado por quão perto elas estão de $\mathbf{x}^*$. Ou seja, $\mathbf{x}^1 > \mathbf{x}^2$ se e somente se $|\mathbf{x}^1 - \mathbf{x}^*| < |\mathbf{x}^2 - \mathbf{x}^*|$ em que $|\mathbf{x}^i - \mathbf{x}^*| =$

$$\sqrt{(x_1^i - x_1^*)^2 + (x_2^i - x_2^*)^2 + \cdots + (x_n^i - x_n^*)^2}.$$

3.15 A função benefício

Em um artigo de 1992, David G. Luenberger introduziu o que nomeou de *função benefício*, como uma maneira de incorporar algum grau de medição cardinal na teoria de utilidade.[10] O autor nos pede para especificar determinada cesta de consumo elementar e em seguida medir quantas replicações dessa cesta seriam necessárias ser fornecidas a um indivíduo para que o seu nível de utilidade alcance uma meta específica. Suponha que haja apenas dois bens e que a meta de utilidade seja dada por $U^*(x, y)$. Suponha também que a cesta de consumo elementar seja dada por (x_0, y_0). Então, o valor da função benefício, $b(U^*)$, é o valor de α para que $U(\alpha x_0, \alpha y_0) = U^*$.

a. Suponha que a utilidade seja dada por $U(x, y) = x^\beta y^{1-\beta}$. Calcule a função benefício para $x_0 = y_0 = 1$.

b. Utilizando a função utilidade do item (a), calcule a função benefício para $x_0 = 1$, $y_0 = 0$. Explique por que os resultados diferem do item (a).

c. A função benefício também pode ser definida quando um indivíduo tem dotações iniciais dos dois bens. Se essas dotações iniciais forem dadas por $\bar{x}$, $\bar{y}$, então, $b(U^*, \bar{x}, \bar{y})$ é dado pelo valor de α, que satisfaça a equação $U(\bar{x} + \alpha x_0, \bar{y} + \alpha y_0) = U^*$. Nessa situação o "benefício" pode ser positivo (quando $U(\bar{x}, \bar{y}) < U^*$) ou negativo (quando $U(\bar{x}, \bar{y}) > U^*$). Desenvolva uma descrição gráfica dessas duas possibilidades e explique como a natureza da cesta elementar pode afetar o cálculo do benefício.

d. Considere duas possíveis dotações iniciais. $\bar{x}_1$, $\bar{y}_1$ e $\bar{x}_2$, $\bar{y}_2$. Explique tanto graficamente quanto intuitivamente porque

$$b\left(U^*, \frac{\bar{x}_1 + \bar{x}_2}{2}, \frac{\bar{y}_1 + \bar{y}_2}{2}\right) < 0{,}5 b(U^*, \bar{x}_1, \bar{y}_1) + 0{,}5 b(U^*, \bar{x}_2, \bar{y}_2).$$

(*Nota*: Isso mostra que a função benefício é côncava nas dotações iniciais.)

---

[10] Luenberger, David G. "Benefit Functions and Duality." *Journal of Mathematical Economics* 21: 461-81. A apresentação aqui foi simplificada consideravelmente a partir da original apresentada pelo autor, alterando-se sobretudo a direção em que os "benefícios" são medidos.

CAPÍTULO QUATRO
Maximização da utilidade e escolha

Neste capítulo, examinaremos o modelo básico de escolha que os economistas usam para explicar o comportamento dos indivíduos. Esse modelo supõe que os indivíduos restringidos por rendas limitadas se comportarão como se estivessem usando seu poder de compra para atingir a maior utilidade possível. Ou seja, supõe-se que os indivíduos se comportam como se maximizassem a utilidade sujeitos à restrição orçamentária. Embora as aplicações específicas desse modelo sejam variadas, como mostraremos, todas são baseadas no mesmo modelo matemático fundamental e todas chegam à mesma conclusão geral: para maximizar a utilidade, os indivíduos escolherão cestas de produtos para os quais a taxa de troca entre dois bens (a *MRS*) seja igual à proporção dos preços de mercado dos bens. Os preços do mercado transmitem informações sobre os custos de oportunidade aos indivíduos, e essas informações desempenham papel importante que afeta as escolhas efetivamente feitas.

Maximização da utilidade e cálculos relâmpagos

Antes de iniciar o estudo formal sobre a teoria da escolha, pode ser apropriado descartar duas queixas que os não economistas geralmente fazem sobre a abordagem que tomaremos. A primeira é a cobrança de que nenhuma pessoa real pode fazer os tipos de "cálculos relâmpagos" exigidos para a maximização da utilidade. De acordo com essa queixa, quando estão passando pelo corredor do supermercado, as pessoas pegam o que está disponível sem nenhum padrão ou propósito real para suas ações. Os economistas não são persuadidos por essa queixa. Eles duvidam que as pessoas se comportem aleatoriamente (todos, afinal de contas, estão limitados por algum tipo de restrição orçamentária), e eles veem a cobrança do cálculo relâmpago como equivocada. Lembre-se, mais uma vez, do jogador de bilhar de Friedman do Capítulo 1. O jogador também não pode fazer os cálculos relâmpagos exigidos para planejar um lance de acordo com as leis da Física, mas essas leis ainda preveem o comportamento do jogador. Assim também, como veremos, o modelo de maximização da utilidade prevê muitos aspectos do comportamento, mesmo que ninguém leve por aí um computador com a sua função utilidade programada nele. Mais precisamente, os economistas supõem que as pessoas se comportam *como se* fizessem esses cálculos; desse modo, a queixa de que os cálculos possivelmente não possam ser feitos é basicamente irrelevante. Ainda assim, atualmente, os economistas têm tentado cada vez mais modelar algumas das complicações comportamentais que surgem nas decisões reais que as pessoas tomam. Analisamos algumas dessas queixas em vários problemas em todo este livro.

Altruísmo e egoísmo

A segunda queixa contra nosso modelo de escolha é que ele parece ser extremamente egoísta; de acordo com essa queixa, ninguém tem tais metas unicamente egocêntricas. Embora alguns economistas estejam mais provavelmente prontos a aceitar o interesse próprio como uma força de motivação do que outros, principalmente pensadores utópicos (Adam Smith observou: "Não estamos prontos para suspeitar que alguma pessoa seja desprovida de egoísmo"[1]), essa acusação também é equivocada. Nada no modelo de maximização da utilidade impede que os indivíduos obtenham satisfação da filantropia ou, de maneira geral, "fazer o bem". Pode-se também supor que essas atividades geram utilidade. Na verdade, os economistas têm empregado o modelo de maximização da utilidade extensivamente para estudar questões, tais como doar tempo e dinheiro para a caridade, deixar heranças para os filhos, ou, até mesmo, doar sangue. Não é preciso julgar se essas atividades são egoístas ou altruístas porque os economistas duvidam que as pessoas participariam delas se isso fosse contra seus próprios interesses, amplamente concebidos. Para um exemplo de como o altruísmo pode ser incorporado à estrutura da maximização da utilidade, veja o Problema 4.14.

4.1 LEVANTAMENTO INICIAL

Os resultados gerais do nosso exame da maximização da utilidade podem ser declarados sucintamente da seguinte forma.

> **PRINCÍPIO DA OTIMIZAÇÃO**
>
> **Maximização da utilidade.** Para maximizar a utilidade, dada uma quantidade fixa de renda para gastar, um indivíduo comprará as quantidades de bens que esgotarão sua renda total e para as quais a taxa psíquica de troca entre quaisquer dois bens (a *MRS*) seja igual à taxa em que os bens podem ser trocados um pelo outro no mercado.

Que seja necessário que uma pessoa deva gastar toda sua renda para a maximização da utilidade é óbvio. Como bens adicionais fornecem utilidade adicional (não há saciedade) e porque não há outro uso para a renda, deixar algum valor sem gastar seria falhar na maximização da utilidade. Jogar dinheiro fora não é uma atividade de maximização da utilidade.

A condição que especifica a igualdade das taxas de troca exige um pouco mais de explicação. Como a taxa em que um bem pode ser trocado por outro no mercado é dada pela razão de seus preços, esse resultado pode ser reafirmado para dizer que o indivíduo irá igualar a *MRS* (de x para y) à razão do preço de x ao preço de y (p_x/p_y). Essa equiparação da taxa de troca pessoal para a taxa de troca determinada pelo mercado é um resultado comum para todos os problemas de maximização de utilidade dos indivíduos (e para muitos outros tipos de problemas de maximização). Isso ocorrerá mais vezes neste livro.

4.1.1 Ilustração numérica

Para ver o raciocínio intuitivo por trás desse resultado, suponha que não seja verdade que um indivíduo tenha igualado a *MRS* à razão dos preços dos bens. Especificamente, suponha que a *MRS* do indivíduo seja igual a 1 e que ele está disposto a trocar 1 unidade de x por 1 unidade de y e permanecer igualmente feliz. Suponha também que o preço de x é $ 2 por unidade e de y é $ 1 por unidade. É fácil mostrar que essa pessoa pode melhorar a situação. Suponha que ela reduza o consumo de x em 1 unidade e troque

---

[1] Adam Smith, *The Theory of Moral Sentiments* (1759; reimpressão, New Rochelle, NY: Arlington House, 1969), p. 446.

no mercado por 2 unidades de y. Apenas 1 unidade adicional de y era necessária para manter esta pessoa tão feliz quanto antes da troca – a segunda unidade de y é a adição líquida ao bem-estar. Portanto, em primeiro lugar, os gastos do indivíduo não poderiam ter sido alocados da maneira ótima. Um método de raciocínio similar pode ser usado sempre que a MRS e a razão de preço p_x/p_y diferem. A condição para a utilidade máxima deve ser a igualdade dessas duas grandezas.

4.2 O CASO DE DOIS BENS: ANÁLISE GRÁFICA

Essa discussão parece eminentemente razoável, mas dificilmente pode ser chamada de prova. Em vez disso, devemos mostrar agora o resultado de maneira rigorosa e, ao mesmo tempo, ilustrar diversos outros atributos importantes do processo de maximização. Primeiro, fazemos a análise gráfica; em seguida, a abordagem matemática.

4.2.1 Restrição orçamentária

Suponha que o indivíduo tenha I dólares para alocar entre o bem x e o bem y. Se p_x for o preço do bem x e p_y for o preço do bem y, então o indivíduo está limitado por

$$p_x x + p_y y \leq I. \tag{4.1}$$

Ou seja, não mais que I pode ser gasto nos dois bens em questão. Essa restrição orçamentária é mostrada graficamente na Figura 4.1. Essa pessoa pode escolher apenas combinações de x e y no triângulo sombreado da figura. Se tudo de I for gasto no bem x, isso comprará I/p_x unidades de x. Da mesma forma, se tudo for gasto em y, isso comprará I/p_y unidades de y. A inclinação da restrição é facilmente vista como $-p_x/p_y$. Essa inclinação mostra como y pode ser trocado por x no mercado. Se $p_x = 2$ e $p_y = 1$, então 2 unidades de y serão trocadas por 1 unidade de x.

FIGURA 4.1 Restrição orçamentária do indivíduo para dois bens

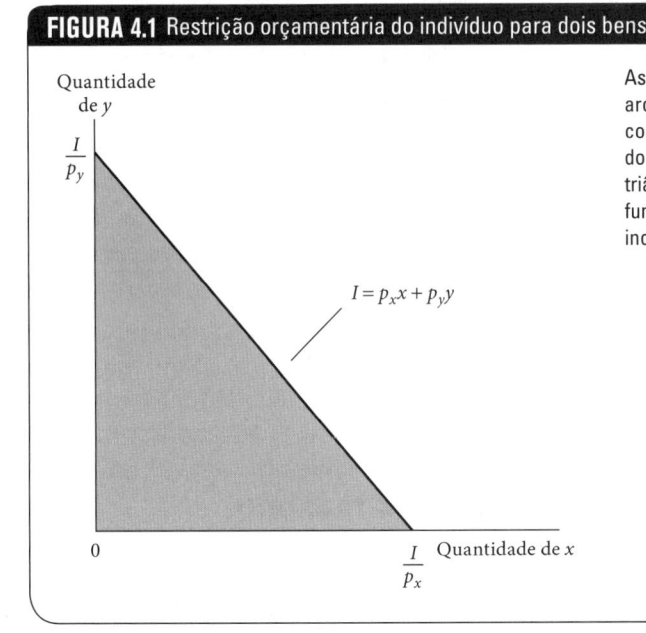

As combinações de x e y que o indivíduo pode arcar são mostradas no triângulo sombreado. Se, como costumamos supor, o indivíduo preferir mais do que menos de cada bem, o limite externo desse triângulo é a restrição relevante em que todos os fundos disponíveis são gastos em x ou em y. A inclinação dessa reta limite é dada por $-p_x/p_y$.

4.2.2 Condições de primeira ordem para um máximo

Essa restrição orçamentária pode ser imposta no mapa da curva de indiferença dessa pessoa para mostrar o processo de maximização da utilidade. A Figura 4.2 ilustra esse procedimento. O indivíduo seria irracional em escolher um ponto como A; ele pode chegar a um nível de utilidade mais alto só por gastar mais de sua renda. A suposição da não saciação implica que uma pessoa deveria gastar toda a sua renda para receber a utilidade máxima. Do mesmo modo, ao realocar seus gastos, o indivíduo pode se sair melhor do que o ponto B. O ponto D está fora de questão porque a renda não é alta o suficiente para comprar D. Está claro que a posição da utilidade máxima está no ponto C, onde a combinação x^*, y^* é escolhida. Esse é o único ponto na curva de indiferença U_2 que pode ser comprado com I dólares; nenhum nível de utilidade mais alto pode ser comprado. C é um ponto de tangência entre a restrição orçamentária e a curva de indiferença. Portanto, em C, temos

inclinação da restrição orçamentária $= \dfrac{-p_x}{p_y} =$ inclinação da curva de indiferença

ou
$$= \left.\dfrac{dy}{dx}\right|_{U=\text{constante}} \tag{4.2}$$

$$\dfrac{p_x}{p_y} = -\left.\dfrac{dy}{dx}\right|_{U=\text{constante}} = MRS(\text{de } x \text{ para } y). \tag{4.3}$$

Nosso resultado intuitivo foi provado: para um máximo da utilidade, toda a renda deve ser gasta e a MRS deve ser igual à razão dos preços dos bens. Fica óbvio a partir do diagrama que, se essa condição não for cumprida, o indivíduo pode ficar melhor se realocar seus gastos.

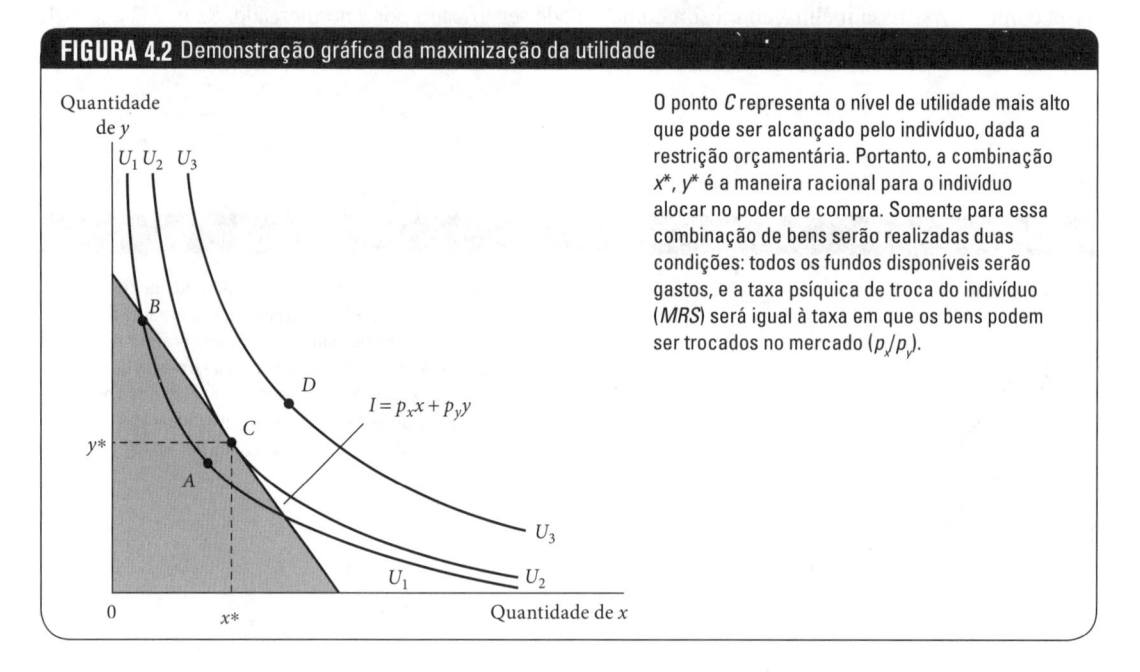

FIGURA 4.2 Demonstração gráfica da maximização da utilidade

O ponto C representa o nível de utilidade mais alto que pode ser alcançado pelo indivíduo, dada a restrição orçamentária. Portanto, a combinação x^*, y^* é a maneira racional para o indivíduo alocar no poder de compra. Somente para essa combinação de bens serão realizadas duas condições: todos os fundos disponíveis serão gastos, e a taxa psíquica de troca do indivíduo (MRS) será igual à taxa em que os bens podem ser trocados no mercado (p_x/p_y).

4.2.3 Condições de segunda ordem para um máximo

A regra da tangência é apenas uma condição necessária para um máximo. Para ver que ela não é uma condição suficiente, considere o mapa da curva de indiferença mostrado na Figura 4.3. Nela, um ponto de tangência (C) é inferior a um ponto de não tangência (B). Na verdade, o máximo verdadeiro está em outro ponto de tangência (A). A falha da condição de tangência em produzir um máximo sem ambiguidade pode ser atribuída ao formato das curvas de indiferença na Figura 4.3. Se as curvas de indiferença tiverem o formato das da Figura 4.2, nenhum problema desse tipo pode surgir. Mas nós já mostramos que as curvas de indiferença com formato "normal" resultam do pressuposto de uma *MRS* decrescente. Portanto, se se supor que a *MSR* seja sempre decrescente, a condição de tangência é uma condição necessária e suficiente para um máximo.[2] Sem essa suposição, seria preciso ter cuidado ao aplicar a regra de tangência.

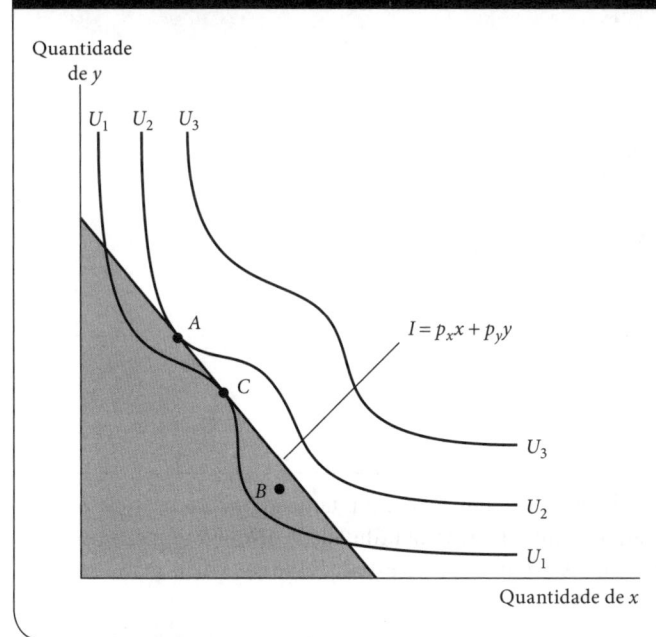

FIGURA 4.3 Exemplo de mapa da curva de indiferença para o qual a condição de tangência não garante um máximo

Se as curvas de indiferença não obedecem à suposição de uma *MRS* decrescente, nem todos os pontos de tangência (pontos para os quais $MRS = p_x/p_y$) podem ser verdadeiramente os pontos da utilidade máxima. Neste exemplo, o ponto de tangência *C* é inferior a muitos outros pontos que também podem ser adquiridos com os fundos disponíveis. Para que as condições necessárias para um máximo (isto é, as condições de tangência) também sejam suficientes, normalmente é preciso que se suponha que a *MRS* seja decrescente; ou seja, a função utilidade é quase côncava.

4.2.4 Soluções de canto

O problema da maximização da utilidade ilustrado na Figura 4.2 resultou em um máximo "interior", em que quantias positivas de ambos os bens foram consumidas. Em algumas situações, as preferências dos indivíduos podem ser tais que eles podem obter a utilidade máxima ao escolher não consumir nenhuma quantia de algum bem. Se alguém não gosta de hambúrgueres, não há motivo para alocar alguma renda a essa compra. Essa possibilidade é refletida na Figura 4.4. Lá, a utilidade é maximizada em *E*, onde $x = x^*$ e $y = 0$; assim, qualquer ponto da restrição orçamentária em que quantidades positivas de *y* são consumidas produz uma utilidade mais baixa do que o ponto *E*. Observe que em *E* a restrição orçamentária não é precisamente tangente à curva de indiferença U_2. Em vez disso, no ponto ótimo a restrição orçamentária é mais plana do que U_2, o que indica que a taxa em que *x* pode ser trocado por *y* no mercado é menor do que a taxa de troca psíquica do indivíduo (a *MRS*). Nos preços de mercado prevalecentes, o indivíduo está mais do que disposto a trocar o *y* para obter *x* adicional. Por ser impossível neste problema consumir quantidades negativas de *y*, no entanto, o limite físico para esse processo é o eixo *X*, ao longo do qual as compras de *y* são 0. Por isso, como essa discussão esclarece, é necessário corrigir um pouco as condições de primeira ordem para um máximo da utilidade para permitir as soluções de canto desse tipo, como mostrado na Figura 4.4. Seguindo nessa discussão sobre o caso geral de *n* bens, utilizaremos a matemática do Capítulo 2 para mostrar como isso pode ser realizado.

---

[2] Como vimos nos Capítulos 2 e 3, isso é equivalente a supor que a função utilidade é quase côncava. Como normalmente supomos a quase concavidade, as condições necessárias para um máximo condicionado da utilidade também serão suficientes.

FIGURA 4.4 Solução de canto para a maximização da utilidade

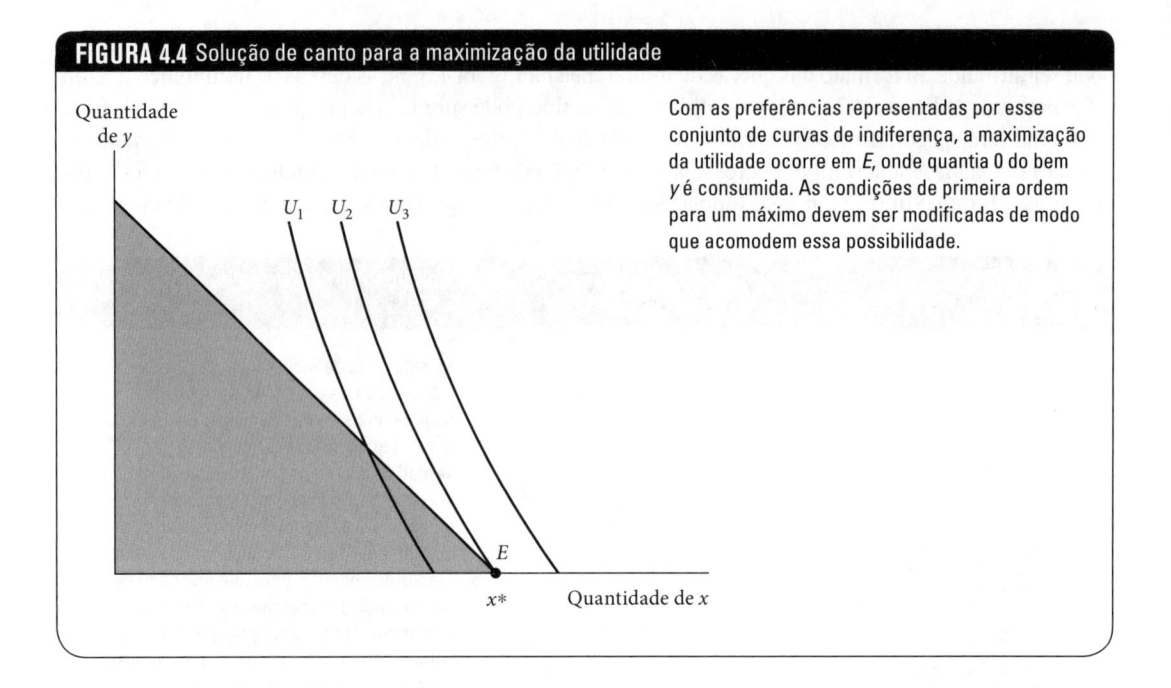

Com as preferências representadas por esse conjunto de curvas de indiferença, a maximização da utilidade ocorre em *E*, onde quantia 0 do bem *y* é consumida. As condições de primeira ordem para um máximo devem ser modificadas de modo que acomodem essa possibilidade.

4.3 CASO DE *N* BENS

Os resultados derivados graficamente no caso de dois bens levam diretamente para o caso de *n* bens. Novamente, pode ser mostrado que, para um máximo interior da utilidade, a *MRS* entre quaisquer dois bens deve ser igual à razão dos preços desses bens. Contudo, para estudar esse caso mais geral é melhor utilizar alguns cálculos matemáticos.

4.3.1 Condições de primeira ordem

Com *n* bens, o objetivo do indivíduo é maximizar a utilidade desses *n* bens:

$$\text{utilidade} = U(x_1, x_2, \ldots, x_n), \qquad (4.4)$$

sujeita à restrição orçamentária[3]

$$I = p_1 x_1 + p_2 x_2 + \ldots + p_n x_n \qquad (4.5)$$

ou

$$I - p_1 x_1 - p_2 x_2 - \ldots - p_n x_n = 0. \qquad (4.6)$$

Seguindo as técnicas desenvolvidas no Capítulo 2 para maximizar uma função sujeita a uma restrição, configuramos o Lagrangiano

$$\mathcal{L} = U(x_1, x_2, \ldots, x_n) + \lambda(I - p_1 x_1 - p_2 x_2 - \cdots - p_n x_n). \qquad (4.7)$$

Estabelecer as derivadas parciais de $\mathcal{L}$ (em relação a $x_1, x_2, \ldots, x_n$ e λ) iguais a 0 produz $n + 1$ equações que representam as condições necessárias para um máximo interior:

---

[3] Novamente, a restrição orçamentária foi escrita como uma igualdade porque, dada a suposição de não saciação, fica claro que o indivíduo gastará toda a renda disponível.

$$\frac{\partial \mathcal{L}}{\partial x_1} = \frac{\partial U}{\partial x_1} - \lambda p_1 = 0,$$

$$\frac{\partial \mathcal{L}}{\partial x_2} = \frac{\partial U}{\partial x_2} - \lambda p_2 = 0,$$

$$\vdots \quad (4.8)$$

$$\frac{\partial \mathcal{L}}{\partial x_n} = \frac{\partial U}{\partial x_n} - \lambda p_n = 0,$$

$$\frac{\partial \mathcal{L}}{\partial \lambda} = I - p_1 x_1 - p_2 x_2 - \cdots - p_n x_n = 0.$$

Em princípio, essas equações $n+1$ podem ser resolvidas para os $x_1, x_2, \ldots, x_n$ ótimos e para λ (veja os Exemplos 4.1 e 4.2 para se convencer de que tal solução é possível).

As Equações 4.8 são necessárias, mas não são suficientes para um máximo. As condições de segunda ordem que garantem um máximo são relativamente complexas e devem ser declaradas em termos matriciais. Entretanto, a suposição de quase concavidade estrita (a MRS decrescente no caso de dois bens) juntamente com a suposição de que a restrição orçamentária é linear e suficiente para garantir que qualquer ponto que obedece à Equação 4.8 é, de fato, um máximo verdadeiro.

4.3.2 Implicações das condições de primeira ordem

As condições de primeira ordem representadas pela Equação 4.8 podem ser reescritas de várias maneiras instrutivas. Por exemplo, para quaisquer dois bens, x_i e x_j, temos

$$\frac{\partial U/\partial x_i}{\partial U/\partial x_j} = \frac{p_i}{p_j}. \quad (4.9)$$

No Capítulo 3, mostramos que a razão das utilidades marginais de dois bens é igual à taxa marginal de substituição entre eles. Portanto, as condições para uma alocação ótima da renda tronam-se

$$MRS(x_i \text{ para } x_j) = \frac{p_i}{p_j}. \quad (4.10)$$

Esse é exatamente o resultado derivado graficamente no início deste capítulo; para maximizar a utilidade, o indivíduo deve igualar a taxa psíquica de troca à taxa de troca do mercado.

4.3.3 Interpretando o multiplicador de Lagrange

Outro resultado pode ser derivado com a solução das Equações 4.8 para λ:

$$\lambda = \frac{\partial U/\partial x_1}{p_1} = \frac{\partial U/\partial x_2}{p_2} = \cdots = \frac{\partial U/\partial x_n}{p_n}. \quad (4.11)$$

Essas equações afirmam que, no ponto de maximização da utilidade, cada bem adquirido deve produzir a mesma utilidade marginal por dólar gasto naquele bem. Portanto, cada bem deve ter uma razão idêntica de benefício (marginal)-custo (marginal). Se isso não fosse verdade, um bem prometeria mais "apreciação marginal por dólar" do que outro bem, e os fundos não seriam otimamente alocados.

Embora o leitor seja mais uma vez alertado sobre falar confiantemente acerca da utilidade marginal, o que a Equação 4.11 diz é que um dólar adicional deve produzir a mesma "utilidade adicional", não importa em qual bem ele será gasto. O valor comum para essa utilidade adicional é dado pelo multiplicador de Lagrange para a restrição orçamentária do consumidor (isto é, por λ). Consequentemente, λ pode ser considerado como a utilidade marginal de um dólar adicional de dispêndio de consumo (a utilidade marginal da "renda").

Uma última maneira de reescrever as condições necessárias para um máximo é

$$p_i = \frac{\partial U/\partial x_i}{\lambda} \qquad (4.12)$$

para cada bem i que é comprado. Para interpretar essa expressão, lembre-se (da Equação 4.11) de que o multiplicador de Lagrange, λ, representa o valor da utilidade marginal de um dólar adicional da renda, não importa em que ele seja gasto. Portanto, a razão na Equação 4.12 compara o valor da utilidade adicional de mais uma unidade de bem i a esse valor comum de um dólar marginal nos gastos. Para ser adquirido, o valor da utilidade de uma unidade adicional de um bem deve valer, em termos de dólares, o preço que a pessoa pagou por ele. Por exemplo, um preço alto de um bem i pode ser justificado apenas se ele também fornecer um grande valor de utilidade adicional. Na margem, portanto, o preço de um bem reflete a disposição de um indivíduo em pagar por mais uma unidade. Esse é um resultado de importância considerável na economia aplicada do bem-estar, porque a disposição em pagar pode ser deduzida das reações do mercado aos preços. No Capítulo 5, veremos como essa introspecção pode ser usada para avaliar os efeitos do bem-estar das mudanças de preço e, nos próximos capítulos, utilizaremos essa ideia para discutir várias questões sobre a eficiência da alocação de recursos.

4.3.4 Soluções de canto

As condições de primeira ordem das Equações 4.8 são válidas exatamente apenas para os máximos interiores para os quais alguma quantia positiva de cada bem é adquirida. Como discutido no Capítulo 2, quando as soluções de canto (como as ilustradas na Figura 4.4) surgem, as condições devem ser ligeiramente modificadas.[4] Nesse caso, as Equações 4.8 tornam-se

$$\frac{\partial \mathcal{L}}{\partial x_i} = \frac{\partial U}{\partial x_i} - \lambda p_i \leq 0 \qquad (i = 1, \ldots, n), \qquad (4.13)$$

e se

$$\frac{\partial \mathcal{L}}{\partial x_i} = \frac{\partial U}{\partial x_i} - \lambda p_i < 0, \qquad (4.14)$$

então

$$x_i = 0. \qquad (4.15)$$

Para interpretar essas condições, podemos reescrever a Equação 4.14 como

$$p_i > \frac{\partial U/\partial x_i}{\lambda}. \qquad (4.16)$$

Logo, as condições ótimas são como antes, exceto que qualquer bem cujo preço (p_i) exceda seu valor marginal para o consumidor não será adquirido ($x_i = 0$). Assim, os resultados matemáticos conformam-se à ideia de senso comum de que os indivíduos não compram bens que acreditam não valer o dinheiro. Embora as soluções de canto não forneçam um foco maior para a nossa análise neste livro, o

---

[4] Formalmente, essas condições são chamadas de condições de Kuhn-Tucker para a programação não linear.

leitor deve ter em mente as possibilidades para essas soluções que surgem e a interpretação econômica que pode ser ligada às condições ótimas nesses casos.

EXEMPLO 4.1 Funções de demanda Cobb-Douglas

Como mostramos no Capítulo 3, a função utilidade Cobb-Douglas é dada por

$$U(x, y) = x^\alpha y^\beta, \tag{4.17}$$

em que, por conveniência,[5] supomos $\alpha + \beta = 1$. Podemos agora solucionar para os valores de maximização da utilidade de x e y para qualquer preço (p_x, p_y) e renda (I). Ao estabelecermos o Lagrangiano

$$\mathcal{L} = x^\alpha y^\beta + \lambda(I - p_x x - p_y y) \tag{4.18}$$

temos as condições de primeira ordem

$$\frac{\partial \mathcal{L}}{\partial x} = \alpha x^{\alpha-1} y^\beta - \lambda p_x = 0,$$

$$\frac{\partial \mathcal{L}}{\partial y} = \beta x^\alpha y^{\beta-1} - \lambda p_y = 0, \tag{4.19}$$

$$\frac{\partial \mathcal{L}}{\partial \lambda} = I - p_x x - p_y y = 0.$$

Pegar a razão dos primeiros dois termos mostra que

$$\frac{\alpha y}{\beta x} = \frac{p_x}{p_y}, \tag{4.20}$$

ou

$$p_y y = \frac{\beta}{\alpha} p_x x = \frac{1-\alpha}{\alpha} p_x x, \tag{4.21}$$

em que a equação final segue, porque $\alpha + \beta = 1$. A substituição da condição de primeira ordem na Equação 4.21 na restrição orçamentária dá

$$I = p_x x + p_y y = p_x x + \frac{1-\alpha}{\alpha} p_x x = p_x x \left(1 + \frac{1-\alpha}{\alpha}\right) = \frac{1}{\alpha} p_x x; \tag{4.22}$$

ao solucionar x, produz

$$x^* = \frac{\alpha I}{p_x}, \tag{4.23}$$

e um conjunto semelhante de manipulações daria

$$y^* = \frac{\beta I}{p_y}. \tag{4.24}$$

---

[5] Como discutimos no Capítulo 3, os expoentes na função utilidade Cobb-Douglas sempre podem ser normalizados para somar para 1 porque $U^{1/(\alpha+\beta)}$ é uma transformação monotônica.

Esses resultados mostram que um indivíduo cuja função utilidade é dada pela Equação 4.17 sempre escolherá alocar uma proporção α de sua renda para comprar o bem x (isto é, $p_x x/I = \alpha$) e a proporção β para comprar o bem y ($p_y y/I = \beta$). Embora essa característica da função Cobb-Douglas geralmente facilite o trabalho de problemas simples, ela sugere que a função tem limites em sua capacidade de explicar o comportamento real de consumo. Como a parcela da renda dedicada a determinados bens costuma mudar significativamente em resposta à mudança das condições econômicas, uma forma funcional mais geral pode gerar revelações não fornecidas pela função Cobb-Douglas. Ilustramos algumas possibilidades no Exemplo 4.2, e o tópico geral das participações orçamentárias é mostrado em mais detalhes nas Aplicações deste capítulo.

Exemplo numérico. Primeiro, no entanto, vamos olhar para um exemplo numérico específico para o caso da Cobb-Douglas. Suponha que x é vendido por \$ 1 e y é vendido por \$ 4 e que a renda total seja \$ 8. Sucintamente, suponha que $p_x = 1$, $p_y = 4$, $I = 8$. Suponha também que $\alpha = \beta = 0{,}5$, de modo que o indivíduo divida sua renda em partes iguais para esses dois bens. Agora, as Equações 4.23 e 4.24 da demanda implicam que

$$x^* = \frac{\alpha I}{p_x} = \frac{0{,}5 I}{p_x} = \frac{0{,}5(8)}{1} = 4,$$
$$y^* = \frac{\beta I}{p_y} = \frac{0{,}5 I}{p_y} = \frac{0{,}5(8)}{4} = 1,$$
(4.25)

e, nessas escolhas ideais,

$$\text{utilidade} = x^{0{,}5} y^{0{,}5} = (4)^{0{,}5}(1)^{0{,}5} = 2.$$
(4.26)

Podemos calcular o valor para o multiplicador de Lagrange associado a essa alocação de renda ao utilizar a Equação 4.19:

$$\lambda = \frac{\alpha x^{\alpha-1} y^\beta}{p_x} = \frac{0{,}5(4)^{-0{,}5}(1)^{0{,}5}}{1} = 0{,}25.$$
(4.27)

Esse valor implica que cada pequena mudança na renda aumentará a utilidade em aproximadamente um quarto daquela quantia. Suponha, por exemplo, que essa pessoa tinha uma renda 1% maior (\$ 8,08). Nesse caso, ela escolheria $x = 4{,}04$ e $y = 1{,}01$, e a utilidade seria $4{,}04^{0{,}5} \, 1{,}01^{0{,}5} = 2{,}02$. Logo, o aumento de \$ 0,08 na renda aumentaria a utilidade em 0,02, como previsto pelo fato que $\lambda = 0{,}25$.

PERGUNTA: Uma mudança em p_y afetaria a quantidade de x demandada na Equação 4.23? Explique sua resposta matematicamente. Desenvolva também uma explicação intuitiva com base na noção de que a parcela da renda dedicada ao bem y é dada pelo parâmetro da função utilidade, β.

EXEMPLO 4.2 Demanda CES

Para ilustrar os casos em que as participações orçamentárias são responsivas aos preços relativos, vejamos três exemplos específicos da função CES.

Caso 1: δ = 0,5. Nesse caso, a utilidade é

$$U(x, y) = x^{0{,}5} + y^{0{,}5}.$$
(4.28)

A expressão Lagrangiana

$$\mathcal{L} = x^{0,5} + y^{0,5} + \lambda(I - p_x x - p_y y) \tag{4.29}$$

produz as seguintes condições de primeira ordem para um máximo:

$$\frac{\partial \mathcal{L}}{\partial x} = 0,5x^{-0,5} - \lambda p_x = 0,$$

$$\frac{\partial \mathcal{L}}{\partial y} = 0,5y^{-0,5} - \lambda p_y = 0,$$

$$\frac{\partial \mathcal{L}}{\partial \lambda} = I - p_x x - p_y y = 0. \tag{4.30}$$

A divisão das primeiras duas equações mostra que

$$\left(\frac{y}{x}\right)^{0,5} = \frac{p_x}{p_y}. \tag{4.31}$$

Ao substituir isso na restrição orçamentária e fazer uma manipulação algébrica bagunçada, podemos derivar as funções de demanda associadas a essa função utilidade:

$$x^* = \frac{I}{p_x[1 + (p_x/p_y)]}, \tag{4.32}$$

$$y^* = \frac{I}{p_y[1 + (p_y/p_x)]}. \tag{4.33}$$

Capacidade de resposta ao preço. Nessas funções de demanda, observe que a parcela da renda gasta no, digamos, bem x – ou seja, $p_x x/I = 1/[1 + (p_x/p_y)]$ – não é uma constante; ela depende da razão de preço p_x/p_y. Quanto maior o preço relativo de x, menor a parcela da renda gasta naquele bem. Em outras palavras, a demanda para x é tão responsiva para seu próprio preço que um aumento no preço reduz os gastos totais em x. Que a demanda para x é preço responsiva também pode ser ilustrado ao comparar o expoente implicado para p_x na função demanda dada pela Equação 4.32 (–2) para aquela da Equação 4.23 (–1). No Capítulo 5, discutiremos essa observação mais profundamente quando examinarmos o conceito de elasticidade em detalhes.

Caso 2: δ = –1. Em contrapartida, vejamos uma função de demanda com menos substituibilidade[6] do que a de Cobb-Douglas. Se δ = –1, a função utilidade é dada por

$$U(x, y) = -x^{-1} - y^{-1}, \tag{4.34}$$

e fica fácil mostrar que as condições de primeira ordem para um máximo exigem

$$\frac{y}{x} = \left(\frac{p_x}{p_y}\right)^{0,5}. \tag{4.35}$$

---

[6] Uma maneira de medir a substituibilidade é pela elasticidade de substituição, que para a função CES é dada por σ = 1/(1 – δ). Aqui, δ = 0,5 implica σ = 2, δ = 0 (Cobb-Douglas) implica σ = 1 e δ = –1 implica σ = 0,5. Veja também a discussão da função CES em conjunto com a teoria da produção no Capítulo 6.

Novamente, a substituição dessa condição na restrição orçamentária, junto com uma álgebra desordenada, produz as funções demanda

$$x^* = \frac{I}{p_x[1 + (p_y/p_x)^{0,5}]},$$
$$y^* = \frac{I}{p_y[1 + (p_x/p_y)^{0,5}]}.$$
(4.36)

A maneira como essas funções demanda são menos responsivas ao preço pode ser vista de duas formas. Primeiro, agora a parcela da renda gasta no bem x – ou seja, $p_x x/I = 1/[1 + (p_y/p_x)^{0,5}]$ – responde positivamente aos aumentos em p_x. À medida que o preço de x aumenta, esse indivíduo reduz modestamente o gasto no bem x; assim, os gastos totais naquele bem aumentam. A maneira com que as funções demanda na Equação 4.36 são menos responsivas ao preço que a Cobb-Douglas também está ilustrada pelos expoentes relativamente pequenos implicados para cada preço do próprio bem (–0,5).

Caso 3: $\delta = -\infty$. Este é o caso importante em que x e y devem ser consumidos em proporções fixas. Suponha, por exemplo, que cada unidade de y deva ser consumida junto com exatamente 4 unidades de x. A função utilidade que representa essa situação é

$$U(x, y) = \min(x, 4y).$$
(4.37)

Nessa situação, uma pessoa maximizando a utilidade escolherá apenas combinações dos dois bens para os quais $x = 4y$; ou seja, a maximização da utilidade implica que essa pessoa escolherá estar em um vértice de suas curvas de indiferença em forma de L. Em decorrência do formato dessas curvas de indiferença, o cálculo não pode ser usado para solucionar esse problema. Em vez disso, pode-se adotar o procedimento simples de substituir a condição de maximização da utilidade diretamente na restrição orçamentária:

$$I = p_x x + p_y y = p_x x + p_y \frac{x}{4} = (p_x + 0,25 p_y)x.$$
(4.38)

Consequentemente

$$x^* = \frac{I}{p_x + 0,25 p_y},$$
(4.39)

e as substituições semelhantes produzem

$$y^* = \frac{I}{4 p_x + p_y}.$$
(4.40)

Nesse caso, a participação do orçamento de uma pessoa dedicado ao, digamos, bem x, eleva-se rapidamente à medida que o preço de x aumenta, porque x e y devem ser consumidos em proporções fixas. Por exemplo, se usarmos os valores supostos no Exemplo 4.1 ($p_x = 1, p_y = 4, I = 8$), as Equações 4.39 e 4.40 previriam $x = 4$, $y = 1$, e, como antes, metade da renda do indivíduo seria gasta em cada bem. Se, por outro lado, usarmos $p_x = 2$, $p_y = 4$ e $I = 8$, então $x^* = 8/3$, $y^* = 2/3$, e essa pessoa gastará dois terços $[p_x x/I = (2 \cdot 8/3)/8 = 2/3]$ de sua renda no bem x. Tentar alguns outros números sugere que a parcela da renda dedicada ao bem x se aproxima de 1 à medida que o preço de x aumenta.[7]

PERGUNTA: As mudanças na renda afetam as parcelas dos gastos em qualquer uma das funções CES discutidas aqui? Como o comportamento das parcelas de dispêndio está relacionado à natureza homotética dessa função?

4.4 FUNÇÃO DA UTILIDADE INDIRETA

Os Exemplos 4.1 e 4.2 ilustram o princípio de que geralmente é possível manipular as condições de primeira ordem para um problema de maximização da utilidade para solucionar para os valores ideais de $x_1, x_2, \ldots, x_n$. Em geral, esses valores ótimos dependerão dos preços de todos os bens e da renda do indivíduo. Isto é,

$$
\begin{aligned}
x_1^* &= x_1(p_1, p_2, \ldots, p_n, I), \\
x_2^* &= x_2(p_1, p_2, \ldots, p_n, I), \\
&\vdots \\
x_n^* &= x_n(p_1, p_2, \ldots, p_n, I).
\end{aligned}
\qquad (4.41)
$$

No próximo capítulo, analisaremos com mais detalhes esse conjunto de funções de demanda, que mostra a dependência da quantidade de cada x_i demandado em $p_1, p_2, \ldots, p_n$ e I. Aqui, utilizamos os valores ótimos dos x's da Equação 4.42 para substituir na função utilidade original para produzir

utilidade máxima = $U[x_1^*(p_1, \ldots, p_n, I), x_2^*(p_1, \ldots, p_n, I), \ldots, x_n^*(p_1, \ldots, p_n, I)]$ (4.42)

$$= V(p_1, p_2, \ldots, p_n, I). \qquad (4.43)$$

Em palavras, como o desejo do indivíduo é maximizar a utilidade dada uma restrição orçamentária, o nível ótimo da utilidade obtenível dependerá *indiretamente* dos preços dos bens sendo comprados e da renda do indivíduo. Essa dependência é refletida pela função utilidade indireta V. Se os preços ou a renda mudarem, o nível de utilidade que poderia ser obtido também será afetado.

A função utilidade indireta é o primeiro exemplo de uma *função valor* que encontramos neste livro. Como descrito no Capítulo 2, essa função "soluciona" todas as variáveis endógenas em um problema de otimização deixando o valor ótimo obtido como uma função somente das variáveis exógenas (normalmente, os preços). Tal abordagem pode fornecer um atalho conveniente para explorar como as mudanças nas variáveis exógenas afetam o resultado final sem ter que refazer o problema de otimização original. O teorema do envelope (Capítulo 2) também pode ser aplicado a essa função valor, o que gera, frequentemente, revelações surpreendentes. Infelizmente, aplicar o teorema do envelope à função utilidade indireta produz retornos relativamente pequenos em termos de informações significativas. O resultado principal, a identidade de Roy, é discutido brevemente nas Aplicações do Capítulo 5. No entanto, encontraremos muitos outros exemplos de funções valor posteriormente, e aplicar o teorema do envelope a elas normalmente produzirá recompensas significativas.

---

[7] Essas relações para a função CES são abordadas com mais detalhes no Problema 4.9 e na Aplicação A4.3.

4.5 PRINCÍPIO DO *LUMP SUM*

Muitas ideias econômicas decorrem do reconhecimento de que a utilidade depende, em última análise, da renda dos indivíduos e dos preços que eles enfrentam. Uma das mais importantes dessas ideias é o chamado princípio do *lump sum*, que ilustra a superioridade dos impostos sobre o poder de compra geral de uma pessoa em relação aos impostos sobre bens específicos. Uma ideia relacionada é que concessões gerais de renda para pessoas de baixa renda elevarão mais a utilidade do que a quantia de dinheiro semelhante gasta para subsidiar bens específicos. A intuição por trás desses resultados deriva diretamente da hipótese da maximização da utilidade; um imposto de renda ou subsídio deixa o indivíduo livre para decidir como alocar qualquer renda final que ele tenha. Por outro lado, os impostos ou subsídios sobre bens específicos mudam o poder de compra de uma pessoa e distorcem suas escolhas em razão dos preços artificiais incorporados nesses esquemas. Por isso, os impostos de renda e os subsídios gerais devem ser preferidos se a eficiência for um critério importante na política social.

O princípio do *lump sum* como é aplicado na tributação é ilustrado na Figura 4.5. Inicialmente, essa pessoa tinha uma renda de I e está escolhendo consumir a combinação x^*, y^*. Um imposto sobre o bem x elevaria seu preço, e a escolha da maximização da utilidade mudaria para a combinação x_1, y_1. A arrecadação de impostos seria $t \cdot x_1$ (em que t é a taxa do imposto cobrada sobre o bem x). Em contrapartida, um imposto de renda que alterasse a restrição orçamentária internamente para I' também coletaria essa mesma quantia de receita.[8] Porém, a utilidade fornecida pelo imposto de renda (U_2) excede aquela fornecida pelo imposto apenas sobre x (U_1). Logo, mostramos que a perda de utilidade do imposto de renda é menor. Um argumento semelhante pode ser usado para ilustrar a superioridade das concessões de renda sobre subsídios de bens específicos.

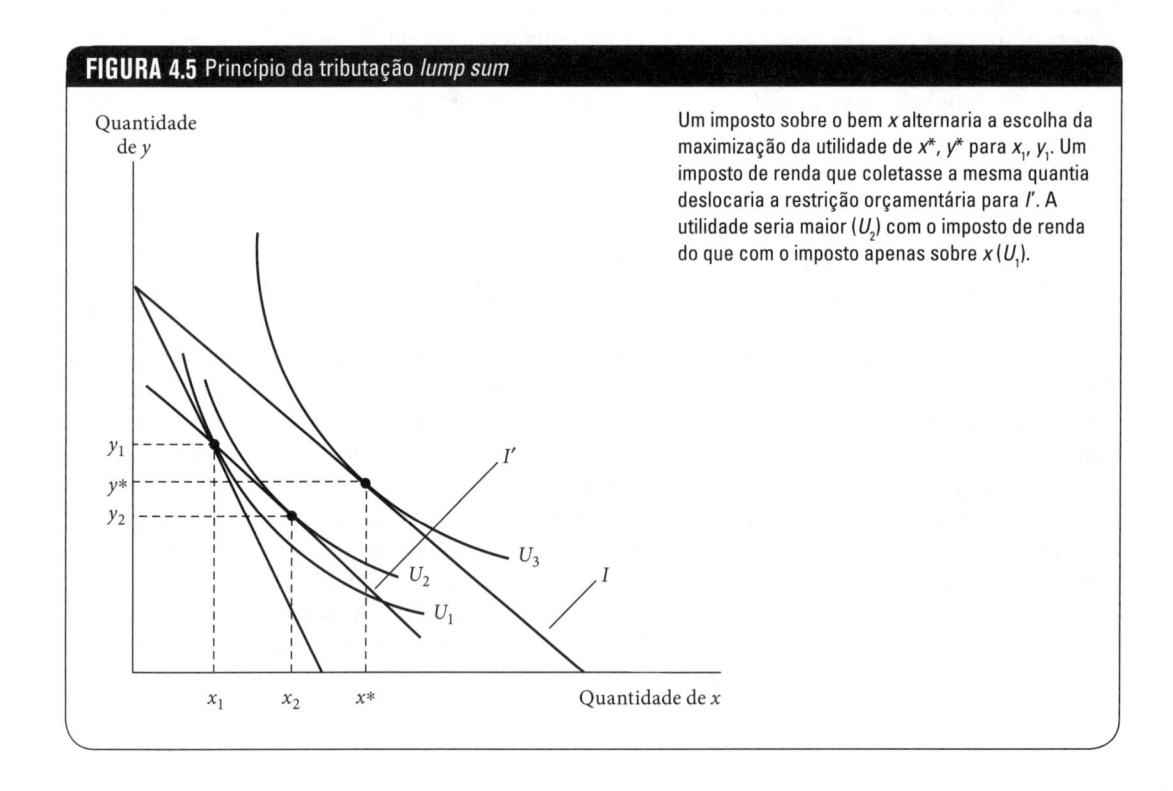

FIGURA 4.5 Princípio da tributação *lump sum*

Um imposto sobre o bem x alternaria a escolha da maximização da utilidade de x^*, y^* para x_1, y_1. Um imposto de renda que coletasse a mesma quantia deslocaria a restrição orçamentária para I'. A utilidade seria maior (U_2) com o imposto de renda do que com o imposto apenas sobre x (U_1).

---

[8] Como $I = (p_x + t) x_1 + p_y y_1$, temos $I' = I - tx_1 = p_x x_1 + p_y y_1$, que mostra que a restrição orçamentária com imposto de renda de tamanho igual também passa pelo ponto x_1, y_1.

EXEMPLO 4.3 Utilidade indireta e princípio *lump sum*

Neste exemplo, utilizamos a noção de uma função utilidade indireta para ilustrar o princípio *lump sum* aplicado à tributação. Primeiro, precisamos derivar as funções de utilidade indireta para dois casos ilustrativos.

Caso 1: Cobb-Douglas. No Exemplo 4.1, mostramos que, para a função utilidade Cobb-Douglas com $\alpha = \beta = 0,5$, as compras ótimas são

$$x^* = \frac{I}{2p_x},$$
$$y^* = \frac{I}{2p_y}. \tag{4.44}$$

Assim, a função utilidade indireta nesse caso é

$$V(p_x, p_y, I) = U(x^*, y^*) = (x^*)^{0,5}(y^*)^{0,5} = \frac{I}{2p_x^{0,5}p_y^{0,5}}. \tag{4.45}$$

Observe que, quando $p_x = 1$, $p_y = 4$ e $I = 8$, temos $V = 8/(2 \cdot 1 \cdot 2) = 2$, que é a utilidade que calculamos antes para essa situação.

Caso 2: Proporções fixas. No terceiro caso do Exemplo 4.2 descobrimos que

$$x^* = \frac{I}{p_x + 0,25p_y},$$
$$y^* = \frac{I}{4p_x + p_y}. \tag{4.46}$$

Assim, nesse caso, a utilidade indireta é dada por

$$V(p_x, p_y, I) = \min(x^*, 4y^*) = x^* = \frac{I}{p_x + 0,25p_y}$$
$$= 4y^* = \frac{4}{4p_x + p_y} = \frac{I}{p_x + 0,25p_y}; \tag{4.47}$$

com $p_x = 1$, $p_y = 4$, e $I = 8$, a utilidade indireta é dada por $V = 4$, que é o que calculamos antes.

Princípio *lump sum*. Considere primeiro o uso do caso da Cobb-Douglas para ilustrar o princípio *lump sum*. Suponha que um imposto de $ 1 foi cobrado no bem x. A Equação 4.45 mostra que a utilidade indireta nesse caso cairia de 2 para $1,41 [= 8/(2 \cdot 2^{0,5} \cdot 2)]$. Como essa pessoa escolhe $x^* = 2$ com o imposto, a arrecadação fiscal total será de $ 2. Portanto, um imposto de renda de receita igual reduziria a renda líquida para $ 6, e a utilidade indireta seria $1,5 [= 6/(2 \cdot 1 \cdot 2)]$. Assim, o imposto de renda é uma melhoria clara na utilidade sobre o caso em que apenas x é taxado. O imposto sobre o bem x reduz a utilidade por duas razões: isso reduz o poder de compra de uma pessoa e desvia suas escolhas do bem x. Com a tributação da renda, somente o primeiro efeito é sentido e, portanto, o imposto é mais eficiente.[9]

---

[9] Essa discussão supõe que não há efeitos de incentivo da tributação da renda – o que provavelmente não é uma boa hipótese.

O caso das proporções fixas apoia essa intuição. Nesse caso, um imposto de $ 1 sobre o bem x reduziria a utilidade indireta de 4 para 8/3 [= 8/(2 + 1)]. Nesse caso, $x^* = 8/3$ e a arrecadação de impostos seria de $ 8/3. Um imposto de renda que arrecadasse $ 8/3 deixaria esse consumidor com $ 16/3 de renda líquida, e essa renda produziria uma utilidade indireta de $V = 8/3$ [=(16/3)/ (1 + 1)]. Logo, a utilidade após o imposto é a mesma nos impostos sobre consumos específicos e nos impostos de renda. O motivo pelo qual o princípio *lump sum* não é válido nesse caso é que, com a utilidade de proporções fixas, o imposto sobre consumos específicos não distorce as escolhas, porque as preferências dessa pessoa exigem que os bens sejam consumidos em proporções fixas e o imposto não desvia as escolhas desse resultado.

PERGUNTA: As funções de utilidade indireta ilustradas aqui mostram que a duplicação da renda e todos os preços deixariam a utilidade indireta inalterada. Explique por que você esperaria que isso fosse uma propriedade de todas as funções utilidade indireta. Ou seja, explique por que a função utilidade indireta é homogênea de grau zero em todos os preços e renda.

4.6 MINIMIZAÇÃO DO DISPÊNDIO

No Capítulo 2, apontamos que muitos problemas de máximo condicionado têm problemas associados de mínimo condicionado "dual". Para o caso de maximização da utilidade, o problema dual associado de minimização dupla concerne à alocação da renda de modo que isso atinja determinado nível de utilidade com o mínimo de gasto. Esse problema é claramente análogo ao problema primário de maximização da utilidade, porém os objetivos e as restrições dos problemas foram invertidos. A Figura 4.6 ilustra esse problema dual de minimização de dispêndio. Lá, o indivíduo deve obter o nível de utilidade U_2; isso é agora a restrição no problema. Três possíveis quantias de dispêndio (E_1, E_2 e E_3) são mostradas como três linhas da "restrição orçamentária" na figura. O nível de gastos E_1 é claramente muito pequeno para atingir U_2; por isso não pode solucionar o problema dual. Com os dispêndios dados por E_3, o indivíduo pode atingir U_2 (nos pontos B ou C), mas esse não é o nível de dispêndios mínimos exigido. Por sua vez, E_2 claramente fornece os dispêndios totais suficientes para atingir U_2 (no ponto A), e essa é, de fato, a solução para o problema duplo. Ao comparar as Figuras 4.2 e 4.6, é óbvio que a abordagem primária da maximização da utilidade e a abordagem dual da minimização de dispêndios produzem a mesma solução (x^*, y^*); elas são maneiras simplesmente alternativas de ver o mesmo processo. No entanto, muitas vezes a abordagem da minimização de dispêndio é mais útil, porque os dispêndios são diretamente observáveis, ao passo que a utilidade não é.

4.6.1 Formulação matemática

Mais formalmente, o problema dual de minimização do dispêndio do indivíduo é escolher $x_1, x_2, ..., x_n$ para minimizar

$$\text{os dispêndios totais} = E = p_1 x_1 + p_2 x_2 + \ldots + p_n x_n, \quad (4.48)$$

sujeitos à restrição

$$\text{utilidade} = \overline{U} = U(x_1, x_2, \ldots, x_n). \quad (4.49)$$

As quantias ótimas de $x_1, x_2, \ldots, x_n$ escolhidas neste problema dependerão dos preços dos diversos bens ($p_1, p_2, \ldots, p_n$) e do nível de utilidade $\overline{U}$ exigido. Se qualquer um dos preços tiver que mudar ou se o indivíduo tiver um "alvo" de utilidade diferente, então outra cesta de bens seria ótima. Essa dependência pode ser resumida por uma *função dispêndio*.

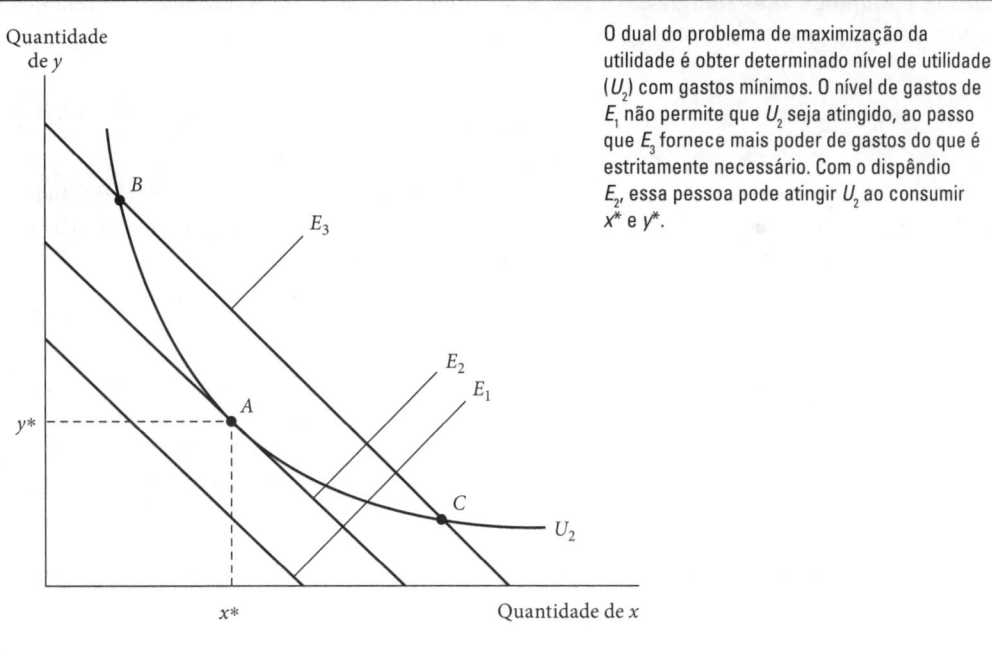

FIGURA 4.6 Problema dual da minimização de dispêndio

O dual do problema de maximização da utilidade é obter determinado nível de utilidade (U_2) com gastos mínimos. O nível de gastos de E_1 não permite que U_2 seja atingido, ao passo que E_3 fornece mais poder de gastos do que é estritamente necessário. Com o dispêndio E_2, essa pessoa pode atingir U_2 ao consumir x^* e y^*.

DEFINIÇÃO

Função dispêndio. A função dispêndio do indivíduo mostra os gastos mínimos necessários para atingir determinado nível de utilidade para determinado conjunto de preços. Isto é,

$$\text{dispêndios mínimos} = E(p_1, p_2, \ldots, p_n, U). \tag{4.50}$$

Essa definição mostra que a função dispêndio e a função utilidade indireta são inversas uma da outra (compare as Equações 4.43 e 4.50). Ambas dependem dos preços de mercado, mas envolvem restrições diferentes (de renda ou utilidade). A função dispêndio é a segunda função valor encontrada neste livro e, como veremos no Capítulo 5, é bem mais útil do que a função utilidade indireta. Isso se deve principalmente porque a aplicação do teorema do envelope à função dispêndio fornece uma rota direta para mostrar praticamente todos os elementos-chave da teoria da demanda. Antes de dar uma lista detalhada das propriedades gerais das funções dispêndio, vejamos primeiro alguns exemplos.

EXEMPLO 4.4 Duas funções dispêndio

Há duas maneiras para calcular a função dispêndio. A primeira, o método mais direto, seria formular o problema de minimização de dispêndio diretamente e aplicar a técnica do Lagrangiano. Alguns dos problemas no final deste capítulo pedem para fazer precisamente isso. Aqui, entretanto, adotaremos um procedimento mais simplificado para tirar vantagem da relação entre as funções dispêndio e utilidade indireta. Como essas duas funções são inversas entre si, o cálculo de uma facilita muito o cálculo da outra. Já calculamos as funções utilidade indireta para dois casos importantes no Exemplo 4.3. A recuperação das funções dispêndio relacionadas é álgebra simples.

Caso 1: Utilidade Cobb-Douglas. A Equação 4.45 mostra que a função utilidade indireta no caso de dois bens, para a Cobb-Douglas, é

$$V(p_x, p_y, I) = \frac{I}{2p_x^{0,5} p_y^{0,5}}.$$ (4.51)

Se trocarmos o papel da utilidade (que agora trataremos como "alvo" da utilidade denotado por U) e da renda (que agora chamaremos de "dispêndios," E, e trataremos como uma função dos parâmetros desse problema), então teremos a função dispêndio

$$E(p_x, p_y, U) = 2p_x^{0,5} p_y^{0,5} U.$$ (4.52)

Verificando isso contra nossos resultados anteriores, agora utilizaremos um alvo de utilidade de $U = 2$ com, novamente, $p_x = 1$ e $p_y = 4$. Com esses parâmetros, a Equação 4.52 mostra que os dispêndios mínimos exigidos são \$ 8 (= $2 \cdot 1^{0,5} \cdot 4^{0,5} \cdot 2$). Não é surpresa que tanto o problema da maximização da utilidade quanto o problema dual da minimização de dispêndio são formalmente idênticos.

Caso 2: Proporções fixas. Para o caso de proporções fixas, a Equação 4.47 deu a função utilidade indireta como

$$V(p_x, p_y, I) = \frac{I}{p_x + 0,25p_y}.$$ (4.53)

Se novamente trocarmos o papel da utilidade e dos dispêndios, rapidamente derivamos a função dispêndio:

$$E(p_x, p_y, U) = (p_x + 0,25p_y)U.$$ (4.54)

Uma verificação dos valores hipotéticos utilizados no Exemplo 4.3 ($p_x = 1$, $p_y = 4$, $U = 4$) mostra mais uma vez que custaria \$ 8 [= $(1 + 0,25 \cdot 4) \cdot 4$] para atingir o alvo da utilidade de 4.

Compensando a mudança de preço. Essas funções dispêndio permitem que investiguemos como uma pessoa pode ser compensada pela mudança de preço. Especificamente, suponha que o preço do bem y aumentasse de \$ 4 para \$ 5. Isso claramente reduziria a utilidade da pessoa, então podemos perguntar qual quantia de compensação monetária mitigaria o dano. Como a função dispêndio exige que a utilidade seja mantida constante, ela fornece uma estimativa direta dessa quantia. Especificamente, no caso da Cobb-Douglas, os dispêndios teriam que ser aumentados de \$ 8 para \$ 8,94 (= $2 \cdot 1 \cdot 5^{0,5} \cdot 2$) para proporcionar poder de compra adicional suficiente para compensar precisamente esse aumento de preço. Com proporções fixas, os dispêndios teriam que ser aumentados de \$ 8 para \$ 9 para compensar o aumento de preço. Logo, as compensações são praticamente as mesmas nesses casos simples.

Contudo, existe uma diferença importante entre os dois exemplos. No caso das proporções fixas, o \$ 1 da compensação adicional permite simplesmente que essa pessoa retorne para a sua cesta de consumo anterior ($x = 4$, $y = 1$). Essa é a única maneira de restaurar a utilidade para $U = 4$ para essa pessoa rígida. No caso da Cobb-Douglas, entretanto, essa pessoa não utilizará a compensação adicional para reverter para sua cesta de consumo anterior. Em vez disso, a maximização da utilidade exigirá que os \$ 8,94 sejam alocados, de modo que $x = 4,47$ e $y = 0,894$. Isso proporcionará um nível de utilidade de $U = 2$, porém essa pessoa economizará no bem y

agora mais caro. No próximo capítulo, abordaremos essa análise dos efeitos das mudanças de preço sobre o bem-estar com mais detalhes.

PERGUNTA: Como uma pessoa deve ser compensada pela redução de preço? Que tipo de compensação seria necessária se o preço do bem y caísse de $ 4 para $ 3?

4.7 PROPRIEDADES DAS FUNÇÕES DISPÊNDIO

Como as funções dispêndio são amplamente utilizadas na economia teórica e na economia aplicada, é importante entender algumas das propriedades compartilhadas por essas funções. Vemos aqui três propriedades. Todas elas são consequências diretas do pressuposto de que as funções dispêndio têm como base a minimização de dispêndios do indivíduo.

1. *Homogeneidade.* Para ambas as funções ilustradas no Exemplo 4.4, uma duplicação de todos os preços dobrará precisamente o valor dos dispêndios exigidos. Tecnicamente, essas funções dispêndio são "homogêneas de grau um" em todos os preços.[10] Essa é uma propriedade geral das funções dispêndio. Como a restrição orçamentária do indivíduo é linear nos preços, qualquer aumento proporcional em todos os preços exigirá um aumento similar nos dispêndios para permitir que a pessoa compre a mesma cesta de bens de maximização da utilidade que foi escolhida antes do aumento do preço. No Capítulo 5, veremos que, por esse motivo, as funções de demanda são homogêneas de grau zero em todos os preços e renda.

2. *As funções dispêndio são não decrescentes nos preços.* Essa propriedade pode ser sucintamente resumida pela afirmação matemática

$$\frac{\partial E}{\partial p_i} \geq 0 \quad \text{para cada bem } i. \quad (4.55)$$

Isso parece intuitivamente óbvio. Como a função dispêndio relata os dispêndios mínimos necessários para atingir determinado nível de utilidade, o aumento em qualquer preço deve aumentar esse mínimo. Mais formalmente, suponha que o preço de um bem aumenta e que todos os outros preços permanecem os mesmos. Deixe que A represente a cesta de bens adquiridos antes do aumento do preço e B a cesta adquirida após o aumento do preço. Claramente a cesta B custa mais após o aumento de preço do que custava antes do aumento, porque um dos bens naquela cesta teve um aumento no preço e os preços de todos os outros bens permaneceram os mesmos. Agora compare o custo da cesta B antes do aumento do preço ao custo da cesta A. A cesta A deve ter um custo menor devido à hipótese da minimização dos dispêndios – ou seja, A foi a maneira de minimizar o custo para atingir o alvo da utilidade. Logo, temos a seguinte sequência lógica – a cesta A custa menos que a cesta B antes do aumento do preço, que custa menos que a cesta B após o aumento do preço. Portanto, a cesta escolhida após o aumento do preço (B) deve custar mais do que aquela escolhida antes do aumento (A). Uma cadeia de lógica semelhante pode ser usada para mostrar que a redução no preço deve fazer com que os dispêndios diminuam (ou, possivelmente, permaneçam os mesmos).

3. *Funções dispêndio são côncavas nos preços.* No Capítulo 2, discutimos as funções côncavas, que são definidas como funções que sempre ficam abaixo de tangentes a elas. Embora as con-

---

[10] Como descrito no Capítulo 2, diz-se que a função $f(x_1, x_2, ..., x_n)$ é considerada homogênea de grau k se $f(tx_1, tx_2, ..., tx_n) = t^k f(x_1, x_2, ..., x_n)$. Nesse caso, $k = 1$.

FIGURA 4.7 As funções dispêndio são côncavas nos preços

Em p_1^* essa pessoa gasta $E(p_1^*,....)$. Se ela continuar a comprar o mesmo grupo de bens à medida que p_1 muda, então os gastos seriam dados por E^{pseudo}. Como seus padrões de consumo possivelmente mudarão à medida que p_1 mudar, os gastos reais serão menores que esse.

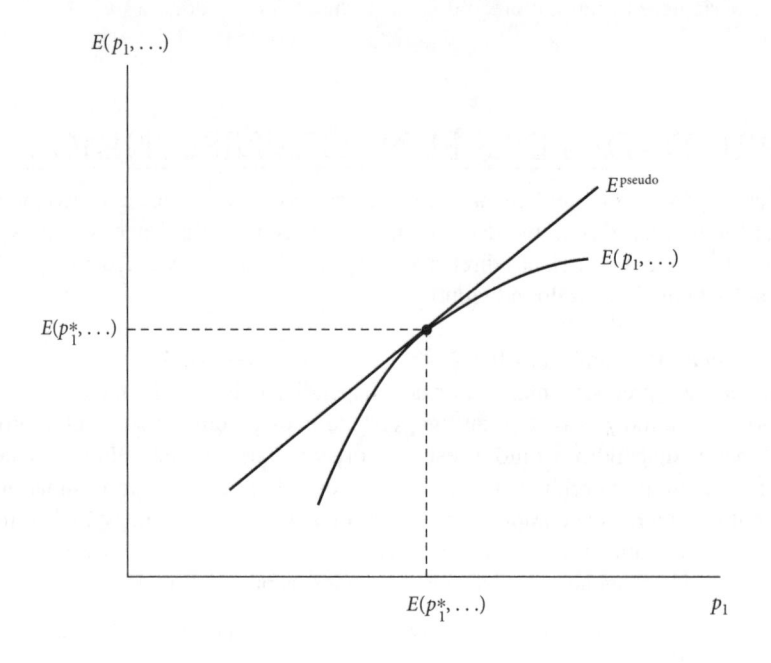

dições matemáticas técnicas que descrevem essas funções sejam complicadas, é relativamente simples mostrar como o conceito se aplica às funções dispêndio ao considerar a variação em um único preço. A Figura 4.7 mostra os gastos de um indivíduo como uma função do único preço, p_1. No preço inicial, p_1^*, os dispêndios dessa pessoa são dados por $E(p_1^*, ...)$. Agora considere os preços maiores ou menores que p_1^*. Se essa pessoa continuasse a comprar a mesma cesta de bens, os dispêndios aumentariam ou reduziriam linearmente à medida que o preço mudasse. Isso daria origem à função pseudodispêndio E^{pseudo} na figura. Essa linha mostra um nível de gastos que permitiria que essa pessoa comprasse a cesta original de bens independentemente da mudança no valor de p_1. Se, como parece mais provável, essa pessoa ajustasse sua compra à medida que p_1 mudasse, sabemos (em decorrência da minimização de gastos) que os gastos reais seriam menores que essas pseudoquantias. Por isso, a função dispêndio real, E, ficará abaixo de E^{pseudo} em todos os pontos e a função será côncava.[11] A concavidade da função dispêndio é uma propriedade útil para inúmeras aplicações, sobretudo para as relacionadas ao efeito substituição das mudanças de preços (veja o Capítulo 5).

---

[11] Um resultado da concavidade é que $f_{ii} = \partial^2 E/\partial p_1^2 \leq 0$. Isso é precisamente o que a Figura 4.7 mostra.

Resumo

Neste capítulo exploramos o modelo econômico básico da maximização da utilidade sujeita à restrição orçamentária. Embora tenhamos abordado esse problema de diversas formas, todas essas abordagens levam ao mesmo resultado básico.

- Para atingir um máximo condicionado, um indivíduo deve gastar toda a renda disponível e escolher uma cesta de bens de modo que a *MRS* entre quaisquer dois bens seja igual à razão dos preços de mercado desses bens. Esta tangência básica resultará na equiparação individual das razões da utilidade marginal ao preço de mercado para cada bem que é realmente consumido. Esse resultado é comum para a maioria dos problemas de otimização condicionada.
- No entanto, as condições de tangência são apenas as condições de primeira ordem para um máximo condicionado único. Para garantir que essas condições também sejam suficientes, o mapa da curva de indiferença deve exibir uma *MRS* decrescente. Em termos formais, a função utilidade deve ser quase côncava.
- As condições de tangência também devem ser modificadas para permitir as soluções de canto em que o nível ótimo de consumo de alguns bens é zero. Nesse caso, a razão da utilidade marginal para o preço desse bem ficará abaixo da razão benefício marginal-custo marginal comum para os bens realmente comprados.
- Uma consequência da suposição da maximização condicionada da utilidade é que as escolhas ótimas do indivíduo dependerão implicitamente dos parâmetros de sua restrição orçamentária. Ou seja, as escolhas observadas serão funções implícitas de todos os preços e rendas. Portanto, a utilidade também será uma função indireta desses parâmetros.
- O dual do problema de maximização da condicionada utilidade é minimizar os dispêndios exigidos para atingir determinado alvo da utilidade. Embora essa abordagem dual produza as mesmas soluções ótimas que o problema primal do máximo condicionado, ela também produz informações adicionais sobre a teoria da escolha. Especificamente, essa abordagem leva às funções dispêndio em que os gastos necessários para atingir determinado alvo da utilidade dependem dos preços de mercado dos bens. Portanto, as funções dispêndio são, a princípio, mensuráveis.

Problemas

4.1 Todos os dias, Paul, que está no terceiro ano, compra seu lanche na escola. Ele só gosta de bolinhos recheados (t) e refrigerante (s), e isso dá a ele uma utilidade de

$$\text{utilidade} = U(t,s) = \sqrt{ts}.$$

a. Se os bolinhos custam $ 0,10 cada e o refrigerante custa $ 0,25 o copo, como Paul deve gastar o $ 1 que sua mãe lhe dá para maximizar sua utilidade?

b. Se a escola tenta desencorajar o consumo de bolinhos recheados ao aumentar o preço para $ 0,40, quanto a mais de dinheiro a mãe de Paul terá que dar a ele para fornecer o mesmo nível de utilidade que ele recebia no item (a)?

4.2

a. Uma jovem enóloga tem $ 600 para gastar na construção de uma pequena adega. Ela aprecia duas safras em particular: um *bordeaux* francês de 2001 (w_F) a $ 40 a garrafa e um vinho varietal da Califórnia de 2005 (w_C) a $ 8. Se sua utilidade for

$$U(w_F, w_C) = w_F^{2/3} w_C^{1/3},$$

então quanto de cada vinho ela deve comprar?

b. Quando chegou à distribuidora de vinhos, essa jovem enóloga descobriu que o preço do *bordeaux* francês tinha abaixado para $ 20 a garrafa por causa de uma redução do valor do euro. Se o preço do vinho californiano permanecesse estável a $ 8 a garrafa, quanto de cada vinho nossa amiga compraria para maximizar a utilidade sob essas condições alteradas?

c. Explique por que essa amante de vinho se dá melhor no item (b) do que no item (a). Como você colocaria um valor monetário nesse aumento de utilidade?

4.3
a. Em determinada noite, J. P. aprecia o consumo de charutos (c) e conhaque (b) de acordo com a função

$$U(c, b) = 20c - c^2 + 18b - 3b^2.$$

Quantos charutos e copos de conhaque ele consome durante uma noite? (O custo não é problema para J. P.)

b. Posteriormente, no entanto, J. P. foi aconselhado por seus médicos a limitar a quantidade de copos de conhaque e charutos consumidos para 5. Quantos copos de conhaque e charutos ele consumirá sob essas circunstâncias?

4.4
a. O Sr. Odde Ball gosta dos produtos x e y de acordo com a função utilidade

$$U(x, y) = \sqrt{x^2 + y^2}.$$

Maximize a utilidade do Sr. Ball se $p_x = \$\ 3$, $p_y = \$\ 4$, e ele tiver $\$\ 50$ para gastar. Dica: Aqui pode ser mais fácil maximizar U^2 em vez de U. Por que isso não irá alterar os resultados?

b. Represente graficamente a curva de indiferença do Sr. Ball e o ponto de tangência com sua restrição orçamentária. O que o gráfico diz sobre o comportamento do Sr. Ball? Você encontrou um máximo verdadeiro?

4.5 O Sr. A deriva a utilidade de martinis (m) na proporção ao número que ele bebe:

$$U(m) = m.$$

Porém, o Sr. A é específico com seus martinis: Ele só gosta deles feitos na proporção exata de duas partes de gim (g) para uma parte de vermute (v). Logo, podemos reescrever a função utilidade do Sr. A como

$$U(m) = U(g, v) = \min\left(\frac{g}{2}, v\right).$$

a. Represente graficamente a curva de indiferença do Sr. A em termos de g e v para vários níveis de utilidade. Mostre que, independentemente dos preços dos dois ingredientes, o Sr. A nunca mudará o modo como prepara os seus martinis.
b. Calcule as funções demanda para g e v.
c. Usando os resultados do item (b), qual é a função utilidade indireta do Sr. A?
d. Calcule a função dispêndio do Sr. A; para cada nível de utilidade, mostre os gastos como uma função de p_g e p_v. Dica: Como esse problema envolve a função utilidade de proporções fixas, você não pode solucionar as decisões de maximização da utilidade utilizando o cálculo.

4.6 Suponha que um viciado em *fast-food* deriva a utilidade de três bens – refrigerantes (x), hambúrgueres (y) e *sundaes* (z) – de acordo com a função utilidade Cobb-Douglas

$$U(x, y, z) = x^{0,5} y^{0,5} (1 + z)^{0,5}.$$

Suponha também que os preços para esses bens são dados por $p_x = 1$, $p_y = 4$ e $p_z = 8$ e que a renda desse consumidor é dada por $I = 8$.

a. Mostre que, para $z = 0$, a maximização da utilidade resulta nas mesmas escolhas ótimas do Exemplo 4.1. Mostre também que qualquer escolha que resulta em $z > 0$ (mesmo para um z fracionário) reduz a utilidade desse ótimo.
b. Como você explica o fato de que $z = 0$ é ótimo aqui?
c. Quão alta a renda desse indivíduo deve ser para qualquer z ser adquirido?

4.7 O princípio do *lump sum* ilustrado na Figura 4.5 é aplicado à política de transferência e tributação. Esse problema examina essa aplicação do princípio.

a. Use um gráfico semelhante ao da Figura 4.5 para mostrar que uma concessão de renda a uma pessoa fornece mais utilidade do que um subsídio sobre o bem x que custa a mesma quantia para o governo.
b. Use a função dispêndio Cobb-Douglas apresentada na Equação 4.52 para calcular o poder de compra adicional necessário

para aumentar a utilidade dessa pessoa de $U = 2$ para $U = 3$.

c. Use a Equação 4.52 mais uma vez para estimar o grau em que o bem x deve ser subsidiado para aumentar a utilidade dessa pessoa de $U = 2$ para $U = 3$. Quanto esse subsídio deve custar para o governo? Como esse custo seria comparado ao custo calculado no item (b)?

d. O Problema 4.10 pede para que você calcule a função dispêndio para uma função utilidade Cobb-Douglas mais geral do que a usada no Exemplo 4.4. Use a função dispêndio para solucionar novamente os itens (b) e (c) aqui para o caso $\alpha = 0,3$, um número próximo da fração de renda que as pessoas de baixa renda gastam em alimentos.

e. Como seus cálculos neste problema mudariam se tivéssemos usado a função dispêndio para o caso de proporções fixas (Equação 4.54) no seu lugar?

4.8 Duas das funções utilidade mais simples são:
1. Proporções fixas: $U(x, y) = \min [x, y]$.
2. Substitutos perfeitos: $U(x, y) = x + y$.
    a. Para cada uma dessas funções utilidade, calcule o seguinte:
    - Funções de demanda para x e y
    - Função utilidade indireta
    - Função dispêndio
    b. Discuta as formas particulares dessas funções que você calculou – por que elas assumem essas formas específicas?

4.9 Suponha que temos uma função utilidade envolvendo dois bens que é linear da forma $U(x, y) = ax + by$. Calcule a função dispêndio para essa função utilidade. Dica: A função dispêndio terá quebras em várias razões de preço.

Problemas analíticos

4.10 Utilidade Cobb-Douglas
No Exemplo 4.1, vimos a função utilidade Cobb-Douglas $U(x, y) = x^\alpha y^{1-\alpha}$, em que $0 \leq \alpha \leq 1$. Esse problema ilustra alguns outros atributos dessa função.
a. Calcule a função utilidade indireta para esse caso da Cobb-Douglas.
b. Calcule a função dispêndio para esse caso.

c. Mostre explicitamente como a compensação exigida para compensar o efeito de um aumento no preço de x está relacionada ao tamanho do expoente α.

4.11 Utilidade CES
A função utilidade CES que temos utilizado neste capítulo é dada por

$$U(x, y) = \frac{x^\delta}{\delta} + \frac{y^\delta}{\delta}.$$

a. Mostre que as condições de primeira ordem para um máximo condicionado de utilidade com essa função exige que os indivíduos escolham bens na proporção

$$\frac{x}{y} = \left(\frac{p_x}{p_y}\right)^{1/(\delta - 1)}.$$

b. Mostre que o resultado no item (a) implica que os indivíduos alocarão seus fundos igualmente entre x e y para o caso da Cobb-Douglas ($\delta = 0$), como já mostramos antes em diversos problemas.

c. Como a razão $p_x x / p_y y$ depende do valor de δ? Explique os resultados de maneira intuitiva. (Para mais detalhes sobre essa função, veja a Aplicação A4.3.)

d. Derive as funções utilidade indireta e dispêndio para esse caso e verifique seus resultados descrevendo as propriedades de homogeneidade das funções que você calculou.

4.12 Utilidade Stone-Geary
Suponha que os indivíduos exijam determinado nível de alimento (x) para continuarem vivos. Seja essa quantia a ser dada por x_0. Uma vez que x_0 é adquirido, os indivíduos obtêm a utilidade do alimento e de outros bens (y) da forma

$$U(x, y) = (x - x_0)^\alpha y^\beta,$$

em que $\alpha + \beta = 1$.

a. Mostre que, se $I > p_x x_0$, então o indivíduo maximizará a utilidade ao gastar $\alpha(I - p_x x_0) + p_x x_0$ no bem x e $\beta(I - p_x x_0)$ no bem y. Interprete esse resultado.

b. Como as razões $p_x x / I$ e $p_y y / I$ mudam à medida que a renda aumenta neste problema? (Veja também a Aplicação A4.2 para mais detalhes sobre essa função utilidade.)

4.13 Funções utilidade indireta e dispêndio CES
Neste problema, utilizaremos uma forma mais padrão da função utilidade CES para derivar as funções utilidade indireta e dispêndio. Suponha que a utilidade é dada por

$$U(x, y) = (x^\delta + y^\delta)^{1/\delta}$$

[nessa função, a elasticidade de substituição é $\sigma = 1/(1 - \delta)$].

a. Mostre que a função utilidade indireta para a função dada agora é

$$V = I(p_x^r + p_y^r)^{-1/r},$$

em que $r = \delta/(\delta - 1) = 1 - \sigma$.

b. Mostre que a função derivada no item (a) é homogênea de grau zero nos preços e na renda.
c. Mostre que essa função é estritamente crescente na renda.
d. Mostre que essa função é estritamente decrescente em qualquer preço.
e. Mostre que a função dispêndio para esse caso de utilidade CES é dada por

$$E = V(p_x^r + p_y^r)^{1/r}.$$

f. Mostre que a função derivada no item (e) é homogênea de grau um nos preços dos bens.
g. Mostre que essa função dispêndio é crescente em cada um dos preços.
h. Mostre que a função é côncava em cada preço.

Problema comportamental

4.14 Altruísmo
Michele, que tem uma renda I relativamente alta, tem sentimentos altruístas em relação à Sofia, que vive em tamanha pobreza que praticamente não tem renda nenhuma. Suponha que as preferências de Michele são representadas pela função utilidade

$$U_1(c_1, c_2) = c_1^{1-a} c_2^a,$$

em que c_1 e c_2 são os níveis de consumo de Michele e Sofia, aparecendo como bens em uma função utilidade Cobb-Douglas padrão. Suponha que Michele pode gastar sua renda com o seu consumo próprio ou com o consumo de Sofia (por meio de doações) e que $1 compra uma unidade de consumo para qualquer uma delas (desse modo, os "preços" de consumo são $p_1 = p_2 = 1$).

a. Argumente que o expoente a pode ser tomado como uma medida do grau do altruísmo de Michele ao fornecer a interpretação dos valores extremos $a = 0$ e $a = 1$. Qual valor a tornaria uma perfeita altruísta (que considerasse os outros como a ela mesma)?
b. Solucione as escolhas ótimas de Michele e demonstre como elas mudam com a.
c. Solucione as escolhas ótimas de Michele sob um imposto de renda na taxa t. Como suas escolhas mudam se houver dedução para a caridade (de modo que a renda gasta nas deduções para a caridade não são tributadas)? A dedução para a caridade tem um efeito de incentivo maior em pessoas mais ou menos altruístas?
d. Volte para o caso sem impostos por questão de simplicidade. Agora suponha que o altruísmo de Michele seja representado pela função utilidade

$$U_1(c_1, U_2) = c_1^{1-a} U_2^a,$$

que é semelhante à representação do altruísmo na Aplicação A3.4 no capítulo anterior. De acordo com essa especificação, Michele se importa diretamente com o nível de utilidade de Sofia e apenas indiretamente do nível de consumo de Sofia.

1. Solucione as escolhas ótimas de Michele se a função utilidade de Sofia for simétrica à de Michele: $U_2(c_2, U_1) = c_2^{1-a} U_1^a$. Compare sua resposta com o item (b). Michele é mais ou menos caridosa sob a nova especificação? Explique.
2. Repita a análise anterior supondo que a função utilidade de Sofia é $U_2(c_2) = c_2$.

CAPÍTULO CINCO
Efeitos renda e substituição

Neste capítulo, utilizaremos o modelo de maximização de utilidade para estudar como a quantidade de um bem que um indivíduo escolhe é afetada por uma variação no preço daquele bem. Essa avaliação nos permite construir a curva de demanda individual do bem. No processo, forneceremos uma série de conjecturas sobre a natureza dessa reação ao preço e sobre os tipos de hipótese que estão por trás da maioria das análises de demanda.

5.1 FUNÇÕES DEMANDA

Em princípio, como observamos no Capítulo 4, geralmente será possível resolver as condições necessárias de um máximo de utilidade para os níveis ótimos de $x_1, x_2, \ldots, x_n$ (e λ, o multiplicador de Lagrange) como funções de todos os preços e renda. Matematicamente, isso pode ser expresso como n funções demanda[1] da forma

$$\begin{aligned} x_1^* &= x_1(p_1, p_2, \ldots, p_n, I), \\ x_2^* &= x_2(p_1, p_2, \ldots, p_n, I), \\ &\vdots \\ x_n^* &= x_n(p_1, p_2, \ldots, p_n, I). \end{aligned} \quad (5.1)$$

Caso haja apenas dois bens, x e y (o caso com que geralmente nos preocuparemos), essa notação pode ser um pouco simplificada como

$$\begin{aligned} x^* &= x(p_x, p_y, I), \\ y^* &= y(p_x, p_y, I). \end{aligned} \quad (5.2)$$

---

[1] Às vezes, as funções demanda na Equação 5.1 são citadas como *funções de demanda marshallianas* (em homenagem a Alfred Marshall) para diferenciá-las das *funções de demanda hicksianas* (em homenagem a John Hicks) que abordaremos mais adiante neste capítulo. A diferença entre os dois conceitos depende de como a renda ou a utilidade são introduzidas nas funções. Para facilitar, ao longo deste livro o termo *funções de demanda* ou *curvas de demanda* irão referir-se ao conceito marshalliano, enquanto referências às funções de demanda e *curvas de demanda* hicksianas (ou "compensadas") serão explicitamente citadas.

Uma vez que conhecemos a forma dessas funções demanda e os valores de todos os preços e renda, podemos "prever" a quantidade de cada bem que essa pessoa optará por comprar. A notação enfatiza que os preços e a renda são "exógenos" para esse processo; ou seja, esses são parâmetros sobre os quais o indivíduo não tem nenhum controle nessa etapa da análise. Naturalmente, as mudanças nos parâmetros alterarão a restrição orçamentária e permitirão que essa pessoa faça diferentes escolhas. Essa questão é o foco deste e do próximo capítulo. Especificamente neste capítulo consideraremos as derivadas parciais $\partial x_i/\partial I$ e $\partial x_i/\partial p_x$ para qualquer bem arbitrário x.

5.1.1 Homogeneidade

Uma primeira propriedade das funções demanda exige pouca matemática. Se duplicarmos todos os preços e a renda (de fato, se fôssemos multiplicá-los todos por qualquer constante positiva), então as quantidades ótimas demandadas permaneceriam inalteradas. Duplicando todos os preços e a renda alteram-se somente as unidades pelas quais contamos não a quantidade "real" dos bens demandados. Esse resultado pode ser constatado de diversas formas, embora talvez a mais fácil seja por meio de uma abordagem gráfica. Voltando às Figuras 4.1 e 4.2, é evidente que duplicar p_x, p_y e I não afeta o gráfico de restrição orçamentária. Logo, x^*, y^* ainda será a combinação escolhida. Em termos algébricos, $p_x x + p_y y = I$ é a mesma restrição de $2p_x x + 2p_y y = 2I$. De forma relativamente mais técnica, podemos escrever esse resultado dizendo que, para qualquer bem x_i,

$$x_i^* = x_i(p_1, p_2, \ldots, p_n, I) = x_i(tp_1, tp_2, \ldots, tp_n, tI) \tag{5.3}$$

para qualquer $t > 0$. As funções que obedecem às propriedades ilustradas na Equação 5.3 são chamadas homogêneas de grau 0.[2] Assim sendo, mostramos que as *funções de demanda individual são homogêneas de grau 0 em todos os preços e renda*. Alterar todos os preços e renda nas mesmas proporções não afetará as quantidades físicas dos bens demandados. Esse resultado mostra que (na teoria) as demandas individuais não serão afetadas por uma inflação "pura", durante a qual todos os preços e renda aumentam de forma proporcional. Eles continuarão a demandar as mesmas cestas de bens. Certamente, se uma inflação não fosse pura (isto é, caso alguns preços aumentassem mais rapidamente que outros), esse não seria o caso.

EXEMPLO 5.1 Homogeneidade

A homogeneidade da demanda é um resultado direto da hipótese de maximização de utilidade. As funções demanda derivadas da maximização de utilidade serão homogêneas e, inversamente, as funções demanda que não forem homogêneas não podem refletir a maximização de utilidade (a menos que os preços entrem diretamente na própria função utilidade, como podem ser para bens com apelo esnobe). Se, por exemplo, uma utilidade individual para alimentação (x) e habitação (y) é dada por

$$\text{utilidade} = U(x, y) = x^{0,3} y^{0,7}, \tag{5.4}$$

logo, é uma questão simples (seguindo o procedimento usado no Exemplo 4.1) derivar as funções demanda:

---

[2] De forma mais geral, como vimos nos Capítulos 2 e 4, uma função $f(x_1, x_2, \ldots, x_n)$ é homogênea de grau k se $f(tx_1, tx_2, \ldots, tx_n) = t^k f(x_1, x_2, \ldots, x_n)$ para qualquer $t > 0$. Os casos mais comuns de funções homogêneas são $k = 0$ e $k = 1$. Se f for homogênea de grau 0, então duplicar todos os argumentos deixa f inalterado em valor. Se f for homogêneo de grau 1, então duplicar todos os seus argumentos dobrará o valor de f.

$$x^* = \frac{0{,}3I}{p_x},$$

$$y^* = \frac{0{,}7I}{p_y}. \tag{5.5}$$

Obviamente, essas funções exibem homogeneidade porque uma duplicação de todos os preços e renda deixaria x^* e y^* inalterados.

Se as preferências individuais para x e y fossem refletidas, em vez disso, pela função CES

$$U(x, y) = x^{0{,}5} + y^{0{,}5}, \tag{5.6}$$

então (como mostrado no Exemplo 4.2) as funções demanda são dadas por

$$x^* = \left(\frac{1}{1 + p_x/p_y}\right) \cdot \frac{I}{p_x},$$

$$y^* = \left(\frac{1}{1 + p_y/p_x}\right) \cdot \frac{I}{p_y}. \tag{5.7}$$

Como descrito anteriormente, ambas as funções de demanda são homogêneas de grau 0; uma duplicação de p_x, p_y e I deixaria x^* e y^* inalterados.

PERGUNTA: As funções de demanda derivadas neste exemplo garantem que as despesas totais em x e y esgotarão a renda individual para *qualquer combinação* de p_x, p_y e I? Você pode provar que esse é o caso?

5.2 VARIAÇÕES NA RENDA

À medida que o poder aquisitivo de uma pessoa aumenta, é natural supor que a quantidade de cada bem adquirido também aumente. Essa situação é ilustrada na Figura 5.1. Conforme os gastos aumentam de I_1 para I_2 para I_3, a quantidade demandada de x aumenta de x_1 para x_2 para x_3. Além disso, a quantidade de y aumenta de y_1 para y_2 para y_3. Observe que as retas orçamentárias I_1, I_2 e I_3 são todas paralelas, refletindo que apenas a renda está variando, não os preços relativos de x e y. Como a relação p_x/p_y permanece constante, as condições de maximização da utilidade também exigem que a *MRS* permaneça constante à medida que o indivíduo se move para níveis mais elevados de satisfação. Portanto, a *MRS* é a mesma tanto no ponto (x_3, y_3) como em (x_1, y_1).

5.2.1 Bens normais e inferiores

Na Figura 5.1, ambos x e y aumentam à medida que a renda aumenta – ambos $\partial x/\partial I$ e $\partial y/\partial I$ são positivos. Essa pode ser considerada uma situação comum, e os bens que possuem essa propriedade são denominados *bens normais* sobre o intervalo de variação de renda observada.

No entanto, para alguns bens a quantidade escolhida pode diminuir à medida que a renda aumenta em alguns intervalos. Exemplos de tais bens são uísque de qualidade inferior, batatas e roupas de brechó. Um bem z para o qual $\partial z/\partial I$ for negativo é denominado *bem inferior*. Esse fenômeno é ilustrado na Figura 5.2. Nesse diagrama, o bem z é inferior porque, para os aumentos na renda no intervalo mostrado, menos de z é escolhido. Observe que as curvas de indiferença não precisam ser de forma "estranha" para exibir inferioridade; as curvas correspondentes aos bens y e z na Figura 5.2 continuam a obedecer à hipótese de uma *MRS* decrescente. O bem *z* é inferior em função da forma como se relaciona com os outros bens disponíveis (bem *y* aqui), não por causa de uma peculiaridade exclusiva a ele. Assim sendo, desenvolvemos as seguintes definições.

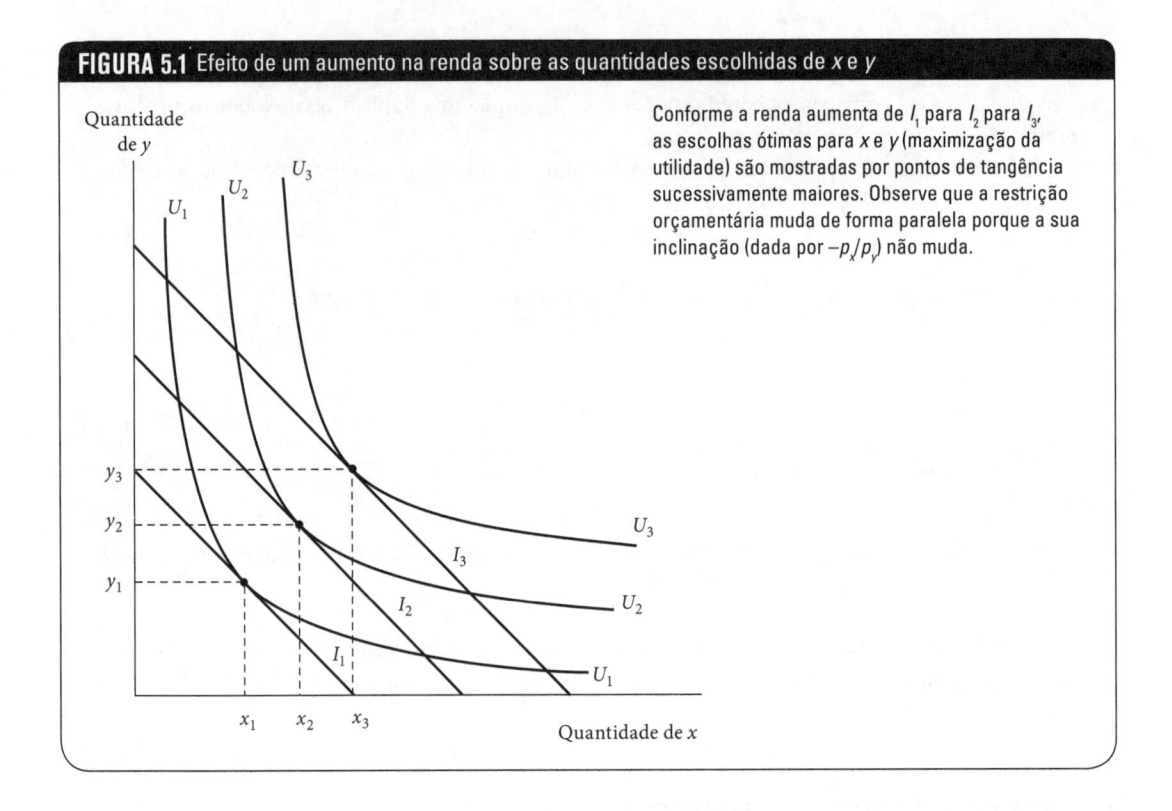

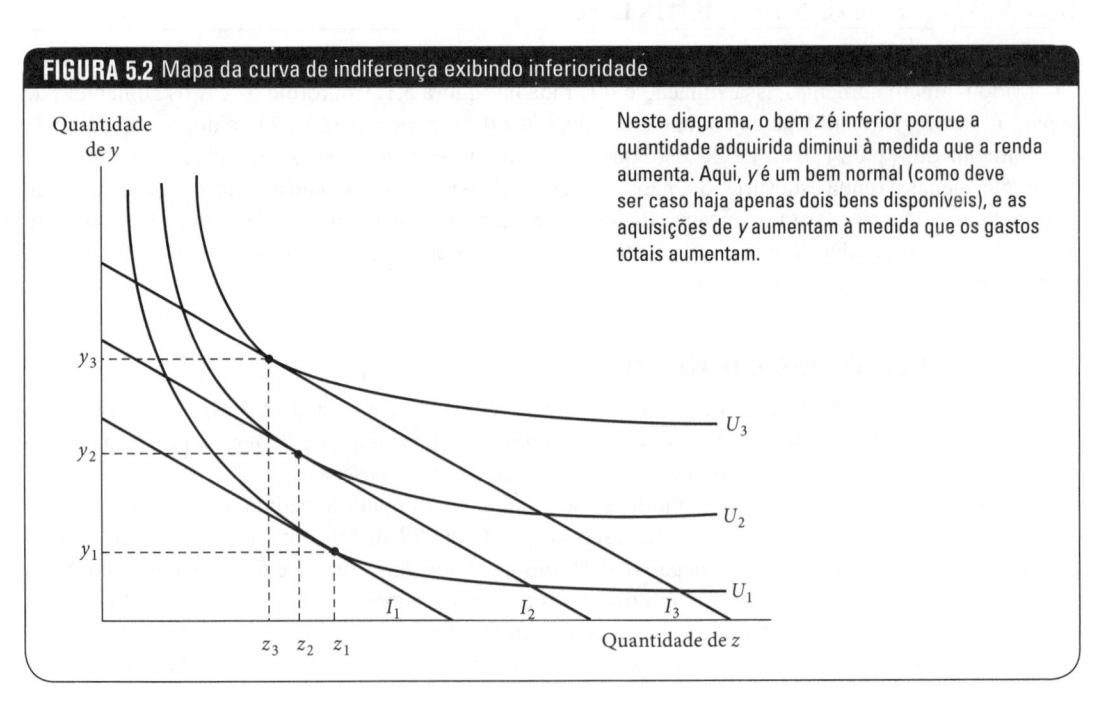

FIGURA 5.1 Efeito de um aumento na renda sobre as quantidades escolhidas de *x* e *y*

Conforme a renda aumenta de I_1 para I_2 para I_3, as escolhas ótimas para *x* e *y* (maximização da utilidade) são mostradas por pontos de tangência sucessivamente maiores. Observe que a restrição orçamentária muda de forma paralela porque a sua inclinação (dada por $-p_x/p_y$) não muda.

FIGURA 5.2 Mapa da curva de indiferença exibindo inferioridade

Neste diagrama, o bem *z* é inferior porque a quantidade adquirida diminui à medida que a renda aumenta. Aqui, *y* é um bem normal (como deve ser caso haja apenas dois bens disponíveis), e as aquisições de *y* aumentam à medida que os gastos totais aumentam.

> **DEFINIÇÃO**
>
> **Bens normais e inferiores.** Um bem x_i para o qual $\partial x_i/\partial I < 0$ sobre algum intervalo de variação de renda é um *bem inferior* nesse intervalo. Se $\partial x_i/\partial I \geq 0$ sobre algum intervalo de variação de renda, então o bem é um *bem normal* (ou "não inferior") nesse intervalo.

5.3 VARIAÇÕES NO PREÇO DE UM BEM

O efeito de uma variação no preço sobre a quantidade de um bem demandado é mais complexo de analisar do que o efeito de uma variação na renda. De forma geométrica, isso decorre porque uma variação de preço envolve alterar não apenas um dos interceptos da restrição orçamentária, mas também a sua inclinação. Consequentemente, mover-se para a nova opção de maximização de utilidade acarreta a mudança não apenas para outra curva de indiferença, mas também uma variação da *MRS*. Dessa forma, quando um preço varia, dois efeitos analiticamente diferentes entram em cena. Um deles é um *efeito substituição*: mesmo que o indivíduo permaneça na *mesma* curva de indiferença, os padrões de consumo seriam alocados de forma a equiparar a *MRS* à nova razão de preço. Um segundo efeito, o *efeito renda*, ocorre porque uma variação de preço necessariamente altera a renda "real" do indivíduo. O indivíduo não pode permanecer na curva de indiferença inicial e deve deslocar-se para uma nova. Começamos analisando esses efeitos por meio de gráficos. Então, forneceremos um desenvolvimento matemático.

5.3.1 Análise gráfica de uma diminuição no preço

Os efeitos renda e substituição são ilustrados na Figura 5.3. Inicialmente, esse indivíduo está maximizando a utilidade (sujeito aos gastos totais, *I*) consumindo a combinação x^*, y^*. A restrição orçamentária inicial é $I = p_x^1 x + p_y y$. Agora, suponha que o preço de *x* diminua para p_x^2. A nova restrição orçamentária é dada pela equação $I = p_x^2 x + p_y y$ na Figura 5.3.

É evidente que a nova posição de máxima utilidade está em x^{**}, y^{**}, em que a nova reta orçamentária é tangente à curva de indiferença U_2. O movimento para esse novo ponto pode ser visto como composto por dois efeitos. Primeiro, a variação na inclinação da restrição orçamentária teria motivado uma mudança ao ponto *B*, mesmo que as opções tenham sido limitadas às da curva de indiferença original U_1. A linha pontilhada na Figura 5.3 possui a mesma inclinação que a nova restrição orçamentária ($I = p_x^2 x + p_y y$), contudo é traçada para ser tangente a U_1 porque estamos mantendo, de forma conceitual, uma renda "real" (i.e., utilidade) constante. Um preço relativamente mais baixo para *x* provoca um deslocamento de x^*, y^* para *B* se não permitirmos que este indivíduo seja melhorado como resultado do preço mais baixo. Esse movimento é uma demonstração gráfica do *efeito substituição*. O deslocamento adicional de *B* para o ponto ótimo x^{**}, y^{**} é analiticamente idêntico ao tipo de alteração exibida anteriormente para variações na renda. Como o preço de *x* diminuiu, a pessoa possui uma renda "real" maior e pode custear um nível de utilidade (U_2) que é maior do que poderia ser obtido anteriormente. Se *x* for um bem normal, mais dele será escolhido em resposta ao seu aumento no poder aquisitivo. Essa observação explica a origem do termo *efeito renda* para o movimento. Logo, em geral, o resultado da diminuição do preço faz com que mais *x* seja demandado.

É importante reconhecer que essa pessoa realmente não faz uma série de escolhas de x^*, y^* para *B* e, então, para x^{**}, y^{**}. Nunca observamos o ponto *B*; apenas as duas posições ótimas são refletidas no comportamento observado. No entanto, a noção dos efeitos renda e substituição é analiticamente valiosa porque eles mostram que uma variação no preço afeta a quantidade de *x* demandada de duas formas conceitualmente diferentes. Veremos como essa separação oferece perspectivas importantes sobre a teoria da demanda.

FIGURA 5.3 Demonstração dos efeitos renda e substituição de uma diminuição no preço de x

Quando o preço de x diminui de p_x^1 para p_x^2, a escolha de maximização de utilidade desloca-se de x^*, y^* para x^{**}, y^{**}. Esse movimento pode ser dividido em dois efeitos analiticamente diferentes: primeiro, o efeito substituição envolvendo um movimento ao longo da curva de indiferença inicial ao ponto B, onde a MRS é igual à nova razão de preço; e segundo, o efeito renda que implica um movimento para um nível de utilidade maior porque a renda real aumentou. No diagrama, os efeitos substituição e renda causam maior aquisição de x quando seu preço diminui. Observe que o ponto I/p_y é o mesmo de antes da mudança do preço; isso porque não houve alteração de p_y. Portanto, o ponto I/p_y aparece nas restrições orçamentárias antiga e nova.

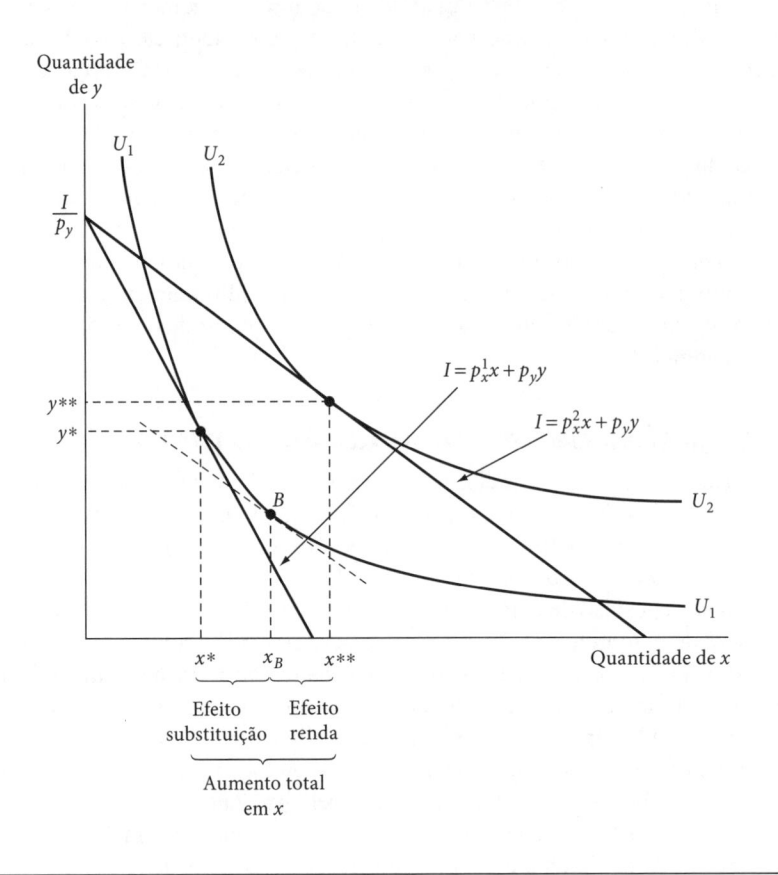

5.3.2 Análise gráfica de um aumento no preço

Se o preço do bem x for aumentado, uma análise semelhante seria usada. Na Figura 5.4, a reta orçamentária foi deslocada para dentro decorrente de um aumento no preço de x de p_x^1 para p_x^2. O movimento do ponto inicial da maximização de utilidade (x^*, y^*) para o novo ponto (x^{**}, y^{**}) pode ser decomposto em dois efeitos. Primeiro, mesmo que essa pessoa permaneça na curva de indiferença inicial (U_2), ainda seria um incentivo substituir x por y e deslocar-se ao longo de U_2 ao ponto B. No entanto, como o poder aquisitivo foi reduzido em função do aumento no preço de x, a pessoa deve deslocar-se para um nível de utilidade menor. Novamente, esse movimento é denominado *efeito renda*. Observe na Figura 5.4 que os efeitos renda e substituição trabalham na mesma direção e provocam a redução na quantidade demandada de x em resposta a um aumento em seu preço.

5.3.3 Efeitos das variações de preço para bens inferiores

Até aqui, mostramos que os efeitos substituição e renda tendem a reforçar um ao outro. Para uma diminuição do preço, ambos causam mais demanda sobre o bem, enquanto, para um aumento no preço, ambos causam menos demanda. Embora essa análise seja precisa para o caso dos bens normais (não inferiores), a possibilidade de bens inferiores complica a história. Nesse caso, os efeitos renda e substituição trabalham em direções opostas, e o resultado combinado de uma variação no preço é indefinido. Por exemplo, uma diminuição no preço sempre levará um indivíduo a consumir mais de um bem em decorrência do efeito substituição. Contudo, se o bem for inferior, o aumento no poder aquisitivo decorrente da diminuição do preço pode causar uma redução na aquisição do bem. Dessa forma, o resultado é indefinido: o efeito substituição tende a aumentar a quantidade adquirida do bem inferior, enquanto o efeito renda (nocivo) tende a reduzir essa quantidade. Diferente da situação para bens normais, não é possível prever, aqui, a direção do efeito de uma mudança em p_x sobre a quantidade de x consumido.

FIGURA 5.4 Demonstração dos efeitos renda e substituição de um aumento no preço de x

Quando o preço de x aumenta, a restrição orçamentária desloca-se para dentro. O movimento do ponto 1 de maximização de utilidade inicial (x^*, y^*) para o novo ponto (x^{**}, y^{**}) pode ser analisado como dois efeitos separados. O efeito substituição seria representado como um movimento ao ponto B na curva de diferença inicial (U_2). No entanto, o aumento no preço criaria uma perda no poder aquisitivo e um consequente movimento para uma curva de indiferença menor. Esse é o efeito renda. No diagrama, os efeitos renda e substituição causam a diminuição da quantidade de x como resultado do aumento no seu preço. Novamente, o ponto I/p_y não é afetado pela alteração no preço de x.

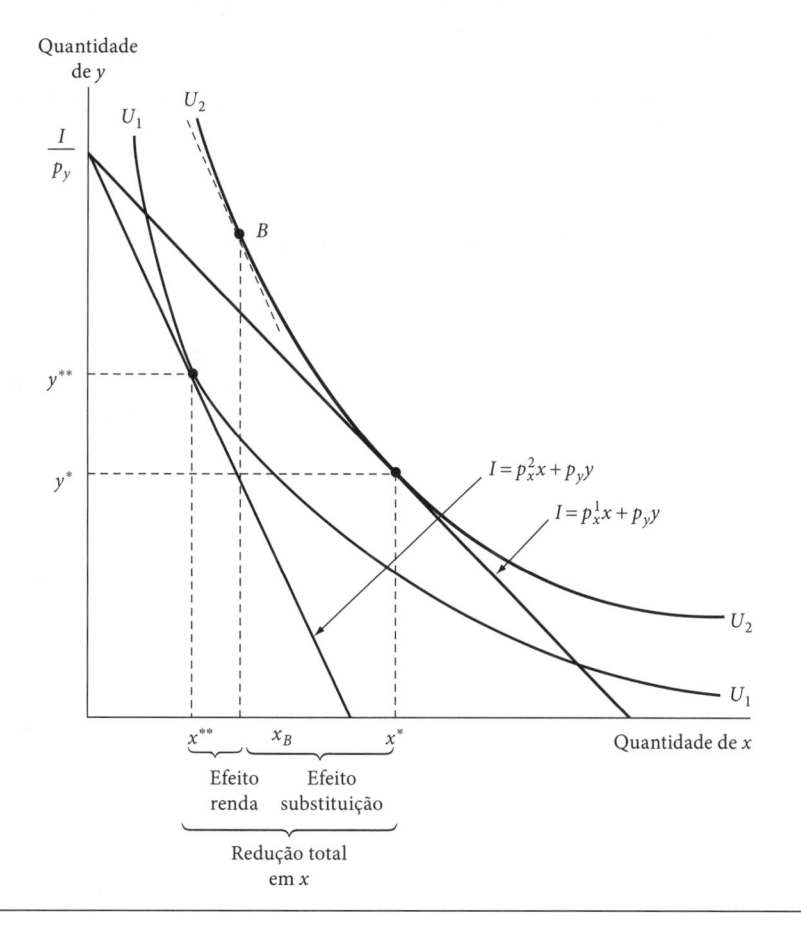

5.3.4 Paradoxo de Giffen

Se o efeito renda de uma variação de preço for intensa o suficiente, a alteração no preço e a alteração resultante na quantidade demandada poderiam de fato se mover na mesma direção. Diz a lenda que o economista inglês Robert Giffen observou esse paradoxo na Irlanda, no século XIX: quando o preço das batatas aumentou, supostamente as pessoas passaram a consumir mais. Esse resultado peculiar pode ser explicado observando o tamanho do efeito renda de uma alteração no preço. As batatas não só eram bens inferiores como também exauriam uma grande parcela da renda do povo irlandês. Dessa forma, um aumento no preço das batatas reduziu consideravelmente a renda real. Os irlandeses foram obrigados a reduzir o consumo de alimentos de luxo para comprar mais batatas. Mesmo que essa interpretação dos eventos seja historicamente improvável, a possibilidade de um aumento na quantidade demandada em resposta a um aumento no preço de um bem passou a ser conhecida como *paradoxo de Giffen*.[3] Mais adiante, disponibilizaremos uma análise matemática sobre como o paradoxo de Giffen pode ocorrer.

5.3.5 Breve resumo

Assim sendo, nossa análise gráfica leva às seguintes conclusões.

PRINCÍPIO DA OTIMIZAÇÃO

Efeitos substituição e renda. A hipótese de maximização de utilidade sugere que, para bens normais, uma redução no preço de um bem leva a um aumento na quantidade adquirida porque (1) o *efeito substituição* faz com que se adquira mais à medida que o indivíduo se desloca *ao longo de* uma curva de indiferença, e (2) o *efeito renda* faz com que se adquira mais porque a diminuição do preço aumenta o poder aquisitivo, permitindo assim o movimento para uma curva de indiferença *maior*. Quando o preço de um bem normal aumenta, um raciocínio semelhante prevê uma diminuição na quantidade adquirida. Para os bens inferiores, os efeitos substituição e renda trabalham em direções opostas e nenhuma previsão definida pode ser feita.

5.4 A CURVA DE DEMANDA INDIVIDUAL

Frequentemente, os economistas desejam representar graficamente as funções de demanda. Não é surpreendente que esses gráficos sejam denominados "curvas de demanda". Entender como tais curvas amplamente utilizadas relacionam-se com as funções de demanda subjacentes fornece perspectivas adicionais para até mesmo o mais fundamental dos argumentos econômicos. Para simplificar o desenvolvimento, suponha que haja apenas dois bens e que, como antes, a função demanda para o bem x seja dada por

$$x^* = x(p_x, p_y, I).$$

A curva de demanda derivada dessa função considera a relação entre x e p_x enquanto mantém p_y, I e as preferências constantes. Ou seja, ela mostra a relação

$$x^* = x(p_x, \overline{p}_y, \overline{I}), \tag{5.8}$$

---

[3] Um grande problema com essa explicação é que ela desconsidera a observação de Marshall de que os fatores de oferta e demanda devem ser levados em conta ao analisar as alterações de preço. Se os preços da batata aumentaram em razão da requeima delas na Irlanda, então o fornecimento deveria ter se tornado menor; assim, como poderia ter sido possível consumir mais baratas? Além disso, como muitos irlandeses eram produtores de batata, o aumento do preço da batata deveria ter aumentado sua renda real. Para obter uma discussão detalhada desses e outros fragmentos fascinantes da sabedoria popular sobre a batata, consulte G. P. Dwyer e C. M. Lindsey, "Robert Giffen and the Irish Potato", *American Economic Review* (março de 1984): 188-92.

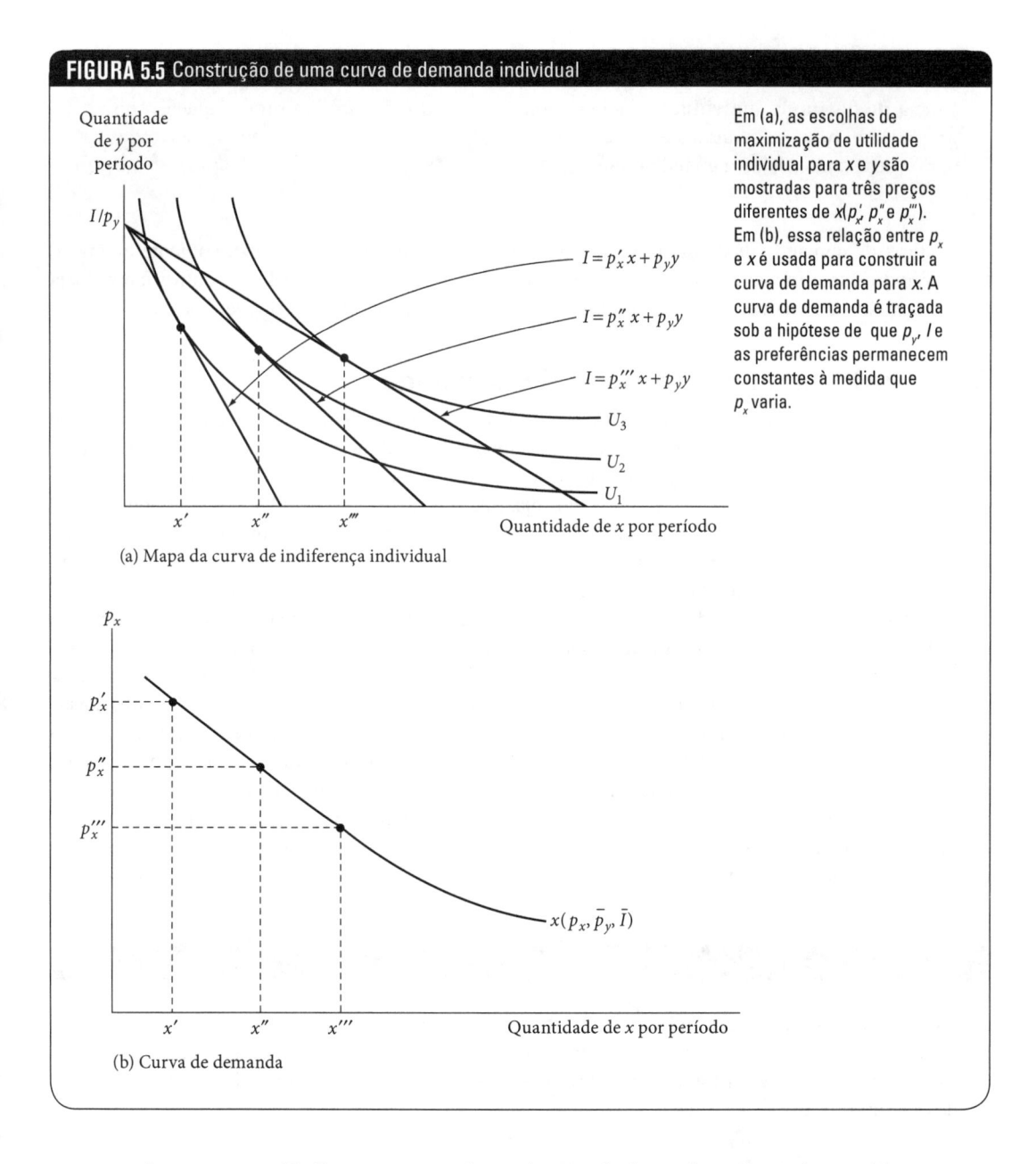

FIGURA 5.5 Construção de uma curva de demanda individual

(a) Mapa da curva de indiferença individual

(b) Curva de demanda

Em (a), as escolhas de maximização de utilidade individual para x e y são mostradas para três preços diferentes de $x(p_x', p_x''$ e $p_x''')$. Em (b), essa relação entre p_x e x é usada para construir a curva de demanda para x. A curva de demanda é traçada sob a hipótese de que p_y, I e as preferências permanecem constantes à medida que p_x varia.

em que as barras em p_y e I indicam que esses determinantes da demanda estão sendo mantidos constantes. Essa construção é mostrada na Figura 5.5. O gráfico mostra as escolhas de x e y que maximizam a utilidade à medida que esse indivíduo é apresentado a preços do bem sucessivamente mais baixos x (enquanto mantém p_y e I constantes). Supomos que as quantidade escolhidas de x aumentam de x' para x'' para x''' à medida que o preço do bem diminui de p_x' para p_x'' para p_x'''. Tal hipótese está de acordo com nossas conclusões gerais de que, salvo o caso incomum do paradoxo de Giffen, $\partial x/\partial p_x$ é negativo.

Na Figura 5.5b, as informações sobre as escolhas do bem x que maximizam a utilidade são transferidas para uma *curva de demanda* com p_x no eixo vertical e compartilham no mesmo eixo horizontal da Figura 5.5a. Novamente, a inclinação negativa da curva reflete a hipótese de que $\partial x/\partial p_x$ é negativa. Portanto, podemos definir uma curva de demanda individual como segue.

> **DEFINIÇÃO**
>
> **Curva de demanda individual.** Uma *curva de demanda individual* mostra a relação entre o preço de um bem e a quantidade desse bem adquirida por um indivíduo, supondo que todos os outros determinantes da demanda sejam mantidos constantes.

A curva de demanda ilustrada na Figura 5.5 permanece em uma posição fixa somente enquanto todos os outros determinantes da demanda permanecem inalterados. Caso um desses outros fatores seja alterado, então a curva deve se deslocar para uma nova posição, conforme descrevemos agora.

5.4.1 Deslocamentos na curva de demanda

Três fatores foram mantidos constantes na derivação dessa curva de demanda: (1) renda, (2) preços de outros bens (digamos, p_y) e (3) as preferências individuais. Caso alguns desses fatores sejam alterados, toda a curva de demanda se deslocaria para uma nova posição. Por exemplo, se I aumentasse, a curva se deslocaria para fora (contanto que $\partial x/\partial I > 0$, ou seja, que o bem seja um bem "normal" ao longo dessa faixa de renda). Mais x seria demandado em *cada* preço. Se outro preço (por exemplo, p_y) fosse alterado, então a curva deveria se deslocar para dentro ou para fora, dependendo precisamente de como x e y estão relacionados. No próximo capítulo analisaremos em detalhes essa relação. Por fim, a curva deveria se deslocar caso as preferências individuais para o bem x fossem alteradas. Uma campanha publicitária surpresa do McDonald's Corporation deslocaria a demanda por hambúrgueres para fora, por exemplo.

Como essa discussão deixa evidente, deve-se lembrar que a curva de demanda é apenas uma representação bidimensional da verdadeira função demanda (Equação 5.8), e que é estável apenas se outras coisas permanecerem constantes. É importante manter claramente em mente a diferença entre um movimento ao longo de dada curva de demanda causada por uma alteração em p_x e um deslocamento em toda a curva causado por uma alteração na renda, em um dos outros preços ou nas preferências. Tradicionalmente, o termo *aumento na demanda* é reservado para um deslocamento para fora na curva de demanda, enquanto o termo *aumento na quantidade demandada* indica um movimento ao longo de uma dada curva decorrente de uma queda em p_x.

> **EXEMPLO 5.2 Funções demanda e curvas de demanda**
>
> Para poder representar em gráfico uma curva de demanda de dada função demanda, devemos supor que as preferências que geram a função permanecem estáveis e que conhecemos os valores da renda e outros preços relevantes. No primeiro caso estudado no Exemplo 5.1, descobrimos que
>
> $$x = \frac{0,3I}{p_x} \qquad (5.9)$$
>
> e
>
> $$y = \frac{0,7I}{p_y}.$$
>
> Caso as preferências não se alterem e caso a renda individual seja $ 100, essas funções tornam-se:

$$x = \frac{30}{p_x},$$
$$y = \frac{70}{p_y},$$ (5.10)

ou
$$p_x x = 30,$$
$$p_y y = 70,$$

o que deixa evidente que as curvas de demanda para esses dois bens são hipérboles simples. Um aumento na renda deslocaria ambas as curvas de demanda para fora. Observe também, nesse caso, que a curva de demanda para x não é deslocada pelas mudanças em p_y e vice-versa.

Para o segundo caso observado no Exemplo 5.1, a análise é mais complexa. Para um bem x, sabemos que

$$x = \left(\frac{1}{1 + p_x/p_y}\right) \cdot \frac{I}{p_x},$$ (5.11)

logo, para representar graficamente no plano $p_x - x$, devemos conhecer I e p_y. Novamente, se supormos $I = 100$ e que $p_y = 1$, então a Equação 5.11 torna-se

$$x = \frac{100}{p_x^2 + p_x},$$ (5.12)

que, quando representado graficamente, também mostraria uma relação hiperbólica geral entre o preço e a quantidade consumida. Nesse caso, a curva seria relativamente mais plana porque os efeitos substituição são maiores do que no caso Cobb-Douglas. A partir da Equação 5.11, também sabemos que

$$\frac{\partial x}{\partial I} = \left(\frac{1}{1 + p_x/p_y}\right) \cdot \frac{1}{p_x} > 0$$ (5.13)

e
$$\frac{\partial x}{\partial p_y} = \frac{I}{(p_x + p_y)^2} > 0;$$

desta forma, o aumento em I ou p_y deslocaria a curva de demanda para o bem x para fora.

PERGUNTA: Como as funções demanda nas Equações 5.10 mudariam caso a pessoa gastasse metade da sua renda em cada bem? Mostre que essas funções demanda preveem o mesmo consumo x no ponto $p_x = 1$, $p_y = 1$, $I = 100$, assim como a Equação 5.11. Use um exemplo numérico para mostrar que a função demanda CES é mais responsiva a um aumento em p_x que a função demanda Cobb-Douglas.

5.5 CURVAS E FUNÇÕES DE DEMANDA COMPENSADAS (HICKSIANA)

Na Figura 5.5, o nível de utilidade que essa pessoa obtém varia ao longo da curva de demanda. À medida que p_x diminui, a pessoa está cada vez melhor, como mostrado pelo aumento na utilidade de U_1 para U_2 para U_3. A razão pela qual isso acontece é que a curva de demanda é traçada na hipótese de que a renda *nominal* e outros preços são mantidos constantes; logo, uma diminuição em p_x faz com que a pessoa esteja em melhor situação por meio do aumento do seu poder aquisitivo real. Embora essa seja a forma mais comum para impor a hipótese *ceteris paribus* no desenvolvimento de uma curva de demanda, ela não é a única forma. Uma abordagem alternativa mantém a renda *real* (ou utilidade) constante ao analisar as reações às mudanças em p_x. A derivação é ilustrada na Figura 5.6, em que mantemos a utilidade constante (em U_2) enquanto diminui p_x sucessivamente. À medida que p_x diminui, a renda nominal individual é efetivamente reduzida, impedindo assim qualquer aumento na utilidade. Em outras palavras, os efeitos da variação de preço no poder aquisitivo são "compensados" para restringir o indivíduo a permanecer em U_2. As reações às variações de preço incluem apenas os efeitos substituição. Se, em vez disso, analisarmos os efeitos dos aumentos em p_x, a compensação da renda seria positiva: a

FIGURA 5.6 Construção de uma curva de demanda compensada

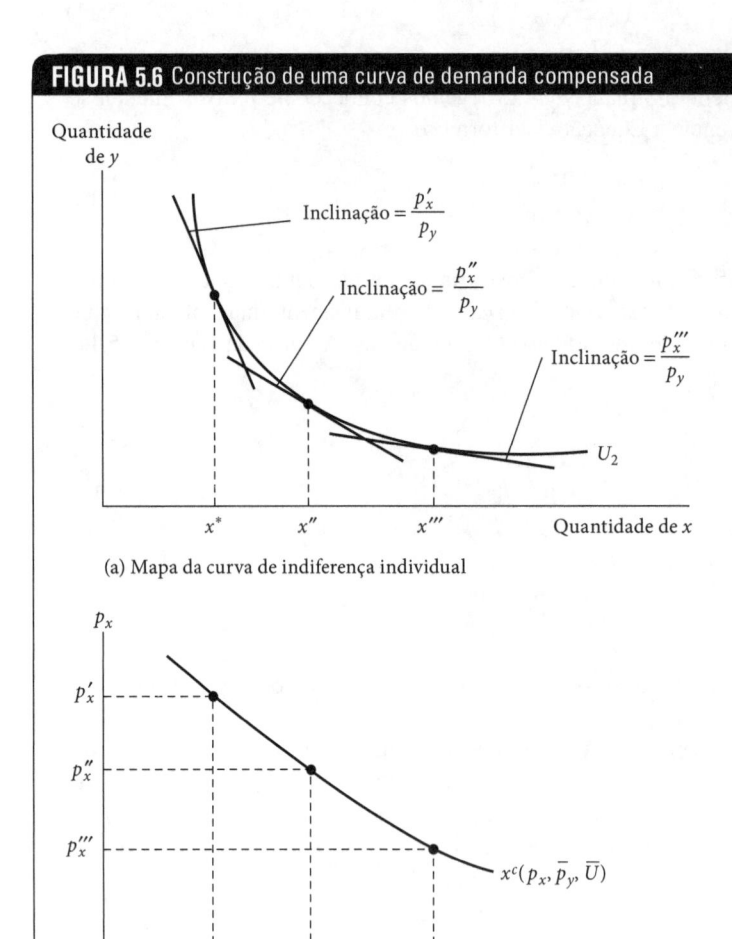

A curva x^c mostra como a quantidade demandada de *x* varia quando p_x varia, mantendo p_y e a *utilidade* constantes. Ou seja, a renda individual é "compensada" para manter a utilidade constante. Logo, x_c reflete apenas os efeitos substituição das variações de preço.

(a) Mapa da curva de indiferença individual

(b) Curva de demanda compensada

renda individual teria que ser aumentada para permitir que a pessoa permaneça na curva de indiferença U_2 em resposta aos aumentos de preço. Podemos resumir esses resultados como segue.

> **DEFINIÇÃO**
>
> **Curva de demanda compensada.** Uma *curva de demanda compensada* mostra a relação entre o preço de um bem e a quantidade adquirida na hipótese de que outros preços *e utilidade* sejam mantidos constantes. Portanto, a curva (que às vezes é denominada *curva de demanda hicksiana* como tributo ao economista britânico John Hicks) ilustra apenas os efeitos substituição. Matematicamente, a curva é uma representação bidimensional da *função demanda compensada*
>
> $$x^c = x^c(p_x, p_y, U). \tag{5.14}$$
>
> Observe que a única diferença entre a função demanda compensada na Equação 5.14 e as funções de demanda não compensadas nas Equações 5.1 ou 5.2 é se a utilidade ou renda entra nas funções. Portanto, a principal diferença entre as curvas de demanda compensada e não compensada é se a utilidade ou renda é mantida constante na construção das curvas.

5.5.1 Lema de Shephard

Muitos fatos sobre as funções de demanda compensada podem ser facilmente comprovados utilizando-se um resultado notável a partir da teoria da dualidade denominada *lema de Shephard* (em homenagem a R. W. Shephard, que foi o pioneiro no uso da teoria da dualidade nas funções de produção e custo – consulte os Capítulos 6 e 7). Considere o problema dual de minimização de gastos discutidos no Capítulo 4. A expressão lagrangiana para esse problema foi

$$\mathcal{L} = p_x x + p_y y + \lambda[U(x, y) - \overline{U}]. \tag{5.15}$$

A solução para esse problema produz a função dispêndio $E(p_x, p_y, U)$. Como essa é uma função valor, aplica-se o teorema do envelope. Isso significa que podemos interpretar as derivadas da função despesa diferenciando-se a expressão lagrangiana original que a produziu. A diferenciação em relação ao preço do bem x, por exemplo, produz

$$\frac{dE(p_x, p_y, U)}{dp_x} = \frac{\partial \mathcal{L}}{\partial p_x} = x^c(p_x, p_y, U). \tag{5.16}$$

Ou seja, a função de demanda compensada para um bem pode ser encontrada a partir da função dispêndio pela diferenciação em relação ao preço desse bem. Para entender de forma clara por que tal derivada é uma função de demanda compensada, observe primeiro que a função dispêndio e a função de demanda compensada dependem das mesmas variáveis (p_x, p_y e U) – o valor de qualquer derivada sempre dependerá das mesmas variáveis que entram na função original. Segundo, como estamos diferenciando uma função valor, temos certeza de que qualquer variação nos preços será suprida por uma série de ajustes nas quantidades adquiridas que continuarão a minimizar as despesas necessárias para alcançar determinado nível de utilidade. Por fim, as variações no preço de um bem afetarão as despesas praticamente na proporção da quantidade desse bem adquirido – que é precisamente o que a Equação 5.16 expressa.

Uma das diversas perspectivas que podem ser derivadas a partir do lema de Shephard diz respeito à inclinação da curva de demanda compensada. No Capítulo 4, mostramos que a função dispêndio deve ser côncava nos preços. Em termos matemáticos, $\partial^2 E(p_x, p_y, V)/\partial p_x^2 \leq 0$. No entanto, levando-se em consideração o lema de Shephard, isso implica que

$$\frac{\partial^2 E(p_x, p_y, V)}{\partial p_x^2} = \frac{\partial[\partial E(p_x, p_y, V)/\partial p_x]}{\partial p_x} = \frac{\partial x^c(p_x, p_y, V)}{\partial p_x} < 0. \tag{5.17}$$

Logo, a curva de demanda compensada deve ter uma inclinação negativa. A ambiguidade que emerge quando os efeitos substituição e renda trabalham em direções opostas para as curvas de demanda marshalliana não emergem no caso das curvas de demanda compensada porque elas envolvem apenas os efeitos substituição, e a hipótese de quase concavidade garante que essas sejam negativas.

5.5.2 Relação entre curvas de demanda compensada e não compensada

Essa relação entre os dois conceitos da curva de demanda é ilustrada na Figura 5.7. Em p_x'' as curvas se cruzam porque a esse preço a renda individual é suficiente apenas para alcançar o nível de utilidade U_2 (compare as Figuras 5.5 e a Figura 5.6). Assim x'' é demandado sob ambos os conceitos de demanda. No entanto, para os preços abaixo de p_x'' o indivíduo sofre uma redução compensatória na renda na curva x^c que impede um aumento na utilidade decorrente do preço mais baixo. Supondo que x seja um bem normal, segue-se que menos x seja demandado em p_x''' ao longo de x^c do que ao longo da curva não compensada x. De forma alternativa, para um preço acima de p_x'' (tal como p_x'), a compensação de renda é positiva porque o indivíduo necessita de algum auxílio para permanecer em U_2. Novamente, supondo que x seja um bem normal, em p_x', mais x é demandado ao longo de x^c do que ao longo de x. Logo, em geral, para um bem normal, a curva de demanda compensada é relativamente menos sensível às variações de preços do que a curva não compensada. Isso ocorre porque o último reflete os efeitos substituição e renda das variações de preços, enquanto a curva compensada reflete apenas os efeitos substituição.

A opção entre o uso de curvas de demanda compensadas ou não compensadas na análise econômica é, em grande parte, uma questão de conveniência. Na maioria dos trabalhos empíricos, as curvas de

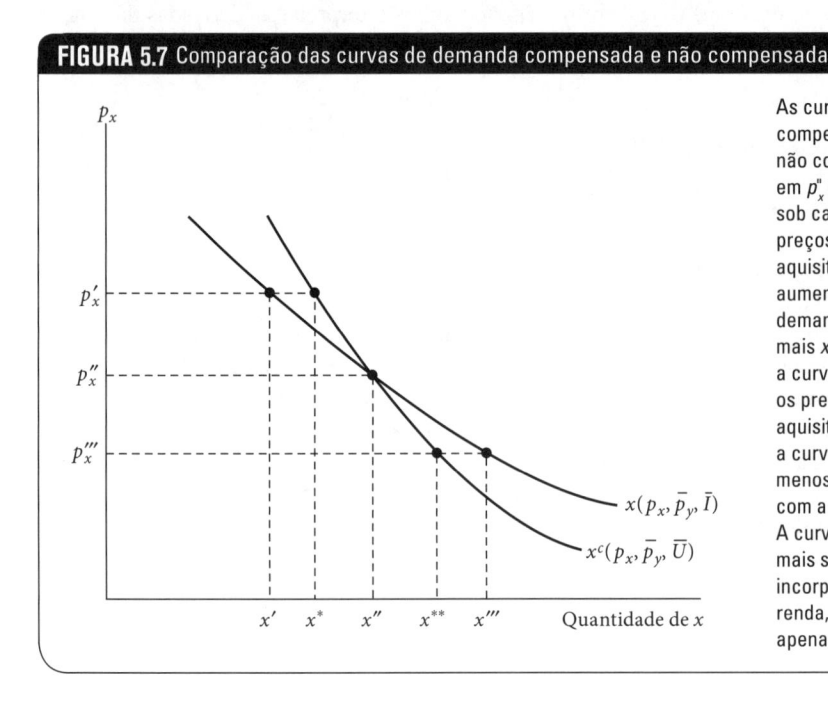

FIGURA 5.7 Comparação das curvas de demanda compensada e não compensada

As curvas de demanda compensada (x^c) e não compensada (x) se cruzam em p_x'' porque x'' são demandada sob cada conceito. Para os preços acima de p_x'', o poder aquisitivo individual deve ser aumentado com a curva de demanda compensada; assim, mais x é demandado do que com a curva não compensada. Para os preços abaixo de p_x'', o poder aquisitivo deve ser reduzido para a curva compensada; portanto, menos x é demandado do que com a curva não compensada. A curva de demanda padrão é mais sensível ao preço porque ela incorpora os efeitos substituição e renda, enquanto a curva x^c reflete apenas os efeitos substituição.

demanda não compensadas (ou marshallianas) são usadas porque os dados sobre os preços e rendas nominais necessários para estimá-los estão prontamente disponíveis. Nas Aplicações do Capítulo 9 descreveremos algumas dessas estimativas e mostraremos como elas podem ser utilizadas para fins práticos de política. No entanto, para alguns fins teóricos, as curvas de demanda compensadas são um conceito mais adequado porque a capacidade de manter a utilidade constante oferece algumas vantagens. Nossa discussão sobre o "excedente do consumidor", mais adiante neste capítulo, oferece uma ilustração dessas vantagens.

EXEMPLO 5.3 Funções de demanda compensada

No Exemplo 3.1, supomos que a função utilidade para hambúrgueres (y) e refrigerantes (x) fosse dada por

$$\text{utilidade} = U(x, y) = x^{0,5} y^{0,5}, \tag{5.18}$$

e no Exemplo 4.1 mostramos que podemos calcular as funções de demanda marshalliana para tais funções utilidade como

$$x(p_x, p_y, I) = \frac{0,5I}{p_x} \text{ e}$$
$$y(p_x, p_y, I) = \frac{0,5I}{p_y}. \tag{5.19}$$

No Exemplo 4.4, encontramos que a função dispêndio, nesse caso, é dada por $E(p_x, p_y, U) = 2 p_x^{0,5} p_y^{0,5} U$. Assim, agora podemos utilizar o lema de Shephard para calcular as funções de demanda compensada como

$$x^c(p_x, p_y, U) = \frac{\partial E(p_x, p_y, U)}{\partial p_x} = p_x^{-0,5} p_y^{0,5} U \text{ e}$$
$$y^c(p_x, p_y, U) = \frac{\partial E(p_x, p_y, U)}{\partial p_y} = p_x^{0,5} p_y^{-0,5} U. \tag{5.20}$$

Às vezes, a utilidade indireta, V, é utilizada nessas funções de demanda compensada em vez de U, contudo isso não altera o significado das expressões – essas funções de demanda mostram como um indivíduo reage às variações nos preços enquanto mantém a utilidade constante.

Embora p_y não entre na função de demanda não compensada para o bem x, ele entra na função compensada: aumentos em p_y deslocam a curva de demanda compensada de x para fora. Os dois conceitos de demanda concordam no ponto inicial suposto $p_x = 1$, $p_y = 4$, $I = 8$ e $U = 2$; as Equações 5.19 preveem $x = 4$, $y = 1$ neste ponto, assim como fazem as Equações 5.20. No entanto, para $p_x > 1$ ou $p_x < 1$, as demandas diferem sob os dois conceitos. Se, digamos, $p_x = 4$, então as funções não compensadas preveem $x = 1$, $y = 1$, enquanto as funções compensadas preveem $x = 2$, $y = 2$. A redução em x resultante do aumento em seu preço é menor com a função de demanda compensada do que com a função não compensada, porque o conceito anterior ajusta-se para o efeito negativo sobre o poder aquisitivo resultante do aumento dos preços.

Este exemplo deixa evidentes as diferentes hipóteses *ceteris paribus* inerentes aos dois conceitos de demanda. Com a demanda não compensada, as despesas são mantidas constantes em $I = 2$, e assim o aumento em p_x de 1 para 4 resulta na perda de utilidade; nesse caso, a utilidade diminui de 2 para 1. No caso da demanda compensada, a utilidade é mantida constante em

> $U = 2$. Para manter a utilidade constante, as despesas devem aumentar para $E = 4(2) + 4(2) = 16$ para compensar os efeitos do aumento de preços.
>
> **PERGUNTA:** As funções de demanda compensadas dadas na Equações 5.20 são homogêneas de grau 0 em p_x e p_y se a utilidade for mantida constante? Por que você esperaria que isso fosse verdade para todas as funções de demanda compensada?

5.6 DESENVOLVIMENTO MATEMÁTICO DA RESPOSTA ÀS VARIAÇÕES DE PREÇO

Até este ponto, confiamos principalmente nos dispositivos gráficos para descrever como os indivíduos respondem às variações de preço. São fornecidas perspectivas complementares por meio de uma abordagem mais matemática. Nosso objetivo fundamental é analisar a derivada parcial $\partial x/\partial p_x$ – ou seja, como uma variação no preço de um bem afeta sua aquisição, *ceteris paribus* para a curva de demanda marshalliana usual.

5.6.1 Abordagem direta

Nosso objetivo é usar o modelo de maximização de utilidade para aprender algo sobre como a demanda por um bem x muda quando p_x muda; isto é, desejamos calcular $\partial x/\partial p_x$. Seguindo os procedimentos descritos nas Aplicações do Capítulo 2, poderíamos abordar esse problema utilizando métodos de estática comparativa diferenciando as três condições de primeira ordem para um máximo em relação a p_x. Isso produziria três novas equações contendo a derivada parcial que buscamos, $\partial x/\partial p_x$. Estas poderiam, então, ser resolvidas utilizando a álgebra matricial e a regra de Cramer.[4] Infelizmente, a obtenção dessa solução é demorada, e as etapas necessárias produzem pouco na forma de perspectivas econômicas. Assim, em vez disso, adotaremos uma abordagem indireta que se baseia no conceito de dualidade. Ao final, ambas as abordagens produzem a mesma conclusão, contudo a abordagem indireta é muito mais rica em termos econômicos.

5.6.2 Abordagem indireta

Para iniciar nossa abordagem indireta,[5] supomos (como antes) que existam apenas dois bens (x e y) e mantemos o foco na função de demanda compensada, $x^c(p_x, p_y, U)$ e sua relação com a função de demanda ordinária, $x(p_x, p_y, I)$.

Por definição, sabemos que

$$x^c(p_x, p_y, U) = x[p_x, p_y, E(p_x, p_y, U)]. \qquad (5.21)$$

Essa conclusão já foi introduzida vinculada à Figura 5.7, que mostrou que a quantidade demandada é idêntica para as funções de demanda compensada e não compensada quando a renda é exatamente o que é necessário para atingir o nível de utilidade exigido. A Equação 5.21 é obtida incluindo esse nível de despesa na função demanda, $x(p_x, p_y, I)$. Agora podemos prosseguir diferenciando parcialmente a Equação 5.21 em relação a p_x e reconhecendo que essa variável entra na função de demanda ordinária em dois lugares. Logo,

---

[4] Consulte, por exemplo, Paul A. Samuelson, *Foundations of Economic Analysis* (Cambridge, MA: Harvard University Press, 1947), p. 101–103.
[5] A seguinte prova tornou-se popular pela primeira vez por Phillip J. Cook em "A 'One Line' Proof of the Slutsky Equation", *American Economic Review*, 62 (março de 1972): 139.

$$\frac{\partial x^c}{\partial p_x} = \frac{\partial x}{\partial p_x} + \frac{\partial x}{\partial E} \cdot \frac{\partial E}{\partial p_x}, \qquad (5.22)$$

e reordenando os termos produz

$$\frac{\partial x}{\partial p_x} = \frac{\partial x^c}{\partial p_x} - \frac{\partial x}{\partial E} \cdot \frac{\partial E}{\partial p_x}. \qquad (5.23)$$

5.6.3 Efeito substituição

Consequentemente, a derivada que procuramos possui dois termos. A interpretação do primeiro termo é simples: é a inclinação da curva de demanda compensada. Mas, essa inclinação representa o movimento ao longo de uma única curva de indiferença; isso é, de fato, o que denominamos anteriormente *efeito substituição*. O primeiro termo à direita da Equação 5.23 é uma representação matemática desse efeito.

5.6.4 Efeito renda

O segundo termo na Equação 5.23 reflete a forma pela qual variações em p_x afetam a demanda por x por meio de mudanças no poder aquisitivo. Portanto, esse termo reflete o efeito renda. O sinal negativo na Equação 5.23 reflete a relação inversa entre as variações nos preços e as mudanças no poder aquisitivo. Por exemplo, um aumento em p_x aumenta o nível de despesa que seria necessário para manter a utilidade constante (matematicamente, $\partial E/\partial p_x > 0$). Contudo, como a renda nominal é mantida constante na demanda marshalliana, essas despesas extras não estão disponíveis. Logo, as despesas em x devem ser reduzidas para suprir esse déficit. A extensão da redução em x é dada por $\partial x/\partial E$. Por outro lado, se p_x diminui, o nível de despesa necessário para atingir determinada utilidade diminui. Todavia, a renda nominal é constante na concepção marshalliana da demanda; logo, há um aumento no poder aquisitivo e, consequentemente, um aumento no gasto do bem x.

5.6.5 Equação de Slutsky

Essas relações representadas na Equação 5.23 foram descobertas pela primeira vez pelo economista russo Eugen Slutsky, no final do século XIX. É necessária uma pequena alteração na notação para indicar o resultado da forma como Slutsky fez. Inicialmente, escrevemos o efeito substituição como

$$\text{efeito substituição} = \frac{\partial x^c}{\partial p_x} = \left.\frac{\partial x}{\partial p_x}\right|_{U=\text{constante}} \qquad (5.24)$$

para designar o movimento ao longo de uma única curva de indiferença. Para o efeito renda, temos

$$\text{efeito renda} = -\frac{\partial x}{\partial E} \cdot \frac{\partial E}{\partial p_x} = -\frac{\partial x}{\partial I} \cdot \frac{\partial E}{\partial p_x}, \qquad (5.25)$$

porque as variações na renda ou nas despesas equivalem à mesma coisa na função $x(p_x, p_y, I)$.

O segundo termo do efeito renda pode ser interpretado utilizando o lema de Shephard. Ou seja, $\partial E/\partial p_x = x_c$. Consequentemente, todo o efeito renda é dado por

$$\text{efeito renda} = -x^c \frac{\partial x}{\partial I}. \qquad (5.26)$$

5.6.6 Forma final da equação de Slutsky

Juntar as Equações 5.24-5.26 nos permite montar a equação de Slutsky na forma em que ela foi originalmente derivada:

$$\frac{\partial x(p_x, p_y, I)}{\partial p_x} = \text{efeito substituição} + \text{efeito renda} = \left.\frac{\partial x}{\partial p_x}\right|_{U=\text{constante}} - x\frac{\partial x}{\partial I}, \quad (5.27)$$

em que fizemos uso do fato de que $x(p_x, p_y, I) = x_c(p_x, p_y, V)$ no ponto de maximização de utilidade.

Essa equação permite um procedimento mais definitivo da direção e tamanho dos efeitos substituição e renda do que era possível com uma análise gráfica. Inicialmente, como acabamos de mostrar, o efeito substituição (e a inclinação da curva de demanda compensada) é sempre negativo. Esse resultado deriva da quase concavidade das funções utilidade (uma *MRS* decrescente) e da concavidade da função dispêndio. Mostraremos a negatividade do efeito substituição de uma forma um tanto diferente na seção final deste capítulo.

O sinal do efeito renda $(-x\partial x/\partial I)$ depende do sinal de $\partial x/\partial I$. Se x for um bem normal, então $\partial x/\partial I$ é positivo e todo o efeito renda, como o efeito substituição, é negativo. Assim, para os bens normais, preço e quantidade sempre se movem em direções opostas. Por exemplo, uma diminuição em p_x aumenta a renda real e, como x é um bem normal, a aquisição de x aumenta. Do mesmo modo, um aumento em p_x reduz a renda real e, portanto, as aquisições de x diminuem. Portanto, em geral, conforme descrevemos anteriormente utilizando uma análise gráfica, os efeitos substituição e renda trabalham na mesma direção para produzir uma curva de demanda com inclinação negativa. No caso de um bem inferior, $\partial x/\partial I < 0$ e os dois termos na Equação 5.27 possuem sinais diferentes. Portanto, o impacto geral de uma variação no preço de um bem é ambíguo – tudo depende dos tamanhos relativos dos efeitos. É, pelo menos, teoricamente possível que, no caso do bem inferior, o segundo termo domine o primeiro, levando ao paradoxo de Giffen ($\partial x/\partial p_x > 0$).

EXEMPLO 5.4 Uma decomposição de Slutsky

A decomposição de um efeito do preço, descoberto pela primeira vez por Slutsky, pode ser bem ilustrada com o exemplo da Cobb-Douglas estudado anteriormente. No Exemplo 5.3, descobrimos que a função de demanda marshalliana para o bem x era

$$x(p_x, p_y, I) = \frac{0{,}5I}{p_x} \quad (5.28)$$

e que a função de demanda compensada para esse bem era

$$x^c(p_x, p_y, U) = p_x^{-0{,}5} p_y^{0{,}5} U. \quad (5.29)$$

Logo, o efeito total de uma variação de preço na demanda marshalliana pode ser encontrado diferenciando-se a Equação 5.28:

$$\frac{\partial x(p_x, p_y, I)}{\partial p_x} = \frac{-0{,}5I}{p_x^2}. \quad (5.30)$$

Desejamos mostrar que essa é a soma dos dois efeitos identificados por Slutsky. Para derivar o efeito substituição, devemos, primeiro, diferenciar a função de demanda compensada da Equação 5.29:

$$\text{efeito substituição} = \frac{\partial x^c(p_x, p_y, U)}{\partial p_x} = -0{,}5 p_x^{-1{,}5} p_y^{0{,}5} U. \tag{5.31}$$

Agora, no lugar de U usamos a utilidade indireta, $V(p_x, p_y, I) = 0{,}5 I p_x^{-0{,}5} p_y^{-0{,}5}$:

$$\text{efeito substituição} = -0{,}5 p_x^{-1{,}5} p_y^{0{,}5} V = -0{,}25 p_x^{-2} I. \tag{5.32}$$

Neste exemplo, o cálculo do efeito renda é consideravelmente mais fácil. Aplicando-se os resultados da Equação 5.27, temos

$$\text{efeito renda} = -x \frac{\partial x}{\partial I} = -\left[\frac{0{,}5 I}{p_x}\right] \cdot \frac{0{,}5}{p_x} = -\frac{0{,}25 I}{p_x^2}. \tag{5.33}$$

Uma comparação da Equação 5.30 com as Equações 5.32 e 5.33 mostra que, de fato, decompomos a derivada do preço dessa função de demanda em componentes de substituição e renda. Curiosamente, os efeitos substituição e renda são exatamente do mesmo tamanho. Esse, conforme veremos nos exemplos posteriores, é um dos motivos pelo qual a Cobb-Douglas é um caso especial.

O bem empregado exemplo numérico que temos usado também demonstra essa decomposição. Quando o preço de x aumenta de \$ 1 para \$ 4, a demanda (não compensada) para x diminui de $x = 4$ para $x = 1$; no entanto, a demanda compensada para x diminui apenas de $x = 4$ para $x = 2$. Esse declínio de 50% é o efeito substituição. Os outros 50% de diminuição de $x = 2$ para $x = 1$ representam reações à redução do poder aquisitivo incorporado na função de demanda marshalliana. Esse efeito renda não ocorre quando a noção de demanda compensada é utilizada.

PERGUNTA: Neste exemplo, o indivíduo gasta metade da sua renda no bem x e metade no bem y. Como os tamanhos relativos dos efeitos substituição e renda são alterados se os exponentes da função utilidade Cobb-Douglas não foram iguais?

5.7 ELASTICIDADES DA DEMANDA

Até agora, neste capítulo, temos analisado como os indivíduos reagem às variações nos preços e renda recorrendo às derivadas da função de demanda. Para muitas questões analíticas, essa é uma forma adequada de proceder porque os métodos de cálculo podem ser aplicados diretamente. No entanto, como ressaltamos no Capítulo 2, enfocar nas derivadas apresenta uma grande desvantagem para o trabalho empírico: os tamanhos das derivadas dependem diretamente de como as variáveis são medidas. Isso pode dificultar comparações entre bens ou entre países e períodos de tempo. Por essa razão, a maioria do trabalho empírico em microeconomia utiliza alguma forma de medição de elasticidade. Nesta seção, apresentamos os três tipos mais comuns de elasticidades de demanda e estudamos algumas das relações matemáticas entre elas. Novamente, para simplificar, analisaremos uma situação em que o indivíduo escolhe entre apenas dois bens, embora essas ideias possam ser facilmente generalizadas.

5.7.1 Elasticidades da demanda marshalliana

A maioria das elasticidades da demanda comumente usadas é derivada da função de demanda marshalliana $x(p_x, p_y, I)$. Especificamente, são usadas as seguintes definições:

> **DEFINIÇÃO**
>
> 1. *Elasticidade preço da demanda* (e_{x,p_x}). Mede a variação proporcional na quantidade demandada em resposta a uma variação proporcional no próprio preço de um bem. Matematicamente,
>
> $$e_{x,p_x} = \frac{\Delta x/x}{\Delta p_x/p_x} = \frac{\Delta x}{\Delta p_x} \cdot \frac{p_x}{x} = \frac{\partial x(p_x, p_y, I)}{\partial p_x} \cdot \frac{p_x}{x}. \qquad (5.34)$$
>
> 2. *Elasticidade renda da demanda* ($e_{x,I}$). Mede a variação proporcional na quantidade demandada em resposta a uma variação proporcional na renda. Em termos matemáticos,
>
> $$e_{x,I} = \frac{\Delta x/x}{\Delta I/I} = \frac{\Delta x}{\Delta I} \cdot \frac{I}{x} = \frac{\partial x(p_x, p_y, I)}{\partial I} \cdot \frac{I}{x}. \qquad (5.35)$$
>
> 3. *Elasticidade preço cruzada da demanda* (e_{x,p_y}). Mede a variação proporcional na quantidade demandada de x em resposta a uma variação proporcional no preço de algum outro bem (y):
>
> $$e_{x,p_y} = \frac{\Delta x/x}{\Delta p_y/p_y} = \frac{\Delta x}{\Delta p_y} \cdot \frac{p_y}{x} = \frac{\partial x(p_x, p_y, I)}{\partial p_y} \cdot \frac{p_y}{x}. \qquad (5.36)$$

Observe que todas essas definições utilizam derivadas parciais, o que significa que todos os outros determinantes da demanda devem ser mantidos constantes ao examinar o impacto de uma variável específica. No restante desta seção, estudaremos, em detalhes, a definição de elasticidade com relação ao próprio preço.

5.7.2 Elasticidade preço da demanda

A elasticidade preço (próprio) da demanda é provavelmente o conceito de elasticidade mais importante em toda a microeconomia. Ela não só fornece uma maneira conveniente de sintetizar como as pessoas reagem às variações de preço para uma grande variedade de bens econômicos, como também é um conceito fundamental na teoria de como as empresas reagem às curvas de demanda que encontram. Como você provavelmente já aprendeu anteriormente nas matérias de Economia, geralmente é feita uma distinção entre os casos de demanda elástica (em que o preço afeta de forma significativa a quantidade) e demanda inelástica (em que o efeito do preço é pequeno). Uma complicação matemática em tornar essas ideias precisas é que a elasticidade preço da demanda em si é negativa,[6] porque, exceto no caso improvável do paradoxo de Giffen, $\partial x/\partial p_x$ é negativo. A linha divisória entre as grandes e pequenas reações geralmente é definida em –1. Se $e_{x,p_x} = -1$, variações em x e p_x são do mesmo tamanho proporcional. Ou seja, um aumento de 1% no preço leva a uma diminuição de 1% na quantidade demandada. Neste caso, a demanda é considerada de "elasticidade unitária". Por outro lado, se $e_{x,px} < -1$, então as variações na quantidade são proporcionalmente maiores que as variações de preço, e dizemos que a demanda é "elástica". Por exemplo, se $e_{x,px} = -3$, cada aumento de 1% no preço leva a uma diminuição de 3% na quantidade demandada. Por fim, se $e_{x,p_x} > -1$, então a demanda é inelástica, e as variações de quantidade são proporcionalmente menores que as variações de preço. Por exemplo, um valor de $e_{x,p_x} = -0,3$ significa que um aumento de 1% no preço leva a uma diminuição na quantidade demandada de 0,3%. No Capítulo 9, veremos como os dados agregados são utilizados para estimar uma típica elasticidade preço da demanda individual para um bem e como essas estimativas são usadas em uma variedade de questões na microeconomia aplicada.

---

[6] Às vezes os economistas utilizam o valor absoluto da elasticidade preço da demanda em suas discussões. Embora isso seja matematicamente incorreto, esse uso é comum. Por exemplo, um estudo que identifica que $e_{x,p_x} = -1,2$ pode, às vezes, descrever a elasticidade preço da demanda como "1,2". No entanto, não o faremos aqui.

5.7.3 Elasticidade preço e gasto total

A elasticidade preço da demanda determina como uma variação no preço, *ceteris paribus*, afeta o gasto total em um bem. A relação é mostrada mais facilmente com o cálculo:

$$\frac{\partial(p_x \cdot x)}{\partial p_x} = p_x \cdot \frac{\partial x}{\partial p_x} + x = x(e_{x,p_x} + 1). \tag{5.37}$$

Deste modo, o sinal dessa derivada depende se e_{x,p_x} for maior ou menor do que -1. Se a demanda for inelástica ($0 > e_{x,p_x} > -1$), a derivada é positiva e o preço e o gasto total movem-se na mesma direção. Intuitivamente, se o preço não afetar muito a quantidade demandada, então a quantidade permanece relativamente constante à medida que o preço varia, e o gasto total reflete principalmente os movimentos de preços. Esse é o caso, por exemplo, da demanda pela maioria dos produtos agrícolas. As variações no preço de determinadas safras decorrentes do clima geralmente fazem com que o gasto total nessas safras se desloque para a mesma direção. Por outro lado, se a demanda for elástica ($e_{x,p_x} < -1$), as reações a uma variação de preço são tão grandes que o efeito sobre o gasto total é revertido: um aumento no preço faz com que o gasto total diminua (porque a quantidade diminui muito), e uma diminuição no preço faz com que o gasto total aumente (a quantidade aumenta de forma significativa). Para o caso da elasticidade unitária ($e_{x,p_x} = -1$), o gasto total é constante, não importando como o preço varie.

5.7.4 Elasticidades preço compensadas

Como algumas análises microeconômicas enfocam na função de demanda compensada, também é útil definir as elasticidades fundamentadas nessa concepção. Tais definições seguem diretamente de seus equivalentes marshallianos.

> **DEFINIÇÃO**
>
> Suponha que a função de demanda compensada seja dada por $x^c(p_x, p_y, U)$. Logo, temos as seguintes definições:
>
> 1. *Elasticidade preço da demanda compensada* (e_{x^c, p_x}). Essa elasticidade mede a variação proporcional compensada na quantidade demandada em resposta a uma variação proporcional no próprio preço de um bem:
>
> $$e_{x^c, p_x} = \frac{\Delta x^c/x^c}{\Delta p_x/p_x} = \frac{\Delta x^c}{\Delta p_x} \cdot \frac{p_x}{x^c} = \frac{\partial x^c(p_x, p_y, U)}{\partial p_x} \cdot \frac{p_x}{x^c}. \tag{5.38}$$
>
> 2. *Elasticidade preço cruzada da demanda compensada* (e_{x^c, p_y}). Mede a variação proporcional compensada na quantidade demandada em resposta a uma variação proporcional no preço de outro bem:
>
> $$e_{x^c, p_y} = \frac{\Delta x^c/x^c}{\Delta p_y/p_y} = \frac{\Delta x^c}{\Delta p_y} \cdot \frac{p_y}{x^c} = \frac{\partial x^c(p_x, p_y, U)}{\partial p_y} \cdot \frac{p_y}{x^c}. \tag{5.39}$$

Se essas elasticidades preço são muito diferentes das suas equivalentes marshallianas depende da importância dos efeitos renda na demanda global pelo bem x. A relação precisa entre as duas pode ser mostrada multiplicando-se o resultado de Slutsky da Equação 5.27 pelo fator p_x/x para produzir a equação de Slutsky na forma de elasticidade:

$$\frac{p_x}{x} \cdot \frac{\partial x}{\partial p_x} = e_{x, p_x} = \frac{p_x}{x} \cdot \frac{\partial x^c}{\partial p_x} - \frac{p_x}{x} \cdot x \cdot \frac{\partial x}{\partial I} = e_{x^c, p_x} - s_x e_{x, I}, \tag{5.40}$$

em que $s_x = p_x x/I$ é a porção da renda total destinada à aquisição do bem x.

A Equação 5.40 mostra que as elasticidades preço direta da demanda compensada e não compensada serão semelhantes se uma das duas condições se verificar: (1) A porção da renda destinada ao bem $x(s_x)$ for pequena ou (2) a elasticidade-renda da demanda para o bem $x(e_{x,I})$ for pequena. Qualquer uma dessas condições serve para reduzir a importância do efeito renda como componente da elasticidade preço marshalliana. Se o bem x constitui uma pequena porção das despesas de uma pessoa, seu poder aquisitivo não será muito afetado por uma variação de preço. Mesmo que um bem tome grande parte do orçamento, se a demanda não for muito reativa às variações no poder aquisitivo, o efeito renda terá uma influência relativamente pequena sobre a elasticidade da demanda. Portanto, haverá diversas circunstâncias em que se podem utilizar os dois conceitos de elasticidade preço mais ou menos de forma intercambiável. Em outras palavras, há diversas circunstâncias econômicas em que os efeitos substituição constituem o componente mais importante das reações dos preços.

5.7.5 Relações entre as elasticidades da demanda

Existe uma série de relações entre os conceitos de elasticidade que foram desenvolvidos nesta seção. Todas são derivadas do modelo subjacente de maximização de utilidade. Aqui, analisamos três dessas relações que fornecem perspectivas detalhadas sobre a natureza da demanda individual.

Homogeneidade. A homogeneidade das funções de demanda também pode ser expressa em termos de elasticidade. Como qualquer aumento proporcional em todos os preços e renda deixa a quantidade demandada inalterada, a adição líquida de todas as elasticidades preço juntamente com a elasticidade-renda para um bem particular devem somar zero. Uma derivação formal dessa propriedade fundamenta-se no teorema de Euler (consulte o Capítulo 2). Aplicando esse teorema à função demanda $x(p_x, p_y, I)$ e lembrando que essa função é homogênea de grau 0, temos

$$0 = p_x \cdot \frac{\partial x}{\partial p_x} + p_y \cdot \frac{\partial x}{\partial p_y} + I \cdot \frac{\partial x}{\partial I}. \tag{5.41}$$

Se dividirmos a Equação 5.41 por x, então obtemos

$$0 = e_{x,p_x} + e_{x,p_y} + e_{x,I}, \tag{5.42}$$

como sugere a intuição. Esse resultado mostra que as elasticidades da demanda para qualquer bem não podem seguir um padrão completamente flexível. Elas devem exibir uma espécie de consistência interna que reflete a abordagem básica de maximização de utilidade em que se fundamenta a teoria da demanda.

Agregação de Engel. Nas Aplicações do Capítulo 4 discutimos a análise empírica de parcelas de mercado, e demos atenção especial à lei de Engel, na qual a porção da renda destinada à alimentação diminui à medida que a renda aumenta. A partir de uma perspectiva de elasticidade, a lei de Engel é uma afirmação da regularidade empírica de que a elasticidade-renda da demanda para alimento geralmente é consideravelmente inferior a 1. Em razão disso, deve ser o caso que a elasticidade-renda de todos os itens não alimentícios deve ser superior a 1. Se um indivíduo tem um aumento em sua renda, então esperaríamos que os gastos com alimentação aumentassem em menor proporção; porém a renda deve ser gasta em algum lugar. No total, esses outros gastos devem aumentar proporcionalmente mais rápido do que a renda.

Uma demonstração formal dessa propriedade das elasticidades-renda pode ser derivada diferenciando-se a restrição orçamentária individual ($I = p_x x + p_y y$) em relação à renda ao tratar os preços como constantes:

$$1 = p_x \cdot \frac{\partial x}{\partial I} + p_y \cdot \frac{\partial y}{\partial I}. \tag{5.43}$$

Um pouco de manipulação algébrica dessa expressão produz

$$1 = p_x \cdot \frac{\partial x}{\partial I} \cdot \frac{xI}{xI} + p_y \cdot \frac{\partial y}{\partial I} \cdot \frac{yI}{yI} = s_x e_{x,I} + s_y e_{y,I}. \tag{5.44}$$

Aqui, como antes, s_i representa a porção da renda gasta no bem i. A Equação 5.44 mostra que a média ponderada das elasticidades-renda de todos os bens que uma pessoa adquire deve ser 1. Digamos, se soubéssemos que uma pessoa gastou um quarto da sua renda com alimentação, e a elasticidade-renda da demanda de alimentos era de 0,5, então a elasticidade-renda da demanda para os demais gastos deve ser de aproximadamente 1,17 [=(1 – 0,25 · 0,5)/0,75]. Como a alimentação é uma "necessidade" importante, tudo o mais é, de certa forma, um "luxo".

Agregação de Cournot. O economista francês do século XVIII, Antoine Cournot, forneceu uma das primeiras análises matemáticas das variações de preços utilizando cálculo. Sua descoberta mais importante foi o conceito sobre a receita marginal, um conceito fundamental sobre a hipótese de maximização de lucro para empresas. Cournot também estava interessado em como a variação em um único preço pode afetar a demanda para todos os bens. Nossa última relação mostra que, de fato, existem ligações entre todas as reações à variação em um único preço. Começamos diferenciando a restrição orçamentária novamente, agora em relação a p_x:

$$\frac{\partial I}{\partial p_x} = 0 = p_x \cdot \frac{\partial x}{\partial p_x} + x + p_y \cdot \frac{\partial y}{\partial p_x}.$$

Multiplicando-se essa equação por p_x/I, temos

$$0 = p_x \cdot \frac{\partial x}{\partial p_x} \cdot \frac{p_x}{I} \cdot \frac{x}{x} + x \cdot \frac{p_x}{I} + p_y \cdot \frac{\partial y}{\partial p_x} \cdot \frac{p_x}{I} \cdot \frac{y}{y} \quad \text{e}$$
$$0 = s_x e_{x,p_x} + s_x + s_y e_{y,p_x}, \tag{5.45}$$

portanto, o resultado final de Cournot é

$$s_x e_{x,p_x} + s_y e_{y,p_x} = -s_x. \tag{5.46}$$

Como os coeficientes de participação são positivos nessa expressão, eles mostram que a restrição orçamentária impõe alguns limites sobre o grau em que a elasticidade preço cruzada (e_{y,p_x}) pode ser positiva.

Generalizações. Embora tenhamos mostrado esses resultados de agregação exclusivamente para o caso de dois bens, eles são facilmente generalizados para o caso de inúmeros bens. Será solicitado que você faça as generalizações no Problema 5.11. Uma questão mais difícil é se a validade desses resultados deve ser esperada para dados econômicos comuns nos quais são combinados as demandas de diversas pessoas. Com frequência, os economistas lidam com as relações de demanda agregada descrevendo o comportamento de uma "pessoa comum" e, de fato, essas relações deveriam ser aplicadas a tais pessoas. No entanto, a situação pode não ser tão simples, conforme mostraremos ao discutir a agregação mais adiante, neste livro.

EXEMPLO 5.5 Elasticidades da demanda: a importância dos efeitos substituição

Neste exemplo, calculamos as elasticidades da demanda decorrentes de três das funções utilidade que utilizamos. Embora as possibilidades incorporadas nessas funções sejam muito simples para refletir como os economistas analisam a demanda de forma empírica, elas mostram como as elasticidades refletem basicamente as preferências pessoais. Uma lição especialmente importante é mostrar por que a maior parte das variações nas elasticidades da demanda entre bens surge provavelmente em função das diferenças no tamanho dos efeitos substituição.

Caso 1: Cobb-Douglas ($\sigma = 1$), $U(x, y) = x^\alpha y^\beta$, em que $\alpha + \beta = 1$.
As funções demanda derivadas dessa função utilidade são

$$x(p_x, p_y, I) = \frac{\alpha I}{p_x} \quad \text{e}$$

$$y(p_x, p_y, I) = \frac{\beta I}{p_y} = \frac{(1 - \alpha)I}{p_y}.$$

A aplicação das definições de elasticidade mostra que

$$e_{x, p_x} = \frac{\partial x}{\partial p_x} \cdot \frac{p_x}{x} = \frac{-\alpha I}{p_x^2} \cdot \frac{p_x}{\alpha I/p_x} = -1,$$

$$e_{x, p_y} = \frac{\partial x}{\partial p_y} \cdot \frac{p_y}{x} = 0 \cdot \frac{p_y}{x} = 0 \quad \text{e} \qquad (5.47)$$

$$e_{x, I} = \frac{\partial x}{\partial I} \cdot \frac{I}{x} = \frac{\alpha}{p_x} \cdot \frac{I}{\alpha I/p_x} = 1.$$

As elasticidades para o bem y assumem valores análogos. Consequentemente, as elasticidades associadas à função utilidade Cobb-Douglas são constantes em todos os intervalos de preços e renda, e assumem valores especialmente simples. Que estas obedecem às três relações mostradas na seção anterior pode ser facilmente demonstrado, utilizando o fato de que aqui $s_x = \alpha$ e $s_y = \beta$.

Homogeneidade: $e_{x, p_x} + e_{x, p_y} + e_{x, I} = -1 + 0 + 1 = 0$.
Agregação de Engel: $s_x e_{x, I} + s_y e_{y, I} = \alpha \cdot 1 + \beta \cdot 1 = \alpha + \beta = 1$,
Agregação de Cournot: $s_x e_{x, p_x} + s_y e_{y, p_x} = \alpha(-1) + \beta \cdot 0 = -\alpha = -s_x$.

Também podemos utilizar a equação de Slutsky na forma de elasticidade (Equação 5.40) para derivar a elasticidade preço compensada neste exemplo:

$$e_{x^c, p_x} = e_{x, p_x} + s_x e_{x, I} = -1 + \alpha(1) = \alpha - 1 = -\beta. \qquad (5.48)$$

Aqui, a elasticidade preço compensada para x depende de quão importantes os outros bens (y) são na função utilidade.

Caso 2: CES ($\sigma = 2$; $\delta = 0,5$). $U(x, y) = x^{0,5} + y^{0,5}$.
No Exemplo 4.2, mostramos que as funções demanda que podem ser derivadas dessa função utilidade são

$$x(p_x, p_y, I) = \frac{I}{p_x(1 + p_x p_y^{-1})} \quad \text{e}$$

$$y(p_x, p_y, I) = \frac{I}{p_y(1 + p_x^{-1} p_y)}.$$

Como você pode imaginar, calcular as elasticidades diretamente a partir dessas funções pode levar algum tempo. Aqui enfocamos apenas a elasticidade preço direta e fazemos uso do resultado (do Problema 5.9) de que a "elasticidade participação" de qualquer bem é dada por

$$e_{s_x, p_x} = \frac{\partial s_x}{\partial p_x} \cdot \frac{p_x}{s_x} = 1 + e_{x, p_x}. \tag{5.49}$$

Nesse caso,

$$s_x = \frac{p_x x}{I} = \frac{1}{1 + p_x p_y^{-1}},$$

portanto, a elasticidade participação é mais facilmente calculada e é dada por

$$e_{s_x, p_x} = \frac{\partial s_x}{\partial p_x} \cdot \frac{p_x}{s_x} = \frac{-p_y^{-1}}{(1 + p_x p_y^{-1})^2} \cdot \frac{p_x}{(1 + p_x p_y^{-1})^{-1}} = \frac{-p_x p_y^{-1}}{1 + p_x p_y^{-1}}. \tag{5.50}$$

Como as unidades nas quais os bens são medidos são bastante arbitrárias na teoria da utilidade, podemos muito bem defini-las para que inicialmente $p_x = p_y$, em cujo caso[7] temos

$$e_{x, p_x} = e_{s_x, p_x} - 1 = \frac{-1}{1 + 1} - 1 = -1,5. \tag{5.51}$$

Portanto, a demanda é mais elástica nesse caso do que no exemplo Cobb-Douglas. A razão para isso é que o efeito substituição é maior para essa versão da função utilidade CES. Isso pode ser mostrado aplicando-se, novamente, a equação de Slutsky (e usando os fatos de que $e_{x, I} = 1$ e $s_x = 0,5$):

$$e_{x^c, p_x} = e_{x, p_x} + s_x e_{x, I} = -1,5 + 0,5(1) = -1, \tag{5.52}$$

que é o dobro do tamanho da elasticidade para uma Cobb-Douglas com participações iguais.

Caso 3: CES ($\sigma = 0,5; \delta = -1$). $U(x, y) = -x^{-1} - y^{-1}$.

Voltando ao Exemplo 4.2, podemos observar que a participação de um bem x decorrente dessa função utilidade é dada por

$$s_x = \frac{1}{1 + p_y^{0,5} p_x^{-0,5}},$$

---

[7] Observe que essa substituição deve ser feita após a diferenciação porque a definição de elasticidade exige que alteremos apenas p_x enquanto mantemos p_y constante.

logo, a elasticidade participação é dada por

$$e_{s_x, p_x} = \frac{\partial s_x}{\partial p_x} \cdot \frac{p_x}{s_x} = \frac{0{,}5 p_y^{0{,}5} p_x^{-1{,}5}}{(1 + p_y^{0{,}5} p_x^{-0{,}5})^2} \cdot \frac{p_x}{(1 + p_y^{0{,}5} p_x^{-0{,}5})^{-1}} = \frac{0{,}5 p_y^{0{,}5} p_x^{-0{,}5}}{1 + p_y^{0{,}5} p_x^{-0{,}5}}.$$ (5.53)

Se, novamente, adotarmos a simplificação dos preços iguais, podemos calcular a elasticidade preço como

$$e_{x, p_x} = e_{s_x, p_x} - 1 = \frac{0{,}5}{2} - 1 = -0{,}75$$ (5.54)

e a elasticidade preço compensada como

$$e_{x^c, p_x} = e_{x, p_x} + s_x e_{x, I} = -0{,}75 + 0{,}5(1) = -0{,}25.$$ (5.55)

Dessa forma, para essa versão da função utilidade CES, a elasticidade preço direta é menor que no Caso 1 e no Caso 2, porque o efeito substituição é menor. Logo, a principal variação entre os casos é, de fato, causada pelas diferenças no tamanho do efeito substituição.

Se você não quiser resolver esse tipo de elasticidade novamente, pode ser útil fazer uso do resultado geral

$$e_{x^c, p_x} = -(1 - s_x)\sigma.$$ (5.56)

Você pode querer conferir se essa fórmula aplica-se nesses três exemplos (com $s_x = 0{,}5$ e $\sigma = 1, 2, 0{,}5$, respectivamente), e o Problema 5.9 pede que você mostre que esse resultado é geralmente verdadeiro.

Como todos esses casos fundamentados na função utilidade CES possuem uma elasticidade-de-renda unitária, a elasticidade preço direta pode ser calculada a partir da elasticidade preço compensada simplesmente adicionando $-s_x$ para o valor calculado na Equação 5.56.

PERGUNTA: Por que a participação orçamentária para bens além de x (ex., $1 - s_x$) entra nas elasticidades preço compensadas neste exemplo?

5.8 EXCEDENTE DO CONSUMIDOR

Uma questão importante na economia do bem-estar aplicada é formular uma medida monetária dos ganhos e perdas de utilidade que os indivíduos vivenciam quando os preços variam. Um uso para tal medida é colocar um valor em dólares sobre a perda de bem-estar que as pessoas sofrem quando um mercado é monopolizado com preços que excedem os custos marginais. Outra aplicação diz respeito aos ganhos de bem-estar que as pessoas vivenciam quando o avanço tecnológico reduz os preços que elas pagam pelos bens. Aplicações da mesma natureza ocorrem na economia do meio ambiente (medindo os custos de bem-estar de recursos erroneamente precificados), direito e economia (avaliando os custos de bem-estar de excesso de proteções tomadas com receio de ações judiciais) e economia do setor público (medindo o gravame excessivo de um imposto). Para efetuar tais cálculos, os economistas utilizam dados empíricos a partir de estudos da demanda de mercado em conjunto com a teoria que fundamenta essa demanda. Nesta seção, analisaremos as principais ferramentas utilizadas nesse processo.

5.8.1 Bem-estar do consumidor e a função dispêndio

A função dispêndio fornece o primeiro componente para o estudo da relação preço/bem-estar. Suponha que desejemos medir a mudança no bem-estar que um indivíduo vivencia se o preço do bem x aumentar de p_x^0 a p_x^1. Inicialmente, essa pessoa requer gastos de $E(p_x^0, p_y, U_0)$ para atingir uma utilidade de U_0. Para atingir a mesma utilidade, quando o preço de x aumenta, ela necessitará gastar pelo menos $E(p_x^1, p_y, U_0)$. Portanto, para compensar o aumento do preço, a pessoa necessitaria de uma compensação (formalmente denominada *variação compensatória*[8] ou VC) de

$$\text{VC} = E(p_x^1, p_y, U_0) - E(p_x^0, p_y, U_0). \tag{5.57}$$

Essa situação é mostrada graficamente no painel superior da Figura 5.8. Essa figura mostra a quantidade do bem cujo preço variou no eixo horizontal, e os gastos (em dólares) em todos os outros bens no eixo vertical. Inicialmente, essa pessoa consome a combinação x_0, y_0 e obtém utilidade de U_0. Quando o preço de x aumenta, ela seria obrigada a mover-se para a combinação x_2, y_2 e sofrer uma perda de utilidade. Se ela fosse compensada com o poder aquisitivo extra do montante VC, ela poderia custear a permanência na curva de indiferença U_0, apesar do aumento de preço, escolhendo a combinação x_1, y_1. Desse modo, a distância VC fornece uma medida monetária do quanto essa pessoa precisa para ser compensada pelo aumento de preço.

5.8.2 Uso da curva de demanda compensada para mostrar VC

Infelizmente, as funções de utilidade individual e seus mapas associados de curva de indiferença não são diretamente observáveis. Contudo, podemos fazer algum progresso na medição empírica determinando como o montante VC pode ser mostrado na curva de demanda compensada no painel inferior da Figura 5.8. O lema de Shephard mostra que a função de demanda compensada para um bem pode ser encontrada diretamente a partir da diferenciação da função dispêndio:

$$x^c(p_x, p_y, U) = \frac{\partial E(p_x, p_y, U)}{\partial p_x}. \tag{5.58}$$

Logo, a compensação descrita na Equação 5.57 pode ser encontrada integrando-se em uma sequência de pequenos incrementos de preço de p_x^0 para p_x^1:

$$\text{VC} = \int_{p_x^0}^{p_x^1} \frac{\partial E(p_x, p_y, U_0)}{\partial p_x} dp_x = \int_{p_x^0}^{p_x^1} x^c(p_x, p_y, U_0) dp_x, \tag{5.59}$$

enquanto mantém p_y e utilidade constantes. A integral definida na Equação 5.59 possui uma interpretação geométrica, que é mostrada no painel inferior da Figura 5.8: é a área sombreada à esquerda da curva de demanda compensada e delimitada por p_x^0 e p_x^1. Portanto, o custo do bem-estar desse aumento de preço também pode ser ilustrado utilizando alterações na área abaixo da curva de demanda compensada.

---

[8] Alguns autores definem a variação compensatória como o montante da renda que deve ser dado a uma pessoa para aumentar a utilidade de U_1 para U_0 dado o novo preço do bem x. Sob essa definição, $VC = E(p_x^1, p_y, U_0) - E(p_x^1, p_y, U_1)$. Em vez de concentrar-se nos gastos extras necessários para manter determinado nível de utilidade inicial à medida que o preço varia, essa definição enfoca nos gastos adicionais necessários para voltar ao nível de utilidade anterior ao novo preço. No entanto, conforme sugerido pela sentença complexa, essas definições são equivalentes por causa da forma como U_1 é definido – a utilidade que pode ser obtida com o nível de gastos anterior dado o novo preço. Ou seja, $E(p_x^0, p_y, U_0) = E(p_x^1, p_y, U_1)$. Portanto, é evidente que as duas definições são equivalentes algébricas. Alguns autores também analisam VC do ponto de vista de um "planejador social" que deve fazer as compensações necessárias para variações de preços. Neste caso, a VC positiva ilustrada aqui seria considerada negativa.

FIGURA 5.8 Exibição da variação compensatória

Se o preço de x aumentar de p_x^0 para p_x^1, essa pessoa necessita de gastos extras de VC para permanecer na curva de indiferença U_0. A integração mostra que VC pode também ser representada pela área sombreada abaixo da curva de demanda compensada no painel (b).

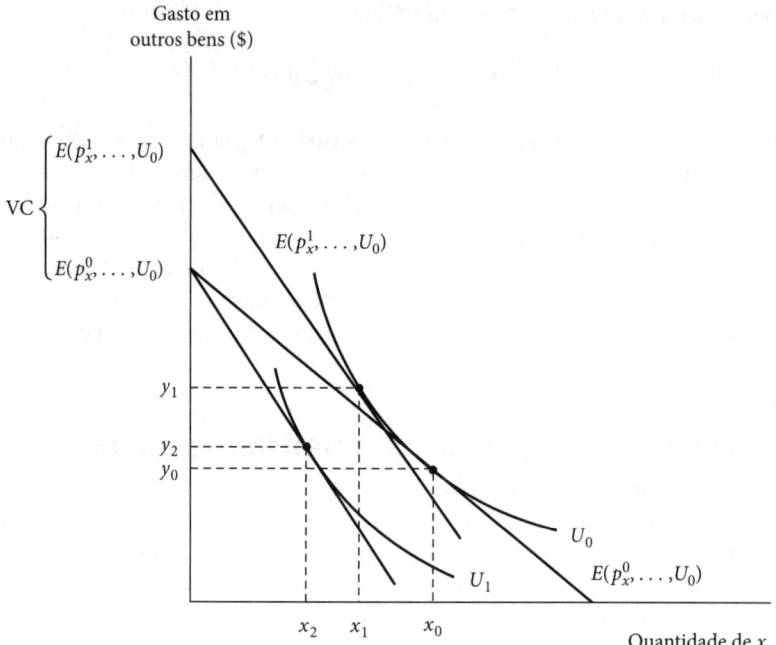

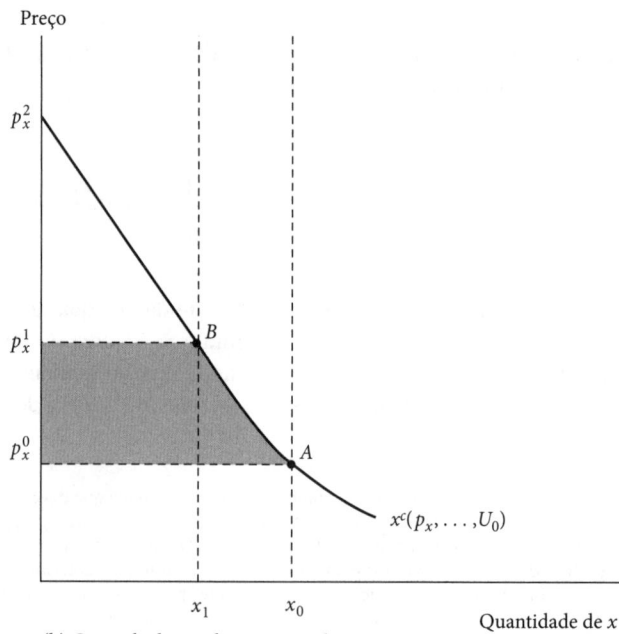

5.8.3 O conceito de excedente do consumidor

Existe outra forma de analisar essa questão. Podemos perguntar o quanto essa pessoa estaria disposta a pagar pelo direito de consumir todo esse bem que ela deseja ao preço de mercado de p_x^0 em vez de ficar completamente sem o bem. A curva de demanda compensada no painel inferior da Figura 5.8 mostra que, se o preço de x aumentar para p_x^2, o consumo dessa pessoa diminuiria para zero, e ela exigiria uma quantidade de compensação igual à área $p_x^2 A p_x^0$ para aceitar voluntariamente a troca. Portanto, o direito de consumir x_0 a um preço de p_x^0 vale esse montante para esse indivíduo. Esse é o benefício extra que essa pessoa recebe ao poder fazer transações de mercado ao preço de mercado prevalecente. Esse valor, dado pela área abaixo da curva de demanda compensada e acima do preço de mercado, é denominado *excedente do consumidor*. Analisando dessa forma, o problema do bem-estar causado por um aumento no preço de x pode ser descrito como uma perda no excedente do consumidor. Quando o preço aumenta de p_x^0 para p_x^1, o "triângulo" do excedente do consumidor diminui em tamanho $p_x^2 A p_x^0$ para $p_x^2 B p_x^1$. Como a figura deixa claro, essa é simplesmente outra forma de descrever a perda do bem-estar representada na Equação 5.59.

5.8.4 Alteração no bem-estar e curva de demanda marshalliana

Até agora, nossa análise dos efeitos sobre o bem-estar das variações de preço concentrou-se na curva de demanda compensada. Isso é de alguma forma inconveniente porque a maioria do trabalho empírico sobre demanda avalia efetivamente as curvas de demanda (marshalliana) comuns. Nesta seção, mostraremos que analisar as alterações na área abaixo de uma curva de demanda marshalliana pode de fato ser uma boa forma de medir as perdas de bem-estar.

Considere a curva de demanda marshalliana $x(p_x, ...)$ ilustrada na Figura 5.9. Inicialmente, esse consumidor enfrenta o preço p_x^0 e escolhe consumir x_0. Esse consumo produz um nível de utilidade de U_0, e a curva de demanda compensada inicial para x [ou seja, $x^c(p_x, p_y, U_0)$] também passa pelo ponto x_0, p_x^0 (a qual marcamos o ponto A). Quando o preço aumenta para p_x^1, a demanda marshalliana para o bem x diminui para x_1 (ponto C na curva de demanda), e a utilidade dessa pessoa também diminui para, digamos, U_1. Existe outra curva de demanda compensada associada a esse nível inferior de utilidade, e isso também é mostrado na Figura 5.9. Tanto a curva de demanda marshalliana quanto essa nova curva de demanda compensada passam pelo ponto C.

A presença de uma segunda curva de demanda compensada na Figura 5.9 levanta uma questão conceitual intrigante. Devemos medir a perda de bem-estar a partir do aumento dos preços como fizemos na Figura 5.8 usando a variação compensatória (VC) associada à curva de demanda compensada inicial (área $p_x^1 B A p_x^0$), ou talvez devemos usar essa nova curva de demanda compensada e medir a perda de bem-estar como a área $p_x^1 C D p_x^0$? Um argumento possível para usar a área sob a nova curva seria concentrar-se na situação do indivíduo após o aumento do preço (com nível de utilidade U_1). Podemos perguntar o quanto ela agora estará disposta a pagar para ver o retorno do preço aos seus níveis mais antigos mais baixos – uma noção denominada "variação equivalente (VE)".[9] A resposta seria dada pela área $p_x^1 C D p_x^0$. Portanto, a escolha entre qual curva de demanda compensada usar se resume em escolher qual nível de utilidade a pessoa considera o objetivo adequado para a análise.

Felizmente, a curva de demanda marshalliana fornece um meio-termo conveniente entre essas duas medidas. Como o tamanho da área entre os dois preços e abaixo da curva marshalliana (área $p_x^1 C A p_x^0$) é menor do que a área abaixo da curva de demanda compensada com base em U_0, contudo maior do que a área abaixo da curva com base em U_1, parece um meio-termo atrativo. Portanto, essa é a medida das perdas de bem-estar que usaremos principalmente ao longo deste livro.

---

[9] Mais formalmente, VE = $E(p_x^1, p_y, U_1) - E(p_x^0, p_y, U_1)$. Novamente, alguns autores usam uma definição diferente de VE como sendo a renda necessária para restituir a utilidade dados os preços antigos, ou seja, VE = $E(p_x^0, p_y, U_0) - E(p_x^0, p_y, U_1)$. No entanto, como $E(p_x^0, p_y, U_0) = E(p_x^0, p_y, U_1)$, essas definições são equivalentes.

FIGURA 5.9 Efeitos sobre o bem-estar das variações de preço e curva de demanda marshalliana

A curva de demanda marshalliana habitual (renda nominal constante) para o bem x é $x(p_x, \ldots)$. Além disso, $x_c(\ldots, U_0)$ e $x_c(\ldots, U_1)$ denotam as curvas de demanda compensada associadas aos níveis de utilidade vivenciadas quando p_x^0 e p_x^1, respectivamente, predominam. A área à esquerda de $x(p_x, \ldots)$ entre p_x^0 e p_x^1 é delimitada pelas áreas similares à esquerda das curvas de demanda compensada. Logo, para pequenas variações no preço, a área à esquerda da curva de demanda marshalliana é uma boa medida de perda de bem-estar.

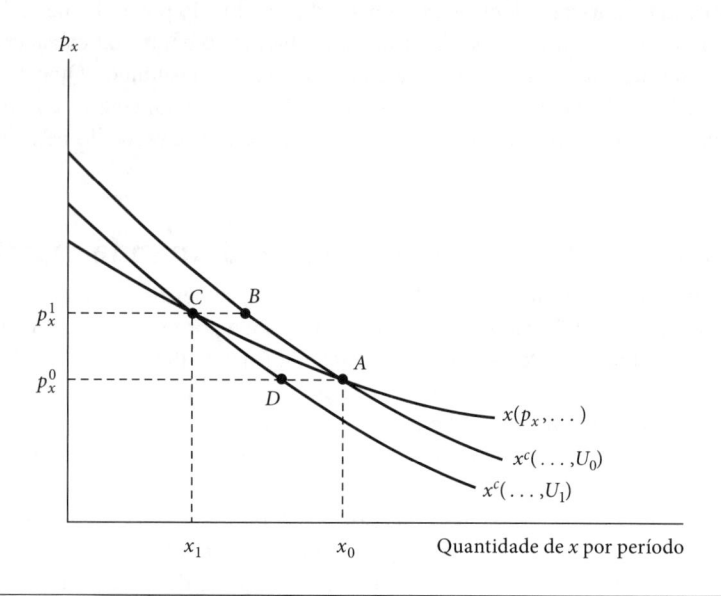

DEFINIÇÃO

Excedente do consumidor. O excedente do consumidor é a área abaixo da curva de demanda marshalliana e acima dos preços do mercado. Ela mostra o que um indivíduo pagaria pelo direito de fazer transações voluntárias a esse preço. As variações no excedente do consumidor podem ser usadas para medir os efeitos sobre o bem-estar das variações de preço.

Devemos destacar que alguns economistas usam também VC ou VE para calcular os efeitos sobre o bem-estar nas variações de preço. Na verdade, os economistas muitas vezes não são claros sobre qual medida de variação de bem-estar que estão utilizando. Nossa discussão na seção anterior mostra que, se os efeitos renda forem pequenos, realmente não faz muita diferença de qualquer forma.

EXEMPLO 5.6 Perda de bem-estar a partir de um aumento de preço

Essas ideias podem ser ilustradas numericamente retornando ao nosso exemplo anterior de hambúrguer/refrigerante. Vejamos as consequências sobre o bem-estar de um aumento de preços inconcebível para refrigerantes (bem x) de \$ 1 para \$ 4. No Exemplo 5.3, descobrimos que a demanda compensada para o bem x era dada por

$$x^c(p_x, p_y, V) = \frac{V p_y^{0,5}}{p_x^{0,5}}. \tag{5.60}$$

Logo, o custo de bem-estar do aumento de preços é dado por

$$VC = \int_1^4 x^c(p_x, p_y, V)dp_x = \int_1^4 Vp_y^{0,5} p_x^{-0,5} dp_x = 2Vp_y^{0,5} p_x^{0,5}\Big|_{p_x=1}^{p_x=4}. \qquad (5.61)$$

Se usarmos os valores que supomos ao longo deste festival gastronômico ($V = 2, p_y = 4$), então

$$VC = 2 \cdot 2 \cdot 2 \cdot (4)^{0,5} - 2 \cdot 2 \cdot 2 \cdot (1)^{0,5} = 8. \qquad (5.62)$$

Esse valor seria cortado ao meio (para 4) se considerássemos que o nível de utilidade após o aumento do preço ($V = 1$) fosse o objetivo mais adequado de utilidade para a medição da compensação. Se, em vez disso, tivéssemos usado a função de demanda marshalliana

$$x(p_x, p_y, I) = 0{,}5Ip_x^{-1}, \qquad (5.63)$$

a perda seria calculada como

$$\text{perda} = \int_1^4 x(p_x, p_y, I)dp_x = \int_1^4 0{,}5Ip_x^{-1} dp_x = 0{,}5I \ln p_x \Big|_1^4. \qquad (5.64)$$

Assim, com $I = 8$, essa perda é

$$\text{perda} = 4\ln(4) - 4\ln(1) = 4\ln(4) = 4(1{,}39) = 5{,}55, \qquad (5.65)$$

o que parece um meio-termo razoável entre as duas medidas alternativas com base nas funções de demanda compensada.

PERGUNTA: Neste problema, nenhuma das curvas de demanda apresenta um preço finito no qual a demanda é exatamente zero. Como isso afeta o cálculo do excedente total do consumidor? Isso afeta os tipos de cálculos de bem-estar efetuados aqui?

5.9 PREFERÊNCIA REVELADA E EFEITO SUBSTITUIÇÃO

A principal predição inequívoca que pode ser derivada do modelo de maximização de utilidade é que a inclinação (ou elasticidade preço) da curva de demanda compensada é negativa. Mostramos esse resultado de duas maneiras relacionadas. A primeira prova foi baseada na quase concavidade das funções utilidade, ou seja, como qualquer curva de indiferença deve exibir uma *MRS* decrescente, qualquer variação em um preço induzirá uma mudança de quantidade na direção oposta ao mover-se ao longo dessa curva de indiferença. Uma segunda prova deriva do lema de Shephard – porque a função dispêndio é côncava nos preços, a função de demanda compensada (que é a derivada da função dispêndio) deve ter uma inclinação negativa. Novamente, a utilidade é mantida constante nesse cálculo como um argumento na função dispêndio. Para alguns economistas, a dependência de uma hipótese sobre uma função utilidade não observável representava uma base fraca sobre a qual sustentar uma teoria da demanda. Uma abordagem alternativa, que leva ao mesmo resultado, foi proposta pela primeira vez por Paul Samuelson, no final da década de 1940.[10] Essa abordagem, que Samuelson chamou *teoria da preferência*

---

[10] Paul A. Samuelson, *Foundations of Economic Analysis* (Cambridge, MA: Harvard University Press, 1947).

revelada, define um princípio de racionalidade que se baseia em reações observadas a diferentes restrições orçamentárias e, em seguida, usa esse princípio para aproximar uma função utilidade individual. Nesse sentido, uma pessoa que segue o princípio da racionalidade de Samuelson comporta-se *como se* ela estivesse maximizando uma função utilidade adequada e exibisse um efeito substituição negativo. Como a abordagem de Samuelson fornece informações adicionais sobre o nosso modelo de escolha do consumidor, vamos examiná-la brevemente aqui.

5.9.1 Abordagem gráfica

O princípio da racionalidade na teoria da preferência revelada é o seguinte: considere as duas cestas de bens, A e B. Se, a alguns preços e nível de renda, o indivíduo pode adquirir ambos A e B e contudo, escolhe A, dizemos que A se "revelou preferível" em relação a B. O princípio da racionalidade afirma que, sob qualquer arranjo de renda e preço diferente, B nunca pode se revelar preferível a A. E se B é de fato escolhido em outra configuração de preço-renda, deve ser porque o indivíduo não podia adquirir A. O princípio é ilustrado na Figura 5.10. Suponha que, quando a restrição orçamentária é dada por I_1, o ponto A é escolhido mesmo que B também pudesse ter sido adquirido. Então A se revelou preferível a B. Se, para alguma outra restrição orçamentária, B for de fato escolhido, então deve ser um caso como o representado por I_2, em que A não poderia ter sido adquirido. Se B fosse escolhido quando a restrição orçamentária fosse I_3, isso seria uma violação do princípio da racionalidade porque, com I_3, ambos A e B podem ser adquiridos. Com a restrição orçamentária I_3, é provável que algum ponto diferente de A ou B (digamos, C) será adquirido. Observe como esse princípio utiliza reações observáveis para restrições orçamentárias alternativas para ordenar as duas cestas de produtos do que supor a existência de uma função utilidade em si. Observe também como o princípio oferece uma amostra do por quê as curvas de indiferença serem convexas. Agora voltamos para uma prova formal.

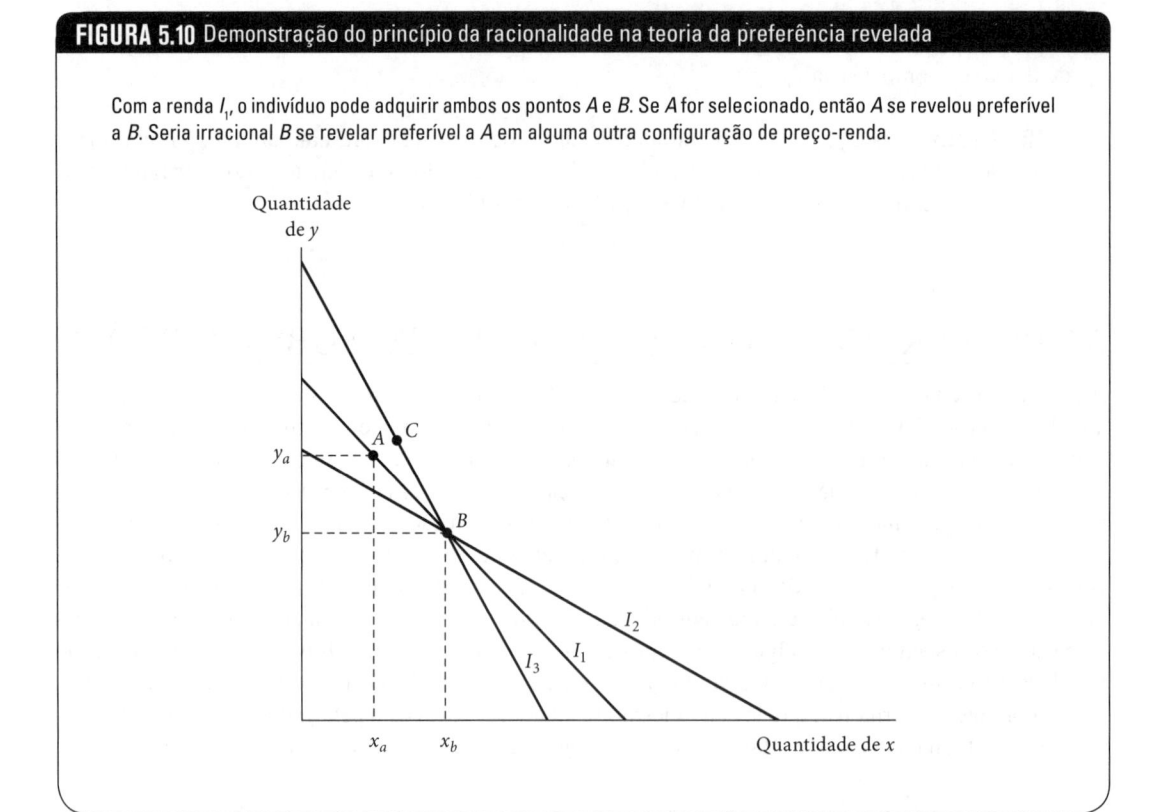

FIGURA 5.10 Demonstração do princípio da racionalidade na teoria da preferência revelada

Com a renda I_1, o indivíduo pode adquirir ambos os pontos A e B. Se A for selecionado, então A se revelou preferível a B. Seria irracional B se revelar preferível a A em alguma outra configuração de preço-renda.

5.9.2 Preferência revelada e a negatividade do efeito substituição

Suponha que um indivíduo seja *indiferente* entre duas cestas de produtos, C (composto de x_C e y_C) e D (composto de x_D e y_D). Suponha que p_x^C, p_y^C sejam os preços nos quais a cesta C seja escolhida e p_x^D, p_y^D os preços nos quais a cesta D seja escolhida.

Como o indivíduo é indiferente entre C e D, deve ser o caso de que quando C foi escolhido, D custasse pelo menos tanto quanto C:

$$p_x^C x_C + p_y^C y_C \leq p_x^C x_D + p_y^C y_D. \tag{5.66}$$

Um resultado semelhante é válido quando D for escolhido:

$$p_x^D x_D + p_y^D y_D \leq p_x^D x_C + p_y^D y_C. \tag{5.67}$$

Reescrever essas equações dá

$$p_x^C(x_C - x_D) + p_y^C(y_C - y_D) \leq 0, \tag{5.68}$$

$$p_x^D(x_D - x_C) + p_y^D(y_D - y_C) \leq 0. \tag{5.69}$$

Adicionando essas expressões produz

$$(p_x^C - p_x^D)(x_C - x_D) + (p_y^C - p_y^D)(y_C - y_D) \leq 0. \tag{5.70}$$

Agora suponha que apenas o preço de x seja alterado; suponha que $p_y^C = p_y^D$. Então,

$$(p_x^C - p_x^D)(x_C - x_D) \leq 0. \tag{5.71}$$

Contudo, a Equação 5.71 indica que o preço e a quantidade movem-se em direções opostas quando a utilidade for mantida constante (lembre-se, as cestas C e D são igualmente atraentes). Isso é precisamente uma demonstração sobre a natureza não positiva do efeito substituição:

$$\frac{\partial x^c(p_x, p_y, V)}{\partial p_x} = \frac{\partial x}{\partial p_x}\bigg|_{U=\text{constante}} \leq 0. \tag{5.72}$$

Chegamos ao resultado por meio de uma abordagem que não exige a existência de uma função utilidade quase côncava.

Resumo

Neste capítulo, utilizamos o modelo de maximização de utilidade para estudar como a quantidade de um bem que um indivíduo escolhe reage a variações de renda ou a variações no preço desse bem. O resultado final dessa análise é a derivação da conhecida curva de demanda descendente. No entanto, ao chegar a esse resultado, elaboramos uma grande variedade de perspectivas a partir da teoria econômica geral de escolha.

- Variações proporcionais em todos os preços e renda não alteram a restrição orçamentária individual e, portanto, não alteram as quantidades de bens escolhidos. Em termos formais, as funções de demanda são homogêneas de grau 0 em todos os preços e renda.
- Quando o poder aquisitivo varia (p. ex., quando a renda aumenta com os preços permanecendo inalterados), as restrições orçamentárias mudam e o indivíduo optará por novas cestas de produtos. Para bens normais, um aumento

- no poder aquisitivo leva à escolha de mais. No entanto, no caso de bens inferiores, um aumento no poder aquisitivo leva à compra de menos. Logo, o sinal de $\partial x_i / \partial I$ poderia ser positivo ou negativo, embora $\partial x_i / \partial I \geq 0$ seja o caso mais comum.
- Uma diminuição no preço de um bem provoca os efeitos substituição e renda que, para um bem normal, leva a mais aquisição desse bem. No entanto, para bens inferiores, os efeitos substituição e renda trabalham em direções opostas, e nenhuma predição inequívoca é possível.
- Do mesmo modo, um aumento no preço induz aos efeitos substituição e renda que, em um caso normal, provoca menos demanda. Para bens inferiores, o resultado líquido é novamente ambíguo.
- As curvas de demanda marshalliana representam uma imagem bidimensional das funções de demanda para a qual apenas o próprio preço varia – outros preços e renda são mantidos constantes. Alterações nessas outras variáveis geralmente mudará a posição da curva de demanda. O sinal da inclinação da curva de demanda marshalliana $\left(\dfrac{\partial x(p_x, p_y, I)}{\partial p_x} \right)$ é teoricamente ambíguo porque os efeitos substituição e renda podem trabalhar em direções opostas. A equação de Slutsky permite um estudo formal dessa ambiguidade.
- As funções de demanda compensada (ou hicksiana) mostram como as quantidades demandadas são funções de todos os preços e utilidade. A função de demanda compensada para um bem pode ser gerada diferenciando-se parcialmente a função dispêndio em relação ao preço desse bem (lema de Shephard).
- As curvas de demanda compensada (ou hicksiana) representam imagens bidimensionais das funções de demanda compensada para os quais apenas o próprio preço varia – outros preços e utilidade são mantidos constantes. O sinal da inclinação da curva de demanda compensada $\left(\dfrac{\partial x^c(p_x, p_y, U)}{\partial p_x} \right)$ é inequivocamente negativo por causa da quase concavidade das funções utilidade ou a concavidade relacionada da função dispêndio.
- Geralmente, as elasticidades da demanda são utilizadas no trabalho empírico para sintetizar como os indivíduos reagem às variações de preços e renda. A elasticidade mais importante é a elasticidade preço (próprio) da demanda, e_{x, p_x}. Ela mede a variação proporcional na quantidade em resposta a uma variação de 1% no preço. Uma elasticidade semelhante pode ser definida para movimentos ao longo da curva de demanda compensada.
- Existem diversas relações entre as elasticidades da demanda. Algumas das mais importantes são: (1) elasticidades preço determinam como uma variação de preço afeta o gasto total em um bem; (2) efeitos substituição e renda podem ser resumidos pela equação de Slutsky em forma de elasticidade; e (3) várias relações de agregação são mantidas entre as elasticidades – essas mostram como as demandas de bens diferentes estão relacionadas.
- Efeitos sobre o bem-estar de variações de preço podem ser medidos alterando-se as áreas abaixo das curvas de demanda compensada ou marshalliana. Tais variações afetam o tamanho do excedente do consumidor que os indivíduos recebem por poderem fazer transações de mercado.
- A negatividade do efeito substituição é a conclusão mais básica da teoria da demanda. Esse resultado pode ser mostrado utilizando a teoria da preferência revelada e, portanto, não requer supor a existência de uma função utilidade.

Problemas

5.1 Ed sedento bebe apenas água pura de nascente, não obstante, ele pode comprá-la em duas garrafas de tamanhos diferentes: 0,75 litro e 2 litros. Como a água em si é idêntica, ele considera esses dois "bens" como substitutos perfeitos.

a. Supondo que a utilidade de Ed depende apenas da quantidade de água consumida, e que as garrafinhas em si não produzem utilidade, expresse essa função de utilidade em termos de quantidades de garrafas de 0,75 litros (x) e garrafas de 2 litros (y).

b. Obtenha a função demanda de Ed para x em termos de p_x, p_y e I.
c. Construa o gráfico da curva de demanda para x, mantendo I e p_y constantes.
d. Como as variações em I e p_y deslocam a curva de demanda para x?
e. O que a curva de demanda compensada para x parece nessa situação?

5.2 David recebe $ 3 por semana como uma mesada para gastar da forma que ele quiser. Como ele gosta apenas de sanduíches de manteiga de amendoim e geleia, ele gasta todo o montante em manteiga de amendoim (a $ 0,05 por onça) e geleia (a $ 0,10 por onça). O pão é fornecido gratuitamente por um vizinho atencioso. David é um consumidor exigente e prepara seu sanduíche com exatamente 1 onça (28 g) de geleia e 2 onças (56 g) de manteiga de amendoim. Ele está convencido das suas opções e nunca alterará essas proporções.

a. Quanta manteiga de amendoim e geleia David comprará com sua mesada de $ 3 em uma semana?
b. Suponha que o preço da geleia aumente para $ 0,15 por onça. Quanto de cada bem seria comprado?
c. Em quanto deve ser aumentada a mesada de David para compensar o aumento no preço da geleia no item (b)?
d. Construa um gráfico dos seus resultados nos itens (a) a (c).
e. Em que sentido esse problema envolve apenas uma única mercadoria, sanduíches de manteiga de amendoim e geleia? Construa um gráfico da curva de demanda para essa única mercadoria.
f. Discuta os resultados desse problema em termos de efeitos, renda e substituição, envolvidos na demanda de geleia.

5.3 Conforme definido no Capítulo 3, uma função utilidade é homotética se qualquer linha reta ao longo da origem cortar todas as curvas de indiferença em pontos de inclinação iguais: A MRS depende da razão y/x.

a. Prove que, nesse caso, $\partial x/\partial I$ é constante.
b. Prove que, se os gostos de um indivíduo podem ser representados por um mapa de indiferença homotético, então o preço e a quantidade devem mover-se em direções opostas; isto é, prove que não pode ocorrer o paradoxo de Giffen.

5.4 Como no Exemplo 5.1, suponha que a utilidade é dada por

$$\text{utilidade} = U(x, y) = x^{0,3}y^{0,7}.$$

a. Utilize as funções dispêndio não compensadas dadas no Exemplo 5.1 para calcular a função utilidade indireta e a função dispêndio para este caso.
b. Utilize a função dispêndio calculada no item (a) juntamente com o lema de Shephard para calcular a função de demanda compensada para o bem x.
c. Utilize os resultados do item (b) juntamente com a função de demanda não compensada para o bem x para mostrar que a equação de Slutsky é válida para esse caso.

5.5 Suponha que a função utilidade para os bens x e y é dada por

$$\text{utilidade} = U(x, y) = xy + y.$$

a. Calcule as funções de demanda não compensada (marshalliana) para x e y, e descreva como as curvas de demanda para x e y são deslocadas pelas variações em I ou no preço do outro bem.
b. Calcule a função dispêndio para x e y.
c. Utilize a função dispêndio calculada no item (b) para calcular as funções de demanda compensada para os bens x e y. Descreva como as curvas de demanda compensada x e y são deslocadas pelas variações na renda ou por variações no preço do outro bem.

5.6 Durante um período de 3 anos, um indivíduo demonstra o seguinte comportamento de consumo:

	p_x	p_y	x	y
Ano 1	3	3	7	4
Ano 2	4	2	6	6
Ano 3	5	1	7	3

Esse comportamento é consistente com os princípios da teoria da preferência revelada?

5.7 Suponha que uma pessoa considere presunto e queijo complementos puros – ela sempre usará uma fatia de presunto em combinação com uma fatia de queijo para preparar um sanduíche de presunto e queijo. Suponha também que o presunto e o queijo são os únicos bens que essa pessoa compra e que o pão é gratuito.

a. Se o preço do presunto é igual ao preço do queijo, mostre que a elasticidade preço da demanda para o presunto é –0,5, e que a elasticidade preço cruzado da demanda para o presunto em relação ao preço do queijo é também –0,5.
b. Explique porque os resultados do item (a) refletem apenas efeitos renda, e não efeitos substituição. Quais são as elasticidades preço compensadas neste problema?
c. Utilize os resultados do item (b) para mostrar como suas respostas do item (a) poderiam mudar se uma fatia de presunto custasse duas vezes o preço de uma fatia de queijo.
d. Explique como esse problema poderia ser resolvido de forma intuitiva ao supor que essa pessoa consome apenas um bem – sanduíche de presunto e queijo.

5.8 Demonstre que a função da renda gasta em um bem x é $s_x = \dfrac{d \ln E}{d \ln p_x}$, em que E é o gasto total.

Problemas analíticos

5.9 Elasticidades participação

Nas Aplicações do Capítulo 4 mostramos que a maioria do trabalho empírico na teoria da demanda enfoca nas parcelas de renda. Para qualquer bem x, sua parcela da renda é definida como $s_x = p_x x/I$. Neste problema, mostramos que a maioria das elasticidades da demanda pode ser derivada de elasticidades participação correspondentes.

a. Mostre que a elasticidade da participação orçamentária de um bem em relação à renda ($e_{s_x, I} = \partial s_x/\partial I \cdot I/s_x$) é igual a $e_{x,I} - 1$. Interprete essa conclusão com alguns exemplos numéricos.
b. Mostre que a elasticidade da participação orçamentária de um bem em relação ao seu próprio preço ($e_{s_x, p_x} = \partial s_x/\partial I \cdot I/s_x$) é igual a $e_{x, p_x} + 1$. Novamente, interprete essa conclusão com alguns exemplos numéricos.
c. Use seus resultados do item (b) para mostrar que a "elasticidade dispêndio" do bem x em relação ao seu próprio preço ($e_{p_x \cdot x, p_x} = \partial(p_x \cdot x)/\partial p_x \cdot 1/x$) também é igual a $e_{x, p_x} + 1$.
d. Mostre que a elasticidade da participação orçamentária de um bem em relação a uma variação no preço de algum outro bem ($e_{s_x, p_y} = \partial s_x/\partial p_y \cdot p_y/s_x$) é igual a e_{x, p_y}.
e. Nas Aplicações do Capítulo 4, mostramos que, com uma função utilidade CES, a parcela da renda dedicada ao bem x é dada por $s_x = 1/(1 + p_y^k p_x^{-k})$, em que $k = \delta/(\delta - 1) = 1 - \sigma$. Use esta equação de participação para provar a Equação 5.56: $e^c_{x, p_x} = -(1 - s_x)\sigma$.

5.10 Mais sobre elasticidades

O item (e) do Problema 5.9 possui inúmeras aplicações úteis porque ele mostra como as respostas de preços dependem, em última análise, dos parâmetros subjacentes da função utilidade. Especificamente, use esse resultado juntamente com a equação de Slutsky em termos de elasticidade para mostrar:

a. No caso Cobb-Douglas ($\sigma = 1$), a seguinte relação é mantida entre as elasticidades preço de x e y: $e_{x, p_x} + e_{y, p_y} = -2$
b. Se $\sigma > 1$, então $e_{x, p_x} + e_{y, p_y} < -2$, e se $\sigma < 1$, então $e_{x, p_x} + e_{y, p_y} > -2$. Forneça uma explicação intuitiva para esse resultado.
c. Como você poderia generalizar esse resultado para casos de mais de dois bens? Discuta se essa generalização seria especialmente significativa.

5.11 Agregação de elasticidades para diversos bens

As três relações de agregação apresentadas neste capítulo podem ser generalizadas para qualquer número de bens. Este problema pede que você faça isso. Supomos que haja n bens e a porção da renda destinada para o bem i seja denotada por s_i. Também definimos as seguintes elasticidades:

$$e_{i, I} = \frac{\partial x_i}{\partial I} \cdot \frac{I}{x_i},$$

$$e_{i, j} = \frac{\partial x_i}{\partial p_j} \cdot \frac{p_j}{x_i}.$$

Utilize essa notação para mostrar:

a. Homogeneidade: $\sum_{j=1}^{n} e_{i,j} + e_{i,I} = 0$.
b. Agregação de Engel: $\sum_{i=1}^{n} s_i e_{i,I} = 1$.
c. Agregação de Cournot: $\sum_{i=1}^{n} s_i e_{i,j} = -s_j$.

5.12 Utilidade quase linear (revisitada)

Considere uma função utilidade quase linear simples da forma $U(x, y) = x + \ln y$.

a. Calcule o efeito renda para cada bem. Calcule também a elasticidade-renda da demanda para cada bem.
b. Calcule o efeito substituição para cada bem. Também calcule a elasticidade preço da demanda compensada para cada bem.
c. Mostre que a equação de Slutsky aplica-se a esta função.
d. Mostre que a forma de elasticidade da equação de Slutsky também aplica-se a essa função. Descreva qualquer característica especial observada.
e. Uma generalização simples desta função utilidade quase linear é dada por $U(x, y) = x + f(y)$, em que $f' > 0$, $f'' < 0$. Como, se for o caso, os resultados dos itens (a) a (d) se diferenciam se fosse utilizada essa função geral em vez de $\ln y$ na função utilidade?

5.13 Sistema quase ideal de demanda

A forma geral para a função dispêndio do sistema quase ideal de demanda (AIDS) é dada por

$$\ln E(p_1, \ldots, p_n, U) = a_0 + \sum_{i=1}^{n} \alpha_i \ln p_i + \frac{1}{2} \sum_{i=1}^{n} \sum_{j=1}^{n} \gamma_{ij} \ln p_i \ln p_j + U\beta_0 \prod_{i=1}^{k} p_k^{\beta_k}.$$

Para facilidade analítica, suponha que se aplicam as seguintes restrições:

$$\gamma_{ij} = \gamma_{ji}, \quad \sum_{i=1}^{n} \alpha_i = 1 \quad \text{e} \quad \sum_{j=1}^{n} \gamma_{ij} = \sum_{k=1}^{n} \beta_k = 0.$$

a. Derive a forma funcional do AIDS para um caso de dois bens.
b. Dadas as restrições anteriores, mostre que essa função dispêndio é homogênea do grau 1 em todos os preços. Isto, juntamente com o fato de que esta função se parece com os dados reais, faça dela uma função "ideal".

c. Usando o fato de que $s_x = \dfrac{d \ln E}{d \ln p_x}$ (consulte o Problema 5.8), calcule a parcela de renda de cada um dos dois bens.

5.14 Curva de indiferença de preços

As curvas de indiferença de preços são curvas de isoutilidade com os preços de dois bens nos eixos X e Y, respectivamente. Assim, elas apresentam a seguinte forma geral: $(p_1, p_2)|v(p_1, p_2, I)$.

a. Derive a fórmula para as curvas de indiferença de preços para o caso Cobb-Douglas com $\alpha = \beta = 0{,}5$. Esboce uma delas.
b. O que a inclinação da curva mostra?
c. Qual é a direção do aumento da utilidade em seu gráfico?

Problemas comportamentais

5.15 Modelo de ego múltiplo

Muitos dos tópicos na economia comportamental podem ser abordados utilizando um modelo simples que retrata os tomadores de decisão econômica como tendo múltiplos "egos", cada um com uma função utilidade diferente. Aqui examinamos duas versões desse modelo. Em cada modelo, suponha que as escolhas dessa pessoa sejam determinadas por uma das duas possíveis funções de utilidade quase linear:

(1) $U_1(x, y) = x + 2 \ln y$,
(2) $U_2(x, y) = x + 3 \ln y$.

a. **Utilidade da decisão:** Neste modelo fazemos uma distinção entre a função utilidade que a pessoa usa para tomar decisões – função (1) – e a função que determina a utilidade que ela realmente vivencia – função (2). Essas funções podem variar por uma série de razões como a falta de informações sobre o bem y ou (em uma configuração de dois períodos) uma relutância em mudar o comportamento pretérito. Seja qual for a causa, a divergência entre os dois conceitos pode levar à perda de bem-estar. Para constatar isso, suponha que $p_x = p_y = 1$ e $I = 10$.

i. Que opções de consumo essa pessoa fará utilizando sua função utilidade da decisão?

ii. Qual será a perda de utilidade sofrida caso essa pessoa faça a escolha especificada no item (i)?
iii. Quanto de um subsídio deveria ser dado para a compra do bem *y* se essa pessoa for motivada a consumir uma cesta de bens que realmente maximiza a utilidade vivenciada (lembre-se, essa pessoa ainda maximiza a utilidade da decisão em sua tomada de decisão)?
iv. Sabemos a partir do princípio do *lump sum* que uma transferência de renda poderia atingir o nível de utilidade especificado no item (iii) a um custo menor do que subsidiar o bem *y*. Mostre isso e depois discuta se isso pode não ser uma solução socialmente preferida para o problema.

b. **Incerteza de preferência:** Nesta versão do modelo de ego múltiplo, o indivíduo reconhece que ele pode vivenciar futuramente qualquer uma das duas funções utilidade, no entanto não sabe qual prevalecerá. Uma solução possível para este problema é supor que ambas são igualmente prováveis, de modo a fazer escolhas de consumo que maximizem $U(x, y) = x + 2{,}5 \ln y$.

i. Qual cesta de produtos a pessoa escolheria?
ii. Dada a escolha no item (i), qual perda de utilidade será sofrida uma vez que a pessoa descobre sua "verdadeira" preferência?
iii. Quanto essa pessoa pagaria para obter informações sobre suas preferências futuras antes de fazer as opções de consumo?

(Observação: A diferença entre utilidade da decisão e utilidade vivenciada é amplamente analisada em Chetty, 2015.)

PARTE TRÊS
PRODUÇÃO E OFERTA

CAPÍTULO SEIS
Funções de produção

A atividade principal de qualquer empresa é transformar insumos em produtos. Como os economistas se interessam pelas escolhas que as empresas fazem para alcançar esse objetivo, mas desejam evitar discutir muitas das complexidades relacionadas à engenharia envolvida nesse processo, eles optaram por construir um modelo abstrato de produção. Nesse modelo, a relação entre insumos e produtos é formalizada por uma *função de produção* cuja forma é

$$q = f(k, l, m, ...), \qquad (6.1)$$

na qual q representa a produção de determinado bem durante um período,[1] k representa o uso da máquina (ou seja, o capital) durante o período em questão, l representa as horas de trabalho utilizadas, m representa a matéria-prima utilizada,[2] e a notação indica a possibilidade de outras variáveis afetarem o processo de produção. Presume-se que a Equação 6.1 forneça, para qualquer conjunto concebível de insumos, a solução de engenharia para o problema de como melhor combinar esses insumos para obter produtos.

6.1 PRODUTIVIDADE MARGINAL

Nesta seção, analisamos a alteração no produto provocada pela mudança em um dos insumos produtivos. Para fins dessa análise (e para a maior parte do propósito deste livro), será mais conveniente usar a função de produção simplificada definida abaixo.

DEFINIÇÃO

Função de produção. A função de produção de uma empresa para determinado bem, q,
$$q = f(k, l), \qquad (6.2)$$
mostra a quantidade máxima do bem que pode ser produzida utilizando-se combinações alternativas de capital (k) e trabalho (l).

---

[1] Aqui, usamos uma letra minúscula q para representar a produção de uma empresa e usamos um Q maiúsculo para representar a produção total em um mercado. Geralmente, supomos que uma empresa produz apenas um produto. As questões que surgem nas empresas que produzem diversos produtos são discutidas em alguns problemas e notas de rodapé.

[2] No trabalho empírico, insumos de matérias-primas muitas vezes são desconsiderados e a produção q é medida em termos de "valor adicionado".

É claro que a maioria de nossas análises serão válidas para quaisquer dois insumos inerentes ao processo de produção que possamos examinar. Os termos *capital* e *trabalho* são usados apenas por conveniência. Da mesma forma, seria simples generalizar a discussão em casos envolvendo mais de dois insumos, o que eventualmente acontecerá. No entanto, de maneira geral, a limitação da discussão a dois insumos será útil em razão de podermos mostrar tais insumos em gráficos bidimensionais.

6.1.1 Produto físico marginal

Para estudar a variação em um único insumo, definimos o produto físico marginal como abaixo.

> **DEFINIÇÃO**
>
> **Produto físico marginal.** O *produto físico marginal* de um insumo é a produção adicional que pode ser produzida utilizando-se mais uma unidade desse insumo, enquanto todos os demais insumos são mantidos constantes. Matematicamente,
>
> $$\text{produto físico marginal do capital} = MP_k = \frac{\partial q}{\partial k} = f_k,$$
>
> $$\text{produto físico marginal do trabalho} = MP_l = \frac{\partial q}{\partial l} = f_l. \tag{6.3}$$

Observe que as definições matemáticas do produto marginal usam derivadas parciais, refletindo adequadamente o fato de que o uso de todos os outros insumos é mantido constante, enquanto o insumo de interesse está variando. Por exemplo, considere um agricultor contratando mais um trabalhador para colher a safra, mas mantendo todos os outros insumos constantes. A produção extra que esse trabalhador produz é o produto marginal do agricultor, medido em quantidades físicas, como alqueires de trigo, caixas de laranjas ou cabeças de alface. Podemos observar, por exemplo, que 50 trabalhadores em uma fazenda podem produzir 100 alqueires de trigo por ano, enquanto 51 trabalhadores, com a mesma terra e equipamentos, podem produzir 102 alqueires. O produto físico marginal do 51º trabalhador é, dessa forma, 2 alqueires por ano.

6.1.2 Produtividade marginal decrescente

Podemos esperar que o produto marginal de um insumo dependa da quantidade utilizada desse insumo. O trabalho, por exemplo, não pode ser adicionado indefinidamente a determinado campo (mantendo a mesma quantidade de equipamentos, fertilizantes etc.) sem que eventualmente apresente alguma deterioração em sua produtividade. Matematicamente, a hipótese da produtividade marginal decrescente é uma suposição sobre como as derivadas parciais de segunda ordem da função de produção se comportam no limite:

$$\frac{\partial MP_k}{\partial k} = \frac{\partial^2 f}{\partial k^2} = f_{kk} < 0 \text{ para um } k \text{ suficientemente alto;}$$
$$\frac{\partial MP_l}{\partial l} = \frac{\partial^2 f}{\partial l^2} = f_{ll} < 0 \text{ para um } l \text{ suficientemente alto.} \tag{6.4}$$

A hipótese da produtividade marginal decrescente foi originalmente proposta pelo economista do século XIX Thomas Malthus, que temia que o aumento rápido da população resultasse em menos produtividade do trabalho. Suas previsões sombrias para o futuro da humanidade levaram a economia a ser chamada de "ciência sombria". Mas a matemática da função de produção sugere que esse pressentimento pode estar mal colocado. As mudanças na produtividade marginal do trabalho ao longo do tempo dependem não apenas de como a contribuição do trabalho está crescendo, mas também de mudanças em outros insumos, como o capital. Ou seja, também devemos nos preocupar com $\partial MP_l / \partial k = f_{lk}$. Na maioria dos casos, $f_{lk} > 0$, portanto, a diminuição da produtividade do trabalho à medida que *ambos l e k aumentam*, não é um resultado inevitável. Na verdade, parece que a produtividade do trabalho aumentou significativamente desde o tempo de Malthus, principalmente porque o aumento nos insumos de capital (juntamente de melhorias técnicas) compensou sozinho o impacto da diminuição da produtividade marginal.

6.1.3 Produto físico médio

No senso comum, de maneira geral, o termo *produtividade do trabalho* significa *produtividade média*. Quando se diz que determinada indústria passou por um aumento de produtividade, isso significa que a produção por unidade de mão de obra aumentou. Embora o conceito de produtividade média não seja tão importante nas discussões econômicas teóricas quanto o conceito de produtividade marginal, este recebe muita atenção nas discussões empíricas. Como a produtividade média é facilmente medida (por exemplo, tantos alqueires de trigo por insumo de hora de trabalho), ela é frequentemente usada como medida de eficiência. Definimos o produto médio do trabalho (AP_l) como

$$AP_l = \frac{\text{produção}}{\text{insumo trabalho}} = \frac{q}{l} = \frac{f(k, l)}{l}. \tag{6.5}$$

Observe que AP_l também depende do nível de capital utilizado. Essa observação se revelará importante quando examinarmos a mensuração das mudanças técnicas ao final deste capítulo.

EXEMPLO 6.1 Função de produção de dois insumos

Suponha que a função de produção para um objeto denominado mata-moscas, durante um período específico, possa ser representada por

$$q = f(k, l) = 600k^2l^2 - k^3l^3. \tag{6.6}$$

Para construir as funções de produtividade marginal e média do trabalho (*l*) para essa função, devemos assumir um valor particular para o outro insumo, o capital (*k*). Suponha $k = 10$. Então, a função de produção é dada por

$$q = 60.000l^2 - 1.000l^3. \tag{6.7}$$

Produto marginal. A função de produtividade marginal (quando $k = 10$) é dada por

$$MP_l = \frac{\partial q}{\partial l} = 120.000l - 3.000l^2, \tag{6.8}$$

a qual diminui à medida que *l* aumenta, eventualmente se tornando negativa. Isso implica que *q* atinge um valor máximo. Estabelecendo que MP_l seja igual a 0,

$$120.000l - 3.000l^2 = 0, \tag{6.9}$$

produz $40l = l^2$ ou $l = 40$ como o ponto em que *q* atinge seu valor máximo. O insumo de mão de obra além de 40 unidades por período realmente reduz a produção total. Por exemplo, quando $l = 40$, a Equação 6.7 mostra que $q = 32$ milhões de mata-moscas, ao passo que quando $l = 50$ a produção de mata-moscas é de apenas 25 milhões.

Produto médio. Para encontrar a produtividade média do trabalho na produção de mata-moscas, dividimos q por l, ainda mantendo $k = 10$:

$$AP_l = \frac{q}{l} = 60.000l - 1.000l^2. \tag{6.10}$$

Mais uma vez, esta é uma parábola invertida que atinge seu valor máximo quando

$$\frac{\partial AP_l}{\partial l} = 60.000 - 2.000l = 0, \tag{6.11}$$

o que ocorre quando $l = 30$. Com esse valor para o insumo de trabalho, a Equação 6.10 mostra que $AP_l = 900.000$, e a Equação 6.8 mostra que o MP_l também é 900.000. Quando o AP_l está no máximo, as produtividades média e marginal do trabalho são iguais.[3]

Observe a relação entre a produção total e a produtividade média ilustrada por este exemplo. Embora a produção total de mata-moscas seja maior com 40 trabalhadores (32 milhões) do que com 30 trabalhadores (27 milhões), a produção por trabalhador é maior no segundo caso. Com 40 trabalhadores, cada trabalhador produz 800 mil mata-moscas por período, enquanto com 30 trabalhadores cada trabalhador produz 900 mil. Como o insumo de capital (prensas de mata-moscas) é mantido constante nessa definição de produtividade, a produtividade marginal decrescente do trabalho eventualmente resulta em um nível descendente de produção por trabalhador.

PERGUNTA: Como um aumento em k de 10 para 11 afetaria as funções MP_l e AP_l nesta situação? Explique os resultados de maneira intuitiva.

6.2 MAPAS DE ISOQUANTAS E A TAXA DE SUBSTITUIÇÃO TÉCNICA

De modo a ilustrar a possível substituição de um insumo por outro em uma função de produção, usaremos o seu *mapa de isoquanta*. Novamente, estudamos uma função de produção de forma $q = f(k, l)$, com o entendimento de que "capital" e "trabalho" são simplesmente exemplos convenientes de dois insumos que podem ser de interesse. Uma isoquanta (de *iso*, que significa "igual") registra as combinações de k e l capazes de produzir determinada quantidade de produção. Por exemplo, todas as combinações de k e l que estão na curva rotulada "$q = 10$" na Figura 6.1 são capazes de produzir 10 unidades de produto por período. Essa isoquanta registra o fato de que existem muitas maneiras alternativas de produzir 10 unidades do produto. Uma das maneiras pode ser representada pelo ponto A: Usaríamos l_A e k_A para produzir 10 unidades do produto. Por outro lado, podemos optar por utilizar relativamente menos capital e mais mão de obra e, portanto, escolheremos um ponto tal como B. Por isso, podemos definir uma isoquanta como a seguir.

---

[3] Esse resultado é geral. Uma vez que

$$\frac{\partial AP_l}{\partial l} = \frac{l \cdot MP_l - q}{l^2},$$

num ponto máximo $l \cdot MP_l = q$ ou $MP_l = AP_l$.

DEFINIÇÃO

Isoquanta. Uma *isoquanta* mostra as combinações de k e l que podem produzir determinado nível de produção (digamos, q_0). Matematicamente, uma isoquanta registra o conjunto de k e l que satisfaz

$$f(k, l) = q_0. \tag{6.12}$$

Como foi o caso das curvas de indiferença, há infinitas isoquantas no plano de $k - l$. Cada isoquanta representa um nível de produção diferente. As isoquantas registram sucessivamente níveis mais altos de produção à medida que nos movemos em uma direção nordeste. Presumivelmente, usando mais de cada um dos insumos permitirá que a produção aumente. Duas outras isoquantas (para $q = 20$ e $q = 30$) são mostradas na Figura 6.1. Você notará a semelhança entre o mapa de isoquanta e o mapa da curva de indiferença do indivíduo discutido na Parte 2. São conceitos realmente similares, já que ambos representam mapas do "contorno" de determinada função. Para as isoquantas, no entanto, a rotulagem das curvas é mensurável – uma produção de 10 unidades por período tem significado quantificável. Portanto, os economistas estão mais interessados em estudar a forma das funções de produção do que a análise da forma exata das funções utilidade.

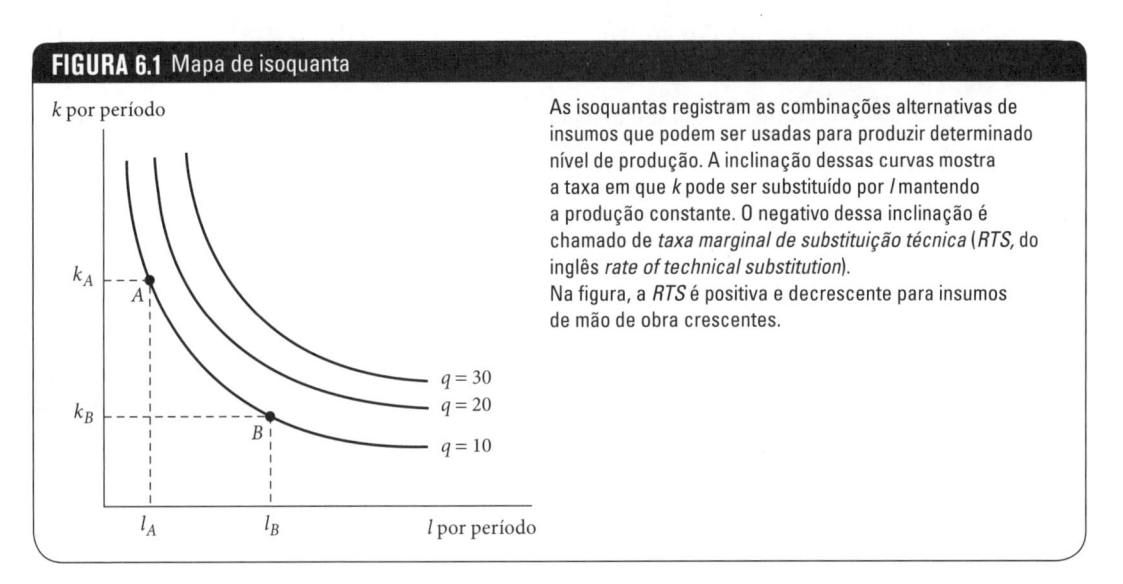

FIGURA 6.1 Mapa de isoquanta

As isoquantas registram as combinações alternativas de insumos que podem ser usadas para produzir determinado nível de produção. A inclinação dessas curvas mostra a taxa em que k pode ser substituído por l mantendo a produção constante. O negativo dessa inclinação é chamado de *taxa marginal de substituição técnica* (*RTS*, do inglês *rate of technical substitution*).
Na figura, a *RTS* é positiva e decrescente para insumos de mão de obra crescentes.

6.2.1 Taxa marginal de substituição técnica (*RTS*)

A inclinação de uma isoquanta mostra como um insumo pode ser trocado por outro, mantendo-se a produção constante. A análise da inclinação fornece informações sobre a possibilidade técnica de substituir o capital pelo trabalho. Segue uma definição formal.

DEFINIÇÃO

Taxa marginal de substituição técnica. A *taxa marginal de substituição técnica* (*RTS*) mostra a taxa em que, ao adicionar uma unidade de trabalho, o capital pode ser diminuído enquanto mantém a produção constante ao longo de uma isoquanta. Em termos matemáticos,

$$RTS\,(k\text{ para }l) = -\frac{dk}{dl}\bigg|_{q=q_0}. \tag{6.13}$$

Nessa definição, a notação é planejada como um lembrete de que a produção deve ser mantida constante, pois k é substituído por l. O valor particular desta taxa de compensação dependerá não só do nível de produção, mas também das quantidades de capital e mão de obra utilizadas. Seu valor depende do ponto no mapa de isoquanta no qual a inclinação deve ser medida.

6.2.2 *RTS* e produtividades marginais

Para examinar a forma das isoquantas da função de produção, é útil provar o seguinte resultado: a *RTS* (de k para l) é igual à razão da produtividade física marginal do trabalho (MP_l) pela produtividade física marginal do capital (MP_k). Imagine a utilização da Equação 6.12 para representar a isoquanta q_0. Substituiríamos uma sequência de valores crescentes de l e veríamos como k precisaria se ajustar para manter constante a produção em q_0. O gráfico da isoquanta é de fato o gráfico da função implícita $k(l)$, que satisfaz

$$q_0 = f(k(l), l). \tag{6.14}$$

Assim como fizemos na seção sobre funções implícitas no Capítulo 2 (veja principalmente a Equação 2.22), podemos usar a regra da cadeia para diferenciar a Equação 6.14, dando

$$0 = f_k \frac{dk}{dl} + f_l = MP_k \frac{dk}{dl} + MP_l, \tag{6.15}$$

em que o 0 inicial aparece porque q_0 está sendo mantido constante; portanto, a derivada do lado esquerdo da Equação 6.14 em relação a l é igual a 0. A reorganização da Equação 6.15 gera

$$RTS(k \text{ para } l) = -\left.\frac{dk}{dl}\right|_{q=q_0} = \frac{MP_l}{MP_k}. \tag{6.16}$$

Assim, a *RTS* é dada pela razão das produtividades marginais dos insumos.

A Equação 6.16 mostra que essas isoquantas que observamos devem ser inclinadas negativamente. Como tanto a MP_l quanto a MP_k serão não negativas (nenhuma empresa escolheria usar um insumo custoso que reduzisse a produção), a *RTS* também será positiva (ou talvez zero). Como a inclinação de uma isoquanta é o negativo da *RTS*, qualquer empresa não estará operando na porção positivamente inclinada de uma isoquanta. Embora seja matematicamente possível conceber funções de produção cujas isoquantas tenham inclinações positivas em alguns pontos, não teria sentido econômico para uma empresa optar pelo uso de tais insumos.

6.2.3 Razões para *RTS* decrescente

As isoquantas na Figura 6.1 são desenhadas não apenas com uma inclinação negativa (como deveriam ser), mas também como curvas convexas. Ao longo de qualquer uma das curvas, a *RTS diminui*. Para altas razões de k sobre l, a *RTS* será um grande número positivo, o que indica que uma grande quantidade de capital pode ser abandonada se houver mais uma unidade de trabalho disponível. Por outro lado, quando muito trabalho já está sendo usado, a *RTS* será baixa, significando que apenas uma pequena quantidade de capital pode ser trocada para uma unidade de trabalho adicional, quando a produção for mantida constante. Essa suposição parece ter alguma relação com o pressuposto da produtividade marginal decrescente. Um uso precipitado da Equação 6.16 pode levar a concluir que um aumento em l, acompanhado da diminuição de k, resultaria na diminuição da MP_l, aumento na MP_k e, portanto, na diminuição na *RTS*. O problema com essa rápida "prova" é que a produtividade marginal de um insumo depende do nível de ambos os insumos – as mudanças em l afetam a MP_k e vice-versa. Não é possível derivar uma *RTS* decrescente da hipótese de produtividade marginal decrescente sozinha.

Para ver por que isso é matematicamente verdadeiro, suponha que $q = f(k, l)$ e que f_k e f_l são positivos (ou seja, as produtividades marginais são positivas). Suponha também que $f_{kk} < 0$ e $f_{ll} < 0$ (que as produtividades marginais estão diminuindo). Para mostrar que isoquantas são convexas, mostraremos que $d(RTS)/dl < 0$. Como $RTS = f_l/f_k$, temos

$$\frac{dRTS}{dl} = \frac{d(f_l/f_k)}{dl}. \tag{6.17}$$

Como f_l e f_k são funções de k e l, devemos ter cuidado ao tirar a derivada dessa expressão:

$$\frac{dRTS}{dl} = \frac{f_k(f_{ll} + f_{lk} \cdot dk/dl) - f_l(f_{kl} + f_{kk} \cdot dk/dl)}{(f_k)^2}. \tag{6.18}$$

Usando o fato de que $dk/dl = -f_l/f_k$ ao longo de uma isoquanta e do teorema de Young ($f_{kl} = f_{lk}$), temos

$$\frac{dRTS}{dl} = \frac{f_k^2 f_{ll} - 2f_k f_l f_{kl} + f_l^2 f_{kk}}{(f_k)^3}. \tag{6.19}$$

Porque supomos $f_k > 0$, o denominador dessa função é positivo. Daí a fração total será negativa se o numerador for negativo. Como f_{ll} e f_{kk} são ambos supostos negativos, o numerador definitivamente será negativo se f_{kl} for positivo. Se pudermos supor isso, mostramos que $dRTS/dl < 0$ (que as isoquantas são convexas).[4]

6.2.4 Importância dos efeitos de produtividade cruzada

Intuitivamente, parece razoável que a derivada parcial cruzada $f_{kl} = f_{lk}$ seja positiva. Se os trabalhadores tivessem mais capital, teriam mais produtividades marginais. Embora esse seja provavelmente o caso mais prevalente, não precisa necessariamente ser assim. Algumas funções de produção têm $f_{kl} < 0$, pelo menos para um intervalo de valores de insumo. Quando supomos a *RTS* decrescente (como faremos durante a maior parte da nossa discussão), estamos, portanto, fazendo uma suposição mais enfática que simplesmente as produtividades marginais decrescentes para cada insumo. Estamos supondo que as produtividades marginais diminuem "rápido o suficiente" para compensar quaisquer possíveis efeitos negativos de produtividade cruzada. Claro, como veremos mais tarde, com três ou mais insumos, as coisas ficam ainda mais complexas.

EXEMPLO 6.2 *RTS* decrescente

No Exemplo 6.1, a função de produção para o mata-moscas foi dada por

$$q = f(k, l) = 600k^2l^2 - k^3l^3. \tag{6.20}$$

As funções de produtividade marginal gerais para essa função de produção são

$$MP_l = f_l = \frac{\partial q}{\partial l} = 1.200k^2l - 3k^3l^2 \quad \text{e}$$

$$MP_k = f_k = \frac{\partial q}{\partial k} = 1.200kl^2 - 3k^2l^3. \tag{6.21}$$

---

[4] Como observamos no Capítulo 2, as funções para as quais o numerador na Equação 6.19 são negativas são chamadas de *funções quase côncavas* (estritas).

Observe que cada uma delas depende dos valores de ambos os insumos. Uma fatoração simples mostra que essas produtividades marginais serão positivas para valores de k e l, para os quais $kl < 400$.

Uma vez que

$$f_{ll} = 1.200k^2 - 6k^3l$$
$$f_{kk} = 1.200l^2 - 6kl^3, \qquad (6.22)$$

fica claro que essa função exibe produtividade marginal decrescentes para valores suficientemente grandes de k e l. De fato, novamente, fazendo a fatoração de cada expressão, é fácil mostrar que $f_{ll}, f_{kk} < 0$ se $kl > 200$. No entanto, mesmo dentro do intervalo de $200 < kl < 400$, em que as relações de produtividade marginal para essa função se comportam "normalmente", esta função de produção pode não ter necessariamente uma RTS decrescente. A diferenciação cruzada de qualquer uma das funções de produtividade marginal (Equação 6.21) rende

$$f_{kl} = f_{lk} = 2.400kl - 9k^2l^2, \qquad (6.23)$$

que é positiva apenas para $kl < 266$.

Portanto, o numerador da Equação 6.19 será definitivamente negativo para $200 < kl < 266$, mas para as fábricas de mata-moscas de maior escala o caso não será tão claro porque f_{kl} é negativo. Quando f_{kl} for negativo, os aumentos de mão de obra reduzem a produtividade marginal do capital. Daí o argumento intuitivo de que a premissa de produtividades marginais decrescentes produz uma predição inequívoca sobre o que acontecerá com a RTS ($= f_l/f_k$) à medida que l aumenta e k diminui é incorreta. Tudo depende dos efeitos relativos nas produtividades marginais das produtividades marginais decrescentes (que tendem a reduzir f_l e a aumentar f_k) e dos efeitos contrários das produtividades marginais (que tendem a aumentar f_l e a reduzir f_k). Ainda assim, para esse caso dos mata-moscas, é verdade que a RTS está diminuindo ao longo do intervalo de k e l, no qual as produtividades marginais são positivas. Nos casos em que $266 < kl < 400$, as produtividades marginais decrescentes exibidas pela função são suficientes para superar a influência de um valor negativo para f_{kl} na convexidade das isoquantas.

PERGUNTA: Para casos em que $k = l$, o que pode ser dito sobre as produtividades marginais dessa função de produção? Como isso simplificaria o numerador da Equação 6.19? Como isso permite com que se avalie mais facilmente essa expressão para alguns valores maiores de k e l?

6.3 RENDIMENTOS DE ESCALA

Agora, procedemos com a caracterização das funções de produção. Uma primeira pergunta que pode ser feita sobre elas é como o produto responde aos aumentos em todos os insumos juntos. Por exemplo, suponha que todos os insumos sejam duplicados: a produção dobraria ou a relação não seria tão simples assim? Essa é uma questão de *rendimentos de escala*, exibidas pela função de produção que tem sido de interesse para os economistas desde que Adam Smith estudou intensamente a produção de alfinetes. Smith identificou duas forças que entraram em operação quando o experimento conceitual da duplicação de todos os insumos foi realizado. Primeiro, a duplicação de escala permite uma maior divisão do trabalho e a especialização da função. Por isso, existe a presunção de que a eficiência pode aumentar – a produção poderá aumentar além do dobro. Em segundo lugar, a duplicação dos insumos também implica alguma perda de eficiência, uma vez que a supervisão gerencial pode se tornar mais difícil, dada a maior escala da empresa. Qual dessas duas tendências terá efeito maior é uma importante questão empírica.

Esses conceitos podem ser definidos tecnicamente da seguinte maneira:

DEFINIÇÃO

Rendimentos de escala. Se a função de produção for dada por $q = f(k, l)$ e se todos os insumos forem multiplicados pela mesma constante positiva t (em que $t > 1$), então classificaremos os *rendimentos de escala* da função de produção como

Efeito na produção	Rendimentos de escala
$f(tk, tl) = tf(k, l) = tq$	Constante
$f(tk, tl) < tf(k, l) = tq$	Decrescente
$f(tk, tl) > tf(k, l) = tq$	Crescente

Em termos intuitivos, se um aumento proporcional nos insumos aumentar a produção na mesma proporção, a função de produção exibirá retornos constantes de escala. Se a produção aumentar de forma menos que proporcional, a função exibirá rendimentos decrescentes de escala. E se a produção aumentar mais do que proporcionalmente, haverá retornos crescentes de escala. Como veremos, é teoricamente possível que uma função exiba retornos de escala constantes para alguns níveis de uso de insumos e retornos crescentes ou decrescentes para outros níveis.[5] Muitas vezes, no entanto, os economistas referem-se a rendimentos de escala de uma função de produção com a compreensão implícita de que apenas um intervalo bastante estreito de variação no uso de insumos e o nível de produção relacionado estejam sendo considerados.

6.3.1 Retornos constantes de escala

Existem razões econômicas pelas quais a função de produção de uma empresa possa exibir retornos constantes de escala. Se a empresa opera muitas plantas idênticas, esta pode aumentar ou diminuir a produção por meio da simples variação no número de plantas em operação atual. Ou seja, a empresa pode dobrar a produção por meio da duplicação do número de plantas que opera, e isso exigirá que ela empregue precisamente duas vezes mais insumos. Estudos empíricos de funções de produção geralmente descobrem que os retornos de escala são praticamente constantes para as empresas estudadas (pelo menos em torno de resultados próximos dos níveis operacionais estabelecidos pelas empresas – as empresas podem apresentar retornos de escala crescentes à medida que expandem em direção ao tamanho estabelecido). Por todas essas razões, parece interessante analisar o caso dos retornos constantes de escala de maneira mais detalhada.

Quando uma função de produção exibe retornos de escala constantes, ela atende à definição de "homogeneidade" que introduzimos no Capítulo 2. Ou seja, a produção é homogênea de grau 1 em seus insumos porque

$$f(tk, tl) = t^1 f(k, l) = tq. \tag{6.24}$$

No Capítulo 2, mostramos que, se uma função for homogênea de grau k, suas derivadas são homogêneas do grau $k - 1$. Nesse contexto, isso implica que as funções de produtividade marginal derivadas da função de produção com retornos constantes de escala são homogêneas de grau 0. Isto é,

---

[5] Uma medida local de rendimentos de escala é dada pela elasticidade escala, definida como

$$e_{q,t} = \frac{\partial f(tk, tl)}{\partial t} \cdot \frac{t}{f(tk, tl)},$$

em que essa expressão deve ser avaliada em $t = 1$. Em princípio, este parâmetro pode assumir valores diferentes, dependendo do nível de uso do insumo. Para alguns exemplos que utilizam esse conceito, veja o Problema 6.9.

$$MP_k = \frac{\partial f(k,l)}{\partial k} = \frac{\partial f(tk,tl)}{\partial k},$$
$$MP_l = \frac{\partial f(k,l)}{\partial l} = \frac{\partial f(tk,tl)}{\partial l}$$
(6.25)

para qualquer $t > 0$. Particularmente, podemos deixar $t = 1/l$ nas Equações 6.25 e obter

$$MP_k = \frac{\partial f(k/l, 1)}{\partial k},$$
$$MP_l = \frac{\partial f(k/l, 1)}{\partial l}.$$
(6.26)

Ou seja, a produtividade marginal de qualquer insumo depende apenas da razão entre o capital e a mão de obra, e não dos níveis absolutos desses insumos. Esse fato é especialmente importante, por exemplo, na explicação de diferenças de produtividade entre indústrias ou entre países.

6.3.2 Funções de produção homotética

Uma consequência da Equação 6.26 é que a RTS ($=MP_l/MP_k$) para qualquer função de produção com retornos constantes de escala dependerá apenas da proporção dos insumos, e não de seus níveis absolutos. Ou seja, tal função será homotética (veja Capítulo 2) – as isoquantas serão expansões radiais uma da outra. Essa situação é ilustrada pela Figura 6.2. Ao longo de qualquer raio através da origem (em que a relação k/l não se altera), as inclinações de isoquantas sucessivamente superiores são idênticas. Essa propriedade do mapa de isoquanta nos será útil em várias ocasiões.

Um simples exemplo numérico pode fornecer alguma ideia sobre esse resultado. Suponha que um grande pedido de pães (que consiste em, digamos, 200 pães) possa ser atendido em um dia por três padeiros trabalhando com três fornos ou com dois padeiros trabalhando com quatro fornos. Portanto, a RTS dos padeiros por fornos é de um para um, sendo que um forno extra pode substituir um padeiro. Se esse

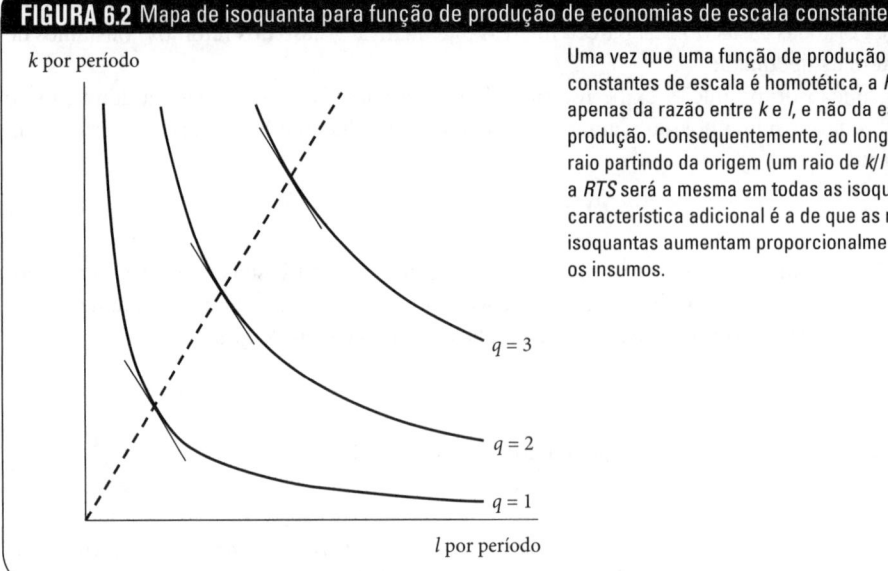

FIGURA 6.2 Mapa de isoquanta para função de produção de economias de escala constante

Uma vez que uma função de produção com retornos constantes de escala é homotética, a RTS depende apenas da razão entre k e l, e não da escala de produção. Consequentemente, ao longo de qualquer raio partindo da origem (um raio de k/l constante), a RTS será a mesma em todas as isoquantas. Uma característica adicional é a de que as rotulagens das isoquantas aumentam proporcionalmente com os insumos.

processo de produção exibir retornos constantes de escala, dois pedidos grandes de pães (totalizando 400 pães) poderão ser atendidos em um dia, seja por seis padeiros com seis fornos, seja por quatro padeiros com oito fornos. No último caso, dois fornos substituíram dois padeiros, então, novamente a *RTS* é um para um. Em casos de retornos constantes de escala, a expansão da produção não altera as compensações entre os insumos. Dessa forma, as funções de produção são homotéticas.

A função de produção pode ter um mapa de curva de indiferença homotética, mesmo que não exiba retornos constantes de escala. Como mostramos no Capítulo 2, essa propriedade homotética é mantida por qualquer transformação monotônica de uma função homogênea. Assim, os retornos decrescentes e crescentes de escala podem ser incorporados em uma função com retornos constantes de escala, por meio de uma transformação adequada. Talvez a transformação mais comum seja exponencial. Assim, se $f(k, l)$ é uma função de produção com retornos constantes de escala, podemos expressar

$$F(k, l) = [f(k, l)]^\gamma, \qquad (6.27)$$

em que γ é um expoente positivo. Se $\gamma > 1$, então

$$F(tk, tl) = [f(tk, tl)]^\gamma = [tf(k, l)]^\gamma = t^\gamma[f(k, l)]^\gamma = t^\gamma F(k, l) > tF(k, l) \qquad (6.28)$$

para qualquer $t > 1$. Assim, essa função de produção transformada exibe retornos crescentes de escala. O expoente γ representa o *grau* dos retornos crescentes de escala. A duplicação de insumos levaria ao aumento de quatro vezes na produção se $\gamma = 2$, mas ao aumento de oito vezes se $\gamma = 3$. Uma prova idêntica mostra que a função F exibe retornos decrescentes de escala $\gamma < 1$. Como essa função se mantém homotética ao longo de todas essas transformações, mostramos que existem casos importantes em que a questão dos retornos de escala pode ser separada de questões que envolvam a forma de uma isoquanta. Nesses casos, as mudanças nos rendimentos de escala mudarão apenas as rotulagens das isoquantas em vez de suas formas. Na próxima seção, veremos como as formas das isoquantas podem ser descritas.

6.3.3 Caso de *n* insumos

A definição de rendimentos de escala pode ser facilmente generalizada para uma função de produção com *n* insumos. Se a função de produção for dada por

$$q = f(x_1, x_2, \ldots, x_n) \qquad (6.29)$$

e se todos os insumos forem multiplicadas por $t > 1$, temos

$$f(tx_1, tx_2, \ldots, tx_n) = t^k f(x_1, x_2, \ldots, x_n) = t^k q \qquad (6.30)$$

para alguma constante k. Se $k = 1$, a função de produção exibirá retornos constantes de escala. Retornos decrescentes e crescentes de escala correspondem aos casos $k < 1$ e $k > 1$, respectivamente.

A parte crucial dessa definição matemática é a exigência de que todos os insumos sejam aumentados na mesma proporção, t. Em muitos processos de produção do mundo real, essa disposição pode ter pouco sentido econômico. Por exemplo, uma empresa pode ter apenas um "chefe", e esse número não seria dobrado, mesmo que todos os outros insumos fossem. Ou a produção de uma fazenda pode depender da fertilidade do solo. Pode não ser literalmente possível dobrar a quantidade de acres plantados enquanto se mantém a fertilidade, porque a nova terra pode não ser tão boa quanto a que já está sendo cultivada. Por isso, alguns insumos podem ter de ser fixos (ou pelo menos imperfeitamente variável) para muitos propósitos práticos. Nesses casos, parece provável que haja algum grau de produtividade decrescente (resultado do aumento do emprego de insumos variáveis), embora isso não possa ser chamado de "retornos decrescentes de escala" em razão da presença de insumos mantidos fixos.

6.4 ELASTICIDADE DE SUBSTITUIÇÃO

Outra característica importante da função de produção é a facilidade de substituição de um insumo por outro. Essa é uma questão que diz respeito à forma de uma única isoquanta, em vez do mapa de isoquantas como um todo. Ao longo de uma isoquanta, a taxa de substituição técnica diminuirá à medida que a relação capital-trabalho diminuir (ou seja, à medida que k/l diminuir); agora desejamos definir algum parâmetro que meça esse grau de capacidade de resposta. Se a RTS não se altera de forma alguma com as mudanças em k/l, podemos dizer que a substituição é fácil, uma vez que a razão das produtividades marginais dos dois insumos não muda à medida que a combinação de insumos muda. Por outro lado, se a RTS muda rapidamente à medida que ocorrem pequenas mudanças em k/l, diríamos que a substituição é difícil, já que pequenas variações na combinação de insumos terão um efeito substancial sobre as produtividades relativas dos insumos. Uma medida sem escala dessa capacidade de resposta é proporcionada pela *elasticidade de substituição*, um conceito que encontramos de modo informal na nossa discussão sobre as funções utilidade CES. Aqui trabalharemos para fornecer uma definição mais formal. Para mudanças discretas, a elasticidade da substituição é dada por

$$\sigma = \frac{\Delta(k/l) \text{ percentual}}{\Delta RTS \text{ percentual}} = \frac{\Delta(k/l)}{k/l} \div \frac{\Delta RTS}{RTS} = \frac{\Delta(k/l)}{\Delta RTS} \cdot \frac{RTS}{k/l}. \quad (6.31)$$

Mais frequentemente, estaremos interessados em considerar pequenas mudanças. Portanto, uma modificação da Equação 6.31 será de mais interesse:

$$\sigma = \frac{d(k/l)}{d\,RTS} \cdot \frac{RTS}{k/l} = \frac{d \ln (k/l)}{d \ln RTS}. \quad (6.32)$$

A expressão logarítmica resulta de derivações matemáticas seguindo as linhas do Exemplo 2.2 do Capítulo 2. Todas essas equações podem ser obtidas na seguinte definição formal.

> **DEFINIÇÃO**
>
> **Elasticidade de substituição.** Para a função de produção $q = f(k, l)$, a *elasticidade de substituição* (σ) mede a variação proporcional em k/l em relação à variação proporcional na RTS ao longo de uma isoquanta. Isto é,
>
> $$\sigma = \frac{\Delta(k/l) \text{ percentual}}{\Delta RTS \text{ percentual}} = \frac{d(k/l)}{d\,RTS} \cdot \frac{RTS}{k/l} = \frac{d \ln (k/l)}{d \ln RTS} = \frac{d \ln (k/l)}{d \ln (f_l/f_k)}. \quad (6.33)$$

Como, ao longo de uma isoquanta, k/l e RTS se movem na mesma direção, o valor de σ é sempre positivo. Graficamente, esse conceito está ilustrado na Figura 6.3 como um movimento do ponto A ao ponto B em uma isoquanta. Nesse movimento, tanto a RTS quanto a relação k/l mudarão. Estamos interessados na magnitude relativa dessas mudanças. Se σ for alto, então a RTS não mudará muito em relação ao k/l e a isoquanta será próxima de linear. Por outro lado, um baixo valor de σ implica uma isoquanta bastante curvada. A RTS mudará em uma quantidade substancial, quando k/l muda. Em geral, é possível que a elasticidade de substituição varie à medida que se move ao longo de uma isoquanta e à medida que a escala de produção muda. Muitas vezes, no entanto, é conveniente supor que σ é constante ao longo de uma isoquanta. Se a função de produção também for homotética, então – pois todas as isoquantas são meras expansões radiais – σ apresentará o mesmo valor ao longo de todas as isoquantas. Encontraremos essas funções mais para a frente neste capítulo e em muitos de seus problemas.[6]

---

[6] A elasticidade de substituição pode ser expressa diretamente em termos da função de produção e suas derivadas no caso de retornos constantes de escala como:

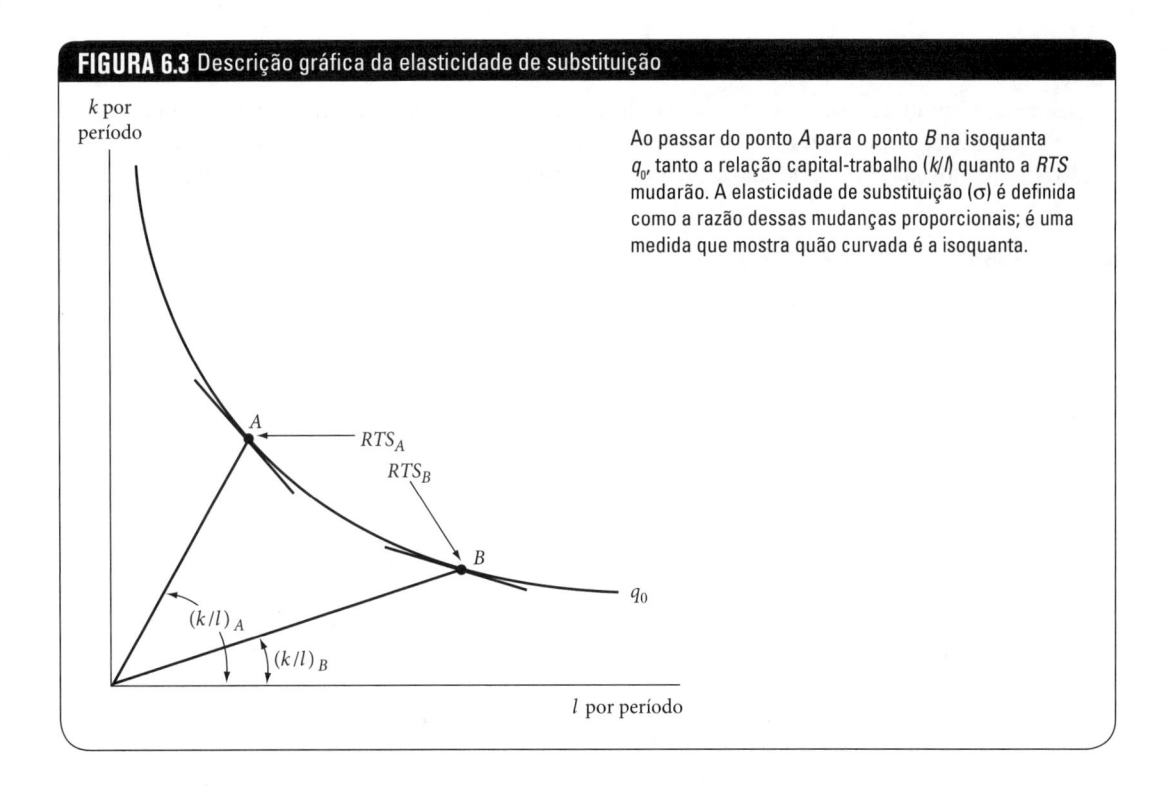

FIGURA 6.3 Descrição gráfica da elasticidade de substituição

Ao passar do ponto A para o ponto B na isoquanta q_0, tanto a relação capital-trabalho (k/l) quanto a RTS mudarão. A elasticidade de substituição (σ) é definida como a razão dessas mudanças proporcionais; é uma medida que mostra quão curvada é a isoquanta.

6.4.1 Caso de *n* insumos

A generalização da elasticidade de substituição para o caso de múltiplos insumos gera várias complicações. Uma abordagem é adotar uma definição análoga à Equação 6.33, ou seja, definir que a elasticidade de substituição entre dois insumos atua como a mudança proporcional na razão entre dois insumos pela mudança proporcional na RTS entre eles enquanto mantém a produção constante.[7] Para tornar essa definição completa, é necessário exigir que todos os insumos, exceto os dois que estão sendo examinados, sejam mantidos constantes. No entanto, esse último requisito (que não é relevante quando há apenas dois insumos) restringe o valor dessa definição potencial. Nos processos de produção do mundo real, é provável que qualquer alteração na proporção de dois insumos também seja acompanhada por mudanças nos níveis de outros insumos. Alguns desses outros insumos podem ser complementares com os que estão sendo alterados, enquanto outros podem ser substitutos, e mantê-los constantes cria uma restrição bastante artificial. Por essa razão, uma definição alternativa da elasticidade de substituição que permita tal complementaridade e substituibilidade na função custo da empresa é geralmente usada em casos de múltiplos bens. Como esse conceito geralmente é medido usando funções custo, vamos descrevê-lo no próximo capítulo.

$$\sigma = \frac{f_k \cdot f_l}{f \cdot f_{kl}}.$$

Mas essa forma é incômoda. Portanto, geralmente a definição logarítmica na Equação 6.33 é mais fácil de ser aplicada. Para um resumo conciso, veja P. Berck e K. Sydsaeter, *Economist's Mathematical Manual* (Berlim, Alemanha: Springer-Verlag, 1999), Cap. 5.

[7] Ou seja, a elasticidade de substituição entre o insumo *i* e o insumo *j* pode ser definida como

$$\sigma_{ij} = \frac{\partial \ln (x_i/x_j)}{\partial \ln (f_j/f_i)}$$

para movimentos ao longo de $f(x_1, x_2, ..., x_n) = q_0$. Observe que o uso de derivadas parciais nessa definição exige que todos os insumos diferentes de *i* e *j* sejam de fato mantidos constantes ao se considerar os movimentos ao longo da isoquanta q_0.

6.5 QUATRO FUNÇÕES DE PRODUÇÃO SIMPLES

Nesta seção, ilustramos quatro funções de produção simples, cada uma caracterizada por uma elasticidade de substituição diferente. Elas são mostradas apenas para o caso de dois insumos, mas a generalização para muitos insumos pode ser facilmente realizada (veja as Aplicações deste capítulo).

6.5.1 Caso 1: Linear ($\sigma = \infty$)

Suponha que a função de produção seja dada por

$$q = f(k, l) = \alpha k + \beta l. \tag{6.34}$$

É fácil mostrar que essa função produção exibe retornos constantes da escala: para qualquer $t > 1$,

$$f(tk, tl) = \alpha tk + \beta tl = t(\alpha k + \beta l) = tf(k, l). \tag{6.35}$$

Todas as isoquantas para essa função de produção são linhas retas paralelas com inclinação $-\beta/\alpha$. Tal mapa de isoquanta é ilustrado na Figura 6.4a. Como a *RTS* é constante ao longo de qualquer isoquanta de linha reta, o denominador na definição de σ (Equação 6.33) é igual a 0 e, portanto, σ é infinito. Embora essa função de produção linear seja um exemplo útil, raramente é encontrada na prática, uma vez que poucos processos de produção são caracterizados por essa facilidade de substituição. Na verdade, nesse caso, o capital e o trabalho podem ser considerados substitutos perfeitos um para o outro. Uma indústria caracterizada por essa função de produção poderia usar *apenas* capital ou *apenas* mão de obra, dependendo dos preços desses insumos. É difícil imaginar esse processo de produção: toda máquina precisa de alguém para pressionar seus botões, e todo trabalhador exige algum equipamento de capital, por mais modesto que seja.

6.5.2 Caso 2: Proporções fixas ($\sigma = 0$)

As funções de produção caracterizadas por $\sigma = 0$ possuem isoquantas em forma de L, conforme ilustrado na Figura 6.4b. No canto de uma isoquanta em forma de L, um aumento insignificante em k/l causa um aumento infinito na *RTS* porque a isoquanta muda repentinamente de horizontal para vertical. Substituir a mudança em k/l por 0 no numerador da fórmula para σ, na Equação 6.31, e a mudança na *RTS* por infinito no denominador, implica $\sigma = 0$. Uma empresa sempre operaria no canto de uma isoquanta. Operar em qualquer outro lugar é ineficiente, porque o mesmo produto pode ser produzido com menos insumos, movendo-se ao longo da isoquanta em direção ao canto.

Conforme desenhado na Figura 6.4, os cantos das isoquantas estão todas ao longo do mesmo raio da origem. Isso ilustra o importante caso especial de uma *função de produção de proporções fixas*. Como a empresa sempre opera no canto de alguma isoquanta, e todas as isoquantas se alinham ao longo do mesmo raio, é necessário que a empresa utilize insumos nas proporções fixas dadas pela inclinação desse raio, independentemente da quantidade que produz.[8] Os insumos são complementos perfeitos, pois a partir da proporção fixa, o aumento de um insumo será inútil, a menos que o outro também seja aumentado.

A forma matemática da função de produção de proporções fixas é dada por

$$q = \min(\alpha k, \beta l), \quad \alpha, \beta > 0, \tag{6.36}$$

em que o operador "min" significa que q é dado pelo menor dos dois valores entre parênteses. Por exemplo, suponha que $\alpha k < \beta l$; então $q = \alpha k$, e diríamos que o capital é a restrição ativa nesse processo

---

[8] As funções de produção com $\sigma = 0$ não precisam ser de proporções fixas. A outra possibilidade é que os cantos das isoquantas se encontrem ao longo de uma curva não linear a partir da origem, em vez de se alinharem ao longo de um raio.

FIGURA 6.4 Mapas de isoquantas para funções de produção simples com vários valores para σ

Três valores possíveis para a elasticidade de substituição são ilustrados nestas figuras. Em (a), capital e mão de obra são substitutos perfeitos. Nesse caso, a *RTS* não mudará à medida que a relação capital-trabalho se altera. Em (b), o caso de proporções fixas, nenhuma substituição é possível. A relação capital-trabalho é fixada em β/α. Um caso de substituibilidade intermediária é ilustrado em (c).

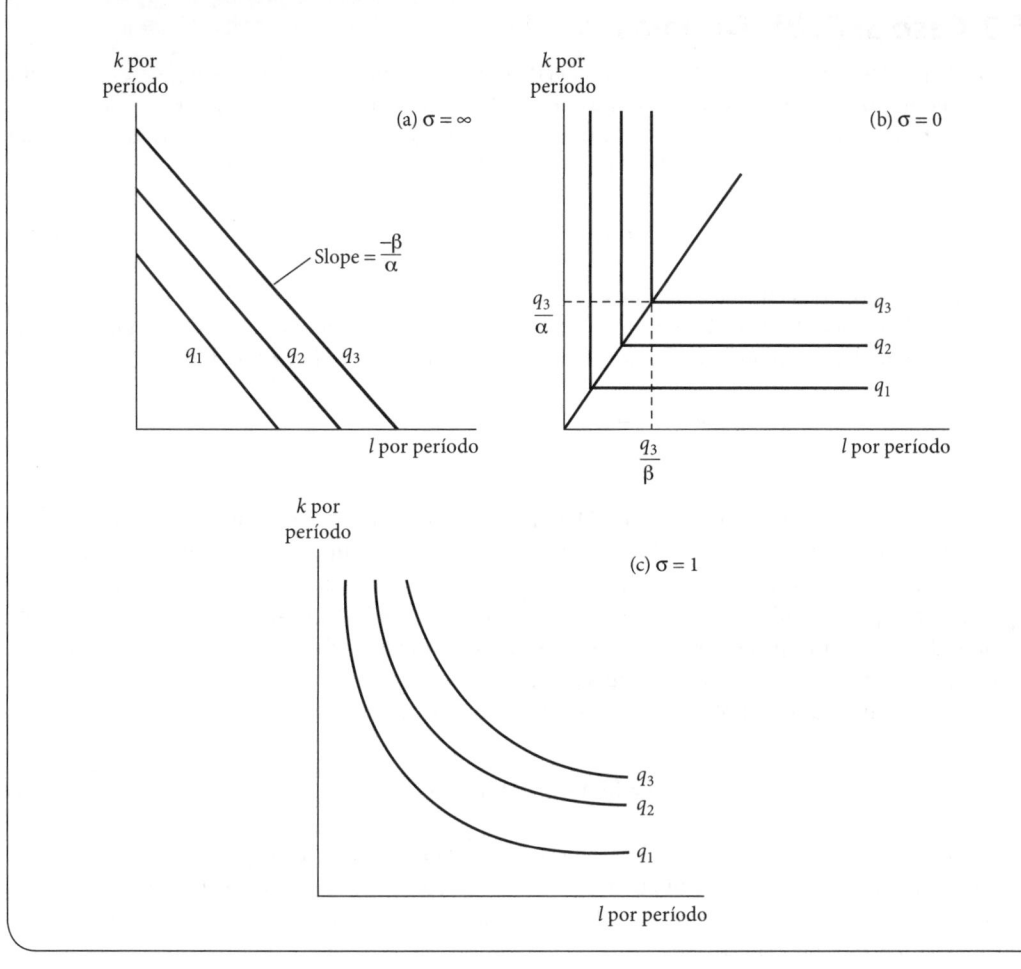

de produção. O emprego de mais mão de obra não aumentaria a produção e, portanto, o produto marginal do trabalho é zero. Dessa forma, o trabalho adicional é supérfluo, neste caso. Da mesma forma, se $\alpha k > \beta l$, o trabalho será a restrição ativa na produção, e o capital adicional será supérfluo. Quando $\alpha k = \beta l$, ambos os insumos serão totalmente utilizados. Quando isso acontece, $k/l = \beta/\alpha$, e a produção ocorre em um vértice no mapa de isoquanta. Se ambos os insumos forem custosos, esse será o único local de minimização de custos para operar. O *locus* de todos esses vértices é uma linha reta através da origem com uma inclinação dada por β/α.[9]

A função de produção de proporções fixas possui ampla gama de aplicações. Muitas máquinas, por exemplo, exigem que certo número de pessoas as execute, mas qualquer excesso de mão de obra

---

[9] Com a forma refletida pela Equação 6.36, a função de produção de proporções fixas exibe retornos constantes de escala porque

$$f(tk, tl) = \min(\alpha tk, \beta tl) = t \cdot \min(\alpha k, \beta l) = tf(k, l)$$

para qualquer $t > 1$. Como antes, os retornos crescentes ou decrescentes podem ser facilmente incorporados nas funções usando uma transformação não linear dessa forma funcional, como $[f(k, l)]^\gamma$, em que γ pode ser maior ou menor que 1.

é supérfluo. Considere a combinação de capital (um cortador de grama) e mão de obra para cortar um gramado. Será sempre necessário uma pessoa para operar o cortador, e qualquer um dos insumos sem o outro não será capaz de produzir qualquer produto. Pode ser que muitas máquinas sejam deste tipo e exijam um complemento fixo de trabalhadores por máquina.[10]

6.5.3 Caso 3: Cobb-Douglas ($\sigma = 1$)

A função de produção para a qual $\sigma = 1$, chamada de *função de produção Cobb-Douglas*,[11] fornece um meio intermediário entre os dois casos polares discutidos anteriormente. As isoquantas para o caso de Cobb-Douglas têm uma forma convexa "normal" e são mostradas na Figura 6.4c. A forma matemática da função de produção de Cobb-Douglas é dada por

$$q = f(k, l) = Ak^\alpha l^\beta, \qquad (6.37)$$

em que A, α e β são todas constantes positivas.

A função Cobb-Douglas pode exibir qualquer grau de rendimentos de escala, dependendo dos valores de α e β. Suponha que todos os insumos sejam aumentados por um fator t. Então

$$\begin{aligned} f(tk, tl) &= A\,(tk)^\alpha (tl)^\beta = At^{\alpha+\beta} k^\alpha l^\beta \\ &= t^{\alpha+\beta} f(k, l). \end{aligned} \qquad (6.38)$$

Portanto, se $\alpha + \beta = 1$, a função Cobb-Douglas exibirá retornos constantes de escala, já que o produto também é aumentado por um fator t. Se $\alpha + \beta > 1$, então a função exibirá retornos crescentes de escala, enquanto $\alpha + \beta < 1$ corresponde ao caso de retornos decrescentes de escala. É uma questão simples mostrar que a elasticidade de substituição é 1 para a função Cobb-Douglas.[12] Esse fato levou os pesquisadores a usar a versão com retornos constantes de escala da função para uma descrição geral das relações de produção agregada em muitos países.

A função Cobb-Douglas também provou ser útil em muitas aplicações, uma vez que é linear em logaritmos:

$$\ln q = \ln A + \alpha \ln k + \beta \ln l. \qquad (6.39)$$

A constante α é então a elasticidade do produto em relação ao insumo de capital, e β é a elasticidade do produto em relação ao insumo de mão de obra.[13] Essas constantes às vezes podem ser estimadas a partir de dados reais, e essas estimativas podem ser usadas para medir rendimentos de escala (examinando a soma $\alpha + \beta$) e para outros fins.

---

[10] No entanto, o exemplo do cortador de grama mostra outra possibilidade. Presumivelmente, há margem de manobra na escolha do tamanho do cortador de grama a ser comprado. Portanto, antes da compra real, a relação capital-trabalho do ato de cortar o gramado pode ser considerada variável: pode ser escolhido qualquer dispositivo, desde um par de cortadores até um grupo de cortadores. Uma vez que o cortador seja comprado, no entanto, a relação capital-trabalho se tornará fixa.

[11] Nomeado em homenagem a C. W. Cobb e P. H. Douglas. Veja P. H. Douglas, *The Theory of Wages* (Nova York: Macmillan Co., 1934), p. 132-35.

[12] Para a função Cobb-Douglas,

$$RTS = \frac{f_l}{f_k} = \frac{\beta A k^\alpha l^{\beta-1}}{\alpha A k^{\alpha-1} l^\beta} = \frac{\beta}{\alpha} \frac{k}{l}$$

ou

$$\ln RTS = \ln\left(\frac{\beta}{\alpha}\right) + \ln\left(\frac{k}{l}\right).$$

Consequentemente

$$\sigma = \frac{\partial \ln (k/l)}{\partial \ln RTS} = 1.$$

[13] Veja o Problema 6.5.

6.5.4 Caso 4: Função de produção CES

Uma forma funcional que incorpora os três casos anteriores e permite σ assumir outros valores também é a função de produção de elasticidade de substituição constante (CES) introduzida por Arrow et al. em 1961.[14] Essa função é dada por

$$q = f(k, l) = (k^\rho + l^\rho)^{\gamma/\rho} \tag{6.40}$$

para $\rho \leq 1$, $\gamma \neq 0$ e $\rho > 0$. Essa função se assemelha bastante à função utilidade CES descrita no Capítulo 3, embora agora adicionemos o expoente γ/ρ para permitir a introdução explícita de fatores de rendimentos de escala. Para $\gamma > 1$, a função exibe retornos crescentes de escala, enquanto para $\gamma < 1$ exibe retornos decrescentes de escala.

A aplicação direta da definição de σ a essa função[15] nos dá o importante resultado de que

$$\sigma = \frac{1}{1 - \rho}. \tag{6.41}$$

Portanto, os casos linear, de proporções fixas e Cobb-Douglas correspondem a $\rho = 1$, $\rho = -\infty$ e $\rho = -0$, respectivamente. A prova desse resultado para os casos de proporções fixas e de casos Cobb-Douglas requer um argumento de limite.

Muitas vezes, a função CES é usada com uma ponderação distributiva, α ($0 \leq \alpha \leq 1$), para indicar a significância relativa dos insumos:

$$q = f(k, l) = [\alpha k^\rho + (1 - \alpha) l^\rho]^{\gamma/\rho}. \tag{6.42}$$

Com retornos constantes de escala e $\rho = 0$, essa função converge para a forma Cobb-Douglas

$$q = f(k, l) = k^\alpha l^{1-\alpha}. \tag{6.43}$$

EXEMPLO 6.3 Função de produção Leontief generalizada

Suponha que a função de produção de determinado bem seja dada por

$$q = f(k, l) = k + l + 2\sqrt{kl}. \tag{6.44}$$

---

[14] K. J. Arrow, H. B. Chenery, B. S. Minhas e R. M. Solow, "Capital-Labor Substitution and Economic Efficiency", *Review of Economics and Statistics* (ago. 1961): 225-50.

[15] Para a função CES, temos

$$RTS = \frac{f_l}{f_k} = \frac{(\gamma/\rho) \cdot q^{(\gamma-\rho)/\gamma} \cdot \rho l^{\rho-1}}{(\gamma/\rho) \cdot q^{(\gamma-\rho)/\gamma} \cdot \rho k^{\rho-1}} = \left(\frac{l}{k}\right)^{\rho-1} = \left(\frac{k}{l}\right)^{1-\rho}.$$

Aplicando a definição da elasticidade de substituição, em seguida, temos

$$\sigma = \frac{\partial \ln (k/l)}{\partial \ln RTS} = \frac{1}{1 - \rho}.$$

Observe nesse cálculo que o fator ρ se cancela das funções de produtividade marginal, garantindo assim que essas produtividades marginais sejam positivas mesmo quando ρ for negativo (como o é, em muitos casos). Isso explica por que ρ aparece em dois lugares diferentes na definição da função CES.

Esta função é um caso especial de uma classe de funções nomeada pelo economista russo-americano Wassily Leontief.[16] A função exibe claramente retornos constantes de escala porque

$$f(tk, tl) = tk + tl + 2t\sqrt{kl} = tf(k, l).\qquad(6.45)$$

As produtividades marginais para a função Leontief são

$$\begin{aligned}f_k &= l + (k/l)^{-0,5},\\ f_l &= l + (k/l)^{0,5}.\end{aligned}\qquad(6.46)$$

Assim, as produtividades marginais são positivas e decrescentes. Como seria de esperar (uma vez que esta função exibe retornos constantes de escala), a *RTS* aqui depende apenas da razão entre os dois insumos

$$RTS = \frac{f_l}{f_k} = \frac{1 + (k/l)^{0,5}}{1 + (k/l)^{-0,5}}.\qquad(6.47)$$

Essa *RTS* diminui à medida que k/l cai, de maneira que as isoquantas têm a forma convexa usual. Existem duas maneiras de calcular a elasticidade de substituição para essa função de produção. Primeiro, pode-se notar que, neste caso especial, a função pode ser fatorada como

$$q = k + l + 2\sqrt{kl} = (\sqrt{k} + \sqrt{l})^2 = (k^{0,5} + l^{0,5})^2,\qquad(6.48)$$

o que deixa claro que essa função possui uma forma CES com $\rho = 0{,}5$ e $\gamma = 1$. Daí a elasticidade de substituição aqui é $\sigma = 1/(1 - \rho) = 2$.

É claro que na maioria dos casos não é possível fazer uma fatoração tão simples. Uma abordagem mais exaustiva seria aplicar a definição de elasticidade de substituição dada na nota de rodapé 6 deste capítulo:

$$\begin{aligned}\sigma &= \frac{f_k f_l}{f \cdot f_{kl}} = \frac{[1 + (k/l)^{0,5}][1 + (k/l)^{-0,5}]}{q \cdot (0{,}5/\sqrt{kl})}\\ &= \frac{2 + (k/l)^{0,5} + (k/l)^{-0,5}}{1 + 0{,}5(k/l)^{0,5} + 0{,}5(k/l)^{-0,5}} = 2.\end{aligned}\qquad(6.49)$$

Observe que nesse cálculo a razão de insumo (k/l) some, deixando um resultado simples. Em outras aplicações, pode-se duvidar que tal resultado fortuito ocorreria e, portanto, duvidar que a elasticidade de substituição seja constante ao longo de uma isoquanta (veja o Problema 6.7). Mas aqui o resultado de $\sigma = 2$ é intuitivamente razoável porque esse valor representa um compromisso entre a elasticidade de substituição para a parte linear dessa função de produção ($q = k + l$, $\sigma = \infty$) e sua parte Cobb-Douglas ($q = 2k^{0,5}l^{0,5}$, $\sigma = 1$).

PERGUNTA: O que você pode aprender sobre essa função de produção, representando a isoquanta para $q = 4$? Por que essa função generaliza o caso de proporções fixas?

---

[16] Leontief foi o pioneiro no desenvolvimento da análise de insumo-produto. Na análise de insumo-produto supõe-se que a produção aconteça com uma tecnologia de proporções fixas. A função de produção Leontief generaliza o caso de proporções fixas. Para mais detalhes, veja a discussão das funções de produção Leontief nas Aplicações deste capítulo.

6.6 PROGRESSO TÉCNICO

Os métodos de produção melhoram ao longo do tempo, e é importante poder capturar essas melhorias com o conceito de função de produção. Uma visão simplificada desse progresso é fornecida pela Figura 6.5. Inicialmente, a isoquanta IQ' registra as combinações de capital e mão de obra que podem ser usadas para produzir um nível de produção de q_0. Após o desenvolvimento de técnicas de produção superiores, essa isoquanta muda para IQ''. Agora, o mesmo nível de produção pode ser produzido com menos insumos. Uma maneira de medir essa melhora é observando que com um nível de insumos de capital de, digamos, k_1, anteriormente foram utilizadas l_2 unidades de trabalho para produzir q_0, enquanto agora utiliza-se apenas l_1. A produção por trabalhador aumentou de q_0/l_2 para q_0/l_1. Mas é preciso ter cuidado nesse tipo de cálculo. Um aumento no insumo de capital para k_2 também permitiria a redução no insumo de mão de obra para l_1 ao longo da isoquanta original q_0. Nesse caso, a produção por trabalhador também aumentaria, embora não houvesse nenhum progresso técnico de fato. O uso do conceito de função de produção pode ajudar a diferenciar esses dois conceitos e, portanto, permitir que os economistas obtenham uma estimativa precisa da taxa de mudança técnica.

6.6.1 Medição do progresso técnico

A primeira observação a respeito do progresso técnico é que, historicamente, a taxa de crescimento do produto ao longo do tempo excedeu a taxa de crescimento que pode ser atribuída ao crescimento em insumos convencionalmente definidos. Suponha que estabelecemos que

$$q = A(t)f(k, l) \tag{6.50}$$

seja a função de produção para algum bem (ou talvez a produção da sociedade como um todo). O termo $A(t)$ na função representa todas as influências que determinam q que não sejam k (hora-máquina) e l (horas de trabalho). As mudanças em A ao longo do tempo representam o progresso técnico. Por esse

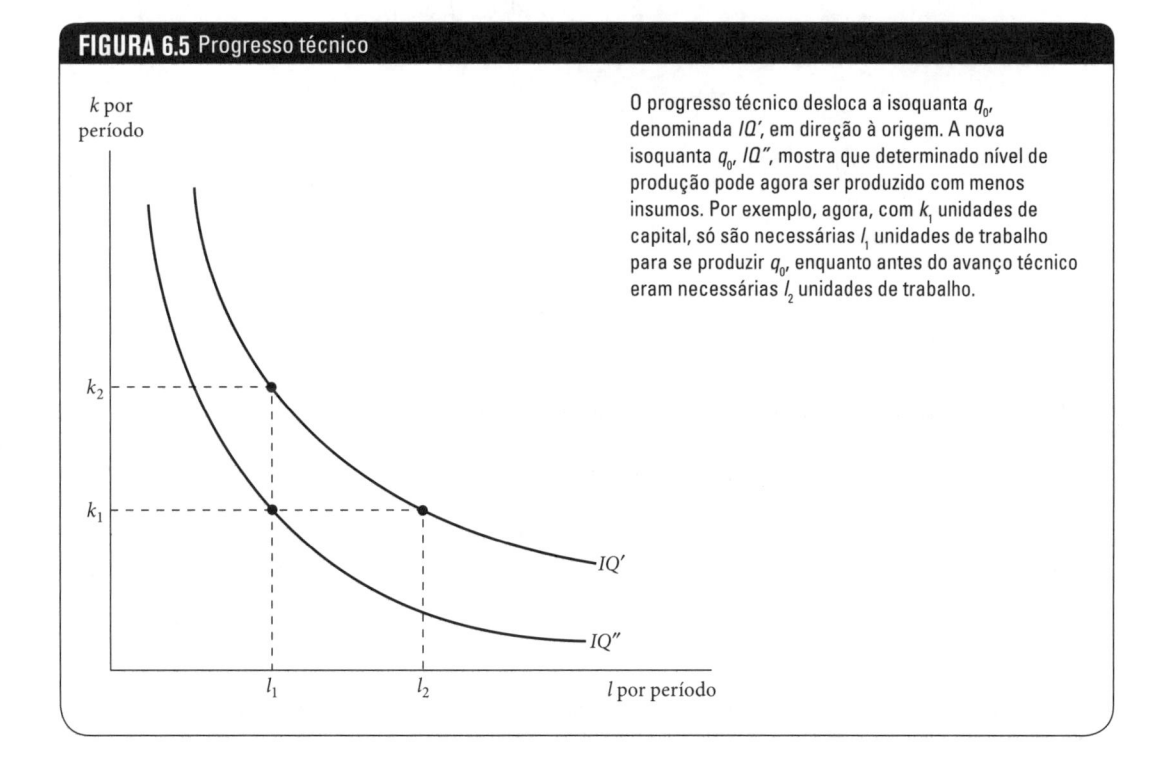

FIGURA 6.5 Progresso técnico

O progresso técnico desloca a isoquanta q_0, denominada IQ', em direção à origem. A nova isoquanta q_0, IQ'', mostra que determinado nível de produção pode agora ser produzido com menos insumos. Por exemplo, agora, com k_1 unidades de capital, só são necessárias l_1 unidades de trabalho para se produzir q_0, enquanto antes do avanço técnico eram necessárias l_2 unidades de trabalho.

motivo, *A* é mostrado como função do tempo. Presumivelmente, $dA/dt > 0$; níveis específicos de insumos do trabalho e do capital tornam-se mais produtivos ao longo do tempo.

6.6.2 Contabilidade do crescimento

A diferenciação da Equação 6.50 em função do tempo nos dá

$$\frac{dq}{dt} = \frac{dA}{dt} \cdot f(k,l) + A \cdot \frac{df(k,l)}{dt}$$
$$= \frac{dA}{dt} \cdot \frac{q}{A} + \frac{q}{f(k,l)} \left(\frac{\partial f}{\partial k} \cdot \frac{dk}{dt} + \frac{\partial f}{\partial l} \cdot \frac{dl}{dt} \right). \tag{6.51}$$

Dividindo por q, dá

$$\frac{dq/dt}{q} = \frac{dA/dt}{A} + \frac{\partial f/\partial k}{f(k,l)} \cdot \frac{dk}{dt} + \frac{\partial f/\partial l}{f(k,l)} \cdot \frac{dl}{dt} \tag{6.52}$$

ou

$$\frac{dq/dt}{q} = \frac{dA/dt}{A} + \frac{\partial f}{\partial k} \cdot \frac{k}{f(k,l)} \cdot \frac{dk/dt}{k} + \frac{\partial f}{\partial l} \cdot \frac{l}{f(k,l)} \cdot \frac{dl/dt}{l}. \tag{6.53}$$

Agora, para qualquer variável x, $(dx/dt)/x$ é a taxa proporcional de crescimento de x por unidade de tempo. Vamos representar isso por G_x.[17] Daí a Equação 6.53 pode ser escrita em termos de taxas de crescimento como

$$G_q = G_A + \frac{\partial f}{\partial k} \cdot \frac{k}{f(k,l)} \cdot G_k + \frac{\partial f}{\partial l} \cdot \frac{l}{f(k,l)} \cdot G_l. \tag{6.54}$$

Mas

$$\frac{\partial f}{\partial k} \cdot \frac{k}{f(k,l)} = \frac{\partial q}{\partial k} \cdot \frac{k}{q} = \text{elasticidade da produção com relação ao capital} = e_{q,k} \tag{6.55}$$

e

$$\frac{\partial f}{\partial l} \cdot \frac{l}{f(k,l)} = \frac{\partial q}{\partial l} \cdot \frac{l}{q} = \text{elasticidade da produção com relação ao trabalho} = e_{q,l} \tag{6.56}$$

Portanto, nossa equação de crescimento finalmente se torna

$$G_q = G_A + e_{q,k} G_k + e_{q,l} G_l. \tag{6.57}$$

Isso mostra que a taxa de crescimento da produção pode ser dividida na soma de dois componentes: crescimento atribuído às mudanças nos insumos (k e l) e outro crescimento "residual" (ou seja, mudanças em *A*) que representam o progresso técnico.

---

[17] Duas características úteis dessa definição são, em primeiro lugar, $G_{x \cdot y} = G_x + G_y$, ou seja, a taxa de crescimento de um produto de duas variáveis é a soma da taxa de crescimento de cada um e, em segundo lugar, $G_{x/y} = G_x - G_y$.

A Equação 6.57 nos dá uma maneira de estimar a importância relativa do progresso técnico (G_A) na determinação do crescimento da produção. Por exemplo, em um estudo pioneiro de toda a economia dos EUA entre os anos 1909 e 1949, R. M. Solow registrou os seguintes valores para os termos da equação:[18]

$$G_q = 2,75 \text{ por cento ao ano,}$$
$$G_l = 1,00 \text{ por cento ao ano,}$$
$$G_k = 1,75 \text{ por cento ao ano,} \quad (6.58)$$
$$e_{q,l} = 0,65,$$
$$e_{q,k} = 0,35.$$

Consequentemente,

$$\begin{aligned} G_A &= G_q - e_{q,l}G_l - e_{q,k}G_k \\ &= 2,75 - 0,65(1,00) - 0,35(1,75) \\ &= 1,50. \end{aligned} \quad (6.59)$$

Dessa forma, a conclusão que Solow alcançou foi a de que a tecnologia avançou a uma taxa de 1,5% ao ano de 1909 a 1949. Mais de metade do crescimento da produção real pode ser atribuída às mudanças técnicas e não ao crescimento das quantidades físicas dos fatores de produção. Evidências mais recentes tendem a confirmar as conclusões de Solow sobre a importância relativa das mudanças técnicas. No entanto, uma considerável incerteza sobre as causas precisas dessa mudança se mantém.

EXEMPLO 6.4 Progresso técnico na função de produção Cobb-Douglas

A função de produção de Cobb-Douglas fornece uma forma especialmente fácil de ilustrar o progresso técnico. Supondo retornos constantes de escala, tal função de produção com progresso técnico pode ser representada por

$$q = A(t)f(k, l) = A(t)k^\alpha l^{1-\alpha}. \quad (6.60)$$

Se também supormos que o progresso técnico ocorre a uma exponencial constante (θ), então podemos escrever que $A(t) = Ae^{\theta t}$, e a função de produção se torna

$$q = Ae^{\theta t}k^\alpha l^{1-\alpha}. \quad (6.61)$$

Uma maneira particularmente fácil de estudar as propriedades desse tipo de função ao longo do tempo é usar a "diferenciação logarítmica":

$$\begin{aligned} \frac{\partial \ln q}{\partial t} &= \frac{\partial \ln q}{\partial q} \cdot \frac{\partial q}{\partial t} = \frac{\partial q/\partial t}{q} = G_q = \frac{\partial[\ln A + \theta t + \alpha \ln k + (1-\alpha)\ln l]}{\partial t} \\ &= \theta + \alpha \cdot \frac{\partial \ln k}{\partial t} + (1-\alpha) \cdot \frac{\partial \ln l}{\partial t} = \theta + \alpha G_k + (1-\alpha)G_l. \end{aligned} \quad (6.62)$$

Assim, essa derivação apenas repete a Equação 6.57 para o caso da Cobb-Douglas. Aqui, o fator de mudança técnica é explicitamente modelado, e as elasticidades da produção são dadas pelos valores dos expoentes na Cobb-Douglas.

---

[18] R. M. Solow, "Technical Progress and the Aggregate Production Function", *Review of Economics and Statistics* 39 (ago. 1957): 312-20.

A importância do progresso técnico pode ser ilustrada numericamente com essa função. Suponha que $A = 10$, $\theta = 0,03$, $\alpha = 0,5$, e que uma empresa usa uma mistura de insumos de $k = l = 4$. Então, em $t = 0$, a produção é de 40 ($= 10 \cdot 4^{0,5} \cdot 4^{0,5}$). Após 20 anos ($t = 20$), a função de produção torna-se

$$q = 10e^{0,03 \cdot 20}k^{0,5}l^{0,5} = 10 \cdot (1,82)k^{0,5}l^{0,5} = 18,2k^{0,5}l^{0,5}. \quad (6.63)$$

No ano 20, a mistura original de insumos agora produzirá $q = 72,8$. Obviamente, também poderia ter sido produzido $q = 72,8$ no ano 0, mas teria sido necessário muito mais insumos. Por exemplo, com $k = 13,25$ e $l = 4$, a produção é de 72,8, mas seria usada uma quantidade muito maior de capital. A produção por unidade de insumos de mão de obra aumentaria de 10 ($q/l = 40/4$) para 18,2 ($= 72,8/4$) em qualquer uma das circunstâncias, mas apenas o primeiro caso teria sido verdadeiro progresso técnico.

Progresso técnico aumentador de insumos. É tentador atribuir o aumento da produtividade média do trabalho neste exemplo a, digamos, melhores habilidades do trabalhador, mas isso seria ilusório no caso da Cobb-Douglas. Pode-se igualmente dizer que a produção por unidade de capital aumentou de 10 para 18,2 ao longo dos 20 anos e atribuir esse aumento à melhora no maquinário.

Uma abordagem plausível para modelar as melhorias no trabalho e no capital de maneira separada seria supor que a função de produção é

$$q = A(e^{\varphi t}k)^{\alpha}(e^{\varepsilon t}l)^{1-\alpha}, \quad (6.64)$$

em que φ representa a taxa anual de melhoria no insumo de capital e ε representa a taxa de melhoria anual nos insumos de trabalho. Mas, em razão da natureza exponencial da função Cobb-Douglas, isso seria indistinguível do nosso exemplo original:

$$q = Ae^{[\alpha\varphi + (1-\alpha)\varepsilon]t}k^{\alpha}l^{1-\alpha} = Ae^{\theta t}k^{\alpha}l^{1-\alpha}, \quad (6.65)$$

em que $\theta = \alpha\varphi + (1 - \alpha)\varepsilon$. Portanto, para estudar o progresso técnico em insumos individuais, é necessário adotar uma maneira mais complexa de medir insumos que permita melhorar a qualidade ou (o que equivale ao mesmo) a usar uma função de produção de múltiplos insumos.

PERGUNTA: Estudos reais de produção usando a fórmula de Cobb-Douglas tendem a encontrar $\alpha \approx 0,3$. Use essa descoberta em conjunto com a Equação 6.65 para discutir a importância relativa de melhorar a qualidade do capital e do trabalho para a taxa geral de progresso técnico.

Resumo

Neste capítulo, ilustramos as maneiras pelas quais os economistas conceitualizam o processo de produção de transformar insumos em produtos. A ferramenta fundamental é a função de produção, que, na sua forma mais simples, pressupõe que a produção por período (q) é uma função simples dos insumos de capital e trabalho durante esse período, $q = f(k, l)$. A partir disso, desenvolvemos vários resultados básicos para a teoria da produção.

- Se todos, exceto um dos insumos, forem mantidos constantes, a relação entre o único insumo variável e o produto poderá ser derivada. A partir dessa relação, pode-se derivar a produtividade física marginal (*MP*) do insumo como a mudança na produção resultante de um aumento unitário no uso do insumo. Supõe-se que a produtividade física marginal de um insumo diminui à medida que seu uso aumenta.

- A função de produção toda pode ser ilustrada pelo seu mapa de isoquanta. O negativo da inclinação de uma isoquanta é denominado *taxa marginal de substituição técnica* (*RTS*), uma vez que mostra como um insumo pode ser substituído por outro enquanto mantém a produção constante. A *RTS* é a razão das produtividades físicas marginais dos dois insumos.
- Geralmente, as isoquantas são consideradas convexas – elas obedecem ao pressuposto de uma *RTS* decrescente. Essa suposição não pode ser derivada exclusivamente da premissa de produtividades físicas marginais decrescentes. Deve-se também se preocupar com o efeito das mudanças em um insumo sobre a produtividade marginal de outros insumos.
- Os rendimentos de escala exibidas por uma função de produção registram como a produção responde a aumentos proporcionais em todos os insumos. Se a produção aumentar proporcionalmente ao uso de insumos, haverá retornos constantes de escala. Se houver aumentos mais que proporcionais na produção, haverá retornos crescentes de escala; enquanto se houver aumentos menos que proporcionais na produção, haverá retornos decrescentes de escala.
- A elasticidade de substituição (σ) fornece uma medida de quão fácil será substituir um insumo por outro no processo produtivo. Um alto σ implica uma isoquanta quase linear, enquanto um baixo σ implica que as isoquantas são quase em forma de L.
- O progresso técnico muda toda a função de produção e seu mapa de isoquanta relacionado. As melhorias técnicas podem resultar do uso de melhores e mais produtivos insumos ou de melhores métodos de organização econômica.

Problemas

6.1 A empresa Power Goat Lawn Company adota dois tamanhos diferentes de cortadores de grama. Os cortadores menores têm um coletor de 22 polegadas. Os maiores combinam dois coletores de 22 polegadas em um único cortador. Para cada tamanho de cortador, a Power Goat possui uma função de produção diferente, dada pelas linhas da tabela a seguir.

	Produção por hora (pés quadrados)	Insumo de capital (# de cortadeiras 22")	Insumos de trabalho
Cortadores pequenos	5.000	1	1
Cortadores grandes	8.000	2	1

a. Desenhe um gráfico da isoquanta com q = 40.000 pés quadrados para a primeira função produção. Quantos k e l seriam usados se esses fatores fossem combinados, sem perdas?
b. Responda ao item (a) levando em conta a segunda função.
c. Quanto k e l seriam usados, sem perdas, se metade do gramado de 40 mil metros quadrados fosse cortado pelo método da primeira função de produção e metade pelo método da segunda função? Quanto k e l seriam usados se um quarto do gramado fosse cortado pelo primeiro método e três quartos pelo segundo? O que significa falar de frações de k e l?
d. Com base nas suas observações na parte (c), desenhe uma isoquanta q = 40.000 para as funções produção combinadas.

6.2 Suponha que a função de produção de determinado bem seja dada por

$$q = kl - 0{,}8k^2 - 0{,}2l^2,$$

na qual q representa a quantidade anual de dispositivos produzidos, k representa o insumo anual de capital e l representa a contribuição anual do trabalho.

a. Suponha que k = 10; desenhe o gráfico das curvas da produtividade total e média de mão de obra. Em que nível de insumo de mão de obra essa produtividade média atinge o seu máximo? Quantos dispositivos serão produzidos nesse ponto?
b. Mais uma vez, supondo que k = 10, desenhe um gráfico representando a curva MP_l. Em que nível de insumo de trabalho $MP_l = 0$?
c. Suponha que os insumos de capital tenham sido aumentados para k = 20. Como suas respostas às partes (a) e (b) mudariam?
d. A função de produção do dispositivo exibe retornos constantes, crescentes ou decrescentes de escala?

6.3 Sam Malone está considerando renovar os bancos do bar Cheers. A função de produção para novos bancos é dada por

$$q = 0,1k^{0,2}l^{0,8},$$

na qual q é o número de bancos de bar produzidos durante a semana de renovação, k representa o número de horas de prensas de bancos utilizadas durante a semana e l representa o número de horas de trabalho utilizadas durante o período. Sam gostaria de fornecer 10 novos bancos, e ele definiu um orçamento de $ 10.000 para o projeto.

a. Sam considera que, como as prensas de bancos e os trabalhadores qualificados para tal serviço custam o mesmo valor ($ 50 por hora), ele pode contratar esses dois insumos em quantidades iguais. Se Sam prosseguir dessa maneira, quanto de cada insumo ele contratará e quanto custará o projeto de renovação?
b. Norma (uma pessoa que entende um pouco sobre bancos de bar) argumenta que, mais uma vez, Sam se esqueceu da microeconomia. Ela afirma que Sam deve escolher quantidades de insumos para que as produtividades marginais (não médias) sejam iguais. Se Sam optar por isso, quanto de cada insumo ele contratará e quanto custará o projeto de renovação?
c. Ao saber que o plano de Norma economizará dinheiro, Cliff argumenta que Sam deveria investir suas economias em mais bancos, de forma a fornecer mais assentos para os seus colegas do Serviço Postal dos Estados Unidos. Quantos bancos a mais Sam obterá com o seu orçamento caso siga o plano de Cliff?
d. Carla está preocupada com o fato de que a sugestão de Cliff apenas representará mais trabalho para ela em servir comida para os clientes do bar. Como ela poderia convencer Sam a manter seu plano original de 10 bancos?

6.4 Suponha que a produção de lápis de cor (q) seja conduzida em dois locais e use apenas mão de obra como insumo. A função de produção na localização 1 é dada por $q_1 = 10l_1^{0,5}$ e na localização 2 por $q_2 = 50l_2^{0,5}$.

a. Se uma única empresa produz lápis de cor em ambos os locais, então, obviamente, deseja obter o maior nível de produção possível, dados os insumos de trabalho que ela usa. Como ela deve alocar o trabalho entre os locais para que tal resultado seja alcançado? Explique precisamente a relação entre l_1 e l_2.
b. Supondo que a empresa opere da forma eficiente descrita na parte (a), como a produção total (q) dependerá da quantidade total de mão de obra contratada (l)?

6.5 Como vimos em muitos lugares, a função de produção Cobb-Douglas geral para dois insumos é dada por

$$q = f(k, l) = Ak^\alpha l^\beta,$$

em que $0 < \alpha < 1$ e $0 < \beta < 1$. Para essa função produção:

a. Mostre que $f_k > 0, f_l > 0, f_{kk} < 0, f_{ll} < 0$ e $f_{kl} = f_{lk} > 0$.
b. Mostre que $e_{q,k} = \alpha$ e $e_{q,l} = \beta$.
c. Na nota de rodapé 5, definimos a elasticidade escala como

$$e_{q,t} = \frac{\partial f(tk, tl)}{\partial t} \cdot \frac{t}{f(tk, tl)},$$

cuja expressão deve ser avaliada em $t = 1$. Mostre que para esta função Cobb-Douglas, $e_{q,t} = \alpha + \beta$. Por isso, neste caso, a elasticidade de escala e os rendimentos de escala da função de produção estão em acordo (para mais informações sobre esse conceito, veja Problema 6.9).
d. Mostre que a função é quase côncava.
e. Mostre que a função é côncava para $\alpha + \beta \leq 1$, mas não côncava para $\alpha + \beta > 1$.

6.6 Suponha que tenhamos recebido a função de produção com retornos constantes de escala CES

$$q = (k^\rho + l^\rho)^{1/\rho}.$$

a. Mostre que $MP_k = (q/k)^{1-\rho}$ e $MP_l = (q/l)^{1-\rho}$.
b. Mostre que $RTS = (k/l)^{1-\rho}$. Use isso para mostrar que $\sigma = 1/(1-\rho)$.
c. Determine as elasticidades de produção para k e l; e mostre que sua soma é igual a 1.
d. Prove que

$$\frac{q}{l} = \left(\frac{\partial q}{\partial l}\right)^\sigma$$

e, portanto, que

$$\ln\left(\frac{q}{l}\right) = \sigma \ln\left(\frac{\partial q}{\partial l}\right).$$

Nota: A última igualdade é útil no trabalho empírico, uma vez que podemos aproximar $\partial q/\partial l$ pela taxa de salários determinada competitivamente. Assim, σ pode ser estimado a partir de uma regressão de $\ln(q/l)$ em $\ln w$.

6.7 Considere uma generalização da função de produção no Exemplo 6.3:

$$q = \beta_0 + \beta_1\sqrt{kl} + \beta_2 k + \beta_3 l$$

em que

$$0 \le \beta_i \le 1, i = 0, ..., 3.$$

a. Se essa função exibir retornos constantes de escala, quais restrições devem ser colocadas nos parâmetros $\beta_0, ..., \beta_3$?
b. Mostre que no caso dos retornos constantes de escala essa função exibe produtividades marginais decrescentes, e que as funções de produtividade marginal são homogêneas de grau 0.
c. Calcule σ neste caso. Embora σ não seja em geral constante, para quais valores de β $\sigma = 0,1$ ou ∞?

6.8 Mostre que o teorema de Euler implica que, para uma função de produção com retornos constantes de escala $q = f(k, l)$,

$$q = f_k k + f_l l.$$

Use esse resultado para mostrar que, para essa função de produção, se $MP_l > AP_l$, então MP_k deve ser negativo. O que isso quer dizer com relação a onde a produção deve ocorrer? Poderia alguma empresa produzir em um ponto em que AP_l está aumentando?

Problemas analíticos

6.9 Rendimentos de escala locais

Uma medida local dos rendimentos de escala incorporadas na função de produção é dada pela elasticidade de escala $e_{q,t} = \partial f(tk, tl)/\partial t \cdot t/q$ avaliada em $t = 1$.

a. Mostre que, se a função de produção exibe retornos constantes de escala, então $e_{q,t} = 1$.

b. Podemos definir as elasticidades de produção das insumos k e l como

$$e_{q,k} = \frac{\partial f(k, l)}{\partial k} \cdot \frac{k}{q},$$

$$e_{q,l} = \frac{\partial f(k, l)}{\partial l} \cdot \frac{l}{q}.$$

Mostre que $e_{q,t} = e_{q,k} + e_{q,l}$.

c. Uma função que exiba elasticidade de escala variável é

$$q = (1 + k^{-1}l^{-1})^{-1}.$$

Mostre que, para essa função, $e_{q,t} > 1$ para $q < 0,5$ e que $e_{q,t} < 1$ para $q > 0,5$.

d. Explique seus resultados da parte (c) de forma intuitiva. *Dica:* O q possui um limite superior para essa função de produção?

6.10 Rendimentos de escala e substituição

Embora grande parte da nossa discussão sobre medir a elasticidade de substituição para várias funções de produção tenha supostos retornos constantes de escala, muitas vezes esse pressuposto não é necessário. Esse problema ilustra alguns desses casos.

a. Na nota de rodapé 6, ressaltamos que, no caso dos retornos constantes de escala, a elasticidade de substituição para uma função de produção de dois insumos é dada por

$$\sigma = \frac{f_k f_l}{f \cdot f_{kl}}.$$

Suponha agora que definimos a função de produção homotética F como

$$F(k, l) = [f(k, l)]^\gamma,$$

em que $f(k, l)$ é uma função de produção com retornos constantes de escala e γ é um expoente positivo. Mostre que a elasticidade de substituição para essa função de produção é a mesma que a elasticidade de substituição para a função f.

b. Mostre como esse resultado pode ser aplicado às funções de produção Cobb-Douglas e CES.

6.11 Mais sobre o teorema de Euler

Suponha que uma função de produção $f(x_1, x_2, ..., x_n)$ é homogênea de grau k. O teorema de Euler mostra que $\Sigma_i x_i f_i = kf$, e esse fato pode ser usado para mostrar que as derivadas parciais de f são homogêneas de grau $k-1$.

a. Prove que $\sum_{i=1}^{n}\sum_{j=1}^{n}x_i x_j f_{ij} = k(k-1)f$.
b. No caso de $n=2$ e $k=1$, que tipo de restrições o resultado da parte (a) impõe à derivada parcial de segunda ordem f_{12}? Como suas conclusões mudam quando $k>1$ ou $k<1$?
c. Como os resultados da parte (b) seriam generalizados para uma função de produção com um número qualquer de insumos?
d. Quais são as implicações desse problema para os parâmetros da função de produção Cobb-Douglas multivariada $f(x_1, x_2, ..., x_n) = \prod_{i=1}^{n} x_i^{\alpha_i}$ para $\alpha_i \geq 0$?

CAPÍTULO SETE
Funções de custo

Este capítulo analisa os custos pagos por uma empresa ao adquirir insumos necessários para produzir um dado produto. O próximo capítulo explora mais esse mesmo tópico ao combinar os custos com as receitas a fim de mostrar como as empresas tomam decisões sobre os insumos e a produção que maximizam os lucros.

7.1 DEFINIÇÕES DE CUSTOS

Antes de discutirmos a teoria dos custos, algumas questões sobre a definição adequada de "custos" devem ser esclarecidas. Especificamente, devemos fazer distinção entre (1) custo contábil e (2) custo econômico. A visão de custo do contador enfatiza as despesas pecuniárias, os custos históricos, a depreciação e outros registros contábeis. A definição de custo do economista (que de maneiras óbvias se fundamenta no conceito fundamental de custo de oportunidade) é que o custo de qualquer insumo é dado pelo tamanho do pagamento necessário para manter o recurso em seu uso atual. De outra forma, o custo econômico de se usar um insumo é o valor que será pago a tal insumo na sua melhor utilização alternativa. Uma maneira de se distinguir entre esses dois pontos de vista é considerar como os custos de vários insumos (trabalho, capital e serviços empresariais) são definidos em cada sistema.

7.1.1 Custos de mão de obra

Os economistas e os contadores consideram os custos relativos à mão de obra da mesma maneira. Para contadores, as despesas com mão de obra são despesas correntes e, portanto, custos de produção. Para os economistas, o trabalho é um custo *explícito*. Os serviços de mão de obra (horas de trabalho) são contratados a uma certa taxa de salário por hora (w), e geralmente supõe-se que este também seja o que os serviços de mão de obra receberiam no seu melhor emprego alternativo. O salário por hora inclui os custos de benefícios adicionais garantidos aos funcionários.

7.1.2 Custos de capital

Os dois conceitos de custo divergem mais em casos de serviços de capital (horas-máquina). Ao calcular os custos de capital, os contadores usam o preço histórico da máquina em questão e aplicam uma regra de depreciação arbitrária para determinar quanto do preço original dessa máquina cobrar nos custos atuais. Os economistas consideram o preço histórico de uma máquina como um "custo irrecuperável", que é irrelevante para as decisões de produção. Em vez disso, consideram que o custo *implícito* da máquina é quanto alguém gostaria de pagar pelo seu uso. Assim, o custo de uma hora-máquina é a *taxa de aluguel* para essa máquina, em seu melhor uso alternativo. Ao continuar a usar a própria máquina, a empresa está, de maneira implícita, renunciando ao que alguém gostaria de pagar para usá-la. Esta taxa de aluguel para uma hora-máquina será indicada por v.[1]

Suponhamos que uma empresa compre um computador por $ 2.000. Um contador que aplicasse um método de depreciação "linear" ao longo de 5 anos consideraria o computador como tendo um custo de $ 400 por ano. Um economista observaria o valor de mercado do computador. A disponibilidade de computadores muito mais rápidos nos anos subsequentes poderia fazer com que o preço de segunda mão do computador original diminuísse drasticamente. Se o preço do computador de segunda mão diminuir para $ 200, por exemplo, após o primeiro ano, o custo econômico será relacionado a esses $ 200. O preço original de $ 2.000 não será mais relevante. (Obviamente, todos esses custos anuais podem ser facilmente convertidos em custos horas-computador).

A distinção entre os custos contábeis e os econômicos de capital desaparece em grande parte se a empresa alugá-lo a um preço de v em cada período, em vez de comprá-lo. Então, v reflete uma despesa corrente da empresa que aparece diretamente como um custo contábil. Reflete também o valor de mercado do uso do capital por um período e, portanto, é um custo de oportunidade/econômico.

7.1.3 Custos dos serviços empresariais

O proprietário de uma empresa é um detentor do direito residual que tem direito a quaisquer receitas ou perdas extras que sobram após o pagamento dos custos relacionados aos insumos. Para um contador, estes seriam chamados *lucros* (o que pode ser positivo ou negativo). Os economistas, no entanto, questionam se os proprietários (ou empresários) também enfrentam problemas relacionados com os custos de oportunidade, quando trabalham em determinada empresa ou dedicando alguns de seus fundos ao seu funcionamento. Em caso afirmativo, esses serviços devem ser considerados um insumo e algum custo deve ser imputado a eles. Por exemplo, suponha que um programador de computador altamente qualificado inicie uma empresa de software com a ideia de guardar qualquer lucro (contábil) que possa ser gerado. O tempo do programador é claramente um insumo para a empresa, e um custo deve ser atribuído a esse tempo. Talvez o salário que o programador pudesse exigir se ele ou ela trabalhasse para outra pessoa poderia ser usado para esse propósito. Logo, alguns dos lucros contabilísticos gerados pela empresa seriam classificados como custos empresariais pelos economistas. Os lucros econômicos seriam menores do que os lucros contábeis e poderiam ser negativos se os custos de oportunidade do programador excedessem os lucros contábeis obtidos pelo negócio. Argumentos similares se aplicam ao capital que um empreendedor fornece à empresa.

7.1.4 Custos econômicos

Não surpreendentemente, neste livro usamos a definição de custo dos economistas.

DEFINIÇÃO

Custo econômico. O *custo econômico* de qualquer insumo é o pagamento exigido para manter esse insumo em seu emprego atual. De maneira equivalente, o custo econômico de um insumo é a remuneração que o insumo receberia em seu melhor emprego alternativo.

O fato de focarmos em definições econômicas de custo não significa que consideramos a contabilidade como um esforço inútil. Os dados contábeis geralmente estão facilmente disponíveis, enquanto

---

[1] Às vezes, o símbolo r é escolhido para representar a taxa de aluguel do capital. Como esta variável é muitas vezes confundida com o conceito relacionado, mas distinto, da taxa de juros do mercado, um símbolo alternativo foi escolhido aqui. A relação exata entre v e a taxa de juros é examinada no Capítulo 12.

os conceitos econômicos correspondentes podem ser mais difíceis de medir. Por exemplo, voltando ao caso anterior de um computador, a empresa pode facilmente monitorar os $ 2.000 que pagou a fim de determinar o seu custo contábil, mas pode não se importar em realizar um estudo (necessário para uma medida precisa do custo econômico) sobre por quanto poderia alugar o equipamento obsoleto, dado que, na verdade, a empresa planeja não alugá-lo. Se a medida contábil não estiver muito longe de sua contrapartida econômica, aquela pode ser "boa o suficiente" para muitos propósitos práticos. Além disso, existe todo um ramo de contabilidade (contabilidade gerencial) dedicado ao desenvolvimento de medidas que ajudem a orientar as decisões econômicas enfrentadas pelo gerente de uma empresa, que pode acabar sendo similares a muitos dos conceitos econômicos estudados aqui. Colocamos as questões de medição de lado e utilizamos os conceitos relevantes para a decisão – custos econômicos – ao longo da análise.

7.1.5 Hipóteses simplificadoras

Como começo, faremos duas simplificações sobre os insumos que uma empresa usa. Primeiro, supomos que existem apenas dois insumos: trabalho homogêneo (l, medido em horas de trabalho) e capital homogêneo (k, medido em horas-máquina). Os custos empresariais estão incluídos nos custos de capital. Ou seja, supomos que os principais custos de oportunidade enfrentados pelo proprietário de uma empresa são os associados ao capital que o proprietário fornece.

Em segundo lugar, supomos que os insumos são contratados em mercados perfeitamente competitivos. As empresas podem comprar (ou vender) todos os serviços de mão de obra ou de capital que desejarem, sob taxas de aluguel vigentes (w e v). Em termos gráficos, a curva de oferta para esses recursos é horizontal nos preços prevalecentes dos fatores. Tanto w como v são tratados como "parâmetros" nas decisões da empresa. Não há nada que a empresa possa fazer para afetá-los. Essas condições serão flexibilizadas em capítulos posteriores (especialmente no Capítulo 11), mas, a princípio, a hipótese de tomador de preços será conveniente e útil. Portanto, com essas simplificações, o custo total C para a empresa durante o período é dado por

$$\text{custo total} = C = wl + vk, \tag{7.1}$$

em que l e k representam a utilização do insumo durante o período.

7.2 RELACIONAMENTO ENTRE MAXIMIZAÇÃO DE LUCRO E MINIMIZAÇÃO DE CUSTO

Vejamos o próximo capítulo sobre a maximização de lucro e vamos comparar a análise daqui com a análise daquele capítulo. Definiremos lucros econômicos (π) como a diferença entre a receita total (R) da empresa e seus custos totais (C). Suponha que a empresa adote o preço de mercado (p) para a sua produção total (q) como dada e que a sua função de produção é $q = f(k, l)$. Então seu lucro pode ser escrito

$$\pi = R - C = pq - wl - vk = pf(k, l) - wl - vk. \tag{7.2}$$

A Equação 7.2 mostra que os lucros econômicos obtidos por essa empresa são uma função da quantidade de capital e trabalho empregado. Se, como suporemos em muitas partes deste livro, essa empresa procura lucros máximos, então podemos estudar seu comportamento examinando como k e l são escolhidos para maximizar a Equação 7.2. Isso, por sua vez, levaria a uma teoria da oferta e a uma teoria da "demanda derivada" para os insumos de capital e mão de obra. No próximo capítulo, abordaremos esses assuntos em detalhes.

Aqui, no entanto, queremos desenvolver uma teoria dos custos que seja um pouco mais geral, aplicando-se não só às empresa sem grande influência no preço de um produto nos seus respectivos mercados (concorrentes perfeitos), mas também àqueles cuja escolha de produção afeta o preço de mercado (monopólios e oligopólios). A teoria mais geral se aplicará até mesmo a organizações sem fins lucrativos (desde que estejam interessadas em operar de forma eficiente). A outra vantagem de analisar a minimização de custos separadamente da maximização de lucros é que é mais simples analisar essa pequena "peça" isoladamente e só depois adicionar os *insights* obtidos no "quebra-cabeça" geral das operações da empresa. As condições derivadas para as opções de insumos minimizadores de custo das opções de insumos neste capítulo surgirão novamente como um "subproduto" da análise da maximização de lucros conforme especificado na Equação 7.2.

Por isso, começamos o estudo dos custos evitando a discussão sobre a escolha do produto. Ou seja, supomos que, por algum motivo, a empresa decidiu alcançar um nível de produção específico (digamos, q_0). A empresa, obviamente, ganhará algumas receitas R a partir dessa produção, mas ignoraremos a receita por agora. Nós nos concentraremos apenas na questão de como a empresa pode produzir q_0 com um custo mínimo.

7.3 ESCOLHAS DE INSUMOS PARA A MINIMIZAÇÃO DE CUSTOS

Matematicamente, resolveremos um problema de minimização com restrição. Mas, antes de proceder com uma solução rigorosa, é bom indicar o resultado a ser derivado com um argumento intuitivo. Para minimizar o custo de atingir determinado nível de produção, a empresa deve escolher um ponto na isoquanta q_0 no qual a taxa de substituição técnica (RTS) de k para l seja igual à razão w/v: ela deve igualar a taxa em que k pode ser trocado por l na produção pela taxa em que eles possam ser negociados no mercado. Suponha que isso não fosse verdade. Em particular, suponha que a empresa produza o nível de produção q_0 usando $k = 10$, $l = 10$ e suponha que a RTS tenha sido 2 nesse ponto. Suponha também que $w = \$\,1$, $v = \$\,1$ e, portanto, $w/v = 1$ (que não é igual a 2). Nessa combinação de insumos, o custo de produção de q_0 é de \$ 20. É fácil mostrar que esse não é o custo mínimo do insumo. Por exemplo, q_0 também pode ser produzido usando $k = 8$ e $l = 11$; podemos abrir mão de duas unidades de k e manter a produção constante em q_0 adicionando uma unidade de l. Mas, nessa combinação de insumos, o custo de produção de q_0 é de \$ 19 e, portanto, a combinação de insumos inicial não foi otimizada. Uma contradição semelhante a essa pode ser demonstrada sempre que a RTS e a razão dos custos de insumo diferem.

7.3.1 Análise matemática

Matematicamente, procuramos minimizar os custos totais dados $q = f(k, l) = q_0$. Estabelecendo o Lagrangiano,

$$\mathscr{L} = wl + vk + \lambda[q_0 - f(k,l)], \quad (7.3)$$

as condições de primeira ordem para um mínimo condicionado são

$$\frac{\partial \mathscr{L}}{\partial l} = w - \lambda \frac{\partial f}{\partial l} = 0,$$

$$\frac{\partial \mathscr{L}}{\partial k} = v - \lambda \frac{\partial f}{\partial k} = 0, \quad (7.4)$$

$$\frac{\partial \mathscr{L}}{\partial \lambda} = q_0 - f(k,l) = 0,$$

ou, dividindo as duas primeiras equações,

$$\frac{w}{v} = \frac{f_l}{f_k} = RTS \text{ (de } k \text{ para } l\text{).} \quad (7.5)$$

Isso diz que a empresa minimizadora de custos deve igualar a RTS dos dois insumos à razão de seus preços.

7.3.2 Outras interpretações

Essas condições de primeira ordem para custos mínimos podem ser manipuladas de diversas maneiras a fim de se produzir resultados interessantes. Por exemplo, a multiplicação cruzada da Equação 7.5 nos dá

$$\frac{f_k}{v} = \frac{f_l}{w}. \qquad (7.6)$$

Ou seja, para que os custos sejam minimizados, a produtividade marginal por dólar gasto deve ser a mesma para todos os insumos. Se o aumento de um insumo gerar um aumento de produção por cada dólar empregado maior do que aquele verificado com o uso de outro insumo, os custos não serão mínimos – a empresa deverá adquirir mais dos insumos que garantem um maior "valor pelo dinheiro" e menos dos que forem mais caros (em termos de produtividade). Qualquer insumo que não possa satisfazer a razão custo-benefício comum, definida na Equação 7.6, não deve selecionado.

A Equação 7.6 pode, obviamente, ser derivada diretamente da Equação 7.4, assim como a seguinte relação recíproca:

$$\frac{w}{f_l} = \frac{v}{f_k} = \lambda. \qquad (7.7)$$

Essa equação mostra o custo extra de se obter uma unidade a mais de produção, selecionando mão de obra ou entrada de capital adicional. Por causa da minimização de custos, esse custo marginal é o mesmo, independentemente do insumo selecionado. Esse custo marginal comum também é medido pelo multiplicador de Lagrange do problema de minimização de custos. Como é o caso de todos os problemas de otimização restrita, aqui o multiplicador de Lagrange mostra o quanto se incorreria, em termos de custos extras, caso a restrição de produção fosse aumentada levemente. Uma vez que o custo marginal desempenha um papel importante nas decisões de oferta de uma empresa, retornaremos a essa característica de minimização de custos com frequência.

7.3.3 Análise gráfica

A minimização de custos é mostrada graficamente na Figura 7.1. Dada a isoquanta de produção q_0, desejamos encontrar o ponto dessa isoquanta que gera menos custos. Linhas que mostram custos iguais são retas, paralelas, com inclinação $-w/v$. Três linhas de custo total igual são mostradas na Figura 7.1: $C_1 < C_2 < C_3$. Fica claro a partir da figura que o custo total mínimo para se produzir q_0 é dado por C_1, em que a curva de custo total é tangente à isoquanta. Os insumos associados são l^c e k^c, em que os índices enfatizam que tais níveis de insumos são uma solução para um problema de minimização de custos. Esta combinação será um mínimo verdadeiro se a isoquanta for convexa (se a *RTS* diminui por redução em k/l). As análises matemáticas e gráficas chegam à mesma conclusão, como segue.

> **PRINCÍPIO DE OTIMIZAÇÃO**
>
> **Minimização de custos.** Para minimizar o custo de qualquer nível de produção (q_0), a empresa deve produzir naquele ponto da isoquanta q_0 para a qual a *RTS* (de k para l) seja igual à proporção dos preços de aluguel dos insumos (w/v).

7.3.4 Demanda contingente de insumos

A Figura 7.1 exibe a semelhança formal entre o problema de minimização de custos da empresa e o problema de minimização de despesas do indivíduo estudado no Capítulo 4 (ver Figura 4.6). Em ambos os problemas, o ator econômico busca atingir seu objetivo (produção ou utilidade) a um custo mínimo. No Capítulo 5, mostramos como esse processo é usado para construir uma teoria da demanda

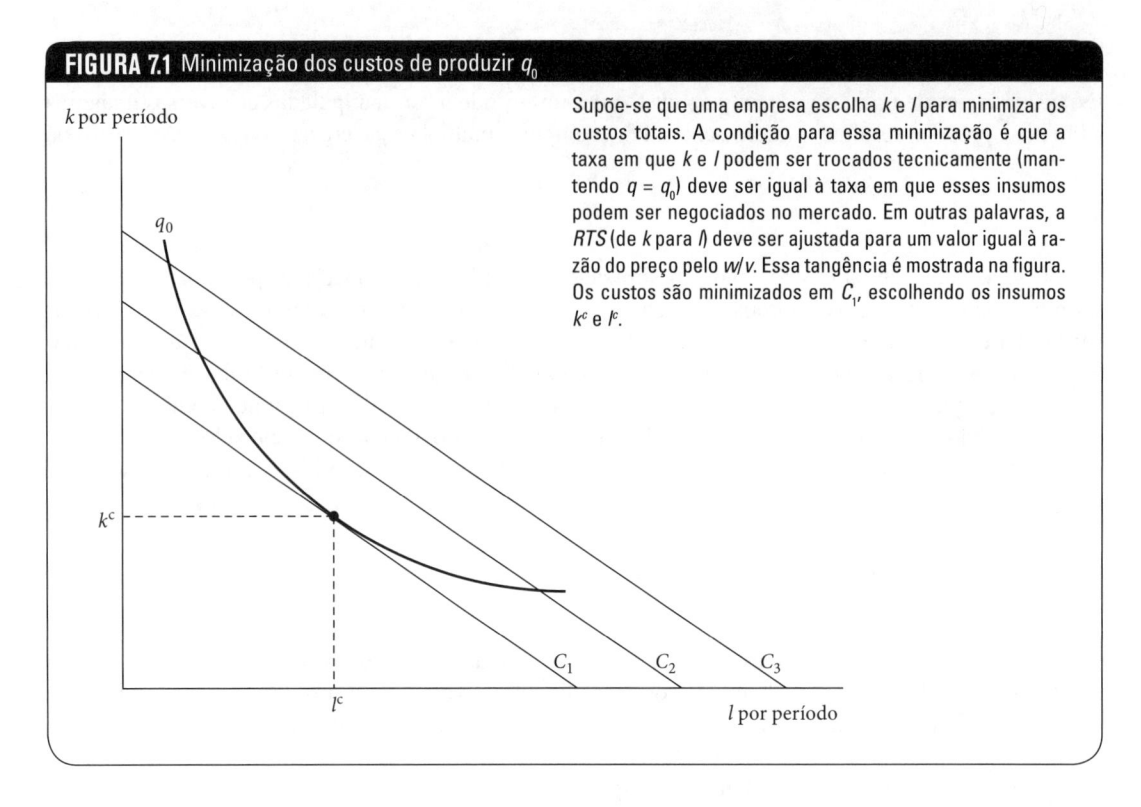

FIGURA 7.1 Minimização dos custos de produzir q_0

Supõe-se que uma empresa escolha k e l para minimizar os custos totais. A condição para essa minimização é que a taxa em que k e l podem ser trocados tecnicamente (mantendo $q = q_0$) deve ser igual à taxa em que esses insumos podem ser negociados no mercado. Em outras palavras, a *RTS* (de k para l) deve ser ajustada para um valor igual à razão do preço pelo w/v. Essa tangência é mostrada na figura. Os custos são minimizados em C_1, escolhendo os insumos k^c e l^c.

compensada de um bem. No presente caso, a minimização de custos leva a uma demanda de capital e mão de obra dependente do nível de produção que está sendo produzido. Portanto, essa não é a história completa da demanda de uma empresa pelos insumos que usa, porque não aborda a questão da escolha de produção. Mas estudar a demanda contingente de insumos nos fornece um elemento importante para analisar a demanda global de insumos da empresa, e abordaremos esse tópico com mais detalhes mais adiante neste capítulo.

7.3.5 Caminho de expansão da empresa

Uma empresa pode seguir o processo de minimização de custos para cada nível de produção: para cada q, ela encontra a escolha de insumo que minimize o custo de produção. Se os custos de insumos (w e v) permanecerem constantes para todos os valores que a empresa possa demandar, podemos localizar facilmente esse locus de escolhas minimizadoras de custos. Essa situação é ilustrada pela Figura 7.2. A curva $0E$ registra as tangências de minimização de custos para níveis de produção sucessivamente maiores. Por exemplo, o custo mínimo para gerar o nível de produção q_1 é dado por C_1, e os insumos k_1 e l_1 são usados. Outras tangências na figura podem ser interpretadas de forma semelhante. O locus dessas tangências é chamada *caminho de expansão* da empresa, uma vez que ele registra como o insumo se expande à medida que a produção aumenta, enquanto mantém constantes os preços dos insumos.

Como mostra a Figura 7.2, o caminho de expansão não precisa ser uma linha reta. O uso de alguns insumos pode aumentar mais rapidamente do que outros, à medida que a produção se expande. Quais desses insumos se expandirão mais rapidamente dependerá da forma das isoquantas de produção. Uma vez que a minimização de custos exige que a *RTS* seja sempre igual à razão w/v, e como a razão w/v é considerada constante, a forma do caminho de expansão será determinada por onde determinada *RTS* ocorrer, em isoquantas cada vez mais elevadas. Se a função de produção exibir retornos constantes de escala (ou, em termos gerais, se for homotética), o caminho de expansão será uma linha reta porque, nesse caso, a *RTS* depende apenas da proporção de k para l. Essa razão seria constante ao longo desse caminho de expansão linear.

Parece razoável supor que o caminho de expansão será positivamente inclinado; isto é, níveis de produção sucessivamente maiores exigirão mais de ambos os insumos. Esse não precisa ser o caso, no entanto, como ilustra a Figura 7.3. Aumentos de produção além de q_2 provocam a diminuição da quantidade de mão de obra utilizada. Nessa faixa, o trabalho seria considerado um *insumo inferior*. A ocorrência de insumos inferiores é então uma possibilidade teórica que pode acontecer, mesmo quando as isoquantas apresentam a sua forma convexa usual.

Muitas discussões teóricas focaram na análise da inferioridade dos fatores. A probabilidade de ocorrência de inferioridade nas funções de produção do mundo real é uma questão empírica difícil de

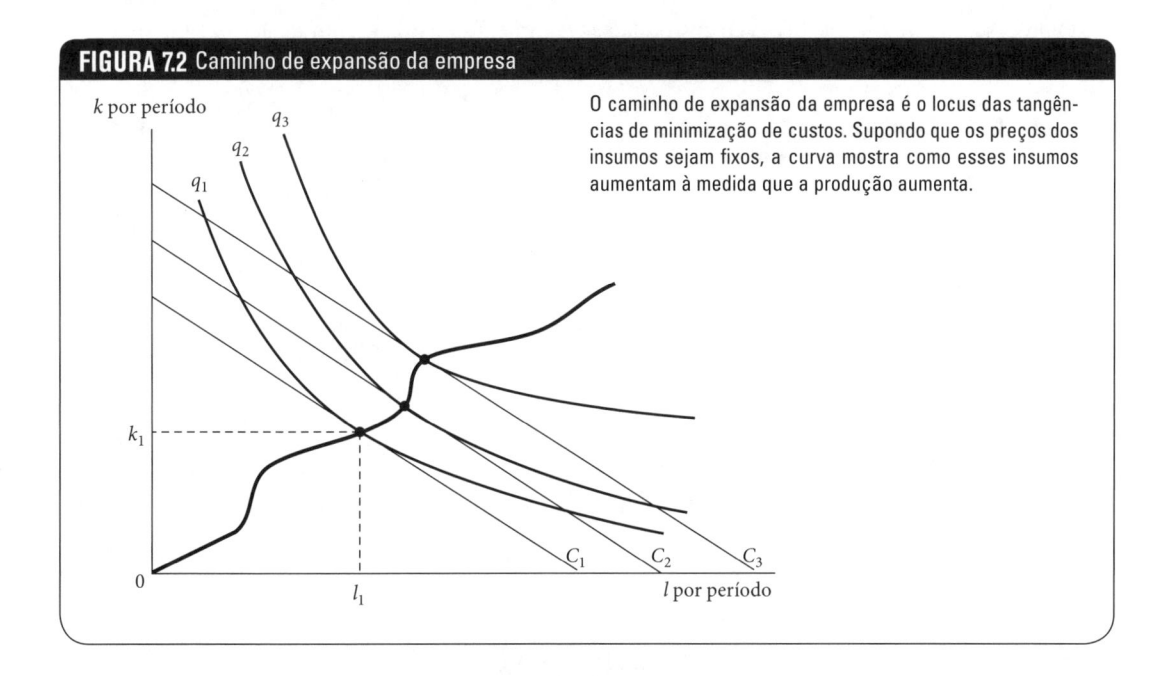

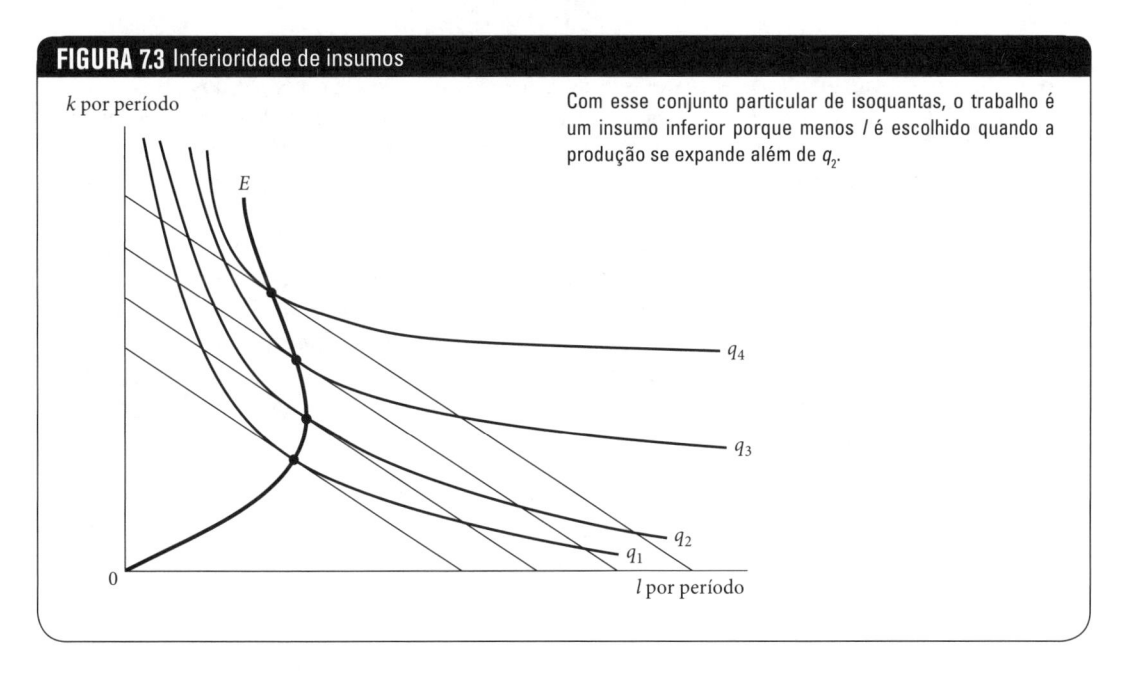

FIGURA 7.2 Caminho de expansão da empresa

O caminho de expansão da empresa é o locus das tangências de minimização de custos. Supondo que os preços dos insumos sejam fixos, a curva mostra como esses insumos aumentam à medida que a produção aumenta.

FIGURA 7.3 Inferioridade de insumos

Com esse conjunto particular de isoquantas, o trabalho é um insumo inferior porque menos *l* é escolhido quando a produção se expande além de q_2.

ser respondida. Parece improvável que tais magnitudes abrangentes como "capital" e "trabalho" possam ser inferiores, mas uma classificação mais acurada de insumos pode colocar essa inferioridade em evidência. Por exemplo, o uso de pás pode diminuir à medida que aumenta a produção de fundações de construção (e o uso de retroescavadeiras). Neste livro, não nos preocuparemos particularmente com as questões analíticas levantadas por essa possibilidade, embora as complicações levantadas por insumos inferiores sejam mencionadas em alguns lugares.

EXEMPLO 7.1 Minimização de custo

O processo de minimização de custos pode ser facilmente ilustrado com duas das funções de produção que encontramos no último capítulo.

1. **Cobb-Douglas:** $q = f(k, l) = k^\alpha l^\beta$. Para esse caso, o Lagrangiano relevante para minimizar o custo de produção, digamos, q_0, é

$$\mathcal{L} = vk + wl + \lambda(q_0 - k^\alpha l^\beta). \tag{7.8}$$

As condições de primeira ordem para um valor mínimo serão

$$\frac{\partial \mathcal{L}}{\partial k} = v - \lambda \alpha k^{\alpha-1} l^\beta = 0,$$

$$\frac{\partial \mathcal{L}}{\partial l} = w - \lambda \beta k^\alpha l^{\beta-1} = 0, \tag{7.9}$$

$$\frac{\partial \mathcal{L}}{\partial \lambda} = q_0 - k^\alpha l^\beta = 0.$$

Dividindo o segundo destes pelo primeiro gera

$$\frac{w}{v} = \frac{\beta k^\alpha l^{\beta-1}}{\alpha k^{\alpha-1} l^\beta} = \frac{\beta}{\alpha} \cdot \frac{k}{l}, \tag{7.10}$$

o que mostra novamente que os custos são minimizados quando a proporção dos preços dos insumos é igual ao valor da *RTS*. Como a função Cobb-Douglas é homotética, a *RTS* depende apenas da proporção dos dois insumos. Se a proporção dos custos dos insumos não mudar, as empresas usarão a mesma razão de insumos, não importa o quanto ele produza, ou seja, o caminho de expansão será uma linha reta através da origem.

Como exemplo numérico, suponha $\alpha = \beta = 0,5$, $w = 12$, $v = 3$, e que a empresa deseja produzir $q_0 = 40$. A condição de primeira ordem para um mínimo requer que $k = 4l$. Inserindo isso na função de produção (a expressão final na Equação 7.9), temos $q_0 = 40 = k^{0,5}l^{0,5} = 2l$. Assim, a combinação de insumos minimizadora de custos é $l = 20$ e $k = 80$, e os custos totais são dados por $vk + wl = 3 \cdot 80 + 12 \cdot 20 = 480$. Esse é um custo mínimo verdadeiro e verificado quando olhamos para algumas outras combinações de insumos que também são capazes de produzir 40 unidades de produtos:

$$k = 40, l = 40, C = 600,$$
$$k = 10, l = 160, C = 2.220, \tag{7.11}$$
$$k = 160, l = 10. C = 600.$$

Qualquer outra combinação de insumos capaz de produzir 40 unidades de produção também custaria mais de 480. A minimização de custos também é sugerida considerando as produtividades marginais. No ponto ótimo

$$MP_k = f_k = 0{,}5k^{-0{,}5}l^{0{,}5} = 0{,}5\left(\frac{20}{80}\right)^{0{,}5} = 0{,}25,$$

$$MP_l = f_l = 0{,}5k^{0{,}5}l^{-0{,}5} = 0{,}5\left(\frac{80}{20}\right)^{0{,}5} = 1{,}0.$$
(7.12)

Assim, na margem, o trabalho é quatro vezes mais produtivo do que o capital, e essa produtividade extra compensa o maior preço unitário do insumo trabalho.

2. **CES:** $q = f(k, l) = (k^\rho + l^\rho)^{\gamma/\rho}$. Novamente, criamos o Lagrangiano

$$\mathscr{L} = vk + wl + \lambda[q_0 - (k^\rho + l^\rho)^{\gamma/\rho}].$$
(7.13)

As condições de primeira ordem para um valor mínimo serão

$$\frac{\partial \mathscr{L}}{\partial k} = v - \lambda(\gamma/\rho)(k^\rho + l^\rho)^{(\gamma-\rho)/\rho}(\rho)k^{\rho-1} = 0,$$

$$\frac{\partial \mathscr{L}}{\partial l} = w - \lambda(\gamma/\rho)(k^\rho + l^\rho)^{(\gamma-\rho)/\rho}(\rho)l^{\rho-1} = 0,$$
(7.14)

$$\frac{\partial \mathscr{L}}{\partial \lambda} = q_0 - (k^\rho + l^\rho)^{(\gamma-\rho)} = 0.$$

Dividir as duas primeiras dessas equações faz com que grande parte dessa massa de símbolos desapareça, restando

$$\frac{w}{v} = \left(\frac{l}{k}\right)^{\rho-1} = \left(\frac{k}{l}\right)^{1-\rho} = \left(\frac{k}{l}\right)^{1/\sigma},$$

$$\text{ou } \frac{k}{l} = \left(\frac{w}{v}\right)^\sigma,$$
(7.15)

em que $\sigma = 1/(1 - \rho)$ é a elasticidade de substituição. Como a função CES também é homotética, a razão dos insumos minimizadora de custo é independente do nível absoluto de produção. O resultado na Equação 7.15 é uma simples generalização do resultado da Cobb-Douglas (quando $\sigma = 1$). Com o resultado da Cobb-Douglas, a razão capital-trabalho minimizadora de custo muda diretamente na mesma razão de mudanças na proporção dos salários e taxa de aluguel de capital. Em casos com maior grau de substituibilidade ($\sigma > 1$), as mudanças na razão de salários e taxa de aluguel causam um aumento mais que proporcional na razão capital-trabalho minimizadora de custo. Com menos substituibilidade ($\sigma < 1$), a resposta se torna proporcionalmente menor.

PERGUNTA: No exemplo numérico da Cobb-Douglas com $w/v = 4$, descobrimos que a razão de insumos minimizadora de custo para produzir 40 unidades de produtos foi $k/l = 80/20 = 4$. Como esse valor mudaria para $\sigma = 2$ ou $\sigma = 0{,}5$? Quais combinações reais de insumos serão usadas? Quais seriam os custos totais?

7.4 FUNÇÕES CUSTO

Agora examinaremos a estrutura geral de custos da empresa. Para isso, usaremos a resolução de caminho de expansão para derivar a função custo total.

> **DEFINIÇÃO**
>
> **Função custo total.** A *função custo total* mostra que, para qualquer conjunto de custos de insumo e para qualquer nível de produção, o custo total mínimo incorrido pela empresa será dado por
>
> $$C = C(v, w, q). \qquad (7.16)$$

A Figura 7.2 deixa claro que os custos totais aumentam à medida que o produto q aumenta. Começaremos por analisar essa relação entre o custo total e a produção, mantendo os preços de insumo fixados. Em seguida, consideraremos como uma mudança no preço dos insumos muda o caminho de expansão e suas funções custo relacionadas.

7.4.1 Funções custo médio e marginal

Embora a função custo total forneça informações completas sobre a relação custo-produção, muitas vezes é melhor analisar os custos levando em consideração uma visão "por unidade de produção", uma vez que essa visão corresponde mais à análise de demanda, que se concentra no preço por unidade de um bem. Duas medidas diferentes de custo unitário são amplamente utilizadas em Economia: (1) custo médio, que é o custo por unidade de produção, e (2) custo marginal, que é o custo de mais uma unidade de produção.

> **DEFINIÇÃO**
>
> **Funções custos médio e marginal.** A *função custo médio* (*AC*, do inglês *average cost*) é encontrada por meio do cálculo dos custos totais por unidade de produto:
>
> $$\text{custo médio} = AC(v, w, q) = \frac{C(v, w, q)}{q} \qquad (7.17)$$
>
> A *função custo marginal* (*MC*, do inglês *marginal cost*) é encontrada por meio do cálculo da mudança nos custos totais para uma mudança no produto:
>
> $$\text{custo marginal} = MC(v, w, q) = \frac{\partial C(v, w, q)}{\partial q}. \qquad (7.18)$$

Observe que, nessas definições, os custos médios e marginais dependem tanto do nível de produção que está sendo produzido como dos preços dos insumos. Em muitos lugares ao longo deste livro, vamos representar relações bidimensionais simples entre os custos e a produção. Como as definições deixam claro, todos esses gráficos são desenhados com base no pressuposto de que os preços dos insumos permanecem constantes e que a tecnologia não muda. Se os preços dos insumos mudarem ou se a tecnologia avançar, as curvas de custo geralmente mudarão de posição. Mais adiante neste capítulo, exploraremos a direção e o tamanho prováveis dessas mudanças quando estudarmos a totalidade da função custo em detalhes.

7.4.2 Análise gráfica dos custos totais

As Figuras 7.4a e 7.5a ilustram duas formas possíveis para a relação entre o custo total e o nível da produção da empresa. Na Figura 7.4a, o custo total é simplesmente proporcional ao resultado. Tal situação surgirá se a função de produção subjacente exibir retornos constantes de escala. Nesse caso, suponha que k_1 unidades de capital e l_1 unidades de mão de obra sejam necessárias para produzir uma unidade de produção. Então

$$C(v, w, 1) = vk_1 + wl_1. \tag{7.19}$$

Para produzir m unidades de produção, mk_1 unidades de capital e ml_1 unidades de mão de obra são necessárias, devido à hipótese de retornos constantes de escala.[2] Daí

$$\begin{aligned} C(v, w, m) &= vmk_1 + wml_1 = m(vk_1 + wl_1) \\ &= mC(v, w, 1), \end{aligned} \tag{7.20}$$

e a proporcionalidade entre a produção e o custo é estabelecida.

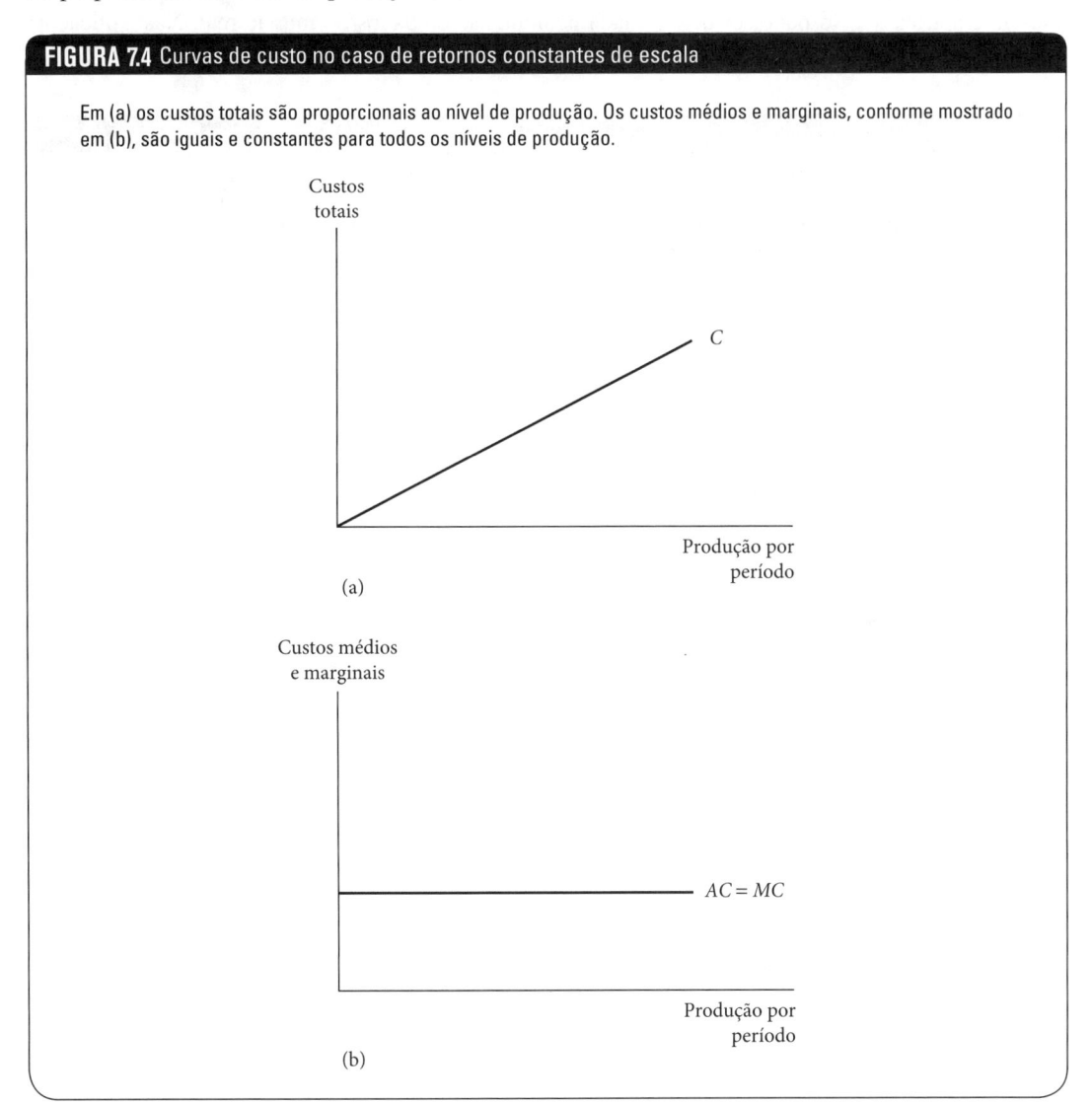

FIGURA 7.4 Curvas de custo no caso de retornos constantes de escala

Em (a) os custos totais são proporcionais ao nível de produção. Os custos médios e marginais, conforme mostrado em (b), são iguais e constantes para todos os níveis de produção.

---

[2] A combinação de insumos (ml_1, mk_1) minimiza o custo de produção de m unidades porque a proporção dos insumos ainda é k_1/l_1 e a RTS para uma função de produção com retornos constantes de escala depende apenas dessa proporção.

A situação da Figura 7.5a é mais complicada. Lá se presume que de início a curva de custo total é côncava. Embora inicialmente os custos aumentem de maneira rápida quando há aumentos na produção, essa taxa de aumento diminui à medida que a produção se expande em direção a sua faixa média. Além dessa faixa média, a curva de custo total torna-se convexa, e os custos começam a aumentar progressivamente de maneira mais rápida. Um possível motivo para essa forma da curva de custo total é que exista um terceiro fator de produção (por exemplo, os serviços de um empresário) que seja mantido fixo à medida que o uso do capital e do trabalho se expanda. Nesse caso, a seção côncava inicial da curva pode ser explicada pelo uso cada vez mais ótimo dos serviços do dono do empreendimento (empreendedor) – ele ou ela precisa de um nível de produção moderado para usar de maneira plena suas habilidades. Além do ponto de inflexão, no entanto, o empresário torna-se excessivamente atarefado na tentativa de coordenar a produção e os rendimentos decrescentes aparecem.

Uma variedade de outras explicações foi oferecida para a curva de custo total do tipo cúbico na Figura 7.5a, mas não as examinaremos aqui. Em última análise, a forma da curva de custo total é uma questão empírica que só pode ser determinada pela análise de dados do mundo real. Nas Aplicações deste capítulo, revisamos algumas das literaturas sobre as funções custo.

FIGURA 7.5 Curvas de custo total, médio e marginal para o caso de curva de custo total cúbica

Se a curva de custo total tiver uma forma cúbica, como a mostrada no painel (a), as curvas de custo médio e marginal mostradas no painel (b) serão em forma de U. A curva de custo marginal passa pelo ponto mínimo da curva de custo médio ao nível de produção q^*. Esse mesmo q^* tem como propriedade no painel (a) que uma linha da origem à curva de custo total é tangente à curva nesse nível de produção.

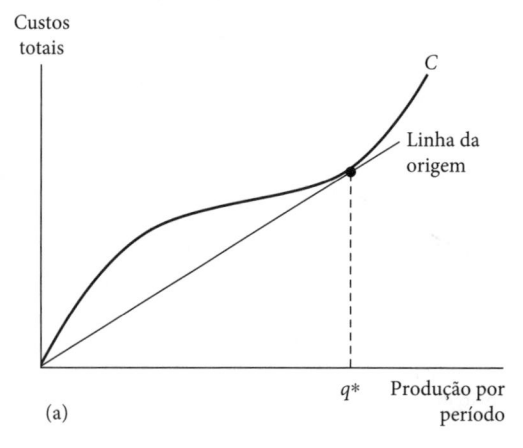

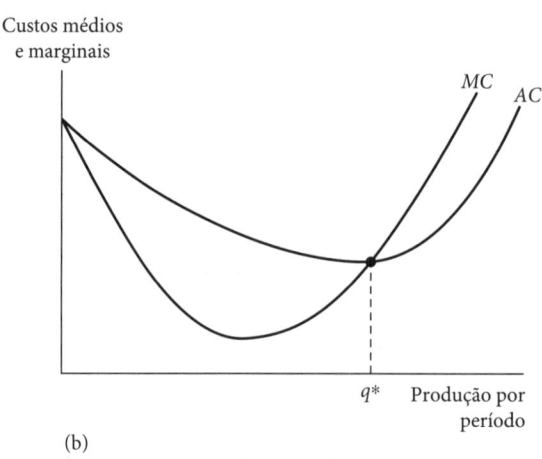

7.4.3 Análise gráfica dos custos médios e marginais

As informações das curvas de custo total podem ser usadas a fim de se construir as curvas de custo médio e marginal mostradas nas Figuras 7.4b e 7.5b. Para o caso de retornos constantes de escala (Figura 7.4), isso é simples. Como os custos totais são proporcionais ao produto, os custos médios e marginais são constantes e iguais para todos os níveis de produção.[3] Esses custos são mostrados pela linha horizontal $AC = MC$ na Figura 7.4b.

Para o caso da curva de custo total cúbica (Figura 7.5), o cálculo das curvas de custo médio e marginal requer alguma noção de geometria. Como a definição na Equação 7.18 deixa clara, o custo marginal é simplesmente a inclinação da curva de custo total. Assim, devido à forma que assume, a curva MC fica em forma de U, com o MC diminuindo sobre a porção côncava da curva de custo total e aumentando para além do ponto de inflexão. Como a inclinação é sempre positiva, MC será sempre maior que 0. Os custos médios (AC) começam sendo iguais aos custos marginais para a "primeira" unidade de produção.[4] No entanto, à medida que a produção se expande, o AC excede o MC porque o AC reflete tanto o custo marginal da última unidade produzida quanto os maiores custos marginais das unidades produzidas anteriormente. Enquanto $AC > MC$, os custos médios devem diminuir. Como os menores custos das unidades recém-produzidas estão abaixo do custo médio, eles continuam a puxar os custos médios para baixo. No entanto, os custos marginais aumentam e eventualmente (em q^*) se igualam ao custo médio. Além deste ponto, $MC > AC$, e os custos médios aumentarão, uma vez que são puxados para cima pelos custos marginais cada vez maiores. Consequentemente, mostramos que a curva AC também possui uma curva em forma de U e que atinge um ponto mínimo em q^*, onde AC e MC se cruzam.[5]

Em estudos empíricos de funções custo, há um interesse considerável nesse ponto de custo médio mínimo. Ele reflete a *escala mínima eficiente (MES*, do inglês *minimum efficient scale)* para o processo de produção específico que está sendo analisado. O ponto também é teoricamente importante devido ao papel que desempenha na determinação de preços perfeitamente competitivos em longo prazo (ver Capítulo 9). Embora tenhamos identificado q^* usando propriedades das curvas AC e MC na Figura 7.5b, este também pode ser identificado na Figura 7.5a como o nível de produção no qual uma linha da origem à curva de custo total é tangente a essa curva.[6]

---

[3] Matematicamente, porque $C = aq$ (em que a é o custo de uma unidade de produção),
$$AC = \frac{C}{q} = a = \frac{\partial C}{\partial q} = MC.$$

[4] Tecnicamente, AC e MC se aproximam no limite quando q se aproxima de 0. Isso pode ser mostrado pela regra de l'Hôpital, que afirma que, se $f(a) = g(a) = 0$, então
$$\lim_{x \to a} \frac{f(x)}{g(x)} = \lim_{x \to a} \frac{f'(x)}{g'(x)}.$$

Aplicando essa regra às funções de custo unitário, já que $C = 0$ em $q = 0$, temos
$$\lim_{q \to 0} AC = \lim_{q \to 0} \frac{C}{q} = \lim_{q \to 0} \frac{\partial C/\partial q}{\partial q/\partial q} = \lim_{q \to 0} MC.$$

[5] Matematicamente, podemos encontrar o AC mínimo definindo sua derivada igual a 0:
$$\frac{\partial AC}{\partial q} = \frac{\partial (C/q)}{\partial q} = \frac{q \cdot (\partial C/\partial q) - C \cdot 1}{q^2} = \frac{q \cdot MC - C}{q^2} = 0,$$
implicando $q \cdot MC - C = 0$ ou $MC = C/q = AC$. Assim, $MC = AC$ quando AC é minimizado.

[6] Para entender o porquê, precisamos ser capazes de "ler" custos marginais e médios do painel (a) da Figura 7.5. O custo marginal pode ser lido do painel (a) simplesmente como a inclinação de C. A leitura do custo médio do painel (a) requer o mecanismo da linha da origem até C. Uma vez que essa linha começa em (0,0), é fácil calcular sua inclinação:
$$\text{inclinação da linha da origem } = \frac{\text{aumento}}{\text{distância}} = \frac{C - 0}{q - 0} = AC.$$

Vimos no painel (b) que $MC = AC$ em q^*. Portanto, no nível de produção q^*, a inclinação de C deve igualar a inclinação da linha da origem até C, implicando que a linha deve ser tangente a C.

7.5 DESLOCAMENTOS EM CURVAS DE CUSTO

As curvas de custo ilustradas nas Figuras 7.4 e 7.5 mostram a relação entre custos e quantidade produzida sob o pressuposto de que todos os outros fatores serão mantidos constantes. Especificamente, a construção das curvas pressupõe que os preços dos insumos e o nível de tecnologia não se alteraram.[7] Se esses fatores mudarem, as curvas de custo se deslocam. Nesta seção, aprofundamo-nos na matemática das funções custo como uma forma de estudar esses deslocamentos. Começamos com alguns exemplos.

EXEMPLO 7.2 Algumas funções custo ilustrativas

Neste exemplo, calculamos as funções custo associadas a três funções de produção diferentes. Mais adiante, usaremos esses exemplos para ilustrar algumas das propriedades gerais das funções custo.

1. **Proporções fixas:** $q = f(k, l) = \min(\alpha k, \beta l)$. O cálculo das funções custo de suas funções de produção subjacentes é uma das tarefas mais frustrantes para estudantes de Economia. Assim, vamos começar com um exemplo simples. O que queremos fazer é mostrar como os custos totais dependem dos custos de insumos e da quantidade produzida. No caso de proporções fixas, sabemos que a produção ocorrerá em um vértice das isoquantas em forma de L onde $q = \alpha k = \beta l$. Daí, os custos totais são

$$C(v, w, q) = vk + wl = v\left(\frac{q}{\alpha}\right) + w\left(\frac{q}{\beta}\right) = q\left(\frac{v}{\alpha} + \frac{w}{\beta}\right). \quad (7.21)$$

Esse é realmente o tipo de função que queremos porque indica os custos totais como uma função apenas de v, w e q junto com alguns parâmetros da função de produção subjacente. Devido à natureza de retornos constantes de escala dessa função de produção, ela assume a forma especial

$$C(v, w, q) = qC(v, w, 1). \quad (7.22)$$

Ou seja, os custos totais são dados pela produção multiplicada pelo custo de produção de uma unidade. Os aumentos nos preços dos insumos claramente aumentam os custos totais com o uso dessa função, e as melhorias técnicas representadas pelo aumento dos parâmetros α e β reduzem os custos.

2. **Cobb-Douglas:** $q = f(k, l) = k^\alpha l^\beta$. Esse é o nosso primeiro exemplo de computação complicada, mas podemos clarear o processo salientando que o objetivo final é usar os resultados de minimização de custos a fim de se substituir os insumos na função de produção pelos custos. Do Exemplo 7.1, sabemos que a minimização de custos requer que

$$\frac{w}{v} = \frac{\beta}{\alpha} \cdot \frac{k}{l} \quad (7.23)$$

e então

$$k = \frac{\alpha}{\beta} \cdot \frac{w}{v} \cdot l. \quad (7.24)$$

---

[7] Para empresas que produzam diversos produtos, uma complicação adicional deve ser considerada. Para essas empresas, é possível que os custos associados à produção de um produto (por exemplo, q_1) também sejam afetados pela quantidade de algum outro produto que esteja sendo produzido (q_2). Nesse caso, a empresa diz que exibe "economias de escopo", e a função de custo total será da forma $C(v, w, q_1, q_2)$. Por isso, q_2 também deve ser mantido constante na construção das curvas de custo de q_1. Presumivelmente aumentos em q_2 deslocam as curvas de custo de q_1 para baixo.

A substituição na função de produção permite uma solução para o insumo de mão de obra em termos de q, v e w como

$$q = k^\alpha l^\beta = \left(\frac{\alpha}{\beta} \cdot \frac{w}{v}\right)^\alpha l^{\alpha+\beta} \tag{7.25}$$

ou

$$l^c(v, w, q) = q^{1/\alpha+\beta}\left(\frac{\beta}{\alpha}\right)^{\alpha/(\alpha+\beta)} w^{-\alpha/(\alpha+\beta)} v^{\alpha/(\alpha+\beta)}. \tag{7.26}$$

Um conjunto semelhante de manipulações gera

$$k^c(v, w, q) = q^{1/\alpha+\beta}\left(\frac{\alpha}{\beta}\right)^{\beta/(\alpha+\beta)} w^{\beta/(\alpha+\beta)} v^{-\beta/(\alpha+\beta)}. \tag{7.27}$$

Agora, estamos prontos para obter os custos totais como

$$C(v, w, q) = vk^c + wl^c = q^{1/(\alpha+\beta)} B v^{\alpha/(\alpha+\beta)} w^{\beta/(\alpha+\beta)}, \tag{7.28}$$

em que $B = (\alpha + \beta)\alpha^{-\alpha/(\alpha+\beta)}\beta^{-\beta/(\alpha+\beta)}$ – uma constante que envolve apenas os parâmetros α e β. Embora essa derivação tenha sido um pouco confusa, vários aspectos interessantes dessa função custo Cobb-Douglas são facilmente evidentes. Em primeiro lugar, se a função for de saída convexa, linear ou côncava, dependerá do fato de haver ou não retornos de escala decrescentes ($\alpha + \beta < 1$), constantes ($\alpha + \beta = 1$) ou crescentes ($\alpha + \beta > 1$). Em segundo lugar, um aumento em qualquer um dos preços de insumos aumenta também os custos, sendo a extensão do aumento determinada pela importância relativa do insumo, conforme reflete o tamanho de seu expoente na função de produção. Finalmente, a função custo é homogênea de grau 1 nos preços de insumos – uma característica geral de todas as funções de custo, como mostraremos em breve.

3. **CES:** $q = f(k, l) = (k^\rho + l^\rho)^{\gamma/\rho}$. Para esse caso, os autores vão poupá-la dos cálculos de álgebra. Para derivar a função custo total, usamos a condição de minimização de custos especificada na Equação 7.15, resolvendo para cada insumo individualmente e, eventualmente, obtendo

$$\begin{aligned} C(v, w, q) &= vk + wl = q^{1/\gamma}(v^{\rho/(\rho-1)} + w^{\rho/(\rho-1)})^{(\rho-1)/\rho} \\ &= q^{1/\gamma}(v^{1-\sigma} + w^{1-\sigma})^{1/(1-\sigma)}, \end{aligned} \tag{7.29}$$

em que a elasticidade de substituição é dada por σ. Mais uma vez, a forma do custo total é determinada pelo parâmetro de escala (γ) para essa função de produção, e a função custo aumenta em ambos os preços de insumo. A função também é homogênea de grau 1 nesses preços. Uma característica limitante desta forma da função CES é que os insumos recebem pesos iguais – portanto seus preços são igualmente importantes na função custo. Essa característica da CES é facilmente generalizada, contudo (ver o Problema 7.9).

PERGUNTA: Como as várias possibilidades de substituição inerentes à função CES são refletidas na função custo CES na Equação 7.29?

7.5.1 Propriedades das funções custo
Estes exemplos ilustram algumas das propriedades gerais das funções custo total.

1. *Homogeneidade*. As funções de custo total no Exemplo 7.2 são todas homogêneas de grau 1 nos preços de insumos. Ou seja, uma duplicação dos preços dos insumos duplicará também o custo total de qualquer nível de produção (você mesmo pode verificar isso). Esta é uma propriedade de todas as funções custo adequadas. Quando todos os preços de insumos duplicam (ou são aumentados por qualquer proporção uniforme), a razão de dois preços de insumos quaisquer não mudará. Uma vez que a minimização de custos exige que a razão dos preços dos insumos seja igual à *RTS* ao longo de uma isoquanta dada, a combinação de insumos minimizadora de custos também não será alterada. Daí a empresa comprará exatamente o mesmo conjunto de insumos e pagará exatamente duas vezes a mais por eles. Uma implicação desse resultado é que uma inflação pura e uniforme em todos os custos de insumos não alterará as decisões da empresa relacionadas a esses insumos. Suas curvas de custo se deslocarão para cima em correspondência precisa com a taxa de inflação.
2. *As funções custo total são não decrescentes em q, v e w*. Essa propriedade parece óbvia, mas vale a pena discuti-la um pouco. Como as funções custo derivam de um processo de minimização de custos, qualquer diminuição nos custos de um aumento de um dos argumentos da função levaria a uma contradição. Por exemplo, se um aumento na produção de q_1 a q_2 reduzisse os custos totais, seria este um caso em que a empresa não estava minimizando os custos, em primeiro lugar. Ela deveria ter produzido q_2 e descartado uma produção de $q_2 - q_1$, produzindo assim q_1 a um custo menor. Da mesma forma, se um aumento no preço de um insumo sempre reduzisse o custo total, a empresa não poderia estar minimizando seus custos. Para ver isso, suponha que a empresa estivesse usando a combinação de insumo (l_1, k_1) e que w aumentasse. Claramente, isso aumentará o custo da combinação de insumos inicial. Mas, se as mudanças nas escolhas de insumos fizessem com que os custos totais diminuíssem, isso implicaria, inicialmente, que existisse uma combinação de insumos com menores custos que a combinação (l_1, k_1). Portanto, temos uma contradição, e essa propriedade das funções custo é estabelecida.[8]
3. *As funções custo total são côncavas nos preços de insumos*. Provavelmente é mais fácil ilustrar essa propriedade com um gráfico. A Figura 7.6 mostra os custos totais para vários valores do preço de um insumo, digamos, w, mantendo q e v constantes. Suponha que, inicialmente, os preços de insumo w' e v' prevaleçam e que a produção total q_0 seja produzida ao custo total $C(v', w', q_0)$ usando insumos minimizadores de custos l' e k'. Se a empresa não alterou a sua combinação de insumos em resposta às mudanças nos salários, a curva de custo total seria linear conforme refletido pela linha $C_{\text{PSEUDO}}(v', w, q_0) = v'k' + wl$ na figura. Mas uma empresa minimizadora de custos provavelmente mudaria a combinação de insumos que usa para produzir q_0 quando os salários fossem alterados, e esses custos reais $C(v', w, q_0)$ cairiam para abaixo dos "pseudocusto". Portanto, a função custo total deve ter a forma côncava mostrada na Figura 7.6. Uma implicação dessa descoberta é que os custos serão menores quando uma empresa enfrentar preços de insu-

---

[8] Uma prova formal também pode ser baseada no teorema do envelope aplicado a problemas de minimização restrita. Considere o Lagrange na Equação 7.3. Como foi apontado no Capítulo 2, podemos calcular a mudança no objetivo em tal expressão (neste caso, custo total) em relação a uma mudança em uma variável ao diferenciar o Lagrange. A realização dessa diferenciação nos dá

$$MC = \frac{\partial C}{\partial q} = \frac{\partial \mathcal{L}}{\partial q} = \lambda \geq 0,$$

$$\frac{\partial C}{\partial v} = \frac{\partial \mathcal{L}}{\partial v} = k^c \geq 0,$$

$$\frac{\partial C}{\partial w} = \frac{\partial \mathcal{L}}{\partial w} = l^c \geq 0.$$

Esses resultados do teorema do envelope não só provam essa propriedade das funções de custo, mas também são úteis por si só, como mostraremos mais adiante neste capítulo.

FIGURA 7.6 As funções custo são côncavas nos preços de insumos

Com os preços de insumos w' e v', os custos totais de produção de q_0 são $C(v', w', q_0)$. Se a empresa não alterar a sua combinação de insumos, os custos de produção de q_0 seguirão a linha reta C_{PSEUDO}. Com a substituição de insumos, os custos reais $C(v', w', q_0)$ cairão abaixo dessa linha e, portanto, a função custo será côncava em w.

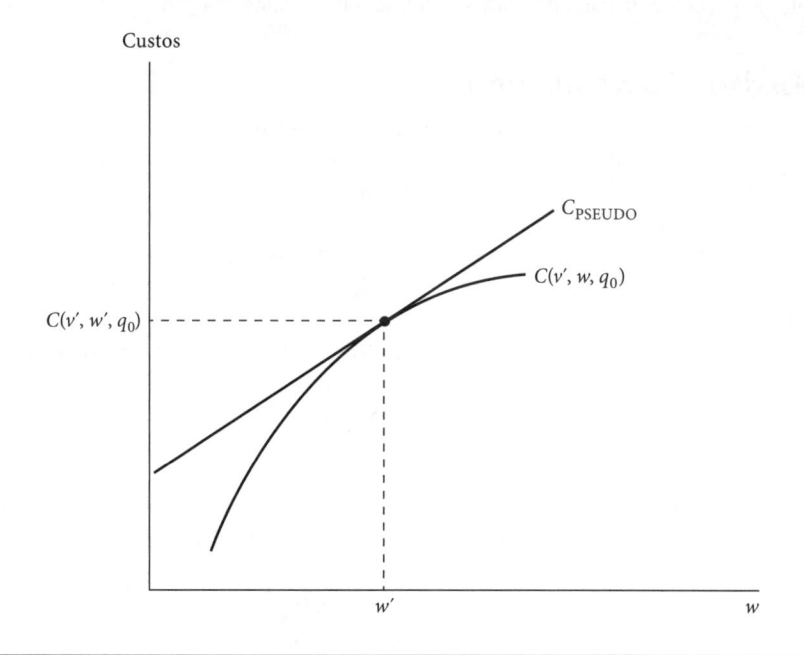

mos que flutuam em torno de determinado nível do que quando eles permanecerem constantes nesse nível. Com preços de insumos flutuantes, a empresa pode adaptar sua combinação de insumos a fim de tirar proveito de tais flutuações, usando muita, por exemplo, mão de obra quando seu preço é baixo e economizando esse insumo quando seu preço for alto.

4. *Propriedades que migram para os custos médios e marginais.* Algumas, mas não todas, dessas propriedades das funções custo total são transferidas para suas funções relacionadas, de custo médio e marginal. Homogeneidade é uma propriedade que migra diretamente. Uma vez que $C(tv, tw, q) = tC(v, w, q)$, temos

$$AC(tv, tw, q) = \frac{C(tv, tw, q)}{q} = \frac{tC(v, w, q)}{q} = tAC(v, w, q) \quad (7.30)$$

e[9]

$$MC(tv, tw, q) = \frac{\partial C(tv, tw, q)}{\partial q} = \frac{t\partial C(v, w, q)}{\partial q} = tMC(v, w, q). \quad (7.31)$$

No entanto, os efeitos das mudanças em q, v e w nos custos médios e marginais às vezes são ambíguos. Nós já mostramos que as curvas de custo médio e marginal podem ter segmentos inclinados negativamente, então nem AC nem MC são não decrescentes em q. Como os custos totais não devem diminuir quando um preço de insumo aumentar, é claro que o custo médio está aumentando em w e v.

---

[9] Este resultado não viola o teorema de que a derivada de uma função homogênea de grau k é homogênea de grau $k - 1$ porque estamos diferenciando em relação a q e os custos totais são homogêneos em relação apenas aos preços de insumos.

Mas, para o caso do custo marginal, a situação é mais complexa. A principal complicação surge devido à possibilidade de inferioridade de insumos. Nesse caso (reconhecidamente raro), um aumento no preço de insumos inferiores fará com que o custo marginal diminua. Embora a prova disso seja relativamente direta,[10] uma explicação intuitiva é elusiva. Ainda assim, na maioria dos casos, parece claro que o aumento do preço de um insumo também aumentará o custo marginal.

7.5.2 Substituição de insumo

Uma alteração no preço de um insumo fará com que a empresa altere toda a sua combinação de insumos. Dessa forma, um estudo completo de como as curvas de custo se deslocam quando os preços dos insumos se alteram deve também incluir uma análise de substituição entre os insumos. O capítulo anterior apresentou um conceito que mede quão substituíveis os insumos são: a elasticidade de substituição. Aqui modificaremos a definição, usando alguns resultados da minimização de custos, de modo que seja expresso somente em termos de variáveis facilmente observáveis. A definição modificada será mais útil para o trabalho empírico.

Lembre-se da fórmula para a elasticidade de substituição do Capítulo 6, repetida aqui:

$$\sigma = \frac{d(k/l)}{dRTS} \cdot \frac{RTS}{k/l} = \frac{d\ln(k/l)}{d\ln RTS}. \tag{7.32}$$

Mas o princípio de minimização de custos diz que RTS (de k para l) = w/v em um ponto ótimo. A utilização desse resultado nos dá uma nova versão da elasticidade de substituição:[11]

$$s = \frac{d(k/l)}{d(w/v)} \cdot \frac{w/v}{k/l} = \frac{d\ln(k/l)}{d\ln(w/v)}, \tag{7.33}$$

diferenciada pela mudança na notação de σ para s. As elasticidades diferem em dois aspectos. Enquanto σ se aplica a qualquer ponto de qualquer isoquanta, s aplica-se apenas a um único ponto em uma única isoquanta (o ponto de equilíbrio onde há uma tangência entre a isoquanta e uma linha de custo total igual). Embora isso pareça ser uma desvantagem de s, a grande vantagem de se concentrar no ponto de equilíbrio é que s envolve apenas variáveis facilmente observáveis: quantidades de insumos e preços. Em contraste, σ envolve a RTS, a inclinação de uma isoquanta. O conhecimento da RTS exigiria um conhecimento detalhado do processo de produção que até mesmo os engenheiros da empresa não poderiam ter, e muito menos um observador externo.

No caso de dois insumos, s deve ser não negativa. Um aumento em w/v será acompanhado por um aumento em k/l (ou, no caso limite de proporção fixa, k/l permanecerá constante). Grandes valores de s indicam que as empresas modificam suas proporções de insumos de forma significativa em resposta às mudanças nos preços relativos de insumos, enquanto valores baixos indicam que as mudanças nos preços dos insumos têm um efeito relativamente pequeno.

---

[10] A prova segue os resultados do teorema do envelope apresentados na nota de rodapé 8. Como a função MC pode ser derivada por diferenciação do Lagrangiano para minimização de custos, podemos usar o teorema de Young para mostrar que

$$\frac{\partial MC}{\partial v} = \frac{\partial(\partial \mathcal{L}/\partial q)}{\partial v} = \frac{\partial^2 \mathcal{L}}{\partial v \partial q} = \frac{\partial^2 \mathcal{L}}{\partial q \partial v} = \frac{\partial k}{\partial q}.$$

Assim, se o capital for um insumo normal, um aumento em v aumentará o MC, enquanto, se o capital for inferior, um aumento em v realmente reduzirá MC.

[11] Esta definição é geralmente atribuída a R. G. D. Allen, que a desenvolveu sob uma forma alternativa em sua *Mathematical Analysis for Economists* (Nova York: St. Martin's Press, 1938), p. 504-509.

7.5.3 Substituição com muitos insumos

Em vez de apenas dois insumos k e l, agora suponha que haja muitos insumos para o processo de produção $(x_1, x_2, \ldots, x_n)$ que possam ser alugados a preços competitivos $(w_1, w_2, \ldots, w_n)$. Então, a elasticidade de substituição entre dois insumos quaisquer (s_{ij}) é definida da seguinte forma.

> **DEFINIÇÃO**
>
> **Elasticidade de substituição.** A elasticidade de substituição entre os insumos x_i e x_j é dada por
>
> $$s_{ij} = \frac{\partial(x_i/x_j)}{\partial(w_j/w_i)} \cdot \frac{w_j/w_i}{x_i/x_j} = \frac{\partial \ln(x_i/x_j)}{\partial \ln(w_j/w_i)}, \qquad (7.34)$$
>
> em que a produção e todos os outros preços de insumos são mantidos constantes.

Um ponto sutil que não foi abordado no caso de dois insumos considera o que é suposto sobre o uso que a empresa faz dos outros insumos, que não sejam i e j. Devemos realizar um experimento mental de mantê-los fixados, assim como outros preços de insumos e produção? Ou devemos levar em consideração o ajuste desses outros insumos para atingir a minimização de custos? O último pressuposto provou ser mais útil na análise econômica. Portanto, esse será o que adotaremos para incorporar na Equação 7.34.[12] Por exemplo, um tópico importante na teoria das escolhas de insumos das empresas é descrever a relação entre os insumos capital e energia. A definição na Equação 7.34 permitiria a um pesquisador estudar como a razão entre os insumos energia e capital muda quando o preço relativo da energia aumenta ao mesmo tempo em que permite que a empresa faça ajustes em insumos de mão de obra (cujo preço não se altera) que seriam necessários para minimização de custos. Dessa forma, isso daria uma visão realista sobre como as empresas se comportam na tentativa de descobrir se energia e capital são substitutos ou complementos. Mais adiante neste capítulo, analisaremos essa definição com um pouco mais de detalhes, uma vez que ela é amplamente utilizada em estudos empíricos de produção.

7.5.4 Tamanho quantitativo de deslocamentos nas curvas de custo

Nós já mostramos que o aumento no preço dos insumos aumentará os custos totais, médios e (exceto no caso em que os insumos forem inferiores) marginais. Analisaremos agora a extensão desses aumentos. Em primeiro lugar, obviamente, o aumento dos custos será influenciado pela importância do insumo no processo de produção. Se um insumo é responsável por uma grande fração dos custos totais, o aumento no preço aumentará significativamente os custos. Um aumento nos salários aumentaria acentuadamente os custos da mão de obra de operários de construção, uma vez que o trabalho é um dos principais insumos na construção. Por outro lado, um aumento de preços de um insumo menor apresentará um pequeno impacto nos custos. Um aumento nos preços dos pregos não aumentará muito os custos do projeto.

Um determinante menos óbvio da extensão dos aumentos de custos é a substituibilidade dos insumos. Se as empresas puderem substituir facilmente um insumo por outro que tenha aumentado de preço, é possível que haja um baixo aumento nos custos. Os aumentos nos preços do cobre no final da década de 1960, por exemplo, tiveram pouco impacto nos custos de distribuição de energia elétrica por parte dos eletricistas, porque eles descobriram que poderiam substituir facilmente cabos de cobre por alumínio. Alternativamente, se a empresa achar difícil ou impossível a substituição do insumo que se tornou mais caro, os custos poderão aumentar rapidamente. O custo das joias de ouro, juntamente com o preço do ouro, aumentou rapidamente no início da década de 1970, porque simplesmente não havia um substituto para esse tipo de matéria-prima.

---

[12] Esta definição é atribuída ao economista japonês M. Morishima, e essas elasticidades às vezes são referidas como *elasticidades de Morishima*. Nesta versão, a *elasticidade de substituição* para insumos substitutivos é positiva. Alguns autores revertem a ordem dos índices no denominador da Equação 7.34 e, nesse uso, a elasticidade de substituição para insumos substitutos é negativa.

É possível apresentar uma descrição matemática precisa dos tamanhos quantitativos de todos esses efeitos, por meio da elasticidade de substituição. Para isso, no entanto, seria necessário encher o livro de símbolos.[13] Para o nosso propósito, basta se basear na discussão intuitiva anterior. Isso deve servir como um lembrete de que as mudanças no preço de um insumo terão o efeito de deslocar as curvas de custo das empresas, sendo o tamanho do deslocamento relacionado com a importância relativa do insumo e das possibilidades de substituição disponíveis.

7.5.5 Mudança técnica

Melhoramentos técnicos permitem que a empresa produza determinado nível de produção com menos insumos. Essas melhorias, obviamente, deslocam para baixo os custos totais (se os preços dos insumos permanecerem constantes). Embora possa ser complexa a maneira como a mudança técnica afeta a forma matemática da curva de custo total, há casos em que se chega na conclusão de maneira simples. Suponhamos, por exemplo, que a função de produção exiba retornos constantes de escala e que essa mudança técnica entre na função conforme descrito no Capítulo 6 [ou seja, $q = A(t)f(k, l)$, em que $A(0) = 1$]. Nesse caso, os custos totais no período inicial são dados por

$$C_0(v, w, q) = qC_0(v, w, 1). \tag{7.35}$$

Como os mesmos insumos que produziram uma unidade de produção no período 0 são também a maneira que minimiza custos de produzir $A(t)$ unidades de produto no período t, sabemos que

$$C_0(v, w, 1) = C_t(v, w, A(t)) = A(t)C_t(v, w, 1). \tag{7.36}$$

Portanto, podemos calcular a função custo total no período t como

$$C_t(v, w, q) = qC_t(v, w, 1) = \frac{qC_0(v, w, 1)}{A(t)} = \frac{C_0(v, w, q)}{A(t)}. \tag{7.37}$$

Assim, os custos totais diminuem ao longo do tempo à taxa de mudança técnica.[14]

Observe que, neste caso, a mudança técnica é "neutra" na medida em que não afeta as escolhas de insumos da empresa (desde que os preços dos insumos permaneçam constantes). Esse resultado de neutralidade pode não ocorrer nos casos em que o progresso técnico assume uma forma mais complexa ou onde há retornos variáveis de escala. Mesmo nesses casos mais complexos, no entanto, as melhorias técnicas irão fazer com que os custos totais diminuam.

EXEMPLO 7.3 Deslocando a função custo Cobb-Douglas

No Exemplo 7.2, calculamos a função custo Cobb-Douglas como

$$C(v, w, q) = q^{1/(\alpha+\beta)} B v^{\alpha/(\alpha+\beta)} w^{\beta/(\alpha+\beta)}, \tag{7.38}$$

---

[13] Para uma explicação completa, veja C. Ferguson, *Neoclassical Theory of Production and Distribution* (Cambridge, Reino Unido: Cambridge University Press, 1969), p. 154-60.

[14] Para ver que as taxas de mudança indicadas são as mesmas, note primeiro que a taxa de variação do progresso técnico é

$$r(t) = \frac{A'(t)}{A(t)},$$

enquanto a taxa de variação no custo total é

$$\frac{\partial C_t}{\partial t} \cdot \frac{1}{C_t} = \frac{C_0 A'(t)}{A(t)^2} \cdot \frac{1}{C_t} = \frac{A'(t)}{A(t)} = r(t)$$

usando a Equação 7.37.

em que $B = (\alpha + \beta)\alpha^{-\alpha/(\alpha+\beta)}\beta^{-\beta/(\alpha+\beta)}$. Como na ilustração numérica no Exemplo 7.1, vamos supor $\alpha = \beta = 0,5$, caso em que a função custo total é bastante simplificada:

$$C(v, w, q) = 2qv^{0,5}w^{0,5}. \tag{7.39}$$

Essa função produzirá uma curva de custo total que relaciona os custos totais e a produção se especificarmos valores particulares para os preços dos insumos. Se, como anteriormente, supomos $v = 3$ e $w = 12$, então a relação será

$$C(3, 12, q) = 2q\sqrt{36} = 12q, \tag{7.40}$$

e, como no Exemplo 7.1, custa 480 para produzir 40 unidades do produto. Aqui, os custos médios e marginais são facilmente calculados como

$$AC = \frac{C}{q} = 12,$$
$$MC = \frac{\partial C}{\partial q} = 12. \tag{7.41}$$

Como esperado, os custos médios e marginais são constantes e iguais entre si para esta função de produção com retornos constantes de escala.

Mudanças nos preços dos insumos. Se o preço dos insumos fosse alterado, todos esses custos também mudariam. Por exemplo, se os salários aumentassem para 27 (um número fácil de trabalhar), os custos se tornariam

$$C(3, 27, q) = 2q\sqrt{81} = 18q,$$
$$AC = 18, \tag{7.42}$$
$$MC = 18.$$

Observe que um aumento nos salários de 125 por cento aumentou os custos em apenas 50 por cento, tanto porque o trabalho representa apenas 50 por cento de todos os custos como porque a mudança nos preços dos insumos incentivou a empresa a substituir o trabalho pelo capital. Uma vez que a função custo total é derivada da suposição de minimização de custos, ela realiza essa substituição "nos bastidores" – relatando apenas o impacto final nos custos totais.

Progresso técnico. Vejamos agora o impacto que o progresso técnico pode ter nos custos. Especificamente, suponha que a função de produção Cobb-Douglas é

$$q = A(t)k^{0,5}l^{0,5} = e^{0,3t}k^{0,5}l^{0,5}. \tag{7.43}$$

Ou seja, supomos que a mudança técnica assume uma forma exponencial e que a taxa da mudança técnica é de 3% ao ano. Usando os resultados da seção anterior (Equação 7.37), obtemos

$$C_t(v, w, q) = \frac{C_0(v, w, q)}{A(t)} = 2qv^{0,5}w^{0,5}e^{-0,3t}. \tag{7.44}$$

Assim, se os preços dos insumos permanecerem os mesmos, os custos totais diminuem à taxa da melhoria técnica, ou seja, em 3% ao ano. Depois de, digamos, 20 anos, os custos serão (com $v = 3$, $w = 12$):

$$C_{20}(3, 12, q) = 2q\sqrt{36} \cdot e^{-0.60} = 12q \cdot (0,55) = 6,6q,$$
$$AC_{20} = 6,6,$$
$$MC_{20} = 6,6. \qquad (7.45)$$

Consequentemente, os custos terão diminuído em quase 50% como resultado da mudança técnica. Isso, por exemplo, mais do que compensou o aumento salarial ilustrado anteriormente.

PERGUNTA: Neste exemplo, quais são as elasticidades dos custos totais em relação às mudanças nos custos de insumos? O tamanho dessas elasticidades é afetado por mudanças técnicas?

7.5.6 Demanda condicional por insumos e lema de Shephard

Conforme descrito anteriormente, o processo de minimização de custos cria uma demanda implícita por insumos. Como esse processo mantém a quantidade produzida constante, essa demanda por insumos também será "condicional" na quantidade que está sendo produzida. Essa relação é totalmente refletida na função custo total da empresa e, talvez surpreendentemente, as funções de demanda contingente para todos os insumos da empresa podem ser facilmente derivadas dessa função. O processo envolve o que se chamou de *lema de Shephard*,[15] que afirma que a função de demanda contingente para qualquer insumo é dada pela derivada parcial da função custo total em relação ao preço desse insumo. Como o lema de Shephard é amplamente utilizado em muitas das áreas de pesquisa econômica, forneceremos uma análise relativamente detalhado disso.

A intuição por trás do lema de Shephard é direta. Suponha que o preço do trabalho (w) aumentasse ligeiramente. Como isso afetaria os custos totais? Se tudo for constante, parece que os custos aumentariam por aproximadamente a quantidade de trabalho (l) que a empresa estava atualmente contratando. Então, $\partial C/\partial w = l$, e é isso que o lema de Shephard afirma. A Figura 7.6 chega, de certa forma, à mesma conclusão graficamente. Ao longo da função de "pseudo" custo, todos os insumos são mantidos constantes. Portanto, um aumento ao salário aumenta os custos em proporção direta à quantidade de mão de obra usada. Como a função de custo verdadeiro é tangente à pseudofunção ao salário atual, sua inclinação (ou seja, sua derivada parcial) também mostrará a quantidade atual de mão de obra demandada.

Tecnicamente, o lema de Shephard é um resultado do teorema do envelope discutido pela primeira vez no Capítulo 2. Lá mostramos que a mudança no valor ótimo em um problema de otimização restrita em relação a um dos parâmetros do problema pode ser encontrada por meio da diferenciação do Lagrangiano para esse problema de otimização em relação a esse parâmetro em mudança. No caso de redução de custos, o Lagrangiano é

$$\mathcal{L} = vk + wl + \lambda[q - f(k, l)], \qquad (7.46)$$

e o teorema do envelope aplicado a qualquer insumo é

$$\frac{\partial C(v, w, q)}{\partial v} = \frac{\partial \mathcal{L}(v, w, q, \lambda)}{\partial v} = k^c(v, w, q),$$
$$\frac{\partial C(v, w, q)}{\partial w} = \frac{\partial \mathcal{L}(v, w, q, \lambda)}{\partial w} = l^c(v, w, q), \qquad (7.47)$$

---

[15] Em homenagem a R. W. Shephard, que destacou a importante relação entre funções custo e funções de demanda por insumos em sua obra *Cost and Production Functions* (Princeton, NJ: Princeton University Press, 1970).

em que a notação pretende deixar claro que as funções demanda resultantes para os insumos de capital e trabalho dependem de v, w e q. Uma vez que a quantidade produzida entra nessas funções, a demanda por insumo é, de fato, condicional nessa variável. Essa característica das funções de demanda também é refletida pelo "c" na notação.[16] Portanto, as relações de demanda na Equação 7.47 não representam uma imagem completa da demanda por insumos porque elas ainda dependem de uma variável que está sob controle da empresa. No próximo capítulo, concluiremos o estudo da demanda por insumos, mostrando como a hipótese de maximização de lucro nos permite efetivamente substituir q nas relações de demanda por insumos com o preço de mercado da produção da empresa, p.

EXEMPLO 7.4 Funções de demanda condicional por insumos

Neste exemplo, mostraremos como as funções custo total derivadas no Exemplo 7.2 podem ser usadas para derivar funções de demanda condicional para os insumos de capital e mão de obra.

1. **Proporções fixas** $C(v, w, q) = q(v/\alpha + w/\beta)$. Para esta função custo, as funções de demanda condicional são simples:

$$k^c(v, w, q) = \frac{\partial C(v, w, q)}{\partial v} = \frac{q}{\alpha},$$

$$l^c(v, w, q) = \frac{\partial C(v, w, q)}{\partial w} = \frac{q}{\beta}.$$

(7.48)

Para produzir qualquer produto específico com uma função de produção de proporções fixas a um custo mínimo, a empresa deve produzir no vértice de suas isoquantas, independentemente dos preços dos insumos.

Assim, a demanda por insumos depende apenas do nível de produção, e v e w não entram nas funções de demanda condicional pelos insumos. No entanto, os preços dos insumos podem afetar as demandas totais pelos insumos totais no caso das proporções fixas porque podem afetar o quanto a empresa decide vender.

2. **Cobb-Douglas:** $C(v, w, q) = q^{1/(\alpha+\beta)} B v^{\alpha/(\alpha+\beta)} w^{\beta/(\alpha+\beta)}$. Neste caso, a derivação é mais complicada, mas também mais instrutiva:

$$k^c(v, w, q) = \frac{\partial C}{\partial v} = \frac{\alpha}{\alpha + \beta} \cdot q^{1/(\alpha+\beta)} B v^{-\beta/(\alpha+\beta)} w^{\beta/(\alpha+\beta)}$$

$$= \frac{\alpha}{\alpha + \beta} \cdot q^{1/(\alpha+\beta)} B \left(\frac{w}{v}\right)^{\beta/(\alpha+\beta)},$$

$$l^c(v, w, q) = \frac{\partial C}{\partial w} = \frac{\beta}{\alpha + \beta} \cdot q^{1/(\alpha+\beta)} B v^{\alpha/(\alpha+\beta)} w^{-\alpha/(\alpha+\beta)}$$

$$= \frac{\beta}{\alpha + \beta} \cdot q^{1/(\alpha+\beta)} B \left(\frac{w}{v}\right)^{-\alpha/(\alpha+\beta)}.$$

(7.49)

---

[16] A notação espelha aquela utilizada para curvas de demanda compensada no Capítulo 5 (que foram derivadas da função dispêndio). Nesse caso, tais funções de demanda eram condicionais à meta suposta para a utilidade.

Consequentemente, as demandas condicionais pelos insumos dependem dos preços dos insumos. Se supormos $\alpha = \beta = 0{,}5$ (então $B = 2$), estas reduzem para

$$k^c(v, w, q) = 0{,}5 \cdot q \cdot 2 \cdot \left(\frac{w}{v}\right)^{0{,}5} = q\left(\frac{w}{v}\right)^{0{,}5},$$

$$l^c(v, w, q) = 0{,}5 \cdot q \cdot 2 \cdot \left(\frac{w}{v}\right)^{-0{,}5} = q\left(\frac{w}{v}\right)^{-0{,}5}.$$
(7.50)

Com $v = 3$, $w = 12$ e $q = 40$, as Equações 7.50 produzem o resultado que obtivemos anteriormente: que a empresa deve escolher a combinação de insumos $k = 80$, $l = 20$ para minimizar o custo de produção de 40 unidades do produto. Se o salário aumentasse para, digamos, 27, a empresa escolheria a combinação de insumos $k = 120$, $l = 40/3$ para produzir 40 unidades do produto. Os custos totais aumentariam de 480 para 520, mas a capacidade da empresa de substituir o trabalho, agora mais caro, pelo capital, causa economias consideráveis. Por exemplo, a combinação inicial de insumo custaria agora 780.

3. **CES:** $C(v, w, q) = q^{1/\gamma}(v^{1-\sigma} + w^{1-\sigma})^{1/(1-\sigma)}$. A importância da substituição de insumos é mostrada ainda mais claramente com as funções de demanda condicional derivadas da função CES. Para essa função,

$$k^c(v, w, q) = \frac{\partial C}{\partial v} = \frac{1}{1-\sigma} \cdot q^{1/\gamma}(v^{1-\sigma} + w^{1-\sigma})^{\sigma/(1-\sigma)}(1-\sigma)v^{-\sigma}$$

$$= q^{1/\gamma}(v^{1-\sigma} + w^{1-\sigma})^{\sigma/(1-\sigma)}v^{-\sigma},$$

$$l^c(v, w, q) = \frac{\partial C}{\partial w} = \frac{1}{1-\sigma} \cdot q^{1/\gamma}(v^{1-\sigma} + w^{1-\sigma})^{\sigma/(1-\sigma)}(1-\sigma)w^{-\sigma}$$

$$= q^{1/\gamma}(v^{1-\sigma} + w^{1-\sigma})^{\sigma/(1-\sigma)}w^{-\sigma}.$$
(7.51)

Essas funções colapsam quando $\sigma = 1$ (o caso Cobb-Douglas), mas podemos estudar exemplos com mais ($\sigma = 2$) ou menos ($\sigma = 0{,}5$) substituibilidade e usar Cobb-Douglas como a situação intermediária. Se supormos retornos constantes de escala ($\sigma = 1$) e $v = 3$, $w = 12$ e $q = 40$, então as demandas condicionais para os insumos quando $\sigma = 2$ são

$$k^c(3, 12, 40) = 40(3^{-1} + 12^{-1})^{-2} \cdot 3^{-2} = 25{,}6,$$
$$l^c(3, 12, 40) = 40(3^{-1} + 12^{-1})^{-2} \cdot 12^{-2} = 1{,}6.$$
(7.52)

Ou seja, o nível de insumo de capital é 16 vezes a quantidade de insumo de trabalho. Com menos substituibilidade ($\sigma = 0{,}5$), as demandas condicionais pelos insumos são

$$k^c(3, 12, 40) = 40(3^{0{,}5} + 12^{0{,}5})^1 \cdot 3^{-0{,}5} = 120,$$
$$l^c(3, 12, 40) = 40(3^{0{,}5} + 12^{0{,}5})^1 \cdot 12^{-0{,}5} = 60.$$
(7.53)

Assim, neste caso, o insumo de capital é apenas duas vezes maior do que o insumo de mão de obra. Embora esses vários casos não possam ser comparados diretamente pelo fato de valores diferentes de σ levarem a diferentes para escalas de produção, podemos, como exemplo, observar a consequência de um aumento de w para 27 no caso de baixa substituibilidade. Com $w = 27$, a empresa escolherá $k = 160$, $l = 53{,}3$. Nesse caso, as economias de custo pela substituição podem ser calculadas comparando os custos totais ao usar a combinação de insumos inicial (= 3 · 120 + 27 · 60 = 1,980) aos custos totais com a combinação ótima (= 3 · 160 + 27 · 53,3 = 1.919). Assim, mudar para a combinação ótima de insumos reduz os custos totais em apenas cerca de 3%. No caso Cobb-Douglas, a economia de custos é superior a 20%.

PERGUNTA: Como os custos totais mudariam se w aumentasse de 12 para 27 e a função de produção tomasse a forma linear simples $q = k + 4l$? Quais conclusões esse resultado traz que são aplicáveis aos outros casos neste exemplo?

7.5.7 O lema de Shephard e a elasticidade de substituição

Uma característica especialmente interessante do lema de Shephard é que ele pode ser usado para mostrar como derivar informações sobre a substituição de insumos diretamente da função custo total por meio da diferenciação. Usando a definição na Equação 7.34, obtemos

$$s_{ij} = \frac{\partial \ln(x_i/x_j)}{\partial \ln(w_j/w_i)} = \frac{\partial \ln(C_i/C_j)}{\partial \ln(w_j/w_i)}, \qquad (7.54)$$

em que C_i e C_j são as derivadas parciais da função custo total em relação aos preços de insumos. Uma vez que a função custo total é conhecida (talvez pela estimativa econométrica), a informação sobre a substituibilidade entre os insumos pode assim ser facilmente obtida a partir dele. Nas Aplicações deste capítulo, descrevemos alguns dos resultados que foram obtidos dessa maneira. Os Problemas 7.11 e 7.12 fornecem alguns detalhes adicionais sobre maneiras pelas quais a substituibilidade entre os insumos pode ser medida.

7.6 DISTINÇÃO DE CURTO E LONGO PRAZO

É comum em Economia fazer uma distinção entre "curto prazo" e "longo prazo". Embora nenhuma definição temporal precisa possa ser fornecida para esses termos, o objetivo geral da distinção é diferenciar um curto período durante o qual os atores econômicos têm apenas uma flexibilidade limitada em suas ações e um período mais longo que proporciona maior liberdade. Uma área de estudo em que essa distinção é importante é a teoria da firma e seus custos porque os economistas estão interessados em examinar as reações da oferta em diferentes intervalos de tempo. No restante deste capítulo, examinaremos as implicações dessa resposta diferencial.

Para ilustrar por que as reações de curto prazo e de longo prazo podem diferir, suporemos que o insumo de capital é mantido fixo em um nível de k_1 e que (no curto prazo) a empresa é livre para variar apenas o insumo de mão de obra.[17] A ideia é que a empresa "herdou" k_1, um nível de capital que era adequado para o equilíbrio de longo prazo em condições anteriores, mas que pode ou não atender às condições presentes. De maneira implícita, estamos supondo que as alterações a esse nível de capital são infinitamente onerosas no curto prazo. Como resultado dessa suposição, a função de produção de curto prazo é

$$q = f(k_1, l), \qquad (7.55)$$

---

[17] É claro que essa abordagem é apenas para fins ilustrativos. Em muitas situações reais, o insumo trabalho pode ser menos flexível no curto prazo do que o insumo capital.

em que esta notação mostra explicitamente que as entradas de capital podem não variar. Claro, o nível de produção ainda pode ser alterado se a empresa alterar o uso do trabalho.

7.6.1 Custos totais de curto prazo

O custo total para a empresa continua a ser definido como

$$C = vk + wl, \tag{7.56}$$

para a nossa análise de curto prazo, mas agora o insumo de capital é fixo em k_1. Para denotar esse fato, vamos escrever

$$SC = vk_1 + wl, \tag{7.57}$$

sendo que o S indica que estamos analisando os custos de curto prazo com o nível de insumo de capital fixado. Ao longo de nossa análise, usaremos esse método para indicar custos de curto prazo. Geralmente, não indicaremos o nível de insumo de capital de forma explícita, mas entende-se que este insumo é fixo. Os conceitos de custo introduzidos anteriormente – C, AC, MC – são de fato conceitos de longo prazo porque, em suas definições, todos os insumos eram livres para variar. A sua natureza de longo prazo é indicada pela ausência de um S na frente.[18]

7.6.2 Custos fixos e variáveis

Os dois tipos de custos de insumo na Equação 7.57 recebem nomes especiais. O termo vk_1 é referido como *custos fixos* (de curto prazo), uma vez que k_1 é constante. Esses custos não serão alterados no curto prazo. O termo wl é referido como *custos variáveis* (de curto prazo) – o insumo trabalho pode ser variado no curto prazo. Daí, temos a seguinte definição.

> **DEFINIÇÃO**
>
> **Custos fixos e variáveis de curto prazo.** *Os custos fixos de curto prazo* são custos associados a insumos que não podem ser variados em curto prazo. *Os custos variáveis de curto prazo* são custos dos insumos que podem ser variados de modo a alterar o nível de produção da empresa.

Embora essas definições enfatizem a escolha de insumos da empresa, elas têm implicações sobre como diferentes categorias de custos variam com a escolha de produto da empresa. Os custos variáveis de curto prazo podem ser reduzidos ou aumentados, produzindo mais ou menos e podem ser evitados por completo não produzindo nada. Em contrapartida, os custos fixos de curto prazo devem ser pagos independentemente do nível de produção escolhido (mesmo zero).

7.6.3 Não otimalidade dos custos de curto prazo

É importante entender que os custos totais de curto prazo não são os custos mínimos inerentes à produção dos vários níveis de produção. Por ter mantido o capital fixado no curto prazo, a empresa não tem a flexibilidade de escolha de insumos que supomos quando discutimos a minimização de custos no

---

[18] O leitor atento pode se preocupar que, uma vez que o capital k_1 está bloqueado na empresa e, portanto, não pode ter usos alternativos, o custo fixo de curto prazo vk_1 é um custo contábil e não um custo econômico e, portanto, não deve figurar na função custo de curto prazo. Embora exista algum mérito nessa perspectiva, a convenção padrão é incluir o vk_1 como parte dos custos de curto prazo. O motivo da convenção é que esta permite uma comparação "cara a cara" para o caso teórico em que a empresa é livre para escolher o capital em vez de "herdar" determinado nível k_1. Certamente, vk é um custo econômico quando a empresa pode escolher de forma flexível o capital, por isso é importante incluir a despesa de capital análoga vk_1 como um custo quando o capital é inflexível. Caso contrário, consideraríamos erroneamente que a inflexibilidade ajuda a reduzir os custos de uma empresa.

início deste capítulo. Em vez disso, para variar o seu nível de produção no curto prazo, a empresa será forçada a usar combinações de insumos "não ótimos". A *RTS* não será necessariamente igual à razão dos preços dos insumos.

Esse efeito é ilustrado pela Figura 7.7. No curto prazo, a empresa está obrigada a usar k_1 unidades de capital. Para produzir o nível de produção q_0, ela usará l_0 unidades de trabalho. Da mesma forma, ela usará l_1 unidades de trabalho para produzir q_1 e l_2 unidades para produzir q_2. Os custos totais dessas combinações de insumos são dados por SC_0, SC_1 e SC_2, respectivamente. Somente para a combinação de insumos k_1, l_1 é produzida com um custo mínimo. Somente nesse ponto a *RTS* é igual à razão dos preços dos insumos.

Da Figura 7.7, é claro que q_0 está sendo produzido com "muito" capital nessa situação de curto prazo. A minimização de custos deve sugerir um movimento na direção sudeste ao longo da isoquanta q_0, indicando uma substituição do capital por trabalho na produção. Da mesma forma, q_2 está sendo produzido com um capital "muito pequeno", e os custos podem ser reduzidos pela substituição da mão de obra por capital. Nenhuma dessas substituições é possível no curto prazo. Durante um período mais longo, no entanto, a empresa poderá alterar seu nível de insumo de capital e ajustará seu uso de insumos para as combinações de minimização de custos. Já discutimos esse caso flexível anteriormente neste capítulo e devemos voltar a ele para ilustrar a conexão entre as curvas de custo de longo prazo e de curto prazo.

7.6.4 Custos marginais e médios de curto prazo

Frequentemente, é mais útil analisar os custos de curto prazo utilizando um critério de produção unitária e não como um total. Os dois conceitos por unidade mais importantes que podem ser derivados da função

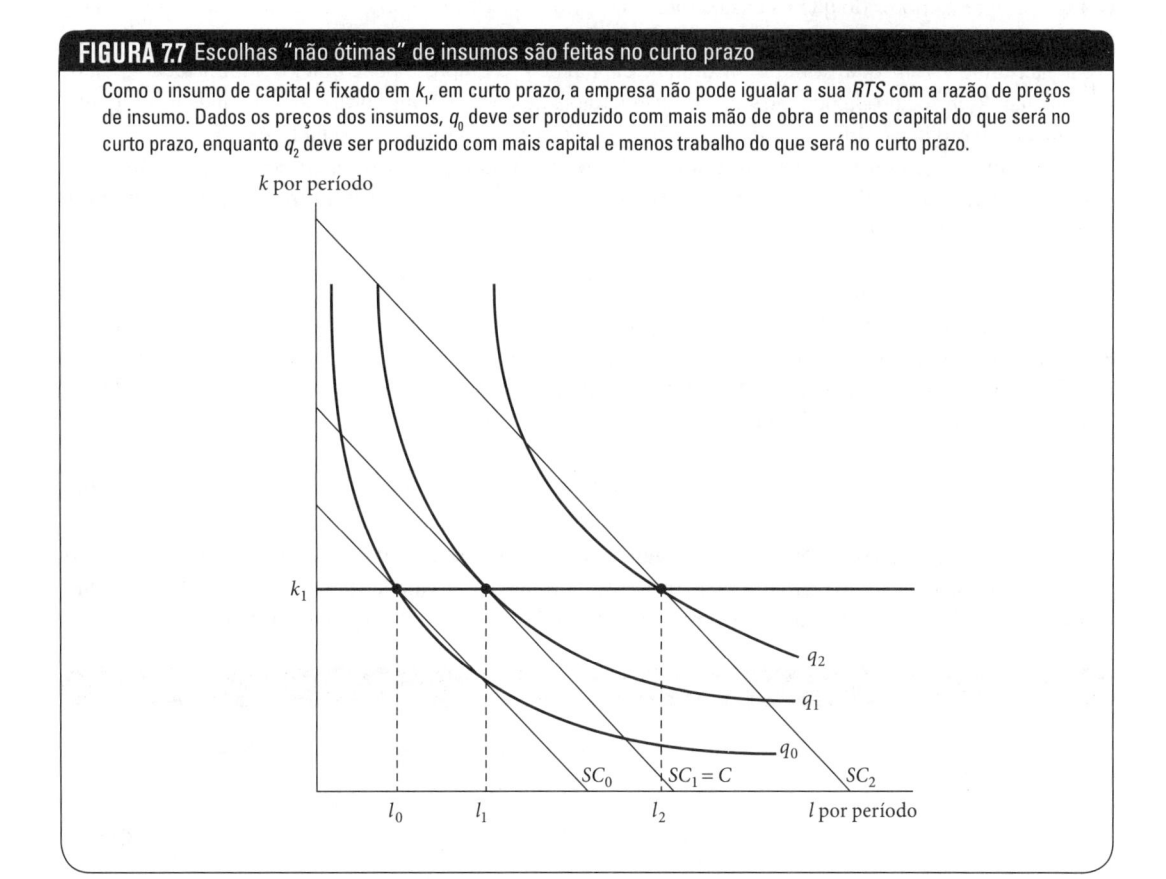

FIGURA 7.7 Escolhas "não ótimas" de insumos são feitas no curto prazo

Como o insumo de capital é fixado em k_1, em curto prazo, a empresa não pode igualar a sua *RTS* com a razão de preços de insumo. Dados os preços dos insumos, q_0 deve ser produzido com mais mão de obra e menos capital do que será no curto prazo, enquanto q_2 deve ser produzido com mais capital e menos trabalho do que será no curto prazo.

custo total de curto prazo são a *função custo total médio de curto prazo* (*SAC*, do inglês *short-run average total cost function*) *de curto prazo* e a *função de custo marginal de curto prazo* (*SMC*, do inglês *short-run marginal cost function*). Esses conceitos são definidos como

$$SAC = \frac{\text{custos totais}}{\text{produção total}} = \frac{SC}{q},$$

$$SMC = \frac{\text{variação nos custos totais}}{\text{variação na produção}} = \frac{\partial SC}{\partial q}, \quad (7.58)$$

em que novamente estes são definidos para um nível especificado de insumo de capital. Essas definições para os custos médios e marginais são idênticas às desenvolvidas anteriormente para o caso de longo prazo, totalmente flexíveis, e a derivação das curvas de custo da função custo total prossegue exatamente da mesma maneira. Como a curva de custo total de curto prazo tem o mesmo tipo geral de forma cúbica que a curva de custo total na Figura 7.5, essas curvas de custo médio e marginal de curto prazo também serão em forma de U.

7.6.5 Relação entre curvas de custo de curto e longo prazo

É fácil demonstrar a relação entre os custos de curto prazo e os custos de longo prazo totalmente flexíveis que foram derivados anteriormente neste capítulo. A Figura 7.8 mostra essa relação para as curvas de custo total tanto para os casos de retornos constantes de escala quanto para as curvas cúbicas. Os custos totais de curto prazo para três níveis de insumo de capital são mostrados, embora, claro, fosse possível mostrar muito mais de tais curvas de curto prazo. As figuras mostram que os custos totais de longo prazo (*C*) são sempre menores do que os custos totais de curto prazo, exceto no nível de produção para o qual o insumo de capital fixo assumido é apropriado para a minimização de custos de longo prazo. Por exemplo, como na Figura 7.7, na qual com um insumo de capital de k_1 a empresa pode obter a minimização total de custos quando q_1 for produzido. Assim, os custos totais de curto e longo prazo serão iguais neste ponto. Para níveis de produção diferentes de q_1, no entanto, *SC* > *C*, como foi o caso na Figura 7.7.

Tecnicamente, as curvas de custo total de longo prazo na Figura 7.8 dizem ser um "envelope" de suas respectivas curvas de curto prazo. Essas curvas de custo total de curto prazo podem ser representadas de forma paramétrica por

$$\text{custo total de curto prazo} = SC(v, w, q, k), \quad (7.59)$$

e a família das curvas de custo total de curto prazo é gerada ao permitir que *k* varie enquanto mantém *v* e *w* constantes. A curva de custo total de longo prazo *C* deve obedecer à relação de curto prazo na Equação 7.59 e à condição adicional de que *k* seja minimizadora de custos para qualquer nível de produção. Uma condição de primeira ordem para essa minimização é que

$$\frac{\partial SC(v, w, q, k)}{\partial k} = 0. \quad (7.60)$$

Resolvendo as Equações 7.59 e 7.60 simultaneamente, obtém-se a função de custo total de longo prazo. Embora essa seja uma abordagem diferente de derivar a função custo total, devem-se encontrar exatamente os mesmos resultados observados anteriormente neste capítulo – como ilustrado no próximo exemplo.

EXEMPLO 7.5 Relações de envelope e funções de custos Cobb-Douglas

Mais uma vez, começamos com a função de produção de Cobb-Douglas $q = k^{\alpha} l^{\beta}$, mas agora mantendo o insumo de capital constante em k_1. Assim, no curto prazo,

$$q = k_1^{\alpha} l^{\beta} \quad \text{ou} \quad l = q^{1/\beta} k_1^{-\alpha/\beta}, \quad (7.61)$$

FIGURA 7.8 Duas possíveis formas para as curvas de custo total de longo prazo

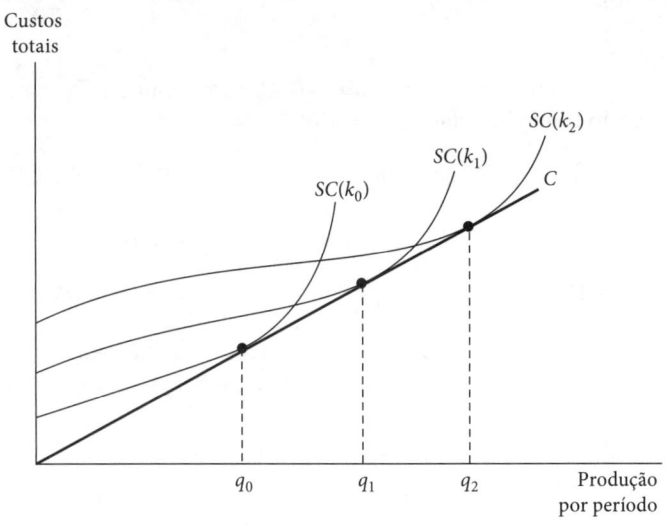

(a) Retornos constantes de escala

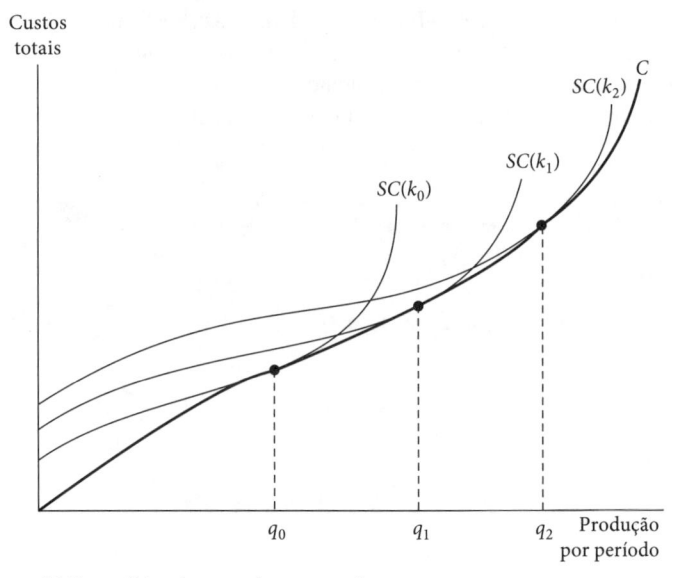

(b) Caso cúbico de curva de custo total

Ao considerar todos os níveis possíveis de insumo de capital, a curva de custo total de longo prazo (*C*) pode ser traçada. Em (*a*), a função de produção subjacente exibe retornos constantes de escala: Em longo prazo, mas não no curto prazo, os custos totais são proporcionais ao produto. Em (*b*), a curva de custo total de longo prazo tem uma forma cúbica, assim como as curvas de curto prazo. No entanto, os retornos decrescentes ocorrem de forma mais acentuada para as curvas de curto prazo, devido ao nível fixo suposto do insumo de capital.

e os custos totais são dados por

$$SC(v, w, q, k_1) = vk_1 + wl = vk_1 + wq^{1/\beta}k_1^{-\alpha/\beta}. \tag{7.62}$$

Observe que o nível fixo de capital entra nessa função de custo total de curto prazo de duas maneiras: (1) k_1 determina os custos fixos; e (2) k_1 também determina em parte os custos variáveis porque determina quanto do insumo variável (mão de obra) será necessário para produzir vários níveis de produção. Para obter custos de longo prazo, exige-se que k seja escolhido para minimizar os custos totais:

$$\frac{\partial SC(v, w, q, k)}{\partial k} = v + \frac{-\alpha}{\beta} \cdot wq^{1/\beta}k^{-(\alpha+\beta)/\beta} = 0 \tag{7.63}$$

Embora a álgebra seja confusa, essa equação pode ser resolvida para k e substituída na Equação 7.62 de modo a se obter a função custo Cobb-Douglas:

$$C(v, w, q) = Bq^{1/(\alpha+\beta)}v^{\alpha/(\alpha+\beta)}w^{\beta/(\alpha+\beta)}. \tag{7.64}$$

Exemplo numérico. Se considerarmos novamente $\alpha = \beta = 0{,}5$ e $w = 12$, então a função custo de curto prazo será

$$SC(3, 12, q, k_1) = 3k_1 + 12q^2 k_1^{-1}. \tag{7.65}$$

No Exemplo 7.1, descobrimos que o nível minimizador de custos do insumo de capital para $q = 40$ era $k = 80$. A Equação 7.65 mostra que os custos totais de curto prazo para a produção de 40 unidades de produtos com $k_1 = 80$ é

$$\begin{aligned} SC(3, 12, q, 80) &= 3 \cdot 80 + 12 \cdot q^2 \cdot \frac{1}{80} = 240 + \frac{3q^2}{20} \\ &= 240 + 240 = 480, \end{aligned} \tag{7.66}$$

que é exatamente o valor encontrado anteriormente. Também podemos usar a Equação 7.65 para mostrar como os custos diferem no curto e longo prazo. A Tabela 7.1 mostra que, para níveis de produção diferentes de $q = 40$, os custos de curto prazo são maiores do que os custos de longo prazo e que essa diferença é proporcionalmente maior quanto maior a distância do nível de produção para o qual $k = 80$ é ótimo.

TABELA 7.1 DIFERENÇA ENTRE CUSTO TOTAL DE CURTO E LONGO PRAZO, $k = 80$

q	$C = 12q$	$SC = 240 + 3q^2/20$
10	120	255
20	240	300
30	360	375
40	480	480
50	600	615
60	720	780
70	840	975
80	960	1.200

TABELA 7.2 CUSTOS UNITÁRIOS DE LONGO E CURTO PRAZO, $k = 80$

q	AC	MC	SAC	SMC
10	12	12	25,5	3
20	12	12	15,0	6
30	12	12	12,5	9
40	12	12	12,0	12
50	12	12	12,3	15
60	12	12	13,0	18
70	12	12	13,9	21
80	12	12	15,0	24

É também instrutivo estudar as diferenças entre os custos por unidade de longo e curto prazo, nesta situação. Aqui, $AC = MC = 12$. Podemos calcular os equivalentes de curto prazo (quando $k = 80$) como

$$SAC = \frac{SC}{q} = \frac{240}{q} + \frac{3q}{20},$$

$$SMC = \frac{\partial SC}{\partial q} = \frac{6q}{20}.$$

(7.67)

Ambos os custos unitários de curto prazo são iguais a 12 quando $q = 40$. No entanto, como mostra a Tabela 7.2, os custos unitários de curto prazo podem diferir significativamente desse valor, dependendo do nível de produção que a empresa atinge. Observe, em particular, que o custo marginal de curto prazo aumenta rapidamente à medida que a produção se expande para além de $q = 40$ devido aos rendimentos decrescentes para o insumo variável (mão de obra). Essa conclusão desempenha um papel importante na teoria da determinação de preços de curto prazo.

PERGUNTA: Explique por que um aumento de w aumentará tanto o custo médio de curto prazo quanto o custo marginal de curto prazo nessa ilustração, mas, em contrapartida, um aumento em v afetará apenas o custo médio de curto prazo.

7.6.6 Gráficos de curvas de custo unitário

As relações de envelope da curva de custo total exibidas na Figura 7.8 podem ser usadas para mostrar conexões geométricas entre curvas de custo médio e custo marginal de curto e longo prazo. Estes são apresentados na Figura 7.9 para o caso da curva cúbica de custo total. Na figura, os custos médios de curto e longo prazo são iguais para a produção para a qual o insumo de capital (fixo) é apropriado. Em q_1, por exemplo, $SAC(k_1) = AC$, porque k_1 é usado na produção de q_1 com custos mínimos. Para níveis que se afastam de q_1, os custos médios de curto prazo excedem os custos médios de longo prazo, refletindo a natureza de minimização de custos da curva de custo total de longo prazo.

Como o ponto mínimo da curva de custo médio (AC) de longo prazo desempenha um papel importante na teoria da determinação de preços de longo prazo, é importante observar as várias curvas que passam por este ponto na Figura 7.9. Primeiramente, como sempre é verdade para as curvas de custo médio e marginal, a curva MC passa pelo ponto inferior da curva AC. Em q_1, os custos médios e marginais de longo prazo são iguais. Associado a q_1 há certo nível de insumo de capital (digamos, k_1). A curva de custo médio de curto prazo para este nível de insumo de capital é tangente à curva AC no seu ponto mínimo. A curva SAC também atinge o mínimo no nível de produção q_1. Para níveis que se afastam q_1, a curva AC é muito mais plana do que a curva SAC, e isso reflete a maior flexibilidade oferecida às empresas no longo prazo. Os custos de curto prazo aumentam rapidamente porque os insumos de capital são fixos. No longo prazo, tais insumos não são fixos e a diminuição das produtividades marginais não ocorre de forma tão abrupta. Finalmente, uma vez que a curva SAC atinge o mínimo em q_1, a curva de custo marginal (SMC) de curto prazo também passa por este ponto. Portanto, o ponto mínimo da curva AC reúne os quatro custos unitários mais importantes: nesse ponto,

$$AC = MC = SAC = SMC.$$

(7.68)

Por essa razão, como mostramos no Capítulo 9, o nível de produção q_1 é um importante ponto de equilíbrio de longo prazo para uma empresa competitiva.

> **FIGURA 7.9** Curvas de custo médio e marginal para o caso da curva de custo cúbico
>
> O leitor atento pode se preocupar com o fato de que, uma vez que o capital k_1 está bloqueado na empresa e, portanto, não pode ser utilizado para usos alternativos, o custo fixo de curto prazo vk_1 é um custo contábil e não um custo econômico e, portanto, não deve aparecer na função custo de curto prazo de maneira alguma. Embora exista algum mérito nessa perspectiva, a convenção padrão é incluir o vk_1 como parte dos custos de curto prazo. O motivo da convenção é que esta permite uma comparação "cara a cara" para o caso teórico em que a empresa é livre para escolher o capital em vez de "herdar" um determinado nível k_1. Certamente, vk é um custo econômico quando a empresa pode escolher de forma flexível o capital, por isso é importante incluir a despesa de capital análoga vk_1 como um custo quando o capital é inflexível. Caso contrário, erroneamente concluiríamos que a inflexibilidade de alguma forma ajuda a reduzir os custos de uma empresa.

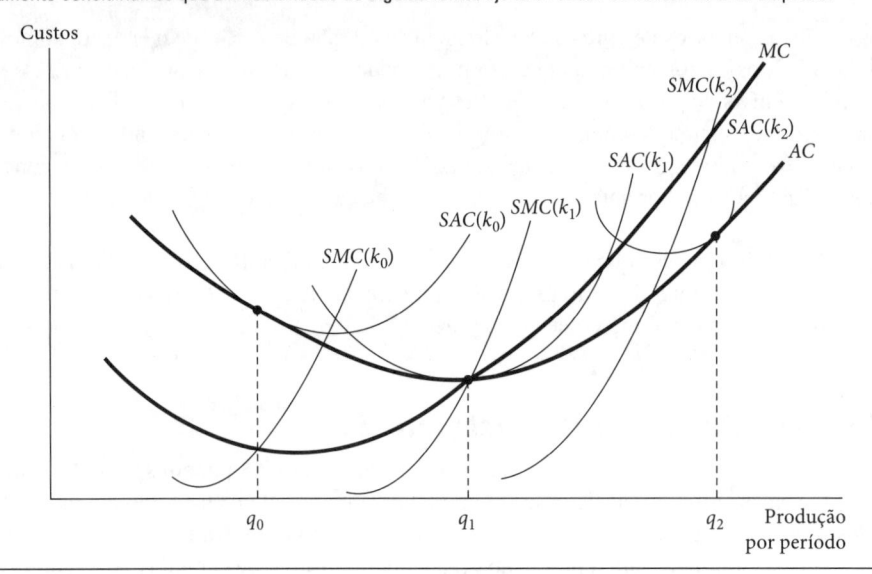

7.6.7 Exemplos práticos de custos fixos

O modelo que estudamos associou custos fixos com insumos inflexíveis em curto prazo, embora flexíveis em longo prazo. Esse modelo abrange uma ampla gama de setores industriais e é particularmente relevante ao setor de manufaturas. Por exemplo, um fabricante de automóveis de luxo pode ter construído uma grande fábrica e contratado uma grande quantidade de mão de obra quando os preços da gasolina deveriam estar baixos. O fabricante pode ter dificuldade em reduzir esses insumos se verificar que os preços da gasolina aumentaram inesperadamente, reduzindo a demanda por seus carros de luxo, que consomem mais gasolina do que outros modelos. No entanto, a passagem dos anos pode ser suficiente para reduzir a escala da fábrica e renegociar os contratos de trabalho de modo que uma produção menor possa ser produzida eficientemente.

Em outros ambientes, os custos fixos surgem por razões diferentes da inflexibilidade de insumos, especialmente as indústrias de alta tecnologia. Por exemplo, nos mercados de mídia – livros, filmes, música –, grande parte do custo de produção reside na criação inicial do trabalho, os chamados custos de "primeira cópia". O custo unitário da distribuição do trabalho aos consumidores pode ser bastante baixo, basicamente zero no caso dos meios digitais. Os custos de primeira cópia são fixos no sentido de serem independentes de quantos consumidores recebem o trabalho depois que ele é criado. O termo vk_1 usado anteriormente para despesas com insumos inflexíveis pode ser reinterpretado como o custo da primeira cópia. A primeira cópia pode ser melhorada quando se dedica mais insumos k_1 (no caso de um filme, por exemplo, utilizam-se cenários maiores ou mais atores ou de melhor qualidade). Percebemos um benefício colateral, relacionado com um maior k_1 na análise anterior. Nos cálculos numéricos no Exemplo 7.5, descobrimos que um aumento no k_1, embora aumente os custos fixos de curto prazo, teve como benefício a redução do custo variável de curto prazo na produção de um dado produto.

Os custos fixos surgem em um conjunto mais abrangente de mercados de alta tecnologia além da mídia digital. Qualquer produto que pode ser inventado – desde um novo medicamento a um drone voador mais rápido – pode exigir um investimento substancial em pesquisa e desenvolvimento. Devido ao fato de esse investimento ser gasto antes de o produto ter sido produzido, é de necessidade independente do nível de produção subsequente e, nesse sentido, é um custo fixo. O termo vk_1 usado anteriormente para despesas com insumos inflexíveis pode ser reinterpretado como o investimento em pesquisa e desenvolvimento. Quanto mais insumos k_1 forem dedicados à pesquisa e ao desenvolvimento, melhor será o produto resultante ("melhor" pode significar que o produto pode ser posteriormente fabricado com menor custo variável ou que seja de maior qualidade, gerando maior demanda).

Os mercados de rede como eletricidade, gás natural e serviços telefônicos de linha fixa também envolvem um grande custo inicial para conectar-se às casas dos consumidores. O custo de conectar o consumidor à rede de distribuição é fixo na medida em que é independente de seu uso subsequente. Solucionar para os custos iniciais em investimento em mídia, alta tecnologia, rede ou outras áreas gera questões complexas que não são abordadas até o Capítulo 12, onde desenvolveremos uma teoria detalhada do investimento. Então é suficiente mencionar apenas esses casos aqui.[19]

Resumo

Neste capítulo, examinamos a relação entre o nível de produção que uma empresa produz e os custos de insumos associados a esse nível de produção. As curvas de custo resultantes geralmente devem ser familiares para você porque são amplamente utilizadas na maioria dos cursos de introdução à Economia. Aqui, mostramos como tais curvas refletem a função de produção subjacente da empresa e o desejo da empresa de minimizar os custos. Ao desenvolver curvas de custos a partir dessas fundações básicas, conseguimos ilustrar uma série de achados importantes.

- Uma empresa que deseja minimizar os custos econômicos de produzir determinado nível de produção deve escolher aquela combinação de insumos para a qual a taxa de substituição técnica (*RTS*) é igual à razão dos preços de aluguel dos insumos.
- A aplicação repetida desse procedimento de minimização produz o caminho de expansão da empresa. Como o caminho de expansão mostra como o uso de insumos se expande com o nível de produção, ele também mostra a relação entre o nível de produto e o custo total. Essa relação é resumida pela função custo total, $C(v, w, q)$, que mostra os custos de produção em função dos níveis de produção e dos preços dos insumos.
- A função custo médio da empresa ($AC = C/q$) e a custo marginal ($MC = \partial C/\partial q$) podem ser derivadas diretamente da função custo total. Se a curva de custo total tiver uma forma cúbica geral, as curvas *AC* e *MC* serão em forma de U.
- Todas as curvas de custo são tiradas com base no pressuposto de que os preços de insumos são mantidos constantes. Quando os preços dos insumos mudam, as curvas de custo se deslocarão para novas posições. A extensão dos deslocamentos será determinada pela importância geral do insumo cujo preço mudou e pela facilidade com que a empresa pode substituir um insumo por outro. O progresso técnico também deslocará as curvas de custo.
- As funções de demanda pelo insumo podem ser derivadas da função custo total da empresa pela diferenciação parcial. Essas funções de demanda pelo insumo dependerão da quantidade de produto que a empresa optar por produzir e, portanto, são chamadas de funções de demanda "condicionais".
- No curto prazo, a empresa pode não ser capaz de variar alguns insumos. Ela poderá então alterar seu nível de produção apenas alterando o emprego de insumos variáveis. Ao fazê-lo, pode ter que usar combinações de insumo não ótimas e de custo mais elevado do que escolheria se fosse possível variar todos os insumos.

---

[19] Uma abordagem é tratar o investimento inicial como custo irrecuperável que pode ser ignorado na análise da escolha de produção. Há mérito para essa abordagem se a escolha de produção for a única decisão de interesse e, em essência, é a abordagem adotada neste capítulo. No entanto, se alguém está interessado em analisar a decisão de investimento inicial, naquele momento não é irrecuperável e assim envolve custos reais e econômicos. Nessa análise, o investimento inicial precisaria ser tratado como um custo fixo, uma vez que não variará com o número de unidades posteriormente vendidas.

Problemas

7.1 Suponha que uma empresa produza dois produtos diferentes, cujas quantidades são representadas por q_1 e q_2. Em geral, os custos totais da empresa podem ser representados por $C(q_1, q_2)$. Esta função exibe economias de escopo se $C(q_1, 0) + C(0, q_2) > C(q_1, q_2)$ para todos os níveis de produção de ambos.

a. Explique em palavras por que essa formulação matemática implica que os custos serão mais baixos nessa empresa multiproduto do que em duas empresas de um único produto que produzem cada bem separadamente.
b. Se os dois produtos forem realmente o mesmo bem, podemos definir a produção total como $q = q_1 + q_2$. Suponha que, neste caso, o custo médio (= C/q) diminua à medida que q aumenta. Mostre que essa empresa também goza de economias de escopo sob a definição fornecida aqui.

7.2 O professor Smith e o professor Jones vão produzir um novo livro-texto introdutório. Como verdadeiros cientistas que são eles estabeleceram a função de produção para o livro como

$$q = S^{1/2} J^{1/2},$$

na qual q é o número de páginas no livro finalizado, S é o número de horas de trabalho gasto por Smith e J é o número de horas trabalhadas por Jones. Depois de ter passado 900 horas preparando o primeiro rascunho, tempo que ele valorou em $ 3 por hora de trabalho, Smith tem que passar para outras atividades e não pode contribuir mais com o livro. Jones, cujo trabalho é avaliado em $ 12 por hora de trabalho, revisará o rascunho de Smith para completar o livro.

a. Quantas horas Jones terá que gastar para produzir um livro de 150 páginas? De 300 páginas? De 450 páginas?
b. Qual é o custo marginal da 150ª página do livro acabado? Da página 300? Da 450ª página?

7.3 Suponha que a função de produção de proporção fixa de uma empresa seja dada por

$$q = \min(5k, 10l).$$

a. Calcule as funções de custo total, médio e marginal de longo prazo da empresa.
b. Suponha que k seja fixado em 10 no curto prazo. Calcule as funções de custo total, médio e marginal de curto prazo da empresa.
c. Suponha que $v = 1$ e $w = 3$. Calcule as curvas de custo médio e marginal de longo prazo e de curto prazo da empresa.

7.4 Uma empresa que produz bastões de hóquei possui uma função de produção dada por

$$q = 2\sqrt{kl}.$$

No curto prazo, a quantidade de equipamentos de capital da empresa é fixada em $k = 100$. A taxa de aluguel para k é $v = \$ 1$, e a taxa salarial para l é $w = \$ 4$.

a. Calcule a curva de custo total de curto prazo da empresa. Calcule a curva de custo médio de curto prazo.
b. Qual é a função de custo marginal de curto prazo da empresa? Quais são os SC, SAC e SMC para a empresa se produzem 25 bastões de hóquei? Cinquenta bastões de hóquei? Cem bastões de hóquei? Duzentos bastões de hóquei?
c. Coloque no gráfico as curvas SAC e SMC para a empresa. Indique os pontos encontrados na parte (b).
d. Onde a curva SMC cruza a curva SAC? Explique por que a curva SMC sempre cruzará a curva SAC no seu ponto mínimo.

Suponha agora que o capital usado para produzir bastões de hóquei seja fixado em k_1 no curto prazo.

e. Calcule os custos totais da empresa em função de q, w, v e k_1.
f. Dados q, w e v, como o estoque de capital deve ser escolhido para minimizar o custo total?
g. Use seus resultados da parte (f) para calcular o custo total de longo prazo da produção de bastões de hóquei.
h. Para $w = \$ 4$, $v = \$ 1$, coloque no gráfico a curva de custo total de longo prazo para a produção de bastão de hóquei. Mostre que é um envelope para as curvas de curto prazo calculadas na parte (e), examinando valores de k_1 de 100, 200 e 400.

7.5 Um empresário empreendedor compra duas fábricas para produzir *widgets*. Cada fábrica cria produtos idênticos, e cada uma tem uma função de produção dada por

$$q_i = \sqrt{k_i l_i} \quad i = 1, 2.$$

As fábricas diferem, no entanto, na quantidade de equipamento de capital que cada um tem. Em particular, a fábrica 1 tem $k_1 = 25$, enquanto a fábrica 2 tem $k_2 = 100$. As taxas de aluguel para k e l são dadas por $w = v = \$ 1$.

a. Se o empreendedor deseja minimizar os custos totais de curto prazo de produção de *widgets*, como a produção deve ser alocada entre as duas fábricas?
b. Dado que a produção é otimizada entre as duas fábricas, calcule as curvas de custo total, médio e marginal de curto prazo. Qual é o custo marginal do 100º *widget*? O 125º *widget*? O 200º *widget*?
c. Como o empresário deve alocar a produção de *widgets* entre as duas fábricas no longo prazo? Calcule as curvas de custo total, médio e marginal de longo prazo para a produção de *widgets*.
d. Como sua resposta para a parte (c) mudaria se ambas as fábricas exibissem retornos decrescentes de escala?

7.6 Suponha que a função custo total de determinado bem seja dada por

$$C = qw^{2/3}v^{1/3}.$$

a. Use o lema de Shephard para calcular as funções de demanda (produção constante) para os insumos l e k.
b. Use seus resultados da parte (a) para calcular a função de produção subjacente para q.

7.7 Suponha que a função custo total de determinado bem seja dada por

$$C = q(v + 2\sqrt{vw} + w).$$

a. Use o lema de Shephard para calcular a função de demanda (produção constante) para cada insumo, k e l.
b. Use os resultados da parte (a) para calcular a função de produção subjacente para q.
c. Você pode verificar o resultado usando os resultados do Exemplo 7.2 para mostrar que a função custo CES com $\sigma = 0{,}5$, $\rho = 21$ gera essa função custo total.

7.8 Em um artigo famoso [J. Viner, "Cost Curves and Supply Curves", *Zeitschrift fur Nationalokonomie* 3 (set. 1931): 23-46], Viner criticou seu desenhista que não conseguiu desenhar uma família de curvas *SAC* cujos pontos de tangência com a curva *AC* em forma de U também eram os pontos mínimos em cada curva *SAC*. O desenhista protestou que tal desenho era impossível de construir. Quem você apoiaria nesse debate?

Problemas analíticos

7.9 Generalizando a função custo CES

A função de produção CES pode ser generalizada a fim de permitir a ponderação dos insumos. No caso de dois insumos, essa função é

$$q = f(k, l) = [(\alpha k)^\rho + (\beta l)^\rho]^{\gamma/\rho}.$$

a. Qual é a função custo total para uma empresa com esta função de produção? *Dica:* Você pode, obviamente, resolver isso a partir do zero, mas talvez seja mais fácil usar os resultados do Exemplo 7.2 e verificar que o preço de uma unidade de insumo de capital nesta função de produção é v/α e para uma unidade de insumo de mão de obra é w/β.
b. Se $\gamma = 1$ e $\alpha + \beta = 1$, pode-se mostrar que essa função de produção converge para a forma Cobb-Douglas $q = k^{\alpha/\beta}$ como $\rho \to 0$. Qual é a função custo total para essa versão específica da função CES?
c. A participação relativa do custo de mão de obra para uma função produção de dois insumos é dada por wl/vk. Mostre que essa participação é constante para a função Cobb-Douglas na parte (b). Como a participação relativa do trabalho é afetada pelos parâmetros α e b?
d. Calcule a participação relativa do custo de mão de obra para a função CES geral introduzida acima. Como essa participação é afetada por mudanças em w/v? Como a direção desse efeito é determinada pela elasticidade de substituição, σ? Como é afetado pelos tamanhos dos parâmetros α e β?

7.10 Elasticidades da demanda por insumo

As elasticidades preço da demanda condicional pelos insumos mão de obra e capital são definidas como

$$e_{l^c,w} = \frac{\partial l^c}{\partial w} \cdot \frac{w}{l^c},$$

$$e_{k^c,v} = \frac{\partial k^c}{\partial v} \cdot \frac{v}{k^c}.$$

a. Calcule $e_{l^c,w}$ e $e_{k^c,v}$ para cada uma das funções custo mostradas no Exemplo 7.2.
b. Mostre que, em geral, $e_{l^c,w} + e_{k^c,v} = 0$.
c. Mostre que as derivadas de preço cruzado das funções de demanda condicional são iguais, ou seja, mostre que $\partial l^c/\partial v = \partial k^c/\partial w$. Use esse fato para mostrar que $s_l e_{l^c,v} = s_k e_{k^c,w}$, em que s_l, s_k são, respectivamente, a participação do trabalho no custo total (wl/C) e do capital no custo total (vk/C).
d. Use os resultados das partes (b) e (c) para mostrar que $s_l e_{l^c,w} + s_k e_{k^c,w} = 0$.
e. Interprete essas várias relações de elasticidade em palavras e discuta sua relevância geral para uma teoria geral da demanda por insumos.

7.11 A elasticidade de substituição e elasticidades demanda por insumos

A definição da elasticidade de substituição (de Morishima) s_{ij} de substituição na Equação 7.54 pode ser reformulada em termos de elasticidades demanda por insumos. Isso ilustra a assimetria básica na definição.

a. Mostre que, se apenas w_j muda
$s_{ij} = e_{x_i^c, w_j} - e_{x_j^c, w_j}$.
b. Mostre que se apenas w_i muda,
$s_{ji} = e_{x_j^c, w_i} - e_{x_i^c, w_i}$.

c. Mostre que, se a função de produção toma a forma CES geral para $\rho \neq 0$, então todas as elasticidades Morishima são iguais: $s_{ij} = 1/(1 - \rho) = \sigma$. Esse é o único caso em que a definição de Morishima é simétrica.

7.12 A elasticidade de substituição de Allen

Muitos estudos empíricos de custos relatam uma definição alternativa da elasticidade de substituição entre os insumos. Essa definição alternativa foi proposta pela primeira vez por R. G. D. Allen na década de 1930 e esclarecida por H. Uzawa na década de 1960. Essa definição se baseia diretamente na elasticidade de substituição baseada na função de produção definida na nota de rodapé 6 do Capítulo 6: $A_{ij} = C_{ij}C/C_iC_j$, em que os índices indicam diferenciação parcial em relação a vários preços de insumos. Claramente, a definição de Allen é simétrica.

a. Mostre que $A_{ij} = e_{x_i^c, w_j}/s_j$, em que s_j é a parcela do insumo j no custo total.
b. Mostre que a elasticidade de s_i em relação ao preço do insumo j está relacionada à elasticidade de Allen $e_{s_i, p_j} = s_j(A_{ij} - 1)$.
c. Mostre que, com apenas dois insumos, $A_{kl} = 1$ para o caso Cobb-Douglas e $A_{kl} = \sigma$ para o caso CES.
d. Leia Blackorby e Russell (1989: "Will the Real Elasticity of Substitution Please Stand up?" ") para ver por que a definição de Morishima é preferida para a maioria dos propósitos.

CAPÍTULO OITO
Maximização de lucro

No Capítulo 7, estudamos como as empresas minimizam o custo para qualquer nível de produção escolhida. Neste capítulo, focaremos em como o nível de produção é escolhido pelas empresas que maximizam os lucros. No entanto, antes de estudar tal decisão, devem-se discutir brevemente a natureza das empresas e a maneira pela qual suas escolhas devem ser analisadas.

8.1 A NATUREZA E COMPORTAMENTO DAS EMPRESAS

Neste capítulo, estudaremos com profundidade a análise das decisões tomadas pelos ofertantes no mercado. A análise do lado da oferta/empresa do mercado levanta questões que não apareceram nas análises anteriores pelo lado da demanda/do consumidor. Enquanto é fácil identificar os consumidores como indivíduos, as empresas são de todos os formatos e portes, variando de uma mercearia familiar de esquina a uma empresa grande e moderna, fornecendo centenas de diferentes produtos fabricados pelo mundo. Os economistas estudam há tempos o que determina o porte da empresa, como a gestão é estruturada, quais tipos de instrumentos financeiros devem ser utilizados para o investimento necessário, e assim por diante. O assunto envolvido torna-se profundo e filosófico. Para progredir neste capítulo, continuaremos analisando o modelo-padrão "neoclássico" da empresa, que deixa os assuntos mais complexos de lado. Daremos apenas uma dica das questões mais complexas envolvidas, voltando a uma discussão mais completa ainda neste capítulo.

8.1.1 Modelo simples de uma empresa

Durante a Parte 3, examinaremos um modelo simples de uma empresa sem ser explícito com as suposições envolvidas. Vale a pena ser um pouco mais detalhista aqui. A empresa tem uma tecnologia dada pela função de produção, digamos, $f(k, l)$. A empresa funciona com um empresário que toma todas as decisões e recebe todo o lucro e prejuízo a partir das operações da empresa. A combinação desses elementos – tecnologia de produção, empreendedorismo e insumos (trabalho l, capital k e outros) – constitui o que chamaremos "empresa". O empresário age em seu interesse próprio, geralmente tomando decisões que maximizem o lucro da empresa, como veremos.

8.1.2 Fatores de complicação

Antes de seguir com a análise de um modelo simples de empresa, que será abordado neste capítulo, daremos dicas de alguns fatores complicantes. No modelo simples que acabamos de descrever, uma única parte – o empreendedor – toma todas as decisões e recebe todos os retornos das operações da empresa. Na maioria das grandes empresas, as decisões e os retornos são separados entre as diversas partes. Os acionistas são realmente os proprietários da empresa, recebendo retornos em forma de dividendos e rendimentos de ações. Mas os acionistas não dirigem a empresa; o acionista médio pode ter centenas de ações de diferentes empresas com fundos de investimento e outras participações e poderia não ter tempo ou experiência para executar todas essas empresas. A empresa é gerida em nome do acionista, geralmente pelo *chief executive officer* (CEO) e sua equipe de gestão. O CEO não toma todas as decisões, mas delega vários gerentes em um dos numerosos níveis de uma hierarquia complexa.

O fato de que as empresas normalmente não são dirigidas pelos proprietários leva a outro fator complicante. Enquanto os acionistas possam gostar de que o lucro seja maximizado, o gerente pode agir por interesse próprio em vez de pelo interesse do acionista. O gerente pode preferir o prestígio da expansão do império empresarial para além do que faz sentido econômico, pode adquirir mordomias caras e afastar-se de ações lucrativas mas desconfortáveis, como demissão de funcionários que executam a mesma função. Diferentes mecanismos podem ajudar a alinhar os interesses dos gerentes com os dos acionistas. O pagamento gerencial em forma de ações ou opções de ações pode incentivar a maximização de lucro assim como a ameaça de demissão caso uma empresa com fraco desempenho decrete falência, ou seja, assumida por um especulador corporativo agressivo. Mas não há garantias de que tais mecanismos funcionarão perfeitamente.

Mesmo um conceito tão simples como o do porte da empresa é uma questão em aberto. A simples definição de empresa inclui todos os insumos utilizados no produto final, por exemplo, todo o maquinário e fábricas envolvidos. Se parte desse processo de produção for terceirizado para outra empresa que utiliza máquinas e fábricas, então, diversas empresas, em vez de uma, são responsáveis pelo suprimento. Um exemplo clássico é proporcionado pela montadora General Motors (GM).[1] Inicialmente, a GM comprava as carrocerias de outra empresa, a Fisher Body, que desenhava e colocava em produção; a GM só foi responsável pela montagem final da carcaça com as outras peças de automóveis. Depois de vivenciar uma sequência de interrupções de suprimento ao longo de várias décadas, a GM decidiu adquirir a Fisher Body em 1926. Da noite para o dia, boa parte do ciclo de produção – a construção da carrroceria e a montagem final – foi concentrada em apenas uma empresa. Então, o que devemos dizer sobre o porte da empresa no setor de automóveis? Nesse caso, a melhor definição de "empresa" é a combinação da GM e da Fisher Body após a aquisição ou uma GM que antes era menor? Devemos esperar que a aquisição da Fisher Body faça uma real diferença econômica para o mercado automotivo, reduzindo as interrupções de suprimento de material ou é uma mera mudança de nome? Essas são questões profundas que devemos abordar nas Aplicações deste capítulo. Agora, consideraremos o porte e a natureza da empresa como dados, conforme especificados pela função de produção $f(k, l)$.

8.1.3 Relação com a teoria do consumidor

A Parte 2 deste livro foi dedicada para compreender as decisões dos consumidores no lado da demanda do mercado; já esta Parte 3 é designada para compreender as empresas no lado da oferta. Como já vimos, há muitos elementos em comum entre as duas análises, e muitos métodos matemáticos podem ser aplicados em ambos. Existem duas diferenças essenciais que merecem todo o espaço adicional dedicado para o estudo das empresas. Primeiramente, conforme já discutido, as empresas não são indivíduos, mas podem ser organizações muito mais complexas. Praticamente "encobriremos" esta diferença presumindo que a empresa seja representada por um empreendedor como um tomador de decisão individual, lidando com as complicações com mais detalhes nas Aplicações.

---

[1] A aquisição da Fisher Body pela GM foi amplamente analisada pelos economistas. Por exemplo, veja B. Klein em "Vertical Integration as Organization Ownership: the Fisher-Body-General Motors Relationship Revisited", *Journal of Law, Economics and Organization* (primavera de 1988): 199-213.

Outra diferença entre as empresas e os consumidores é que podemos ser mais concretos sobre os objetivos da empresa do que os do consumidor. Com os consumidores, "gosto não se discute". Não há como dizer por que um consumidor gosta mais de cachorro-quente do que de hambúrgueres e o outro consumidor, o contrário. Por contraste, geralmente presume-se que as empresas não tenham uma preferência inerente com relação à produção de cachorros-quentes ou hambúrgueres; a suposição natural é a de que se fabrica o produto (ou se tomam outras decisões) que dá mais lucro. Certamente há algumas restrições com a hipótese de maximização de lucro, mas se estamos dispostos a aceitá-la, podemos ir mais longe com a análise do que fizemos com a teoria do consumidor.

8.2 MAXIMIZAÇÃO DE LUCRO

A maioria dos modelos de oferta presume que a empresa e seu gerente dedicam-se à meta de alcançar o maior lucro econômico possível. A seguinte definição inclui essa suposição e também lembra a definição de lucros econômicos ao leitor.

> **DEFINIÇÃO**
>
> **Empresa de maximização de lucro.** A *empresa* escolhe os insumos e os produtos com a única meta de *maximizar os lucros econômicos*, a diferença entre as receitas e os custos econômicos totais.

Essa hipótese – que as empresas buscam o máximo dos lucros econômicos – tem uma longa história na literatura econômica. Há muito que apresentar. Isso é plausível porque os proprietários da empresa procuram, de fato, valorizar ao máximo seus ativos e porque os mercados competitivos podem punir empresas que não maximizam os lucros.

Essa hipótese vem com ressalvas. Já notamos na seção anterior que, se o gerente não for o proprietário da empresa, ele pode agir em interesse próprio e não tentar maximizar a riqueza do proprietário. Mesmo que o gerente seja o proprietário, ele pode ter outras preocupações além da riqueza, como reduzir a emissão de poluentes da fábrica ou curar doenças em países em desenvolvimento em um laboratório farmacêutico. Deixaremos tais objetivos de lado por enquanto, não porque sejam surreais, mas porque é difícil dizer com exatidão quais metas adicionais são as mais importantes para as pessoas e quanto elas importam relativamente à riqueza. As metas sociais podem ser direcionadas mais eficientemente maximizando o lucro da empresa e deixando os proprietários usufruírem de sua riqueza para financiar outras metas diretamente com impostos ou doações beneficentes. Em qualquer evento, um rico conjunto de resultados teóricos que explicam as decisões reais da empresa pode ser derivado da suposição de maximização de lucro; assim, manteremos essa suposição por boa parte do restante.

8.2.1 Maximização de lucro e marginalismo

Se as empresas são maximizadoras rígidas de lucro, elas tomarão decisões de forma "marginal". O empreendedor realizará o experimento conceitual de ajustar tais variáveis que podem ser controladas até que seja impossível aumentar o lucro ainda mais. Isso envolve, digamos, olhar para o lucro incremental, ou "marginal", obtido a partir de uma unidade de produto, ou o lucro adicional disponível a partir da contratação de mais um funcionário. Enquanto esse lucro incremental for positivo, um produto extra será feito ou um funcionário extra será contratado. Quando o lucro incremental de uma atividade for zero, o empreendedor "empurrou" tal atividade até o limite e ela não será mais lucrativo. Neste capítulo, exploraremos as consequências dessa suposição utilizando cálculos matemáticos ir além mais e mais sofisticados.

8.2.2 Escolha de produto

Primeiramente analisaremos um tópico que deveria ser familiar: qual o nível de produção da empresa para obter lucros máximos. Uma empresa vende um nível de produto, q, a um preço de mercado de p por unidade. As receitas totais (R) são fornecidas por

$$R(q) = p(q) \cdot q, \tag{8.1}$$

em que permitimos a possibilidade de que o preço de venda que a empresa recebe pode ser afetado por suas vendas. Na produção de q, determinados custos econômicos são incorridos e, como no Capítulo 7, nós os representaremos por $C(q)$.

A diferença entre receitas e custos é chamada de *lucros econômicos* (π). Recapitularemos essa definição aqui para referência.

DEFINIÇÃO

Lucro econômico. Os lucros econômicos de uma empresa são a diferença entre suas receitas e custos:

$$\text{lucros econômicos} = \pi(q) = R(q) - C(q). \tag{8.2}$$

Pelo fato de as receitas e os custos dependerem da quantidade produzida, os lucros econômicos também dependerão dela.

A condição necessária para a escolha do valor de q que maximiza os lucros é encontrada pelo ajuste das derivadas da Equação 8.2 com relação a q igual a 0:[2]

$$\frac{d\pi}{dq} = \pi'(q) = \frac{dR}{dq} - \frac{dC}{dq} = 0, \tag{8.3}$$

então, a condição de primeira ordem para um máximo é

$$\frac{dR}{dq} = \frac{dC}{dq}. \tag{8.4}$$

No capítulo anterior, a derivada dC/dq foi definida como custo marginal, MC. A outra derivada, dR/dq, pode ser definida analogamente conforme segue.

DEFINIÇÃO

Receita marginal. A receita marginal é a variação na receita total R resultante de uma variação no produto q:

$$\text{receita marginal} = MR = \frac{dR}{dq}. \tag{8.5}$$

Com as definições de MR e MC em mãos, podemos ver que a Equação 8.4 é uma declaração matemática da regra "receita marginal igual ao custo marginal" geralmente estudada nos cursos de introdução à Economia. A regra é importante para ser destacada como um princípio da otimização.

PRINCÍPIO DA OTIMIZAÇÃO

Maximização do lucro. Para maximizar os lucros econômicos, a empresa deve escolher um produto q^* no qual a receita marginal seja igual ao custo marginal. Ou seja,

$$MR(q^*) = MC(q^*). \tag{8.6}$$

---

[2] Observe que esse é um problema de maximização irrestrita; as restrições no problema estão implícitas nas funções receita e custo. Especificamente, a curva de demanda que a empresa encontra determina a função receita, e a função de produção da empresa (junto com os preços de insumo) determina os custos.

8.2.3 Condições de segunda ordem

As Equações 8.4 ou 8.5 são somente uma condição necessária para o lucro máximo. Para suficiência, também é preciso que

$$\left.\frac{d^2\pi}{dq^2}\right|_{q=q^*} = \left.\frac{d\pi'(q)}{dq}\right|_{q=q^*} < 0, \tag{8.7}$$

ou que o lucro "marginal" diminua no nível ótimo de produção, q^*. Para q menor que q^*, o lucro deve aumentar [$\pi'(q) > 0$]; para q maior que q^*, o lucro deve diminuir [$\pi'(q) < 0$]. O máximo verdadeiro será alcançado somente se essa condição for válida. Essa condição é claramente válida se a receita marginal diminuir (ou permanecer constante) em q e o custo marginal aumentar em q.

8.2.4 Análise gráfica

Essas relações são ilustradas na Figura 8.1, em que o painel superior retrata as funções típicas de custo e receita. Para níveis baixos de produto, os custos excedem as receitas; assim, os lucros econômicos são negativos. Na faixa intermediária de produção, as receitas excedem os custos; isso significa que o lucro é positivo. Finalmente, em altos níveis de vendas, o custo aumenta bruscamente e, novamente, excede as receitas. A distância vertical entre as curvas de receita e de custo (ou seja, lucro) é apresentada na Figura 8.1b. Aqui, o lucro alcança o seu máximo em q^*. Nesse nível de produção, é verdade também que a inclinação da curva de receita (receita marginal) é igual à inclinação da curva de custo (custo marginal). Fica claro a partir da figura que as condições suficientes para o máximo também são satisfeitas nesse ponto, porque o lucro está aumentando à esquerda de q^* e diminuindo à direita de q^*. Portanto, o nível de produto q^* é um máximo verdadeiro de lucro. Porém, isso não acontece para o nível de produto q^{**}. Embora a receita marginal seja igual ao custo marginal nesta produção, os lucros estão, de fato, em um mínimo local lá.

8.3 RECEITA MARGINAL

A receita marginal é simples de calcular quando uma empresa pode vender tudo o que deseja sem causar quaisquer efeitos no preço de mercado. A receita extra obtida da venda de mais uma unidade é apenas este preço de mercado. No entanto, nem sempre uma empresa conseguirá vender tudo o que deseja ao preço vigente de mercado. Se ela enfrentar uma curva de demanda negativamente inclinada por seu produto, então, só poderá haver mais venda do produto se o preço da mercadoria for reduzido. Nesse caso, a receita obtida da venda de mais uma unidade será menor do que o preço daquela unidade, pois, para que os consumidores levem mais uma unidade, o preço de todas as unidades deve ser menor.

Este resultado pode ser facilmente demonstrado. Como visto antes, a receita total (R) é a quantidade vendida do produto (q) vezes o preço de venda (p), que também pode depender de q. Utilizando a regra do produto para calcular a derivada, a receita marginal é

$$MR(q) = \frac{dR}{dq} = \frac{d[p(q) \cdot q]}{dq} = p + q \cdot \frac{dp}{dq}. \tag{8.8}$$

Observe que a receita marginal é uma função do produto. No geral, a MR será diferente para diferentes níveis de q. Da Equação 8.8, é fácil visualizar: se o preço não muda à medida que a quantidade aumenta ($dp/dq = 0$), a receita marginal será igual ao preço. Nesse caso, dizemos que a empresa é uma *tomadora de preço* porque as decisões de produção não influenciam no preço. Por outro lado, se o preço diminuir à medida que a quantidade aumentar ($dp/dq < 0$), a receita marginal será menor do que o preço. Um gerente interessado em maximizar o lucro deve saber como os aumentos na produção afetarão o preço antes de tomar uma decisão ótima de produção. Se o aumento em q causar diminuição do preço de mercado, isso deve ser levado em conta.

FIGURA 8.1 Para maximização de lucro, a receita marginal deve ser igual ao custo marginal

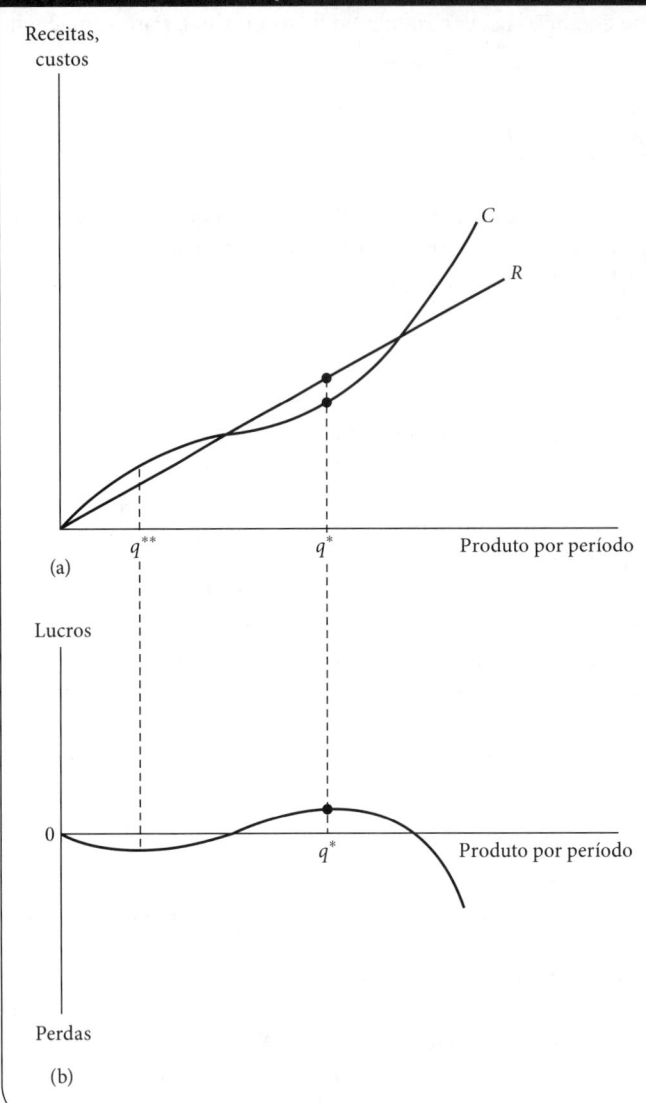

Os lucros, definidos como receitas (R) menos custos (C), alcançam o seu máximo quando a inclinação da função receita (receita marginal) é igual à inclinação da função custo (custo marginal). Essa igualdade é somente uma condição necessária para um máximo, conforme pode ser visto na comparação dos pontos q^* (um *máximo* verdadeiro) e q^{**} (um *mínimo* local), pontos nos quais a receita marginal é igual ao custo marginal.

EXEMPLO 8.1 Receita marginal a partir da função demanda linear

Suponha que uma loja que vende sanduíche italiano (também chamado de *grinder*, sanduíche submarino ou, na Filadélfia, *hoogie*) enfrenta uma curva de demanda linear para sua produção diária (q) na forma

$$q = 100 - 10p. \tag{8.9}$$

Para resolver para o preço que a loja recebe

$$p = \frac{-q}{10} + 10, \tag{8.10}$$

e as receitas totais (como uma função de q) são proporcionadas por

$$R = pq = \frac{-q^2}{10} + 10q. \tag{8.11}$$

A função receita marginal da empresa de sanduíche é

$$MR = \frac{dR}{dq} = \frac{-q}{5} + 10, \tag{8.12}$$

e, neste caso, $MR < p$ para todos os valores de q. Se, por exemplo, a empresa produz 40 sanduíches por dia, a Equação 8.10 mostra que o preço unitário do sanduíche será de $ 6. Mas, nesse nível de produção, a Equação 8.12 mostra que a MR é de somente $ 2. Se a empresa produzir 40 sanduíches por dia, a receita total será de $ 240 (= $ 6 · 40), enquanto se produzirem 39, a receita total seria de $ 238 (= $ 6,1 · 39), pois o preço aumentará levemente quando menos sanduíches forem produzidos. Portanto, a receita marginal do 40º sanduíche vendido é consideravelmente menor do que seu preço. De fato, para $q = 50$, a receita marginal é zero (receitas totais são um máximo de $ 250 = $ 5 · 50), e qualquer expansão adicional na produção diária de sanduíches resultará em uma redução na receita total para a empresa.

Para determinar o nível de maximização de lucro na produção de sanduíches, devemos saber os custos marginais da empresa. Se os sanduíches podem ser produzidos a um custo médio e marginal constante de $ 4, então a Equação 8.12 mostra que $MR = MC$ a uma produção diária de 30 sanduíches. Com esse nível de produção, cada sanduíche será vendido a $ 7, e os lucros serão de $ 90 [= ($ 7 – $ 4) · 30]. Embora o preço exceda o custo médio e marginal por uma margem substancial, não seria de interesse da empresa aumentar a produção. Com $q = 35$, por exemplo, o preço diminuirá para $ 6,50 e os lucros diminuirão para $ 87,50 [= ($ 6,50 – $ 4,00) · 35]. A receita marginal, não o preço, é o determinante principal para o comportamento de maximização de lucro.

PERGUNTA: Como um aumento no custo marginal na produção de sanduíches para $ 5 afetaria na decisão de produção dessa empresa? Como isso afetaria nos lucros?

8.3.1 Receita marginal e elasticidade

O conceito de receita marginal está diretamente relacionado à elasticidade da curva de demanda que a empresa enfrenta. Lembre-se de que a elasticidade da demanda ($e_{q,p}$) é definida como a variação percentual na quantidade demandada que resulta em uma variação de 1 por cento no preço:

$$e_{q,p} = \frac{dq/q}{dp/p} = \frac{dq}{dp} \cdot \frac{p}{q}.$$

TABELA 8.1 RELAÇÃO ENTRE ELASTICIDADE E RECEITA MARGINAL

$e_{q,p} < -1$	$MR > 0$
$e_{q,p} = -1$	$MR = 0$
$e_{q,p} > -1$	$MR < 0$

Agora, esta definição pode ser combinada com a Equação 8.8 para proporcionar

$$MR = p + q \cdot \frac{dp}{dq} = p\left(1 + \frac{q}{p} \cdot \frac{dp}{dq}\right) = p\left(1 + \frac{1}{e_{q,p}}\right). \tag{8.13}$$

Enquanto a curva de demanda da empresa for negativamente inclinada, $e_{q,p} < 0$ e a receita marginal será menor que o preço, como já havíamos mostrado. Se a demanda for elástica ($e_{q,p} < -1$), então a receita marginal será positiva. Se a demanda for elástica, a venda de mais uma unidade não afetará "muito" no preço e, portanto, haverá mais receita com a venda. De fato, se a demanda enfrentada pela empresa for infinitamente elástica ($e_{q,p} = -\infty$), a receita marginal igualará ao preço. Nesse caso, a empresa é tomadora de preço. No entanto, se a demanda for inelástica ($e_{q,p} > -1$), a receita marginal será negativa. O aumento em q pode ser obtido somente com "grandes" quedas no preço de mercado, e tais quedas provocarão a diminuição da receita total.

A relação entre receita marginal e elasticidade é resumida na Tabela 8.1.

8.3.2 *Markup* preço-custo marginal

Se presumirmos que a empresa quer maximizar os lucros, esta análise pode ser ampliada para ilustrar a ligação entre o preço e o custo marginal. A igualdade $MR = MC$ na Equação 8.13 implica

$$MC = p\left(1 + \frac{1}{e_{q,p}}\right)$$

ou, após o rearranjo,

$$\frac{p - MC}{p} = \frac{1}{-e_{q,p}} = \frac{1}{|e_{q,p}|}, \tag{8.14}$$

em que a última igualdade é mantida se a demanda for negativamente inclinada e, portanto, $e_{q,p} < 0$. Às vezes, essa fórmula para o "*markup*" percentual do preço sobre o custo marginal é chamada de *índice de Lerner*, depois que o economista Abba Lerner a propôs pela primeira vez na década de 1930. O *markup* depende especificamente da elasticidade de demanda que a empresa enfrenta. Primeiramente, observe que essa demanda deve ser elástica ($e_{q,p} < -1$) para que essa fórmula faça sentido. Se a demanda for inelástica, a razão na Equação 8.14 será maior que 1, o que é impossível se uma *MC* positiva for subtraída de um p positivo no numerador. Isso simplesmente reflete que, quando a demanda é inelástica, a receita marginal é negativa e não pode ser igualada a um custo marginal positivo. É importante ressaltar que é a demanda que a *empresa enfrenta* que deve ser elástica. Isso pode ser consistente com a demanda inelástica de *mercado* para o produto em questão se a empresa enfrenta a concorrência de outras empresas produzindo o mesmo produto.

A Equação 8.14 implica que o *markup* percentual sobre o custo marginal será maior quanto mais próximo $e_{q,p}$ for de –1. Se a demanda que a empresa enfrenta for infinitamente elástica (talvez porque há muitas outras empresas que fabricam o mesmo produto), então $e_{q,p} = -\infty$ e não há *markup* ($p = MC$). Por outro lado, com uma elasticidade de demanda de, digamos, $e_{q,p} = -2$, o *markup* sobre o custo marginal será de 50% do preço; ou seja, $(p - MC)/p = 1/2$.

8.3.3 Curva de receita marginal

Qualquer curva de demanda tem uma curva de receita marginal associada a ela. Se, como às vezes presumimos, a empresa vender todos os produtos com um preço, é conveniente pensar na curva de demanda que a empresa enfrentará como uma *curva de receita média*. Ou seja, a curva de demanda mostra a receita unitária (em outras palavras, o preço) gerada pelas escolhas alternativas de produção. Por outro lado, a curva de receita marginal apresenta a receita extra fornecida pela última unidade vendida. No caso usual de uma curva de demanda negativamente inclinada, a curva de receita marginal estará abaixo da curva de demanda, pois, de acordo com a Equação 8.8, $MR < p$. Na Figura 8.2, desenhamos tal curva junto com a curva de demanda a partir da qual é derivada. Observe que, para os níveis de produto maiores que q_1, a receita marginal será negativa. À medida que o produto aumenta de 0 para q_1, as receitas totais ($p \cdot q$) aumentam. No entanto, as receitas totais ($p_1 \cdot q_1$) são o mais amplas possível em q_1; além desse nível de produto, o preço diminui proporcionalmente mais rápido do que o aumento de produção.

Na Parte 2, conversamos detalhadamente sobre a possibilidade de deslocamentos da curva de demanda por conta das mudanças na renda, nos preços de outras mercadorias ou preferências. Sempre que houver deslocamento na curva de demanda, a curva de receita marginal associada também se desloca. Isso deveria ser óbvio, pois a curva de receita marginal não pode ser calculada sem a referência de uma curva de demanda específica.

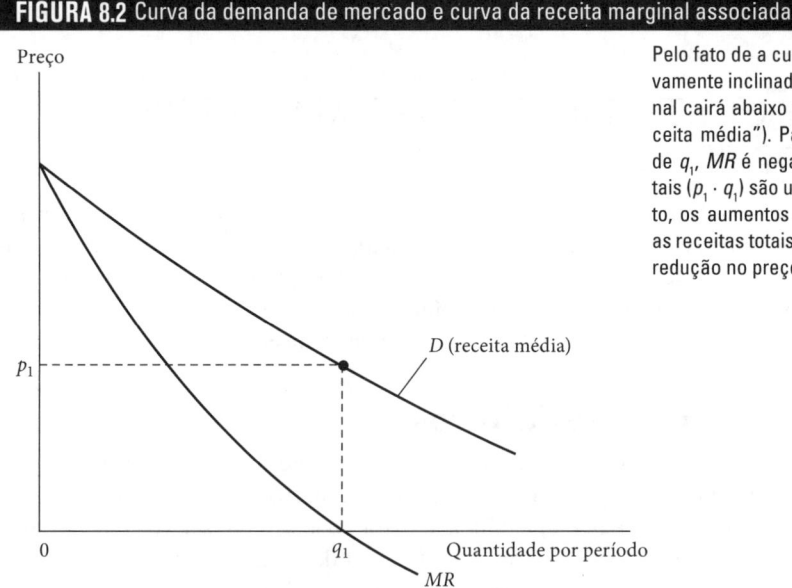

FIGURA 8.2 Curva da demanda de mercado e curva da receita marginal associada

Pelo fato de a curva de demanda ser negativamente inclinada, a curva de receita marginal cairá abaixo da curva de demanda ("receita média"). Para níveis de produto além de q_1, MR é negativa. Em q_1, as receitas totais ($p_1 \cdot q_1$) são um máximo; além deste ponto, os aumentos adicionais em q diminuem as receitas totais por conta da concomitante redução no preço.

EXEMPLO 8.2 O caso de elasticidade constante

No Capítulo 5, mostramos que uma função demanda da forma

$$q = ap^b \tag{8.15}$$

tem uma elasticidade preço da demanda constante igual a $-b$. Para calcular a função receita marginal para esta função, primeiro resolva para p:

$$p = \left(\frac{1}{a}\right)^{1/b} q^{1/b} = kq^{1/b}, \tag{8.16}$$

em que $k = (1/a)^{1/b}$. Portanto,

$$R = pq = kq^{(1+b)/b}$$

e
$$MR = dR/dq = \frac{1+b}{b}kq^{1/b} = \frac{1+b}{b}p. \qquad (8.17)$$

Para essa função particular, a *MR* é proporcional ao preço. Se, por exemplo, $e_{q,p} = b = -2$, então $MR = 0{,}5p$. Para um caso mais elástico, suponha que $b = -10$; então, $MR = 0{,}9p$. A curva *MR* aproxima-se da curva de demanda à medida que a demanda se torna mais elástica. Novamente, se $b = -\infty$, então, $MR = p$; ou seja, no caso de demanda infinitamente elástica, a empresa é uma tomadora de preço. Por outro lado, para demanda inelástica, a *MR* é negativa (e a maximização de lucro seria impossível).

PERGUNTA: Suponha que a demanda dependa de outros fatores além de *p*. Como isso mudaria a análise deste exemplo? Como uma mudança em um desses outros fatores deslocaria a curva de demanda e a curva de receita marginal?

8.4 OFERTA DE CURTO PRAZO POR UMA EMPRESA TOMADORA DE PREÇO

Agora estamos prontos para estudar a decisão de oferta de uma empresa que maximiza lucros. Neste capítulo, examinaremos somente o caso no qual a empresa é uma tomadora de preço. Também concentraremos somente nas decisões de oferta de curto prazo. Questões de longo prazo envolvem entrada e saída de empresas que são o tema principal do próximo capítulo. Desse modo, o conjunto de curvas de custo de curto prazo da empresa é o modelo apropriado para a nossa análise.

8.4.1 Decisão de maximização de lucros

A Figura 8.3 mostra a decisão de curto prazo da empresa. O preço de mercado[3] é dado por P^*. Portanto, a curva de demanda enfrentada pela empresa é uma linha horizontal por P^*. Essa linha é nomeada $P^* = MR$ sendo um lembrete de que uma unidade extra pode sempre ser vendida por essa empresa tomador de preço sem afetar o preço do produto. O nível de produto q^* fornece os lucros máximos, pois em q^* o preço é igual ao custo marginal de curto prazo. O fato que os lucros são positivos pode ser visto observando que o preço em q^* excede os custos médios. A empresa ganha um lucro em cada unidade vendida. Se o preço estiver abaixo do custo médio (como é o caso para P^{***}), a empresa teria prejuízo em cada unidade vendida. Se o preço e o custo médio forem iguais, o lucro será zero. Observe que, em q^*, a curva de custo marginal tem uma inclinação positiva. Isso é necessário se os lucros forem um máximo verdadeiro. Se $P = MC$ em uma seção negativamente inclinada da curva de custo marginal, então ela não seria o ponto de lucro máximo, pois o aumento de produto produziria mais em receita (preço vezes a quantidade produzida) do que essa produção custaria (o custo marginal diminuiria se a curva de *MC* tivesse uma inclinação negativa). Consequentemente, a maximização de lucro exige que $P = MC$ e que aumente o custo marginal neste ponto.[4]

---

[3] Geralmente utilizaremos um *P* maiúsculo em itálico para representar o preço de mercado neste e nos próximos capítulos. No entanto, quando a notação for complexa, às vezes utilizaremos um *p* minúsculo.
[4] Matematicamente: porque
$$\pi(q) = Pq - C(q),$$
maximização de lucro exige (a condição de primeira ordem)
$$\pi'(q) = P - MC(q) = 0$$
e (a condição de segunda ordem)
$$\pi''(q) = -MC'(q) < 0.$$
Portanto, é necessário que $MC'(q) > 0$; custo marginal deve estar crescendo.

> **FIGURA 8.3** Curva de oferta de curto prazo para uma empresa tomadora de preço
>
> Em curto prazo, uma empresa tomadora de preço produzirá o nível de produto para o qual $SMC = P$. Em P^*, por exemplo, a empresa produzirá q^*. A curva SMC também mostra o que será produzido em outros preços. No entanto, para preços abaixo de $SAVC$, a empresa optará por não produzir nenhum produto. As linhas grossas na figura representam a curva de oferta de curto prazo da empresa.

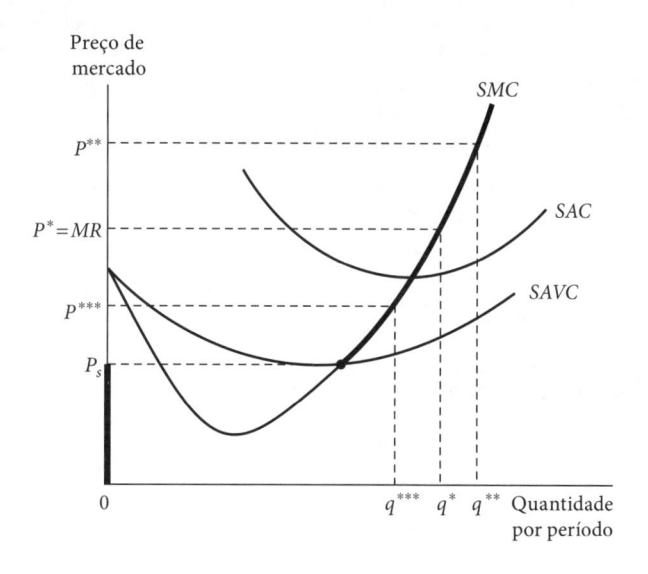

8.4.2 Curva de oferta de curto prazo da empresa

A parte positivamente inclinada da curva de custo marginal de curto prazo é a curva de oferta de curto prazo para essa empresa tomadora de preço. Tal curva mostra o quanto a empresa produzirá para cada possível preço de mercado. Por exemplo, como a Figura 8.3 apresenta, a um preço maior de P^{**}, a empresa produzirá q^{**} porque é do interesse dela incorrer os custos marginais maiores implicados por q^{**}. Por outro lado, com um preço de P^{***}, a empresa opta por produzir menos (q^{***}) porque somente um nível menor de produto resultará em custos marginais mais baixos para atender a este preço mais baixo. Com a empresa considerando todos os preços possíveis que enfrentará, podemos ver pela curva de custo marginal quanto de produto a empresa ofertará a cada preço.

8.4.3 A decisão de fechamento

Para preços baixos, devemos ser cuidadosos com relação a essa conclusão. Se o preço de mercado cair abaixo de P_s (o "preço de fechamento"), a decisão de maximizar o lucro deve ser para não produzir nada. Como a Figura 8.3 mostra, os preços menores que P_s não cobrem os custos médios variáveis. Haverá uma perda em cada unidade produzida além da perda de todos os custos fixos. Ao encerrar a produção, a empresa ainda deve pagar os custos fixos mas evita as perdas incorridas de cada unidade produzida. Porque, no curto prazo, a empresa não pode fechar e evitar todos os custos, a melhor decisão é não produzir. Por outro lado, um preço levemente acima de P_s significa que a empresa deve gerar algum produto. Embora os lucros possam ser negativos (que serão se o preço cair abaixo dos custos médios totais de curto prazo, o caso em P^{***}), a decisão de maximização de lucro é continuar a produção enquanto os custos variáveis forem cobertos. Os custos fixos devem ser pagos em qualquer caso, e qualquer preço que cubra os custos variáveis proporcionará a receita como uma compensação aos custos fixos.[5] Portanto, temos uma descrição completa das decisões de oferta desta empresa em resposta aos preços alternativos para seu produto. Elas estão resumidas na seguinte definição.

DEFINIÇÃO

Curva de oferta de curto prazo. A *curva de oferta de curto prazo* da empresa mostra quanto a empresa produzirá em diversos preços possíveis para seu produto. Para uma empresa que maximiza o lucro com o preço de seu produto como dado, essa curva consiste do segmento de inclinação positiva do custo marginal de curto prazo da empresa acima do ponto mínimo de custo variável médio. Para preços abaixo desse nível, a decisão de maximizar o lucro da empresa é fechar e não produzir.

Claro, qualquer fator que desloque a curva de custo marginal de curto prazo da empresa (como mudanças nos preços dos insumos ou mudanças no nível de insumos fixos utilizados) também deslocará a curva de oferta de curto prazo. No Capítulo 9 utilizaremos muito este tipo de análise para estudar as operações dos mercados perfeitamente competitivos.

EXEMPLO 8.3 Oferta de curto prazo

No Exemplo 7.5, calculamos a função custo total de curto prazo para a função de produção Cobb-Douglas como

$$SC(v, w, q, k_1) = vk_1 + wq^{1/\beta}k_1^{-\alpha/\beta}, \tag{8.18}$$

em que k_1 é o nível de fator capital mantido constante no curto prazo.[6] O custo marginal de curto prazo é facilmente calculado como

$$SMC(v, w, q, k_1) = \frac{\partial SC}{\partial q} = \frac{w}{\beta}q^{(1-\beta)/\beta}k_1^{-\alpha/\beta}. \tag{8.19}$$

Observe que o custo marginal de curto prazo aumenta com o produto para todos os valores de q. A maximização do lucro de curto prazo para uma empresa tomadora de preços exige que a escolha do produto seja tal que o preço de mercado (P) seja igual ao custo marginal de curto prazo:

$$SMC = \frac{w}{\beta}q^{(1-\beta)/\beta}k_1^{-\alpha/\beta} = P, \tag{8.20}$$

---

[5] Um pouco de álgebra pode resolver a questão. Sabemos que os custos totais são iguais à soma de custos fixos e variáveis,
$$SC = SFC + SVC,$$
e que os lucros são fornecidos por
$$\pi = R - SC = P \cdot q - SFC - SVC.$$
Se $q = 0$, então os custos variáveis e as receitas são 0; assim,
$$\pi = -SFC.$$
A empresa produzirá algo apenas se $\pi > -SFC$. Mas isso significa que
$$p \cdot q > SVC \text{ ou } p > SVC/q.$$

[6] Como o fator capital é constante, a função custo de curto prazo apresenta custo marginal crescente e, portanto, gerará um nível único de produto que maximiza o lucro. Se tivéssemos utilizado uma função de produção com retornos constantes de escala no longo prazo, não haveria tal nível único de produção. Discutiremos esse ponto posteriormente neste capítulo e no Capítulo 9.

e podemos resolver para a quantidade ofertada como

$$q = \left(\frac{w}{\beta}\right)^{-\beta/(1-\beta)} k_1^{\alpha/(1-\beta)} P^{\beta/(1-\beta)}. \tag{8.21}$$

Essa curva de oferta fornece alguns *insights* que devem ser familiares desde o início do curso de economia: (1) a curva de oferta é positivamente inclinada – o aumento em P faz com que a empresa produza mais, pois estará disposta a incorrerem um custo marginal maior;[7] (2) a curva de oferta é deslocada para a esquerda pelo aumento na taxa salarial, w – ou seja, para qualquer preço de produto, menos é ofertado com um salário maior; (3) a curva de oferta é deslocada para fora aumentando o fator capital, k_1 – com mais capital em curto prazo, a empresa incorre em um nível determinado de custo marginal de curto prazo a um nível de produção maior; e (4) a taxa de aluguel de capital, v, é irrelevante para as decisões de oferta de produção de curto prazo porque é somente um componente de custos fixos.

Exemplo numérico. Podemos nos dedicar mais uma vez ao exemplo numérico do Exemplo 7.5, em que $\alpha = \beta = 0,5$, $v = 3$, $w = 12$ e $k_1 = 80$. Para esses parâmetros específicos, a função oferta é

$$q = \left(\frac{w}{0,5}\right)^{-1} \cdot (k_1)^1 \cdot p^1 = 40 \cdot \frac{P}{w} = \frac{40P}{12} = \frac{10P}{3}. \tag{8.22}$$

A verificação desse cálculo pode ser realizada na comparação da quantidade ofertada em diversos preços com o cálculo de custo marginal de curto prazo na Tabela 7.2. Por exemplo, se $P = 12$, a função de oferta prevê que $q = 40$ será fornecido, e a Tabela 7.2 mostra que isso está de acordo com a regra $P = SMC$. Se o preço for o dobro para $P = 24$, um nível de produção de 80 pode ser fornecido, e a Tabela 7.2 mostra que, quando $q = 80$, $SMC = 24$. Um preço menor (digamos, $P = 6$) provocaria uma produção menor ($q = 20$).

Antes de adotar a Equação 8.22 como a curva de oferta dessa situação, devemos também verificar a decisão de fechamento da empresa. Há um preço em que seria mais lucrativo para produzir $q = 0$ do que seguir a regra $P = SMC$? A partir da Equação 8.18, sabemos que os custos variáveis de curto prazo são proporcionados por

$$SVC = wq^{1/\beta}k_1^{-\alpha/\beta} \tag{8.23}$$

e então

$$\frac{SVC}{q} = wq^{(1-\beta)/\beta}k_1^{-\alpha/\beta}. \tag{8.24}$$

Uma comparação da Equação 8.24 com a Equação 8.19 mostra que $SVC/q < SMC$ para todos os valores de q desde que $\beta < 1$. Assim, neste problema, não há preço baixo o suficiente de modo que, seguindo a regra $P = SMC$, a empresa teria mais prejuízo do que se não tivesse produzido nada.

No nosso exemplo numérico, considere o caso $P = 3$. Com tal preço baixo, a empresa optaria por $q = 10$. A receita total seria de $R = 30$, e os custos totais de curto prazo seriam $SC = 255$ (consulte a Tabela 7.1). Portanto, os lucros seriam $\pi = R - SC = -225$. Embora a situação seja sombria para a empresa, é melhor do que optar por $q = 0$. Ao não produzir nada, evitam-se todos os custos (trabalhistas) variáveis, mas ainda se perdem 240 em custo fixo de capital. Ao produzir 10 unidades, a receita cobre os custos variáveis ($R - SVC = 30 - 15 = 15$) e contribui com 15 para compensar levemente a perda de custos fixos.

---

[7] De fato, a elasticidade de suprimento de curto prazo pode ser lida diretamente da Equação 8.21 como $\beta/(1 - \beta)$.

PERGUNTA: Como você colocaria no gráfico a curva de oferta de curto prazo na Equação 8.22? Como a curva seria deslocada se w aumentasse para 15? Como seria deslocada se o fator capital aumentasse para $k_1 = 100$? Como a curva de oferta de curto prazo seria deslocada se v caísse para 2? Quaisquer dessas mudanças alterariam a determinação da empresa para evitar o fechamento em curto prazo?

8.5 FUNÇÕES DE LUCRO

Insights adicionais no processo de maximização de lucro para uma empresa tomadora de preço[8] podem ser obtidos olhando a função lucro. Essa função mostra os lucros (maximizados) da empresa como dependentes apenas dos preços com que a empresa se defronta. Para compreender a lógica de construção, lembre-se de que os lucros econômicos são definidos como

$$\pi = Pq - C = Pf(k, l) - vk - wl. \tag{8.25}$$

Somente as variáveis k e l [e também $q = f(k, l)$] estão sob o controle da empresa nessa expressão. A empresa escolhe os níveis desses fatores para maximizar os lucros, tratando os três preços P, v e w como parâmetro fixo na decisão. Olhando desse modo, os lucros máximos da empresa dependem, no final, somente desses três preços exógenos (junto com a forma da função de produção). Resumimos essa dependência pela *função lucro*.

DEFINIÇÃO

Função lucro. A função lucro da empresa mostra os lucros máximos como uma função dos preços que a empresa enfrenta:

$$\Pi(P, v, w) = \max_{k,l} \pi(k, l) = \max_{k,l}[Pf(k, l) - vk - wl]. \tag{8.26}$$

Nessa definição, utilizamos um caracter em maiúsculo Π para indicar que o valor mencionado pela função é o lucro máximo obtido dados os preços. Essa função incorpora implicitamente a forma da função de produção da empresa – um processo ilustrado no Exemplo 8.4. A função lucro pode se referir a uma maximização de lucro em curto ou longo prazo, mas, nesse último último caso, precisaríamos também especificar os níveis de quaisquer fatores fixos em curto prazo.

8.5.1 Propriedades da função lucro

Assim como para outras funções otimizadas já estudadas, a função lucro tem uma quantidade de propriedades úteis para a análise econômica.

1. *Homogeneidade*. A duplicação de todos os preços na função lucro exatamente dobrará os lucros – ou seja, a função lucro é homogênea de grau 1 em todos os preços. Já apresentamos que os custos marginais são homogêneos de grau 1 nos preços de insumo; portanto, a duplicação dos preços de insumo e a duplicação do preço de mercado do produto da empresa não mudarão a quantidade produzida de maximização de lucro. No entanto, como receitas e custos são dobrados, o lucro também dobrará. Isso mostra que, com a inflação pura (em que todos os preços aumentam juntos), as empresas não modificarão os planos de produção, e os níveis de lucros apenas acompanharão tal inflação.

---

[8] Muitas dessas análises aqui seriam também aplicadas a uma empresa que tivesse algum poder de mercado sobre o preço do produto, mas adiaremos a discussão de tal possibilidade até a Parte 4.

2. *As funções lucro são não decrescentes no preço do produto, P.* Esse resultado parece óbvio – uma empresa poderia sempre responder a um aumento no preço de seu produto não modificando os planos de insumo ou de produção. Dada a definição de lucro, eles devem aumentar. Portanto, se a empresa mudar os planos, ela deve fazer isso para ter mais lucro. Se o lucro diminuísse, a empresa não estaria maximizando os lucros.
3. *As funções lucro são não crescentes nos preços do insumo, v e w.* Novamente, essa característica da função lucro parece óbvia. Uma prova é semelhante à utilizada acima na nossa discussão sobre preços do produto.
4. *As funções lucro são convexas nos preços do produto.* Essa característica importante das funções de lucro diz que os lucros obtidos pela média dos lucros disponíveis de dois preços do produto diferentes serão tão grandes quanto os obtidos da média[9] de dois preços. Matematicamente,

$$\frac{\Pi(P_1, v, w) + \Pi(P_2, v, w)}{2} \geq \Pi\left(\frac{P_1 + P_2}{2}, v, w\right). \tag{8.27}$$

O motivo intuitivo dessa convexidade é que, quando as empresas podem adaptar-se livremente às decisões de dois preços diferentes, melhores resultados são possíveis do que quando fazem apenas um conjunto de escolhas em resposta a um preço médio único. Mais formalmente, $P_3 = (P_1 + + P_2)/2$ e q_i, k_i, l_i representam as escolhas de produto e de insumos que maximizam os lucros para tais preços diversificados. Então,

$$\begin{aligned}\Pi(P_3, v, w) \equiv P_3 q_3 - v k_3 - w l_3 &= \frac{P_1 q_3 - v k_3 - w l_3}{2} + \frac{P_2 q_3 - v k_3 - w l_3}{2} \\ &\leq \frac{P_1 q_1 - v k_1 - w l_1}{2} + \frac{P_2 q_2 - v k_2 - w l_2}{2} \\ &\equiv \frac{\Pi(P_1, v, w) + \Pi(P_2, v, w)}{2},\end{aligned} \tag{8.28}$$

o que comprova a Equação 8.27. A etapa principal é a Equação 8.28. Em razão de (q_1, k_1, l_1) ser a combinação de produto e insumos para maximização de lucro quando o preço de mercado é P_1, ele deve gerar tanto lucro quanto qualquer outra escolha, incluindo (q_3, k_3, l_3). Por um argumento semelhante, o lucro de (q_2, k_2, l_2) é pelo menos tanto quanto de (q_3, k_3, l_3) quando o preço de mercado é P_2.

A convexidade da função lucro tem muitas aplicações em tópicos como estabilização de preço.

8.5.2 Resultados de envelope

Pelo fato de a função lucro refletir um processo subjacente de maximização irrestrita, também podemos aplicar o teorema do envelope para visualizar como os lucros respondem às mudanças nos preços do produto e dos insumos. Essa aplicação do teorema rende uma variedade de resultados úteis. Especificamente, a utilização da definição de lucros mostra que

$$\frac{\partial \Pi(P, v, w)}{\partial P} = q(P, v, w), \tag{8.29}$$

$$\frac{\partial \Pi(P, v, w)}{\partial v} = -k(P, v, w), \tag{8.30}$$

---

[9] Embora apenas tenhamos discutido uma média simples dos preços aqui, é claro que, com a convexidade, uma condição semelhante à Equação 8.27 vale para qualquer preço médio ponderado $P = tP_1 + (1-t)P_2$, em que $0 \leq t \leq 1$.

$$\frac{\partial \Pi(P, v, w)}{\partial w} = -l(P, v, w). \tag{8.31}$$

Novamente, essas equações têm sentido intuitivo: um pequeno aumento no preço do produto aumentará os lucros proporcionalmente a quanto a empresa estiver produzindo, enquanto um pequeno aumento no preço de um insumo reduzirá os lucros na proporção da quantidade de insumo utilizado. A primeira dessas equações diz que a função oferta da empresa pode ser calculada a partir da função de lucro por diferenciação parcial em relação ao preço do produto.[10] A segunda e a terceira equação mostram que as funções demanda por insumos[11] também podem ser derivadas das funções lucro. Por conta da função lucro ser homogênea de grau 1, todas as funções descritas nas Equações 8.29-8.31 são homogêneas de grau 0. Ou seja, a duplicação dos preços do produto e dos insumos não mudará os níveis de insumos escolhidos nem isso modificará o nível de produção de maximização de lucro. Todas essas descobertas também apresentam análogos de curto prazo, conforme serão exibidos posteriormente com um exemplo específico.

8.5.3 Excedente do produtor em curto prazo

No Capítulo 5, discutimos o conceito de "excedente do consumidor" e mostramos como áreas abaixo da curva de demanda podem ser utilizadas para medir os custos de bem-estar aos consumidores de mudanças de preços. Também apresentamos como tais mudanças no bem-estar poderiam ser captadas na função dispêndio da pessoa. O processo de medição dos efeitos do bem-estar das mudanças de preços para as empresas é semelhante na análise de curto prazo, e este é o tópico abordado aqui. No entanto, conforme apresentaremos no próximo capítulo, a medição do impacto do bem-estar das mudanças de preço para os produtores em longo prazo exige uma abordagem diferente, pois a maior parte dos efeitos de longo prazo são sentidos não pelas próprias empresas, mas pelos fornecedores de insumos. No geral, essa abordagem de longo prazo é que provou ser mais útil para o nosso estudo subsequente dos impactos do bem-estar das mudanças de preço.

Porque a função lucro é não decrescente nos preços do produto, sabemos que, se $P_2 > P_1$, então

$$\Pi(P_2, \ldots) \geq \Pi(P_1, \ldots).$$

e seria natural medir o ganho de bem-estar para a empresa a partir da mudança de preço como

$$\text{ganho de bem-estar} = \Pi(P_2, \ldots) - \Pi(P_1, \ldots). \tag{8.32}$$

A Figura 8.4 mostra como esse valor pode ser medido graficamente com a área delimitada pelos dois preços e acima da curva de oferta de curto prazo. Intuitivamente, a curva de oferta apresenta o preço mínimo que a empresa aceitará para produzir o produto. Assim, quando o preço de mercado aumentar de P_1 para P_2, a empresa pode vender o nível de produção anterior (q_1) a um preço mais alto e também optar por vendas adicionais ($q_2 - q_1$) para as quais, na margem, também geram lucros agregados, exceto na unidade final. Portanto, o ganho total do lucro da empresa é dado pela área $P_2 A B P_1$. Matematicamente, podemos utilizar os resultados de envelope da seção anterior para obter

---

[10] Às vezes, essa relação é referida como "lema de Hotelling" – em referência ao economista Harold Hotelling, que o descobriu nos anos 1930.
[11] Diferentemente das funções de demanda de rendimento derivadas no Capítulo 7, essas funções de demanda de rendimento não são condicionais nos níveis de vendas. Em vez disso, a decisão de vendas para maximização de lucro da empresa já foi considerada nas funções. Portanto, este conceito de demanda é mais geral do que o apresentado no Capítulo 7, com explicações mais detalhadas na próxima seção.

$$\text{ganho de bem-estar} = \Pi(P_2, \ldots) - \Pi(P_1, \ldots) = \int_{P_1}^{P_2} \frac{\partial \Pi}{\partial P} dP = \int_{P_1}^{P_2} q(P) dP. \quad (8.33)$$

Assim, as medições geométricas e matemáticas da mudança do bem-estar estão de acordo.

Utilizando essa abordagem, também podemos medir o quanto a empresa valoriza o direito de produzir ao preço prevalecente de mercado em relação à situação em que não produziria nada. Se indicarmos o preço de fechamento de curto prazo como P_S (que pode ser ou não um preço zero), então os lucros extras disponíveis do preço P_1 serão definidos como excedente do produtor:

$$\text{excedente do produtor} = \Pi(P_1, \ldots) - \Pi(P_S, \ldots) = \int_{P_S}^{P_1} q(P) dP. \quad (8.34)$$

Isso é mostrado como área P_1BCP_S na Figura 8.4. Portanto, temos a seguinte definição formal.

DEFINIÇÃO

Excedente do produtor. O excedente do produtor é um retorno extra que os produtores ganham realizando transações ao preço de mercado sobre o que ganhariam se nada for produzido. Essa situação é ilustrada pelo tamanho da área abaixo do preço de mercado e acima da curva de oferta.

FIGURA 8.4 Mudanças nos excedentes de curto prazo do produtor medem os lucros da empresa

Se o preço aumentar de P_1 para P_2, então o aumento nos lucros da empresa é dado pela área P_2ABP_1. A um preço de P_1, a empresa ganha o excedente de curto prazo do produtor dado pela área P_sCBP_1. Isso mede o aumento dos lucros de curto prazo para a empresa quando produz q_1 em vez de fechar quando os preços forem P_s ou menores.

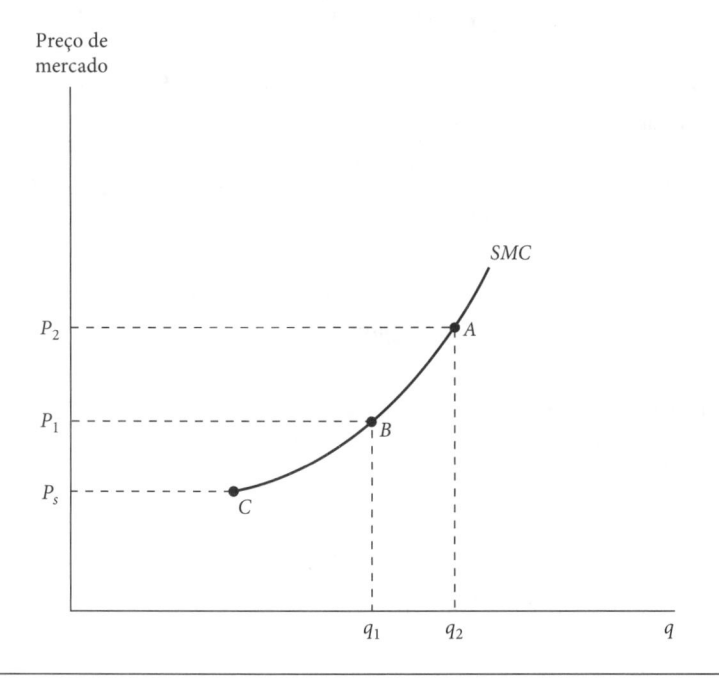

Nessa definição, não temos distinção entre o curto e o longo prazo, embora o nosso desenvolvimento tenha como base somente a análise de curto prazo. No capítulo seguinte, veremos que a mesma definição pode servir em dois propósitos descrevendo os excedentes do produtor em longo prazo; assim, utilizamos essa definição genérica que se encaixa nos dois conceitos. Claro, conforme mostraremos, o significado do excedente de produtor de longo prazo é diferente do que havíamos estudado aqui.

Mais um aspecto do excedente de produtor de curto prazo deve ser descrito. Como a empresa não produz no preço de fechamento, sabemos que $\Pi(P_S, \ldots) = -vk_1$; isto é, os lucros no preço de fechamento são unicamente constituídos por perdas de todos os custos fixos. Portanto,

$$\text{excedente do produtor} = \Pi(P_1, \ldots) - \Pi(P_S, \ldots)$$
$$= \Pi(P_1, \ldots) - (-vk_1) = \Pi(P_1, \ldots) + vk_1. \quad (8.35)$$

Ou seja, o excedente do produtor é dado pelo lucro atual obtido mais os custos fixos de curto prazo. Uma manipulação adicional mostra que a magnitude também pode ser expressa como

$$\text{excedente do produtor} = \Pi(P_1, \ldots) - \Pi(P_S, \ldots)$$
$$= P_1 q_1 - vk_1 - wl_1 + vk_1 = P_1 q_1 - wl_1. \quad (8.36)$$

Em palavras, um excedente do produtor de curto prazo da empresa é proporcionado pela medida em que as receitas excedem os custos variáveis – isso é, de fato, o que a empresa ganha produzindo em curto prazo em vez de fechar e não produzir nada.

EXEMPLO 8.4 Uma função lucro de curto prazo

Essas diversas utilizações da função lucro podem ser ilustradas com a função de produção Cobb-Douglas. Como $q = k^\alpha l^\beta$ e como tratamos o capital como fixo em k_1 no curto prazo, os lucros são

$$\pi = P k_1^\alpha l^\beta - vk_1 - wl. \quad (8.37)$$

Para encontrar a função lucro, utilizamos as condições de primeira ordem para um máximo para eliminar l dessa expressão:

$$\frac{\partial \pi}{\partial l} = \beta P k_1^\alpha l^{\beta-1} - w = 0; \quad (8.38)$$

então,

$$l = \left(\frac{w}{\beta P k_1^\alpha}\right)^{1/(\beta-1)}. \quad (8.39)$$

Podemos simplificar o processo substituindo-o na equação de lucro, deixando $A = (w/\beta P k_1^\alpha)$. Ao utilizar este atalho, temos

$$\Pi(P, v, w, k_1) = P k_1^\alpha A^{\beta/(\beta-1)} - vk_1 - wA^{1/(\beta-1)}$$
$$= wA^{1/(\beta-1)}\left(Pk_1^\alpha \frac{A}{w} - 1\right) - vk_1 \quad (8.40)$$
$$= \frac{1-\beta}{\beta^{\beta/(\beta-1)}} w^{\beta/(\beta-1)} P^{1/(1-\beta)} k_1^{\alpha/(1-\beta)} - vk_1.$$

Embora seja reconhecidamente confusa, essa solução entrega o que prometeu – os lucros máximos da empresa são expressos como uma função somente dos preços de mercado e sua tecnologia. Observe que os custos fixos da empresa (vk_1) entram nessa expressão de maneira linear e simples. Os preços de mercado determinam a extensão na qual as receitas excedem os custos variáveis; então, os custos fixos são subtraídos para obter o lucro final.

Por ser sempre sensato verificar se a álgebra está correta, vamos testar o exemplo numérico utilizado. Com $\alpha = \beta = 0{,}5$, $v = 3$, $w = 12$ e $k_1 = 80$, sabemos que, a um preço de $P = 12$, a empresa produzirá 40 unidades de produto e usará o fator de mão de obra de $l = 20$. Assim, os lucros serão $\pi = R - C = 12 \cdot 40 - 3 \cdot 80 - 12 \cdot 20 = 0$. A empresa não tem lucro e nem prejuízo (*break even*) a um preço de $P = 12$. Utilizando a função lucro

$$\Pi(P, v, w, k_1) = \Pi(12, 3, 12, 80) = 0{,}25 \cdot 12^{-1} \cdot 12^2 \cdot 80 - 3 \cdot 80 = 0. \qquad (8.41)$$

Assim, a um preço de 12, a empresa ganha 240 em lucro sobre os custos variáveis e estes são compensados precisamente pelos custos fixos ao chegar no total final. Com um preço maior para seu produto, a empresa ganha lucros positivos. No entanto, se o preço cair para abaixo de 12, a empresa ficará sujeita a perdas de curto prazo.[12]

Lema de Hotelling. Podemos utilizar a função lucro na Equação 8.40 junto com o teorema de envelope para obter a função oferta de curto prazo da empresa:

$$q(P, v, w, k_1) = \frac{\partial \Pi}{\partial P} = \left(\frac{w}{\beta}\right)^{\beta/(\beta-1)} k_1^{\alpha/(1-\beta)} P^{\beta/(1-\beta)}, \qquad (8.42)$$

que é precisamente a função oferta de curto prazo que calculamos no Exemplo 8.3 (veja a Equação 8.21).

Excedente do produtor. Também podemos utilizar a função oferta para calcular o excedente do produtor de curto prazo da empresa. Para fazer isso, retomamos novamente o nosso exemplo numérico: $\alpha = \beta = 0{,}5$, $v = 3$, $w = 12$ e $k_1 = 80$. Com estes parâmetros, a relação de oferta de curto prazo é $q = 10P/3$ e o preço de fechamento é zero. Portanto, a um preço de $P = 12$, o excedente do produtor é

$$\text{excedente do produtor} = \int_0^{12} \frac{10P}{3} dP = \left.\frac{10P^2}{6}\right|_0^{12} = 240. \qquad (8.43)$$

Isso iguala precisamente os lucros de curto prazo a um preço de 12 ($\pi = 0$) mais custos fixos de curto prazo ($= vk_1 = 3 \cdot 80 = 240$). Se o preço aumentar (digamos) para 15, então, o excedente do produtor aumentaria para 375, que ainda consiste de 240 em custos fixos mais os lucros totais ao preço maior ($\Pi = 135$).

PERGUNTA: Como o excedente de produtor de curto prazo é afetado pelas mudanças na taxa de aluguel para capital, v? Como é afetado pelas mudanças no salário, w?

---

[12] Na Tabela 7.2, mostramos que, se $q = 40$, então $SAC = 12$. Portanto, os lucros zero também são indicados por $P = 12 = SAC$.

8.6 MAXIMIZAÇÃO DE LUCRO E DEMANDA POR INSUMO

Até agora, tratamos do problema de decisão da empresa como o da escolha de um nível de produto de maximização de lucro. Mas a nossa discussão esclareceu que a produção da empresa é, de fato, determinada pelos insumos escolhidos, uma relação resumida pela função de produção $q = f(k, l)$. Consequentemente, os lucros econômicos da empresa também podem ser expressos como uma função somente dos insumos utilizados:

$$\pi(k, l) = Pq - C(q) = Pf(k, l) - (vk + wl). \tag{8.44}$$

Visto desta maneira, o problema de decisão de maximização do lucro da empresa torna-se o de escolher os níveis apropriados de capital e mão de obra.[13] As condições de primeira ordem para um máximo são

$$\frac{\partial \pi}{\partial k} = P\frac{\partial f}{\partial k} - v = 0, \tag{8.45}$$

$$\frac{\partial \pi}{\partial l} = P\frac{\partial f}{\partial l} - w = 0. \tag{8.46}$$

Essas condições fazem com que a empresa que maximiza o lucro contrate qualquer fator até o ponto no qual a contribuição marginal do insumo para a receita seja igual ao custo marginal de contratação do insumo. Como a empresa presume ser uma tomadora de preço na contratação, o custo marginal de contratação de qualquer insumo é igual ao seu preço de mercado. A contribuição marginal do insumo para a receita é dada pela produção extra produzida (o produto marginal) vezes o preço de mercado da mercadoria. Este conceito de demanda é nomeado de uma forma especial.

DEFINIÇÃO

Produto da receita marginal. O *produto da receita marginal* é a receita extra que uma empresa recebe quando utiliza mais uma unidade de insumo. No caso de tomador de preços,[14] $MRP_l = Pf_l$ e $MRP_k = Pf_k$.

Portanto, a maximização de lucro exige que a empresa contrate cada insumo até o ponto em que o produto da receita marginal seja igual ao preço de mercado. Observe também que as Equações 8.45 e 8.46 de maximização de lucro também implicam a minimização de custo, pois $RTS = f_l/f_k = w/v$.

8.6.1 Condições de segunda ordem

Como a função lucro na Equação 8.44 depende de duas variáveis, k e l, as condições de segunda ordem para um lucro máximo são, de algum modo, mais complexas do que o caso de variável simples examinado anteriormente. No Capítulo 2, mostramos que, para garantir um máximo verdadeiro, a função lucro deve ser côncava. Ou seja,

$$\pi_{kk} = f_{kk} < 0, \quad \pi_{ll} = f_{ll} < 0, \tag{8.47}$$

e

$$\pi_{kk}\pi_{ll} - \pi_{kl}^2 = f_{kk}f_{ll} - f_{kl}^2 > 0. \tag{8.48}$$

---

[13] Durante a discussão nesta seção, presumimos que a empresa seja uma tomadora de preço; assim, os preços de seu produto e dos insumos podem ser tratados como parâmetros fixos. Os resultados podem ser facilmente generalizados nos casos em que os preços dependem da quantidade.

[14] Se a empresa não for tomadora de preço no mercado de produto, então essa definição é generalizada utilizando a receita marginal no local do preço. Ou seja, $MRP_l = \partial R/\partial l = \partial R/\partial q \cdot \partial q/\partial l = MR \cdot MP_l$. Uma derivação semelhante vale para o fator capital.

Portanto, a concavidade da relação de lucro exige que a função de produção também seja côncava. Observe que a produtividade marginal decrescente de cada insumo não é suficiente para garantir custos marginais crescentes. O aumento da produção geralmente exige que a empresa utilize mais capital e mais mão de obra. Assim, devemos também garantir que os aumentos no fator capital não aumentem a produtividade marginal do trabalho (e, assim, reduzindo o custo marginal) por uma quantidade suficientemente grande para reverter o efeito da produtividade marginal decrescente do trabalho em si. Portanto, a Equação 8.47 exige que tais efeitos de produtividade cruzada sejam relativamente pequenos – que sejam dominados pelas produtividades marginais decrescentes dos insumos.

Caso estas condições sejam satisfeitas, então os custos marginais aumentarão nas escolhas de maximização de lucro para k e l, e as condições de primeira ordem representarão um máximo local.

8.6.2 Funções de demanda por insumo

A princípio, as condições de primeira ordem para contratar insumos para maximizar o lucro podem ser manipuladas para gerar as funções de demanda por insumo que mostrem como a contratação depende dos preços enfrentados pela empresa. Indicaremos tais funções demanda por

$$\text{demanda por capital} = k(P, v, w),$$
$$\text{demanda por trabalho} = l(P, v, w). \tag{8.49}$$

Observe que, ao contrário dos conceitos de demanda por insumo discutidos no Capítulo 7, essas funções demanda são "não condicionais" – ou seja, eles implicitamente permitem que a empresa ajuste o produto a alterações nos preços. Portanto, essas funções de demanda proporcionam uma figura mais completa de como os preços afetam a demanda por insumo do que as funções de demanda condicionais apresentadas no Capítulo 7. Já apresentamos que essas funções demanda por insumo também podem ser derivadas da função lucro pela diferenciação; no Exemplo 8.5, apresentamos tal processo explicitamente. Primeiro, no entanto, exploraremos como se espera que as mudanças no preço de um insumo afetem na demanda. Para simplificar, observaremos somente a demanda por trabalho, mas a análise da demanda por outro insumo será a mesma. Em geral, concluímos que a direção desse efeito é inequívoca em todos os casos – isto é, $\partial l/\partial w \leq 0$, não importa quantos insumos existam. Para desenvolver alguma intuição para este resultado, começaremos com alguns casos simples.

8.6.3 Caso de insumo único

Uma das razões para esperar que $\partial l/\partial w$ seja negativa baseia-se na suposição de que o produto físico marginal do trabalho diminui à medida que a quantidade de trabalho aumenta. Uma diminuição em w significa que mais trabalho deve ser contratado para promover a igualdade $w = P \cdot MP_l$: uma diminuição em w deve ser atendida por uma diminuição em MP_l (porque P é fixo conforme exigido pela hipótese *ceteris paribus*), e isso pode ser obtido aumentando l. Que este argumento é estritamente correto para o caso de um insumo, pode ser apresentado da seguinte maneira. Em um insumo, a Equação 8.44 é a única condição de primeira ordem para a maximização de lucro, reescrita aqui de forma um pouco diferente:

$$Pf_l - w = F(l, w, P) = 0, \tag{8.50}$$

em que F é apenas uma abreviação que será utilizada para se referir ao lado esquerdo da Equação 8.50. Se w mudar, o valor ótimo de l deve ser ajustado para que esta condição continue a ser mantida, o que define l como uma função implícita de w. Aplicar a regra para encontrar a derivada de uma função implícita no Capítulo 2 (Equação 2.23 em particular) resulta em

$$\frac{dl}{dw} = \frac{-\partial F/\partial w}{\partial F/\partial l} = \frac{w}{Pf_{ll}} \leq 0, \tag{8.51}$$

em que a desigualdade final é mantida porque presume-se que a produtividade marginal do trabalho seja decrescente ($f_{ll} \leq 0$). Por isso, mostramos que, pelo menos no caso de insumo único, um aumento *ceteris paribus* no salário fará com que menos trabalho seja contratado.

8.6.4 Caso de dois insumos

Para o caso de dois (ou mais) insumos, o contexto fica mais complexo. A suposição de produto físico marginal decrescente do trabalho pode ser enganosa aqui. Se w cair, não haverá somente uma mudança em l, mas também uma mudança em k com a escolha de uma nova combinação de minimização de custos de insumo. Quando k muda, toda a função f_l muda (agora, o trabalho tem um valor diferente de capital para usar) e não se pode utilizar o simples argumento anterior. Primeiro, utilizaremos uma abordagem gráfica para sugerir por que, mesmo no caso de dois insumos, $\partial l/\partial w$ deve ser negativo. Uma análise matemática mais precisa é apresentada na próxima seção.

8.6.5 Efeito substituição

De alguma maneira, a análise do caso de dois insumos é semelhante à análise da resposta do indivíduo a uma mudança no preço da mercadoria apresentada no Capítulo 5. Quando w cai, podemos decompor o efeito total na quantidade de l contratado em dois componentes. O primeiro destes componentes é chamado *efeito substituição*. Se q for mantido constante em q_1, então haverá uma tendência de substituir k por l no processo de produção. Este efeito é ilustrado na Figura 8.5a. Por conta da condição de minimização de custo de produzir q_1 exigir que $RTS = w/v$, uma queda em w movimentará a combinação de insumo A para a combinação B. E pelo fato de as isoquantas apresentarem uma RTS decrescente, fica claro pelo diagrama que esse efeito substituição deve ser negativo. Uma diminuição em w causará um aumento no trabalho contratado se a produção for constante.

8.6.6 Efeito produção

No entanto, não é correto manter a produção constante. Quando consideramos uma mudança em q (o *efeito produção*), a analogia ao problema de maximização da utilidade da pessoa se rompe. Os consumidores têm restrições orçamentárias; as empresas, não. As empresas produzem tanto quanto a demanda disponível permitir. Para estudar o que acontece com a quantidade de produtos feitos, devemos investigar a decisão de produção para maximização de lucro da empresa. Uma mudança em w, por conta de mudanças nos custos relativos de insumos, deslocará o caminho de expansão da empresa. Consequentemente, todas as curvas de custo da empresa serão deslocadas e provavelmente algum nível de produção diferente de q_1 será escolhido. A Figura 8.5b mostra o que deve ser considerado como caso "normal". A queda em w desloca o MC para MC'. Consequentemente, o nível de produção para maximização de lucro sobe de q_1 para q_2. Agora, a condição de maximização de lucro ($P = MC$) é satisfeita a um nível maior de produção. Voltando à Figura 8.5a, esse aumento na produção fará com que mais l seja demandado desde que este não seja um insumo inferior (insumos inferiores serão discutidos com detalhes no desenvolvimento matemático a seguir). O resultado dos efeitos substituição e produção movimentarão a escolha de insumos para o ponto C no mapa de isoquantas da empresa. Os dois efeitos trabalharão no aumento da quantidade de trabalho contratado em resposta a uma diminuição no salário real.

A análise fornecida na Figura 8.5 presumiu que o preço de mercado (ou a receita marginal, se não for igual ao preço) da mercadoria sendo produzida permaneceu constante. Essa seria uma suposição apropriada se somente uma empresa na indústria vivenciasse uma queda nos custos unitários trabalhistas. No entanto, se a queda fosse para toda a indústria, então uma análise levemente diferente seria necessária. Naquele caso, todas as curvas de custo marginal das empresas se deslocariam para fora e, portanto, a curva de oferta da indústria (a qual, conforme veremos no próximo capítulo, é a soma das curvas de oferta individual das empresas) também se deslocaria. Presumindo que a demanda pelo produto seja negativamente inclinada, isso levará a um declínio no preço do produto. A produção para a indústria e para a empresa típica ainda aumentará e (conforme antes) mais trabalho será contratado, mas a causa precisa do efeito produção é diferente (veja o Problema 8.11).

FIGURA 8.5 Os efeitos substituição e produção da diminuição de preço de um fator

Quando o preço de trabalho cai, acontecem dois efeitos analiticamente diferentes. Um deles, o efeito substituição, fará com que mais trabalho seja comprado se a produção for constante. Isso é apresentado como um movimento do ponto A para o ponto B em (a). No ponto B, a condição de minimização de custos ($RTS = w/v$) é satisfeita para o w novo e inferior. Essa mudança em w/v também deslocará o caminho de expansão da empresa e a curva de custo marginal. Em uma situação normal, pode ser que a curva MC se desloque para baixo em resposta a uma diminuição em w conforme apresentado em (b). Com esta nova curva (MC'), um nível maior de produto (q_2) pode ser escolhido. Consequentemente, a contratação de trabalho aumentará (para l_2) também por este efeito produção.

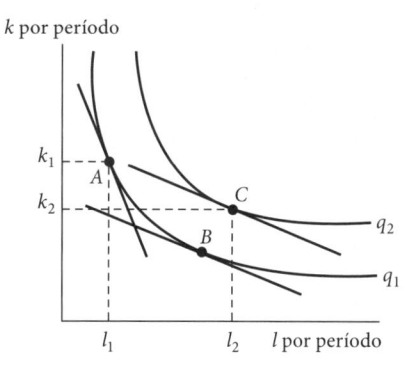

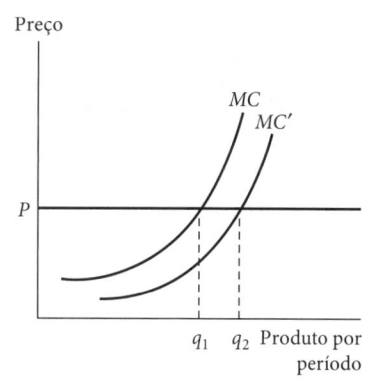

(a) O mapa de isoquanta

(b) A decisão de produto

8.6.7 Efeitos de preço cruzado

Mostramos que, pelo menos em casos simples, $\partial l/\partial w$ é inequivocamente negativo; os efeitos substituição e produção farão com que mais trabalho seja contratado quando a taxa salarial cair. A partir da Figura 8.5, deve ficar claro que nenhuma declaração definida pode ser feita sobre como a utilização de capital responde à mudança salarial. Ou seja, o sinal de $\partial k/\partial w$ é indeterminado. No caso simples de dois insumos, uma queda no salário causará uma substituição de capital; ou seja, menos capital será utilizado para produzir determinado nível de produto. No entanto, o efeito produção levará mais capital a ser demandado como parte do aumento do plano de produção da empresa. Assim, os efeitos substituição e produção, nesse caso, funcionam em direções opostas, e não é possível nenhuma conclusão definitiva sobre o sinal de $\partial k/\partial w$.

8.6.8 Um resumo dos efeitos substituição e produção

Os resultados desta discussão podem ser resumidos no seguinte princípio.

PRINCÍPIO DA OTIMIZAÇÃO

Os efeitos substituição e produção na demanda por insumo. Quando o preço de um insumo cai, isso causa dois efeitos na quantidade demandada daquele insumo:

1. o *efeito substituição* faz com que qualquer dado nível de produção utilize mais do insumo; e
2. a queda nos custos faz com que mais mercadoria seja vendida, criando, portanto, um *efeito produção* adicional que aumenta a demanda pelo insumo.

Por outro lado, quando o preço de um insumo aumenta, os efeitos substituição e produção causam o declínio da quantidade demandada pelo insumo.

Agora, ofereceremos o desenvolvimento mais preciso desses conceitos utilizando uma abordagem matemática para a análise.

8.6.9 Um desenvolvimento matemático

Nosso desenvolvimento matemático dos efeitos substituição e produção que surgiram com a mudança no preço de insumo segue o método que utilizamos para estudar o efeito das mudanças de preço na teoria do consumidor. O resultado final é uma equação do estilo Slutsky que se parece com um apresentado no Capítulo 5. No entanto, a ambiguidade decorrente do paradoxo de Giffen na teoria da demanda de consumo não ocorre aqui.

Começamos com um lembrete de que temos dois conceitos de demanda por qualquer fator (digamos, trabalho): (1) a demanda condicional de trabalho, representada por $l^c(v, w, q)$; e (2) a demanda não condicional de trabalho, representada por $l(P, v, w)$. Na escolha de maximizar o lucro pelo fator trabalho, esses dois conceitos estão de acordo sobre a quantidade de trabalho contratado. Os dois conceitos também concordam sobre o nível de produção (que é uma função de todos os preços):

$$l(P, v, w) = l^c(v, w, q(P, v, w)). \tag{8.52}$$

A diferenciação desta expressão com relação ao salário (e manter os outros preços constantes) rende

$$\frac{\partial l(P, v, w)}{\partial w} = \frac{\partial l^c(v, w, q)}{\partial w} + \frac{\partial l^c(v, w, q)}{\partial q} \cdot \frac{\partial q(P, v, w)}{\partial w}. \tag{8.53}$$

Assim, o efeito de uma mudança no salário sobre a demanda por trabalho é a soma de dois componentes: um efeito substituição na qual a produção é mantida constante e um efeito produção na qual a mudança de salário em seu efeito em modificar a quantidade de produto que a empresa opta por produzir. O primeiro desses efeitos é claramente negativo – porque a função de produção é quase côncava (isto é, possui isoquantas convexas), a demanda por trabalho condicional ao produto deve ser negativamente inclinada. A Figura 8.5b mostra uma ilustração intuitiva do motivo pelo qual o efeito produção na Equação 8.53 é negativo, mas dificilmente isso pode ser chamado de prova. O fator complicante é a possibilidade de que o fator em consideração (aqui, o trabalho) possa ser inferior. Talvez, de maneira estranha, os fatores inferiores também tenham efeitos de produção negativos, mas por razões bastante misteriosas que são mais bem relegadas em uma nota de rodapé.[15] No entanto, o resultado final é que o paradoxo de Giffen não pode ocorrer na teoria da demanda por insumos da empresa: as funções demanda por insumo têm inclinação claramente negativa. Nesse caso, a teoria de maximização de lucro impõe mais restrições no que pode acontecer do que na teoria de maximização de utilidade. No Exemplo 8.5, mostramos como a decomposição em componentes de substituição e produção podem render *insights* úteis em como as mudanças nos preços de insumo afetam as empresas.

---

[15] Em outras palavras, um aumento no preço de um inferior reduz o custo marginal e, portanto, aumenta a produção. Mas quando a produção aumenta, menos do insumo inferior é contratado. Portanto, o resultado final é uma diminuição na quantidade demandada em resposta a um aumento no preço. Uma prova formal faz um amplo uso das relações de envelope. O efeito produção é igual a:

$$\frac{\partial l^c}{\partial q} \cdot \frac{\partial q}{\partial w} = \frac{\partial l^c}{\partial q} \cdot \frac{\partial^2 \Pi}{\partial w \partial P} = \frac{\partial l^c}{\partial q} \cdot \left(-\frac{\partial l}{\partial P}\right) = -\left(\frac{\partial l^c}{\partial q}\right)^2 \cdot \frac{\partial q}{\partial P} = -\left(\frac{\partial l^c}{\partial q}\right)^2 \cdot \frac{\partial^2 \Pi}{\partial P^2},$$

em que a primeira etapa considera a Equação 8.52, a segunda, a Equação 8.29, a terceira, o teorema de Young e a Equação 8.31, a quarta, a Equação 8.52, e a última, a Equação 8.29. Mas a convexidade da função lucro nos preços do produto implica que o último fator é positivo; então, toda expressão é claramente negativa.

EXEMPLO 8.5 Decomposição da demanda por insumos em componentes de substituição e de produção

Para estudar a demanda por insumos, precisamos começar com uma função de produção que possui duas características: (1) a função deve permitir a substituição de capital-trabalho (porque a substituição é uma parte importante da história); e (2) a função de produção deve apresentar custos marginais crescentes (de modo que as condições de segunda ordem para maximização do lucro sejam satisfeitas). Uma função que atende a essas condições é a função de três fatores Cobb-Douglas, quando um deles é fixo. Assim, seja $q = f(k, l, g) = k^{0,25}l^{0,25}g^{0,5}$, em que k e l são os fatores familiares capital e de trabalho e g é o terceiro fator (porte da fábrica) que é mantido fixo em $g = 16$ (metros quadrados?) para todas as nossas análises. Portanto, a função de produção de curto prazo é $q = 4k^{0,25}l^{0,25}$. Presumimos que a fábrica possa ser alugada a um custo de r por metro quadrado por período. Para estudar a demanda por (digamos) fator trabalho, precisamos da função custo total e da função lucro implicada por essa função de produção. Por clemência, o autor calculou tais funções para você como

$$C(v, w, r, q) = \frac{q^2 v^{0,5} w^{0,5}}{8} + 16r \tag{8.54}$$

e

$$\Pi(P, v, w, r) = 2P^2 v^{-0,5} w^{-0,5} - 16r. \tag{8.55}$$

Conforme o esperado, os custos do insumo fixo (g) entram como uma constante nessas equações e tais custos desempenham um papel pequeno nas nossas análises.

Resultados de envelope. As relações de demanda por trabalho podem ser derivadas dessas duas funções pela diferenciação:

$$l^c(v, w, r, q) = \frac{\partial C}{\partial w} = \frac{q^2 v^{0,5} w^{-0,5}}{16} \tag{8.56}$$

e

$$l(P, v, w, r) = \frac{\partial \Pi}{\partial w} = P^2 v^{-0,5} w^{-1,5}. \tag{8.57}$$

Essas funções já sugerem que uma mudança no salário tem um efeito maior na demanda total por trabalho do que na demanda condicional por trabalho, pois o expoente de w é mais negativo na equação de demanda total. Ou seja, o efeito produção também tem uma função aqui. Para visualizar isso diretamente, concentremos em alguns números.

Exemplo numérico. Vamos começar novamente com os valores utilizados em diversos exemplos anteriores: $v = 3$, $w = 12$ e $P = 60$. Primeiramente, vamos calcular a produção que a empresa escolherá nesta situação. Para isso, precisamos da função oferta:

$$q(P, v, w, r) = \frac{\partial \Pi}{\partial P} = 4Pv^{-0,5}w^{-0,5}. \tag{8.58}$$

Com essa função e preços escolhidos, o nível de produção para maximização de lucro da empresa é (surpresa) $q = 40$. Com esses preços e um nível de produção de 40, as duas funções de demanda preveem que a empresa contratará $l = 50$. Como a RTS é dada por k/l, também sabemos que $k/l = w/v$; portanto, com esses preços, $k = 200$.

Agora, suponha que o salário aumente para $w = 27$, mas que outros preços permaneçam intactos. A função oferta da empresa (Equação 8.58) mostra que, agora, se produz $q = 26{,}67$. O aumento no salário desloca a curva de custo marginal para cima, e com o preço de produto constante, isso faz com que a empresa produza menos. Para produzir esse montante, uma das funções de demanda por trabalho pode ser utilizada para mostrar que a empresa contratará $l = 14{,}8$. A contratação de capital também cairá para $k = 133{,}3$ em razão da grande redução na produção.

Podemos decompor a queda na contratação de trabalho de $l = 50$ para $l = 14{,}8$ nos efeitos substituição e produção utilizando a função de demanda condicional. Se a empresa continuasse produzindo $q = 40$, embora o salário aumentasse, a Equação 8.56 mostra que teria utilizado $l = 33{,}33$. O insumo capital teria aumentado para $k = 300$. Como estamos mantendo a produção constante no nível inicial de $q = 40$, essas mudanças representam os efeitos substituição da empresa em resposta a um salário maior.

O declínio na produção necessário para recuperar a maximização de lucro faz com que a empresa corte a produção. Para fazer isso, ela reduz substancialmente a utilização dos dois fatores. Observe que, neste exemplo, o aumento no salário causou não apenas forte queda no uso do trabalho, mas também queda no uso do capital por conta do grande efeito produção.

PERGUNTA: Como os cálculos neste exemplo seriam afetados se todas as empresas tivessem vivenciado o aumento de salário? A queda na demanda por trabalho (e capital) seria maior ou menor do que a encontrada aqui?

Resumo

Neste capítulo, estudamos a decisão de oferta de uma empresa que maximiza o lucro. Nosso objetivo geral era mostrar como uma empresa responde aos sinais de preço a partir do mercado. Para direcionar tal questão, desenvolvemos uma quantidade de resultados analíticos.

- Para maximizar os lucros, a empresa deve escolher o nível de produção para o qual a receita marginal (a receita de vender mais uma unidade) seja igual ao custo marginal (o custo de produzir mais uma unidade).
- Se a empresa for tomadora de preço, as decisões de produção não afetarão no preço do produto; assim, a receita marginal é dada por esse preço. No entanto, se a empresa enfrenta uma demanda negativamente inclinada pelo seu produto, ela só pode vender mais se abaixar o preço. Nesse caso, a receita marginal será menor do que o preço e pode ser até negativa.
- A receita marginal e a elasticidade preço da demanda estão relacionadas pela fórmula

$$MR = P\left(1 + \frac{1}{e_{q,p}}\right),$$

em que P é o preço de mercado do produto da empresa e $e_{q,p}$ é a elasticidade preço da demanda do produto.
- A curva de oferta para uma empresa que maximiza o lucro e é tomadora de preço é dada pela parte positivamente inclinada da curva de custo marginal acima do ponto mínimo do custo variável médio (AVC). Se o preço cair abaixo do AVC, a escolha de maximização de lucro da empresa é fechar e não produzir nada.
- As reações da empresa a mudanças nos diversos preços podem ser estudadas com a função lucro, $\Pi(P, v, w)$. Tal função mostra os lucros máximos que a empresa pode alcançar dados o preço do produto, os preços dos insumos e a tecnologia de produção. A função lucro rende resultados de envelope particularmente úteis. A diferenciação com relação ao preço de mercado gera a função oferta, enquanto a diferenciação com relação a qualquer preço de insumo gera (o negativo de) a função demanda por aquele insumo.
- As mudanças de curto prazo no preço de mercado resultam em mudanças no lucro de curto prazo da empresa. Isso pode ser medido graficamente pelas mudanças no tamanho do excedente do produtor. A função lucro também

pode ser utilizada para calcular as mudanças no excedente do produtor.
- A maximização de lucro fornece uma teoria da demanda derivada da empresa para os insumos. A empresa contratará qualquer insumo até o ponto no qual o produto da receita marginal seja igual ao preço unitário de mercado. Os aumentos no preço de um insumo induzirão aos efeitos substituição e produção que fazem com que a empresa reduza a contratação de tal insumo.

Problemas

8.1 A John's Lawn Mowing Service é uma pequena empresa que atua como uma tomadora de preço (ou seja, $MR = P$). O preço predominante de mercado de corte de grama é de $ 20 por acre. Os custos de John são dados por

$$\text{custo total} = 0{,}1q^2 + 10q + 50,$$

em que q = a quantidade de acres que John corta por dia.

a. Quantos acres John deve cortar para maximizar o lucro?
b. Calcule o lucro diário máximo de John.
c. Coloque esses resultados em gráfico e nomeie a curva de oferta de John.

8.2 A Universal Widget produz *widgets* de alta qualidade na fábrica em Gulch, Nevada, para venda em todo o mundo. A função de custo para a produção total de *widget* (q) é dada por

$$\text{custo total} = 0{,}25q^2.$$

Os *widgets* são demandados apenas na Austrália (em que a curva de demanda é dada por $q_A = 100 - 2P_A$) e Lapônia (em que a curva de demanda é dada por $q_L = 100 - 4P_L$). Assim, a demanda total é igual a $q = q_A + q_L$. Se a Universal Widget pode controlar as quantidades fornecidas para cada mercado, quantas unidades devem ser vendidas em cada local para maximizar os lucros totais? Qual preço será cobrado para cada local?

8.3 A função de produção para uma empresa de calculadoras é dada por

$$q = 2\sqrt{l},$$

na qual q representa a calculadora finalizada e l representa as horas de trabalho. A empresa é uma tomadora de preço para calculadoras (que vende por P) e para os trabalhadores (que podem ser contratados a um salário de x por hora).

a. Qual é a função custo total para essa empresa?
b. Qual é a função lucro para essa empresa?
c. Qual é a função oferta para as calculadoras montadas [$q(P, w)$]?
d. Qual é a função demanda por trabalho da empresa [$l(P, w)$]?
e. Descreva intuitivamente por que essas funções têm a forma que têm.

8.4 O mercado para um caviar de alta qualidade depende do tempo. Se o tempo estiver bom, há muitas festas luxuosas e caviar vendido a $ 30 por libra. Em tempos ruins, vende-se a apenas $ 20 por libra. O caviar produzido em uma semana não aguenta até a próxima semana. Um pequeno produtor de caviar tem uma função custo dada por

$$C = 0{,}5q^2 + 5q + 100,$$

em que q é a produção semanal de caviar. As decisões de produção devem ser tomadas antes de saber o tempo (e o preço do caviar), mas sabe-se que tempos bons e ruins podem ocorrer com a probabilidade de 0,5.

a. Quanto de caviar a empresa deve produzir caso queira maximizar o valor esperado dos lucros?
b. Suponha que o proprietário desta empresa tenha uma função utilidade

$$\text{utilidade} = \sqrt{\pi},$$

em que π é lucros semanais. Qual é a utilidade esperada associada à estratégia de produção definida na parte (a)?
c. O proprietário da empresa pode obter uma utilidade maior de lucro produzindo um nível de produto diferente do que o especificado em partes (a) e (b)? Explique.
d. Suponha que essa empresa preveja o preço da próxima semana, mas que não pode influenciar esse preço. Nesse caso, qual estratégia maximizaria os lucros esperados? Qual seria o lucro esperado?

8.5 A Acme Heavy Equipment School ensina os alunos como manusear máquinas de construção. A quantidade de alunos que a escola pode ensinar por semana é dada por $q = 10 \min(k, l)^\gamma$, em que k é a quantidade de retroescavadeiras que a empresa aluga por semana, l é a quantidade de instrutores contratados por semana e γ é o parâmetro que indica os retornos de escala nessa função de produção.

a. Explique por que o desenvolvimento de um modelo de maximização de lucro exige $0 < \gamma < 1$.
b. Supondo que $\gamma = 0,5$, calcule a função custo total da empresa e a função lucro.
c. Se $v = 1000$, $w = 500$ e $P = 600$, quantos estudantes a Acme ensinará e quais serão os lucros?
d. Se o preço que os alunos estão dispostos a pagar aumenta para $P = 900$, quanto os lucros mudarão?
e. Coloque em gráfico a curva de oferta da Acme para os estudantes e mostre que o aumento nos lucros calculados no item (d) pode ser plotado naquele gráfico.

8.6 Um imposto *lump sum* sobre os lucros afetaria a quantidade de maximização de lucro do produto? E um imposto proporcional sobre o lucro? E um imposto cobrado sobre cada unidade produzida? E um imposto sobre o fator trabalho?

8.7 Este problema diz respeito à relação entre as curvas de demanda e receita marginal para algumas formas funcionais.

a. Mostre que, para uma curva de demanda linear, a curva de receita marginal bissecta a distância entre o eixo vertical e a curva de demanda para qualquer preço.
b. Mostre que, para qualquer curva de demanda linear, a distância vertical entre as curvas de demanda e de receita marginal é $-1/b \cdot q$, em que b (< 0) é a inclinação da curva de demanda.
c. Mostre que, para uma curva de demanda de elasticidade constante da forma $q = aP^b$, a distância vertical entre as curvas de demanda e receita marginal é uma razão constante da altura da curva de demanda, com essa constante dependendo da elasticidade preço da demanda.
d. Mostre que, para qualquer curva de demanda negativamente inclinada, a distância vertical entre as curvas de demanda e receita marginal pode ser encontrada em qualquer ponto utilizando uma aproximação linear à curva de demanda naquele ponto e aplicando o procedimento descrito na parte (b).
e. Coloque em gráfico os resultados das partes (*a*) a (*d*) deste problema.

8.8 Como seria esperado que um aumento no preço do produto, P, afete a demanda pelos fatores capital e trabalho?

a. Explique graficamente por que, se nenhum insumo é inferior, parece claro que o aumento em P não reduz a demanda por qualquer um dos fatores.
b. Mostre que a suposição gráfica da parte (a) é apresentada pelas funções demanda por insumo que podem ser derivadas no caso Cobb-Douglas.
c. Utilize a função lucro para mostrar como a presença de insumos inferiores levaria a uma ambiguidade no efeito de P na demanda pelo insumo.

Problemas analíticos

8.9 Uma função lucro CES
Com uma função de produção CES da forma $q = (k^\rho + l^\rho)^{\gamma/\rho}$, é necessário um pouco de álgebra para calcular a função lucro como $\prod(P, v, w) = KP^{1/(1-\gamma)}(v^{1-\sigma} + w^{1-\sigma})^{\gamma/(1-\sigma)(\gamma-1)}$, em que $\sigma = 1/(1-\rho)$ e K é uma constante.

a. Se você é um glutão para castigos (ou se o seu instrutor é), prove que a função lucro leva esta forma. Talvez a maneira mais fácil seja começar com a função custo CES no Exemplo 7.2.
b. Explique por que essa função lucro fornece uma representação razoável do comportamento de uma empresa somente para $0 < \gamma < 1$.
c. Explique o papel da elasticidade de substituição (σ) nesta função lucro.
d. Neste caso, qual é a função oferta? Como σ determina a extensão na qual esta função se desloca quando os preços de insumo mudam?

e. Nesse caso, obtenha as funções demanda por insumo. Como o tamanho de σ afeta essas funções?

8.10 Alguns resultados de envelope
O teorema de Young pode ser utilizado junto com os resultados de envelope neste capítulo para obter alguns resultados úteis.

a. Mostre que $\partial l(P, v, w)/\partial v = \partial k(P, v, w)/\partial w$. Interprete esse resultado utilizando os efeitos substituição e produção.
b. Utilize o resultado da parte (a) para mostrar como um imposto unitário de trabalho afetaria o fator capital.
c. Mostre que $\partial q/\partial w = -\partial l/\partial P$. Interprete esse resultado.
d. Use o resultado da parte (c) para discutir como um imposto unitário no fator trabalho afetaria a quantidade ofertada.

8.11 Princípio de Le Chatelier
Como as empresas têm maior flexibilidade em longo prazo, a reação delas à mudança de preços pode ser maior em longo prazo do que em curto prazo. Talvez Paul Samuelson tenha sido o primeiro economista a reconhecer que tais reações eram análogas ao princípio da química-física denominada *princípio de Le Chatelier*. A ideia básica do princípio é que qualquer perturbação a um equilíbrio (como o causado por uma mudança de preço) não só terá um efeito direto como também pode definir efeitos de *feedback* que amplificam a resposta. Neste problema, vamos observar alguns exemplos. Considere que a empresa tomadora de preço escolhe os insumos para maximizar a função lucro na forma $\prod(P, v, w) = = Pf(k, l) - wl - vk$. Esse processo de maximização renderá soluções ótimas da forma geral $q^*(P, v, w)$, $l^*(P, v, w)$ e $k^*(P, v, w)$. Se restringirmos o fator capital a ser fixo em $\bar{k}$ no curto prazo, as respostas de curto prazo desta empresa podem ser representadas por $q^s(P, w, \bar{k})$ e $l^s(P, w, \bar{k})$.

a. Utilizando a relação de definição $q^s(P, v, k) = q^s(P, w, k^*(P, w, k))$, mostre que

$$\frac{\partial q^*}{\partial P} = \frac{\partial q^s}{\partial P} + \frac{-\left(\frac{\partial k^*}{\partial P}\right)^2}{\frac{\partial k^*}{\partial v}}.$$

Faça isso em três etapas. Primeiro, diferencie a relação de definição com relação a P utilizando a regra da cadeia. Em seguida, diferencie a relação de definição em relação a v (usando novamente a regra da cadeia) e use o resultado para substituir por $\partial q^s/\partial k$ na derivada inicial. Finalmente, substitua um resultado análogo para a parte (c) do Problema 8.10 para dar a equação exibida.

b. Utilize o resultado da parte (a) para argumentar que $\partial q^*/\partial P \geq \partial q^s/\partial P''$. Isto estabelece o princípio de Le Chatelier para a oferta: as respostas de longo prazo da oferta são maiores do que as respostas (restritas) de curto prazo da oferta.

c. Utilizando métodos semelhantes como nas partes (a) e (b), comprove que o princípio de Le Chatelier aplica-se ao efeito do salário sobre a demanda por trabalho. Ou seja, começando com a relação de definição $l^*(P, w, k) = l^s(P, w, k^*(P, w, k))$, mostre que $\partial l^*/\partial w \leq \partial l^s/\partial w$, o que implica que a demanda por trabalho de longo prazo cai mais quando o salário sobe mais que a demanda por trabalho de curto prazo (note que ambas as derivadas são negativas).

d. Desenvolva sua própria análise da diferença entre as respostas de curto e de longo prazos da função custo da empresa [$C(v, w, q)$] para uma mudança no salário (w).

8.12 Mais sobre a demanda derivada com dois insumos
No final, a demanda por qualquer insumo depende da demanda pelas mercadorias que o insumo produz. Isso pode ser apresentado mais explicitamente obtendo uma demanda completa da indústria pelos insumos. Para isso, presumimos que uma indústria produz uma mercadoria homogênea, Q, sob retornos constantes de escala utilizando somente capital e trabalho. A função demanda para Q é dada por $Q = D(P)$, em que P é o preço de mercado da mercadoria produzida. Por conta da suposição de retorno constante de escala, $P = MC = AC$. Ao longo deste problema, suponha que $C(v, w, 1)$ seja a função de custo unitário da empresa.

a. Explique por que as demandas industriais totais para capital e mão de obra são dadas por $k = QC_v$ e $l = QC_w$.
b. Mostre que

$$\frac{\partial k}{\partial v} = QC_{vv} + D'C_v^2 \quad \text{e} \quad \frac{\partial l}{\partial w} = QC_{ww} + D'C_w^2.$$

c. Prove que

$$C_{vv} = \frac{-w}{v}C_{vw} \quad \text{e} \quad C_{ww} = \frac{-v}{w}C_{vw}.$$

d. Utilize os resultados das partes (b) e (c) juntamente com a elasticidade de substituição definida $\sigma = CC_{vw}/C_vC_w$ para mostrar que

$$\frac{\partial k}{\partial v} = \frac{wl}{Q} \cdot \frac{\sigma k}{vC} + \frac{D'k^2}{Q^2} \quad \text{e} \quad \frac{\partial l}{\partial w} = \frac{vk}{Q} \cdot \frac{\sigma l}{wC} + \frac{D'l^2}{Q^2}.$$

e. Converta as derivadas da parte (d) em elasticidades para mostrar que

$$e_{k,v} = -s_l\sigma + s_k e_{Q,P} \quad \text{e} \quad e_{l,w} = -s_k\sigma + s_l e_{Q,P},$$

em que $e_{Q,P}$ é a elasticidade preço da demanda do produto.

f. Discuta a importância dos resultados na parte (e) utilizando as noções dos efeitos substituição e produção do Capítulo 8.

Observação: A noção que a elasticidade da demanda derivada para um insumo depende da elasticidade preço da demanda do produto foi primeiramente sugerida por Alfred Marshall. A prova dada aqui segue em D. Hamermesh, *Labor Demand* (Princeton, NJ: Princeton University Press, 1993).

8.13 Efeitos de preço cruzado na demanda por insumo

Com dois insumos, os efeitos de preço cruzado na demanda por insumo podem ser facilmente calculados utilizando o procedimento destacado no Problema 8.12.

a. Utilize as etapas (b), (d) e (e) do Problema 8.12 para mostrar que

$$e_{k,w} = s_l(\sigma + e_{Q,P}) \quad \text{e} \quad e_{l,v} = s_k(\sigma + e_{Q,P}).$$

b. Descreva intuitivamente por que as proporções de fatores aparecem de forma diferente nas elasticidades de demanda na parte (e) do Problema 8.12 do que na parte (a) deste problema.

c. A expressão calculada na parte (a) pode ser facilmente generalizada para o caso de múltiplos insumos como $e_{x_i,w_j} = s_j(A_{ij} + e_{Q,P})$, em que A_{ij} é a elasticidade Allen de substituição definida no Problema 7.12. Pelas razões descritas nos Problemas 7.11 e 7.12, essa abordagem da demanda por insumos no caso de múltiplos insumos é geralmente inferior ao uso de elasticidades Morishima. No entanto, um fato raro pode ser mencionado. Para o caso $i = j$, esta expressão parece dizer que $e_{l,w} = s_l(A_{ll} + e_{Q,P})$, e, se chegarmos à conclusão de que $A_{ll} = \sigma$ no caso de dois insumos, isso contradiria o resultado do Problema 8.12. Você pode resolver esse paradoxo usando as definições do Problema 7.12 para mostrar que, com dois insumos, $A_{ll} = (-s_k/s_l) \cdot A_{kl} = (-s_k/s_l) \cdot \sigma$ e, portanto, não há divergência.

8.14 As funções de lucro e a mudança técnica

Suponha que a função de produção da empresa apresente melhoras técnicas com o tempo e que a forma da função é $q = f(k, l, t)$. Nesse caso, podemos medir a taxa proporcional da mudança técnica como

$$\frac{\partial \ln q}{\partial t} = \frac{f_t}{f}$$

(compare este com o tratamento no Capítulo 6). Mostre que esta taxa de mudança também pode ser medida utilizando a função lucro como

$$\frac{\partial \ln q}{\partial t} = \frac{\Pi(P, v, w, t)}{Pq} \cdot \frac{\partial \ln \Pi}{\partial t}.$$

Ou seja, em vez de utilizar diretamente a função de produção, a mudança técnica pode ser medida sabendo a participação de lucros na receita total e a mudança proporcional dos lucros com o tempo (mantendo todos os preços constantes). Essa abordagem para medir a mudança técnica pode ser preferida quando não existem dados nos níveis reais de insumos.

8.15 Teoria dos direitos de propriedade da empresa

Este problema faz trabalhar com alguns cálculos associados ao exemplo numérico nas Aplicações. Consulte as Aplicações para uma discussão da teoria no caso da Fisher Body e General Motors

(GM), que imaginamos que estejam decidindo entre permanecer como empresas separadas ou que a GM compre a Fisher Body e, assim, tornando-se uma empresa (grande). Suponha que o excedente total que as unidades geram juntas seja $S(x_F, x_G) = x_F^{1/2} + a x_G^{1/2}$, em que x_F e x_G são os investimentos realizados pelas gerências das duas unidades antes da negociação e onde uma unidade de investimento custa $ 1. O parâmetro a mede a importância do investimento da gerência da GM. Mostre que, de acordo com o modelo dos direitos de propriedade trabalhado nas Aplicações, é eficiente para a GM comprar a Fisher Body se e somente se o investimento da gerência da GM for importante o suficiente, em particular, se $a > \sqrt{3}$.

PARTE QUATRO
MERCADOS COMPETITIVOS

CAPÍTULO NOVE
O modelo competitivo de equilíbrio parcial

Neste capítulo, descreveremos o modelo familiar de determinação de preço em concorrência perfeita originalmente desenvolvida por Alfred Marshall no fim do século XIX. Ou seja, forneceremos uma análise razoavelmente completa do mecanismo de oferta e demanda aplicado a um único mercado. Talvez esse seja o modelo mais utilizado para o estudo de determinação de preço.

9.1 DEMANDA DE MERCADO

Na Parte 2, apresentamos como construir funções de demanda individual que ilustram as mudanças na quantidade de um bem escolhido por um indivíduo que maximiza a utilidade à medida que o preço de mercado e outros fatores mudam. Com somente duas mercadorias (x e y), concluímos que a função demanda do indivíduo pode ser resumida da seguinte forma:

$$\text{quantidade de } x \text{ demandada} = x(p_x, p_y, I). \tag{9.1}$$

Agora, queremos mostrar como essas funções de demanda podem ser somadas para refletir a demanda de todos os indivíduos no mercado. Utilizando um subscrito $i(i = 1, n)$ para representar a função demanda de cada pessoa para o bem x, podemos definir a demanda total no mercado como:

$$\text{demanda do mercado para } X = \sum_{i=1}^{n} x_i(p_x, p_y, I_i). \tag{9.2}$$

Observe três situações sobre essa soma. Primeira: presumimos que todos no mercado encontrem os mesmos preços para os dois bens. Ou seja, p_x e p_y entram na Equação 9.2 sem subscritos individuais específicos individual. Por outro lado, cada renda de pessoa entra na própria função demanda específica. A demanda de mercado depende não somente da renda total de todos os participantes de mercado, mas também de como tal renda é distribuída entre os consumidores. Finalmente, observe que utilizamos um X maiúsculo para nos referirmos à demanda de mercado – uma notação que, em breve, modificaremos.

FIGURA 9.1 Construção da curva de demanda de mercado a partir de curvas de demanda individual

A curva de demanda de mercado é a "soma horizontal" de cada curva de demanda do indivíduo. Em cada preço, a quantidade demandada no mercado é a soma dos valores de cada demanda individual. Por exemplo, em p_x^* a demanda no mercado é $x_1^* + x_2^* = X^*$.

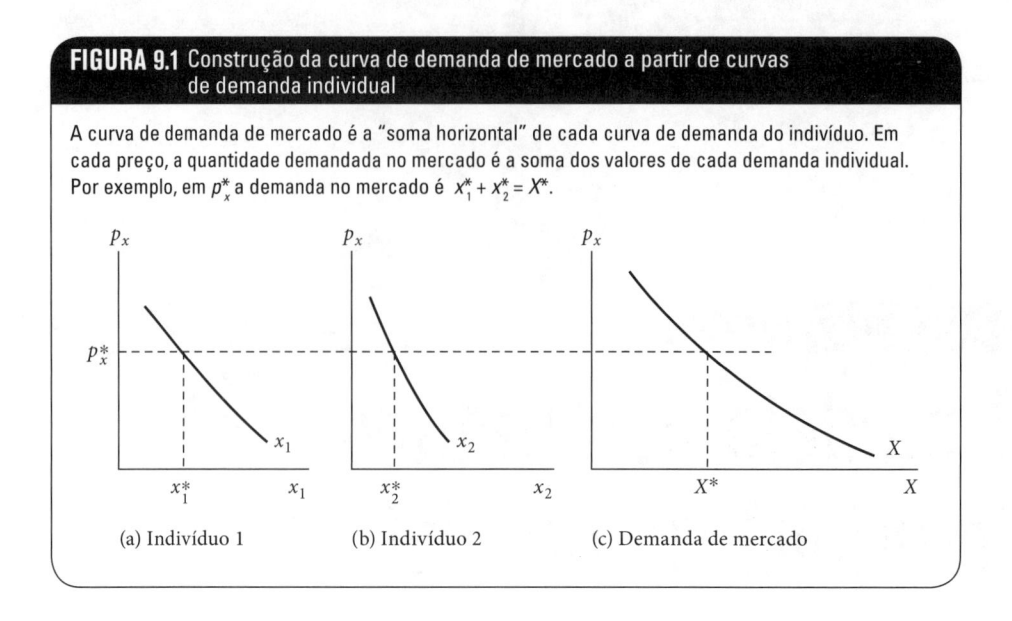

(a) Indivíduo 1   (b) Indivíduo 2   (c) Demanda de mercado

9.1.1 A curva de demanda de mercado

A Equação 9.2 esclarece que a quantidade total demandada de um bem depende não somente do preço em si, mas também dos preços de outros bens e da renda de cada pessoa. Para construir a curva de demanda de mercado para o bem X, p_x variará enquanto se mantêm p_y e a renda de cada pessoa constantes. A Figura 9.1 mostra essa construção para o caso em que há somente dois consumidores no mercado. Para cada preço potencial de x, o ponto na curva de demanda de mercado para X é descoberto acrescentando as quantidades demandadas para cada pessoa. Por exemplo, a um preço de p_x^*, a pessoa 1 demanda x_1^* e a pessoa 2, x_2^*. A quantidade total demandada neste mercado de duas pessoas é a soma desses dois montantes ($X^* = x_1^* + x_2^*$). Portanto, o ponto p_x^*, X^* é um ponto na curva de demanda do mercado para X. Outros pontos da curva são derivados de forma semelhante. Assim, a curva de demanda de mercado é uma "soma horizontal" de cada curva de demanda do indivíduo.[1]

9.1.2 Deslocamentos na curva de demanda de mercado

A curva da demanda de mercado resume a relação *ceteris paribus* entre X e p_x. É importante ter em mente que a curva é, na realidade, uma representação bidimensional de uma função de muitas variáveis. As mudanças em p_x resultam em movimentos ao longo desta curva, mas as mudanças em qualquer outro determinante de demanda para X faz com que a curva se desloque para uma nova posição. Por exemplo, um aumento geral nas rendas faria com que a curva de demanda deslocasse para fora (presumindo que X seja um bem normal), pois cada indivíduo escolheria comprar mais X a cada preço. Do mesmo modo, um aumento em p_y deslocaria a curva de demanda de X para fora se os indivíduos considerassem X e Y substitutos, mas deslocaria a curva de demanda de X para dentro se os bens fossem considerados complementares. Às vezes, representar todos os deslocamentos pode exigir a reavaliação das funções de demanda individual que constituem a relação de mercado, especialmente nas situações em análise nas quais a distribuição de renda muda e, portanto, aumentam-se algumas rendas enquanto diminuem-se outras. Para deixar claro, os economistas geralmente reservam o termo *mudança na quantidade demandada* para um movimento ao longo de uma curva de demanda fixa em resposta a uma mudança em p_x. Alternativamente, qualquer deslocamento na posição da curva de demanda é referida como uma *mudança na demanda*.

---

[1] As curvas de demanda compensada de mercado podem ser preparadas exatamente da mesma forma que a soma de cada demanda compensada do indivíduo. Tal curva de demanda compensada de mercado mantém a constante de utilidade de cada pessoa.

EXEMPLO 9.1 Deslocamentos na demanda de mercado

Essas ideias podem ser ilustradas com um conjunto simples de funções de demanda linear. Suponha que a demanda de laranja do indivíduo 1 (x, medido em dezenas por ano) é dada por[2]

$$x_1 = 10 - 2p_x + 0{,}1I_1 + 0{,}5p_y, \quad (9.3)$$

em que

p_x = preço das laranjas (dólares por dúzia),
I_1 = renda do indivíduo 1 (em milhares de dólares), e
p_y = preço da toranja (um substituto bruto para as laranjas – dólares por dúzia).

A demanda de laranjas do indivíduo 2 é dada por

$$x_2 = 17 - p_x + 0{,}05I_2 + 0{,}5p_y. \quad (9.4)$$

Portanto, a função demanda de mercado é

$$X(p_x, p_y, I_1, I_2) = x_1 + x_2 = 27 - 3p_x + 0{,}1I_1 + 0{,}05I_2 + p_y. \quad (9.5)$$

Aqui, o coeficiente para o preço das laranjas representa a soma de dois coeficientes individuais, como é também o coeficiente para os preços das toranjas. Isso reflete a suposição de que os mercados de laranja e de toranja sejam caracterizados pela lei do preço único. No entanto, como os indivíduos apresentam diferentes coeficientes para renda, a função demanda depende da renda de cada pessoa.

Para colocar a Equação 9.5 em gráfico como uma curva de demanda do mercado, devemos presumir os valores para I_1, I_2 e p_y (porque a curva de demanda reflete somente a relação bidimensional entre x e p_x). Se $I_1 = 40$, $I_2 = 20$ e $p_y = 4$, a curva de demanda do mercado é dada por

$$X = 27 - 3p_x + 4 + 1 + 4 = 36 - 3p_x, \quad (9.6)$$

que é uma curva de demanda linear simples. Se aumentar o preço da toranja para $p_y = 6$, então, a curva, presumindo que a renda permaneceria intacta, se deslocaria para fora para

$$X = 27 - 3p_x + 4 + 1 + 6 = 38 - 3p_x, \quad (9.7)$$

enquanto o imposto de renda que toma 10 (mil dólares) do indivíduo 1 e os transfere para o indivíduo 2 deslocaria a curva de demanda para dentro para

$$X = 27 - 3p_x + 3 + 1{,}5 + 4 = 35{,}5 - 3p_x, \quad (9.8)$$

porque o indivíduo 1 tem um efeito marginal maior das mudanças de renda nas compras de laranja. Todas essas mudanças deslocam a curva paralelamente, pois, neste caso linear, nenhuma delas afeta o coeficiente do indivíduo para p_x. Em todos os casos, um aumento em p_x de 0,10 (dez centavos) diminuiria X em 0,30 (dúzia por ano).

PERGUNTA: Para este caso linear, quando seria possível expressar a demanda do mercado como uma função linear da renda total $(I_1 + I_2)$? Alternativamente, suponha que os indivíduos tenham coeficientes diferentes para p_y. Isso mudaria a análise fundamentalmente?

---

[2] Esta forma linear é utilizada para ilustrar algumas questões em agregação. No entanto, é difícil defender essa forma teoricamente. Por exemplo, não é homogêneo de grau 0 em todos os preços e rendas.

9.1.3 Generalizações

Embora a nossa construção englobe somente dois bens e dois indivíduos, isso é facilmente generalizado. Suponha que haja n bens (denotados por x_i, $i = 1, n$) com preços p_i, $i = 1, n$. Presuma também que existem m indivíduos na sociedade. Então, a demanda do *jésimo* indivíduo para o *iésimo* bem dependerá de todos os preços e de I_j, a renda desta pessoa. Isso pode ser representado por

$$x_{i,j} = x_{i,j}(p_1, \ldots, p_n, I_j), \tag{9.9}$$

em que $i = 1, n$ e $j = 1, m$.

Utilizando as funções de demanda individual mencionadas, os conceitos de demanda de mercado serão fornecidos pela seguinte definição.

> **DEFINIÇÃO**
>
> **Demanda de mercado.** A *função demanda de mercado* para um determinado bem (X_i) é a soma da demanda de cada indivíduo para tal bem:
>
> $$X_i(p_1, \ldots, p_n, I_1, \ldots, I_m) = \sum_{j=1}^{m} x_{i,j}(p_1, \ldots, p_n, I_j). \tag{9.10}$$

A *curva de demanda do mercado* para X_i é construída a partir da função demanda variando o p_i enquanto se mantêm todos os outros determinantes de X_i constantes. Presumindo que a curva de demanda de cada indivíduo seja negativamente inclinada, esta curva de demanda de mercado também será negativamente inclinada.

Claro, essa definição é apenas uma generalização da nossa discussão anterior, mas três características justificam a repetição. Primeira, a representação funcional da Equação 9.10 esclarece que a demanda por X_i depende não somente de p_i, mas também dos preços de todos os outros bens. Portanto, espera-se que uma mudança em um desses outros preços desloque a curva de demanda para uma nova posição. Segunda, a notação funcional indica que a demanda por X_i depende da distribuição completa das rendas dos indivíduos. Embora seja costume em muitas discussões econômicas se referirem ao efeito das mudanças no poder de compra total agregado na demanda por um bem, essa abordagem pode ser uma simplificação enganosa, pois o efeito real dessa mudança na demanda total dependerá precisamente de como as mudanças de renda são distribuídas entre os indivíduos. Finalmente, embora não esteja claro, de fato, pela notação utilizada, o papel de mudanças nas preferências deve ser mencionado. Construímos as funções de demanda do indivíduo com a suposição de que as preferências (conforme representadas pelos mapas de indiferença) permanecem fixas. Se as preferências mudarem, as funções demanda individuais e de mercado também mudarão. Portanto, as curvas de demanda de mercado podem ser claramente deslocadas pelas mudanças nas preferências. No entanto, em muitas análises econômicas, supõe-se que essas mudanças ocorram tão lentamente que podem ser implicitamente mantidas constantes sem deturpar a situação.

9.1.4 Uma notação simplificada

Neste livro, muitas vezes, olhamos somente um mercado. Para simplificar a notação, nestes casos, utilizamos o Q_D (ou, às vezes, apenas D) para referir-se à quantidade de determinado bem demandado neste mercado, e P para denotar o preço de mercado. Como sempre, ao desenharmos uma curva de demanda no plano Q-P, a suposição de *ceteris paribus* entra em vigor. Se um dos fatores mencionados na seção anterior (por exemplo, outros preços, renda ou preferências individuais) mudar, a curva de demanda Q-P se deslocará, e devemos manter essa possibilidade em mente. No entanto, quando consideramos as relações entre pelo menos dois bens, retomamos a notação que utilizamos até agora (ou seja, denotando bens por x e y ou por x_i).

9.1.5 Elasticidade da demanda do mercado

Ao utilizarmos essa notação simplificada para a demanda de mercado, também utilizaremos uma notação compacta para diversos conceitos de elasticidade. Especificamente, se a função de demanda do mercado for representada por $Q_D = D(P, P', I)$, então, definimos

$$\text{Elasticidade-preço da demanda de mercado} = e_{D,P} = \frac{\partial D(P, P', I)}{\partial P} \cdot \frac{P}{Q_D},$$

$$\text{Elasticidade-preço cruzada da demanda de mercado} = e_{D,P'} = \frac{\partial D(P, P', I)}{\partial P'} \cdot \frac{P'}{Q_D}, \quad (9.11)$$

$$\text{Elasticidade-renda da demanda de mercado} = e_{D,I} = \frac{\partial D(P, P', I)}{\partial I} \cdot \frac{I}{Q_D}.$$

O mais importante desses conceitos é a elasticidade-preço "própria" da demanda ($e_{D,P}$), que, como veremos, desempenha um importante papel nas estáticas comparativas dos modelos de oferta e de demanda. Conforme visto no Capítulo 5, também caracterizamos a demanda do mercado como elástica ($e_{D,P} < -1$), inelástica ($0 \geq e_{D,P} > -1$) ou elasticidade unitária $e_{D,P} = -1$. Muitas das relações entre as elasticidades discutidas no Capítulo 5 também se aplicam a esses conceitos de mercado.[3]

9.2 TEMPO DA RESPOSTA DA OFERTA

Na análise de preço competitivo, é importante decidir a duração de tempo permitido para uma *resposta da oferta* a modificações nas condições de demanda. O estabelecimento dos preços de equilíbrio será diferente se estivermos abordando um curto período durante o qual a maioria dos insumos é fixa do que se estivéssemos antevendo um processo de longo prazo no qual novas empresas podem entrar em uma indústria. Por essa razão, é comum em economia discutir preços em três períodos diferentes: (1) curtíssimo prazo, (2) curto prazo e (3) longo prazo. Embora não seja possível definir tais termos com exatidão cronológica, a distinção essencial diz respeito à natureza da resposta da oferta presumida como possível. Em *curtíssimo prazo*, não há resposta da oferta: a quantidade obtida é fixa e não responde às mudanças na demanda. Em *curto prazo*, as empresas existentes podem modificar a quantidade ofertada, mas nenhuma empresa nova entra na indústria. Já no *longo prazo*, as novas empresas podem entrar na indústria, produzindo, assim, uma resposta flexível de oferta. Neste capítulo, discutiremos cada uma das possibilidades.

9.3 PREÇO NO CURTÍSSIMO PRAZO

No curtíssimo prazo, ou no *período de mercado*, não há resposta de oferta. Os bens já "estão" no mercado e devem ser vendidos pelo preço que o mercado pode suportar. Nessa situação, o preço age somente como um "mecanismo" para racionar a demanda. O preço se ajustará para que todos os produtos sejam vendidos no período. Embora o preço de mercado possa agir como um sinal para os produtores em períodos futuros, o preço não desempenha tal função no período atual porque a produção é fixa. A Figura 9.2 retrata essa situação. A demanda do mercado é representada pela curva D. A oferta é fixada em Q^* e o preço que equilibra o mercado é P_1. Em P_1, os indivíduos estão dispostos a comprar tudo o que o mercado oferece. Os vendedores querem negociar Q^* desconsiderando o preço (suponha que o bem em questão

---

[3] Em muitas aplicações, a demanda de mercado é modelada em termos *per capita* e a relação de demanda é aplicada à pessoa "típica". É discutido brevemente nas Aplicações deste capítulo se tal agregação pelos indivíduos pode ser teoricamente justificada.

FIGURA 9.2 Preço no curtíssimo prazo

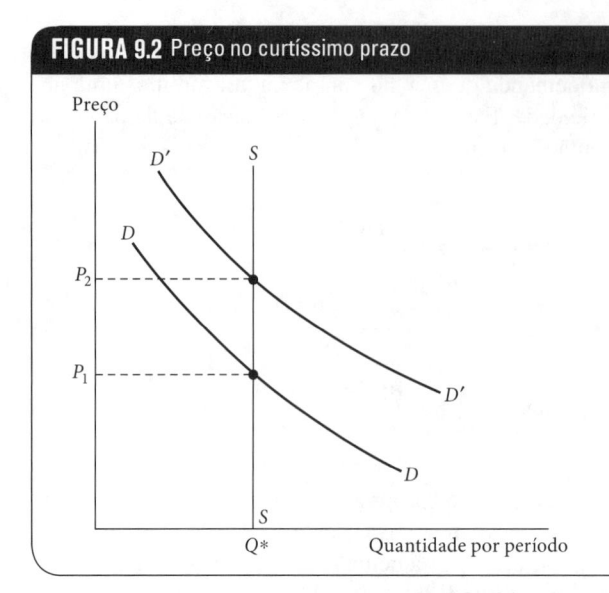

Quando a quantidade é fixa no curtíssimo prazo, o preço age somente como um "mecanismo" para racionar a demanda. Com a quantidade fixada em Q^*, o preço P_1 prevalecerá no mercado se D for a curva de demanda do mercado; a este preço, os indivíduos estão dispostos a consumir exatamente a quantidade disponível. Se a demanda se deslocar para D', o preço de mercado de equilíbrio aumentaria para P_2.

seja perecível e não terá valor se não for vendido no curtíssimo prazo). Portanto P_1, Q^* é uma combinação preço-quantidade de equilíbrio. Se a demanda se deslocar para D', então o preço de equilíbrio aumentaria para P_2 mas Q^* permaneceria fixo porque não é possível nenhuma resposta da oferta. Nesta situação, a *curva de oferta* é uma linha reta vertical na produção Q^*.

A análise de curtíssimo prazo não é particularmente útil para muitos mercados. Tal teoria pode representar adequadamente algumas situações nas quais os bens são perecíveis ou devem ser vendidos em determinado dia, como é o caso em leilões. De fato, o estudo dos leilões oferece *insights* sobre os problemas informativos envolvidos para chegar a preços de equilíbrio. Mas os leilões são incomuns na medida em que a oferta é fixa. O caso muito mais comum envolve algum grau de resposta de oferta a modificações na demanda. Presume-se que um aumento no preço traga alguma quantidade adicional no mercado. No restante deste capítulo, analisaremos este processo.

Antes de começar a nossa análise, devemos observar que um aumento na quantidade ofertada não precisa vir somente do aumento da produção. Em um mundo no qual alguns bens são duráveis (ou seja, duram mais que um único período), os proprietários atuais desses bens podem oferecer maior quantidade à medida que o preço aumenta. Por exemplo, mesmo que a oferta de Rembrandts seja fixa, não deveríamos desenhar uma linha vertical para a curva de oferta de mercado dessas pinturas, como a apresentada na Figura 9.2. À medida que o preço de Rembrandts aumenta, os indivíduos e os museus estarão cada vez mais dispostos a não ficar com eles. Portanto, do ponto de vista de mercado, a curva de oferta por Rembrandts terá uma inclinação ascendente, mesmo que não haja nova produção. Uma análise semelhante resultaria para muitos tipos de bens duráveis, como antiguidades, carros usados, cartões de beisebol ou ações corporativas, todos os que estejam com oferta nominalmente "fixa". Como estamos mais interessados em analisar como a demanda e a produção estão relacionadas, não nos preocuparemos com tais casos aqui.

9.4 DETERMINAÇÃO DO PREÇO DE CURTO PRAZO

Na análise de curto prazo, a quantidade de empresas em uma indústria é fixa. Elas conseguem ajustar a quantidade que produzem em resposta às mudanças nas condições. Elas farão isso alterando os níveis de utilização de insumos que podem ser variados em curto prazo e investigaremos essa decisão de oferta aqui. Antes de iniciar a análise, talvez devamos falar explicitamente sobre as suposições desse modelo perfeitamente competitivo.

DEFINIÇÃO

Concorrência perfeita. Um *mercado perfeitamente competitivo* é aquele que obedece às seguintes suposições.

1. Há uma grande quantidade de empresas, cada uma produzindo o mesmo produto homogêneo.
2. Cada empresa tenta maximizar os lucros.
3. Cada empresa é uma tomadora de preços: presume-se que suas ações não tenham efeito sobre o preço de mercado.
4. Presume-se que os preços sejam conhecidos por todos os participantes do mercado – a informação é perfeita.
5. As transações são sem custo: compradores e vendedores não cobram para fazer trocas.

Durante a nossa discussão, continuamos presumindo que o mercado é caracterizado por uma grande quantidade de compradores, cada qual operando como tomador de preço nas suas decisões de consumo.

9.4.1 Curva de oferta do mercado de curto prazo

No Capítulo 8, mostramos como montar uma curva de oferta de curto prazo para uma empresa que maximiza lucros. Para montar uma curva de oferta do mercado, começamos reconhecendo que a quantidade de produto ofertada para todo o mercado em curto prazo é a soma das quantidades ofertadas pelas empresas. Como cada empresa utiliza o mesmo preço de mercado para determinar o quanto se produz, a quantidade total ofertada para o mercado por todas as empresas dependerá obviamente do preço. A relação entre preço e quantidade ofertada é chamada de *curva de oferta do mercado de curto prazo*. A Figura 9.3 ilustra a construção dessa curva. Para simplificarmos, presumiremos que existam somente duas empresas, A e B. As curvas de oferta de curto prazo (ou seja, custo marginal) para as empresas A e B são apresentadas nas Figuras 9.3a e 9.3b. A curva da oferta de mercado apresentada na Figura 9.3c é a soma horizontal dessas duas curvas. Por exemplo, a um preço de P_1, a empresa A está disposta a ofertar q_1^A e a empresa B está disposta a ofertar q_1^B. Portanto, a esse preço, a oferta total no mercado é dada por Q_1, que é igual a $q_1^A + q_1^B$. Os outros pontos na curva são construídos de maneira idêntica. Como a curva de oferta de cada empresa tem inclinação positiva, a curva da oferta de mercado também terá inclinação positiva.

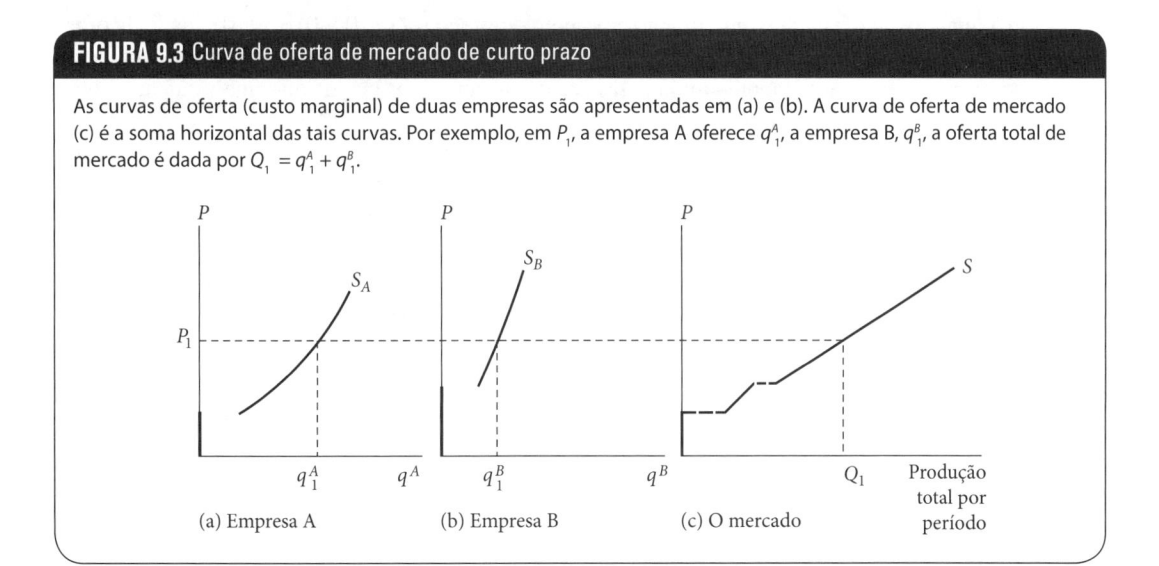

FIGURA 9.3 Curva de oferta de mercado de curto prazo

As curvas de oferta (custo marginal) de duas empresas são apresentadas em (a) e (b). A curva de oferta de mercado (c) é a soma horizontal das tais curvas. Por exemplo, em P_1, a empresa A oferece q_1^A, a empresa B, q_1^B, a oferta total de mercado é dada por $Q_1 = q_1^A + q_1^B$.

(a) Empresa A (b) Empresa B (c) O mercado

A inclinação positiva reflete o fato que os custos marginais de curto prazo aumentam à medida que as empresas tentam aumentar os próprios produtos.

9.4.2 Oferta de mercado de curto prazo

Em termos gerais, se $q_i(P, v, w)$ representa a função oferta de curto prazo para cada uma das n empresas na indústria, podemos definir a função oferta de mercado de curto prazo da seguinte forma.

> **DEFINIÇÃO**
>
> **Função oferta de mercado de curto prazo.** A *função oferta de mercado de curto prazo* mostra a quantidade total ofertada pelas empresas em um mercado:
>
> $$Q_S(P, v, w) = S(P, v, w) = \sum_{i=1}^{n} q_i(P, v, w). \quad (9.12)$$

Presume-se que as empresas do setor enfrentem o mesmo preço de mercado e os mesmos preços de insumos.[4] A *curva de oferta do mercado de curto prazo* mostra a relação bidimensional entre Q e P mantendo v e w (e a tecnologia subjacente de cada empresa) constantes. A notação esclarece que se v, w ou a tecnologia foram modificados, a curva de oferta se deslocaria.

9.4.3 Elasticidade da oferta de curto prazo

Uma maneira de resumir a capacidade de resposta de produção das empresas no setor para preços mais altos é pela *elasticidade de oferta de curto prazo*. Essa medida mostra como mudanças proporcionais no preço de mercado são atendidas por mudanças na produção total. Consistente com os conceitos de elasticidade desenvolvidos no Capítulo 5, isso é definido da seguinte forma:

> **DEFINIÇÃO**
>
> **Elasticidade de oferta de curto prazo** $(e_{S,P})$:
>
> $$e_{s,p} = \frac{\text{variação percentual em } Q \text{ ofertado}}{\text{variação percentual em } P} = \frac{\partial Q_S}{\partial P} \cdot \frac{P}{Q_S}. \quad (9.13)$$

Como a quantidade ofertada é uma função crescente do preço ($\partial Q_S/\partial P > 0$), a elasticidade da oferta é positiva. Os valores altos para $e_{S,P}$ implicam que pequenos aumentos no preço de mercado levam a uma resposta de oferta relativamente ampla pelas empresas porque os custos marginais não aumentam abruptamente, e os efeitos de interação do preço de insumos são pequenos. Alternativamente, um valor baixo para $e_{S,P}$ implica que mudanças relativamente grandes no preço induzem as empresas a mudarem os níveis de produção porque os custos marginais aumentam rapidamente. Observe que, como para todas as noções de elasticidade, o cálculo de $e_{S,P}$ exige que os preços de insumos e a tecnologia sejam mantidos constantes. Para fazer sentido como uma resposta de mercado, o conceito também exige que todas as empresas tenham o mesmo preço para a produção. Se as empresas venderem os produtos a preços diferentes, precisaríamos definir uma elasticidade de oferta para cada empresa.

---

[4] As diversas suposições implícitas para compor a Equação 9.12 devem ser destacadas. Primeira: somente um preço de produção (P) entra na função oferta – implicitamente, presume-se que as empresas produzem somente um único produto. A função oferta para empresas multiproduto também depende dos preços dos outros bens que estas empresas produzem. Segunda: a notação implica que os preços de insumo (v e w) podem ser mantidos como constantes nas reações às mudanças no preço do produto das empresas em estudo. Ou seja, presume-se que as empresas sejam tomadoras de preço de insumos – as decisões de contratação não afetam os preços desses insumos. Finalmente, a notação presume implicitamente a ausência de externalidades – as atividades de produção de qualquer empresa não afetam as possibilidades de produção das outras empresas. Os modelos que atenuam estas suposições serão examinados em muitos pontos neste livro.

EXEMPLO 9.2 Uma função oferta de curto prazo

No Exemplo 8.3, calculamos a função oferta de curto prazo geral para qualquer empresa com uma função de produção Cobb-Douglas como:

$$q_i(P, v, w, k_1) = \left(\frac{w}{\beta}\right)^{-\beta/(1-\beta)} k_1^{\alpha/(1-\beta)} P^{\beta/(1-\beta)}. \tag{9.14}$$

Se $\alpha = \beta = 0{,}5$, $v = 3$, $w = 12$ e $k_1 = 80$, então, isso gera a função oferta simples de uma empresa:

$$q_i(P, v, w = 12, k_1 = 80) = \frac{10P}{3}. \tag{9.15}$$

Agora, presuma que há 100 empresas idênticas e que cada empresa tem o mesmo preço de mercado para a produção e a contratação de insumos. Dadas as suposições, a função oferta de mercado de curto prazo é dada por

$$S(P, v, w = 12, k_1 = 80) = \sum_{i=1}^{100} q_i = \sum_{i=1}^{100} \frac{10P}{3} = \frac{1.000P}{3}. \tag{9.16}$$

Assim, com um preço de (digamos) $P = 12$, a oferta total de mercado será de 4.000, em que cada uma das 100 empresas produz 40 unidades. Nessa situação, podemos calcular a elasticidade de oferta de curto prazo da seguinte forma:

$$e_{S,P} = \frac{\partial S(P, v, w = 12, k_1 = 80)}{\partial P} \cdot \frac{P}{S} = \frac{1.000}{3} \cdot \frac{P}{1.000P/3} = 1; \tag{9.17}$$

isso pode ser esperado, dado o expoente unitário de P na função oferta.

O efeito de um aumento em w. Se todas as empresas desse mercado vivenciarem um aumento salarial que deve ser pago ao fator trabalho, a curva de oferta de curto prazo se deslocaria para uma nova posição. Para calcular o deslocamento, devemos retornar à função oferta de uma empresa (Equação 9.14) e, agora, utilizar um novo salário, digamos, $w = 15$. Se nenhum dos outros parâmetros do problema mudar (a função de produção da empresa e o nível do fator capital em curto prazo), a função oferta torna-se

$$q_i(P, v, w = 15, k_1 = 80) = \frac{8P}{3} \tag{9.18}$$

e a função oferta de mercado é

$$S(P, v, w = 15, k_1 = 80) = \sum_{i=1}^{100} \frac{8P}{3} = \frac{800P}{3}. \tag{9.19}$$

Assim, a um preço de $P = 12$, agora, essa indústria fornecerá apenas $Q_S = 3.200$, com cada empresa produzindo $q_i = 32$. Em outras palavras, a curva de oferta se deslocou para cima por conta do aumento salarial. No entanto, observe que a elasticidade-preço da oferta não mudou – permanece $e_{S,P} = 1$.

PERGUNTA: Como os resultados deste exemplo mudariam presumindo valores diferentes para o peso do trabalho na função de produção (ou seja, para α e β)?

9.4.4 Determinação do preço de equilíbrio

Agora, podemos combinar as curvas de demanda e de oferta para demonstrar o estabelecimento dos preços de equilíbrio no mercado. A Figura 9.4 mostra esse processo. Olhando primeiramente para a Figura 9.4b, vemos a curva de demanda de mercado D (ignorar D' por enquanto) e a curva de oferta de curto prazo S. As duas curvas se cruzam a um preço de P_1 e uma quantidade de Q_1. Essa combinação preço-quantidade representa um *equilíbrio* entre as demandas dos indivíduos e os custos das empresas. O preço de equilíbrio P_1 tem duas funções importantes. A primeira: esse preço atua como um sinal para os produtores, fornecendo-lhes informações sobre o quanto deve ser produzido: para maximizar os lucros, as empresas produzirão tal nível de produto para o qual os custos marginais são iguais a P_1. No agregado, a produção será Q_1. Uma segunda função do preço é racionar a demanda. Dado o preço de mercado P_1, os indivíduos que maximizam a utilidade decidirão o quanto destinarão de suas rendas limitadas para comprar o bem determinado. A um preço de P_1, a quantidade total demandada será de Q_1, e essa é precisamente a quantidade que será produzida. Portanto, definimos preço de equilíbrio da seguinte forma:

> **DEFINIÇÃO**
>
> **Preço de equilíbrio.** Um *preço de equilíbrio* é aquele no qual a quantidade demandada é igual à quantidade ofertada. A tal preço, nem os demandadores nem os ofertantes têm um incentivo para alterar suas decisões econômicas. Matematicamente, um preço de equilíbrio P^* resolve a equação
>
> $$D(P^*, P', I) = S(P^*, v, w), \tag{9.20}$$
>
> ou, mais compactamente,
>
> $$D(P^*) = S(P^*). \tag{9.21}$$

A definição dada na Equação 9.21 esclarece que um preço de equilíbrio depende dos valores de muitos fatores exógenos, como rendas ou preços de outros bens e dos insumos das empresas. Conforme veremos na próxima seção, as mudanças em quaisquer desses fatores provavelmente resultará em uma mudança no preço de equilíbrio necessário para equiparar a quantidade ofertada à quantidade demandada.

As implicações do preço de equilíbrio (P_1) para uma empresa típica e um indivíduo típico são apresentadas nas Figuras 9.4a e 9.4c, respectivamente. Para a empresa típica, o preço P_1 provocará um nível de produção de q_1 a ser produzido. A empresa ganha um pequeno lucro a esse preço porque os custos totais médios de curto prazo estarão cobertos. A curva de demanda d (ignore d' por um momento) para um indivíduo típico é apresentada na Figura 9.4c. A um preço de P_1, este indivíduo demanda $\bar{q}_1$. Acrescentando as quantidades que cada indivíduo demanda a P_1 e as quantidades que cada empresa oferta, poderemos ver que o mercado está em equilíbrio. As curvas de oferta e de demanda de mercado fornecem uma maneira conveniente de preparar tal soma.

9.4.5 Reação do mercado a um deslocamento na demanda

Os três painéis na Figura 9.4 podem ser utilizados para mostrar dois fatores importantes sobre o equilíbrio de mercado de curto prazo: a "impotência" dos indivíduos no mercado e a natureza da resposta de oferta de curto prazo. Primeiro, suponha que uma curva de demanda de um único indivíduo se desloque para d', conforme representado na Figura 9.4c. Como o modelo competitivo presume que há muitos compradores, essa mudança não terá praticamente nenhum efeito na curva de demanda de mercado. Consequentemente, o preço de mercado não será afetado pela mudança para d', isto é, o preço permanecerá em P_1. Claro, a esse preço, a pessoa para quem a curva de demanda mudou consumirá um pouco mais de $\bar{q}'_1$, conforme apresentado na Figura 9.4c. Mas esse valor é uma parte minúscula do mercado.

FIGURA 9.4 As interações com muitos indivíduos e empresas determinam o preço de mercado em curto prazo

As curvas de demanda de mercado e as curvas da oferta de mercado são a soma horizontal de componentes numerosos. Essas curvas de mercado são apresentadas em (b). Uma vez que o preço é determinado no mercado, cada empresa e cada indivíduo tratam este preço como um parâmetro fixo nas decisões. Embora as empresas e os indivíduos sejam importantes na determinação de preço, sua interação como um todo é o único determinante do preço. Isso é ilustrado por um deslocamento na curva de demanda do indivíduo para d'. Se somente um indivíduo reage dessa forma, o preço de mercado não será afetado. No entanto, se todos exibirem uma demanda aumentada, a demanda de mercado se deslocará para D'; em curto prazo, o preço aumentará para P_2.

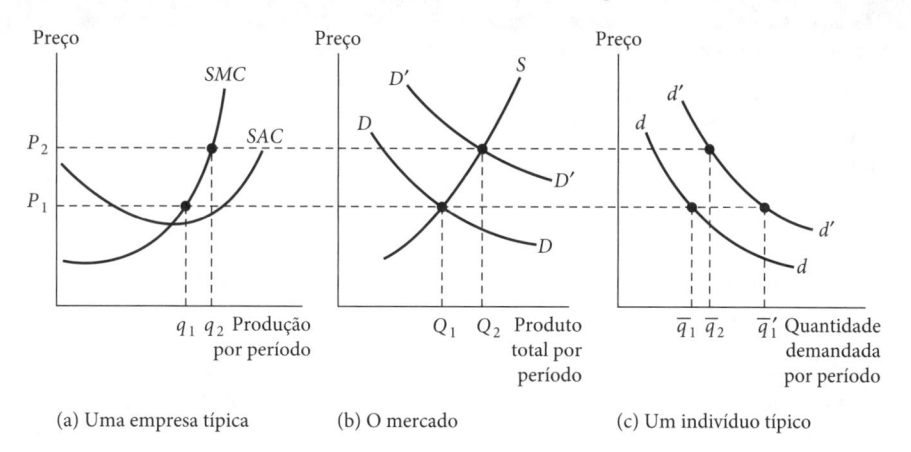

(a) Uma empresa típica (b) O mercado (c) Um indivíduo típico

Se muitos indivíduos tiveram os deslocamentos para fora nas curvas de demanda, toda a curva de demanda de mercado pode se deslocar. A Figura 9.4b mostra a nova curva de demanda D'. O novo ponto de equilíbrio será em P_2, Q_2; neste ponto, o balanceamento oferta-demanda é restabelecido. O preço aumentou de P_1 para P_2 em resposta ao deslocamento da demanda. Observe também que a quantidade comercializada no mercado aumentou de Q_1 para Q_2. O aumento no preço cumpriu duas funções. A primeira: como na análise anterior de curtíssimo prazo, agiu para racionar a demanda. Enquanto em P_1 um indivíduo típico demandava $\bar{q}'_1$, em P_2 somente $\bar{q}'_2$ é demandado. O aumento no preço também agiu como um sinal à empresa típica para aumentar a produção. Na Figura 9.4a, o nível de produção que maximiza o lucro da empresa aumentou de q_1 para q_2 em resposta ao aumento de preços. É o que queremos dizer com uma resposta de *oferta de curto prazo*: um aumento no preço do mercado atua como incentivo para aumentar a produção. As empresas estão dispostas a aumentar a produção (e incorrer com custos marginais mais altos) porque o preço aumentou. Se não fosse permitido no aumento no preço de mercado (suponha que os controles de preço do governo estivessem em vigor), então, as empresas não teriam aumentado a produção. Agora, em P_1, haveria uma demanda em excesso (não preenchida) para o bem em questão. Se o preço de mercado pode aumentar, um equilíbrio de oferta-demanda pode ser restabelecido de modo que as empresas produzam o que os indivíduos demandam no preço de mercado prevalecente. Observe também que, a um novo preço P_2, a empresa típica aumenta os lucros. Essa rentabilidade maior em curto prazo será importante para a nossa discussão posterior sobre os preços de longo prazo ainda neste capítulo.

9.5 DESLOCAMENTOS NAS CURVAS DE OFERTA E DE DEMANDA: UMA ANÁLISE GRÁFICA

Nos capítulos anteriores, estabelecemos muitas razões pelas quais uma curva de demanda ou de oferta pode se deslocar. Tais razões são resumidas na Tabela 9.1. Embora a maioria mereça poucas explicações adicionais, é importante observar que uma mudança na quantidade de empresas deslocará a curva de oferta de mercado de curto prazo (porque a soma na Equação 9.12 será com relação a uma quantidade diferente de empresas). Essa observação nos permite amarrar as análises de curto e de longo prazos.

Parece provável que os tipos de mudanças descritas na Tabela 9.1 estejam ocorrendo constantemente nos mercados de mundo real. Quando a curva de oferta ou a curva de demanda se desloca, o preço e a quantidade de equilíbrio também mudam. Nesta seção, investigamos graficamente as magnitudes relativas de tais mudanças. Na próxima seção, apresentaremos os resultados matematicamente.

TABELA 9.1 CAUSA DOS DESLOCAMENTOS NAS CURVAS DE DEMANDA OU OFERTA

As curvas de demanda deslocam-se porque	As curvas de oferta deslocam-se porque
Rendas variam	Preços de insumo variam
Preços dos substitutos ou complementos variam	Tecnologias mudam
Preferências variam	Número de produtores varia

9.5.1 Deslocamentos nas curvas de oferta: importância do formato da curva de demanda

Considere primeiramente um deslocamento para dentro da curva de oferta de curto prazo para um bem. Como no Exemplo 9.2, tal deslocamento pode resultar de um aumento nos preços dos insumos utilizados para produzir o bem. Qualquer que seja a causa do deslocamento, é importante reconhecer que o efeito do deslocamento sobre o nível de equilíbrio de P e Q dependerá do formato da curva de demanda para o produto. A Figura 9.5 ilustra duas situações possíveis. A curva de demanda na Figura 9.5a é relativamente elástica; ou seja, um deslocamento no preço afeta substancialmente na quantidade demandada. Para este caso, um deslocamento na curva de oferta de S para S' faz com que o preço de equilíbrio aumente apenas moderadamente (de P para P'), enquanto a quantidade diminui acentuadamente (de Q para Q'). Em vez de ser "repassado" com preços mais altos, o aumento nos custos de insumo

FIGURA 9.5 O efeito de um deslocamento na curva de oferta de curto prazo depende do formato da curva de demanda

Em (a), o deslocamento para cima da curva de oferta aumenta levemente o preço, enquanto a quantidade diminui bruscamente. Este é o resultado do formato elástico da curva de demanda. Em (b), a curva de demanda é inelástica; o preço aumenta consideravelmente, com somente uma leve diminuição na quantidade.

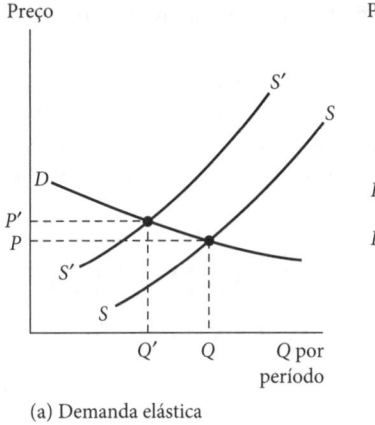

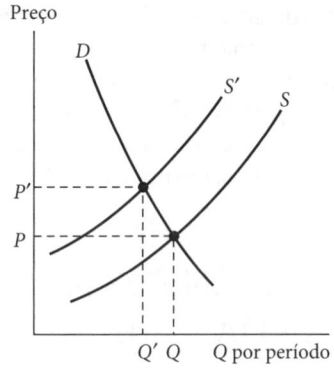

(a) Demanda elástica

(b) Demanda inelástica

da empresa é atendido principalmente pela diminuição na quantidade (um movimento para baixo da curva de custo marginal de cada empresa) e somente um leve aumento no preço.

Essa situação é revertida quando a curva de demanda de mercado é inelástica. Na Figura 9.5b, um deslocamento na curva de oferta faz com que o preço de equilíbrio aumente substancialmente, enquanto a quantidade é ligeiramente modificada. O motivo para isso é que os indivíduos não reduzem muito as demandas caso o preço aumente. Consequentemente, um deslocamento para cima da curva de oferta é quase inteiramente repassada para os compradores em forma de preço maior.

9.5.2 Deslocamentos nas curvas de demanda: importância do formato da curva de oferta

Semelhantemente, um deslocamento na curva de demanda de mercado terá diferentes implicações para P e Q, dependendo do formato da curva de oferta de curto prazo. A Figura 9.6 apresenta duas ilustrações. Na Figura 9.6a, a curva de oferta para o bem em questão é inelástica. Nessa situação, um deslocamento para fora da curva de demanda de mercado aumentará o preço consideravelmente. Por outro lado, a quantidade comercializada aumenta apenas levemente. Intuitivamente, o que acontece é que o aumento na demanda (e em Q) faz com que as empresas escalem suas curvas de custo marginal vertiginosamente inclinadas. O aumento concomitante no preço serve para racionar a demanda.

A Figura 9.6b apresenta uma curva de oferta de curto prazo relativamente elástica. Tal curva ocorreria para uma indústria na qual os custos marginais não aumentariam vertiginosamente em resposta ao aumento de produção. Para esse caso, um aumento na demanda causa um aumento substancial em Q. No entanto, em razão da natureza da curva de oferta, esse aumento não é realizado com grandes aumentos nos custos. Consequentemente, o preço aumenta apenas moderadamente.

Esses exemplos demonstram a observação de Marshall que a demanda e a oferta determinam o preço e a quantidade simultaneamente. Lembre-se da analogia do Capítulo 1: assim como é impossível dizer qual lâmina de uma tesoura realiza o corte, também é impossível atribuir preço exclusivamente as características da demanda ou da oferta. Em vez disso, o efeito de deslocamentos ou na curva de demanda ou na curva de oferta dependerá do formato das duas curvas.

FIGURA 9.6 O efeito de um deslocamento na curva de demanda depende do formato da curva de oferta de curto prazo

Em (a), a oferta é inelástica; um deslocamento na demanda aumenta muito o preço, com somente um pequeno aumento na quantidade. Por outro lado, em (b), a oferta é elástica: o preço aumenta levemente em resposta a um deslocamento de demanda.

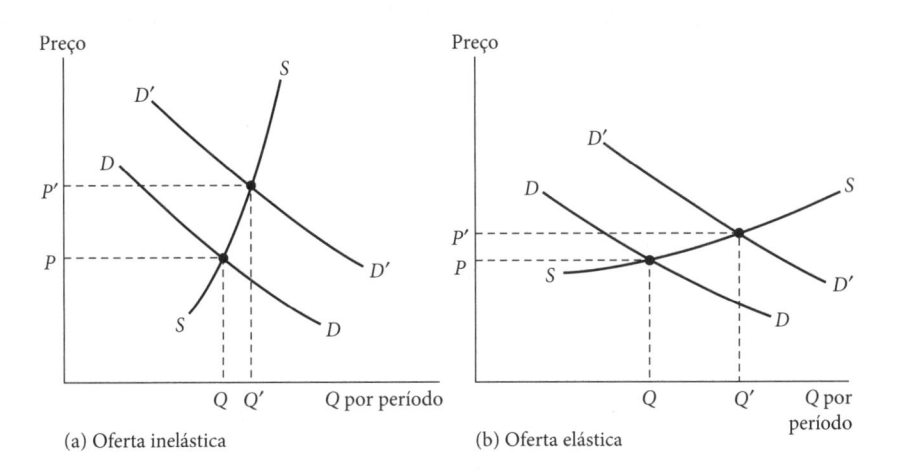

(a) Oferta inelástica

(b) Oferta elástica

9.6 UM MODELO DE ESTÁTICA COMPARATIVA DO EQUILÍBRIO DE MERCADO

Todas as análises gráficas fornecidas na seção anterior podem ser desenvolvidas sucintamente utilizando os métodos de estática comparativa ilustrados no Capítulo 2. Como essa talvez seja a maneira mais importante na qual os métodos estática comparativa são aplicados para examinar as mudanças do equilíbrio, aqui oferecemos uma análise estendida. Para isso, presumimos que a função demanda é dada por $Q_D = D(P, \alpha)$, em que α é uma variável exógena que desloca a função demanda (como renda ou o preço de outro bem). Semelhantemente, a função oferta de curto prazo[5] é dada por $Q_S = S(P, \beta)$, em que β é uma variável exógena que desloca a função oferta (como preços de insumo ou progresso técnico). Com esta notação, os valores de equilíbrio de mercado para preço (P^*) e quantidade (Q^*) são determinados por

$$Q_D = Q_S = Q^* = D(P^*, \alpha) = S(P^*, \beta). \tag{9.22}$$

Para mostrar como esses valores de equilíbrio mudam quando uma das variáveis exógenas muda, escrevemos as condições de equilíbrio como

$$\begin{aligned} D(P^*, \alpha) - Q^* &= 0, \\ S(P^*, \beta) - Q^* &= 0, \end{aligned} \tag{9.23}$$

e observe que essas duas equações podem ser resolvidas simultaneamente para determinar os valores de equilíbrio. Agora, considere um deslocamento na função demanda[6] (apresentado por uma mudança em α). A diferenciação das Equações 9.23 com relação a α rende

$$\begin{aligned} D_P \frac{dP^*}{d\alpha} + D_\alpha - \frac{dQ^*}{d\alpha} &= 0 \quad \text{ou} \quad D_P \frac{dP^*}{d\alpha} - \frac{dQ^*}{d\alpha} = -D_\alpha \\ S_P \frac{dP^*}{d\alpha} - \frac{dQ^*}{d\alpha} &= 0. \end{aligned} \tag{9.24}$$

Essas equações mostram como os valores de equilíbrio de preço e quantidade mudam quando a curva de demanda se desloca. Poderíamos resolver as equações para essas derivadas por substituição, mas utilizar a álgebra matricial apresentada nas Aplicações do Capítulo 2 no *site* da Cengage traz uma abordagem que pode ser mais prontamente generalizada. As Equações 9.24 podem ser reescritas na notação matricial como

$$\begin{bmatrix} D_P & -1 \\ S_P & -1 \end{bmatrix} \cdot \begin{bmatrix} \dfrac{dP^*}{d\alpha} \\ \dfrac{dQ^*}{d\alpha} \end{bmatrix} = \begin{bmatrix} -D_\alpha \\ 0 \end{bmatrix} \tag{9.25}$$

A aplicação da regra de Cramer para resolver tais equações para a mudança no preço e quantidade de equilíbrio produz

---

[5] A maioria das análises estatísticas comparativas desenvolvidas aqui para curto prazo se aplicariam também para a análise de longo prazo simplesmente substituindo a função oferta de longo prazo. Nesse caso, é possível modelar a quantidade de empresas de equilíbrio em uma indústria – um tópico que será abordado posteriormente neste capítulo.
[6] Uma abordagem semelhante pode ser utilizada para calcular uma expressão para mudanças no preço e quantidade de equilíbrio provocados por uma mudança na curva de oferta (veja o Problema 9.13).

$$\frac{dP^*}{d\alpha} = \frac{\begin{vmatrix} -D_\alpha & -1 \\ 0 & -1 \end{vmatrix}}{\begin{vmatrix} D_P & -1 \\ S_P & -1 \end{vmatrix}} = \frac{D_\alpha}{S_P - D_P} \tag{9.26}$$

$$\frac{dQ^*}{d\alpha} = \frac{\begin{vmatrix} D_P & -D_\alpha \\ S_P & 0 \end{vmatrix}}{\begin{vmatrix} D_P & -1 \\ S_P & -1 \end{vmatrix}} = \frac{D_\alpha S_P}{S_P - D_P}. \tag{9.27}$$

Como $S_p > 0$, $D_p < 0$, os denominadores dessas expressões serão positivos. Portanto, o sinal geral de $dP^*/d\alpha$ e $dQ^*/d\alpha$ terão o mesmo sinal que o de D_α. Se α representa uma variável exógena, como renda ou o preço de um substituto, um aumento nessa variável deslocará a curva de demanda para fora e aumentará o preço e a quantidade de equilíbrio. Por outro lado, se α for uma variável como o preço de um complemento (para o qual um aumento desloca a curva de demanda para dentro), tal aumento reduzirá o preço de equilíbrio e a quantidade de equilíbrio. A dimensão dessas mudanças é proporcionado pelas Equações 9.26 e 9.27 (em que todas as derivadas são avaliadas no equilíbrio de mercado).

9.6.1 Uma interpretação de elasticidade

Algumas manipulações algébricas das Equações 9.26 e 9.27 podem ser utilizadas para derivar essas relações na forma de elasticidade – uma forma que normalmente é mais útil para análise empírica. Multiplicando a Equação 9.26 por α/P^*, temos

$$e_{P^*,\alpha} = \frac{dP^*}{d\alpha} \cdot \frac{\alpha}{P^*} = \frac{D_\alpha}{S_P - D_P} \cdot \frac{\alpha}{P^*} = \frac{D_\alpha}{S_P - D_P} \cdot \frac{\alpha/Q^*}{P^*/Q^*} = \frac{e_{D,\alpha}}{e_{S,P} - e_{D,P}} \tag{9.28}$$

Semelhantemente, multiplicando a Equação 9.27 por α/Q^*, temos

$$e_{Q^*,\alpha} = \frac{dQ^*}{d\alpha} \cdot \frac{\alpha}{Q^*} = \frac{D_\alpha S_P}{S_P - D_P} \cdot \frac{(\alpha/Q^*)(P^*/Q^*)}{P^*/Q^*} = \frac{e_{D,\alpha} e_{S,P}}{e_{S,P} - e_{D,P}}. \tag{9.29}$$

Por conta da possível disponibilidade de todas as elasticidades nas Equações 9.28 e 9.29 a partir de estudos empíricos prévios, ela pode ser utilizada para realizar estimativas aproximadas do efeito de diversos eventos nos preços e quantidades de mercado em equilíbrio. Como exemplo, suponha que α represente a renda do consumidor e estamos interessados em prever quanto um aumento na renda pode afetar na produção e no preço de automóveis. Suponha que dados empíricos estimem que $e_{D,P} = -1,2$ e $e_{D,I} = 3$ (esses dados são retirados da Tabela 9.3 das Aplicações deste capítulo). Como o mercado automobilístico é complexo, é difícil especificar uma elasticidade-preço clara de oferta, por isso também podemos presumir simplesmente que $e_{S,P} = 1$. Inserir tais valores na Equação 9.28 resulta em

$$e_{P^*,I} = \frac{e_{D,I}}{e_{S,P} - e_{D,P}} = \frac{3,0}{1,0 - (-1,2)} = \frac{3,0}{2,2} = 1,36. \tag{9.30}$$

Fazer inserções semelhantes na Equação 9.29 resulta em

$$e_{Q^*,I} = \frac{(3,0)(1,0)}{1,0 - (-1,2)} = \frac{3,0}{2,2} = 1,36. \tag{9.31}$$

Portanto, os dados empíricos sugerem que cada aumento de um ponto percentual na renda do consumidor aumenta o preço e a quantidade de equilíbrio de automóveis em 1,36 ponto porcentual. Os valores idênticos para as mudanças de preço e quantidade ocorrem porque a elasticidade preço de oferta é presumido ser 1,0. Portanto, os deslocamentos da demanda para fora aumentam o preço e a quantidade na mesma proporção. A Equação 9.29 mostra como os resultados diferem, dependendo da elasticidade-preço da oferta. Se a oferta for elástica ($e_{S,P} > 1$), o aumento proporcional da quantidade de equilíbrio excederia o aumento proporcional do preço. Com uma oferta inelástica ($e_{S,P} < 1$), a situação seria revertida. Assim, este modelo simples de estática comparativa confirma muitas lições aprendidas na introdução à Economia. Claro, no mundo real, sem dúvida, muitos outros fatores afetam nos resultados de equilíbrio no mercado automobilístico, mas este modelo simples proporciona aos pesquisadores um início à questão.

EXEMPLO 9.3 Equilíbrios com funções de elasticidade constante

Uma análise ainda mais completa do equilíbrio de oferta-demanda pode ser proporcionada se utilizarmos formas funcionais específicas. As funções de elasticidade constante são especialmente úteis para esta proposta. Suponha que a demanda por automóveis seja proporcionada por

$$D(P, I) = 0,1P^{-1,2}I^3. \tag{9.32}$$

Aqui, o preço (P) é medido em dólares, assim como a renda real da família (I). A função oferta para automóveis é

$$S(P, w) = 6.400Pw^{-0,5}, \tag{9.33}$$

em que w é o salário por hora dos funcionários das montadoras. Observe que as elasticidades presumidas aqui são as utilizadas anteriormente no texto ($e_{D,P} = -1,2$, $e_{D,I} = 3,0$ e $e_{S,P} = 1$). Se os valores para as variáveis "exógenas" I e w são $\$20.000,00$ e $\$25$, respectivamente, então o equilíbrio de demanda-oferta exige

$$\begin{aligned} D(P, I) &= 0,1P^{-1,2}I^3 = (8 \times 10^{11})P^{-1,2} \\ &= S(P, w) = 6.400Pw^{-0,5} = 1.280P \end{aligned} \tag{9.34}$$

ou

$$P^{2,2} = (8 \times 10^{11})/1.280 = 6,25 \times 10^8$$

ou

$$\begin{aligned} P^* &= 9.957 \\ Q^* &= 1.280 \times P^* = 12.745.000. \end{aligned} \tag{9.35}$$

Portanto, o equilíbrio inicial no mercado automobilístico tem um preço de aproximadamente $\$10.000,00$ com aproximadamente 13 milhões de carros sendo vendidos.

Um deslocamento na demanda. Um aumento de 10% na renda real da família, mantendo-se todos os outros fatores constantes, deslocaria a função de demanda para

$$D(P) = (1,06 \times 10^{12})P^{-1,2} \tag{9.36}$$

e, procedendo como antes,

$$P^{2,2} = (1{,}06 \times 10^{12})/1.280 = 8{,}32 \times 10^{8} \qquad (9.37)$$

ou

$$P^{*} = 11.339$$
$$Q^{*} = 14.514.000. \qquad (9.38)$$

Conforme já previsto, o aumento de 10% na renda real do carro fez com que houvesse um aumento nos preços dos automóveis de aproximadamente 14%. No processo, a quantidade vendida aumentou em aproximadamente 1,77 milhão de carros (novamente, um aumento aproximado de 14%).

Um deslocamento na oferta. Um deslocamento exógeno na oferta de automóveis como resultado, digamos, da mudança dos salários dos funcionários das montadoras, também afetaria o equilíbrio do mercado. Se os salários aumentassem de $ 25 para $ 30 por hora, a função oferta se deslocaria para

$$S(P) = 6.400P(30)^{-0{,}5} = 1.168P; \qquad (9.39)$$

voltando para a nossa função demanda original (com I = $ 20.000,00), então, resulta em

$$P^{2,2} = (8 \times 10^{11})/1.168 = 6{,}85 \cdot 10^{8} \qquad (9.40)$$

ou

$$P^{*} = 10.381$$
$$Q^{*} = 12.125.000. \qquad (9.41)$$

Portanto, o aumento de 20% nos salários levaria a um aumento de 4,3% nos preços dos automóveis e uma diminuição nas vendas de mais de 600 mil unidades. A mudança no equilíbrio em muitos tipos de mercados pode ser aproximada utilizando esta abordagem geral junto com as estimativas empíricas das elasticidades relevantes.

PERGUNTA: Os resultados da mudança de salário dos funcionários das montadoras eram correspondentes ao que poderia ser previsto utilizando uma equação semelhante à Equação 9.30?

9.7 ANÁLISE DE LONGO PRAZO

Vimos no Capítulo 7 que, em longo prazo, uma empresa pode adaptar todos os insumos para ajustarem-se às condições do mercado. Para a análise de longo prazo, devemos utilizar a curva de custo de longo prazo da empresa. Uma empresa que maximiza o lucro e que é uma tomadora de preço produzirá o nível de produção para a qual o preço é igual ao custo marginal (*MC*) de longo prazo. No entanto, devemos considerar uma segunda, no final, influência mais importante no preço de longo prazo: a entrada de empresas totalmente novas na indústria ou a saída de empresas existentes daquela indústria. Em termos matemáticos, devemos permitir que a quantidade de empresas, *n*, varie em resposta aos incentivos econômicos. O modelo perfeitamente competitivo pressupõe que não há custos especiais de entrada ou de saída de uma indústria. Consequentemente, novas empresas seriam atraídas por qualquer mercado no qual os lucros (econômicos) são positivos. Semelhantemente, as empresas deixarão qualquer indústria na qual os lucros são negativos. A entrada de novas empresas fará com que a curva de oferta industrial de curto prazo se desloque para fora porque, agora, há mais novas empresas produzindo do que antes. Tal deslocamento diminuirá o preço de mercado (e os lucros da indústria). O processo continuará até que nenhuma empresa que considere entrar consiga lucrar na indústria.[7] Neste ponto, a entrada cessará e a indústria terá um número de empresas em equilíbrio. Um argumento semelhante pode ser feito para o caso no qual algumas das empresas estão tendo perdas de curto prazo. Algumas empresas escolherão deixar o ramo, e isso fará com que a curva de oferta se desloque para a esquerda. O preço de mercado aumentará, recuperando, assim, a rentabilidade das empresas restantes na indústria.

9.7.1 Condições de equilíbrio

Para começar, presumiremos que todas as empresas de uma indústria apresentam funções de custo idênticas; ou seja, nenhuma empresa controla quaisquer recursos ou tecnologias especiais.[8] Como todas as empresas são idênticas, a posição de equilíbrio de longo prazo exige que cada empresa obtenha lucros econômicos exatamente nulos. Em termos gráficos, o preço de equilíbrio de longo prazo deve ser estabelecido no ponto mínimo de cada curva de custo médio total de longo prazo da empresa. Somente neste momento, as duas condições de equilíbrio $P = MC$ (que é necessário para a maximização do lucro) e $P = AC$ (que é necessário para lucro zero) são mantidas. No entanto, é importante enfatizar que essas duas condições de equilíbrio têm origens diferentes. A maximização de lucro é a meta das empresas. Portanto, a regra $P = MC$ deriva das suposições comportamentais presumidas sobre as empresas e é semelhante à regra de decisão de produção utilizada em curto prazo. A condição de lucro zero não é a meta das empresas; obviamente, as empresas preferem ter lucros positivos e maiores. No entanto, a operação de longo prazo do mercado força que todas as empresas aceitem um nível de lucro econômico zero ($P = AC$) por conta da disposição das empresas em entrar e deixar um ramo em resposta a uma possibilidade de ter retorno supranormal. Embora as empresas em um ramo perfeitamente competitivo possam obter lucros ou prejuízo em curto prazo, no longo prazo, apenas um nível de lucro zero predominará. Portanto, podemos resumir esta análise com a seguinte definição.

> **DEFINIÇÃO**
>
> **Equilíbrio competitivo de longo prazo.** Um *mercado perfeitamente competitivo* está em *equilíbrio de longo prazo* se não houver incentivos para as empresas que maximizam lucros entrarem ou saírem do mercado. Isso ocorrerá quando (a) a quantidade de empresas é tal que $P = MC = AC$ e (b) cada empresa funciona no ponto mínimo da curva de custo médio de longo prazo.

9.8 EQUILÍBRIO DE LONGO PRAZO: CASO DE CUSTO CONSTANTE

Para discutir o preço de longo prazo com detalhes, devemos supor como a entrada de novas empresas na indústria afeta o preço dos insumos das empresas. A suposição mais simples que podemos fazer é que a entrada não tem nenhum efeito nos preços desses insumos – talvez porque a indústria é um contratante relativamente pequeno em seus vários mercados de insumos. Com essa suposição, não importa como as empresas entram (ou deixam) este mercado, cada empresa reterá o mesmo conjunto de curvas

---

[7] Lembre-se de que aqui estamos utilizando a definição de lucros dos economistas. Esses lucros representam o retorno que excede o estritamente necessário ao proprietário para permanecer no negócio.

[8] Se as empresas apresentam diferentes custos, então as empresas de baixo custo podem obter lucros de longo prazo positivos, e tal lucro extra pode ser refletido no preço do recurso responsável pelo custo baixo da empresa. Nesse sentido, a suposição de custos idênticos não é restritiva, porque um mercado ativo para os insumos da empresa garantirá que os custos médios (que incluem custos de oportunidade) serão os mesmos para todas as empresas. Veja também a discussão de renda ricardiana posteriormente neste capítulo.

de custo com o qual começou. Essa suposição de preço constante de insumo pode não ser sustentável em muitos casos importantes, que serão analisados na próxima seção. No entanto, para o momento, queremos examinar as condições de equilíbrio para uma *indústria com custo constante*.

9.8.1 Equilíbrio inicial

A Figura 9.7 apresenta o equilíbrio de longo prazo nessa situação. Para o mercado como um todo (Figura 9.7b), a curva de demanda é dada por D e a curva de oferta de curto prazo, por SS. Portanto, o preço de equilíbrio de curto prazo é P_1. Uma empresa típica (Figura 9.7a) produzirá o nível de produção q_1 porque, nesse nível de produção, o preço é igual ao custo marginal de curto prazo (SMC). Além disso, com um preço de mercado de P_1, o nível de produção q_1 também é uma posição de equilíbrio de longo prazo para a empresa. A empresa está maximizando os lucros porque o preço é igual aos custos marginais de longo prazo (MC). A Figura 9.7a também implica a nossa segunda propriedade de equilíbrio de longo prazo: preço é igual aos custos médios de longo prazo (AC). Consequentemente, os lucros econômicos são zero, e não há incentivos das empresas para entrar ou sair do ramo. Portanto, o mercado retratado na Figura 9.7 está em equilíbrio de curto e de longo prazo. As empresas estão em equilíbrio porque estão maximizando os lucros, e a quantidade de empresas é estável pelo fato de os lucros econômicos serem zero. Esse equilíbrio tenderá a persistir até que as condições ou de oferta ou de demanda mudem.

9.8.2 Respostas a um aumento na demanda

Agora, suponha que a curva de demanda de mercado na Figura 9.7b se desloque para fora para D'. Se SS for a curva de oferta relevante de curto prazo para a indústria, então, no curto prazo, o preço aumentará para P_2. No curto prazo, a empresa típica escolherá produzir q_2 e terá lucros nesse nível de produção. No longo prazo, esses lucros atrairão novas empresas para o mercado. Por conta da suposição

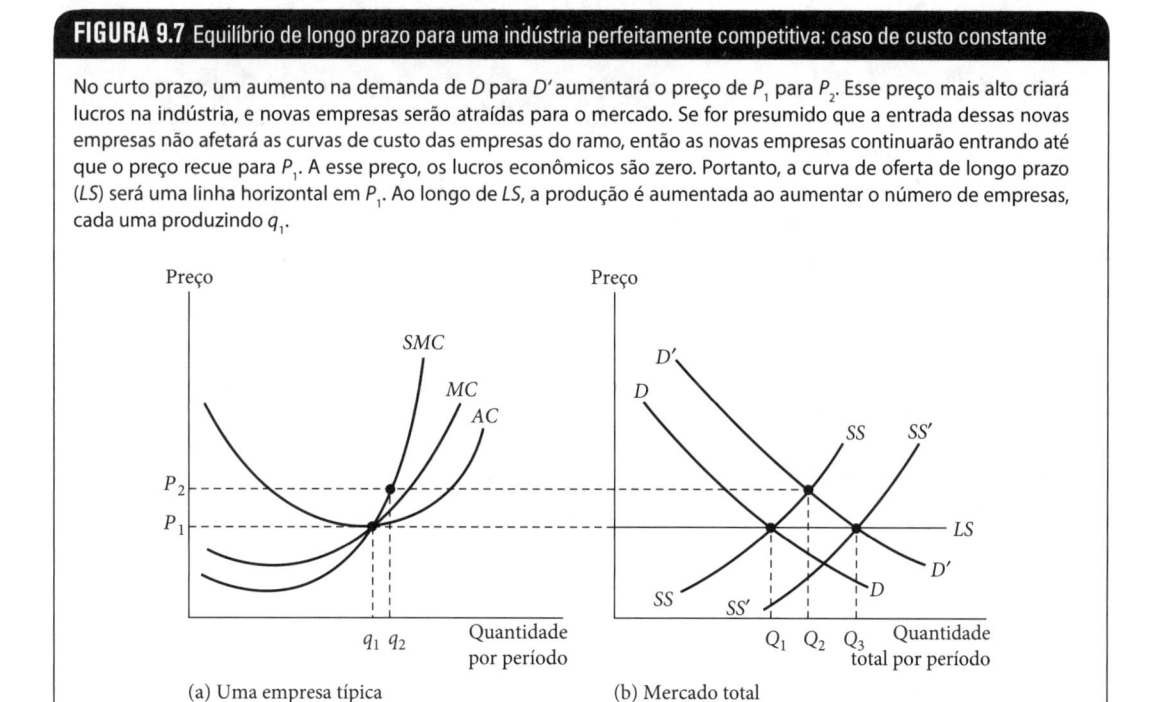

FIGURA 9.7 Equilíbrio de longo prazo para uma indústria perfeitamente competitiva: caso de custo constante

No curto prazo, um aumento na demanda de D para D' aumentará o preço de P_1 para P_2. Esse preço mais alto criará lucros na indústria, e novas empresas serão atraídas para o mercado. Se for presumido que a entrada dessas novas empresas não afetará as curvas de custo das empresas do ramo, então as novas empresas continuarão entrando até que o preço recue para P_1. A esse preço, os lucros econômicos são zero. Portanto, a curva de oferta de longo prazo (LS) será uma linha horizontal em P_1. Ao longo de LS, a produção é aumentada ao aumentar o número de empresas, cada uma produzindo q_1.

(a) Uma empresa típica

(b) Mercado total

de custo constante, essa entrada de novas empresas não terá nenhum efeito nos preços de insumo. As novas empresas continuarão entrando no mercado até que o preço recue a um nível no qual não haja nenhum lucro puro econômico. Portanto, a entrada de novas empresas deslocará a curva de oferta de curto prazo para SS', em que o preço de equilíbrio (P_1) é restabelecido. Nesse novo equilíbrio de longo prazo, a combinação preço-quantidade P_1, Q_3 prevalecerá no mercado. A empresa típica produzirá novamente a um nível de produção q_1, embora, agora, haja mais empresas do que na situação inicial.

9.8.3 Oferta infinitamente elástica

Mostramos que a *curva de oferta de longo prazo* para uma indústria com custo constante será uma linha horizontal ao preço P_1. Essa curva é nomeada *LS* na Figura 9.7b. Não importa o que aconteça com a demanda, as condições duplas de equilíbrio, de lucro zero em longo prazo (por presumirmos a livre entrada) e de maximização do lucro assegurarão que nenhum preço diferente de P_1 prevalecerá em longo prazo.[9] Por essa razão, P_1 pode ser considerado o preço "normal" para essa mercadoria. No entanto, se a suposição de custo constante for abandonada, a curva de oferta de longo prazo não precisará ter essa forma infinitamente elástica, conforme apresentaremos na próxima seção.

EXEMPLO 9.4 Oferta infinitamente elástica de longo prazo

As estruturas de bicicletas feitas manualmente são produzidas por diversas empresas do mesmo porte. Os custos mensais totais (de longo prazo) para uma empresa típica são dados por

$$C(q) = q^3 - 20q^2 + 100q + 8.000, \tag{9.42}$$

em que q é a quantidade de estruturas produzidas mensalmente. A demanda de estruturas de bicicletas feitas manualmente é dada por

$$Q_D = D(P) = 2.500 - 3P, \tag{9.43}$$

em que Q_D é a quantidade mensal demandada e P é o preço por estrutura. Para determinar o equilíbrio de longo prazo neste mercado, devemos descobrir o ponto mínimo da curva de custo médio de uma empresa típica, pois

$$AC = \frac{C(q)}{q} = q^2 - 20q + 100 + \frac{8.000}{q} \tag{9.44}$$

e

$$MC = \frac{\partial C(q)}{\partial q} = 3q^2 - 40q + 100, \tag{9.45}$$

e como sabemos que esse mínimo ocorre onde $AC = MC$, podemos resolver para esse nível de produção:

$$q^2 - 20q + 100 + \frac{8.000}{q} = 3q^2 + 40q + 100$$

---

[9] Essas condições de equilíbrio também apontam o que parece ser, de alguma forma um tanto imprecisa, um aspecto "eficiente" do equilíbrio de longo prazo em mercados perfeitamente competitivos: o bem em investigação será produzido a um custo médio mínimo. Teremos muito mais a descrever sobre a eficiência no próximo capítulo.

ou

$$2q^2 - 20q = \frac{8.000}{q}, \tag{9.46}$$

que tem uma solução conveniente de $q = 20$. Com uma produção mensal de 20 estruturas, cada produtor tem um custo médio e marginal de longo prazo de $ 500. Este é o preço de equilíbrio de longo prazo das estruturas de bicicleta (estruturas feitas manualmente custam uma fortuna, como qualquer ciclista pode comprovar). Com $P = \$ 500$, a Equação 9.43 mostra $Q_D = 1.000$. Portanto, o número de empresas de equilíbrio é 50. Quando cada uma das 50 empresas produz 20 estruturas mensais, a oferta equilibrará precisamente para o que é demandado a um preço de $ 500.

Se a demanda neste problema fosse aumentada para

$$Q_D = D(P) = 3.000 - 3P, \tag{9.47}$$

então, esperaríamos um aumento na produção de longo prazo e na quantidade de fabricantes de estruturas. Presumindo que a entrada no mercado de estruturas seja livre e que cada entrada não altera o custo para uma fábrica típica de bicicleta, o preço de equilíbrio de longo prazo permanecerá em $ 500 e um total de 1.500 estruturas mensais será fabricada. Tal demanda precisará de 75 fabricantes de estrutura, então 25 novas empresas entrarão no mercado em resposta ao aumento na demanda.

PERGUNTA: Provavelmente, a entrada dos fabricantes de estrutura em longo prazo é motivada pela rentabilidade de curto prazo da indústria em resposta ao aumento na demanda. Suponha que os custos de curto prazo de cada empresa fossem representados por $SC = 50q^2 - 1.500q + 20.000$. Mostre que os lucros de curto prazo são zero quando a indústria está em equilíbrio de longo prazo. Quais são os lucros de curto prazo da indústria como resultado do aumento da demanda quando a quantidade de empresas se mantém em 50?

9.9 FORMA DA CURVA DE OFERTA DE LONGO PRAZO

Ao contrário da situação de curto prazo, a análise de longo prazo tem pouca relação com a forma da curva de custo marginal (de longo prazo). Em vez disso, a condição de lucro zero concentra a atenção no ponto mínimo da curva de custo médio de longo prazo como o fator mais relevante para a determinação de preço de longo prazo. No caso de custo constante, a posição desse ponto mínimo não modifica à medida que novas empresas entram no ramo. Consequentemente, se o preço de insumo não muda, então, um único preço pode predominar em longo prazo independentemente dos deslocamentos de demanda – a curva de oferta de longo prazo é horizontal nesse preço. Uma vez que a suposição de custo constante é abandonada, isto não é mais necessariamente o caso. Se a entrada de novas empresas aumenta os custos médios, a curva de oferta de longo prazo terá uma inclinação positiva. Por outro lado, se a entrada causa declínio no custo médio, então é possível que a curva de oferta de longo prazo seja negativamente inclinada. Agora, discutiremos essas possibilidades.

9.9.1 Custo da indústria crescente

A entrada de novas empresas em um ramo pode provocar o aumento no custo médio de todas as empresas por diversos motivos. As empresas novas e as existentes podem competir por insumos escassos, elevando os preços. As novas empresas podem impor "custos externos" nas empresas existentes (e nelas mesmas) em forma de poluição do ar ou da água. Elas podem aumentar a demanda por serviços financiados por impostos (por exemplo, forças policiais, estações de tratamento de esgoto), e os impostos exigidos podem aparecer como aumento nos custos de todas as empresas. A Figura 9.8 mostra dois equilíbrios de mercado para o caso de *custo da indústria crescente*. O preço de equilíbrio inicial é P_1. A esse preço, a empresa típica produz q_1, e a produção total do ramo é Q_1. Agora, suponha que a curva de demanda para a indústria se desloque para fora para D'. No curto prazo, o preço aumentará para P_2 porque é aí onde D' e a curva de oferta de curto prazo da indústria (SS) se cruzam. Com este preço, a empresa típica produzirá q_2 e terá um lucro substancial. Então, esse lucro atrai novos participantes no mercado e desloca a curva de oferta de curto prazo para fora.

Suponha que essa entrada das novas empresas aumente as curvas de custos de todas as empresas. As novas empresas podem concorrer pelos insumos escassos, aumentando os preços destes. Um novo conjunto (maior) de curvas de custo de uma empresa típica é apresentado na Figura 9.8b. O novo preço de equilíbrio de longo prazo para a indústria é P_3 (aqui $P_3 = MC = AC$), e a esse preço demanda-se Q_3. Agora, temos dois pontos (P_1, Q_1 e P_3, Q_3) na curva de oferta de longo prazo. Todos os outros pontos na curva podem ser encontrados de maneira análoga considerando todos os deslocamentos possíveis na curva de demanda. Esses deslocamentos traçam a curva de oferta de longo prazo *LS*. Aqui, a *LS* tem uma inclinação positiva por conta da natureza crescente do custo da indústria. Observe que a curva *LS* é mais plana (mais elástica) do que as curvas de oferta de curto prazo. Isso indica uma flexibilidade maior na resposta de oferta possível no longo prazo. Ainda assim, a curva é positivamente inclinada, então o preço aumenta com o aumento da demanda. Essa situação é provavelmente comum; teremos mais a dizer sobre isso nas seções posteriores.

9.9.2 Custo da indústria decrescente

Nem todas as indústrias apresentam aumento nos custos ou custos constantes. Em alguns casos, a entrada de novas empresas pode reduzir os custos das empresas em uma indústria. Por exemplo, a entrada de novas empresas pode fornecer um conjunto maior de mão de obra treinada a partir do anteriormente disponível, reduzindo o custo associado à contratação de novos funcionários. Semelhantemente, a entrada de novas empresas pode fornecer uma "massa crítica" de industrialização, que permite o desenvolvimento de redes de transporte e de comunicação mais eficiente. Qualquer que seja o motivo exato das reduções de custo, o resultado final é ilustrado nos três painéis da Figura 9.9. O equilíbrio inicial do mercado é apresentado pela combinação preço-quantidade P_1, Q_1 na Figura 9.9c. A este preço, a empresa típica produz q_1 e não ganha nada nos lucros econômicos. Agora, suponha que a demanda de mercado se desloque para fora para D'. Em curto prazo, o preço aumentará para P_2 e a empresa típica

FIGURA 9.8 Um custo da indústria crescente tem uma curva de oferta de longo prazo inclinada positivamente

Inicialmente, o mercado está em equilíbrio em P_1, Q_1. Um aumento da demanda (para D') aumenta o preço para P_2 em curto prazo, e a empresa típica produz q_2 a um lucro. Este lucro atrai novas empresas para o ramo. A entrada dessas empresas novas aumenta o custo de uma empresa típica aos níveis apresentados em (b). Com esse novo conjunto de curvas, o equilíbrio é restabelecido no mercado em P_3, Q_3. Considerando muitos possíveis deslocamentos da demanda e a ligação de todos os pontos de equilíbrio resultantes, a curva de oferta de longo prazo (*LS*) é traçada.

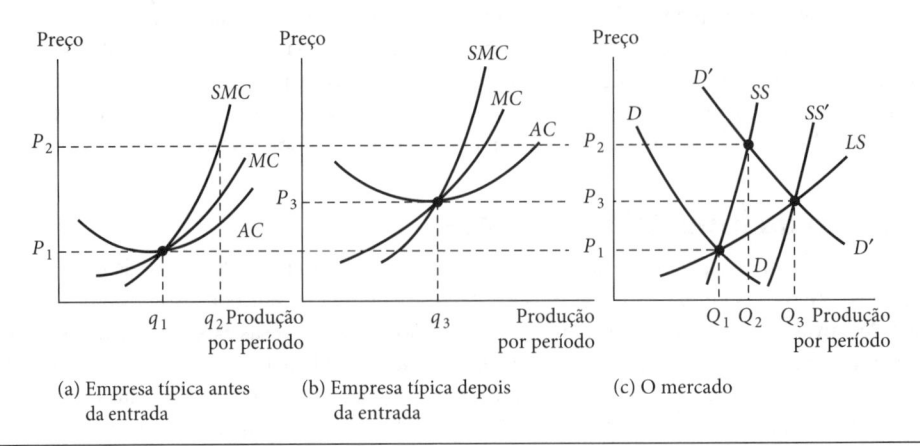

(a) Empresa típica antes da entrada

(b) Empresa típica depois da entrada

(c) O mercado

produzirá q_2. Com esse nível de preço, haverá lucro positivo. Esses lucros fazem com que novas empresas entrem no mercado. Caso essa entrada diminua os custos, um novo conjunto de curvas de custo para a empresa típica pode se parecer com o apresentado na Figura 9.9b. Agora, o novo preço de equilíbrio é P_3; a esse preço, Q_3 é demandado. Considerando todos os deslocamentos possíveis de demanda, a curva de oferta de longo prazo, LS, pode ser traçada. Essa curva tem uma inclinação negativa por conta da natureza decrescente do custo da indústria. Portanto, à medida que a produção cresce, o preço cai. Essa possibilidade é utilizada como justificativa para as tarifas protecionistas que protegem as novas indústrias da concorrência estrangeira. Presume-se (corretamente somente ocasionalmente) que a proteção da "indústria infante" permitirá que ela cresça e, de fato, concorra com preços mundiais menores.

9.9.3 Classificação das curvas de oferta de longo prazo

Assim, apresentamos que a curva de oferta de longo prazo para uma indústria perfeitamente competitiva pode assumir uma variedade de formas. O determinante principal da forma é a maneira como a entrada da empresa na indústria afeta todos os custos da empresa. As seguintes definições cobrem diversas possibilidades.

DEFINIÇÃO

Custos da indústria constante, crescente e decrescente. Uma curva de oferta da indústria apresenta uma das três formas.

Custo constante: A entrada não afeta os custos de insumo; a curva de oferta de longo prazo é horizontal ao preço de equilíbrio de longo prazo.
Custo crescente: A entrada aumenta os custos de insumo; a curva de oferta de longo prazo é positivamente inclinada.
Custo decrescente: A entrada reduz os custos de insumo; a curva de oferta de longo prazo é negativamente inclinada.

Agora, mostraremos como a forma da curva de oferta de longo prazo pode ser adicionalmente quantificada.

FIGURA 9.9 Um custo da indústria decrescente tem uma curva de oferta de longo prazo negativamente inclinada

Em (c), o mercado está em equilíbrio em P_1, Q_1. Um aumento da demanda para D'' aumenta o preço para P_2 em curto prazo, e a empresa típica produz q_2 a um lucro. Esse lucro atrai novas empresas para o ramo. Se a entrada dessas novas empresas diminui os custos para uma empresa típica, um conjunto de novas curvas de custo pode parecer como em (b). Com esse novo conjunto de curvas, o equilíbrio é restabelecido no mercado em P_3, Q_3. Conectando tais pontos de equilíbrio, uma curva de oferta de longo prazo negativamente inclinada (LS) é traçada.

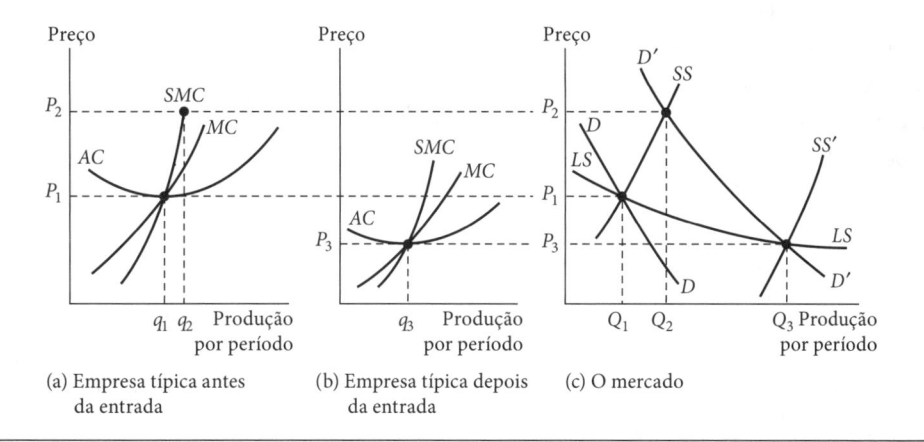

(a) Empresa típica antes da entrada

(b) Empresa típica depois da entrada

(c) O mercado

9.10 ELASTICIDADE DE OFERTA DE LONGO PRAZO

A curva de oferta de longo prazo para uma indústria incorpora as informações nos ajustes internos da empresa para mudança nos preços, na quantidade de empresas e nos custos de insumo em resposta às oportunidades de lucro. Todas essas respostas de oferta são resumidas no seguinte conceito de elasticidade.

> **DEFINIÇÃO**
>
> **Elasticidade de oferta de longo prazo.** A *elasticidade de oferta de longo prazo* ($e_{LS, P}$) registra a variação proporcional na produção da indústria de longo prazo em resposta a uma variação proporcional no preço do produto. Matematicamente,
>
> $$e_{LS, p} = \frac{\text{variação porcentual em } Q}{\text{variação porcentual em } P} = \frac{\partial Q_{LS}}{\partial P} \cdot \frac{P}{Q_{LS}}. \qquad (9.48)$$

O valor dessa elasticidade pode ser positivo ou negativo dependendo se a indústria apresenta aumento ou diminuição de custos. Como vimos, $e_{LS, p}$ é infinito no caso de custo constante porque as expansões ou contrações da indústria podem ocorrer sem ter qualquer efeito nos preços dos produtos.

9.10.1 Estimativas empíricas

É importante ter estimativas empíricas boas das elasticidades de oferta de longo prazo. Isso indica se a produção pode ser expandida com somente um leve aumento no preço relativo (ou seja, a oferta é preço elástico) ou se as expansões na produção podem ocorrer somente se os preços relativos aumentarem bruscamente (ou seja, a oferta é um preço inelástico). Tais informações podem ser utilizadas para avaliar o efeito provável dos deslocamentos na demanda sobre os preços de longo prazo e para avaliar as propostas de políticas alternativas designadas para aumentar a oferta. A Tabela 9.2 apresenta diversas estimativas da elasticidade de oferta de longo prazo. Elas estão relacionadas principalmente (embora

TABELA 9.2 ESTIMATIVAS SELECIONADAS DAS ELASTICIDADES DE OFERTA DE LONGO PRAZO	
Área agrícola cultivada	
Milho	0,18
Algodão	0,67
Trigo	0,93
Alumínio	Quase infinito
Cromo	0 – 3,0
Carvão (reservas do leste)	15,0 – 30,0
Gás natural (reservas norte-americanas)	0,20
Petróleo (reservas norte-americanas)	0,76
Residências urbanas	
Densidade	5,3
Qualidade	3,8

Fontes: Área agrícola cultivada – M. Nerlove, "Estimates of the Elasticities of Supply of Selected Agricultural Commodities", *Journal of Farm Economics* 38 (maio 1956): 496-509. Alumínio e cromo – estimada a partir do U.S. Department of Interior – *Critical Materials Commodity Action Analysis* (Washington, DC: U.S. Government Printing Office, 1975). Carvão – estimado por M. B. Zimmerman, "The Supply of Coal in the Long Run: The Case of Eastern Deep Coal", MIT Energy Laboratory Report No. MITEL 75-021 (set. 1975). Gás natural – com base nas estimativas para óleo (veja o texto) e J. D. Khazzoom, "The FPC Staff's Econometric Model of Natural Gas Supply in the United States", *The Bell Journal of Economics and Management Science* (primavera de 1971): 103-17. Petróleo – E. W. Erickson, S. W. Millsaps, and R. M. Spann, "Oil Supply and Tax Incentives", *Brookings Papers on Economic Activity* 2 (1974): Residências urbanas – B. A. Smith, "The Supply of Urban Housing", *Journal of Political Economy* 40 (ago. 1976).

não exclusivamente) aos recursos naturais, pois os economistas dedicam uma atenção considerável às implicações do aumento de demanda para os preços de tais recursos. Conforme a tabela deixa claro, essas estimativas variam amplamente, dependendo das propriedades espaciais e geológicas dos recursos particulares envolvidos. No entanto, todas as estimativas sugerem que a oferta responda positivamente ao preço.

9.11 ANÁLISE ESTÁTICA COMPARATIVA DO EQUILÍBRIO DE LONGO PRAZO

No início deste capítulo, mostramos como desenvolver uma análise estática comparativa simples para mudanças no equilíbrio de curto prazo em mercados competitivos. Ao utilizar estimativas das elasticidades de longo prazo de demanda e de oferta, o mesmo tipo de análise pode ser conduzido para o longo prazo também.

Por exemplo, o modelo hipotético de mercado automotivo no Exemplo 9.3 pode ser igualmente bom para a análise de longo prazo, embora algumas diferenças na interpretação possam ser necessárias. De fato, nos modelos aplicados de oferta e demanda, muitas vezes não fica claro se o autor pretende que seus resultados reflitam o curto ou longo prazo, e alguns cuidados devem ser tomados para entender o manuseio da questão da entrada.

9.11.1 Estrutura da indústria

Um aspecto de mudança nos equilíbrios de longo prazo em um mercado perfeitamente competitivo que é obscuro utilizando uma análise simples de oferta-demanda é como a quantidade de empresas varia à medida que os equilíbrios de mercado mudam. O funcionamento dos mercados pode ser afetado, em alguns casos, pela quantidade de empresas, e, por haver um interesse direto de política pública na entrada e na saída em algumas indústrias, algumas análises adicionais são necessárias. Nesta seção, examinaremos com detalhes os determinantes da quantidade de empresas no caso de custo constante. Uma breve referência também será feita ao caso de custo crescente, e alguns dos problemas para este capítulo examinam tal caso com mais detalhes.

9.11.2 Deslocamentos na demanda

Por conta da curva de oferta de longo prazo para uma indústria de custo constante ser infinitamente elástica, a análise dos deslocamentos na demanda de mercado é particularmente fácil. Se a produção de equilíbrio inicial da indústria for Q_0 e se q^* representar o nível de produção para a qual o custo médio de longo prazo da empresa típica é minimizado, então, o número inicial de equilíbrio de empresas (n_0) é dado por

$$n_0 = \frac{Q_0}{q^*}. \tag{9.49}$$

Um deslocamento na demanda que muda a produção de equilíbrio para Q_1, em longo prazo, mudará a quantidade de empresas em equilíbrio para

$$n_1 = \frac{Q_1}{q^*}, \tag{9.50}$$

e a mudança na quantidade de empresas é dada por

$$n_1 - n_0 = \frac{Q_1 - Q_0}{q^*}. \tag{9.51}$$

Ou seja, a mudança na quantidade de empresas em equilíbrio é totalmente determinada pela extensão do deslocamento de demanda e pelo nível de produção ótima para uma empresa típica.

9.11.3 Mudanças nos custos de insumos

Mesmo no caso simples de custo de indústria constante, a análise do efeito de um aumento no preço de insumo (e, portanto, um deslocamento para cima na curva de oferta de longo prazo infinitamente elástica) é relativamente complicada. Primeiro, para calcular a diminuição da produção da indústria, é necessário saber a extensão do aumento do custo médio mínimo pelo aumento no preço de insumo e como tal aumento no preço de equilíbrio de longo prazo afeta a quantidade total demandada. O conhecimento da função de custo médio da empresa típica e da elasticidade preço da demanda permite que tal cálculo seja realizado de maneira direta. Mas um aumento no preço de insumo pode modificar também o nível de produção de custo médio mínimo para uma empresa típica. Tal possibilidade é ilustrada na Figura 9.10. Os custos médios e marginais se deslocaram para cima por conta do aumento do preço de insumo, mas, pelo fato de o custo médio ter se deslocado por uma extensão relativamente maior do que o custo marginal, o nível ótimo de produção da empresa típica aumentou de q_0^* para q_1^*. No entanto, se o tamanho relativo dos deslocamentos nas curvas de custo fosse revertido, o nível ótimo de produção da empresa típica teria diminuído.[10] Considerando esta alteração na escala ótima, a Equação 9.51 torna-se

$$n_1 - n_0 = \frac{Q_1}{q_1^*} - \frac{Q_0}{q_0^*} \qquad (9.52)$$

e a quantidade de possibilidades aumenta.

FIGURA 9.10 Um aumento no preço de insumo pode modificar a produção de equilíbrio de longo prazo para a empresa típica

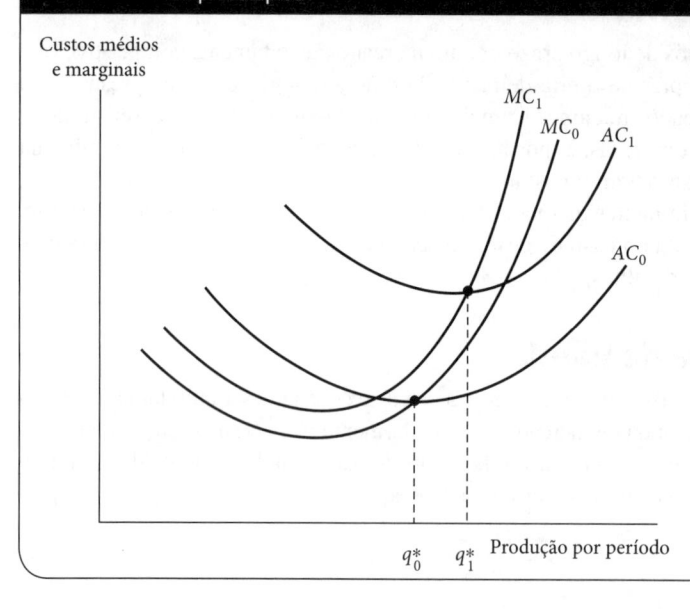

Um aumento no preço de um insumo deslocará as curvas de custo médio e marginal para cima. O efeito preciso desses deslocamentos no nível ótimo de produção da empresa típica (q*) dependerá das magnitudes relativas dos deslocamentos.

---

[10] Uma prova matemática prossegue da seguinte forma: Produção ótima q^* é definida de tal forma que

$$AC(v, w, q^*) = MC(v, w, q^*).$$

A diferenciação nos dois lados desta expressão para (digamos) v resulta em

$$\frac{\partial AC}{\partial v} + \frac{\partial AC}{\partial q^*} \cdot \frac{\partial q^*}{\partial v} = \frac{\partial MC}{\partial v} + \frac{\partial MC}{\partial q^*} \cdot \frac{\partial q^*}{\partial v};$$

mas $\partial AC/\partial q^* = 0$ porque os custos médios são minimizados. Na manipulação de termos, obteremos

$$\frac{\partial q^*}{\partial v} = \left(\frac{\partial MC}{\partial q^*}\right)^{-1} \cdot \left(\frac{\partial AC}{\partial v} - \frac{\partial MC}{\partial v}\right)$$

porque $\partial MC/\partial q > 0$, no AC mínimo, resulta que $\partial q^*/\partial v$ será positivo ou negativo, dependendo do tamanho dos deslocamentos relativos nas curvas AC e MC.

Se $q_1^* \geq q_0^*$, a diminuição na quantidade acarretada pelo aumento no preço de mercado diminuirá, com certeza, a quantidade de empresas. No entanto, se $q_1^* < q_0^*$, o resultado será indeterminado. A produção da indústria diminuirá, mas o tamanho ótimo da empresa também diminuirá; assim, o efeito na quantidade de empresas depende da magnitude relativa dessas mudanças. Provavelmente resultará na diminuição na quantidade de empresas quando um aumento no preço de insumo diminui a produção da indústria, mas um aumento em n é, pelo menos, uma possibilidade teórica.

EXEMPLO 9.5 Custos de insumo crescentes e a estrutura da indústria

Um aumento nos custos dos fabricantes de estrutura de bicicleta alterará o equilíbrio descrito no Exemplo 9.4, mas o efeito preciso na estrutura de mercado dependerá em como os custos aumentam. Os efeitos de um aumento nos custos fixos são bastante claros: o preço de equilíbrio de longo prazo aumentará e o tamanho da empresa típica também aumentará. Esse efeito posterior ocorre porque um aumento nos custos fixos aumenta o AC, mas não o MC. Para garantir que a condição de equilíbrio para $AC = MC$ seja mantida, a produção (e MC) também deve aumentar. Por exemplo, se um aumento na locação da loja provocar um aumento no custo do fabricante típico de estrutura de bicicleta,

$$C(q) = q^3 - 20q^2 + 100q + 11.616, \qquad (9.53)$$

é fácil mostrar que $MC = AC$ quando $q = 22$. Portanto, um aumento na locação aumenta a escala eficiente das operações de estrutura de bicicleta para duas estruturas de bicicleta por mês. Em $q = 22$, o custo médio de longo prazo e o custo marginal são 672, e esse será o preço de equilíbrio de longo prazo para as estruturas. Com este preço,

$$Q_D = D(P) = 2.500 - 3P = 484, \qquad (9.54)$$

então, haverá espaço no mercado agora para apenas 22 (= 484 ÷ 22) empresas. O aumento nos custos fixos resultou não somente em um aumento no preço, mas também na redução significativa da quantidade de fabricantes de estrutura (de 50 para 22).

No entanto, o aumento em outros tipos de custo de insumo pode ter efeitos mais complexos. Embora uma análise completa exija uma análise das funções de produção e das escolhas relacionadas de insumo dos fabricantes de estrutura, podemos fornecer uma ilustração simples presumindo que um aumento em alguns preços de insumos variáveis faz com que função custo total da empresa típica se torne

$$C(q) = q^3 - 8q^2 + 100q + 4.950. \qquad (9.55)$$

Agora,

$$MC = 3q^2 - 16q + 100 \text{ e}$$
$$AC = q^2 - 8q + 100 + \frac{4.950}{q}. \qquad (9.56)$$

O ajuste $MC = AC$ resulta em

$$2q^2 - 8q = \frac{4.950}{q}, \qquad (9.57)$$

que tem uma solução de $q = 15$. Portanto, essa mudança particular na função custo total reduziu significativamente o tamanho ótimo das lojas de estrutura. Com $q = 15$, as Equações 9.56 mostram que $AC = MC = 535$ e, com esse novo preço de equilíbrio de longo prazo, temos

$$Q_D = D(P) = 2.500 - 3P = 895. \tag{9.58}$$

Essas 895 estruturas serão, em equilíbrio, produzidas por cerca de 60 empresas ($895 \div 15 = 59.67$ – os problemas nem sempre funcionam uniformemente!). Mesmo que o aumento nos custos resulte em um preço maior, o número de equilíbrio de fabricantes de estruturas expande de 50 para 60 porque o tamanho ótimo de cada loja, agora, é menor.

PERGUNTA: Como as funções totais, marginais e médias derivadas da Equação 9.55 se diferenciam das que estão no Exemplo 9.4? Os custos são sempre maiores (para todos os níveis de q) para a curva de custo anterior? Por que o preço de equilíbrio de longo prazo é maior com as curvas anteriores? (Veja o rodapé 10 para uma discussão formal.)

9.12 EXCEDENTE DO PRODUTOR NO LONGO PRAZO

No Capítulo 8, descrevemos o conceito de excedente do produtor de curto prazo, que representa o retorno ao proprietário da empresa em excesso ao que seria ganhado se a produção fosse zero. Mostramos que isso consistiu da soma dos lucros de curto prazo mais os custos fixos de curto prazo. No equilíbrio de longo prazo, os lucros são zero e não há custos fixos; portanto, todos os excedentes de curto prazo são eliminados. Os proprietários das empresas são indiferentes se estão em determinado mercado, pois eles ganhariam retornos idênticos em investimentos em outros ramos. No entanto, os fornecedores de insumos das empresas podem não ser indiferentes sobre o nível de produção em determinada indústria. Claro, em caso de custo constante, presume-se que os preços dos insumos sejam independentes do nível de produção com a suposição de que os insumos podem receber o mesmo valor em ocupações alternativas. Mas, no caso de custo crescente, a entrada elevará os preços dos insumos e seus fornecedores estarão melhores. A consideração desses efeitos de preço leva à seguinte noção alternativa de excedente de produtor.

DEFINIÇÃO

Excedente do produtor. O excedente do produtor é o retorno extra que os produtores têm realizando transações ao preço de mercado sobre e acima do que ganhariam se não tivessem produzido nada. Essa situação é ilustrada pelo tamanho da área abaixo do preço de mercado e acima da curva de oferta.

Embora essa seja a mesma definição apresentada no Capítulo 8, agora, o contexto é diferente. Aqui, o "retorno extra que os produtores têm" deve ser interpretado como "os preços maiores que os insumos produtivos recebem". Para os excedentes do produtor de curto prazo, os ganhadores das transações de mercado são empresas que conseguem cobrir os custos fixos e possivelmente ter lucro sobre os custos variáveis. Para o excedente de produtor de longo prazo, devemos voltar na cadeia de produção para identificar quem são os vencedores derradeiros das transações de mercado.

Talvez seja surpreendente que o excedente do produtor de longo prazo pode ser apresentado graficamente da mesma forma que o excedente de produtor de curto prazo. O primeiro é dado pela área acima da curva de oferta de *longo prazo* e abaixo do preço de equilíbrio de mercado. No caso de custo constante, a oferta de longo prazo é infinitamente elástica, e essa área será zero, mostrando que os retornos dos insumos são independentes do nível de produção. No entanto, com custo crescente, a oferta de longo prazo será inclinada positivamente e os preços dos insumos aumentarão à medida que o produto da indústria aumenta. Como esta noção de excedente de produtor de longo prazo é amplamente utilizada na análise aplicada (conforme mostraremos posteriormente neste capítulo), forneceremos um desenvolvimento formal.

9.12.1 Renda (*rent*) ricardiana

O excedente do produtor de longo prazo pode ser mais facilmente ilustrado com uma situação descrita pela primeira vez por David Ricardo no início do século XIX.[11] Suponha que existam muitos lotes de terra em que determinado plantio possa ser cultivado. Essa terra varia de fértil (baixo custo de produção) a pobre e seca (custos altos). A curva de oferta de longo prazo para o cultivo é construída da seguinte forma. A preços menores, somente a melhor terra é utilizada. À medida que a produção aumentar os lotes de terra com custo maior são colocados em produção, porque os preços maiores tornam rentável a utilização dessa terra. A curva de oferta de longo prazo é inclinada positivamente por conta do custo crescente associado à utilização de terra menos fértil.

O equilíbrio de mercado nessa situação é ilustrado na Figura 9.11. A um preço de equilíbrio de P^*, os proprietários das empresas de custos baixo e médio lucram (em longo prazo). A "empresa marginal" obtém lucro econômico exatamente zero. As empresas com custos até maiores permanecem fora do mercado porque elas incorreriam em perdas a um preço de P^*. No entanto, os lucros obtidos pelas empresas intramarginais podem persistir no longo prazo porque refletem um retorno a um recurso único – uma terra de baixo custo. A livre entrada não pode corroer esses lucros, mesmo no longo prazo. A soma desses lucros de longo prazo constitui-se nos excedentes de produtor de longo prazo, conforme dado pela área P^*EB na Figura 9.11d. A equivalência dessas áreas pode ser apresentada reconhecendo que cada ponto na curva de oferta na Figura 9.11d representa o custo médio mínimo para alguma empresa. Para cada uma dessas firmas, $P - AC$ representa os lucros por unidade de produção. Os lucros totais de longo prazo podem ser calculados pela soma para todas as unidades de produção.[12]

9.12.2 Capitalização das rendas

Normalmente, os lucros de longo prazo para as empresas de baixo custo na Figura 9.11 são refletidos nos preços para os recursos exclusivos possuídos por tais empresas. Por exemplo, na análise inicial de

---

[11] Veja David Ricardo, *The Principles of Political Economy and Taxation* (1817; reimpr. London: J. M. Dent and Son, 1965), Capítulos 2 e 32.

[12] Mais formalmente, suponha que as empresas sejam indexadas por $i(i = 1, ..., n)$ do menor custo para para o maior e que cada empresa produz q^*. No equilíbrio de longo prazo, $Q^* = n^*q^*$ (em que n^* é o número de empresas de equilíbrio e Q^* é a produção total da indústria). Suponha também que o inverso da função oferta (preço competitivo como uma função da quantidade ofertada) é dado por $P = P(Q)$. Em razão da indexação das empresas, o preço é determinado pela empresa de custo mais alto no mercado: $P = P(iq^*) = AC_i$ e $P^* = P(Q^*) = P(n^*q^*)$. Agora, no equilíbrio de longo prazo, os lucros para empresa i são dados por

$$\pi_i = (P^* - AC_i)q^*,$$

e o lucro total é dado por

$$\pi = \int_0^{n^*} \pi_i \, di = \int_0^{n^*} (P^* - AC_i)q^* \, di$$

$$= \int_0^{n^*} p^*q^* \, di - \int_0^{n^*} AC_i q^* \, di$$

$$= p^*n^*q^* - \int_0^{n^*} P(iq^*)q^* \, di$$

$$= P^*Q^* - \int_0^{Q^*} P(Q) \, dQ,$$

que é a área sombreada na Figura 9.11d.

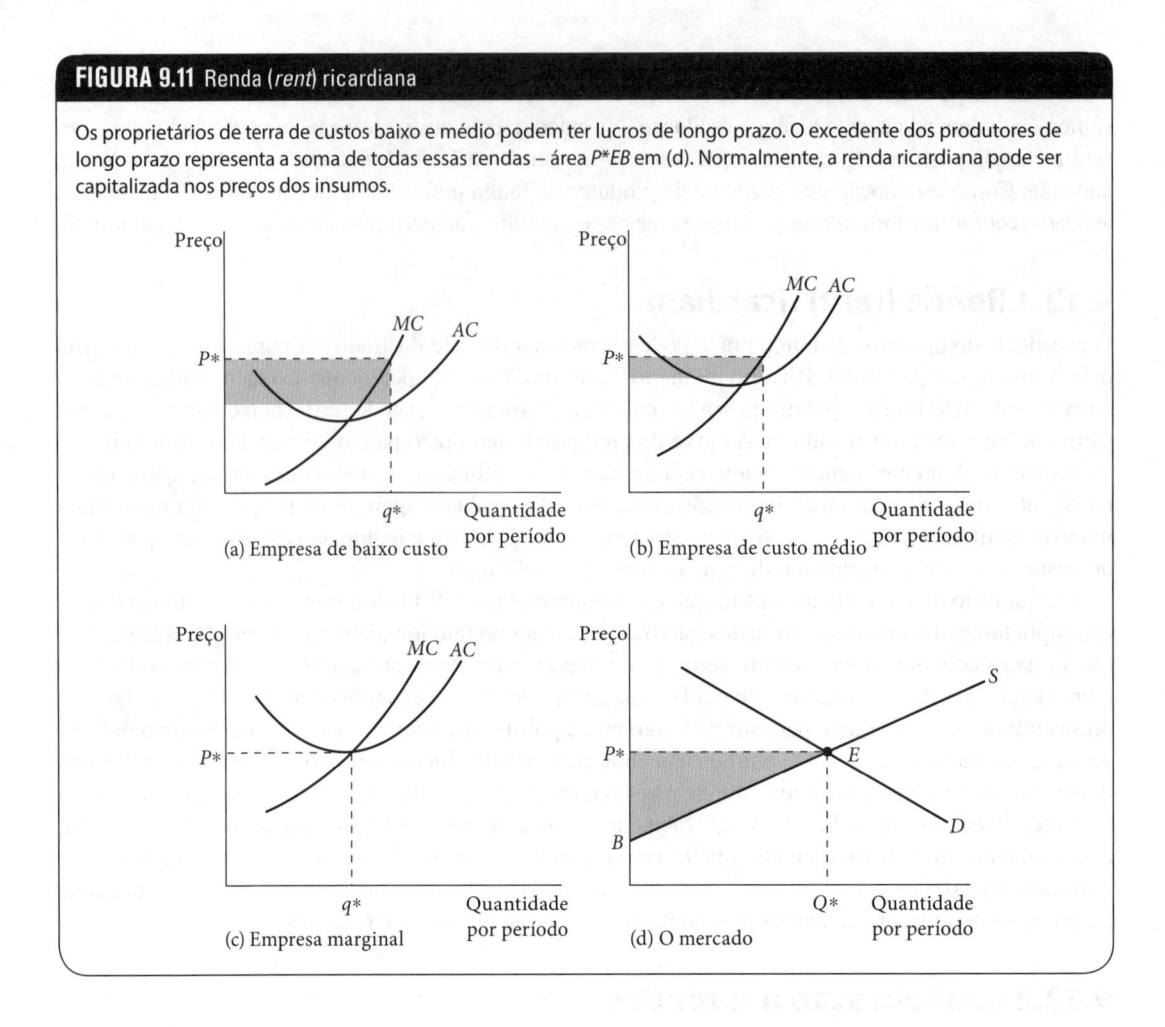

FIGURA 9.11 Renda (*rent*) ricardiana

Os proprietários de terra de custos baixo e médio podem ter lucros de longo prazo. O excedente dos produtores de longo prazo representa a soma de todas essas rendas – área P^*EB em (d). Normalmente, a renda ricardiana pode ser capitalizada nos preços dos insumos.

(a) Empresa de baixo custo
(b) Empresa de custo médio
(c) Empresa marginal
(d) O mercado

Ricardo, pode-se esperar que uma terra fértil venda mais do que uma pilha de rocha sem valor. Como tais preços refletem o valor atual de todos os lucros futuros, esses lucros são "capitalizados" no preço dos insumos. Os exemplos de capitalização incluem fenômenos discrepantes, como preços mais altos das casas bacanas com acesso mais prático para o morador, o valor alto dos contratos com estrelas da música e do esporte e o valor baixo da terra próximo a locais com resíduo tóxico. Observe que em todos esses casos é a demanda de mercado que determina as rendas – essas rendas não são os custos tradicionais dos insumos que indicam oportunidades perdidas.

9.12.3 Oferta de insumo e excedente do produtor de longo prazo

É a escassez de insumos de baixo custo que cria a possibilidade de renda ricardiana. Se terras agrícolas de baixo custo estivessem disponíveis a uma oferta infinitamente elástica, não haveria tal renda. De modo mais geral, qualquer insumo que seja "escasso" (no sentido que tem uma curva de oferta inclinada positivamente) obterá rendas sob a forma de receber um retorno maior do que se a produção da indústria fosse zero. Em tais casos, o aumento na produção não aumenta apenas os custos das empresas (e, portanto, o preço pelo qual a produção será vendida), mas também gerará rendas para os insumos. A soma de todas as rendas é novamente medida pela área acima da curva de oferta de longo prazo e abaixo do preço de equilíbrio. As mudanças no tamanho dessa área do excedente de produtor de longo prazo indicam mudanças nas rendas obtidas pelos insumos da indústria. Observe que, embora o excedente do produtor de longo prazo seja medido utilizando a curva de oferta de mercado, são os insumos da indústria que recebem esse excedente. As medidas empíricas das mudanças no excedente do produtor de longo prazo são amplamente utilizadas na análise do bem-estar aplicado para indicar como os fornecedores de vários insumos passam quando as condições mudam. As seções finais deste capítulo ilustram muitas dessas análises.

9.13 EFICIÊNCIA ECONÔMICA E ANÁLISE DE BEM-ESTAR APLICADO

Os equilíbrios competitivos de longo prazo podem ter a propriedade desejável de alocar os recursos "eficientemente". Embora tenhamos muito mais a dizer sobre esse conceito em um contexto de equilíbrio geral no Capítulo 10, aqui, apresentaremos uma descrição de equilíbrio parcial da razão de o resultado poder valer. Lembre-se de que, no Capítulo 5, a área abaixo da curva de demanda e acima do preço de mercado representa o excedente do consumidor – a utilidade extra que os consumidores recebem ao escolher comprar um bem voluntariamente, em vez de serem forçados a não comprá-lo. De modo semelhante, conforme vimos na seção anterior, o excedente do produtor é medido entre a área abaixo do preço de mercado e a acima da curva de oferta de longo prazo, que representa o retorno extra que os insumos produtivos recebem em vez de não ter nenhuma transação do bem. No geral, a área entre a curva de demanda e a curva de oferta representa a soma do excedente do consumidor e do produtor: mede o valor adicional total obtido pelos participantes do mercado ao fazer transações de mercado neste bem. Parece claro que esta área total é maximizada no equilíbrio de mercado competitivo.

9.13.1 Uma prova gráfica

A Figura 9.12 apresenta uma prova simplificada. Dadas a curva de demanda (D) e a curva de oferta de longo prazo (S), a soma do excedente do consumidor e do produtor é dada pela distância AB para a primeira unidade produzida. O excedente total continua aumentando à medida que um produto adicional é fabricado – até o nível de equilíbrio competitivo Q^*. Esse nível de produção será alcançado quando o preço estiver no nível competitivo P^*. O excedente total do consumidor é representado pela área clara sombreada e o excedente total do produtor, pela área escura sombreada. Claramente, para os níveis de produção inferiores a Q^* (digamos, Q_1), o excedente total seria reduzido. Um sinal dessa má alocação da atribuição é que, em Q_1, os compradores valorariam uma unidade de produção adicional em P_1, enquanto os custos médio e marginal seriam dados por P_2. Como $P_1 > P_2$, o bem-estar total aumentaria claramente ao produzir mais uma unidade do produto. Uma transação que envolvesse negociar esta unidade extra a qualquer preço entre P_1 e P_2 seria mutuamente benéfica: ambas as partes ganhariam.

A perda total de bem-estar ocorrida no nível de produção Q_1 é dada pela área FEG. A distribuição do excedente no nível de produção Q_1 dependerá do preço exato (não equilíbrio) que prevalece no mercado. A um preço de P_1, o excedente do consumidor seria reduzido substancialmente para a área AFP_1, enquanto os produtores podem ganhar porque o excedente do produtor é, agora, $P_1 FGB$. A um preço baixo, como P_2, a situação seria inversa, com os produtores se apresentando piores do que já estavam. Portanto, a distribuição das perdas de bem-estar por produzir menos que Q^* dependerá do preço no qual as transações são conduzidas. No entanto, o tamanho da perda total é dado por FEG, independentemente do preço estabelecido.[13]

---

[13] Aumentos na produção além de Q^* também reduzem claramente o bem-estar.

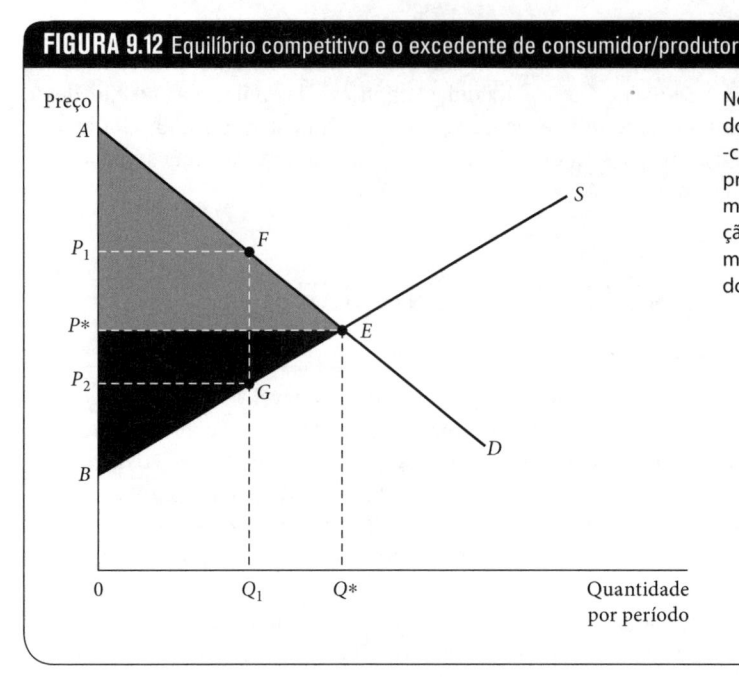

FIGURA 9.12 Equilíbrio competitivo e o excedente de consumidor/produtor

No equilíbrio competitivo (Q^*), a soma do excedente do consumidor (cinza-claro sombreado) e o excedente do produtor (cor escura sombreada) é maximizada. Para um nível de produção $Q_1 < Q^*$, há uma perda de peso morto do excedente do consumidor e do produtor dado pela área *FEG*.

9.13.2 Uma prova matemática

Matematicamente, a maximização de bem-estar consiste do problema de como escolher o Q para maximizar

$$\text{excedente do consumidor} + \text{excedente de produtor} = [U(Q) - PQ] + \left[PQ - \int_0^Q P(Q)dQ\right]$$

$$= U(Q) - \int_0^Q P(Q)dQ, \tag{9.59}$$

em que $U(Q)$ é a função utilidade do consumidor representativo e $P(Q)$ é a relação de oferta de longo prazo. Nos equilíbrios de longo prazo ao longo da curva de oferta de longo prazo, $P(Q) = AC = MC$. A maximização da Equação 9.59 com relação a Q resulta em

$$U'(Q) = P(Q) = AC = MC, \tag{9.60}$$

então, a maximização ocorre quando o valor marginal de Q para o consumidor representativo é igual ao preço de mercado. Mas isso é precisamente o equilíbrio competitivo de oferta-demanda porque a curva de demanda representa a avaliação marginal dos consumidores, enquanto a curva de oferta reflete o custo marginal (e em equilíbrio de longo prazo, médio).

9.13.3 Análise de bem-estar aplicado

A conclusão de que o equilíbrio competitivo maximiza a soma dos excedentes de consumidor e de produtor reflete uma série de "teoremas" de eficiência econômica mais gerais, que será examinada no Capítulo 10. A descrição das ressalvas principais que se associam a esses teoremas é adiada até tal discussão mais ampla. Aqui, estamos mais interessados em apresentar como o modelo competitivo é utilizado para examinar as consequências das mudanças nas condições econômicas sobre o bem-estar dos participantes do mercado. Geralmente, tais mudanças no bem-estar são medidas observando as mudanças no excedente do consumidor e do produtor. Nas seções finais deste capítulo, observaremos dois exemplos.

EXEMPLO 9.6 Cálculos de perda de bem-estar

A utilização das noções do excedente de consumidor e de produtor possibilita o cálculo claro das perdas de bem-estar associadas a restrições de transações voluntárias. No caso de curvas de demanda e de oferta linear, esse cálculo é especialmente simples, pois as áreas de perdas são frequentemente triangulares. Por exemplo, se a demanda é dada por

$$Q_D = D(P) = 10 - P \qquad (9.61)$$

e a oferta por

$$Q_S = S(P) = P - 2, \qquad (9.62)$$

então o equilíbrio do mercado ocorre no ponto $P^* = 6$, $Q^* = 4$. A restrição de produção a $\overline{Q} = 3$ criaria uma lacuna entre o que os compradores estão dispostos a pagar ($P_D = 10 - \overline{Q} = 7$) e o que os ofertantes exigem ($P_S = 2 + \overline{Q} = 5$). A perda de bem-estar de restrições das transações é dada por um triângulo com uma base de 2 ($= P_D - P_S = 7 - 5$) e uma altura de 1 (a diferença entre Q^* e $\overline{Q}$). Portanto, a perda de bem-estar é de $1 se P for medido em dólares por unidade Q for medido em unidades. De um modo mais amplo, a perda será medida nas unidades nas quais $P \cdot Q$ são medidos.

Cálculos com as curvas de elasticidade constantes. Resultados mais realistas podem ser geralmente obtidos utilizando as curvas de demanda e de oferta de elasticidade constante com base nos estudos econométricos. No Exemplo 9.3, examinamos tal modelo para o mercado automobilístico norte-americano. Podemos simplificar um pouco aquele exemplo presumindo que P seja medido em milhares de dólares e Q em milhões de automóveis e que a demanda é dada por

$$Q_D = D(P) = 200P^{-1,2} \qquad (9.63)$$

e a oferta por

$$Q_S = S(P) = 1,3P. \qquad (9.64)$$

O equilíbrio no mercado é dado por $P^* = 9,87$, $Q^* = 12,8$. Agora, suponha que a política do governo restringe as vendas de automóveis a 11 (milhões) para controlar as emissões de poluentes. Uma aproximação para a perda direta de bem-estar de tal política pode ser encontrada pelo método triangular utilizado anteriormente.

Com $\overline{Q} = 11$, temos $P_D = (11/200)^{-0,83} = 11,1$ e $P_S = 11/1,3 = 8,46$. Portanto, o "triângulo" de perda de bem-estar é dado por $0,5(P_D - P_S)(Q^* - \overline{Q}) = 0,5(11,1 - 8,46) \cdot (12,8 - 11) = 2,38$. Aqui, as unidades são: P vezes Q: bilhões de dólares. Portanto, o valor aproximado[14] da perda de bem-estar é de $2,4 bilhões, o que pode ser ponderado em relação ao ganho esperado do controle de emissões.

---

[14] Uma estimativa mais precisa da perda pode ser obtida integrando $P_D - P_S$ na faixa $Q = 11$ a $Q = 12,8$. Com curvas exponenciais de demanda e oferta, essa integração geralmente é fácil. No presente caso, a técnica produz uma perda estimada de bem-estar de 2,28, mostrando que a aproximação triangular não é muito ruim mesmo para mudanças de preços relativamente grandes. Daí vamos usar principalmente tais aproximações em análise posterior.

Distribuição de perdas. No caso automobilístico, a perda de bem-estar é compartilhada igualmente entre consumidores e produtores. Uma aproximação para as perdas dos consumidores é dada por $0{,}5(P_D - P^*) \cdot (Q^* - \overline{Q}) = 0{,}5(11{,}1 - 9{,}87)(12{,}8 - 11) = 1{,}11$ e para os produtores $0{,}5(9{,}87 - 8{,}46) \cdot (12{,}8 - 11) = 1{,}27$. Como a elasticidade preço da demanda é, de algum modo, maior (em valor absoluto) do que a elasticidade preço de oferta, os consumidores incorrem em menos da metade da perda e os produtores, um pouco mais da metade. Com uma curva de demanda mais preço elástica, os consumidores incorreriam em uma parte menor da perda.

PERGUNTA: Como o tamanho da perda total de bem-estar a partir de uma quantidade restrita depende da elasticidade de oferta e demanda? O que determina como a perda é compartilhada?

9.14 CONTROLES DE PREÇO E ESCASSEZ

Às vezes, o governo busca controlar os preços em níveis abaixo do equilíbrio. Embora a adoção de tais políticas possa ter como base motivos nobres, os controles detêm respostas de oferta de longo prazo e criam perdas de bem-estar para consumidores e produtores. Uma simples análise dessa possibilidade é fornecida pela Figura 9.13. Inicialmente, o mercado está em equilíbrio de longo prazo em P_1, Q_1 (ponto E). Um aumento na demanda de D para D' aumentaria o preço para P_2 no curto prazo e incentivaria a entrada de novas empresas. Presumindo que este mercado seja caracterizado por custos crescentes (conforme refletido pela curva de oferta de longo prazo inclinada positivamente LS), o preço diminuiria como resultado desta entrada, finalmente acomodando-se em P_3. Se essas mudanças de preço forem

FIGURA 9.13 Controle de preços e escassez

Um deslocamento na demanda de D para D' aumentaria o preço para P_2 no curto prazo. A entrada no longo prazo renderia um equilíbrio final de P_3, Q_3. O controle do preço em P_1 evitaria essas ações e causaria uma escassez de $Q_4 - Q_1$. Em relação à situação sem controle, a gestão de preços rende uma transferência dos produtores para consumidores (área P_3CEP_1) e uma perda de peso morto das transações perdidas dada pelas duas áreas $AE'C$ e $CE'E$.

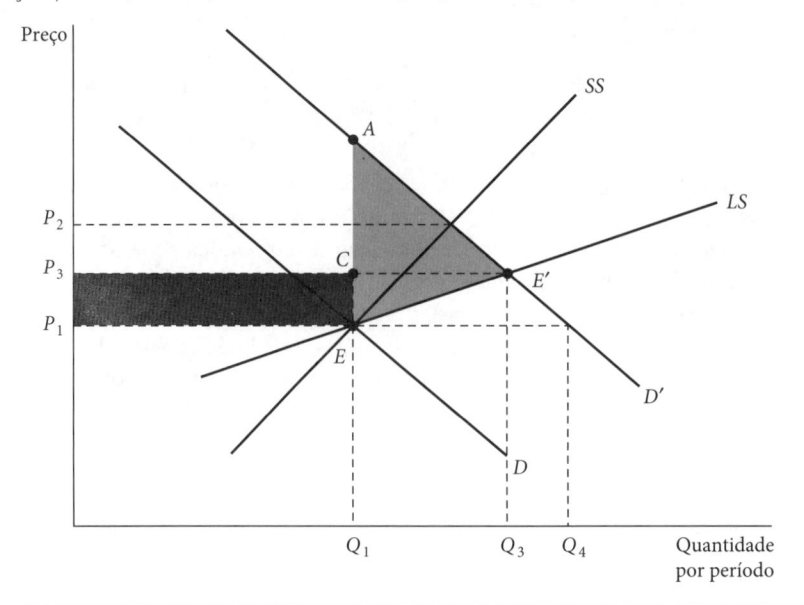

consideradas indesejáveis, então o governo, em princípio, as evitaria impondo um preço-teto legalmente executável de P_1. Isso faria com que as empresas continuassem ofertando o produto anterior (Q_1); mas, como os demandantes em P_1, agora, querem comprar Q_4, haverá uma escassez, dada por $Q_4 - Q_1$.

9.14.1 Avaliação de bem-estar

As consequências do bem-estar dessa política de controle de preço podem ser avaliadas comparando as medidas de excedente de consumidor e de produtor que prevalecem sob essa política com as que prevaleceriam na ausência dos controles. Primeiro, os compradores de Q_1 ganham o excedente do consumidor dado pela área P_3CEP_1 porque eles podem comprar esse bem a um preço menor do que o existente em um mercado sem controle. Esse ganho reflete uma transferência pura dos produtores do valor do excedente do produtor que existiria sem controles. O que os consumidores atuais ganham com o preço baixo, os produtores perdem. Embora essa transferência não represente uma perda de bem-estar geral, afeta claramente o bem-estar dos participantes do mercado.

Segundo, a área $AE'C$ representa o valor do excedente adicional do consumidor que teria sido alcançado sem controles. Semelhantemente, a área de $CE'E$ reflete o excedente adicional do produtor disponível na situação sem controles. Juntas, essas duas áreas (ou seja, a área $AE'E$) representam o valor total das transações mutuamente benéficas que são evitadas pela política governamental de controle de preço. Portanto, essa é a medida dos custos de bem-estar puros daquela política.

9.14.2 Comportamento de desequilíbrio

A análise de bem-estar retratada na Figura 9.13 também sugere alguns tipos de comportamento que podem ser esperados como resultado da política de controle de preço. Presumindo que os resultados observados de mercados sejam gerados por

$$Q(P_1) = \min[Q_D(P_1), Q_S(P_1)], \tag{9.65}$$

os ofertantes estarão felizes com esse resultado, mas os demandantes não, pois serão forçados a aceitar uma situação de demanda em excesso. Eles terão um incentivo para sinalizar a insatisfação para os ofertantes através de ofertas crescentes de preços. Tais ofertas de preços podem não somente fazer com que os ofertantes existentes realizem transações ilegais com preços maiores do que os permitidos, mas também incentivar novos participantes a realizar tais transações. É esse tipo de atividade que fazem prevalecer os mercados negros na maioria dos exemplos de controle de preço. É difícil modelar as transações resultantes por dois motivos. Primeiramente, isso envolve um comportamento como não tomador de preço porque o preço de cada transação deve ser individualmente negociado, em vez de ser ajustado pelo "mercado". Segundo, as transações de não equilíbrio normalmente envolvem informações imperfeitas. Qualquer dupla de participantes de mercado geralmente não saberá o que os outros transatores estão fazendo, embora tais ações possam afetar o bem-estar mudando as opções disponíveis. Houve um pouco de progresso ao modelar tal comportamento de desequilíbrio utilizando as técnicas de teoria dos jogos. No entanto, exceto pela predição óbvia que as transações ocorrerão em preços acima do teto, nenhum resultado geral foi obtido. Os tipos de transações realizados no mercado negro dependerão dos detalhes institucionais específicos da situação.

9.15 ANÁLISE DE INCIDÊNCIA TRIBUTÁRIA

O modelo de equilíbrio parcial de mercados competitivos também é amplamente utilizado para estudar o impacto dos tributos. Embora, conforme apontaremos, essas aplicações sejam necessariamente limitadas pela inabilidade de analisar os efeitos tributários que se espalham por vários mercados, elas proporcionam *insights* importantes sobre várias questões.

9.15.1 Um modelo de estática comparativa de incidência tributária

Os métodos de estática comparativa utilizados anteriormente neste capítulo para examinar os efeitos dos deslocamentos nas curvas de oferta e de demanda também podem ser utilizados para examinar a questão da "incidência" de impostos – isto é, ver quem realmente "paga" um imposto. Para isso, observaremos uma tributação unitária simples de valor t imposto a uma mercadoria produzida em uma indústria competitiva. A imposição de tal imposto cria uma "cunha" entre o que os compradores pagam pelo bem (o que denotaremos como P^*) e o que ofertantes recebem ($P^* - t$). Como antes, Q^* representa a produção de equilíbrio neste mercado, e este equilíbrio exige que

$$D(P^*) - Q^* = 0,$$
$$S(P^* - t) - Q^* = 0. \quad (9.66)$$

A diferenciação dessas condição de equilíbrio com relação a t resulta em

$$D_P \frac{dP^*}{dt} - \frac{dQ^*}{dt} = 0$$

$$S_P \frac{dP^*}{dt} - S_P - \frac{dQ^*}{dt} = 0 \quad \text{ou} \quad S_P \frac{dP^*}{dt} - \frac{dQ^*}{dt} = S_P. \quad (9.67)$$

Escrevendo estas duas equações na notação matricial

$$\begin{bmatrix} D_P & -1 \\ S_P & -1 \end{bmatrix} \cdot \begin{bmatrix} \dfrac{dP^*}{dt} \\ \dfrac{dQ^*}{dt} \end{bmatrix} = \begin{bmatrix} 0 \\ S_P \end{bmatrix} \quad (9.68)$$

permite-nos utilizar a regra de Cramer para resolver as derivadas desejadas:

$$\frac{dP^*}{dt} = \frac{\begin{vmatrix} 0 & -1 \\ S_P & -1 \end{vmatrix}}{\begin{vmatrix} D_P & -1 \\ S_P & -1 \end{vmatrix}} = \frac{S_P}{S_P - D_P},$$

$$\frac{dQ^*}{dt} = \frac{\begin{vmatrix} D_P & 0 \\ S_P & S_P \end{vmatrix}}{\begin{vmatrix} D_P & -1 \\ S_P & -1 \end{vmatrix}} = \frac{D_P S_P}{S_P - D_P}, \quad (9.69)$$

Como antes, podemos fazer com que esses resultados tenham mais sentido escrevendo-os em termos de elasticidade:

$$\frac{dP^*}{dt} = \frac{S_P}{S_P - D_P} \cdot \frac{P^*/Q^*}{P^*/Q^*} = \frac{e_{S,P}}{e_{S,P} - e_{D,P}},$$

$$\frac{dQ^*}{dt} = D_P \cdot \frac{dP^*}{dt} \cdot \frac{P^*Q^*}{P^*Q^*} = \frac{e_{D,P} e_{S,P}}{e_{S,P} - e_{D,P}} \cdot \frac{Q^*}{P^*}. \quad (9.70)$$

Aqui, exploraremos as consequências da primeira dessas derivadas e analisaremos a segunda em breve. Porque tanto o denominador quanto o numerador de dP^*/dt são positivos, a imposição do imposto provavelmente aumentará o preço pago pelos compradores. Somente no caso em que $e_{S,P} = 0$, esse preço não aumentaria. Se a oferta fosse perfeitamente inelástica, os ofertantes incorreriam em todos os impostos em termos de um preço reduzido para o produto. Quando $e_{S,P} > 0$, os compradores incorrerão em pelo menos uma parte do imposto. No caso extremo de demanda completamente inelástica ($e_{D,P} = 0$), a primeira das Equações 9.70 mostraria que $dP^*/dt = 1$ – isto é, todo o imposto é pago pelos compradores do produto. Para estudar os casos intermediários, podemos comparar a variação do preço pago pelos compradores (dp^*/dt) à mudança no preço recebido pelos ofertantes ($d(P^* - t)/dt = dP^*/dt - 1$):

$$\frac{dP^*/dt}{dP^*/dt - 1} = \frac{e_{S,P}/(e_{S,P} - e_{D,P})}{e_{S,P}/(e_{S,P} - e_{D,P}) - (e_{S,P} - e_{D,P})/(e_{S,P} - e_{D,P})} = \frac{e_{S,P}}{e_{D,P}}. \qquad (9.71)$$

Essa relação é negativa porque os compradores têm aumento no preço e os ofertantes têm uma redução. Mas a relação mostra que a extensão dessas mudanças no preço serão em relação inversa às elasticidades envolvidas. Se a elasticidade de oferta for maior que o valor absoluto da elasticidade de demanda, os compradores pagarão por uma fração maior dos impostos. Alternativamente, se o valor absoluto da elasticidade de demanda exceder a elasticidade de oferta, os ofertantes pagarão a maior parte do imposto. Uma maneira de se lembrar disso é visualizar a elasticidade preço refletindo a capacidade de atores econômicos escaparem de algum imposto. Os atores com maior elasticidade serão mais capazes de escapar.

9.15.2 Uma análise de bem-estar

Uma análise simplificada de bem-estar da incidência tributária refere-se apenas ao único mercado no qual um imposto é cobrado. Portanto, ela evita os efeitos de equilíbrio geral de tal imposto que se podem disseminar por muitos mercados. Nessa visão simplificada, a imposição de imposto unitário t cria uma cunha vertical entre as curvas de oferta e de demanda. Agora, os fornecedores recebem um preço menor pelo produto e os compradores pagam mais. A quantidade total comercializada no mercado cai. Como resultado do imposto, os compradores incorrem em perda do excedente de consumidor do qual uma parte é transferida para o governo como parte da arrecadação tributária total. Os produtores também incorrem na perda do excedente do produtor e, novamente, uma parte disso é transferida para o governo em forma de arrecadação tributária. Em geral, a redução do excedente de consumidor e de produtor combinados excede a arrecadação tributária total coletada. Isso representa uma perda de "peso morto" que surge, pois algumas transações mutuamente benéficas são desestimuladas pelo imposto. Nas finanças públicas, essa perda de peso morto é referida como "excesso de carga" do imposto. Ela reflete uma perda no excedente do consumidor e do produtor que não é recuperado em arrecadação tributária. Assim, os pagadores de imposto podem sofrer uma perda de bem-estar, mesmo que o imposto finance bens ou serviços que sejam tão benéficos a eles quanto o que poderia ter sido comprado com as arrecadações tributárias.

Em geral, o tamanho desses efeitos estará relacionado às elasticidades preço envolvidas. Para determinar a incidência final da parte tributária dos produtores, uma análise explícita dos mercados de insumo também seria necessária – a carga tributária poderia ser refletida nas rendas reduzidas para tais insumos caracterizados pela oferta relativamente inelástica. De modo mais geral, uma análise completa da questão de incidência exige um modelo completo de equilíbrio geral que pode tratar de muitos mercados simultaneamente. Discutiremos sobre tais modelos no próximo capítulo.

9.15.3 Perda de peso morto e elasticidade

Todos os impostos não *lump-sum* envolvem perdas de peso morto porque eles alteram o comportamento dos atores econômicos. O tamanho de tais perdas dependerá de modo complexo das elasticidades de demanda e de oferta em muitos mercados. Em um modelo de único mercado, o tamanho da perda de peso morto a partir de um imposto pode ser aproximada pela área de um triângulo cuja base é dada pelo tamanho do imposto (t) e cuja altura é dada pela redução na quantidade causada pelo imposto. Portanto, a perda de peso morto de tal imposto é dada por

$$DW = -0{,}5t\frac{dQ}{dt} \cdot t = -0{,}5t^2\frac{dQ}{dt}. \qquad (9.72)$$

Aqui, o sinal negativo é necessário porque $dQ/dt < 0$, e desejamos que nossa perda de peso morto seja positiva. Agora, podemos utilizar os resultados da seção anterior para expressar essa perda de peso morto em termos de elasticidade:

$$DW = -0{,}5t^2\frac{dQ^*}{dt} = -0{,}5t^2\frac{e_{D,P}e_{S,P}}{e_{S,P} - e_{D,P}} \cdot \frac{Q^*}{P^*} = -0{,}5\left(\frac{t}{P^*}\right)^2 \cdot \frac{e_{D,P}e_{S,P}}{e_{S,P} - e_{D,P}} \cdot P^*Q^*. \qquad (9.73)$$

Essa equação complicada mostra que a perda de peso morto de um imposto é proporcional ao gasto total na mercadoria. Essa proporção aumenta com o quadrado do imposto como uma proporção do preço do produto. Uma implicação disso é que, na margem, o excesso de carga de um imposto aumenta à medida que a alíquota tributária aumenta. O excesso de carga também depende das elasticidades de oferta e de demanda para esse produto. Quanto menores forem as elasticidades, menor será o excesso de carga. De fato, se $e_{D,P} = 0$ ou $e_{S,P} = 0$ não há excesso de carga – porque o imposto não afeta na quantidade transacionada. Essas observações sugerem que as elasticidades de oferta e de demanda possam desempenhar um papel importante no desenvolvimento de um sistema tributário que busca manter excesso de carga ao mínimo. Para uma ilustração, veja o Problema 9.11.

9.15.4 Custos de transação

Embora tenhamos desenvolvido essa discussão em termos de teoria de incidência tributária, os modelos que incorporam uma cunha entre os preços de compradores e vendedores têm uma quantidade de outras aplicações em economia. Talvez o mais importante desses envolve os custos associados em realizar transações de mercado. Em alguns casos, esses custos podem ser explícitos. Por exemplo, a maioria das transações imobiliárias ocorre por um corretor de imóveis, que cobra uma taxa pelo serviço de colocar comprador e vendedor juntos. Taxas de transações similares ocorrem na negociação de ações e títulos, barcos e aviões, e praticamente tudo o que é vendido em leilão. Em todos esses casos, compradores e vendedores estão dispostos a pagar uma taxa explícita para um agente ou corretor que facilite a transação. Em outros casos, os custos de transação podem ser em grande parte implícitos. Por exemplo, os indivíduos que tentam comprar um carro usado despenderão tempo e esforço consideráveis lendo classificados e examinando os carros, e essas atividades equivalem a um custo implícito na realização da transação.

EXEMPLO 9.7 O excesso de carga de um imposto

No Exemplo 9.6, examinamos a perda de excedente do consumidor e do produtor que ocorreria se as vendas de automóveis fossem reduzidas do nível de equilíbrio de 12,8 (milhões) para 11 (milhões). Um imposto de automóvel de $ 2.640,00 alcançaria essa redução, pois introduziria exatamente o valor da relação entre a demanda e o preço de oferta calculado anteriormente. Por presumirmos $e_{D,P} = -1{,}2$ e $e_{S,P} = 1{,}0$ no Exemplo 9.6 e como os gastos iniciais em automóveis são de aproximadamente $ 126 (milhões), a Equação 9.73 prevê que o excesso de carga do imposto do automóvel seria de

$$DW = 0{,}5\left(\frac{2{,}64}{9{,}87}\right)^2\left(\frac{1{,}2}{2{,}2}\right)126 = 2{,}46. \qquad (9.74)$$

Essa perda de 2,46 bilhões de dólares é aproximadamente a mesma perda do controle de emissões calculadas no Exemplo 9.6. Isso pode ser contrastado com as cobranças totais de imposto que, neste caso, somam $ 29 bilhões ($ 2.640,00 por carro vezes 11 milhões de automóveis no equilíbrio pós-imposto). Aqui, a perda de peso morto iguala-se a aproximadamente 8% da arrecadação total coletada.

Carga marginal. Um aumento incremental no imposto sobre carro seria relativamente mais caro em termos de excesso de carga. Suponha que o governo decidiu arredondar o imposto de automóvel para cima em um valor de $ 3.000 por carro. Nesse caso, as vendas de carros cairiam para aproximadamente 10,7 (milhões). As coletas de imposto equivaleriam a $ 32,1 bilhões, um aumento de $ 3,1 bilhões sobre o que foi calculado anteriormente. A Equação 9.73 pode ser utilizada para mostrar que as perdas de peso morto, agora, equivalem a $ 3,17 bilhões – um aumento de $ 0,71 bilhão acima das perdas vivenciadas com um imposto mais baixo. Na margem, as perdas adicionais de peso morto equivalem a aproximadamente 23% (0,72/3,1) das receitas adicionais coletadas. Portanto, os cálculos de excesso de carga marginal e médio podem ser significativamente diferentes.

PERGUNTA: É possível explicar intuitivamente por que a carga marginal de um imposto excede a carga média? Sob quais condições o excesso de carga marginal de um imposto excederia as arrecadações adicionais coletadas?

Na medida em que os custos de transação são em base unitária (como são os exemplos de imóveis, títulos e leilões), nosso exemplo anterior de tributação é aplicado de fato. A partir do ponto de vista dos compradores e dos vendedores, faz pouca diferença se t representa o imposto unitário ou uma taxa de transação unitária porque a análise do efeito das taxas no mercado será a mesma. Ou seja, a taxa será dividida entre compradores e vendedores, dependendo das elasticidades específicas envolvidas. O volume de negociação será menor do que na ausência de tais taxas.[15] No entanto, uma análise um tanto diferente seria válida se os custos de transação fossem um montante *lump sum* por transação. Nesse caso, os indivíduos tentariam reduzir a quantidade de transações realizadas, mas a existência da cobrança não afetaria o próprio equilíbrio de oferta-demanda. Por exemplo, o custo de dirigir ao supermercado é principalmente um custo de transação *lump sum* na compra de mantimentos. A existência de tal ônus pode não afetar significativamente o preço dos alimentos ou a quantidade de alimentos consumidos (a menos que as pessoas tentem cultivar em casa), mas o ônus fará com que os indivíduos comprem com menos frequência, mas comprem em maior quantidade a cada viagem, para ter maior estoque de alimento em casa comparado ao que seria o caso na ausência de tal custo.

9.15.5 Efeitos sobre os atributos das transações

De modo mais geral, os custos com impostos e transações podem afetar mais alguns atributos de transações do que outros. No nosso modelo formal, presumimos que tais custos tenham como base somente a quantidade física de mercadorias vendidas. Portanto, o desejo de ofertantes e compradores de minimizar

---

[15] Esta análise não considera os possíveis benefícios obtidos dos corretores. Na medida em que esses serviços são valiosos para as partes na transação, as curvas de demanda e de oferta deslocarão para fora para refletir esse valor. Assim, o volume de negociação pode se expandir com a disponibilidade de serviços que facilitam as transações, embora os custos de tais serviços continuem criando uma cunha entre os preços dos vendedores e dos compradores.

custos levaria à redução da quantidade comercializada. Quando as transações envolvem várias dimensões (como qualidade, risco ou tempo), os impostos ou os custos de transação podem afetar algumas ou todas essas dimensões – dependendo da base precisa sobre a qual os custos são avaliados. Por exemplo, um tributo em quantidade pode fazer com que as empresas melhorem a qualidade do produto, ou os custos de transação com base em informações podem incentivar as empresas a produzirem bens padronizados menos arriscados. Semelhantemente, um custo por transação (custos de deslocamento de ir à loja) pode fazer com que os indivíduos façam menos transações, mas com valores maiores (e manter estoques maiores). As possibilidades dessas diversas substituições dependerão obviamente das circunstâncias particulares da transação.

Resumo

Neste capítulo, desenvolvemos um modelo detalhado de como o preço de equilíbrio é determinado em um mercado único competitivo. Esse modelo é basicamente o primeiro totalmente articulado por Alfred Marshall no fim do século XIX. Ele permanece o componente mais importante de toda a microeconomia. Algumas das propriedades desse modelo examinado podem ser listadas abaixo.

- Os preços de equilíbrio de curto prazo são determinados pela interação com o que os compradores querem pagar (demanda) e o que as empresas existentes querem produzir (oferta). Os compradores e os ofertantes agem como tomadores de preço ao fazer suas respectivas decisões.
- Em longo prazo, a quantidade de empresas pode variar em resposta às oportunidades de lucro. Se presumirmos a entrada livre, em longo prazo, as empresas não terão lucro econômico. Portanto, como as empresas também maximizam lucros, a condição de equilíbrio de longo prazo é $P = MC = AC$.
- O formato da curva de oferta de longo prazo depende de como a entrada de novas empresas afeta os preços dos insumos. Se a entrada não tiver nenhum impacto nos preços dos insumos, a curva de oferta de longo prazo será horizontal (infinitamente elástica). Se a entrada aumentar os preços dos insumos, a curva de oferta de longo prazo terá uma inclinação positiva.
- Já se deslocamentos no equilíbrio de longo prazo afetarem os preços dos insumos, isso também afetará o bem-estar dos ofertantes de insumo. Tais mudanças no bem-estar podem ser medidas pelas mudanças no excedente do produtor de longo prazo.
- Os conceitos gêmeos de excedente do consumidor e do produtor fornecem medições úteis de impacto do bem-estar nos participantes de mercado de diversas mudanças econômicas. As mudanças no excedente do consumidor representam o valor monetário das mudanças na utilidade do consumidor. As mudanças no excedente do produtor representam as mudanças nos retornos monetários que os insumos recebem.
- O modelo competitivo pode ser utilizado para estudar o impacto de diversas políticas econômicas. Por exemplo, pode ser utilizado para ilustrar as transferências e as perdas de bem-estar associadas aos controles de preço.
- O modelo competitivo também pode ser aplicado para estudar a tributação. O modelo ilustra a incidência tributária (ou seja, quem carrega a carga real de um imposto) e as perdas de bem-estar associadas à tributação (o excesso de carga). Conclusões semelhantes podem ser derivadas utilizando o modelo competitivo para estudar os custos de transação.

Problemas

9.1 Suponha que haja 100 empresas idênticas em uma indústria perfeitamente competitiva. Cada empresa tenha uma função custo total de curto prazo na forma

$$C(q) = \frac{1}{300}q^3 + 0{,}2q^2 + 4q + 10.$$

a. Calcule a curva de oferta de curto prazo da empresa com q como uma função do preço de mercado (P).
b. Na suposição de que as decisões de produção das empresas não afetem seus custos, calcule a curva de oferta da indústria de curto prazo.
c. Suponha que a demanda do mercado seja dada por $Q = -200P + 8.000$. Qual seria a combinação de equilíbrio de preço-quantidade em curto prazo?

9.2 Suponha que haja 1.000 empresas idênticas que produzam diamantes. A função custo total para cada empresa seria dada por

$$C(q, w) = q^2 + wq,$$

em que q seria o nível de produção da empresa e w seria o salário dos cortadores de diamante.

a. Se $w = 10$, qual seria a curva de oferta (de curto prazo) da empresa? O que seria a curva de oferta da indústria? Quantos diamantes seriam produzidos a um preço unitário de 20? Quantos diamantes a mais seriam produzidos a um preço de 21?
b. Suponha que os salários dos cortadores de diamante dependam da quantidade total de diamantes produzidos e suponha que a forma dessa relação seja dada por

$$w = 0{,}002Q;$$

aqui Q representaria a produção total da indústria, que seria mil vezes a produção de uma empresa típica.

Nesta situação, mostre que a curva de custo marginal (e a oferta de curto prazo) da empresa dependeria de Q. Qual seria a curva de oferta da indústria? Quanto seria produzido a um preço de 20? Quanto mais será produzido a um preço de 21? O que você concluiria sobre o formato da curva de oferta de curto prazo?

9.3 Suponha que a função demanda para um bem tenha a forma linear $Q = D(P, I) = a + bP + cI$ e a função oferta também seria de forma linear $Q = S(P) = d + gP$.

a. Calcule o preço e a quantidade de equilíbrio para esse mercado como uma função dos parâmetros a, b, c, d e g e de I (renda), o termo de deslocamento exógeno para a função demanda.
b. Utilize os resultados da parte (a) para calcular a derivada de estática comparativa por dP^*/dI.
c. Agora, calcule a mesma derivada utilizando a análise estática comparativa de oferta e demanda apresentada neste capítulo. Você deve mostrar que obtém os mesmos resultados em cada caso.
d. Especifique alguns valores presumidos para os diversos parâmetros desse problema e descreva por que a derivada dP^*/dI assumiria a forma que assume aqui.

9.4 Uma indústria perfeitamente competitiva tem uma grande quantidade de entrantes potenciais. Cada empresa possui uma estrutura de custo idêntica, de modo que o custo médio de longo prazo é minimizado em uma produção de 20 unidades ($q_i = 20$). O custo médio mínimo é de \$ 10 por unidade. A demanda de mercado total é dada por

$$Q = D(P) = 1.500 - 50P.$$

a. Qual é a relação de oferta de longo prazo da indústria?
b. Qual é o preço de equilíbrio de longo prazo (P^*)? A produção total da indústria (Q^*)? A produção de cada empresa (q^*)? A quantidade de empresas? Os lucros de cada empresa?
c. A função custo total de curto prazo associada à produção de equilíbrio de longo prazo de cada empresa é dada por

$$C(q) = 0{,}5q^2 - 10q + 200.$$

Calcule a função custo médio de curto prazo e o custo marginal. Em qual nível de produção o custo médio de curto prazo alcançaria o mínimo?
d. Calcule a função oferta de curto prazo para cada empresa e a função oferta de curto prazo da indústria.
e. Agora, suponha que a função demanda do mercado se desloque para cima para $Q = D(P) = 2.000 - 50P$. Utilizando essa nova curva de demanda, responda à parte (b)

para um curtíssimo prazo quando a empresa não puder modificar a produção.

f. No curto prazo, utilize a função oferta de curto prazo da indústria para recalcular as respostas para (b).
g. Qual é o novo equilíbrio de longo prazo para a indústria?

9.5 Suponha que a demanda por pernas de pau seja dada por

$$Q = D(P) = 1.500 - 50P$$

e que os custos operacionais totais de longo prazo de cada empresa de perna de pau em uma indústria competitiva sejam dados por

$$C(q) = 0,5q^2 - 10q.$$

O talento empreendedor para fazer pernas de pau seria escasso. A curva de oferta para empreendedores seria dada por

$$Q_S = 0,25w,$$

em que w é o salário anual pago.

Suponha também que cada empresa que fabrica pernas de pau exija um empreendedor (e somente um) (portanto, a quantidade de empreendedores contratados é igual à quantidade de empresas). Os custos totais de longo prazo para cada empresa são dados por

$$C(q, w) = 0,5q^2 - 10q + w.$$

a. Qual seria a quantidade de pernas de pau produzidas em equilíbrio de longo prazo? Quantas pernas de pau seriam produzidas por cada empresa? Qual é o preço de equilíbrio de longo prazo das pernas de pau? Quantas empresas estariam presentes? Quantos empreendedores seriam contratados e qual seria o salário deles?
b. Suponha que a demanda por pernas de pau se deslocasse para fora para $Q = D(P) = 2.428 - 50P$. Agora, como você responderia às perguntas feitas na parte (a)?
c. Como os empreendedores de perna de pau seriam a causa da curva de oferta de longo prazo positivamente inclinada deste problema, eles receberiam todas as rendas geradas à medida que a produção da indústria se expandisse. Calcule o aumento nas rendas entre as partes (a) e (b). Mostre que este valor seria idêntico ao da mudança no excedente de produtor de longo prazo con-

forme medido ao longo da curva de oferta de pernas de pau.

9.6 A indústria de tabaqueira feita à mão é composta de 100 empresas idênticas, cada uma com custo total de curto prazo dado por

$$STC = 0,5q^2 + 10q + 5,$$

e os custos marginais de curto prazo são dados por

$$SMC = q + 10,$$

em que q é a produção de tabaqueiras por dia.

a. Qual é a curva de oferta de curto prazo para cada fabricante de tabaqueira? Qual é a curva de oferta de curto prazo para o mercado como um todo?
b. Suponha que a demanda por produção total de tabaqueira seja dada por

$$Q = D(P) = 1.100 - 50P.$$

Qual será o equilíbrio neste mercado? Quais serão os lucros totais de curto prazo de cada empresa?
c. Coloque em gráfico o equilíbrio de mercado e calcule o excedente total do produtor de curto prazo neste caso.
d. Mostre que o excedente total do produtor calculado na parte (c) é igual ao lucro total da indústria mais os custos fixos de curto prazo da indústria.
e. Suponha que o governo impusesse um imposto de $ 3 nas tabaqueiras. Como este imposto mudaria o equilíbrio de mercado?
f. Como a carga deste imposto seria compartilhada entre os compradores e os vendedores de tabaqueira?
g. Calcule a perda total do excedente do produtor como resultado da tributação das tabaqueiras. Mostre que esta perda se igualaria à mudança nos lucros totais de curto prazo na indústria de tabaqueiras. Por que os custos fixos não entrariam no cálculo da mudança no excedente do produtor de curto prazo?

9.7 A indústria perfeitamente competitiva de cópia de videocassete é composta de muitas empresas que podem copiar cinco fitas por dia a um custo médio unitário de $ 10. Cada empresa também paga o *royalty* para os estúdios de filme, e a taxa de *royalty* por filme (r) é uma função crescente da produção total da indústria (Q):

$$r = 0{,}002Q.$$
A demanda é dada por
$$Q = D(P) = 1.050 - 50P.$$

a. Presumindo que a indústria esteja em equilíbrio de longo prazo, qual seria o preço e a quantidade de fitas copiadas de equilíbrio? Haverá quantas empresas de fitas? Qual seria o valor do *royalty* pago por filme?
b. Suponha que a demanda por cópias de fitas aumente para
$$Q = D(P) = 1.600 - 50P.$$
Neste caso, qual seriam o preço e a quantidade de cópias de fitas de equilíbrio de longo prazo? Haveria quantas empresas de fita? Qual seria o valor do *royalty* pago por filme?
c. Coloque em gráfico esses equilíbrios de longo prazo no mercado de fita e calcule o aumento no excedente do produtor entre as situações descritas nas partes (a) e (b).
d. Mostre que o aumento do excedente do produtor seja precisamente igual ao aumento dos *royalties* pagos à medida que Q se expanda gradualmente de seu nível na parte (b) para o nível na parte (c).
e. Suponha que o governo institua um imposto de $ 5,50 por filme sobre o setor de copiadoras de filmes. Presumindo que a demanda por cópias de filmes seja aquela dada na parte (a), como esse imposto afetaria o equilíbrio de mercado?
f. Como a carga desse imposto seria alocada entre consumidores e produtores? Qual seria a perda do excedente do consumidor e do produtor?
g. Mostre que a perda do excedente do produtor como resultado deste imposto seja totalmente suportado pelos estúdios. Explique o seu resultado intuitivamente.

9.8 A demanda interna por rádios portáteis é dada por
$$Q = D(P) = 5.000 - 100P,$$
em que o preço (P) é medido em dólares e quantidade (Q) é medida em milhares de rádios por ano. A curva de oferta doméstica para rádios é dada por
$$Q = S(P) = 150P.$$

a. Qual é o equilíbrio doméstico no mercado de rádio portátil?
b. Suponha que os rádios portáteis possam ser importados a um preço mundial de $ 10 por rádio. Se o comércio for livre, qual seria o novo equilíbrio de mercado? Quantos rádios portáteis seriam importados?
c. Se os produtores internos de rádio portátil tivessem êxito em ter uma tarifa de $ 5 implantada, como isso mudaria o equilíbrio de mercado? Quanto seria arrecadado em receita tarifária? Quanto do excedente do consumidor seria transferido para os produtores internos? Qual seria a perda de peso morto da tarifa?
d. Como os seus resultados da parte (c) seriam alterados se o governo chegasse a um acordo com fornecedores estrangeiros para limitar "voluntariamente" os rádios portáteis exportados para 1.250.000 por ano? Explique como isso difere do caso de uma tarifa.

9.9 Suponha que a demanda de mercado por um produto seja dada por $Q_D = D(P) = A - BP$. Suponhamos também que a função custo da empresa típica seja dada por $C(q) = k + aq + bq^2$.

a. Calcule a produção e o preço de equilíbrio de longo prazo para a empresa típica nesse mercado.
b. Calcule o número de equilíbrio das empresas nesse mercado como uma função de todos os parâmetros nesse problema.
c. Descreva como as mudanças nos parâmetros de demanda A e B afetariam no número de empresas em equilíbrio nesse mercado. Explique seus resultados intuitivamente.
d. Descreva como os parâmetros da função custo da empresa típica afetariam no número de empresas em equilíbrio de longo prazo neste exemplo. Explique seus resultados intuitivamente.

Problemas analíticos

9.10 Impostos *ad valorem*
Neste capítulo, a nossa análise de impostos presumiu que eles são estabelecidos em uma base unitária. Muitos impostos (como impostos de vendas) são proporcionais, com base no preço do item. Neste problema, é pedido que você mostre que, presumindo que o imposto seja razoavelmente pequeno, as consequências de mercado de tal imposto

seriam muito semelhantes às já analisadas. Para isso, agora, supomos que o preço recebido pelos ofertantes seja P e o preço pago pelos demandantes seja $P(1 + t)$, em que t seria a taxa de imposto *ad valorem* (ou seja, com uma taxa de 5%, $t = 0,05$, o preço pago pelos demandantes é de $1,05P$). Neste problema, a função oferta seria dada por $Q = S(P)$, e a função demanda, por $Q = D[(1 + t)P]$.

a. Mostre que para tal imposto

$$\frac{d \ln P}{dt} = \frac{e_{D,P}}{e_{S,P} - e_{D,P}}.$$

(*Dica:* Lembre-se que $d \ln P/dt = \frac{1}{P} \cdot \frac{dP}{dt}$ e que aqui estamos supondo $t \approx 0$.)

b. Mostre que o excesso de carga de um imposto *ad valorem* pequeno seria dado por:

$$DW = -0,5 \frac{e_{D,P} e_{S,P}}{e_{S,P} - e_{D,P}} t^2 P^* Q^*.$$

c. Compare esses resultados àqueles apresentados neste capítulo para um imposto por unidade. É possível realizar algumas afirmações sobre qual imposto seria superior em diversas circunstâncias?

9.11 A fórmula de Ramsey para a tributação ótima

O desenvolvimento de políticas tributárias ótimas é um tema importante nas finanças públicas há séculos.[16] Provavelmente, o resultado mais famoso na teoria da tributação ótima é em razão do economista inglês Frank Ramsey, que conceituou o problema em como estruturar um sistema tributário que coletasse determinado valor de receitas com perda mínima de peso morto.[17] Especificamente, suponha que haja n bens (x_i com preços p_i) para serem tributados com uma sequência de impostos *ad valorem* (veja o Problema 9.10) cujas taxas são dadas por t_i ($i = 1, n$). Portanto, a arrecadação total é dada por $T = \sum_{i=1}^{n} t_i p_i x_i$. O problema de Ramsey é, para um T fixo, escolher as taxas de impostos que minimizarão a perda total de peso morto $DW = \sum_{i=1}^{n} DW(t_i)$.

---

[16] O ministro das finanças francesas no século XVII, Jean-Baptiste Colbert, capturou a essência do problema em sua afirmação memorável que "a arte da tributação consiste em depenar o ganso para obter a maior quantidade possível de penas levando menos bicadas".

[17] Veja F. Ramsey, "A Contribution to the Theory of Taxation," *Economic Journal* (March 1927): 47–61.

a. Utilize o método do multiplicador de Lagrange para mostrar que a solução para o problema de Ramsey exige $t_i = \lambda(1/e_S - 1/e_D)$, em que λ é o multiplicador de Lagrange para a restrição tributária.

b. Interprete o resultado Ramsey intuitivamente.

c. Descreva algumas deficiências da abordagem de Ramsey para uma tributação ótima.

9.12 Modelos de teia de aranha

Uma maneira de gerar os preços de desequilíbrio em um modelo simples de oferta e de demanda é incorporar um atraso na resposta de oferta do produtor. Para examinar esta possibilidade, suponha que a quantidade demandada no período t dependa do preço nesse período ($Q_{Dt} = a - bP_t$), mas a quantidade ofertada depende do preço do período anterior – talvez porque os agricultores se referem àquele preço na plantação de uma cultura ($Q_{St} = c + dP_{t-1}$).

a. Qual é o preço de equilíbrio neste modelo ($P^* = P_t = P_{t-1}$) para todos os períodos, t?

b. Se P_0 representa um preço inicial por esse bem ao qual os ofertantes respondem, qual será o valor de P_1?

c. Por substituição repetida, desenvolva uma fórmula para qualquer P_t arbitrário como função de P_0, P^* e t''.

d. Utilize os resultados da parte (a) para reafirmar o valor de P_T como função de P_0, P^* e t.

e. Em quais condições P_t converge para P^* com $t \to \infty$?

f. Coloque em gráfico os resultados para o caso $a = 4$, $b = 2$, $c = 1$, $d = 1$ e $P_0 = 0$. Utilize o seu gráfico para discutir a origem do termo *modelo de teia de aranha*.

9.13 Mais sobre a estática comparativa de oferta e demanda

O modelo de oferta e demanda apresentado anteriormente neste capítulo pode ser utilizado para olhar muitas outras questões de estática comparativa. Neste problema, pede-se para que se explorem três delas. Em todas, a quantidade demandada é dada por $D(P, \alpha)$ e a quantidade é ofertada por $S(P, \beta)$.

a. **Deslocamentos na oferta:** No Capítulo 9, analisamos o caso de um deslocamento na demanda ao realizar uma análise de estática comparativa de como as mudanças em α afetam o preço e a quantidade de equilíbrio. Para este problema, será necessário fazer um conjunto semelhante de cálculos para uma mudança em um parâmetro da função oferta, β. Ou seja, calcular $dP^*/d\beta$ e $dQ^*/d\beta$. Tenha certeza de calcular seus resultados em termos de derivadas e de elasticidades. Também descreva com alguns gráficos simples por que os resultados aqui se diferem dos apresentados no Capítulo 9.

b. **Uma "cunha" de quantidade:** Em nossa análise da imposição de um imposto unitário, mostramos como uma cunha tributária pode afetar o preço e a quantidade de equilíbrio. Uma análise semelhante pode ser realizada para uma "cunha" de quantidade para a qual, em equilíbrio, a quantidade ofertada pode exceder a quantidade demandada. Uma situação como essa pode surgir, por exemplo, se uma parte da produção for perdida por deterioração ou for pedida pelo governo como um pagamento para o direito de fazer negócios. Formalmente, $\overline{Q}$ é o montante do bem perdido. Nesse caso, o equilíbrio requer $D(P) = Q$ e $S(P) = Q + \overline{Q}$. Use os métodos de estática comparativa desenvolvidos neste capítulo para calcular $dP^*/d\overline{Q}$ e $dQ^*/d\overline{Q}$. [Em muitos casos, pode ser mais razoável presumir $\overline{Q} = \delta Q$ (em que δ é um pequeno valor decimal). Sem realizar quaisquer cálculos explícitos, como você acha que este caso se diferenciaria do que você analisou explicitamente?]

c. **O problema de identificação:** Uma questão importante no estudo empírico dos mercados competitivos é decidir se os pontos de dados preço-quantidade observados representam as curvas de demanda, as curvas de oferta ou alguma combinação das duas. Explique as seguintes conclusões utilizando os resultados de estática comparativa obtidos:

   i. Se apenas o parâmetro de demanda α apresenta valores modificados, os dados de mudança dos valores de equilíbrio de preço e quantidade podem ser utilizados para estimar a elasticidade-preço da oferta.

   ii. Se somente o parâmetro de oferta β apresenta valores modificados, os dados de mudança dos valores de equilíbrio de preço e quantidade podem ser utilizados para avaliar a elasticidade-preço da demanda (para responder a isso, é necessário ter a parte (a) deste problema).

   iii. Se as curvas de demanda e de oferta são somente deslocadas pelo mesmo parâmetro [isto é, as funções demanda e oferta são $D(P, \alpha)$ e $S(P, \beta)$], nenhuma das elasticidades-preços pode ser avaliada.

9.14 O princípio de Le Chatelier

A nossa análise de resposta da oferta neste capítulo focou no fato de que as empresas têm flexibilidade maior em longo prazo ao contratar os insumos e nas decisões de entrada. Por esse motivo, os aumentos no preço resultantes de um aumento na demanda podem ser maiores em curto prazo, mas o preço tenderá a voltar ao valor de equilíbrio inicial em longo prazo. Paul Samuelson observou que essa tendência se assemelhava a um princípio semelhante na Química na qual a perturbação inicial a um equilíbrio tende a ser moderada em um prazo maior. Portanto, ele apresentou o termo utilizado na Química (o princípio de Le Chatelier) na Economia. Para examinar esse princípio, agora escrevemos a função oferta como $S(P, t)$, em que t representa o tempo, e nossa discussão neste capítulo mostra por que $S_{P,t} > 0$, ou seja, o efeito de um aumento de preço na quantidade ofertada é maior ao longo do tempo.

a. Usando essa nova função oferta, diferencie as Equações 9.24 em relação a t. Isso resulta em duas equações nas duas derivadas cruzadas de segunda ordem $\dfrac{d^2 P^*}{d\alpha dt}$ e $\dfrac{d^2 Q^*}{d\alpha dt}$. Essas derivadas mostram como o preço e a quantidade de equilíbrio reagem a uma determinada mudança na demanda com o tempo.

b. Resolva essas duas equações para as derivadas cruzadas de segunda ordem identificados na parte anterior. Mostre que $\dfrac{d^2 P^*}{d\alpha dt}$ tem o sinal oposto de $\dfrac{dP^*}{d\alpha}$. Esse é o resultado de Le Chatelier – a mudança inicial no preço de equilíbrio é moderada ao longo do tempo.

c. Mostre que $\dfrac{d^2 Q^*}{d\alpha\, dt}$ tem o mesmo sinal que $\dfrac{dP^*}{d\alpha}$. Essa é uma situação na qual o resultado "moderado" de Le Chatelier não é refletido em todos os valores de equilíbrio de todos os efeitos.

d. Descreva como os resultados matemáticos refletem a análise gráfica apresentada neste capítulo.

CAPÍTULO DEZ
Equilíbrio geral e bem-estar

Os modelos de equilíbrio parcial da concorrência perfeita que foram introduzidos no Capítulo 9 são claramente inadequados para descrever todos os efeitos que ocorrem quando mudanças em um mercado repercutem em outros mercados. Dessa forma, eles também são inadequados para elaborar afirmações gerais de bem-estar sobre o desempenho das economias de mercado. Em vez disso, o que é preciso é um modelo econômico que nos permita observar vários mercados de forma simultânea. Neste capítulo, desenvolveremos algumas versões simples de tais modelos. As Aplicações do capítulo mostram como os modelos de equilíbrio geral são utilizados nas aplicações empíricas no cenário real.

10.1 SISTEMA DE PREÇOS PERFEITAMENTE COMPETITIVO

O modelo que desenvolveremos neste capítulo é principalmente uma elaboração do mecanismo de oferta e demanda apresentado no Capítulo 9. Aqui, vamos supor que todos os mercados sejam do tipo descrito naquele capítulo e designar tal conjunto de mercados como um *sistema de preços perfeitamente competitivo*. A hipótese é a de que exista um grande número de bens homogêneos nessa economia simples. Estão inclusos nessa lista de bens não apenas itens de consumo, mas também fatores de produção. Cada um desses bens possui um *preço de equilíbrio*, estabelecido pela ação da oferta e demanda.[1] A esse conjunto de preços, todos os mercados estão equilibrados no sentido de que os ofertantes estão dispostos a ofertar a quantidade que é demandada e os consumidores irão demandar a quantidade ofertada. Supomos também que não haja encargos de transação ou sobre transporte e que indivíduos e empresas possuam um conhecimento completo dos preços vigentes no mercado.

---

[1] Um aspecto desta interação do mercado deve ser esclarecido desde o início. O mercado perfeitamente competitivo determina apenas os preços relativos (não absolutos). Neste capítulo, abordamos somente os preços relativos. Não faz diferença se os preços das maçãs e das laranjas sejam $ 0,10 e $ 0,20, respectivamente, ou $ 10 e $ 20. O ponto importante em ambos os casos é que duas maçãs podem ser trocadas por uma laranja no mercado. O nível absoluto de preços é determinado principalmente por fatores monetários – um tema normalmente abordado em macroeconomia.

10.1.1 A lei do preço único

Como supomos um custo zero de transação e informações completas, cada bem obedece à lei do preço único: um bem homogêneo é negociado ao mesmo preço, não importa quem os compre, ou a empresa que vende. Se um bem for negociado a dois preços diferentes, os demandantes se apressariam em comprar o bem onde fosse mais barato, e as empresas tentariam vender toda a sua produção onde o bem fosse mais caro. Essas ações por elas mesmas tenderiam a igualar o preço do bem. No mercado perfeitamente competitivo, cada bem deve apresentar apenas um preço. É por isso que podemos falar inequivocamente do preço de um bem.

10.1.2 Pressupostos comportamentais

O modelo perfeitamente competitivo supõe que pessoas e empresas reagem aos preços de formas específicas.

1. Supõe-se que haja um grande número de pessoas adquirindo qualquer bem. Cada pessoa aceita todos os preços como dados e ajusta seu comportamento para *maximizar a utilidade*, dados os preços e sua restrição orçamentária. As pessoas também podem ser ofertantes de serviços produtivos (por exemplo, mão de obra), e em tais decisões também consideram os preços como dados.[2]
2. Supõe-se que exista um grande número de empresas produzindo cada bem, e que cada empresa produza apenas uma pequena parcela da produção de qualquer bem. Ao fazer escolhas de insumos e produtos, as empresas consideram que operam para *maximizar os lucros*. As empresas tratam todos os preços como dados ao fazer essas decisões de maximização de lucro.

Essas diversas hipóteses devem ser familiares porque as temos feito ao longo deste livro. Aqui, nosso objetivo é mostrar como todo um sistema econômico opera quando todos os mercados funcionam dessa forma.

10.2 MODELO GRÁFICO DE EQUILÍBRIO GERAL COM DOIS BENS

Começamos nossa análise com um modelo gráfico de equilíbrio geral envolvendo apenas dois bens, que chamaremos de x e y. Esse modelo será útil porque ele incorpora muitas das características de representações de equilíbrio geral mais complexas da economia.

10.2.1 Demanda de equilíbrio geral

Em última análise, os padrões de demanda em uma economia são determinados pelas preferências individuais. Para o nosso modelo simples, supomos que todos os indivíduos tenham preferências idênticas, que possam ser representadas por um mapa de curva de indiferença[3] definido sobre as quantidades dos dois bens, x e y. O benefício dessa abordagem para nossos objetivos é que esse mapa de curva de indiferença (que é idêntico ao usado nos Capítulos 3-6) mostra como os indivíduos ordenam as cestas de consumo que contêm ambos os bens. Essas classificações são precisamente o que representamos

---

[2] Assim, ao contrário dos nossos modelos de equilíbrio parcial, as rendas são determinadas de forma endógena em modelos de equilíbrio geral.
[3] Existem alguns problemas técnicos na utilização de um único mapa de curva de indiferença para representar as preferências de uma comunidade inteira de indivíduos. Nesse caso, a taxa marginal de substituição (ou seja, a inclinação da curva de indiferença da comunidade) dependerá de como os bens disponíveis são distribuídos entre os indivíduos: o aumento no y total necessário para compensar uma redução de uma unidade em x dependerá de qual(is) indivíduo(s) específico(s) o x é tirado. Embora não discutamos aqui essa questão em detalhes, ela foi amplamente estudada na literatura de comércio internacional.

como "demanda" em um contexto de equilíbrio geral. Naturalmente, não podemos ilustrar quais cestas de mercadorias serão escolhidas até estarmos cientes das restrições orçamentárias enfrentadas pelos demandantes. Como as rendas são obtidas à medida que os indivíduos ofertam mão de obra, capital e outros recursos para o processo de produção, devemos aguardar para introduzir as restrições orçamentárias até que estudemos as forças de produção e oferta em nosso modelo.

10.2.2 Oferta de equilíbrio geral

Desenvolver uma noção de oferta de equilíbrio geral neste modelo de dois bens é um processo um pouco mais complexo do que descrever o lado da demanda do mercado, porque até agora não temos ilustrado a produção e a oferta de dois bens simultaneamente. Nossa abordagem é usar a familiar curva de possibilidade de produção (consulte o Capítulo 1) para esse objetivo. Ao detalhar a forma como essa curva é construída, podemos ilustrar, em um contexto simples, as formas em que os mercados de produtos e insumos estão relacionados.

10.2.3 Diagrama da caixa de Edgeworth para produção

A construção da curva de possibilidade de produção para dois produtos (x e y) começa com a hipótese de que haja montantes fixos de insumos de capital e de trabalho que devam ser alocados para a produção dos dois bens. As possíveis alocações desses insumos podem ser ilustradas com o diagrama da caixa de Edgeworth com dimensões dadas pelo montante total de capital e trabalho disponíveis.

Na Figura 10.1, o comprimento da caixa representa o total de mão de trabalho/horas, e a altura da caixa representa o total de capital/horas. O canto inferior esquerdo da caixa representa a "origem" para medir o capital e o trabalho voltado à produção do bem x. O canto superior direito da caixa representa

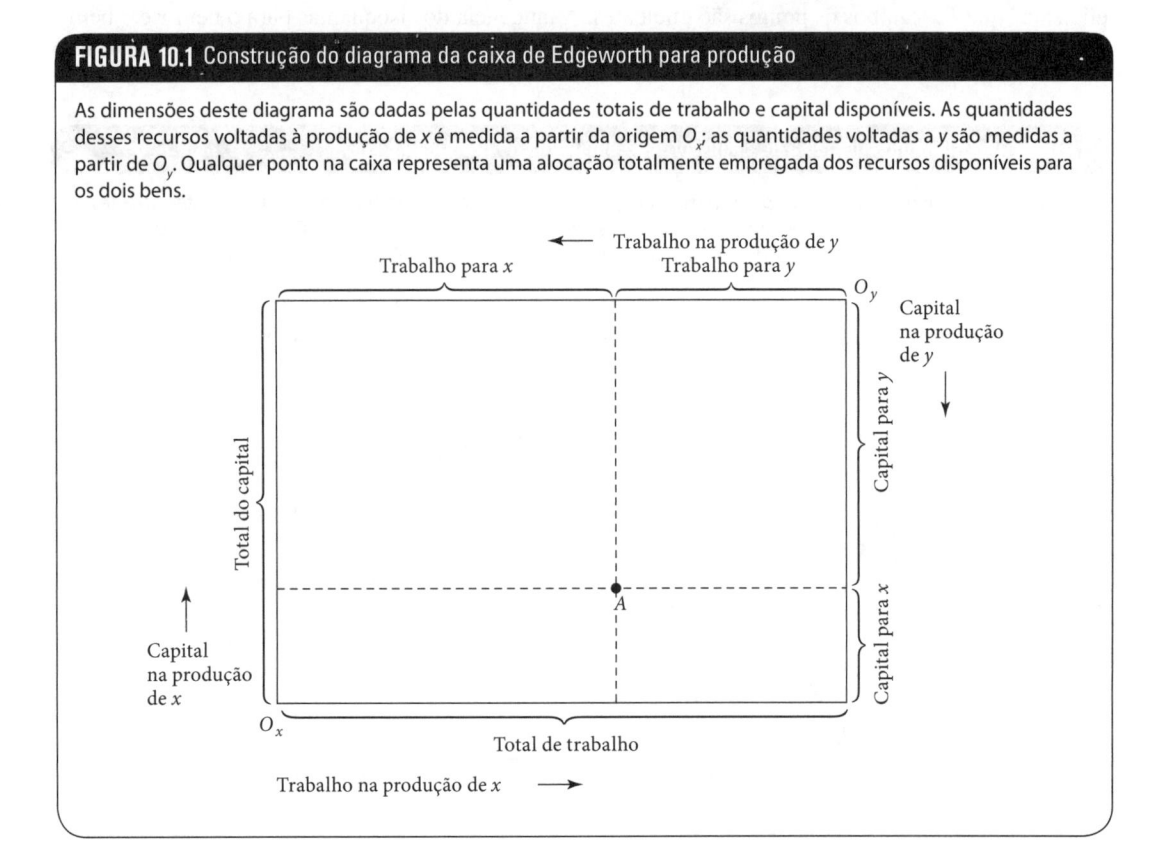

FIGURA 10.1 Construção do diagrama da caixa de Edgeworth para produção

As dimensões deste diagrama são dadas pelas quantidades totais de trabalho e capital disponíveis. As quantidades desses recursos voltadas à produção de x é medida a partir da origem O_x; as quantidades voltadas a y são medidas a partir de O_y. Qualquer ponto na caixa representa uma alocação totalmente empregada dos recursos disponíveis para os dois bens.

a origem dos recursos voltados a y. Utilizando essas convenções, qualquer ponto da caixa pode ser considerado como uma alocação totalmente empregada dos recursos disponíveis entre bens x e y. O ponto A, por exemplo, representa uma alocação na qual o número de trabalho/horas indicado é voltado à produção x em conjunto com um número específico de capital/horas. A produção de bens y utiliza qualquer trabalho e capital "sobrando". Por exemplo, o ponto A na Figura 10.1 também mostra a quantidade exata de trabalho e capital utilizada na produção de bens y. Qualquer outro ponto na caixa possui uma interpretação semelhante. Desta forma, a caixa de Edgeworth mostra todas as formas possíveis para que o capital e o trabalho existentes possam ser utilizados para produzir x e y.

10.2.4 Alocações eficientes

Muitas das alocações mostradas na Figura 10.1 são tecnicamente ineficientes na medida em que é possível produzir mais x e mais y deslocando-se uma parte do capital e do trabalho. No nosso modelo, supomos que os mercados competitivos não exibirão opções de insumos ineficientes (por razões que iremos explorar com mais detalhes mais adiante no capítulo). Desse modo, desejamos descobrir as alocações eficientes na Figura 10.1 porque elas ilustram os resultados da produção neste modelo. Para isso, apresentamos os mapas de isoquanta para o bem x (usando O_x como a origem) e o bem y (usando O_y como a origem), conforme mostrado na Figura 10.2. Nessa figura, está evidente que a alocação escolhida arbitrariamente A é ineficiente. Realocando o capital e o trabalho, pode-se produzir mais x que x_2 e mais y que y_2.

As alocações eficientes na Figura 10.2 são aquelas, tais como P_1, P_2, P_3, e P_4, em que as isoquantas são tangentes umas às outras. Em qualquer outro ponto no diagrama de caixa, as isoquantas dos dois bens irão se cruzar, e podemos exibir a ineficiência como fizemos para o ponto A. No entanto, nos pontos de tangência esse tipo de melhoria inequívoca não pode ser feita. Por exemplo, indo de P_2 para P_3, mais x está sendo produzido, mas ao custo de menos y sendo produzido; portanto, P_3 não é "mais eficiente" que P_2 – ambos os pontos são eficientes. A tangência dos isoquantas para o bem x e o bem y significa que suas inclinações são iguais. Ou seja, a RTS do capital pela mão de obra é igual na produção

FIGURA 10.2 Diagrama da caixa de Edgeworth de eficiência na produção

Este diagrama adiciona isoquantas de produção para x e y à Figura 10.1. Ele então mostra formas tecnicamente eficientes para alocar os montantes fixos de k e l entre a produção dos dois produtos. A linha unindo O_x e O_y é o *locus* desses pontos eficientes. Ao longo desta linha, a *RTS* (de *l* para *k*) na produção do bem x é igual à *RTS* na produção de y.

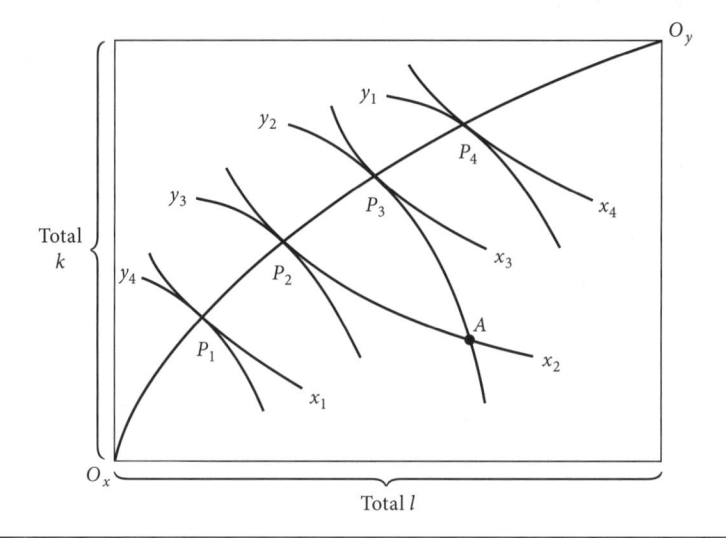

de x e y. Mostraremos brevemente esse resultado matematicamente, como também mostraremos que os mercados competitivos de insumos ajudarão a promover essa igualdade.

A curva conectando O_x e O_y que inclui todos esses pontos de tangência mostra todas as alocações eficientes de capital e trabalho. Os pontos fora desta curva são ineficientes na medida em que aumentos inequívocos de insumos podem ser obtidos por meio da reordenação de insumos entre os dois bens. No entanto, os pontos na curva $O_x O_y$ são todos alocações eficientes, porque mais x pode ser produzido apenas pela redução na produção de y e vice-versa.

10.2.5 Fronteira de possibilidade de produção

O *locus* de eficiência na Figura 10.2 mostra a produção máxima de y que pode ser produzido para qualquer produção pré-atribuída de x. Podemos usar essas informações para construir uma *fronteira de possibilidade de produção*, que mostra as produções alternativas de x e y que podem ser produzidas com os insumos fixos de capital e de trabalho. Na Figura 10.3 o *locus* $O_x O_y$ foi retirado da Figura 10.2 e transferido para um gráfico com produtos x e y nos eixos. Por exemplo, em O_x nenhum recurso é voltado à produção de x; consequentemente, o produto y é tão grande quanto possível com os recursos existentes. Da mesma forma, em O_y, o produto de x é tão grande quanto possível. Os outros pontos na fronteira de possibilidade de produção (digamos, P_1, P_2, P_3 e P_4) derivam do *locus* de eficiência de uma maneira idêntica. Por isso, derivamos a seguinte definição.

> **DEFINIÇÃO**
>
> **Fronteira de possibilidade de produção.** A *fronteira de possibilidade de produção* mostra as combinações alternativas de dois produtos que podem ser produzidos com quantidades fixas de insumos se esses insumos forem empregados de forma eficiente.

FIGURA 10.3 Fronteira de possibilidade de produção

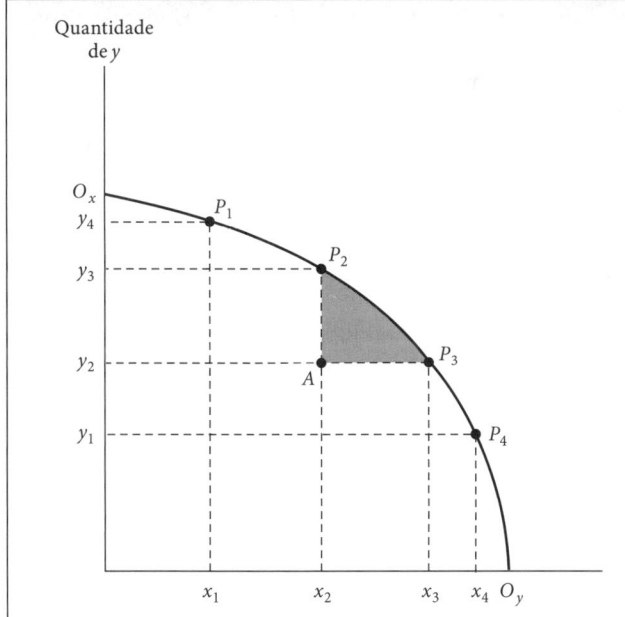

A fronteira de possibilidade de produção mostra as combinações alternativas de x e y que podem ser produzidas de forma eficiente por uma empresa com recursos fixos. A curva pode ser derivada da Figura 10.2 variando os insumos entre a produção de x e y enquanto mantém as condições de eficiência. O negativo da inclinação da curva de possibilidade de produção é denominado *taxa de transformação do produto (RPT)*.

10.2.6 Taxa de transformação do produto

A inclinação da fronteira de possibilidade de produção mostra como o produto y pode ser substituído pelo produto x quando os recursos totais são mantidos constantes. Por exemplo, para pontos próximos a O_x na fronteira de possibilidade de produção, a inclinação é um pequeno número negativo – digamos, $-1/4$; isso implica que, ao reduzir o produto y em 1 unidade, o produto x pode ser aumentado em 4. Por outro lado, próximo de O_y a inclinação é um grande número negativo (digamos, -5), o que implica que o produto y deve ser reduzido em 5 unidades para permitir a produção de mais um x. A inclinação da fronteira de possibilidade de produção mostra claramente as possibilidades que existem para a comercialização de y por x na produção. O negativo dessa inclinação é denominado *taxa de transformação do produto (RPT)*.

> **DEFINIÇÃO**
>
> **Taxa de transformação do produto.** A *taxa de transformação do produto* (*RPT*) entre dois produtos é o negativo da inclinação da fronteira de possibilidades de produção para esses produtos. Matematicamente,
>
> RPT (de y ao x) = $-$[inclinação da fronteira de possibilidade de produção]
>
> $$= -\frac{dy}{dx}(\text{ao longo de } O_x O_y). \qquad (10.1)$$

A *RPT* registra como y pode ser tecnicamente comercializado por x enquanto continua a manter os insumos produtivos disponíveis empregados de forma eficiente.

10.2.7 Derivação matemática

Mostrar matematicamente como a fronteira de possibilidade de produção é construída pode ajudar a provar formalmente muitos dos pontos gráficos que fizemos até agora e também fornecer algumas ideias adicionais. Tecnicamente, a fronteira de possibilidade de produção resulta de um problema de maximização condicionada – isto é, para qualquer nível de produto x (digamos, $\bar{x}$) desejamos maximizar o produto y quando nossas escolhas são limitadas pelo total de capital e trabalho disponíveis (denotado por $\bar{k}$ e $\bar{l}$, respectivamente). Como há três restrições neste problema, precisaremos de três multiplicadores de Lagrange (λ_1, λ_2, e λ_3). Usamos subscritos para indicar as quantidades de capital e trabalho voltadas à produção de x e y, e supomos que as funções de produção para esses dois bens são dadas por $f^x(k_x, l_x)$ e $f^y(k_y, l_y)$. A expressão do lagrangiano para a fronteira de possibilidade de produção é, portanto,

$$\mathcal{L}(l_y, k_y, l_x, k_x) = f^y(k_y, l_y) + \lambda_1[\bar{x} - f^x(k_x, l_x)] + \lambda_2(\bar{k} - k_x - k_y) \\ + \lambda_3(\bar{l} - l_x - l_y) \qquad (10.2)$$

e as condições de primeira ordem (além das três restrições) para um máximo são

$$\frac{\partial \mathcal{L}}{\partial l_y} = f_l^y - \lambda_3 = 0, \qquad \frac{\partial \mathcal{L}}{\partial k_y} = f_k^y - \lambda_2 = 0,$$

$$\frac{\partial \mathcal{L}}{\partial l_x} = -\lambda_1 f_l^x - \lambda_3 = 0, \qquad \frac{\partial \mathcal{L}}{\partial k_x} = -\lambda_1 f_k^x - \lambda_2 = 0. \qquad (10.3)$$

Se mudarmos os termos em λ_2 e λ_3 para a direita, é óbvio que a razão das duas equações superiores deve ser igual à razão das duas inferiores:

$$\frac{\lambda_3}{\lambda_2} = \frac{f_l^y}{f_k^y} = \frac{f_l^x}{f_k^x}. \qquad (10.4)$$

Essa equação simplesmente repete o nosso achado gráfico da Figura 10.2 – que, para uma alocação eficiente de recursos, a *RTS* entre os dois insumos na produção de *y* deve ser igual à *RTS* na produção de *x*.

10.2.7.1 Taxa de transformação do produto Também podemos derivar a taxa de transformação do produto a partir desse problema de otimização. Para fazer isso, primeiro reconheça que a função valor que resulta dessa otimização mostra o produto *y* ótimo como uma função das três restrições no problema. Suponha que essa função valor seja dada por y^* ($\bar{x}, \bar{k}, \bar{l}$). Aplicando-se o teorema do envelope obtemos:

$$RPT(y \text{ por } x) = -\frac{dy^*}{dx} = -\frac{\partial \mathcal{L}}{\partial x} = -\lambda_1. \qquad (10.5)$$

Como previsto, a *RPT* é dada pelo valor absoluto do primeiro multiplicador de Lagrange em nosso problema de otimização. Algumas manipulações adicionais das condições de primeira ordem lançam um pouco mais de luz sobre esse conceito:

$$RPT = -\lambda_1 = \frac{\lambda_3}{f_l^x} = \frac{f_l^y}{f_l^x} = \frac{\lambda_2}{f_k^x} = \frac{f_k^y}{f_k^x}. \qquad (10.6)$$

Em palavras, a *RPT* é dada pelas relações das produtividades marginais do trabalho e do capital na produção de *y* e *x*. Esse é o resultado que pode ajudar a explicar por que a fronteira de possibilidade de produção tem um formato côncavo (uma *RPT* crescente). Existem três explicações plausíveis.

10.2.7.2 Rendimentos decrescentes Se cada insumo conhecer rendimentos decrescentes, parece provável que as razões mostradas na Equação 10.6 aumentem conforme mais *x* e menos *y* são produzidos. Com os rendimentos decrescentes tal variação na produção deve diminuir a produtividade marginal do (digamos) trabalho na produção de *x* e aumentar a produtividade marginal de trabalho na produção de *y*. Portanto, de acordo com a Equação 10.6 a *RPT* deve aumentar. Um argumento semelhante pode ser feito recordando o Capítulo 10 em que a minimização de custos exige que $MC_x = w/f_l^x$ e $MC_y = w/f_l^y$ (em que *w* é a remuneração paga por uma unidade de trabalho[4]). Como a lei do preço único garante que o preço do trabalho seja o mesmo na produção de cada produto, a Equação 10.6 implica que

$$RPT = \frac{f_l^y}{f_l^x} = \frac{MC_x}{MC_y}. \qquad (10.7)$$

Ou seja, a *RPT* também é dada pela relação dos custos marginais dos dois produtos. Com os rendimentos decrescentes para a produção desses bens, esperamos que o custo marginal de *x* aumente à medida que sua produção aumente e o custo marginal de *y* diminua à medida que sua produção diminua. Em geral, a *RPT* aumentará à medida que a produção for realocada em direção a uma maior produção de *x*.

---

[4] Um conjunto semelhante de manipulações pode também ser feito para a escolha do insumo de capital dada a taxa de locação sobre o capital, *v*. Isso mostraria que, com os preços de insumos determinados de forma competitiva, a minimização de custo na produção dos dois bens resultará neles tendo as mesmas taxas de substituição técnica, como é exigido para a eficiência produtiva.

10.2.7.3 Intensidades do fator
Os rendimentos decrescentes não são necessários para que a fronteira de possibilidade de produção tome uma forma côncava. Mesmo quando ambos os bens exibam retornos constantes de escala, se a eficiência exigir que eles usem os insumos com diferentes "intensidades", a fronteira ainda será côncava. Isso é mais bem ilustrado retornando à construção da fronteira da Figura 10.2. Nessa figura, o *locus* de eficiência tomou uma forma geral curvada acima da diagonal O_x, O_y da caixa de Edgeworth. Isso mostra que, quando os insumos são eficientemente alocados, a produção do bem x será "intensiva em capital" – isto é, a relação de capital para trabalho será maior na produção do bem x do que na produção do bem y (você pode verificar isso observando que a relação global de capital para trabalho nessa economia é $\bar{k}/\bar{l}$ – o fato de que o *locus* de eficiência está acima da diagonal O_x, O_y da caixa implica que a produção de x terá uma relação capital/trabalho que sempre excede essa média). Para mostrar por que isso implica que, com retornos constantes de escala, a fronteira de possibilidade de produção será côncava, considere as alocações de insumos ao longo da diagonal. Todas elas apresentam a relação média capital/trabalho. Com retornos constantes de escala, a produção do bem x aumentaria de forma proporcional ao aumento nos insumos ao longo da diagonal à medida que mais recursos são alocados para sua produção. Do mesmo modo, a produção do bem y cairia de forma proporcional à medida que esses recursos fossem subtraídos. Por isso, as possibilidades de produção geradas ao mover-se ao longo de O_x, O_y poderiam ser representadas por uma linha reta com inclinação negativa. Contudo, sabemos que as alocações de insumos ao longo de O_x, O_y são ineficientes – ou seja, mais de ambos os bens poderiam ser produzidos movendo-se da diagonal para o *locus* de eficiência. Logo, a verdadeira fronteira de possibilidade de produção deve se projetar para além do linear – isto é, deve ser côncava. A razão intuitiva para isso é que, à medida que as alocações de recursos movem-se de O_x em direção a O_y, a relação capital/trabalho deve cair para ambos os bens (verifique isso por conta própria). Isso possui o efeito de aumentar o custo marginal relativo de produzir o bem capital intensivo (x) de modo que a *RPT* deve aumentar. O Exemplo 10.1 fornece uma ilustração numérica desse fenômeno quando a produção é caracterizada pelas funções de produção Cobb-Douglas. De forma mais geral, o fato de que a Figura 10.2 pode ser usada para analisar como a relação capital/trabalho muda à medida que se move ao longo da fronteira de possibilidade de produção tem implicações importantes para o preço dos insumos e é o cerne dos "teoremas" tradicionais sobre o efeito do comércio internacional sobre esses preços (observe a Figura 10.6 e o Problema 10.10).

Se as funções de produção exibissem retornos crescentes de escala, a fronteira de possibilidade de produção não precisa mais ser côncava. Naturalmente, os argumentos de intensidade do fator apresentados acima ainda geralmente são mantidos, então existem algumas forças que tendem à concavidade. Contudo, com retornos crescentes significativos de escala, dados aumentos na produção do bem x podem ser alcançados com progressivamente menos insumos. Consequentemente, é possível que os custos de oportunidade, em termos de redução do produto y possam cair – ou seja, a *RPT* pode cair, tornando a fronteira de possibilidade de produção convexa. Para obter algumas ilustrações numéricas, consulte o Problema 10.9.

10.2.7.4 Insumos não homogêneos
No cenário abstrato da teoria econômica, os insumos de mão de obra e capital são tratados como homogêneos – cada insumo pode ser utilizado de forma idêntica na produção de qualquer bem. Naturalmente, no cenário real, esse pode não ser o caso. Alguns insumos podem ser bastante eficientes na produção de alguns bens, mas não na produção de outros (um mecânico qualificado pode ser bom em montar um motor a jato, mas não tão bom em ordenhar vacas). Essa possibilidade proporciona outra razão para acreditar que as fronteiras de possibilidade de produção são côncavas. Quando o produto x é baixo, podem-se utilizar insumos que sejam especialmente bons na produção daquele bem. No entanto, à medida que x aumenta, devem-se cada vez mais utilizar os insumos que, embora sejam bons para produzir y, não são tão bons para produzir x. Logo, o custo marginal relativo de produzir o bem x tenderia a aumentar (e aquele de produzir y tenderia a cair). Novamente, a Equação 10.7 mostra que a *RPT* aumentaria, e a fronteira de possibilidade de produção seria côncava.

10.2.8 Custo de oportunidade e oferta

Concluindo, logo a curva de possibilidade de produção demonstra que existem muitas possíveis combinações eficientes dos dois bens, e que produzir mais de um bem necessita reduzir a produção de algum outro bem. Isso é exatamente o que os economistas querem dizer com o termo *custo de oportunidade*. O custo de produzir mais x pode ser mais facilmente medido pela redução provocada no produto y. Desta forma, o custo de mais de uma unidade de x é mais bem mensurado como a *RPT* (de y para x) no ponto prevalecente na fronteira de possibilidade de produção. O fato de esse custo aumentar à medida que mais x é produzido representa a formulação geral da oferta no contexto de equilíbrio geral.

EXEMPLO 10.1 Concavidade da fronteira de possibilidade de produção

Neste exemplo, observamos duas características das funções de produção que podem provocar a concavidade da fronteira de possibilidade de produção.

Rendimentos decrescentes. Suponha que a produção de x e y dependa unicamente do insumo de trabalho, e que as funções de produção para esses bens sejam

$$x = f(l_x) = l_x^{0,5},$$
$$y = f(l_y) = l_y^{0,5}. \qquad (10.8)$$

Assim sendo, a produção de cada um desses bens demonstra rendimentos decrescentes de escala. Se a oferta total de mão de obra for limitada por

$$l_x + l_y = 100, \qquad (10.9)$$

então, a substituição simples demonstra que a fronteira de possibilidade de produção é dada por

$$x^2 + y^2 = 100 \text{ para } x, y \geq 0. \qquad (10.10)$$

Neste caso, a fronteira é um quarto de círculo e é côncava. Agora, a *RPT* pode ser calculada diretamente a partir da equação para a fronteira de possibilidade de produção (escrita de forma implícita como $f(x, y) = x^2 + y^2 - 100 + 0$):

$$RPT = -\frac{dy}{dx} = -\left(-\frac{f_x}{f_y}\right) = \frac{2x}{2y} = \frac{x}{y}, \qquad (10.11)$$

e essa inclinação aumenta à medida que o produto x aumenta. Uma ilustração numérica da concavidade inicia pela observação de que os pontos (10, 0) e (0, 10) encontram-se na fronteira. Uma linha reta unindo esses dois pontos também incluiria o ponto (5, 5), contudo esse ponto encontra-se abaixo da fronteira. Se quantidades iguais de trabalho são alocadas para ambos os bens, logo, a produção é $x = y = \sqrt{50}$, que produz mais de ambos os bens do que este ponto médio.

Intensidade do fator. Para mostrar como diferentes intensidades de fator produzem uma fronteira de possibilidade côncava, suponha que os dois bens sejam produzidos sob retornos constantes de escala, mas com funções de produção Cobb-Douglas diferentes:

$$x = f(k, l) = k_x^{0,5} l_x^{0,5},$$
$$y = g(k, l) = k_y^{0,25} l_y^{0,75}. \qquad (10.12)$$

Suponhamos também que o capital e a mão de obra totais sejam restringidos por

$$k_x + k_y = 100, \quad l_x + l_y = 100. \tag{10.13}$$

É fácil demonstrar que

$$RTS_x = \frac{k_x}{l_x} = \kappa_x, \quad RTS_y = \frac{3k_y}{l_y} = 3\kappa_y, \tag{10.14}$$

em que $\kappa_i = k_i/l_i$. Estando localizado na fronteira de possibilidade de produção requer $RTS_x = RTS_y$ ou $\kappa_x = 3\kappa_y$. Ou seja, não importa como o total de recursos são alocados para a produção, estar na fronteira de possibilidade de produção exige que x seja o bem capital intensivo (porque o capital é mais produtivo na produção de x do que na produção de y). As relações capital/trabalho na produção dos dois bens também são restritas pelos recursos disponíveis:

$$\frac{k_x + k_y}{l_x + l_y} = \frac{k_x}{l_x + l_y} + \frac{k_y}{l_x + l_y} = \alpha\kappa_x + (1-\alpha)\kappa_y = \frac{100}{100} = 1, \tag{10.15}$$

em que $\alpha = l_x/(l_x + l_y)$ – ou seja, α é a parcela de mão de obra total voltada para a produção de x. Utilizando a condição que $\kappa_x = 3\kappa_y$, podemos encontrar as relações de insumos dos dois bens em termos de alocação global de mão de obra:

$$\kappa_y = \frac{1}{1+2\alpha}, \quad \kappa_x = \frac{3}{1+2\alpha}. \tag{10.16}$$

Agora, podemos expressar a fronteira de possibilidade de produção em termos de parcela de mão de obra voltada para a produção de x:

$$\begin{aligned} x &= \kappa_x^{0,5} l_x = \kappa_x^{0,5}\alpha(100) = 100\alpha\left(\frac{3}{1+2\alpha}\right)^{0,5}, \\ y &= \kappa_y^{0,25} l_y = \kappa_y^{0,25}(1-\alpha)(100) = 100(1-\alpha)\left(\frac{1}{1+2\alpha}\right)^{0,25}. \end{aligned} \tag{10.17}$$

Poderíamos avançar nesta álgebra ainda mais para eliminar α dessas duas equações para obter uma forma funcional explícita para a fronteira de possibilidades de produção que envolvesse apenas x e y, contudo podemos demonstrar a concavidade com o que já temos. Primeiro, observe que se $\alpha = 0$ (a produção de x não recebe insumos de mão de obra ou de capital), logo, $x = 0$, $y = 100$. Com $\alpha = 1$, temos $x = 100$, $y = 0$. Assim, uma fronteira de possibilidade de produção linear incluiria o ponto (50, 50). Mas se α assumir um valor médio, digamos 0,39 então

$$\begin{aligned} x &= 100\alpha\left(\frac{3}{1+2\alpha}\right)^{0,5} = 39\left(\frac{3}{1,78}\right)^{0,5} = 50,6, \\ y &= 100(1-\alpha)\left(\frac{1}{1+2\alpha}\right)^{0,25} = 61\left(\frac{1}{1,78}\right)^{0,25} = 52,8, \end{aligned} \tag{10.18}$$

o que mostra que a fronteira existente é curvada para fora, além da fronteira linear. Vale a pena repetir que ambos os bens neste exemplo são produzidos sob retornos constantes de escala, e que os dois insumos são totalmente homogêneos. São apenas as diferentes intensidades de insumos envolvidas na produção dos dois bens que produzem a fronteira de possibilidade de produção côncava.

PERGUNTA: Como um aumento na quantidade total de mão de obra disponível alteraria as fronteiras de possibilidades de produção nestes exemplos?

10.2.9 Determinação dos preços de equilíbrio

Dadas essas noções de demanda e oferta em nossa economia simples de dois bens, agora podemos ilustrar como os preços de equilíbrio são determinados. A Figura 10.4 mostra *PP*, a fronteira de possibilidade de produção para a economia, e o conjunto das curvas de indiferença representa as preferências individuais para esses bens. Primeiro, considere a relação de preços p_x/p_y. A essa relação, as empresas escolherão produzir a combinação de produto x_1, y_1. As empresas que maximizam o lucro escolherão o ponto mais lucrativo na *PP*. Em x_1, y_1 a relação dos preços dos dois bens (p_x/p_y) é igual à relação dos custos marginais dos bens (a *RPT*); assim, os lucros são maximizados ali. Por outro lado, dada essa restrição orçamentária (linha *C*),[5] indivíduos irão demandar x'_1, y'_1. Consequentemente, com esses preços, há uma demanda excessiva pelo bem *x* (os indivíduos demandam mais do que está sendo produzido), mas um excesso de oferta do bem *y*. Os funcionamentos do mercado causarão um aumento em p_x e uma diminuição de p_y. A relação de preço p_x/p_y aumentará; a linha de preços assumirá uma inclinação mais acentuada. As empresas responderão a essas mudanças de preços movendo-se no sentido horário ao longo da fronteira de possibilidade de produção; isto é, elas aumentarão sua produção do bem *x* e diminuirão sua produção do bem *y*. Da mesma forma, os indivíduos responderão aos preços em variação, substituindo *x* por *y* em suas escolhas de consumo. Essas reações de empresas e indivíduos servem para eliminar o excesso de demanda por *x* e o excesso de oferta de *y* à medida que os preços de mercado variam.

FIGURA 10.4 Determinação dos preços de equilíbrio

Com uma relação de preço dada por p_x/p_y, as empresas produzirão x_1, y_1; a restrição orçamentária da sociedade será dada pela linha *C*. Com essa restrição orçamentária, os indivíduos demandam x'_1 e y'_1; isto é, há uma demanda excessiva para o bem *x* e um excesso de oferta do bem *y*. Os funcionamentos do mercado moverão esses preços para os níveis de equilíbrio p^*_x, p^*_y. A esses preços, a restrição orçamentária da sociedade será dada pela linha C^*, e a oferta e demanda estarão em equilíbrio. Serão escolhidas as combinações x^*, y^* de bens.

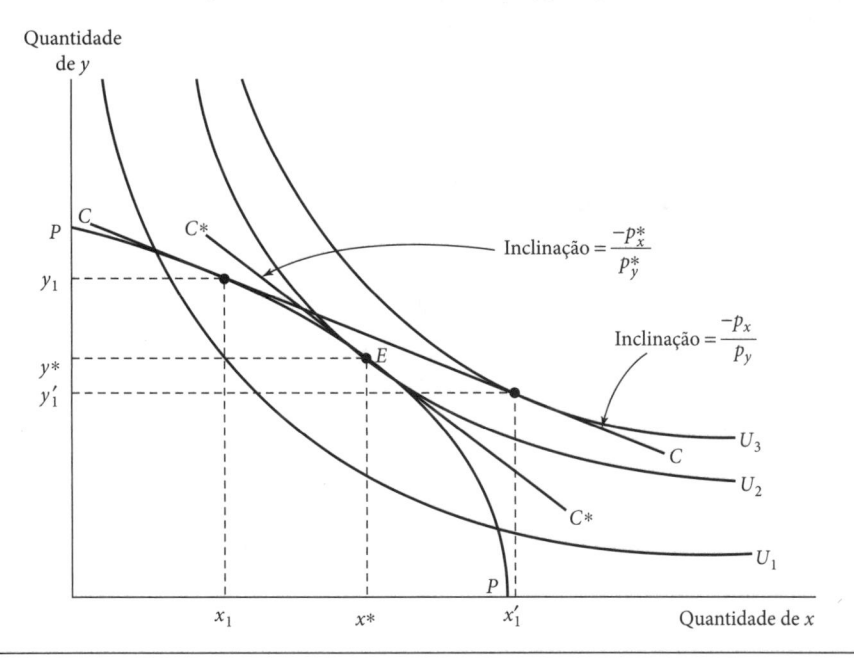

---

[5] É importante reconhecer por que a restrição orçamentária possui essa localização. Como p_x e p_y são dados, o valor da produção total é $p_x \cdot x_1 + p_y \cdot y_1$. Esse é o valor do "PIB" na economia simples retratada na Figura 10.4. Portanto, é também a renda total obtida pelas pessoas na sociedade. A restrição orçamentária da sociedade passa assim através de x_1, y_1 e possui uma inclinação de $-p_x/p_y$. Esta é precisamente a restrição orçamentária rotulada em *C* na figura.

O equilíbrio é alcançado em x^*, y^* com uma relação de preço de p_x^*/p_y^*. Com essa relação de preço,[6] a oferta e demanda são equilibradas tanto para o bem x quanto para o bem y. Dados p_x e p_y, as empresas produzirão x^* e y^* na maximização de seus lucros. Da mesma forma, com uma restrição orçamentária dada por C^*, os indivíduos irão demandar x^* e y^*. A operação do sistema de preços equilibrou os mercados para x e y de forma simultânea. Portanto, essa figura fornece uma visão de "equilíbrio geral" do processo oferta-demanda para dois mercados que trabalham em conjunto. Por essa razão, faremos uso considerável dessa figura em nossa análise subsequente.

10.3 ANÁLISE ESTÁTICA COMPARATIVA

Como em nossa análise de equilíbrio parcial, a relação do preço de equilíbrio p_x^*/p_y^* ilustrada na Figura 10.4 tenderá a persistir até que as preferências ou as tecnologias de produção mudem. Essa relação de preços determinada de forma competitiva reflete essas duas forças econômicas básicas. Se as preferências se deslocassem, digamos, para o bem x, então p_x/p_y aumentaria, e um novo equilíbrio seria estabelecido por um movimento no sentido horário ao longo da fronteira de possibilidade de produção. Mais x e menos y seriam produzidos para atender a essas preferências alteradas. Da mesma forma, o progresso tecnológico na produção do bem x deslocaria a fronteira de possibilidade de produção para fora, conforme ilustrado na Figura 10.5. Isso tenderia a diminuir o preço relativo de x e a aumentar a

FIGURA 10.5 Efeitos do progresso tecnológico na produção de x

Os avanços tecnológicos que reduzem os custos marginais da produção de x deslocarão a fronteira de possibilidade de produção. Normalmente, isso produzirá efeitos renda e substituição que fazem aumentar a quantidade de x produzida (supondo que x seja um bem normal). Os efeitos sobre a produção de y são indeterminados porque os efeitos renda e substituição operam em direções opostas.

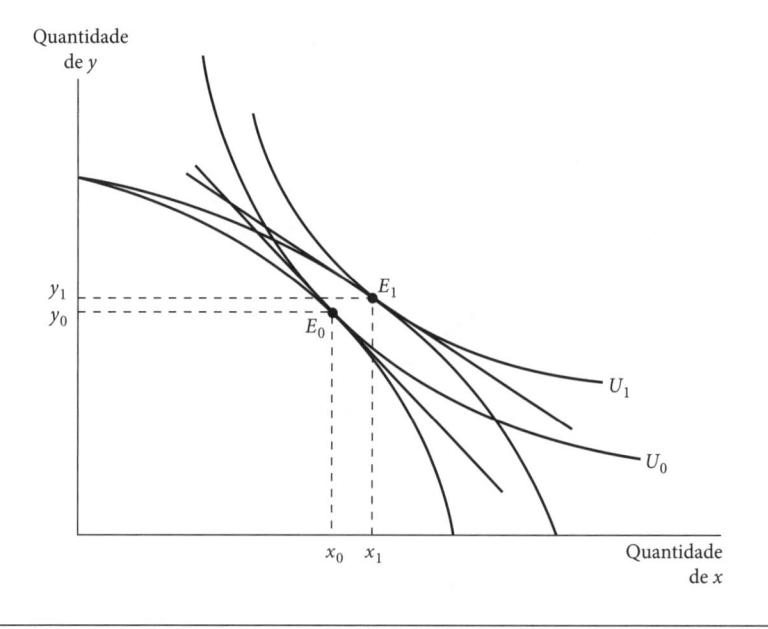

---

[6] Observe novamente que os mercados competitivos determinam apenas os preços relativos de equilíbrio. A determinação do nível de preço absoluto requer a adoção de moeda nesse modelo de escambo.

quantidade de x consumida (supondo que x seja um bem normal). Na figura, a quantidade de y consumida também aumenta como resultado do efeito renda decorrente do avanço tecnológico; no entanto, um traçado um pouco diferente da figura poderia ter revertido esse resultado se o efeito substituição tivesse sido dominante. O Exemplo 10.2 analisa alguns desses efeitos.

EXEMPLO 10.2 Estática comparativa em um modelo de equilíbrio geral

Para explorar como funcionam os modelos de equilíbrio geral, vamos começar com um exemplo simples baseado na fronteira de possibilidade de produção no Exemplo 10.1. Nesse exemplo, supomos que a produção de ambos os bens seja caracterizada por retornos decrescentes $x = l_x^{0,5}$ e $x = l_y^{0,5}$ e também que a mão de obra total disponível seja dada por $l_x + l_y = 100$. A fronteira de possibilidade de produção resultante é dada por $x^2 + y^2 = 100$, e $RPT = x/y$. Para completar este modelo, supomos que a função utilidade do indivíduo típico seja dada por $U(x, y) = x^{0,5}y^{0,5}$, de modo que as funções demanda para os dois bens sejam

$$x = x(p_x, p_y, I) = \frac{0,5I}{p_x},$$
$$y = y(p_x, p_y, I) = \frac{0,5I}{p_y}.$$
(10.19)

Equilíbrio do cenário-base. A maximização de lucros pelas empresas exige que $p_x/p_y = MC_x/MC_y = RPT = x/y$, e a demanda de maximização de utilidade exige que $p_x/p_y = y/x$. Assim, o equilíbrio exige que $x/y = y/x$, ou $x = y$. Inserir esse resultado na equação para a fronteira de possibilidades de produção mostra que

$$x^* = y^* = \sqrt{50} = 7{,}07 \quad \text{e} \quad \frac{p_x}{p_y} = 1.$$
(10.20)

Este é o equilíbrio para o nosso cenário-base com este modelo.

A restrição orçamentária. A restrição orçamentária que os indivíduos enfrentam não é sobretudo transparente nesta ilustração; portanto, pode ser útil discutir isso de forma explícita. Para buscar algum grau de preço absoluto no modelo, consideremos todos os preços em termos de taxa de salário, w. Como a oferta total de trabalho é 100, segue-se que a renda total de trabalho é $100w$. No entanto, em razão dos retornos decrescentes considerados para a produção, cada empresa também ganha lucros. Para a empresa x, digamos, a função custo total é $C(w, x) + wl_x = wx^2$, logo $p_x = MC_x = 2wx = 2w\sqrt{50}$. Portanto, os lucros para a empresa x são $\pi_x = (p_x - Ac_x)x = (p_x - wx)x = wx^2 = 50w$. Um cálculo semelhante mostra que os lucros para a empresa y também são dados por $50w$. Como os modelos de equilíbrio geral devem obedecer à identidade de renda nacional, supomos que os consumidores também sejam acionistas das duas empresas e tratem esses lucros também como parte de suas rendas passíveis de gasto. Assim, a renda total do consumidor é

$$\text{renda total} = \text{renda de trabalho} + \text{lucros}$$
$$= 100w + 2(50w) = 200w.$$
(10.21)

Essa renda permitirá que os consumidores gastem $100w$ em cada bem comprando $\sqrt{50}$ unidades a um preço de $2w\sqrt{50}$, então o modelo é internamente consistente.

Um deslocamento na oferta. Existem apenas duas formas pelas quais este equilíbrio do cenário-base pode ser alterado: (1) por variações na "oferta" – isto é, por mudanças na tecnologia subjacente desta economia, ou (2) por variações na "demanda" – ou seja, por mudanças nas preferências. Consideremos, primeiro, as mudanças na tecnologia. Suponha que haja uma melhoria tecnológica na produção de x de modo que a função de produção seja $x = 2l_x^{0,5}$. Agora, a fronteira de possibilidade de produção é dada por $x^2/4 + y^2 = 100$, e $RPT = x/4y$. Procedendo como antes para encontrar o equilíbrio neste modelo:

$$\frac{p_x}{p_y} = \frac{x}{4y} \text{ (oferta)},$$

$$\frac{p_x}{p_y} = \frac{y}{x} \text{ (demanda)},$$

(10.22)

logo, $x^2 = 4y^2$, e o equilíbrio é

$$x^* = 2\sqrt{50}, \quad y^* = \sqrt{50} \quad \text{e} \quad \frac{p_x}{p_y} = \frac{1}{2}.$$

(10.23)

As melhorias tecnológicas na produção de x fizeram com que seu preço relativo diminuísse e o consumo desse bem aumentasse. Como em muitos exemplos com a utilidade Cobb-Douglas, os efeitos renda e substituição dessa redução de preços na demanda de y são compensados exatamente. No entanto, as melhorias tecnológicas deixam os consumidores em melhor situação. Considerando que a utilidade era previamente dada por $U(x, y) = x^{0,5}y^{0,5} = \sqrt{50} = 7,07$, agora ela aumentou para $U(x, y) = x^{0,5}y^{0,5} = (2\sqrt{50})^{0,5}(\sqrt{50})^{0,5} = \sqrt{2} \cdot \sqrt{50} = 10$. A mudança tecnológica aumentou substancialmente o bem-estar dos consumidores.

Deslocamento na demanda. Se as preferências dos consumidores se alterassem para preferir o bem y conforme $U(x, y) = x^{0,1}y^{0,9}$, logo, as funções demanda seriam dadas por $x = 0,1I/p_x$ e $y = 0,9I/p_y$, e o equilíbrio da demanda exigiria $p_x/p_y = y/9x$. Retornando à fronteira de possibilidade de produção original para chegar a um equilíbrio geral, temos

$$\frac{p_x}{p_y} = \frac{x}{y} \text{ (oferta)},$$

$$\frac{p_x}{p_y} = \frac{y}{9x} \text{ (demanda)},$$

(10.24)

logo, $9x^2 = y^2$, e o equilíbrio é dado por

$$x^* = \sqrt{10}, \quad y^* = 3\sqrt{10} \quad \text{e} \quad \frac{p_x}{p_y} = \frac{1}{3}.$$

(10.25)

Então, a diminuição na demanda por x levou a uma redução significativa em seu preço relativo. Observe que neste caso, no entanto, não podemos fazer uma comparação de bem-estar com os casos anteriores porque a função utilidade variou.

PERGUNTA: Quais são as restrições orçamentárias nesses dois cenários alternativos? Como a renda é distribuída entre salários e lucros em cada caso? Explique as diferenças de forma intuitiva.

10.4 MODELAGEM DE EQUILÍBRIO GERAL E PREÇOS DE FATORES

Este modelo simples de equilíbrio geral reforça as observações de Marshall sobre a importância das forças de oferta e demanda no processo de determinação de preços. Ao fornecer uma ligação explícita entre os mercados para todos os bens, o modelo de equilíbrio geral possibilita analisar questões mais complexas sobre as relações de mercado do que é possível observando apenas um mercado por vez. A modelagem de equilíbrio geral também permite uma análise das ligações entre mercados de bens e fatores; podemos ilustrar isso com um importante caso histórico.

10.4.1 O debate sobre as leis dos cereais (Corn Laws)

Após as guerras napoleônicas, foram impostas tarifas elevadas sobre importações de cereais pelo governo britânico. O debate sobre os efeitos dessas Leis dos Cereais (Corn Laws) dominou os esforços analíticos dos economistas entre os anos de 1829 e 1845. Um foco principal da polêmica dizia respeito ao efeito que a eliminação das tarifas teria sobre os preços de fatores – uma questão que, hoje, continua a ter relevância, conforme veremos.

A fronteira de possibilidade de produção na Figura 10.6 mostra aquelas combinações de cereais (x) e bens manufaturados (y) que poderiam ser produzidos por fatores de produção britânicos. Supondo que (relativamente contrário à realidade) as Leis dos Cereais impedissem completamente o comércio, o equilíbrio de mercado seria em E com a relação de preços internos dada por p_x^*/p_y^*. A eliminação das tarifas reduziria essa relação de preço para p_x'/p_y'. Dada essa nova relação, a Grã-Bretanha produziria a

FIGURA 10.6 Análise do debate sobre as Leis dos Cereais (Corn Laws)

A redução das barreiras tarifárias nos cereais faria com que a produção fosse realocada do ponto E ao ponto A; o consumo seria realocado de E para B. Se a produção de cereais for relativamente intensiva em capital, o preço relativo do capital diminuirá como resultado dessas realocações.

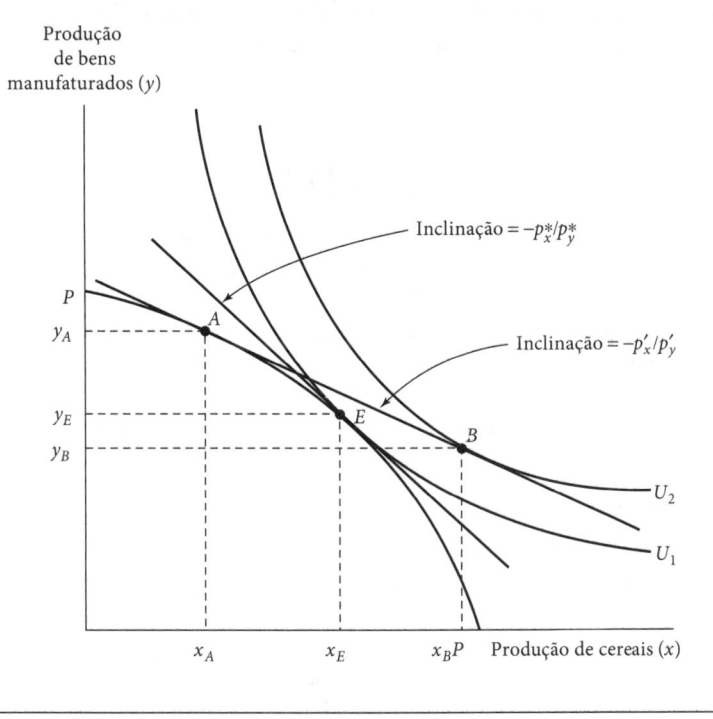

combinação A e consumiria a combinação B. As importações de cereais equivaleriam a $x_B - x_A$, e estes seriam financiados pela exportação de bens manufaturados igual a $y_A - y_B$. A utilidade global para um típico consumidor britânico seria aumentada pela abertura do comércio. Portanto, o uso do diagrama de possibilidades de produção demonstra as implicações que o afrouxamento das tarifas teria para a produção de ambos os bens.

10.4.2 Comércio e preços de fatores

Também podemos analisar o efeito das reduções tarifárias sobre os preços de fator os utilizando nossa discussão anterior da Figura 10.2. O movimento do ponto E ao ponto A, na Figura 10.6, é semelhante a um movimento de P_3 a P_1 na Figura 10.2, onde a produção de x é diminuída e a produção de y, aumentada.

Esta figura também registra a realocação de capital e a de mão de obra que se fazem necessárias para tal mudança. Se supormos que a produção de cereais seja relativamente intensiva em capital, então o movimento de P_3 a P_1 leva ao aumento da razão de k para l em ambas as indústrias.[7] Por sua vez, isso reduzirá o preço relativo de capital (e o preço relativo do trabalho aumentará). Logo, concluímos que a revogação das Leis dos Cereais (Corn Laws) seria prejudicial aos proprietários de capital (p. ex., proprietários das terras) e útil para os trabalhadores. Não é surpreendente que os proprietários das terras tenham lutado contra a revogação das leis.

10.4.3 Apoio político às políticas comerciais

A possibilidade de que as políticas comerciais possam afetar as rendas relativas de vários fatores de produção continua a exercer uma grande influência acerca dos debates políticos sobre tais políticas. Nos Estados Unidos, por exemplo, as exportações tendem a ser intensivas no uso de mão de obra qualificada, enquanto as importações tendem a ser intensivas em insumos de mão de obra não qualificada. Por analogia à nossa discussão sobre as Leis dos Cereais (Corn Laws), pode-se esperar, desta forma, que movimentos adicionais em direção às políticas de livre comércio resultem em um aumento dos salários para trabalhadores qualificados e na redução dos salários relativos para trabalhadores não qualificados. Portanto, não é inesperado que os sindicatos representantes dos trabalhadores qualificados (torneiros mecânicos ou profissionais da aviação) tendam a favorecer o livre comércio, enquanto os sindicatos dos trabalhadores não qualificados (profissionais do setor têxtil, calçadista ou setores relacionados) tendam a se opor.[8]

10.5 MODELO MATEMÁTICO DE TROCA

Embora o modelo gráfico anterior de equilíbrio geral com dois bens seja bastante didático, ele não pode refletir todas as características da modelagem de equilíbrio geral com um número arbitrário de bens e insumos produtivos. No restante deste capítulo, ilustraremos como um modelo mais generalizado pode ser construído e analisaremos algumas das perspectivas que esse modelo pode fornecer. Para a maioria de nossa apresentação, examinaremos apenas um modelo de troca – quantidades de vários bens que já existem e são meramente negociadas entre os indivíduos. Em tal modelo não há produção. Mais adiante, no capítulo, examinaremos brevemente como a produção pode ser incorporada no modelo geral que construímos.

10.5.1 Notação vetorial

A modelagem de equilíbrio mais generalizada é efetuada utilizando a notação vetorial. Isso proporciona grande flexibilidade ao especificar um número arbitrário de bens ou indivíduos nos modelos.

---

[7] No debate das Leis dos Cereais (Corn Laws), a atenção estava centralizada nos fatores de terra e mão de obra.
[8] A descoberta de que a abertura do comércio aumentará o preço relativo do fator abundante é denominada teorema de Stolper--Samuelson, após os economistas que o provaram com rigor na década de 1950.

Consequentemente, esse parece ser um bom lugar para oferecer uma breve introdução acerca dessa notação. Um *vetor* é simplesmente um arranjo ordenado de variáveis (que cada uma pode assumir valores específicos). Geralmente adotaremos, aqui, a convenção de que os vetores que usamos são vetores coluna. Logo, escrevemos um vetor coluna $n \times 1$ como

$$\mathbf{x} = \begin{bmatrix} x_1 \\ x_2 \\ \vdots \\ x_n \end{bmatrix}, \qquad (10.26)$$

em que cada x_i é uma variável que pode assumir qualquer valor. Se $\mathbf{x}$ e $\mathbf{y}$ são dois vetores coluna $n \times 1$, logo, a soma (vetor) deles é definida como

$$\mathbf{x} + \mathbf{y} = \begin{bmatrix} x_1 \\ x_2 \\ \vdots \\ x_n \end{bmatrix} + \begin{bmatrix} y_1 \\ y_2 \\ \vdots \\ y_n \end{bmatrix} = \begin{bmatrix} x_1 + y_1 \\ x_2 + y_2 \\ \vdots \\ x_n + y_n \end{bmatrix}. \qquad (10.27)$$

Observe que esta soma somente é definida se os dois vetores tiverem o mesmo comprimento. Na verdade, verificar o comprimento dos vetores é uma boa maneira de descobrir se alguém escreveu uma equação vetorial que tenha significado.

O produto (ponto) de dois vetores é definido como a soma do produto componente por componente dos elementos nos dois vetores. Ou seja

$$\mathbf{xy} = x_1 y_1 + x_2 y_2 + \cdots + x_n y_n. \qquad (10.28)$$

Observe novamente que esta operação somente é definida se os vetores tiverem o mesmo comprimento. Com esses poucos conceitos, estamos agora prontos para ilustrar o modelo de equilíbrio geral de troca.

10.5.2 Utilidade, dotações iniciais e restrições orçamentárias

Em nosso modelo de troca, suponha que há n bens e m indivíduos. Cada indivíduo ganha utilidade a partir do vetor de bens que ele consome $u^i(\mathbf{x}^i)$, em que $i = 1... m$. Os indivíduos também possuem dotações iniciais dos bens dados por $\overline{\mathbf{x}}^i$. Os indivíduos são livres para trocar suas dotações iniciais com outros indivíduos ou para manter alguma ou todas as dotações para eles mesmos. Em suas trocas, supomos que os indivíduos sejam tomadores de preços – ou seja, eles encontram um vetor preço (**p**) que especifica o preço de mercado para cada um dos n bens. Cada indivíduo procura maximizar a utilidade, e está limitado por uma restrição orçamentária que exige que o valor total gasto no consumo seja igual ao valor total de sua dotação:

$$\mathbf{p}\mathbf{x}^i = \mathbf{p}\overline{\mathbf{x}}^i. \qquad (10.29)$$

Embora essa restrição orçamentária possua uma forma simples, vale a pena refletir sobre ela por um minuto. O lado direito da Equação 10.29 é o valor de mercado da dotação deste indivíduo (algumas vezes denominada sua *renda total*). Ele poderia "pagar" para consumir essa dotação (e apenas essa dotação) se ele desejasse ser autossuficiente. Contudo, a dotação também pode ser utilizada em alguma outra cesta de consumo (o que, presumivelmente, proporciona mais utilidade). Como consumir itens da própria dotação tem um custo de oportunidade, os termos à esquerda da Equação 10.29 consideram os custos de todos os itens que entram na cesta final de consumo, incluindo os bens da dotação que são conservados.

10.5.3 Funções de demanda e homogeneidade

O problema de maximização da utilidade descrito na seção anterior é idêntico ao que estudamos em detalhes na Parte 2 deste livro. Como mostramos no Capítulo 4, um resultado deste processo é um conjunto de n funções de demanda individual (uma para cada bem) em que as quantidades demandadas dependem de todos os preços e rendas. Aqui podemos denotá-las em forma vetorial como $\mathbf{x}^i(\mathbf{p}, \mathbf{p}\bar{\mathbf{x}}^i)$. Essas funções demanda são contínuas e, como mostramos no Capítulo 4, elas são homogêneas de grau 0 em todos os preços e rendas. Esta última propriedade pode ser indicada na notação vetorial por

$$\mathbf{x}^i(t\mathbf{p}, t\mathbf{p}\bar{\mathbf{x}}^i) = \mathbf{x}^i(\mathbf{p}, \mathbf{p}\bar{\mathbf{x}}^i) \tag{10.30}$$

para qualquer $t > 0$. Essa propriedade será útil porque nos permitirá adotar um esquema de normalização conveniente para os preços, o que, por não alterar os preços relativos, deixa as quantidades demandadas inalteradas.

10.5.4 Equilíbrio e Lei de Walras

O equilíbrio neste modelo de troca simples exige que as quantidades totais de cada bem demandado sejam iguais à dotação total disponível de cada bem (lembre-se, não há produção neste modelo). Como o modelo utilizado é semelhante ao originalmente desenvolvido por Leon Walras,[9] este conceito de equilíbrio é normalmente atribuído a ele.

> **DEFINIÇÃO**
>
> **Equilíbrio walrasiano.** *O equilíbrio walrasiano* é uma alocação de recursos e um vetor preço associado, $\mathbf{p}^*$, de modo que
>
> $$\sum_{i=1}^{m} \mathbf{x}^i(\mathbf{p}^*, \mathbf{p}^*\bar{\mathbf{x}}^i) = \sum_{i=1}^{m} \bar{\mathbf{x}}^i, \tag{10.31}$$
>
> em que a soma é obtida sobre m indivíduos nesta economia de troca.

As n equações na Equação 10.31 afirmam que, em equilíbrio, a demanda iguala-se à oferta em cada mercado. Este é o análogo de multimercados dos equilíbrios de mercado único analisados no capítulo anterior. Como existem n preços a serem determinados, uma contagem simples de equações e incógnitas pode indicar que a existência de tal conjunto de preços é garantida pelos procedimentos de solução de equações simultâneas estudados em álgebra elementar. Tal suposição seria incorreta por dois motivos. Primeiro, o teorema algébrico sobre os sistemas de equações simultâneas aplica-se apenas às equações lineares. Nada sugere que as equações de demanda neste problema serão lineares – na verdade, a maioria dos exemplos de equações de demanda que encontramos na Parte 2 eram definitivamente não lineares.

Um segundo problema com a Equação 10.31 é que as equações não são independentes umas das outras – elas são relacionadas pelo que é conhecido como *Lei de Walras*. Como cada indivíduo nesta economia de troca está limitado por uma restrição orçamentária da forma dada na Equação 10.29, podemos somar para todos os indivíduos para obter

$$\sum_{i=1}^{m} \mathbf{p}\mathbf{x}^i = \sum_{i=1}^{m} \mathbf{p}\bar{\mathbf{x}}^i \quad \text{ou} \quad \sum_{i=1}^{m} \mathbf{p}(\mathbf{x}^i - \bar{\mathbf{x}}^i) = 0. \tag{10.32}$$

---

[9] O conceito é designado pelo economista francês/suíço do século XIX, Leon Walras, que foi o pioneiro no desenvolvimento de modelos de equilíbrio geral. Os modelos do tipo discutido neste capítulo são frequentemente denominados *modelos de equilíbrio walrasiano*, principalmente por causa das hipóteses de tomador de preços inerente a eles.

Em palavras, a Lei de Walras afirma que o valor de todas as quantidades demandadas deve ser igual ao valor de todas as dotações. Este resultado é mantido para qualquer conjunto de preços, não apenas para preços de equilíbrio.[10] A lição básica é que a lógica das restrições orçamentárias individuais cria necessariamente uma relação entre os preços em qualquer economia. É essa ligação que ajuda a garantir que exista um equilíbrio demanda-oferta, como mostramos agora.

10.5.5 Existência de equilíbrio no modelo de troca

A questão de saber se todos os mercados podem atingir o equilíbrio juntos fascinou os economistas por praticamente 200 anos. Embora a evidência intuitiva do mundo real sugira que isso deva ser realmente possível (os preços de mercado não tendem a flutuar radicalmente de um dia para o outro), provar o resultado matematicamente revelou ser bastante difícil. O próprio Walras pensou que ele tinha uma boa prova que dependia da evidência do mercado para ajustar os preços ao equilíbrio. O preço aumentaria para qualquer bem para o qual a demanda excedesse a oferta e diminuiria quando a oferta excedesse a demanda. Walras acreditava que, se esse processo continuasse por tempo suficiente, um conjunto completo de preços de equilíbrio seria definitivamente encontrado. Infelizmente, a matemática pura da solução de Walras foi difícil de indicar e, finalmente, não havia garantia de que uma solução fosse encontrada. No entanto, a ideia de Walras de ajustar os preços ao equilíbrio utilizando as forças do mercado forneceu um ponto de partida para as provas modernas, que foram amplamente desenvolvidas durante a década de 1950.

Um aspecto fundamental das provas modernas da existência de preços de equilíbrio é a escolha de uma boa regra de normalização. A homogeneidade das funções demanda permite usar qualquer escala absoluta para os preços, desde que os preços relativos não sejam afetados por essa escolha. Uma escala especialmente conveniente é normalizar os preços para que eles somem um. Considere um conjunto arbitrário de n preços não negativos $p_1, p_2 \ldots p_n$. Podemos normalizá-los[11] para formar um novo conjunto de preços

$$p'_i = \frac{p_i}{\sum_{k=1}^{n} p_k}. \qquad (10.33)$$

Esses novos preços terão as propriedades que $\sum_{k=1}^{n} p'_k = 1$ e as razões de preços relativos são mantidas:

$$\frac{p'_i}{p'_j} = \frac{p_i / \sum p_k}{p_j / \sum p_k} = \frac{p_i}{p_j}. \qquad (10.34)$$

Como esse tipo de processo matemático pode sempre ser feito, supomos, sem perda de generalidade, que os vetores de preços que usamos (**p**) foram todos normalizados dessa maneira.

Portanto, provar a existência de preços de equilíbrio em nosso modelo de troca equivale a mostrar que sempre existirá um vetor de preço **p*** que atinja o equilíbrio em todos os mercados. Ou seja,

$$\sum_{i=1}^{m} \mathbf{x}^i(\mathbf{p}^*, \mathbf{p}^* \overline{\mathbf{x}}^i) = \sum_{i=1}^{m} \overline{\mathbf{x}}^i \quad \text{ou} \quad \sum_{i=1}^{m} \mathbf{x}^i(\mathbf{p}^*, \mathbf{p}^* \overline{\mathbf{x}}^i) - \sum_{i=1}^{m} \overline{\mathbf{x}}^i = 0 \quad \text{ou} \quad \mathbf{z}(\mathbf{p}^*) = 0, \qquad (10.35)$$

em que usamos **z**(**p**) como uma forma abreviada de registrar os "excessos de demanda" de bens para um determinado conjunto de preços. Em equilíbrio, o excesso de demanda é zero em todos os mercados.[12]

---

[10] A Lei de Walras mantém-se trivialmente para preços de equilíbrio como a multiplicação da Equação 10.31 por **p** mostra.
[11] Isso só é possível se, pelo menos, um dos preços for diferente de zero. Ao longo de nossa discussão, iremos supor que nem todos os preços de equilíbrio podem ser zero.
[12] Os bens que estão em excesso de oferta no equilíbrio terão um preço zero. Não nos preocuparemos com tais "bens gratuitos" aqui.

Agora, considere a seguinte forma de implementar a ideia de Walras de que os bens com excesso de demanda deveriam ter seus preços aumentados, enquanto aqueles com excesso de oferta deveriam ter seus preços reduzidos.[13] A partir de qualquer conjunto arbitrário de preços, $\mathbf{p}_0$, definimos um novo conjunto, $\mathbf{p}_1$, como

$$\mathbf{p}_1 = f(\mathbf{p}_0) = \mathbf{p}_0 + k\mathbf{z}(\mathbf{p}_0), \tag{10.36}$$

em que k é uma pequena constante positiva. Essa função será contínua (porque as funções demanda são contínuas), e ela mapeará um conjunto de preços normalizados em outro (em função da nossa hipótese de que todos os preços são normalizados). Por isso, ela atenderá às condições do teorema do ponto fixo de Brouwer, que afirma que qualquer função contínua de um conjunto compacto fechado em si mesmo (no caso presente, da "simples unitário" em si mesmo) terá um "ponto fixo" tal que $\mathbf{x} = f(\mathbf{x})$. O teorema é ilustrado para uma única dimensão na Figura 10.7. Lá, não importa a forma que a função $f(x)$ assuma, enquanto for contínua, deve cruzar, em algum lugar, a linha de 45° e nesse ponto $x = f(x)$.

Se supuser que $\mathbf{p}^*$ represente o ponto fixo identificado pelo teorema de Brouwer para a Equação 10.36, temos

$$\mathbf{p}^* = f(\mathbf{p}^*) = \mathbf{p}^* + k\mathbf{z}(\mathbf{p}^*). \tag{10.37}$$

Logo, neste ponto $\mathbf{z}(\mathbf{p}^*) = \mathbf{0}$; portanto, $\mathbf{p}^*$ é um vetor preço de equilíbrio. A prova procurada por Walras é facilmente executada utilizando um importante resultado matemático desenvolvido alguns anos após sua morte. A elegância da prova pode obscurecer o fato de que ela usa uma série de hipóteses sobre o comportamento econômico, como (1) tomador de preços por todas as partes; (2) homogeneidade das funções demanda; (3) continuidade das funções demanda; e (4) presença de restrições orçamentárias e da Lei de Walras. Todos estas desempenham papéis importantes ao mostrar que um sistema de mercados simples pode realmente atingir um equilíbrio de multimercado.

10.5.6 Primeiro teorema da economia do bem-estar

Dado que as forças da oferta e demanda podem estabelecer preços de equilíbrio no modelo de equilíbrio geral de troca que desenvolvemos, é natural perguntar quais são as consequências de bem-estar dessa descoberta. Adam Smith[14] levantou a hipótese de que as forças do mercado fornecem uma "mão invisível" que leva cada participante do mercado a "promover um efeito [de bem-estar social] que não fazia parte de seu propósito". A economia moderna do bem-estar procura entender até que ponto Smith estava correto.

Talvez o resultado de bem-estar mais importante que possa ser derivado do modelo de troca é que o equilíbrio walrasiano resultante é "eficiente" no sentido de que não é possível conceber uma alocação alternativa de recursos em que pelo menos algumas pessoas estejam melhor e ninguém esteja pior. Esta definição de eficiência foi originalmente desenvolvida pelo economista italiano Vilfredo Pareto, no início dos anos de 1900. Compreender a definição é mais fácil se considerarmos o que pode ser uma alocação "ineficiente". As quantidades totais de bens incluídos nas dotações iniciais seriam alocadas de forma ineficiente se fosse possível, ao distribuir bens entre os indivíduos, tornar, pelo menos, uma pessoa em melhor situação (isto é, receber uma utilidade maior) e ninguém em pior situação. Nitidamente, se as preferências individuais devessem ser consideradas, tal situação seria indesejável. Logo, temos uma definição formal.

---

[13] O que se segue é uma versão extremamente simplificada da prova da existência de preços de equilíbrio. Em particular, os problemas de bens gratuitos e as normalizações adequadas foram amplamente deixados de lado. Para uma prova matematicamente correta, consulte, por exemplo, G. Debreu, *Theory of Value* (New York: John Wiley & Sons, 1959).
[14] Adam Smith, *The Wealth of Nations* (New York: Modern Library, 1937), p. 423.

FIGURA 10.7 Ilustração gráfica do teorema do ponto fixo de Brouwer

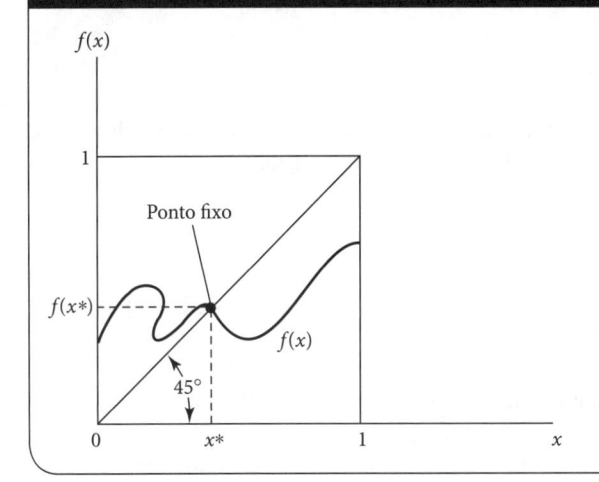

Como qualquer função contínua deve cruzar, em algum lugar, a linha de 45° no quadrado unitário, essa função deve ter um ponto para o qual $f(x^*) = x^*$. Esse ponto é denominado *ponto fixo*.

DEFINIÇÃO

Alocação eficiente de Pareto. Uma alocação dos bens disponíveis em uma economia de troca é eficiente se não for possível elaborar uma alocação alternativa em que, pelo menos, uma pessoa esteja melhor e ninguém pior.

Uma prova de que todos os equilíbrios walrasianos são Pareto eficientes prossegue indiretamente. Suponha que $\mathbf{p}^*$ gere um equilíbrio walrasiano em que a quantidade de bens consumidos por cada pessoa é denotada por $^*\mathbf{x}^k$ ($k = 1\ldots m$). Agora, suponha que haja alguma alocação alternativa dos bens disponíveis $'\mathbf{x}^k$ ($k = 1\ldots m$) de tal forma que, para, pelo menos, uma pessoa, digamos, pessoa i, seja o caso de que $'\mathbf{x}^i$ seja preferido a $^*\mathbf{x}^i$. Para essa pessoa, deve ser o caso de que

$$\mathbf{p}^{*\prime}\mathbf{x}^i > \mathbf{p}^{**}\mathbf{x}^i, \tag{10.38}$$

porque, de outra forma, essa pessoa teria adquirido a cesta preferida em primeiro lugar. Se todos os outros indivíduos estiverem igualmente bem sob esta nova alocação proposta, então deve ser o caso para eles que

$$\mathbf{p}^{*\prime}\mathbf{x}^k = \mathbf{p}^{**}\mathbf{x}^k \quad k = 1\ldots m, \quad k \neq i. \tag{10.39}$$

Se a nova cesta fosse menos custosa, tais indivíduos não poderiam estar minimizando as despesas em $\mathbf{p}^*$. Por fim, para ser viável, a nova alocação deve obedecer às restrições quantitativas

$$\sum_{i=1}^{m} {'\mathbf{x}^i} = \sum_{i=1}^{m} \overline{\mathbf{x}}^i. \tag{10.40}$$

Multiplicando-se a Equação 10.40 por $\mathbf{p}^*$ produz

$$\sum_{i=1}^{m} \mathbf{p}^{*\prime}\mathbf{x}^i = \sum_{i=1}^{m} \mathbf{p}^*\overline{\mathbf{x}}^i, \tag{10.41}$$

contudo, as Equações 10.38 e 10.39, em conjunto com a Lei de Walras aplicada ao equilíbrio original, implicam que

$$\sum_{i=1}^{m} \mathbf{p}^{*\prime} \mathbf{x}^{i} > \sum_{i=1}^{m} \mathbf{p}^{**} \mathbf{x}^{i} = \sum_{i=1}^{m} \mathbf{p}^{*} \overline{\mathbf{x}}^{i}. \tag{10.42}$$

Então, temos uma contradição e devemos concluir que nenhuma alocação alternativa desse tipo pode existir. Portanto, podemos resumir nossa análise com a seguinte definição.

DEFINIÇÃO

Primeiro teorema da economia do bem-estar. Todo equilíbrio walrasiano é Pareto eficiente.

O significado deste "teorema" não deve ser sobrestimado. O teorema não afirma que todo equilíbrio walrasiano é, em certo sentido, socialmente desejável. Os equilíbrios walrasianos podem, por exemplo, apresentar grandes desigualdades entre os indivíduos que surgem, em parte, das desigualdades em suas dotações iniciais (consulte a discussão na próxima seção). O teorema também pressupõe o comportamento de tomador de preços, e informações completas sobre os preços – pressupostos que não precisam ser mantidos em outros modelos. Por fim, o teorema não considera os possíveis efeitos do consumo de um indivíduo em outro. Na presença de tais externalidades, mesmo um sistema de preço perfeitamente competitivo pode não produzir resultados ótimos de Pareto.

Ainda assim, o teorema mostra que a conjectura da "mão invisível" de Smith tem alguma validade. Os mercados simples neste cenário de troca podem encontrar preços de equilíbrio e, a esses preços de equilíbrio, a alocação resultante de recursos será eficiente no sentido de Pareto. Desenvolver essa prova é uma das principais conquistas da economia do bem-estar.

10.5.7 Ilustração gráfica do primeiro teorema

Na Figura 10.8, utilizamos novamente o diagrama de caixa de Edgeworth, desta vez para ilustrar uma economia de troca. Nesta economia, existem apenas dois bens (x e y) e dois indivíduos (A e B). As dimensões totais da caixa de Edgeworth são determinadas pelas quantidades totais dos dois bens disponíveis ($\overline{x}$ e $\overline{y}$). Os bens alocados para o indivíduo A são registrados utilizando 0_A como uma origem. O indivíduo B obtém aquelas quantidades dos dois bens que estão "sobrando" e podem ser medidas utilizando 0_B como uma origem. O mapa da curva de indiferença do indivíduo A é traçado de forma habitual, enquanto o mapa do indivíduo B é traçado a partir da perspectiva de 0_B. O ponto E na caixa de Edgeworth representa as dotações iniciais desses dois indivíduos. O indivíduo A começa com $\overline{x}^A$ e $\overline{y}^A$. O indivíduo B começa com $\overline{x}^B = \overline{x} - \overline{x}^A$ e $\overline{y}^B = \overline{y} - \overline{y}^A$.

As dotações iniciais fornecem um nível de utilidade de U_A^2 para a pessoa A e U_B^2 para a pessoa B. Esses níveis são claramente ineficientes no sentido de Pareto. Por exemplo, poderíamos, ao realocar os bens disponíveis,[15] aumentar a utilidade da pessoa B para U_B^3 enquanto mantém a utilidade da pessoa A constante em U_A^2 (ponto B). Ou podemos aumentar a utilidade da pessoa A para U_A^3 enquanto mantém a pessoa B na curva U_B^2 de indiferença (ponto A). No entanto, as alocações A e B são Pareto eficientes, porque nessas alocações não é possível deixar uma pessoa em melhor situação sem piorar a situação da outra. Existem muitas outras alocações eficientes no diagrama de caixa de Edgeworth. Estes são identificados pelas tangências das curvas de indiferença dos dois indivíduos. O conjunto de todos esses pontos eficientes é mostrado pela junção da linha O_A a O_B. Às vezes, essa linha é denominada "curva de contrato" porque ela representa todos os contratos Pareto eficientes que podem ser alcançados por esses dois indivíduos. No entanto, observe que (supondo que nenhum indivíduo opte voluntariamente

---

[15] Em princípio, esse ponto poderia ser encontrado resolvendo o seguinte problema de otimização condicionada: Maximizar $U_B(x_B, y_B)$ sujeito à restrição $U_A(x_A, y_A) = U_A^2$. Consulte o Exemplo 10.3.

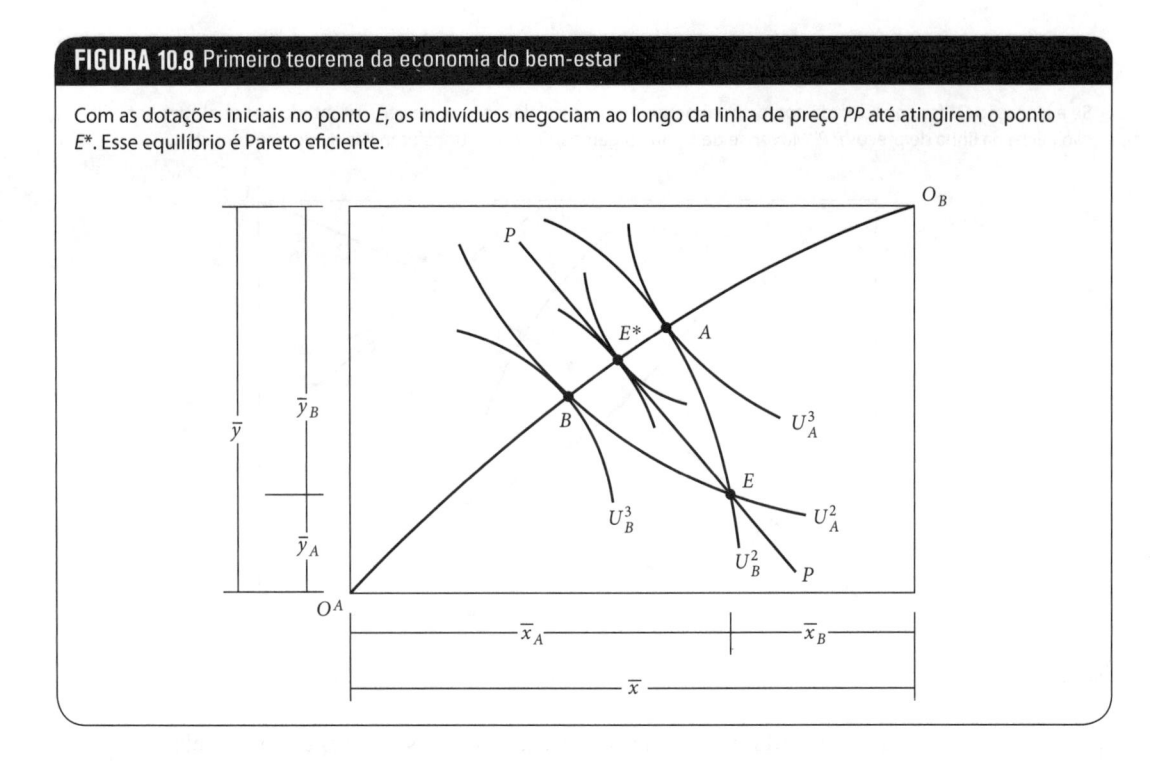

FIGURA 10.8 Primeiro teorema da economia do bem-estar

Com as dotações iniciais no ponto E, os indivíduos negociam ao longo da linha de preço PP até atingirem o ponto E*. Esse equilíbrio é Pareto eficiente.

por um contrato que pudesse torná-lo pior) apenas contratos entre os pontos B e A são possíveis com dotações iniciais dadas pelo ponto E.

A linha PP na Figura 10.8 mostra a relação de preço competitivamente estabelecida que é garantida pela nossa prova de existência anterior. A linha passa pelas dotações iniciais (E) e mostra os termos em que esses dois indivíduos podem negociar a partir dessas posições iniciais. Observe que essa negociação é benéfica para ambas as partes – ou seja, ela permite que cada uma delas obtenha um nível de utilidade mais elevado do que o fornecido pelas suas dotações iniciais. Tal negociação continuará até que todas essas trocas benéficas mútuas tenham sido concluídas. Isso ocorrerá na alocação E^* na curva de contrato. Como as curvas de indiferença individuais são tangentes neste ponto, nenhuma negociação adicional produziria ganhos para ambas as partes. Portanto, a alocação competitiva E^* atende ao critério de Pareto para eficiência, como mostramos anteriormente de forma matemática.

10.5.8 Segundo teorema da economia do bem-estar

O primeiro teorema da economia do bem-estar mostra que um equilíbrio walrasiano é Pareto eficiente, no entanto as consequências de bem-estar social desse resultado são limitadas em razão do papel desempenhado pelas dotações iniciais na demonstração. A localização do equilíbrio walrasiano em E^*, na Figura 10.8, foi significativamente influenciada pela designação de E como o ponto de partida para a negociação. Os pontos na curva de contrato fora do alcance de AB não são viáveis por meio de transações voluntárias, mesmo que estes possam, na verdade, ser mais socialmente desejáveis do que E^* (talvez porque as utilidades sejam mais iguais). O segundo teorema da economia do bem-estar aborda essa questão. Ele afirma que para qualquer alocação de recursos Pareto ótima existe um conjunto de dotações iniciais e um vetor preço relacionado, de modo que essa alocação também seja um equilíbrio walrasiano. Expresso de outra forma, qualquer alocação de recursos ótima de Pareto também pode ser um equilíbrio walrasiano, desde que as dotações iniciais sejam adequadamente ajustadas.

Uma prova gráfica do segundo teorema deve bastar. A Figura 10.9 repete os principais aspectos das imagens da economia de troca na Figura 10.8. Dadas as dotações iniciais no ponto E, todo equilíbrio walrasiano voluntário deve situar-se entre os pontos A e B na curva de contrato. Suponha, no entanto,

FIGURA 10.9 Segundo teorema da economia do bem-estar

Se a alocação Q^* for considerada como socialmente ótima, essa alocação pode ser sustentada por qualquer dotação inicial na linha de preços $P'P'$. Mover-se de E para, digamos, $\overline{Q}$ exigiria transferências de dotações iniciais.

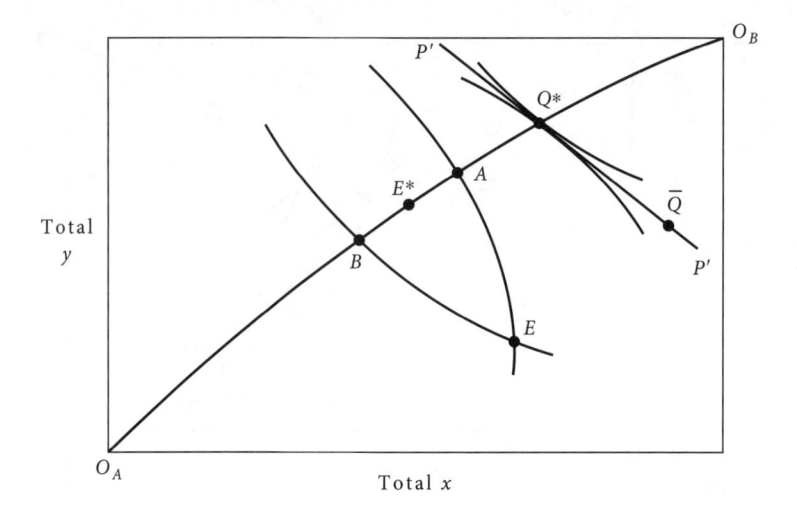

que essas alocações tivessem sido consideradas indesejáveis – possivelmente porque elas envolvessem muita desigualdade de utilidade. Suponha que a alocação ótima de Pareto Q^* seja considerada socialmente preferível, porém ela não seja viável a partir das dotações iniciais no ponto E. O segundo teorema afirma que se pode traçar uma linha de preços através de Q^*, que é tangente às respectivas curvas de indiferença individuais. Essa linha é denotada por $P'P'$, na Figura 10.9. Como a inclinação desta linha mostra as possíveis negociações que esses indivíduos estão determinados a fazer, qualquer ponto na linha pode servir como uma dotação inicial a partir da qual as negociações levam a Q^*. Um desses pontos é denotado por $\overline{Q}$. Se um governo benevolente quisesse garantir que Q^* emergisse como um equilíbrio walrasiano, teria que transferir as dotações iniciais dos bens de E para $\overline{Q}$ (melhorando a situação da pessoa A e piorando a da pessoa B no processo).

EXEMPLO 10.3 Economia de troca para duas pessoas

Para ilustrar esses vários princípios, considere uma economia simples de troca de duas pessoas e dois bens. Suponha que as quantidades totais dos bens sejam fixadas em $\overline{x} = \overline{y} = 1.000$. A utilidade da pessoa A assume a forma Cobb-Douglas:

$$U_A(x_A, y_A) = x_A^{2/3} y_A^{1/3}, \tag{10.43}$$

e as preferências da pessoa B são dadas por

$$U_B(x_B, y_B) = x_B^{1/3} y_B^{2/3}. \tag{10.44}$$

Observe que a pessoa A possui uma preferência relativa pelo bem x, e a pessoa B possui uma preferência relativa pelo bem y. Portanto, você pode supor que as alocações Pareto eficientes neste modelo apresentem a particularidade de que a pessoa A consumiria relativamente mais x, e a pessoa B consumiria relativamente mais y. Para encontrar essas alocações de forma explícita, precisamos encontrar uma forma de dividir os bens disponíveis de tal modo que a utilidade da pessoa A seja maximizada para qualquer nível de utilidade pré-atribuído para a pessoa B. Estabelecendo a expressão do lagrangiano para esse problema, temos:

$$\mathcal{L}(x_A, y_A) = U_A(x_A, y_A) + \lambda[U_B(1.000 - x_A, 1.000 - y_A) - \overline{U}_B]. \tag{10.45}$$

Substituindo as funções utilidade explícitas pressupostas aqui produz

$$\mathcal{L}(x_A, y_A) = x_A^{2/3} y_A^{1/3} + \lambda[(1.000 - x_A)^{1/3}(1.000 - y_A)^{2/3} - \overline{U}_B], \tag{10.46}$$

e as condições de primeira ordem para um máximo são

$$\frac{\partial \mathcal{L}}{\partial x_A} = \frac{2}{3}\left(\frac{y_A}{x_A}\right)^{1/3} - \frac{\lambda}{3}\left(\frac{1.000 - y_A}{1.000 - x_A}\right)^{2/3} = 0,$$
$$\frac{\partial \mathcal{L}}{\partial y_A} = \frac{1}{3}\left(\frac{x_A}{y_A}\right)^{2/3} - \frac{2\lambda}{3}\left(\frac{1.000 - x_A}{1.000 - y_A}\right)^{1/3} = 0. \tag{10.47}$$

Movendo-se os termos em λ para a direita, e dividindo a equação superior pela da parte inferior dá

$$2\left(\frac{y_A}{x_A}\right) = \frac{1}{2}\left(\frac{1.000 - y_A}{1.000 - x_A}\right) \tag{10.48}$$

ou

$$\frac{x_A}{1.000 - x_A} = \frac{4y_A}{1.000 - y_A}.$$

Essa equação nos permite identificar todas as alocações Pareto ótimas nesta economia de troca. Por exemplo, se escolhêssemos arbitrariamente $x_A = x_B = 500$, a Equação 10.48 tornar-se-ia

$$\frac{4y_A}{1.000 - y_A} = 1 \text{ assim } y_A = 200, y_B = 800. \tag{10.49}$$

Essa alocação é relativamente favorável para a pessoa B. Neste ponto, na curva de contrato $U_A = 500^{2/3} 200^{1/3} = 369$, $U_B = 500^{1/3} 800^{2/3} = 683$. Observe que, embora a quantidade disponível de x seja dividida de forma uniforme (por hipótese), a maior parte do bem y vai para a pessoa B, conforme exige a eficiência.

Razão de preço de equilíbrio. Para calcular a razão de preço de equilíbrio neste ponto da curva de contrato, precisamos conhecer as taxas marginais de substituição dos indivíduos. Para a pessoa A,

$$MRS = \frac{\partial U_A / \partial x_A}{\partial U_A / \partial y_A} = 2\frac{y_A}{x_A} = 2\frac{200}{500} = 0,8. \tag{10.50}$$

e para a pessoa B

$$MRS = \frac{\partial U_B / \partial x_B}{\partial U_B / \partial y_B} = 0,5\frac{y_A}{x_A} = 0,5\frac{800}{500} = 0,8. \tag{10.51}$$

Assim, as taxas marginais de substituição são, de fato, iguais (como deveriam ser), e implicam uma razão de preço de $p_x/p_y = 0{,}8$.

Dotações iniciais. Como essa razão de preço de equilíbrio permitirá que esses indivíduos negociem 8 unidades de y para cada 10 unidades de x, é uma questão simples para idealizar dotações iniciais consistentes com esse ótimo de Pareto. Considere, por exemplo, a dotação $\bar{x}_A = 350$; $\bar{y}_A = 320$; $\bar{x}_B = 650$; $\bar{y}_B = 680$. Se $p_x = 0{,}8$, $p_y = 1$, o valor da dotação inicial da pessoa A é 600. Se ela gastar dois terços dessa quantidade no bem x, é possível adquirir 500 unidades do bem x, e 200 unidades do bem y. Isso aumentaria a utilidade a partir do seu nível inicial de $U_A = 350^{2/3} \, 320^{1/3} = 340$ para 369. Da mesma forma, o valor da dotação da pessoa B é 1.200. Se ela gastar um terço disso no bem x, podem ser adquiridas 500 unidades. Com os dois terços restantes do valor da dotação gasto no bem y, podem ser adquiridas 800 unidades. No processo, a utilidade da pessoa B aumenta de 670 a 683. Assim, a negociação a partir da dotação inicial proposta para a curva de contrato é, de fato, mutuamente benéfica (como mostrado na Figura 10.8).

PERGUNTA: Por que começar com a hipótese de que se um bem x fosse dividido por igual na curva de contrato resultaria em uma situação favorável para a pessoa B ao longo deste problema? Que ponto na curva de contrato proporcionaria a mesma utilidade para as pessoas A e B? Qual seria a razão de preços dos dois bens neste ponto?

10.5.9 Funções de bem-estar social

A Figura 10.9 mostra que há muitas alocações Pareto eficientes dos bens disponíveis em uma economia de troca. Estamos assegurados pelo segundo teorema da economia do bem-estar de que qualquer um destes pode ser suportado por um sistema walrasiano de preços competitivamente determinados, desde que as dotações iniciais sejam adequadamente ajustadas. Uma questão importante para a economia do bem-estar é como (se for possível) desenvolver critérios para escolher entre todas essas alocações. Nesta seção, expressamos brevemente uma vertente deste grande tópico – o estudo das *funções de bem-estar social*. Simplificando, uma função de bem-estar social é um esquema hipotético para classificação de possíveis alocações de recursos com base na utilidade que eles fornecem aos indivíduos. Em termos matemáticos,

$$\text{Bem-estar social} = SW[U_1(\mathbf{x}^1), U_2(\mathbf{x}^2), \ldots, U_m(\mathbf{x}^m)]. \quad (10.52)$$

O objetivo do "planejador social" é, então, escolher as alocações de bens entre m indivíduos na economia de uma maneira que maximize SW. É claro que este exercício é puramente conceitual – na realidade, não há funções de bem-estar social claramente articuladas em qualquer economia, e há sérias dúvidas sobre se tal função poderia surgir de algum tipo de processo democrático.[16] Ainda assim, supondo a existência de tal função pode ajudar a elucidar muitos dos problemas mais complexos da economia do bem-estar.

Uma primeira observação que pode ser feita sobre a função de bem-estar social, na Equação 10.52, é que qualquer bem-estar máximo também deve ser Pareto eficiente. Se supuser que a utilidade de cada indivíduo seja "contada", parece claro que qualquer alocação que permita mais melhorias de Pareto (que deixa uma pessoa em situação melhor e ninguém mais em situação pior) não pode ser um bem-es-

---

[16] A "impossibilidade" de desenvolver uma função de bem-estar social a partir das preferências subjacentes das pessoas na sociedade foi primeiramente estudada por K. Arrow em *Social Choice and Individual Values*, 2ª ed. (Nova York: Wiley, 1963). Existe uma vasta bibliografia proveniente da descoberta inicial de Arrow.

tar máximo. Assim, alcançar um bem-estar máximo é um problema na escolha entre alocações Pareto eficientes e seus sistemas relacionados de preços walrasianos.

Podemos avançar ainda mais na análise da ideia de maximização do bem-estar social, considerando a forma precisa funcional que SW pode ter. Especificamente, se supomos que a utilidade seja mensurável, usar a forma CES pode ser particularmente didático:

$$SW(U_1, U_2, \ldots, U_m) = \frac{U_1^R}{R} + \frac{U_2^R}{R} + \cdots + \frac{U_m^R}{R} \quad R \leq 1. \qquad (10.53)$$

Como utilizamos essa forma funcional diversas vezes antes neste livro, suas propriedades devem ser familiares agora. Especificamente, se $R = 1$, a função torna-se

$$SW(U_1, U_2, \ldots, U_m) = U_1 + U_2 + \cdots + U_m. \qquad (10.54)$$

Assim, a utilidade é uma soma simples da utilidade de cada pessoa na economia. Tal função de bem-estar social é, às vezes, denominada função *utilitária*. Com tal função, o bem-estar social é avaliado pela soma agregada da utilidade (ou possivelmente mesmo a renda) sem considerar como a utilidade (renda) é distribuída entre os membros da sociedade.

No outro extremo, considere o caso $R = -\infty$. Neste caso, o bem-estar social possui um caráter de "proporções fixas" e (como já vimos em muitas outras aplicações)

$$SW(U_1, U_2, \ldots, U_m) = Min[U_1, U_2, \ldots, U_m]. \qquad (10.55)$$

Portanto, essa função concentra-se na pessoa em situação pior em qualquer alocação e escolhe aquela alocação para a qual essa pessoa possui a mais alta utilidade. Tal função de bem-estar social é denominada *função maximin*. Ela tornou-se popular por meio do filósofo John Rawls, que argumentou que se os indivíduos não soubessem qual posição, em última análise, eles teriam na sociedade (ou seja, eles operam sob um "véu de ignorância"), eles optariam por esse tipo de função de bem-estar social para proteger-se contra ser a pessoa em situação pior.[17] As pessoas podem não ser assim tão aversas ao risco ao escolher arranjos sociais. A atenção de Rawls no ínfimo da distribuição de utilidade, contudo, é talvez um bom antídoto para pensar sobre o bem-estar social em termos puramente utilitários.

É possível explorar muitas outras formas funcionais potenciais para uma função de bem-estar hipotética. O Problema 10.14 analisa algumas ligações entre as funções de bem-estar social e a distribuição de renda, por exemplo. Todavia, tais ilustrações não apresentam, em grande parte, um ponto crucial caso se concentrem apenas em uma economia de troca. Como as quantidades de bens em tal economia são fixas, as questões relacionadas aos incentivos à produção não emergem quando se avaliam alternativas de bem-estar social. No entanto, na realidade, qualquer tentativa de redistribuir renda (ou utilidade) por meio de tributos e transferências afetará necessariamente os incentivos à produção e afetará o tamanho da caixa Edgeworth. Portanto, avaliar o bem-estar social envolverá o estudo do *trade-off* entre alcançar as metas distributivas e manter níveis de produção. Para analisar tais possibilidades, devemos introduzir a produção em nossa estrutura de equilíbrio geral.

10.6 MODELO MATEMÁTICO DE PRODUÇÃO E TROCA

A adição da produção ao modelo de troca definido na seção anterior é um processo relativamente simples. Primeiro, a noção de "bem" precisa ser ampliada para incluir os fatores de produção. Portanto, iremos supor que nossa lista de n bens agora inclui insumos cujos preços também serão determinados

---

[17] J. Rawls, *A Theory of Justice* (Cambridge, MA: Harvard University Press, 1971).

dentro do modelo de equilíbrio geral. Alguns insumos, para uma empresa em um modelo de equilíbrio geral, são produzidos por outras empresas. Alguns desses bens também podem ser consumidos por indivíduos (carros são usados tanto por empresas quanto por consumidores finais), e alguns deles podem ser usados apenas como bens intermediários (chapas de aço são usadas apenas para fabricar carros e não são adquiridas por consumidores). Outros insumos podem fazer parte das dotações iniciais dos indivíduos. Mais importante ainda, essa é a forma como a oferta de mão de obra é tratada em modelos de equilíbrio geral. Os indivíduos são dotados de certo número de horas potenciais de trabalho. Eles podem vendê-las às empresas, assumindo postos de trabalho a salários competitivamente determinados, ou podem optar por consumir, eles mesmos, as horas em forma de "lazer". Ao fazer tais escolhas, continuamos a supor que os indivíduos maximizem a utilidade.[18]

Iremos supor que existam r empresas envolvidas na produção. Cada uma dessas empresas está vinculada a uma função de produção que descreve as restrições físicas sobre as maneiras em que a empresa pode transformar insumos em produtos. Por convenção, os produtos da empresa assumem um sinal positivo, enquanto os insumos assumem um sinal negativo. Usando esta convenção, o plano de produção de cada empresa pode ser descrito por um vetor coluna $n \times 1$, $\mathbf{y}^j (j = 1 \ldots r)$, que contém entradas positivas e negativas. Os únicos vetores que a empresa pode considerar são aqueles que são viáveis, dado o estado corrente da tecnologia. Ocasionalmente, é oportuno supor que cada empresa produza apenas um produto. Não obstante, isso não é necessário para uma abordagem mais global de produção.

Supomos que as empresas maximizem os lucros. Supomos que as funções de produção sejam suficientemente convexas para garantir um máximo de lucro único para qualquer conjunto de preços de produtos e insumos. Essas hipóteses eliminam tecnologias com retornos crescentes de escala e com retornos constantes porque nenhum deles produz um máximo único. Muitos modelos de equilíbrio geral podem lidar com tais possibilidades, mas não há necessidade de introduzir essas complexidades aqui. Dadas essas hipóteses, os lucros para qualquer empresa podem ser descritos como

$$\pi_j(\mathbf{p}) = \mathbf{p}\mathbf{y}^j \text{ if } \pi_j(\mathbf{p}) \geq 0 \text{ e}$$
$$\mathbf{y}^j = 0 \text{ if } \pi_j(\mathbf{p}) < 0. \tag{10.56}$$

Por isso, este modelo possui uma orientação "de longo prazo", em que empresas que perdem dinheiro (em uma configuração de preço particular) não contratam insumos e não produzem produtos. Observe como a convenção de que os produtos assumem um sinal positivo e os insumos um sinal negativo possibilita expressar os lucros de forma concisa.[19]

10.6.1 Restrições orçamentárias e a Lei de Walras

Em um modelo de troca, o poder aquisitivo dos indivíduos é determinado pelos valores de suas dotações iniciais. Uma vez que as empresas foram introduzidas, devemos considerar também o fluxo de renda que pode decorrer da propriedade dessas empresas. Para isso, adotamos a hipótese simplificadora de que cada indivíduo detém uma parcela predefinida, s_i (onde $\sum_{i=1}^{m} s_i = 1$) dos lucros de todas as empresas. Ou seja, cada pessoa detém um "fundo de índice" que pode reivindicar uma parcela proporcional dos lucros de todas as empresas. Agora, podemos reformular a restrição orçamentária de cada indivíduo (a partir da Equação 10.29) como

$$\mathbf{p}\mathbf{x}^i = s_i \sum_{j=1}^{r} \mathbf{p}\mathbf{y}^j + \mathbf{p}\bar{\mathbf{x}}^i \quad i = 1 \ldots m. \tag{10.57}$$

---

[18] Um estudo detalhado da teoria da oferta de mão de obra é apresentado no Capítulo 11.
[19] Como vimos no Capítulo 8, as funções de lucro são homogêneas de grau 1 em todos os preços. Assim, tanto as funções oferta de produtos como as funções demanda por insumos são homogêneas de grau 0 em todos os preços porque são derivadas da função lucro.

Certamente, se todas as empresas estivessem em um equilíbrio de longo prazo em setores perfeitamente competitivos, todos os lucros seriam zero, e a restrição orçamentária na Equação 10.57 reverteria isso à Equação 10.29. No entanto, permitir lucros em longo prazo não complica, de forma considerável, nosso modelo; portanto, podemos considerar a possibilidade.

Como no modelo de troca, a existência dessas m restrições orçamentárias implica uma restrição dos preços que são possíveis – uma generalização da Lei de Walras. Somando as restrições orçamentárias na Equação 10.57 sobre todos os produtos individuais

$$\mathbf{p}\sum_{i=1}^{m}\mathbf{x}^{i}(\mathbf{p}) = \mathbf{p}\sum_{j=1}^{r}\mathbf{y}^{j}(\mathbf{p}) + \mathbf{p}\sum_{i=1}^{m}\bar{\mathbf{x}}^{i},\tag{10.58}$$

e supondo que $\mathbf{x}(\mathbf{p}) = \sum\mathbf{x}^{i}(\mathbf{p}), \mathbf{y}(\mathbf{p}) = \sum\mathbf{y}^{j}(\mathbf{p}), \bar{\mathbf{x}} = \sum\bar{\mathbf{x}}^{i}$ gera uma afirmação simples da Lei de Walras:

$$\mathbf{px}(\mathbf{p}) = \mathbf{py}(\mathbf{p}) + \mathbf{p}\bar{\mathbf{x}}.\tag{10.59}$$

Observe, novamente, que a Lei de Walras é mantida para qualquer conjunto de preços porque se baseia nas restrições orçamentárias individuais.

10.6.2 Equilíbrio walrasiano

Como antes, definimos um vetor de preço de equilíbrio walrasiano ($\mathbf{p}^*$) como um conjunto de preços em que a demanda iguala a oferta em todos os mercados de forma simultânea. Em termos matemáticos isso significa que

$$\mathbf{x}(\mathbf{p}^*) = \mathbf{y}(\mathbf{p}^*) + \bar{\mathbf{x}}.\tag{10.60}$$

As dotações iniciais continuam a desempenhar um papel importante neste equilíbrio. Por exemplo, são as dotações individuais de tempo potencial de mão de obra que fornecem o insumo mais importante para os processos de produção das empresas. Portanto, a determinação das taxas de salário de equilíbrio é um produto importante de modelos de equilíbrio geral que operam sob condições walrasianas. Examinar as variações nas taxas de salário resultantes de variações nas influências exógenas é, talvez, o uso prático mais importante de tais modelos.

Como no estudo de uma economia de troca, é possível utilizar alguma forma de teorema do ponto fixo[20] para demonstrar que existe um conjunto de preços de equilíbrio que satisfaça as n equações na Equação 10.60. Em razão da restrição da Lei de Walras, tal vetor de preço de equilíbrio será único somente até um múltiplo escalar – ou seja, qualquer nível de preço absoluto que preserve os preços relativos também pode alcançar o equilíbrio em todos os mercados. Tecnicamente, as funções excesso de demanda

$$\mathbf{z}(\mathbf{p}) = \mathbf{x}(\mathbf{p}) - \mathbf{y}(\mathbf{p}) - \bar{x}\tag{10.61}$$

são homogêneas de grau 0 em preços; portanto, qualquer vetor preço para o qual $\mathbf{z}(\mathbf{p}^*) = \mathbf{0}$ também terá a propriedade que $\mathbf{z}(t\mathbf{p}^*) = \mathbf{0}$ e $t > 0$. Frequentemente, é conveniente normalizar os preços para que eles somem um. Contudo, muitas outras regras de normalização também podem ser utilizadas. Nas versões macroeconômicas dos modelos de equilíbrio geral, normalmente é o caso em que o nível de preços absolutos é determinado por fatores monetários.

---

[20] Para obter algumas provas ilustrativas, consulte K. J. Arrow and F. H. Hahn, *General Competitive Analysis* (San Francisco, CA: Holden-Day, 1971), Cap. 5.

10.6.3 Economia do bem-estar no modelo walrasiano com produção

A inclusão da produção ao modelo de uma economia de troca amplia consideravelmente o número de alocações de recursos viáveis. Uma forma de visualizar isso é mostrada na Figura 10.10. Lá, *PP* representa essa fronteira de possibilidade de produção para uma economia de dois bens com uma dotação fixa de fatores primários de produção. Qualquer ponto nesta fronteira é viável. Considere uma determinada alocação, digamos, alocação A. Se essa economia produzir x_A e y_A, poderíamos utilizar esses montantes para as dimensões da caixa de Edgeworth de troca, exibida dentro da fronteira. Qualquer ponto dentro desta caixa também seria uma alocação viável dos bens disponíveis entre as duas pessoas cujas preferências são mostradas. Claramente, um argumento semelhante poderia ser feito para qualquer outro ponto na fronteira de possibilidade de produção.

Apesar dessas complicações, o primeiro teorema da economia do bem-estar continua valendo em um modelo de equilíbrio geral com produção. Em um equilíbrio walrasiano, não há mais oportunidades de mercado (seja produzindo algo a mais ou realocando os bens disponíveis entre os indivíduos) que colocaria um indivíduo (ou grupo de indivíduos) em situação melhor sem colocar outros indivíduos em situação pior. A "mão invisível" de Adam Smith continua a exercer sua lógica para garantir que todas essas oportunidades mutuamente benéficas sejam exploradas (em parte porque se pressupõe que os custos de transação sejam zero).

Novamente, as implicações gerais do bem-estar social do primeiro teorema da economia do bem-estar estão longe de serem compreensíveis. Há, é claro, um segundo teorema, que mostra que praticamente qualquer equilíbrio walrasiano pode ser sustentado por mudanças adequadas nas dotações iniciais. Também se poderiam fazer hipóteses sobre uma função de bem-estar social para escolher entre estes. Porém, a maioria desses exercícios é pouco elucidativa sobre as questões atuais de política.

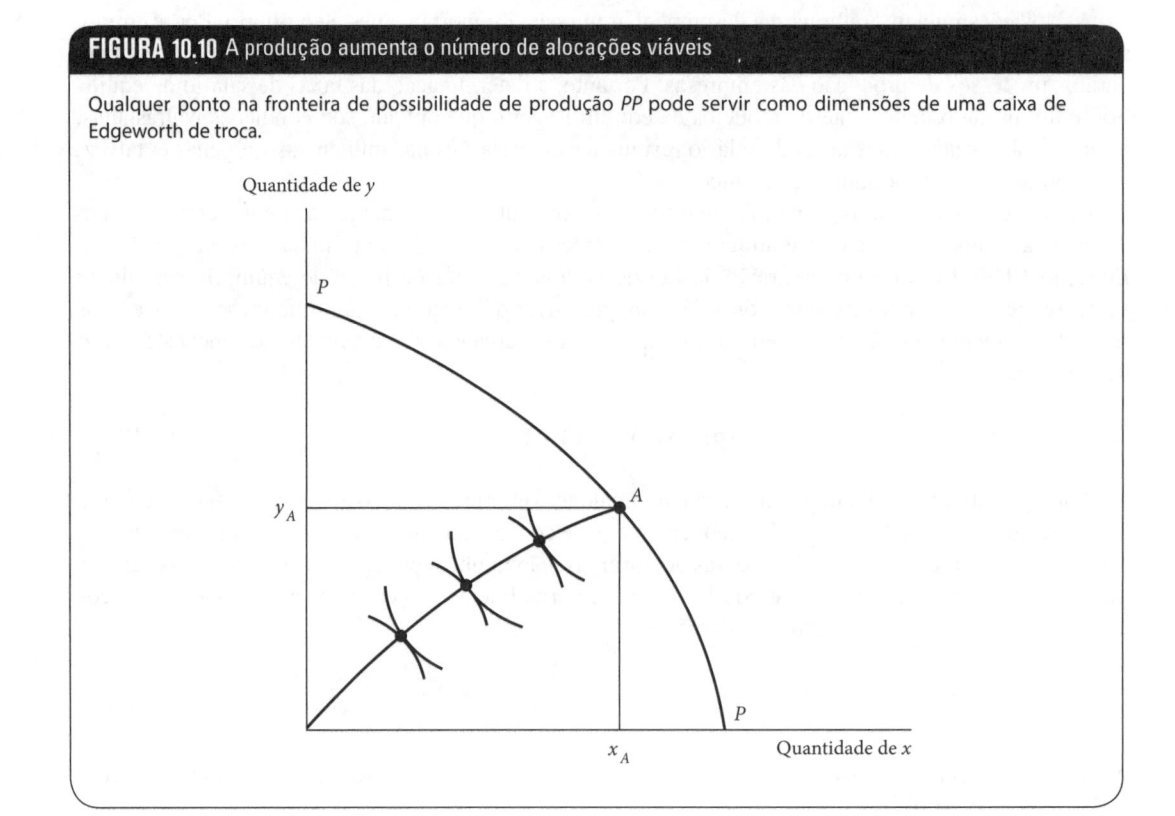

FIGURA 10.10 A produção aumenta o número de alocações viáveis

Qualquer ponto na fronteira de possibilidade de produção *PP* pode servir como dimensões de uma caixa de Edgeworth de troca.

Mais significativo é o uso do mecanismo walrasiano para avaliar o impacto hipotético de várias políticas de tributos e transferência que buscam obter critérios específicos de bem-estar social. Neste caso (como veremos), o fato de que os modelos walrasianos enfatizam as interligações entre os mercados, especialmente entre os mercados de produtos e insumos, pode produzir resultados importantes e, muitas vezes, inusitados. Na próxima seção, analisaremos alguns destes.

10.7 MODELOS DE EQUILÍBRIO GERAL COMPUTÁVEL

Nos últimos anos, dois avanços estimularam o rápido desenvolvimento dos modelos de equilíbrio geral. Primeiro, a teoria do equilíbrio geral em si foi ampliada para incluir diversas características dos mercados do mundo real, como a concorrência imperfeita, as externalidades ambientais e os complexos sistemas tributários. Também foram desenvolvidos modelos que envolvem incerteza e que possuem uma estrutura dinâmica, o que é mais importante no campo da macroeconomia. Uma segunda tendência relacionada foi o rápido desenvolvimento de poder computacional e o *software* associado para a solução de modelos de equilíbrio geral. Isso permitiu estudar modelos com praticamente qualquer número de bens e tipos de famílias. Nesta seção, exploraremos brevemente alguns aspectos conceituais desses modelos.[21] As Aplicações do capítulo descrevem algumas aplicações importantes.

10.7.1 Estrutura dos modelos de equilíbrio geral

A especificação de qualquer modelo de equilíbrio geral começa estabelecendo o número de bens a serem incluídos no modelo. Esses "bens" incluem não apenas bens de consumo, mas também bens intermediários que são utilizados na produção de outros bens (por exemplo, equipamentos de capital), insumos produtivos, como mão de obra ou recursos naturais, e bens que devem ser produzidos pelo governo (bens públicos). A finalidade do modelo é, então, resolver para os preços de equilíbrio de todos esses bens e analisar como esses preços variam quando as condições variam.

Alguns dos bens, em um modelo de equilíbrio geral, são produzidos por empresas. A tecnologia dessa produção deve ser especificada pelas funções de produção. A especificação mais comum é utilizar os tipos de funções de produção CES que estudamos nos Capítulos 6 e 7, pois estes podem gerar algumas perspectivas importantes sobre as formas em que os insumos são substituídos diante das variações de preços. Em geral, pressupõe-se que as empresas maximizem seus lucros, dados as suas funções de produção e os preços de insumos e produtos que elas enfrentam.

A demanda é especificada nos modelos de equilíbrio geral, por meio da definição das funções utilidade para vários tipos de famílias. A utilidade é tratada como uma função tanto dos bens que são consumidos quanto dos insumos que não são ofertados ao mercado (por exemplo, o trabalho disponível que não é ofertado ao mercado é consumido como lazer). Pressupõe-se que as famílias maximizem a utilidade. Suas rendas são determinadas pelos montantes de insumos que eles "vendem" no mercado e pelo resultado líquido de quaisquer tributos que pagam ou transferências que recebem.

Por fim, um modelo de equilíbrio geral completo deve especificar como o governo opera. Caso haja tributos no modelo, como esses tributos são gastos em transferências ou em bens públicos (que fornecem utilidade aos consumidores), devem ser modelados. Se o empréstimo público for permitido, o mercado de títulos deve ser modelado de forma explícita. Em síntese, o modelo deve especificar completamente o fluxo das fontes e os usos da renda que caracterizam a economia sendo modelada.

10.7.2 Solução de modelos de equilíbrio geral

Uma vez que a tecnologia (oferta) e as preferências (demanda) foram especificadas, um modelo de equilíbrio geral deve ser solucionado para os preços e quantidades de equilíbrio. A prova anterior,

---

[21] Para obter mais detalhes sobre as questões discutidas aqui, consulte W. Nicholson e F. Westhoff, "General Equilibrium Models: Improving the Microeconomics Classroom", *Journal of Economic Education* (verão de 2009): 297-314.

neste capítulo, mostra que esse modelo geralmente terá essa solução, mas, na verdade, encontrar essa solução pode, às vezes, ser difícil – especialmente quando o número de bens e famílias é grande. Os modelos de equilíbrio geral geralmente são solucionados em computadores através de modificações de um algoritmo originalmente desenvolvido por Herbert Scarf, na década de 1970.[22] Esse algoritmo (ou versões mais modernas dele) busca por equilíbrios de mercado imitando a forma como os mercados operam. Ou seja, uma solução inicial é especificada e, em seguida, os preços são aumentados em mercados com excesso de demanda e diminuídos em mercados com excesso de oferta até que um equilíbrio seja encontrado, em que todos os excessos de demanda sejam zero. Por vezes, haverá equilíbrios múltiplos, mas geralmente os modelos econômicos apresentam curvatura suficiente na produção e funções de utilidade subjacentes de tal maneira que o equilíbrio encontrado por meio do algoritmo de Scarf será único.

10.7.3 Percepções econômicas dos modelos de equilíbrio geral

Os modelos de equilíbrio geral fornecem uma série de percepções sobre como as economias operam, que não podem ser obtidos a partir dos tipos de modelos de equilíbrio parcial estudados no Capítulo 9. Algumas das mais importantes são as seguintes:

- Nesses modelos, todos os preços são endógenos. Os elementos exógenos dos modelos de equilíbrio geral são preferências e tecnologias produtivas.
- Todas as empresas e insumos produtivos são de propriedade das famílias. Todas as rendas, em última análise, são destinadas para as famílias.
- Qualquer modelo com um setor público está incompleto se ele não especificar como as receitas fiscais são utilizadas.
- O "resultado final" em qualquer avaliação de política é a utilidade das famílias. As empresas e os governos são apenas intermediários para chegar a esta contabilidade final.
- Todos os tributos distorcem as decisões econômicas ao longo de alguma dimensão. Os custos de bem-estar de tais distorções devem ser sempre ponderados em relação aos benefícios desses tributos (em termos de produção de bem público ou transferências que valorizam a equidade).

Algumas dessas percepções são ilustradas nos próximos dois exemplos. Nos capítulos posteriores, retornaremos à modelagem de equilíbrio geral sempre que essa perspectiva parecer necessária para obter uma compreensão mais completa do tópico que está sendo abordado.

EXEMPLO 10.4 Modelo simples de equilíbrio geral

Vejamos um modelo simples de equilíbrio geral com apenas duas famílias, dois bens de consumo (x e y) e dois insumos (capital k e mão de obra l). Cada família possui uma "dotação" de capital e mão de obra que pode escolher reter ou vender no mercado. Essas dotações são denotadas por $\bar{k}_1, \bar{l}_1$ e $\bar{k}_2, \bar{l}_2$, respectivamente. As famílias obtêm utilidade dos montantes dos bens de consumo que elas adquirem e do montante de mão de obra que elas não vendem no mercado (isto é, lazer $\bar{l}_i - l_i$). As famílias possuem funções simples de utilidade Cobb-Douglas:

$$U_1 = x_1^{0,5} y_1^{0,3} (\bar{l}_1 - l_1)^{0,2}, \quad U_2 = x_2^{0,4} y_2^{0,4} (\bar{l}_2 - l_2)^{0,2}. \tag{10.62}$$

Por isso, a família 1 possui uma preferência relativamente maior para o bem x do que a família 2. Observe que o capital não entra diretamente nessas funções utilidade. Consequentemente, cada família fornecerá toda a sua dotação de capital para o mercado. No entanto, as famílias conservarão alguma mão de obra, porque o lazer proporciona utilidade diretamente.

---

[22] Herbert Scarf com Terje Hansen, *On the Computation of Economic Equilibria* (New Haven, CT: Yale University Press, 1973).

A produção de bens x e y é caracterizada por tecnologias simples de Cobb-Douglas:

$$x = k_x^{0,2} l_x^{0,8}, \quad y = k_y^{0,8} l_y^{0,2}. \tag{10.63}$$

Assim, neste exemplo, a produção de x é relativamente intensiva em trabalho, enquanto a produção de y é relativamente intensiva em capital.

Para completar este modelo, devemos especificar as dotações iniciais de capital e mão de obra. Aqui supomos que

$$\bar{k}_1 = 40, \bar{l}_1 = 24 \quad \text{e} \quad \bar{k}_2 = 10, \bar{l}_2 = 24. \tag{10.64}$$

Embora as famílias tenham dotações de mão de obra iguais (ou seja, 24 "horas"), a família 1 possui significativamente mais capital do que a família 2.

Simulação do cenário-base. As Equações 10.62–10.64 especificam nosso modelo completo de equilíbrio geral na ausência de um governo. Uma solução para este modelo consistirá em quatro preços de equilíbrio (para x, y, k, e l) em que as famílias maximizam a utilidade e as empresas maximizam os lucros.[23] Como qualquer modelo de equilíbrio geral pode calcular apenas preços relativos, somos livres para impor um esquema de normalização de preços. Aqui supomos que os preços sempre somarão a unidade. Ou seja,

$$p_x + p_y + p_k + p_l = 1. \tag{10.65}$$

Resolvendo[24] para esses preços produzem

$$p_x = 0{,}363, \quad p_y = 0{,}253, \quad p_k = 0{,}136, \quad p_l = 0{,}248. \tag{10.66}$$

A esses preços, a produção total de x é 23,7 e a produção de y é 25,1. As escolhas de maximização de utilidade para a família 1 são

$$x_1 = 15{,}7, \quad y_1 = 8{,}1, \quad \bar{l}_1 - l_1 = 24 - 14{,}8 = 9{,}2, \quad U_1 = 13{,}5; \tag{10.67}$$

para a família 2, essas escolhas são

$$x_2 = 8{,}1, \quad y_2 = 11{,}6, \quad \bar{l}_2 - l_2 = 24 - 18{,}1 = 5{,}9, \quad U_2 = 8{,}75. \tag{10.68}$$

Observe que a família 1 consome bastante bem x, mas fornece menos na oferta de mão de obra do que a família 2. Isso reflete a maior dotação de capital da família 1 nesta simulação de cenário-base.

PERGUNTA: Como você mostraria que cada família obedece à sua restrição orçamentária nesta simulação? A alocação orçamentária de cada família exibe as participações do orçamento que são causadas pela forma de sua função utilidade?

---

[23] Como as funções de produção das empresas são caracterizadas por retornos constantes de escala, em equilíbrio, cada uma ganha lucro zero; portanto, não há necessidade de especificar a propriedade da empresa neste modelo.
[24] Para obter mais detalhes dessas soluções, juntamente com um *link* para o programa que as gerou, consulte W. Nicholson e F. Westhoff, "General Equilibrium Models: Improving the Microeconomics Classroom", *Journal of Economic Education* (verão 2009): 297–314.

EXEMPLO 10.5 Excesso de carga de um tributo

No Capítulo 9, mostramos que a tributação pode impor um excesso de carga, além das receitas fiscais cobradas por causa dos efeitos de incentivo do tributo. Com um modelo de equilíbrio geral, podemos mostrar muito mais sobre esse efeito. Especificamente, suponha que o governo na economia do Exemplo 10.4 imponha um imposto *ad valorem* de 0,4 sobre o bem x. Isso introduz uma cunha entre o que os consumidores pagam por este bem x (p_x) e o que os ofertantes recebem pelo bem ($p'_x = (1 - t)p_x = 0,6p_x$). Para completar o modelo, devemos especificar o que acontece com as receitas geradas por este imposto. Para simplificar, supomos que essas receitas sejam restituídas às famílias em uma divisão em duas partes iguais. Em todos os outros aspectos, a economia permanece conforme descrita no Exemplo 10.4.

Solucionando os novos preços de equilíbrio neste modelo produzem

$$p_x = 0,472, \quad p_y = 0,218, \quad p_k = 0,121, \quad p_l = 0,188. \tag{10.69}$$

A esses preços, a produção total de x é de 17,9, e a produção total de y é de 28,8. Logo, a alocação de recursos deslocou-se de forma significativa em direção à produção y. Mesmo que o preço relativo de x encontrado pelos consumidores ($= p_x/p_y = 0,472/0,218 = 2,17$) tenha aumentado de forma significativa a partir de seu valor (de 1,43) no Exemplo 10.4, a razão de preços encontrada pelas empresas ($0,6p_x/p_y = 1,30$) diminuiu um pouco a partir desse valor anterior. Portanto, pode-se esperar, com base em uma análise de equilíbrio parcial, que os consumidores demandem menos do bem x e, da mesma forma, as empresas também produziriam menos desse bem. No entanto, a análise de equilíbrio parcial não nos permite prever o aumento da produção de y (que ocorre porque o preço relativo de y diminuiu para os consumidores, mas aumentou para as empresas), nem a redução nos preços relativos de insumos (porque há menos sendo produzido de forma geral). Um panorama mais completo de todos esses efeitos pode ser obtido analisando as posições de equilíbrio final das duas famílias. A alocação pós-tributo para a família 1 é

$$x_1 = 11,6, \quad y_1 = 15,2, \quad \bar{l}_1 - l_1 = 11,8, \quad U_1 = 12,7. \tag{10.70}$$

Para a família 2,

$$x_2 = 6,3, \quad y_2 = 13,6, \quad \bar{l}_2 - l_2 = 7,9, \quad U_2 = 8,96. \tag{10.71}$$

Assim, a imposição do imposto colocou a família 1 em pior situação: a utilidade diminui de 13,5 para 12,7. A família 2 atingiu uma situação um pouco melhor por meio deste esquema de tributo e transferência, principalmente porque ela recebe uma parcela relativamente grande das receitas tributárias provenientes principalmente da família 1. Embora a utilidade total tenha diminuído (conforme previsto pela análise de equilíbrio parcial simples do excesso de carga), a análise de equilíbrio geral oferece um panorama mais completo das consequências distributivas do imposto. Observe também que a quantidade total de mão de obra ofertada diminui como resultado do imposto: o lazer total aumenta de 15,1 (horas) para 19,7. Portanto, a imposição de um imposto sobre o bem x teve um efeito de oferta de trabalho relativamente substancial que é completamente invisível em um modelo de equilíbrio parcial.

PERGUNTA: Seria possível melhorar a situação das duas famílias (em relação ao Exemplo 10.4) neste cenário de tributação mudando a forma como as receitas tributárias são redistribuídas?

Resumo

Este capítulo forneceu um estudo geral das conjecturas de Adam Smith sobre as propriedades de eficiência de mercados competitivos. Começamos com uma descrição de como modelar vários mercados competitivos de forma simultânea e depois utilizar esse modelo para fazer algumas afirmações sobre bem-estar. Alguns destaques deste capítulo estão listados aqui.

- As preferências e as tecnologias de produção fornecem os fundamentos sobre os quais todos os modelos de equilíbrio geral se baseiam. Uma versão particularmente simples de tal modelo utiliza preferências individuais para dois bens, juntamente com uma fronteira de possibilidade de produção côncava para esses dois bens.
- Os mercados competitivos podem estabelecer preços de equilíbrio, fazendo ajustes marginais nos preços em resposta às informações sobre demanda e oferta de bens individuais. A Lei de Walras vincula os mercados para que tal solução seja assegurada (na maioria dos casos).
- Normalmente, os modelos de equilíbrio geral podem ser solucionados utilizando algoritmos de computador. As soluções resultantes produzem diversas percepções sobre a economia que não são obtidas a partir da análise de equilíbrio parcial de mercados únicos.
- Os preços competitivos resultarão em uma alocação de recursos Pareto eficiente. Este é o primeiro teorema da economia do bem-estar.
- Os fatores que interferem nas habilidades dos mercados competitivos para alcançar a eficiência incluem (1) poder de mercado, (2) externalidades, (3) existência de bens públicos e (4) informações imperfeitas. Exploramos todas essas questões detalhadamente em capítulos posteriores.
- Os mercados competitivos não precisam produzir distribuições equitativas de recursos, especialmente quando as dotações iniciais são altamente enviesadas. Em teoria, qualquer distribuição desejada pode ser alcançada por meio de mercados competitivos acompanhados de transferências adequadas de dotações iniciais (o segundo teorema da economia do bem-estar). Contudo, existem muitos problemas práticos na implementação dessas transferências.

Problemas

10.1 Suponha que a fronteira de possibilidade de produção para armas (x) e manteiga (y) seja dada por
$$x^2 + 2y^2 = 900.$$
a. Construa o gráfico dessa fronteira.
b. Se os indivíduos sempre preferirem cestas de consumo em que $y = 2x$, quantos x e y serão produzidos?
c. No ponto descrito na parte (b), qual será a *RPT* e, portanto, qual a razão de preço que fará com que a produção ocorra nesse ponto? (Essa inclinação deve ser aproximada considerando pequenas variações em x e y em torno do ponto ótimo).
d. Mostre sua solução na figura da parte (a).

10.2 Suponha que dois indivíduos (Smith e Jones) tenham 10 horas de trabalho voltadas a produzir sorvete (x) ou caldo de galinha (y). A função utilidade de Smith é dada por
$$U_S = x^{0,3} y^{0,7},$$
enquanto a de Jones é dada por
$$U_J = x^{0,5} y^{0,5}.$$
Os indivíduos não se importam se produzem x ou y, e a função de produção para cada bem é dada por
$$x = 2l \text{ e } y = 3l,$$
onde l é o trabalho total voltado à produção de cada bem.

a. Qual deve ser a relação p_x/p_y?
b. Dada essa relação de preços, quanto x e y Smith e Jones irão demandar? *Dica:* Defina o salário igual a 1.
c. Como o trabalho deve ser alocado entre x e y para satisfazer à demanda calculada na parte (b)?

10.3 Considere uma economia com apenas uma técnica disponível para a produção de cada bem.

Bem	Alimento	Tecido
Trabalho por unidade de produção	1	1
Área por unidade de produção	2	1

a. Suponha que a área seja ilimitada, mas o trabalho seja igual a 100. Escreva e esboce a fronteira de possibilidade de produção.
b. Suponha que o trabalho seja ilimitado, mas a área seja igual a 150. Escreva e esboce a fronteira de possibilidade de produção.
c. Suponha que o trabalho seja igual a 100 e a área seja igual a 150. Escreva e esboce a fronteira de possibilidade de produção. *Dica:* Quais são os interceptos da fronteira de possibilidade de produção? Quando a área é totalmente empregada? Trabalho? Ambos?
d. Explique por que a fronteira de possibilidade de produção da parte (c) é côncava.
e. Esboce o preço relativo dos alimentos como uma função de seu produto na parte (c).
f. Se os consumidores insistirem em negociar 4 unidades de alimento para 5 unidades de tecido, qual o preço relativo dos alimentos? Por quê?
g. Explique por que a produção é exatamente a mesma para a razão de preço $p_F/p_C = 1,1$ bem como para $p_F/p_C = 1,9$.
h. Suponha que o capital também seja necessário para produzir alimentos e tecidos, e que os requisitos de capital por unidade de alimento e por unidade de tecido sejam 0,8 e 0,9, respectivamente. Existem 100 unidades de capital disponíveis. Qual é a curva de possibilidade de produção neste caso? Responda à parte (e) para este caso.

10.4 Suponha que Robinson Crusoe produza e consuma peixe (F) e cocos (C). Suponha que, durante um determinado período, ele decida trabalhar 200 horas, e é indiferente quanto ao fato de ele gastar esse tempo pescando ou colhendo cocos. A produção de Robinson para peixe é dada por

$$F = \sqrt{l_F}$$

e para cocos por

$$C = \sqrt{l_C},$$

onde l_F e l_C são o número de horas de pesca ou colheita de cocos. Consequentemente,

$$l_C + l_F = 200.$$

A utilidade de Robinson Crusoe para peixes e cocos é dada por

$$\text{utilidade} = \sqrt{F \cdot C}.$$

a. Se Robinson não pode comercializar com o resto do mundo, como ele escolherá alocar seu trabalho? Quais serão os níveis ótimos de F e C? Qual será a utilidade dele? Qual será a *RPT* (do coco para os peixes)?
b. Suponha, agora, que o comércio seja aberto e Robinson possa negociar peixe e cocos com uma relação de preço de $p_F/p_C = 2/1$. Se Robinson continuar a produzir as quantidades de F e C da parte (a), o que ele escolherá para consumir uma vez que tenha a oportunidade de comércio? Qual será seu novo nível de utilidade?
c. Como sua resposta na parte (b) mudará se Robinson ajustar sua produção para aproveitar os preços mundiais?
d. Construa um gráfico de seus resultados para as partes (a), (b) e (c).

10.5 Smith e Jones estão presos em uma ilha deserta. Cada um tem em sua posse algumas fatias de presunto (H) e queijo (C). Smith é um comilão exigente e comerá presunto e queijo apenas nas proporções fixas de 2 fatias de queijo para 1 fatia de presunto. Sua função utilidade é dada por $U_S = min(H, C/2)$.

Jones é mais flexível em seus gostos alimentares e tem uma função utilidade dada por $U_J = 4H + 3C$. As dotações totais são 100 fatias de presunto e 200 fatias de queijo.

a. Trace o diagrama da caixa de Edgeworth que representa as possibilidades de troca nesta situação. Qual é a única razão de troca que pode prevalecer em qualquer equilíbrio?
b. Suponha que Smith tenha inicialmente $40H$ e $80C$. Qual seria a posição de equilíbrio?
c. Suponha que Smith tenha inicialmente $60H$ e $80C$. Qual seria a posição de equilíbrio?
d. Suponha que Smith (o mais forte dos dois) decide não jogar pelas regras do jogo. Então, qual poderia ser a posição de equilíbrio final?

10.6 No país da Ruritania existem duas regiões, A e B. São produzidos dois bens (x e y) em ambas as regiões. As funções de produção para a região A são dadas por

$$x_A = \sqrt{l_x},$$
$$y_A = \sqrt{l_y};$$

aqui l_x e l_y são as quantidades de trabalho voltadas para a produção de x e y, respectivamente. O trabalho total disponível na região A é de 100 unidades; ou seja,

$$l_x + l_y = 100.$$

Utilizando uma notação semelhante para a região B, as funções de produção são dadas por

$$x_B = \frac{1}{2}\sqrt{l_x},$$
$$y_B = \frac{1}{2}\sqrt{l_y}.$$

Existem também 100 unidades de trabalho disponíveis na região B:

$$l_x + l_y = 100.$$

a. Calcule as curvas de possibilidade de produção para as regiões A e B.
b. Que condição deve manter se a produção na Ruritania deve ser alocada de forma eficiente entre as regiões A e B (supondo que a mão de obra não pode mover-se de uma região para outra)?
c. Calcule a curva de possibilidade de produção para a Ruritânia (novamente supondo que a mão de obra seja estática entre as regiões). Qual o montante total de y que a Ruritania pode produzir se o produto total x for 12? *Dica:* Uma análise gráfica pode ser de alguma ajuda aqui.

10.7 Utilize o algoritmo de computador discutido na nota de rodapé 24 para analisar as consequências das seguintes alterações no modelo do Exemplo 10.4. Para cada alteração, descreva os resultados finais da modelagem, e forneça alguma intuição sobre o porquê de os resultados terem funcionado dessa forma.

a. Altere as preferências da família 1 para $U_1 = x_1^{0,6} y_1^{0,2} (\bar{l}_1 - l_1)^{0,2}$.
b. Inverta as funções de produção na Equação 10.58 para que x torne-se o bem intensivo em capital.
c. Aumente a importância do lazer na função utilidade de cada família.

Problemas analíticos

10.8 Teorema da equivalência tributária
Utilize o algoritmo de computador discutido na referência dada nas notas de rodapé 21 e 24 para mostrar que um imposto uniforme *ad valorem* sobre ambos os bens produz o mesmo equilíbrio que um imposto uniforme sobre ambos os insumos que coleta a mesma receita. *Observação:* Este teorema da equivalência tributária da teoria das finanças públicas mostra que a tributação pode ser feita tanto do lado dos produtos quanto do lado dos insumos da economia com resultados idênticos.

10.9 Retornos de escala e fronteira de possibilidade de produção
O objetivo deste problema é examinar as relações entre os retornos de escala, a intensidade do fator e o formato da fronteira de possibilidade de produção.

Suponha que haja ofertas fixas de capital e mão de obra a serem alocadas entre a produção do bem x e do bem y. As funções de produção para x e y são dadas (respectivamente) por

$$x = k^\alpha l^\beta \quad \text{e} \quad y = k^\gamma l^\delta,$$

onde os parâmetros α, β, γ e δ assumirão valores diferentes ao longo desse problema.

Usando a intuição, um computador ou uma abordagem matemática formal, derive a fronteira de possibilidade de produção para x e y nos seguintes casos.

a. $\alpha = \beta = \gamma = \delta = 1/2$.
b. $\alpha = \beta = 1/2, \gamma = 1/3, \delta = 2/3$.
c. $\alpha = \beta = 1/2, \gamma = \delta = 2/3$.
d. $\alpha = \beta = \gamma = \delta = 2/3$.
e. $\alpha = \beta = 0,6, \gamma = 0,2, \delta = 1,0$.
f. $\alpha = \beta = 0,7, \gamma = 0,6, \delta = 0,8$.

Os retornos crescentes de escala sempre levam a uma fronteira de possibilidade de produção convexa? Explique.

10.10 Teoremas de comércio
A construção da curva de possibilidade de produção mostrada nas Figuras 10.2 e 10.3 pode ser utilizada para ilustrar três importantes "teoremas" na teoria do comércio internacional. Para come-

çar, observe na Figura 10.2 que a linha de eficiência O_x, O_y é curvada acima da diagonal principal da caixa de Edgeworth. Isso mostra que a produção do bem x é sempre "intensiva em capital" em relação à produção do bem y. Ou seja, quando a produção é eficiente, $(\frac{k}{l})_x > (\frac{k}{l})_y$ não importa a quantidade de bens produzida. A demonstração dos teoremas do comércio pressupõe que a relação de preço, $p = p_x/p_y$, seja determinada nos mercados internacionais – a economia nacional deve ajustar-se a essa relação (no jargão do comércio, o país, sob análise, é considerado "um país pequeno em um mundo grande").

a. **Teorema da equalização de preço de fator:** Utilize a Figura 10.4 para mostrar como a relação de preço internacional, p, determina o ponto na caixa de Edgeworth em que ocorrerá a produção nacional. Demonstre como isso determina a relação de preço de fator, w/v. Se as funções de produção são iguais em todo o mundo, o que isso implicará sobre os preços relativos dos fatores em todo o mundo?

b. **Teorema de Stolper–Samuelson:** Um aumento em p causará o deslocamento da produção no sentido horário ao longo da fronteira de possibilidade de produção – a produção de x aumentará e a produção de y diminuirá. Utilize o diagrama da caixa de Edgeworth para demonstrar que tal movimento diminuirá k/l na produção de *ambos* os bens. Explique por que isso causará a diminuição de w/v. Quais são suas implicações para a abertura das relações comerciais (que usualmente aumenta o preço do bem produzido intensamente com um insumo mais abundante do país).

c. **Teorema de Rybczynski:** Suponha, novamente, que p seja definido pelos mercados externos e não varie. Demonstre que um aumento em k aumentará a produção de x (bem capital intensivo) e reduzirá a produção de y (o bem de trabalho intensivo).

10.11 Exemplo da Lei de Walras
Suponha que existam apenas três bens (x_1, x_2, x_3) em uma economia, e que as funções excesso de demanda para x_2 e x_3 são dadas por

$$ED_2 = -\frac{3p_2}{p_1} + \frac{2p_3}{p_1} - 1,$$

$$ED_3 = -\frac{4p_2}{p_1} - \frac{2p_3}{p_1} - 2.$$

a. Demonstre que essas funções são homogêneas de grau 0 em p_1, p_2, e p_3.
b. Use a Lei de Walras para demonstrar que, se $ED_2 = ED_3 = 0$, então ED_1 também deve ser 0. Você também pode usar a Lei de Walras para calcular ED_1?
c. Resolva esse sistema de equações para os preços relativos de equilíbrio p_2/p_1 e p_3/p_1. Qual é o valor de equilíbrio para p_3/p_2?

10.12 Eficiência produtiva com cálculo
No Exemplo 10.3, mostramos como um equilíbrio de troca Pareto eficiente pode ser descrito como a solução para um problema de maximização condicionada. Neste problema, fornecemos uma ilustração semelhante para uma economia que envolve a produção. Suponha que exista apenas uma pessoa em uma economia de dois bens e que sua função utilidade é dada por $U(x, y)$. Suponha também que a fronteira de possibilidade de produção desta economia pode ser escrita em uma forma implícita como $T(x, y) = 0$.

a. Qual é o problema de otimização condicionada que esta economia irá procurar resolver se se deseja aproveitar ao máximo seus recursos disponíveis?
b. Quais são as condições de primeira ordem para um máximo nesta situação?
c. Como a situação eficiente descrita na parte (b) seria proveniente de um sistema perfeitamente competitivo em que este indivíduo maximize a utilidade e as empresas subjacentes à fronteira de possibilidade de produção maximizem os lucros?
d. Em que situações as condições de primeira ordem descritas na parte (b) não produzem um máximo de utilidade?

10.13 Dotações iniciais, preços de equilíbrio e o primeiro teorema da economia do bem-estar
No Exemplo 10.3, calculamos uma alocação eficiente dos bens disponíveis e, em seguida, encontramos a razão de preços consistente com essa alocação. Então, isso nos permitiu encontrar dotações iniciais que apoiariam esse equilíbrio. Dessa forma, o exemplo demonstra o segundo teorema da economia do bem-estar. Podemos utilizar a

mesma abordagem para ilustrar o primeiro teorema. Suponha, novamente, que as funções utilidade para pessoas A e B sejam aquelas dadas no exemplo.

a. Para cada indivíduo, mostre como sua demanda por x e y depende dos preços relativos desses dois bens e da dotação inicial que cada pessoa possui. Para simplificar a notação aqui, defina $p_y = 1$ e suponha que p represente o preço de x (relativamente ao de y). Logo, valor da, digamos, dotação inicial de A pode ser escrito como $p\bar{x}_A + \bar{y}_A$.
b. Use as condições de equilíbrio que a quantidade total demandada de bens x e y deve igualar as quantidades totais desses dois bens disponíveis (supondo 1.000 unidades cada) para resolver para a razão de preço de equilíbrio em função das dotações iniciais dos bens retido por cada pessoa (lembre-se de que as dotações iniciais também devem totalizar 1.000 por cada bem).
c. Para o caso $\bar{x}_A = \bar{y}_A = 500$, calcule o equilíbrio de mercado resultante e mostre que ele é Pareto eficiente.
d. Descreva, em termos gerais, como as mudanças nas dotações iniciais afetariam os preços de equilíbrio resultantes neste modelo. Ilustre suas conclusões com alguns exemplos numéricos.

10.14 Funções de bem-estar social e tributação de renda

A relação entre as funções de bem-estar social e a distribuição ótima das cargas tributárias individuais é complexa na economia do bem-estar. Neste problema, analisamos alguns elementos desta teoria. Ao longo do problema, supomos que existam m indivíduos na economia, e que cada indivíduo seja caracterizado por um nível de habilidade, a_i, que indique sua capacidade de obter renda. Sem perda de generalidade, suponha também que os indivíduos sejam ordenados pela capacidade crescente. A própria renda bruta é determinada pelo nível de habilidade e esforço, c_i, que pode ou não ser sensível à tributação. Ou seja, $I_i = I(a_i, c_i)$. Suponha também que o custo de utilidade do esforço seja dado por $\psi(c)$, $\psi' > 0$, $\psi'' < 0$, $\psi(0) = 0$. Por fim, o governo deseja escolher uma relação de impostos e transferências de renda, $T(I_i)$, que maximiza o bem-estar social sujeito a uma restrição orçamentária governamental que satisfaça $\sum_{i=1}^{m} T(I_i) = R$ (onde R é o montante necessário para financiar os bens públicos).

a. Suponha que a renda de cada indivíduo não seja afetada pelo esforço e que a utilidade de cada pessoa seja dada por $u_i[I_i - T(I_i) - \Psi(c)]$. Mostre que a maximização de uma função de bem-estar social de CES requer perfeita igualdade de renda independente da forma precisa dessa função. (*Observação:* Para alguns indivíduos $T(I_i)$ pode ser negativo.)
b. Suponha agora que as rendas dos indivíduos sejam afetadas pelo esforço. Mostre que os resultados da parte (a) ainda são mantidos caso o governo baseie a tributação de renda em a_i em vez de I_i.
c. Em geral, mostre que, se a tributação da renda se basear na renda observada, isso afetará o nível de esforço que os indivíduos realizam.
d. A caracterização da estrutura tributária ótima quando a renda é afetada pelo esforço é difícil e muitas vezes contraintuitiva. Diamond[25] mostra que a relação para a taxa marginal ótima pode ser em forma de U, com as taxas mais altas para pessoas de baixa e alta renda. Ele mostra que a taxa marginal da taxa máxima ótima é dada por

$$T'(I_{máx}) = \frac{(1 + e_{L,w})(1 - k_i)}{2e_{L,w} + (1 + e_{L,w})(1 - k_i)},$$

onde $k_i (0 \leq k_i \leq 1)$ é o peso relativo da pessoa de renda superior na função de bem-estar social e $e_{L,w}$ é a elasticidade da oferta de trabalho em relação à taxa de salário líquida de imposto. Experimente algumas simulações de possíveis valores para estes dois parâmetros e descreva qual deve ser a taxa marginal superior. Faça uma discussão intuitiva sobre esses resultados.

---

[25] P. Diamond, "Optimal Income Taxation: An Example with a U-Shaped Pattern of Optimal Marginal Tax Rates." *American Economic Review* (março de 1998): 83–93.

PARTE CINCO
PRECIFICAÇÃO EM MERCADOS DE INSUMOS

CAPÍTULO ONZE
Mercados de trabalho

Neste capítulo examinamos alguns aspectos do preço de insumo especificamente relacionado ao mercado de trabalho. Como já discutimos detalhadamente as questões sobre a demanda por trabalho (ou qualquer outro insumo) no Capítulo 8, aqui enfocaremos particularmente na análise da oferta de trabalho. Começamos examinando um modelo simples de maximização da utilidade que explica a oferta individual de horas de trabalho ao mercado de trabalho. Em seguida, as seções posteriores tratam de diversas generalizações desse modelo.

11.1 ALOCAÇÃO DO TEMPO

Na Parte 2, estudamos a forma pela qual um indivíduo escolhe alocar uma quantidade fixa de renda dentre uma variedade de bens disponíveis. Os indivíduos devem fazer escolhas semelhantes ao decidir como irão despender seu tempo. O número de horas em um dia (ou em um ano) é absolutamente fixo, e o tempo deve ser aproveitado à medida que ele "avança". Dada essa quantidade fixa de tempo, qualquer indivíduo deve decidir quantas horas trabalhar; quantas horas despender consumindo uma grande variedade de bens, estendendo-se desde carros e aparelhos de televisão a novelas; quantas horas destinar ao autossustento; e quantas horas dormir. Ao analisar como as pessoas escolhem dividir seu tempo entre essas atividades, os economistas conseguem entender a decisão de oferta de trabalho.

11.1.1 Modelo simples de dois bens

Para facilitar, começamos supondo que haja apenas duas utilizações nas quais um indivíduo possa destinar seu tempo – entrar no mercado de trabalho a uma taxa de salário real de w por hora ou não trabalhar. Devemos nos referir ao tempo sem trabalhar como "lazer", no entanto essa palavra não deve implicar qualquer conotação de ociosidade. O tempo não despendido no mercado de trabalho pode ser destinado ao trabalho doméstico, ao autoaperfeiçoamento ou ao consumo (reserva-se um tempo para assistir à televisão ou jogar boliche).[1] Todas essas atividades contribuem para o bem-estar individual, e o tempo será atribuído a elas no que se supõe ser uma forma de maximizar a utilidade.

---

[1] Talvez a primeira abordagem teórica formal da alocação do tempo tenha sido dada por G. S. Becker em "A Theory of the Allocation of Time", *Economic Journal* 75 (set. 1965): 493-517.

De forma mais específica, suponha que uma utilidade individual (U) durante um dia normal dependa do consumo durante esse período (c) e das horas de lazer desfrutadas (h):

$$\text{utilidade} = U(c, h). \tag{11.1}$$

Observe que, ao escrever essa função utilidade, utilizamos dois bens "compostos", consumo e lazer. Naturalmente, a utilidade é efetivamente derivada ao destinar a renda real e o tempo ao consumo de uma variedade de bens e serviços.[2] Ao procurar maximizar a utilidade, um indivíduo está sujeito a duas restrições. A primeira delas refere-se ao tempo que está disponível. Se supormos que l represente as horas de trabalho, então

$$l + h = 24. \tag{11.2}$$

Ou seja, o tempo diário deve ser alocado para o trabalho ou para o lazer (sem trabalho). Uma segunda restrição registra o fato de que um indivíduo pode adquirir itens de consumo apenas por meio do trabalho (posteriormente, neste capítulo, possibilitaremos a disponibilidade de renda não derivada do trabalho). Caso a taxa de salário real por hora que um indivíduo possa ganhar seja dada por w, então a restrição orçamentária seria dada por

$$c = wl. \tag{11.3}$$

Combinando as duas restrições, teríamos

$$c = w(24 - h) \tag{11.4}$$

ou

$$c + wh = 24w. \tag{11.5}$$

Essa restrição combinada expõe uma interpretação importante. Qualquer pessoa possui uma "renda integral" dada por $24w$. Ou seja, um indivíduo que trabalhou todo o tempo teria este tanto de domínio sobre os bens reais de consumo a cada dia. Os indivíduos podem despender sua renda integral trabalhando (para renda real e consumo) ou não trabalhando e, assim, desfrutando do lazer. A Equação 11.5 mostra que o custo de oportunidade do lazer é w por hora; ele é igual aos ganhos abdicados por não trabalhar.

11.1.2 Maximização da utilidade

O problema do indivíduo, portanto, é maximizar a utilidade sujeita à restrição da renda integral. Dada a expressão do lagrangiano

$$\mathcal{L} = U(c, h) + \lambda(24w - c - wh), \tag{11.6}$$

as condições de primeira ordem para um máximo são

$$\begin{aligned}\frac{\partial \mathcal{L}}{\partial c} &= \frac{\partial U}{\partial c} - \lambda = 0, \\ \frac{\partial \mathcal{L}}{\partial h} &= \frac{\partial U}{\partial h} - w\lambda = 0.\end{aligned} \tag{11.7}$$

---

[2] A produção de bens em domicílio recebeu uma atenção considerável, especialmente no momento em que diários com a alocação do tempo familiar tornaram-se disponíveis. Para revisão, consulte R. Granau, "The Theory of Home Production: The Past Ten Years" em J. T. Addison, Ed. *Recent Developments in Labor Economics*. (Cheltenham, UK: Elgar Reference Collection, 2007), v. 1, p. 235-43.

Dividindo as duas linhas na Equação 11.7, obtemos

$$\frac{\partial U/\partial h}{\partial U/\partial c} = w = MRS\,(c \text{ para } h). \tag{11.8}$$

Por isso, derivamos o seguinte princípio.

> **PRINCÍPIO DA OTIMIZAÇÃO**
>
> **Decisão da oferta de trabalho de maximização da utilidade.** Para maximizar a utilidade dada a taxa de salário real w, o indivíduo deve optar por trabalhar o número de horas cuja taxa marginal de substituição do consumo pelo lazer seja igual a w.

Certamente, o resultado derivado na Equação 11.8 é apenas uma condição necessária para um máximo. Como no Capítulo 4, essa tangência será um máximo verdadeiro desde que a *MRS* do consumo pelo lazer seja decrescente.

11.1.3 Efeitos renda e substituição de uma variação em *w*

Uma variação na taxa de salário real (w) pode ser analisada de uma forma idêntica à utilizada no Capítulo 5. Quando w aumenta, o "preço" do lazer torna-se maior: Uma pessoa deve renunciar mais em salários perdidos para cada hora consumida de lazer. Como resultado, o efeito substituição de um aumento em w sobre as horas de lazer será negativo. À medida que o lazer torna-se mais oneroso, existem justificativas para consumir menos dele. No entanto, o efeito renda será positivo – porque o lazer é um bem normal, a renda maior resultante de um w maior aumentará a demanda por lazer. Dessa forma, os efeitos renda e substituição operam em direções opostas. É impossível prever, *a priori*, se um aumento em w irá aumentar ou diminuir a demanda por lazer. Como o lazer e o trabalho são formas mutuamente exclusivas de despender o tempo de alguém, também é impossível prever o que acontecerá com o número de horas trabalhadas. O efeito substituição tende a aumentar as horas trabalhadas quando w aumenta, enquanto o efeito renda – porque ele aumenta a demanda por lazer – tende a diminuir o número de horas trabalhadas. Qual desses dois efeitos é o mais forte é uma questão empírica importante.[3]

11.1.4 Análise gráfica

As duas reações possíveis a uma variação em w são ilustradas na Figura 11.1. Em ambos os gráficos, o salário inicial é w_0, e as escolhas ótimas iniciais de c e h são dadas pelo ponto c_0, h_0. Quando a taxa de salário aumenta para w_1, a combinação ótima move-se para o ponto c_1, h_1. Esse movimento pode ser considerado o resultado de dois efeitos. O efeito substituição é representado pelo movimento do ponto ótimo de c_0, h_0 a S, e o efeito renda pelo movimento de S a c_1, h_1. Nos dois painéis da Figura 11.1, esses dois efeitos são combinados para produzir resultados diferentes. No painel (a), o efeito substituição de um aumento em w supera o efeito renda, e o indivíduo demanda menos lazer ($h_1 < h_0$). Outra forma de dizer isso é que o indivíduo irá trabalhar mais horas quando w aumentar.

No painel (b) da Figura 11.1 a situação é invertida. O efeito renda de um aumento em w mais do que compensa o efeito substituição, e a demanda por lazer aumenta ($h_1 > h_0$). O indivíduo trabalha menos horas quando w aumenta. Nos casos analisados no Capítulo 5, esse seria considerado um resultado atípico – quando o "preço" do lazer aumenta, o indivíduo demanda mais dele. Para o caso de bens de consumo normal, os efeitos renda e substituição operam na mesma direção. Somente para bens "inferiores" eles diferem em sinal. No entanto, no caso de lazer e trabalho, os efeitos substituição e renda sempre

---

[3] Se uma família é considerada a unidade de decisão relevante, então surgem questões ainda mais complexas sobre os efeitos renda e substituição de que variações nos salários de um membro de uma família terão no comportamento da força de trabalho de outros membros da família.

FIGURA 11.1 Efeitos renda e substituição de uma variação na taxa de salário real w

Como o indivíduo é um ofertante de trabalho, os efeitos renda e substituição de um aumento na taxa de salário real (w) operam em direções opostas de seus efeitos sobre as horas de lazer demandadas (ou sobre as horas de trabalho). Em (a) o efeito substituição (movimento para o ponto S) supera o efeito renda, e um salário mais alto causa a diminuição das horas de lazer para h_1. Portanto, as horas de trabalho aumentam. Em (b) o efeito renda é mais forte que o efeito substituição, e h aumenta para h_1. Neste caso, as horas de trabalho diminuem.

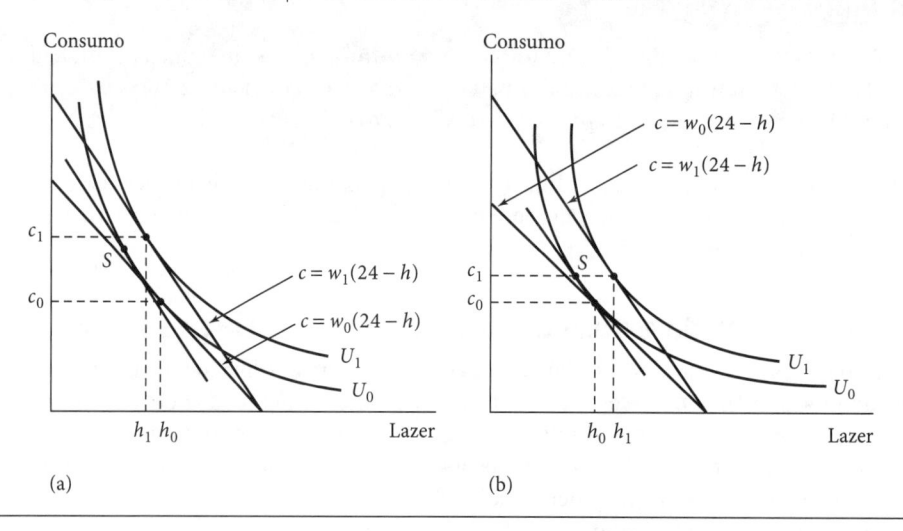

operam em direções opostas. Um aumento em w faz com que o indivíduo esteja em melhor situação porque ele é um *ofertante* de trabalho. No caso de um bem de consumo, os indivíduos são colocados em pior situação quando um preço aumenta porque eles são os *consumidores* desse bem. Podemos resumir essas análises como segue.

PRINCÍPIO DA OTIMIZAÇÃO

Efeitos renda e substituição de uma variação no salário real. Quando a taxa de salário real aumenta, um indivíduo que maximiza a utilidade pode aumentar ou diminuir as horas trabalhadas. O efeito substituição tenderá a aumentar as horas trabalhadas à medida que o indivíduo substitui lazer por ganhos que agora está relativamente mais oneroso, por ganhos. Por outro lado, o efeito renda tenderá a reduzir as horas trabalhadas à medida que o indivíduo usar seu aumento do poder aquisitivo para adquirir mais lazer.

Passamos, agora, a analisar um desenvolvimento matemático dessas respostas, que fornecem novas perspectivas sobre a decisão de oferta de trabalho.

11.2 ANÁLISE MATEMÁTICA DA OFERTA DE TRABALHO

Para derivar uma expressão matemática das decisões de oferta de trabalho, primeiramente, é conveniente retificar minimamente a restrição orçamentária para permitir a presença de uma renda não derivada do trabalho. Para tanto, reescrevemos a Equação 11.3 como

$$c = wl + n, \tag{11.9}$$

em que n é uma renda real não derivada do trabalho, e pode incluir itens como renda de dividendos e juros, recebimento de benefícios do governo ou simplesmente doações de terceiros. De fato, n pode representar os impostos *lump sum* pagos por esse indivíduo, em cujo caso seu valor seria negativo.

A maximização da utilidade sujeita a essa nova restrição orçamentária produziria resultados praticamente idênticos àqueles que já derivamos. Ou seja, a condição necessária para um máximo expressado na Equação 11.8 continuaria a manter-se na hipótese de que o valor de n não seja afetado pelas escolhas trabalho/lazer feitas; isto é, contanto que n seja uma receita ou perda de renda *lump sum*,[4] o único efeito de introduzir uma renda não derivada do trabalho na análise é deslocar as restrições orçamentárias na Figura 11.1 para fora ou para dentro de forma paralela sem afetar o *trade-off* entre os ganhos e o lazer.

Essa reflexão sugere que podemos expressar a função oferta de trabalho individual como $l(w, n)$ para indicar que o número de horas trabalhadas dependerá da taxa de salário real e do montante recebido da renda real não derivada do trabalho. Na hipótese de que o lazer seja um bem normal, $\partial l/\partial n$ será negativo; ou seja, um aumento em n aumentará a demanda por lazer e (como um dia possui apenas 24 horas) reduzirá l. Antes de analisar os efeitos do salário sobre a oferta de trabalho ($\partial l/\partial w$), supomos ser conveniente considerar o problema dual ao problema primário de maximização da utilidade individual.

11.2.1 Dual do problema da oferta de trabalho

Conforme mostramos no Capítulo 5, o dual do problema de maximização da utilidade individual é minimizar os gastos necessários para obter um dado nível de utilidade. Essa abordagem alternativa do problema produziu uma variedade de resultados úteis, e esse também é o caso para nosso modelo de oferta de trabalho. Neste caso, desejamos minimizar a renda não derivada do trabalho necessária para obter um determinado "objetivo" de utilidade. Ou seja, o problema da otimização individual é

$$\text{minimizar } n = c - wl = c - w(24 - h) \tag{11.10}$$
$$\text{sujeito a } U(c, h) = \overline{U} \tag{11.11}$$

A expressão do lagrangiano para esse problema de minimização é:

$$\mathcal{L}(c, h, \lambda) = c - w(24 - h) + \lambda[\overline{U} - U(c, h)]. \tag{11.12}$$

A condição de tangência para essa minimização é idêntica àquela mostrada na Equação 11.8 (verifique isso você mesmo). Nesse caso, a função valor para o problema mostra a renda mínima não derivada do trabalho necessária para obter o dado nível de utilidade como uma função do salário e desse nível de utilidade meta – $n^*(w, U)$. Aplicando-se o teorema do envelope a essa função valor mostra que:

$$\frac{dn^*(w, U)}{dw} = \frac{\partial \mathcal{L}}{\partial w} = -(24 - h) = -l^c(w, U), \tag{11.13}$$

em que a notação $l^c(w, U)$ exprime a ideia de que essa derivada produz uma função de oferta de trabalho "compensada" que nos permite manter a utilidade constante enquanto examinamos o efeito das variações do salário sobre a oferta de trabalho. A equação possui uma intuição clara – para um pequeno aumento no salário, a renda não derivada do trabalho necessária para obter determinado

---

[4] Contudo, em diversas situações, o próprio n pode depender das decisões de oferta de trabalho. Por exemplo, o valor dos benefícios de bem-estar ou do desemprego que uma pessoa pode receber depende de seus ganhos, assim como o valor dos impostos pagos sobre a renda. Em tais casos, a inclinação da restrição orçamentária individual não será mais refletida pelo salário real, porém, em vez disso, deve refletir o rendimento *líquido* ao trabalho adicional após considerar o aumento de impostos e as reduções nos pagamentos de transferência. Para obter alguns exemplos, consulte os problemas no final deste capítulo.

objetivo de utilidade diminui pelo número de horas que essa pessoa trabalha vezes a variação no salário.

11.2.2 Equação de Slutsky para a oferta de trabalho

Agora, podemos utilizar esse resultado para derivar a equação de Slutsky para a função oferta de trabalho não compensada, $l(w, n)$. No equilíbrio, as horas de trabalho ofertadas são idênticas sob as noções compensada e não compensada da oferta de trabalho:

$$l^c(w, U) = l(w, n) = l[w, n(w, U)]. \tag{11.14}$$

A diferenciação parcial dessa equação em relação ao salário, w, produz:

$$\frac{\partial l^c(w,U)}{\partial w} = \frac{\partial l(w,n)}{\partial w} + \frac{\partial l(w,n)}{\partial n} \cdot \frac{\partial n(w,U)}{\partial w} = \frac{\partial l(w,n)}{\partial w} - l^c(w,U) \cdot \frac{\partial l(w,n)}{\partial n}. \tag{11.15}$$

Reorganizando os termos, temos:

$$\frac{\partial l(w,n)}{\partial w} = \frac{\partial l^c(w,U)}{\partial w} + l^c(w,U)\frac{\partial l(w,n)}{\partial n}. \tag{11.16}$$

Essa é a decomposição de Slutsky do efeito de uma variação no salário sobre a oferta de trabalho. Ela mostra por que o sinal desse efeito é ambíguo. O primeiro termo à direita da Equação 11.16 é o efeito substituição – se mantermos a utilidade constante, um aumento no salário deve aumentar a oferta de trabalho por causa da convexidade da curva de indiferença consumo/lazer. No entanto, o segundo termo à direita da Equação 11.15 é negativo porque $\partial l(w, n)/\partial n$ é negativo. Esse é o efeito renda – um salário mais alto fornece uma renda real maior, e um pouco dessa renda será "gasta" no aumento do lazer (oferta de trabalho reduzida). Logo, como uma proposição geral, não podemos dizer se um aumento no salário apresenta um efeito positivo ou negativo na quantidade de trabalho ofertado. No entanto, evidências empíricas tendem a sugerir que o efeito da renda não derivada do trabalho sobre a oferta de trabalho é relativamente pequeno e, portanto, que o efeito substituição positivo na Equação 11.16 domina o efeito renda negativo. Assim, na maioria dos casos, podemos supor que a curva de oferta de trabalho seja positivamente inclinada, embora isso não seja unanimemente verdadeiro.

EXEMPLO 11.1 Funções oferta de trabalho

As funções de oferta de trabalho individual podem ser construídas a partir das funções utilidade subjacentes de forma equivalente à construção das funções de demanda na Parte 2. Aqui, começaremos com um tratamento razoavelmente estendido de um caso simples de Cobb-Douglas e, em seguida, fornecer um breve resumo da oferta de trabalho com utilidade CES.

1. Utilidade Cobb-Douglas. Suponha que a função utilidade individual para consumo, c, e lazer, h, seja dado por

$$U(c, h) = c^\alpha h^\beta, \tag{11.17}$$

e, por simplicidade, suponha que $\alpha + \beta = 1$. Essa pessoa é restringida por duas equações: (1) uma restrição de renda que mostra como o consumo pode ser custeado,

$$c = wl + n, \tag{11.18}$$

e (2) uma restrição de tempo total

$$l + h = 1, \tag{11.19}$$

na qual estabelecemos, de forma arbitrária, o tempo disponível para ser 1. Ao combinar as restrições financeiras e de tempo em uma restrição de "renda integral", podemos chegar à seguinte expressão do lagrangiano para este problema de maximização da utilidade:

$$\mathscr{L} = U(c, h) + \lambda(w + n - wh - c) = c^\alpha h^\beta + \lambda(w + n - wh - c). \tag{11.20}$$

As condições de primeira ordem para um máximo são

$$\begin{aligned}\frac{\partial \mathscr{L}}{\partial c} &= \alpha c^{-\beta} h^\beta - \lambda = 0, \\ \frac{\partial \mathscr{L}}{\partial h} &= \beta c^\alpha h^{-\alpha} - \lambda w = 0, \\ \frac{\partial \mathscr{L}}{\partial \lambda} &= w + n - wh - c = 0.\end{aligned} \tag{11.21}$$

Dividindo o primeiro destes pelo segundo produz

$$\frac{\alpha h}{\beta c} = \frac{\alpha h}{(1 - \alpha)c} = \frac{1}{w} \quad \text{ou} \quad wh = \frac{1 - \alpha}{\alpha} \cdot c. \tag{11.22}$$

Logo, a substituição na restrição de renda integral produz os resultados familiares

$$\begin{aligned} c &= \alpha(w + n), \\ h &= \frac{\beta(w + n)}{w}. \end{aligned} \tag{11.23}$$

Em palavras, essa pessoa gasta uma fração fixa, α, de sua renda integral $(w + n)$ em consumo e a fração complementar, $\beta = 1 - \alpha$, em lazer (que custa w por unidade). A função oferta de trabalho de obra para essa pessoa é dada por

$$l(w, n) = 1 - h = (1 - \beta) - \frac{\beta n}{w}. \tag{11.24}$$

2. Propriedades da função oferta de trabalho Cobb-Douglas. Essa função oferta de trabalho compartilha muitas das propriedades exibidas pelas funções demanda derivadas da utilidade Cobb-Douglas. Por exemplo, se $n = 0$, então $\partial l/\partial w = 0$ – essa pessoa sempre destina a proporção $1 - \beta$ do seu tempo ao trabalho, independentemente da taxa de salário. Os efeitos renda e substituição de uma variação em w são precisamente compensados neste caso, exatamente como são com os efeitos preço cruzado nas funções demanda Cobb-Douglas.

Por outro lado, se $n > 0$, então $\partial l/\partial w > 0$. Quando existe uma renda positiva não derivada do trabalho, essa pessoa despende βn dela em lazer. Contudo, o lazer "custa" w por hora, portanto, um aumento no salário significa que menos horas de lazer podem ser adquiridas. Assim, um aumento em w aumenta a oferta de trabalho.

Por fim, observe que $\partial l/\partial n < 0$. Um aumento na renda não derivada do trabalho permite que essa pessoa adquira mais lazer, portanto a oferta de trabalho diminui. Uma interpretação desse resultado é que os programas de transferência (tais como benefícios de bem-estar ou compensações por desemprego) reduzem a oferta de trabalho. Outra interpretação é que a tributação *lump sum* aumenta a oferta de trabalho. Porém, os programas existentes de tributos e transferência raramente são *lump sum* – geralmente eles afetam as taxas de salário líquido também. Por isso, qualquer previsão precisa requer uma visão detalhada de como esses programas afetam a restrição orçamentária.

3. Oferta de trabalho CES. Nas Aplicações do Capítulo 4, derivamos a forma geral para as funções demanda geradas a partir de uma função utilidade CES (elasticidade de substituição constante). Podemos aplicar essa derivação diretamente aqui para analisar a oferta de trabalho CES. Especificamente, se a utilidade for dada por

$$U(c,h) = \frac{c^\delta}{\delta} + \frac{h^\delta}{\delta}, \quad (11.25)$$

então as equações de participação orçamentária são dadas por

$$s_c = \frac{c}{w+n} = \frac{1}{1+w^\kappa},$$
$$s_h = \frac{wh}{w+n} = \frac{1}{1+w^{-\kappa}}, \quad (11.26)$$

em que $\kappa = \delta/(\delta - 1)$. Solucionando explicitamente para a demanda por lazer temos

$$h = \frac{w+n}{w+w^{1-\kappa}} \quad (11.27)$$

e

$$l(w,n) = 1 - h = \frac{w^{1-\kappa} - n}{w + w^{1-\kappa}}. \quad (11.28)$$

Talvez seja mais fácil explorar as propriedades dessa função observando alguns exemplos. Se $\delta = 0{,}5$ e $\kappa = -1$, a função oferta de trabalho é

$$l(w,n) = \frac{w^2 - n}{w + w^2} = \frac{1 - n/w^2}{1 + 1/w}. \quad (11.29)$$

Se $n = 0$, então claramente $\partial l/\partial w > 0$; por causa do grau relativamente alto de substituibilidade entre consumo e lazer, nesta função de utilidade, o efeito substituição de um salário mais alto supera o efeito renda. Por outro lado, se $\delta = -1$ e $\kappa = 0{,}5$, então a função oferta de trabalho é

$$l(w,n) = \frac{w^{0,5} - n}{w + w^{0,5}} = \frac{1 - n/w^{0,5}}{1 + w^{0,5}}. \quad (11.30)$$

Agora (quando $n = 0$) $\partial l/\partial w < 0$; como existe um menor grau de substituibilidade na função utilidade, o efeito renda supera o efeito substituição na oferta de trabalho.[5]

PERGUNTA: Por que o efeito da renda não derivada do trabalho no caso CES depende da substituibilidade de consumo/lazer na função utilidade?

---

[5] No caso Cobb-Douglas ($\delta = 0$, $\kappa = 0$), o resultado participação-constante (para $n = 0$) é dado por $l(w,n) = (w-n)/2w = 0{,}5 - n/2w$.

11.3 CURVA DE OFERTA DE TRABALHO DE MERCADO

Podemos traçar uma curva para a oferta de trabalho de mercado com base nas decisões de oferta de trabalho individual. A cada taxa de salário possível somamos a quantidade de trabalho oferecida por cada indivíduo para chegar ao total do mercado. Um aspecto particularmente interessante desse procedimento é que, à medida que a taxa de salário aumenta, mais indivíduos podem ser induzidos a entrar na força de trabalho. A Figura 11.2 ilustra essa possibilidade para o caso simples de duas pessoas. Para um salário real abaixo de w_1, nenhum indivíduo escolhe trabalhar. Consequentemente, a curva de oferta de trabalho do mercado (Figura 11.2c) mostra que nenhum trabalho é ofertado a um salário real abaixo de w_1. Um salário em excesso de w_1 faz com que o indivíduo 1 entre no mercado de trabalho. No entanto, contanto que os salários fiquem aquém de w_2, o indivíduo 2 não irá trabalhar. Somente a uma taxa de salário acima de w_2 ambos os indivíduos participarão no mercado de trabalho. Em geral, a possibilidade de entrada de novos trabalhadores faz com que a oferta de trabalho do mercado seja, de certa forma, mais reativa aos aumentos nas taxas de salário do que seria na hipótese de o número de trabalhadores ser fixo.

O exemplo mais importante de taxa de salário mais altas que induz o aumento da participação na força de trabalho é o comportamento da força de trabalho de mulheres casadas, nos Estados Unidos, no período após a Segunda Guerra Mundial. Desde 1950, a porcentagem de mulheres casadas que trabalham aumentou de 32% para mais de 65%; os economistas atribuem isso, pelo menos em parte, aos salários crescentes que as mulheres são capazes de ganhar.

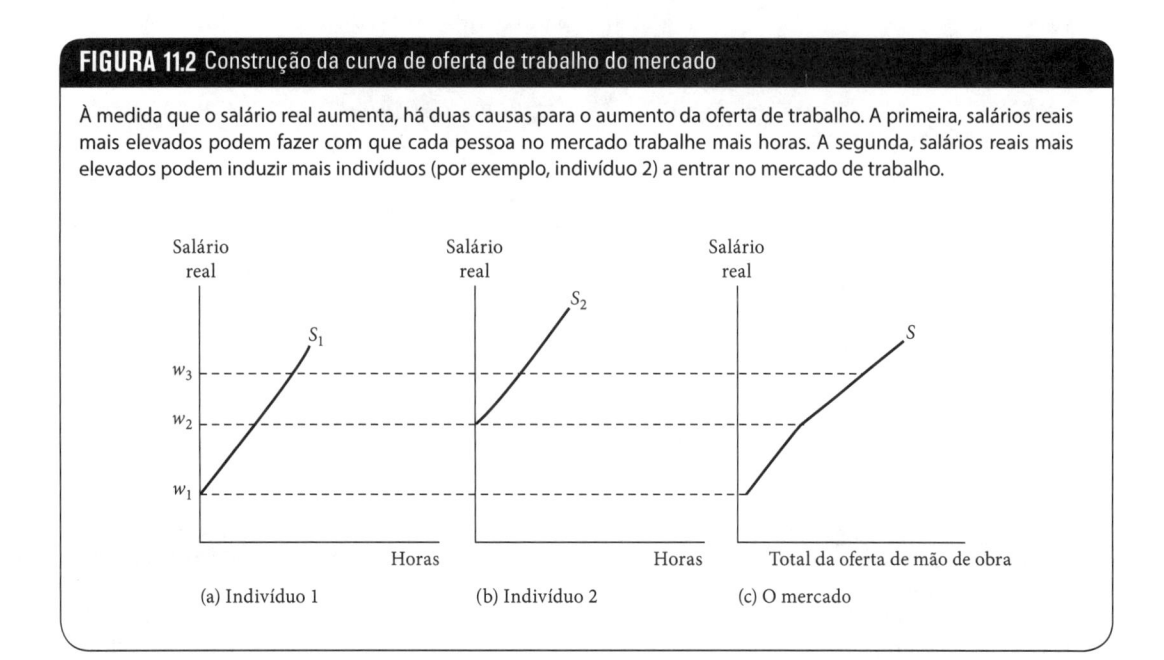

FIGURA 11.2 Construção da curva de oferta de trabalho do mercado

À medida que o salário real aumenta, há duas causas para o aumento da oferta de trabalho. A primeira, salários reais mais elevados podem fazer com que cada pessoa no mercado trabalhe mais horas. A segunda, salários reais mais elevados podem induzir mais indivíduos (por exemplo, indivíduo 2) a entrar no mercado de trabalho.

(a) Indivíduo 1   (b) Indivíduo 2   (c) O mercado

11.4 EQUILÍBRIO NO MERCADO DE TRABALHO

O equilíbrio no mercado de trabalho é estabelecido por meio da interação das decisões de oferta de trabalho individual com as decisões das empresas acerca da quantidade de trabalho que será contratada. Esse processo é ilustrado no diagrama familiar de oferta/demanda na Figura 11.3. A uma taxa de salário real de w^*, a quantidade de trabalho demandado pelas empresas é precisamente correspondente à quantidade ofertada pelos indivíduos. Um salário real superior a w^* criaria um desequilíbrio em que a quantidade de trabalho ofertada é maior que a quantidade demandada. Haveria algum desemprego involuntário a tal salário, e isso pode criar uma pressão para que o salário real diminua. Da mesma forma, um salário real inferior a w^* resultaria em um comportamento de desequilíbrio porque as empresas desejariam contratar mais trabalhadores do que os disponíveis. No anseio por contratar trabalhadores, as empresas podem aumentar os salários reais para restaurar o equilíbrio.

As possíveis causas dos desequilíbrios no mercado de trabalho são um tema importante em macroeconomia, especialmente em relação ao ciclo econômico. As falhas visíveis do mercado para ajustar-se às variações nos equilíbrios foram imputadas aos salários reais "rígidos", expectativas imprecisas de trabalhadores ou empresas em relação ao nível de preços, o impacto dos programas do governo de seguro de desemprego, legislações trabalhistas e salários mínimos e decisões intertemporais de trabalho pelos trabalhadores. Encontraremos algumas dessas aplicações, mais adiante, neste capítulo e no Capítulo 12.

Os modelos de equilíbrio do mercado de trabalho também podem ser usados para analisar uma série de questões sobre a política tributária e regulatória. Por exemplo, a modelagem de equilíbrio parcial de incidência tributária ilustrada no Capítulo 9 pode ser facilmente adaptada à análise dos encargos trabalhistas. Uma possibilidade interessante que surge na análise dos mercados de trabalho é que uma determinada intervenção política pode deslocar as funções de demanda e oferta – uma possibilidade que examinamos no Exemplo 11.2.

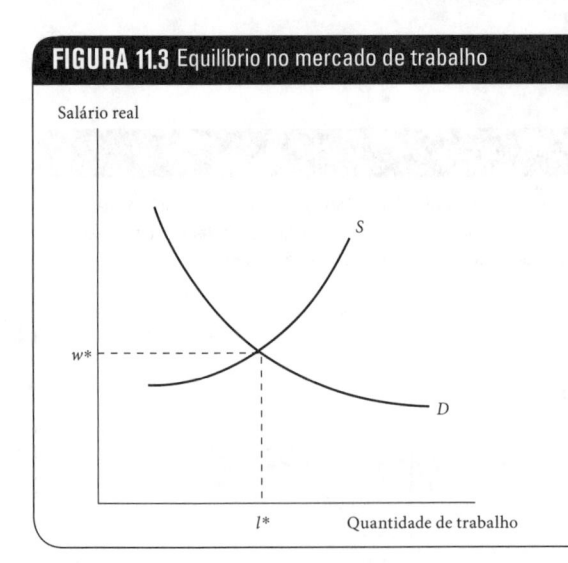

FIGURA 11.3 Equilíbrio no mercado de trabalho

Um salário real de w^* cria um equilíbrio no mercado de trabalho com um nível de emprego de l^*.

EXEMPLO 11.2 Benefícios obrigatórios

Uma série de novas leis obrigaram os empregadores a conceder benefícios especiais aos seus funcionários como plano de saúde, licença remunerada ou acordo mínimo de rescisão. O efeito de tais obrigações sobre o equilíbrio no mercado de trabalho depende principalmente de como os benefícios são avaliados pelos trabalhadores. Suponha que, antes da implementação de um benefício, a oferta e a demanda de trabalho sejam dadas por

$$l_S = a + bw,$$
$$l_D = c - dw. \tag{11.31}$$

Definir $l_S = l_D$ produz um salário de equilíbrio de

$$w^* = \frac{c-a}{b+d}. \tag{11.32}$$

Agora, suponha que o governo obrigue que todas as empresas concedam um benefício específico a seus funcionários, e que esse benefício custe t por unidade de trabalho contratado. Portanto, os custos unitários de trabalho aumentam para $w + t$. Suponha também que o novo benefício tenha um valor monetário para os funcionários de k por unidade de trabalho ofertada – logo, a remuneração líquida do trabalho aumenta para $w + k$. Então, o equilíbrio no mercado de trabalho exige que

$$a + b(w+k) = c - d(w+t). \tag{11.33}$$

Um pouco de manipulação dessa expressão mostra que

$$w^{**} = \frac{c-a}{b+d} - \frac{bk+dt}{b+d} = w^* - \frac{bk+dt}{b+d}. \tag{11.34}$$

Se os funcionários não obterem nenhum valor do benefício obrigatório ($k = 0$), então o benefício é tido apenas como um imposto sobre emprego: Os funcionários pagam uma parte do imposto dado pela razão $d/(b+d)$, e a quantidade de trabalho contratado de equilíbrio diminui. Resultados qualitativamente semelhantes ocorrerão enquanto $k < t$. Por outro lado, se os funcionários valorizam o benefício precisamente ao seu custo ($k = t$), então o novo salário diminui exatamente pelo montante desse custo ($w^{**} = w^* - t$) e o nível de equilíbrio do emprego não varia. Por fim, se os funcionários valorizam o benefício além do que ele custa à empresa concedê-lo ($k > t$ – a situação em que se pode imaginar por que o benefício ainda não havia sido concedido), então o salário de equilíbrio diminuirá além do que o benefício custa e o emprego dá equilíbrio.

PERGUNTA: Como você construiria o gráfico dessa análise? Suas conclusões dependeriam do uso de funções de oferta e demanda lineares?

11.5 VARIAÇÃO NO SALÁRIO

O equilíbrio do mercado de trabalho ilustrado na Figura 11.3 sugere que existe um único salário de equilíbrio de mercado estabelecida pelas decisões de oferta da família e das demandas das empresas. Em uma análise mesmo superficial dos mercados de trabalho sugere que essa concepção seja muito simplista. Mesmo em uma única região geográfica, os salários variam consideravelmente entre os trabalhadores, talvez por um múltiplo de 10, ou mesmo 50. Certamente, tal variação provavelmente apresenta uma justificativa do tipo oferta/demanda, mas as possíveis causas para os diferenciais são ofuscadas ao supor que os salários sejam determinados em um único mercado. Nesta seção, analisamos as três principais causas das diferenças salariais: (1) capital humano; (2) diferenças salariais compensatórias; e (3) incerteza na busca de emprego. Nas seções finais do capítulo, analisamos um quarto conjunto de causas – a concorrência imperfeita no mercado de trabalho.

11.5.1 Capital humano

Os trabalhadores variam, de forma significativa, em habilidades e outras qualidades que aplicam ao trabalho. Como as empresas pagam os salários proporcionais aos valores das produtividades dos trabalhadores, tais diferenças podem claramente levar a acentuadas diferenças nos salários. Ao estabelecer uma analogia direta ao capital "físico" adotado pelas empresas, os economistas[6] referem-se a tais diferenças como diferenças no "capital humano". Esse capital pode ser acumulado de várias formas pelos trabalhadores. A educação básica e fundamental, muitas vezes, fornece o alicerce para o capital humano – as habilidades básicas aprendidas na escola torna possível a maioria das outras aprendizagens. A educação formal após o ensino médio também pode fornecer uma variedade de habilidades relacionadas ao trabalho. Os cursos universitários oferecem diversas habilidades gerais e as escolas profissionalizantes fornecem habilidades específicas para ingressar em profissões específicas. Outros tipos de educação formal também podem potencializar o capital humano, muitas vezes por meio de treinamento em tarefas específicas. Naturalmente, a educação básica e fundamental é obrigatória em diversos países, todavia o ensino superior geralmente é facultativo, e, dessa forma, cursá-lo pode ser mais favorável à análise econômica. Em particular, os métodos gerais para analisar o investimento de uma empresa no capital físico (consulte Capítulo 12) foram amplamente aplicados à análise dos investimentos individuais no capital humano.

Os funcionários também podem adquirir habilidades no trabalho. À medida que adquirem experiência, sua produtividade aumentará e, teoricamente, serão mais bem pagos. As habilidades adquiridas no trabalho podem, às vezes, ser transferíveis a outros possíveis empregos. Adquirir tais habilidades é semelhante à aquisição de uma educação formal e, portanto, é denominada *capital humano geral*. Em outros casos, as habilidades adquiridas em um emprego podem ser bastante específicas para um determinado emprego ou empregador. Essas habilidades são denominadas *capital humano específico*. Como o Exemplo 11.3 mostra, as consequências econômicas desses dois tipos de investimento em capital humano podem ser totalmente diferentes.

EXEMPLO 11.3 Capital humano geral e específico

Suponha que uma empresa e um funcionário estejam ingressando em uma relação de emprego de dois períodos. No primeiro período, a empresa deve decidir quanto pagar ao trabalhador (w_1) e quanto investir em capital humano geral (g) e específico (s) para este funcionário. Suponha que o valor do produto marginal do funcionário seja v_1, no primeiro período. No segundo período, o valor do produto marginal do funcionário é dado por:

$$v_2(g, s) = v_1 + v^g(g) + v^s(s), \tag{11.35}$$

em que v^g e v^s representam o aumento no capital humano como resultado dos investimentos da empresa no primeiro período. Suponha também que ambos os investimentos sejam rentáveis de modo que $v^g(g) > p_g g$ e $v^s(s) > p_s s$ (em que p_g e p_s são os preços por unidade em fornecer diferentes tipos de habilidades). Os lucros[7] da empresa são dados por

$$\pi_1 = v_1 - w_1 - p_g g - p_s s \tag{11.36}$$
$$\pi_1 = v_1 + v^g(g) + v^s(s) - w_2$$
$$\pi = \pi_1 + \pi_2 = 2v_1 + v^g(g) - p_g g + v^s(s) - p_s s - w_1 - w_2$$

em que w_2 é o salário do segundo período pago ao funcionário. Nesta situação contratual, o funcionário deseja maximizar $w_1 + w_2$, e a empresa deseja maximizar os lucros dos dois períodos.

---

[6] O uso generalizado do termo *capital humano* é geralmente atribuído ao economista americano T. W. Schultz. Um importante trabalho pioneiro no campo é de G. Becker, *Human Capital: A Theoretical and Empirical Analysis with Special Reference to Education* (NovaYork: National Bureau of Economic Research, 1964).

[7] Por simplicidade, não descontamos os lucros futuros aqui.

A concorrência no mercado de trabalho desempenhará um papel importante no contrato escolhido nesta situação porque o funcionário sempre pode escolher trabalhar em outro lugar. Se ele for pago o produto marginal neste emprego alternativo, os salários alternativos devem ser $\overline{w}_1 = v_1$ e $\overline{w}_2 = v_1 + v^g(g)$. Observe que os investimentos no capital humano geral aumentam a taxa de salário alternativa do funcionário, no entanto os investimentos no capital humano específico não porque, por definição, essas habilidades são inúteis em outros empregos. Se a empresa estabelecer salários iguais a essas alternativas, os lucros são dados por

$$\pi = v^s(s) - p_g g - p_s s \qquad (11.37)$$

e a escolha ótima da empresa é estabelecer $g = 0$. Evidentemente, se a empresa não puder obter qualquer retorno sobre seu investimento em capital humano geral, sua decisão de maximizar o lucro é abster-se de tal investimento.

No entanto, do ponto de vista do funcionário, essa decisão não seria ótima. Ele exigiria um salário mais elevado com tal capital humano adicional. Consequentemente, o funcionário pode optar por pagar por sua própria aquisição de capital humano geral, submetendo-se a uma redução no salário do primeiro período. Logo, os salários totais são dados por

$$w = w_1 + w_2 = 2\overline{w}_1 + v^g(g) - p_g g, \qquad (11.38)$$

e a condição de primeira ordem para um g ótimo para o funcionário é $\partial v^g(g)/\partial g = p_g$. Observe que é a mesma condição de otimização que prevaleceria se a empresa pudesse capturar todos os ganhos de seu investimento em capital humano geral. Observe também que o funcionário não poderia optar por esse contrato ótimo se as restrições legislativas (como a lei do salário mínimo) evitassem que ele pagasse o investimento de capital humano com salários mais baixos do primeiro período.

A condição de primeira ordem da empresa para uma escolha de maximização de lucro para s segue imediatamente a partir da Equação 11.37 – $\partial v^s(s)/\partial s = p_s$. No entanto, uma vez que a empresa faz esse investimento, ela deve decidir como, se for possível, o aumento no valor do produto marginal deve ser compartilhado com o funcionário. Essa é, em última análise, uma questão de barganha. O funcionário pode ameaçar deixar a empresa a menos que ele obtenha uma parcela do produto marginal aumentado. Por outro lado, a empresa pode ameaçar investir pouco em capital humano específico, a menos que o funcionário garanta permanecer no emprego. Uma série de resultados parece plausível dependendo do sucesso das estratégias de barganha empregadas pelas duas partes.

PERGUNTA: Suponha que a empresa ofereça conceder uma parcela do produto marginal aumentado dado por $\alpha v^s(s)$ para o funcionário (em que $0 \le \alpha \le 1$). Como isso afetaria o investimento da empresa em s? Como esse compartilhamento pode afetar a barganha salarial em períodos futuros?

Um último tipo de investimento em capital humano pode ser mencionado – investimentos em saúde. Tais investimentos podem ocorrer de diversas maneiras. Os indivíduos podem adquirir cuidados preventivos para proteger-se contra doenças, eles podem adotar outras medidas (como fazer exercícios) com o mesmo objetivo, ou podem adquirir cuidados médicos caso tenham contraído uma doença.

Todas essas ações são destinadas a aumentar o "capital de saúde" de uma pessoa (que é um componente do capital humano). Existe uma vasta evidência de que tal capital compensa em termos de aumento da produtividade; de fato, as próprias empresas podem desejar investir em tal capital pelos fatores descritos no Exemplo 11.3.

Todos os componentes do capital humano possuem certas características que os diferenciam dos tipos de capital físico, também utilizados no processo de produção. Primeiro, a aquisição de capital humano é, muitas vezes, um processo demorado. Frequentar a escola, inscrever-se em um programa de capacitação profissional ou mesmo exercitar-se diariamente pode levar muitas horas, e essas horas geralmente apresentam custos de oportunidade significativos para os indivíduos. Por conseguinte, a aquisição de capital humano é frequentemente analisada como parte do mesmo processo de alocação de tempo que consideramos anteriormente, neste capítulo. Segundo, o capital humano, uma vez obtido, não pode ser vendido. Ao contrário do proprietário de uma máquina, o proprietário do capital humano só pode arrendar esse capital para outros — o proprietário não pode vender completamente o capital. Por isso, o capital humano é talvez a forma mais ilíquida em que se pode manter os ativos. Por fim, o capital humano deprecia-se de forma peculiar. De fato, os trabalhadores podem perder habilidades à medida que envelhecem ou se estão desempregados por muito tempo. Todavia, a morte de um trabalhador constitui uma perda abrupta de todo o capital humano. Isso, com a sua iliquidez, torna os investimentos de capital humano bastante arriscados.

11.5.2 Diferenciais salariais compensatórios

As diferenças nas condições de trabalho são outras razões pelas quais os salários podem diferir entre os trabalhadores. De modo geral, imagina-se que os trabalhos em um ambiente agradável paguem menos (para um dado conjunto de habilidades) e os trabalhos com matéria suja ou perigosa paguem mais. Nesta seção, analisamos como esses diferenciais salariais compensatórios podem surgir em mercados de trabalho competitivos.

Considere, primeiramente, a disponibilidade de uma empresa em propiciar boas condições de trabalho. Suponha que o produto da empresa seja uma função de mão de obra contratada (l) e amenidades fornecidas para seus funcionários (A). Logo, $q = f(l, A)$. Supomos que as próprias amenidades sejam produtivas ($f_A > 0$) e apresentem produtividade marginal decrescente ($f_{AA} < 0$). Os lucros da empresa são

$$\pi(l, A) = pf(l, A) - wl - p_A A, \qquad (11.39)$$

em que p, w e p_A são, respectivamente, o preço do produto da empresa, a taxa de salário paga e o preço das amenidades. Para um salário fixo, a empresa pode escolher os níveis de maximização de lucro para seus dois insumos l^* e A^*. O equilíbrio resultante terá diferentes níveis de amenidades entre as empresas porque essas amenidades terão diferentes produtividades em diferentes aplicações (trabalhadores felizes podem ser importantes para as vendas no varejo, mas não para a gestão de refinarias de petróleo). Contudo, neste caso, os níveis salariais serão determinados independentemente das amenidades.

Agora, considere a possibilidade de que os níveis salariais possam variar em resposta às amenidades oferecidas no trabalho. Particularmente, suponha que o salário efetivamente pago por uma empresa seja dado por $w = w_0 - k(A - A^*)$, no qual k representa o preço implícito de uma amenidade – um preço implícito que será determinado no mercado (como mostraremos). Dada essa possibilidade, os lucros da empresa são dados por

$$\pi(l, A) = pf(l, A) - [w_0 - k(A - A^*)]l - p_A A \qquad (11.40)$$

e a condição de primeira ordem para uma escolha de maximização de lucro da amenidade é

$$\frac{\partial \pi}{\partial A} = pf_A + kl - p_A = 0 \text{ ou } pf_A = p_A - kl. \qquad (11.41)$$

Assim, a empresa apresentará uma "curva de oferta" positivamente inclinada para as amenidades em que um nível mais alto de k faz com que a empresa opte por fornecer mais amenidades aos seus funcionários (um fato derivado da suposta produtividade marginal decrescente das amenidades).

A avaliação de um funcionário em relação às amenidades no trabalho é derivada de sua função utilidade, $U(w, A)$. O funcionário escolherá entre as oportunidades de emprego de uma forma que maximize a utilidade sujeita à restrição orçamentária $w = w_0 - k(A - A^*)$. Como em outros modelos de maximização de utilidade, as condições de primeira ordem para este problema de maximização condicionada podem ser manipuladas para produzir:

$$MRS = \frac{U_A}{U_w} = k. \tag{11.42}$$

Ou seja, o funcionário escolherá um emprego que ofereça uma combinação de salários e amenidades para a qual sua MRS seja precisamente igual ao preço (implícito) das amenidades. Portanto, o processo de maximização da utilidade irá gerar uma "curva de demanda" negativamente inclinada para as amenidades (como função de k).

Um valor de equilíbrio de k pode ser determinado no mercado pela interação da curva de oferta agregada para as empresas e a curva de demanda agregada para os funcionários. Dado esse valor de k, os níveis reais das amenidades diferirão entre as empresas de acordo com as especificidades de suas funções de produção. Os indivíduos também terão conhecimento do preço implícito das amenidades ao alocarem-se entre os empregos. Aqueles com fortes preferências para amenidades optarão por empregos que as proporcionem, mas também aceitarão salários mais baixos no processo.

Inferir a medida em que a compensação desses diferenciais salariais explica a variação salarial no mundo real é complicado por causa dos diversos outros fatores que afetam os salários. Mais relevante, associar as amenidades às diferenças salariais sobre os indivíduos também deve considerar as possíveis diferenças de capital humano entre esses funcionários. A simples observação de que alguns trabalhos desagradáveis não parecem pagar muito bem não é necessariamente uma evidência contra a teoria dos diferenciais salariais compensatórios. A presença ou ausência de tais diferenciais só pode ser determinada pela comparação dos funcionários com os mesmos níveis de capital humano.

11.5.3 Busca de emprego

As diferenças salariais também podem surgir a partir de diferenças no sucesso que os trabalhadores obtêm em encontrar boas propostas de emprego. A dificuldade principal é que o processo de busca de emprego envolve a incerteza. Os trabalhadores novos na força de trabalho podem ter pouca ideia de como encontrar trabalho. Os trabalhadores que foram demitidos de empregos enfrentam problemas especiais, em parte porque perdem os retornos do capital humano específico que acumularam, a menos que consigam encontrar outro emprego que use essas habilidades. Portanto, nesta seção, analisaremos brevemente as formas pelas quais os economistas tentaram modelar o processo de busca de emprego.

Suponha que o processo de busca de emprego prossiga da seguinte forma. Um indivíduo seleciona os empregos disponíveis um de cada vez, entrando em contato com um potencial empregador ou talvez sendo chamado para uma entrevista. O indivíduo não sabe qual salário será oferecido pelo empregador até que seja feito o contato (o "salário" oferecido também pode incluir o valor de benefícios adicionais ou as amenidades no trabalho). Antes de entrar em contato, o candidato à vaga de emprego sabe que o mercado de trabalho reflete uma distribuição de probabilidade sobre os salários potenciais. Essa função de densidade de probabilidade (consulte Capítulo 2) dos salários potenciais é dada por $f(w)$. O candidato à vaga de emprego gasta um montante c em cada contato com o empregador.

Uma forma de abordar a estratégia do candidato à vaga de emprego é argumentar que ele deve escolher o número de contatos do empregador (n) para o qual o benefício marginal da busca adicional (e, possivelmente, encontrar um salário mais alto) seja igual ao custo marginal da contato adicional. Como a busca é sujeita a rendimentos decrescentes,[8] geralmente existirá um n^* ótimo, embora seu valor

---

[8] A probabilidade de que um candidato à vaga de emprego encontre um salário alto específico, digamos, w_0, pela primeira vez no n-ésimo contato com o empregador é dado por $[F(w_0)]^{n-1}f(w_0)$ (em que $F(w)$ é a distribuição acumulada dos salários mostrando

dependa da forma precisa da distribuição salarial. Portanto, indivíduos com opiniões diferentes sobre a distribuição de salários potenciais podem adotar diferentes graus de busca e, em última instância, se contentar com taxas de salário diferentes.

Definir a intensidade de busca ótima, *a priori*, pode não ser a melhor estratégia nesta situação. Se um candidato à vaga de emprego identificar um trabalho especialmente atraente, digamos, no contato com o terceiro empregador, não faz mais sentido para ele continuar a procura. Uma estratégia alternativa seria estabelecer um "salário de reserva" e aceitar o primeiro emprego que ofereceu esse salário. Um salário de reserva ótima (w_r) é definido de modo que o ganho esperado do contato de mais de um empregador deve ser igual ao custo desse contato. Ou seja, w_r deve ser escolhido de modo que

$$c = \int_{w_r}^{\infty} (w - w_r)f(w)dw. \tag{11.43}$$

A Equação 11.43 deixa evidente que um aumento em c fará com que essa pessoa reduza seu salário de reserva. Assim sendo, as pessoas com altos custos de busca podem finalizar o processo de busca de emprego com salários baixos. De forma alternativa, as pessoas com baixos custos de busca (talvez porque a busca seja subsidiada pelos benefícios do desemprego) optarão por salários de reserva mais altos e possivelmente por salários futuros mais elevados, embora isso custe uma busca mais longa.

Ao analisar os aspectos relacionados à busca de emprego, a definição de equilíbrio no mercado de trabalho é posta em questão. A Figura 11.3 sugere que os mercados de trabalho funcionarão sem dificuldades, estabelecendo um salário de equilíbrio em que a quantidade de trabalho ofertada seja igual à quantidade demandada. Contudo, em um contexto dinâmico, é evidente que os mercados de trabalho enfrentam fluxos consideráveis para dentro e fora do emprego, e que pode haver fricções significativas envolvidas nesse processo. Os economistas desenvolveram uma série de modelos para explorar o que pode parecer o "equilíbrio" em um mercado com desemprego com busca, porém não debateremos isso aqui.[9]

11.6 MONOPSÔNIO NO MERCADO DE TRABALHO

Em diversas situações, as empresas não são tomadoras de preços para os insumos que adquirem. Ou seja, a curva de oferta para, digamos, o trabalho encontrado pela empresa não é infinitamente elástica à taxa de salário vigente. Muitas vezes, pode ser necessário que a empresa ofereça um salário acima do que está vigente para atrair mais funcionários. No intuito de analisar tais situações, é mais conveniente analisar o caso oposto do *monopsônio* (um único comprador) no mercado de trabalho. Se houver apenas um comprador no mercado de trabalho, essa empresa encontra toda a curva de oferta do mercado. Para aumentar sua contratação de mão de obra em mais uma unidade, deve mover-se para um ponto mais alto nesta curva de oferta. Isso implicará pagar não só um salário mais elevado para o "trabalhador marginal", mas também salários adicionais para os trabalhadores já empregados. Portanto, a despesa marginal associada à contratação da unidade extra de trabalho (ME_l) excede sua taxa de salário. Podemos demonstrar matematicamente esse resultado da seguinte forma. O custo total da mão de obra para a empresa é wl. Logo, a variação nesses custos provocados pela contratação de um trabalhador adicional é

$$ME_l = \frac{\partial wl}{\partial l} = w + l\frac{\partial w}{\partial l}. \tag{11.44}$$

---

a probabilidade de que os salários sejam menores ou igual ao dado nível; consulte o Capítulo 2). Assim, o salário máximo esperado após n contatos é $w_{máx}^n = \int_0^\infty [F(w)]^{n-1} f(w)w dw$. É uma questão bastante simples para mostrar que $w_{máx}^{n+1} - w_{máx}^n$ diminui à medida que n aumenta.

[9] Para obter um exemplo pioneiro, consulte P. Diamond, "Wage Determination and Efficiency in Search Equilibrium", *Review of Economic Studies* XLIX (1982): 217-27.

No caso competitivo, $\partial w/\partial l = 0$ e a despesa marginal sobre contratação de mais um trabalhador é simplesmente o salário do mercado, w. No entanto, se a empresa enfrenta uma curva de oferta de trabalho com inclinação positiva, então $\partial w/\partial l > 0$ e a despesa marginal excede o salário. Essas ideias estão resumidas na seguinte definição.

> **DEFINIÇÃO**
>
> **Despesa de insumo marginal.** A *despesa marginal* (ME) associada a qualquer insumo é o aumento nos custos totais do insumo que resulta da contratação de mais uma unidade. Se a empresa encontra uma curva de oferta para insumo positivamente inclinada, a despesa marginal excederá o preço de mercado do insumo.

A empresa que maximiza o lucro contratará qualquer insumo até o ponto no qual o produto da receita marginal seja exatamente igual à sua despesa marginal. Esse resultado é uma generalização da nossa discussão anterior sobre as escolhas marginalistas para abranger o caso do poder de monopsônio no mercado de trabalho. Como anteriormente, qualquer desvio de tais escolhas resultará em lucros menores para a empresa. Se, por exemplo, $MRP_l > ME_l$, então a empresa deveria contratar mais trabalhadores porque tal medida aumentaria as receitas mais do que os custos. Por outro lado, se $MRP_l < ME_l$, então o emprego deve ser reduzido porque isso reduziria os custos mais rapidamente do que as receitas.

11.6.1 Análise gráfica

A escolha do monopsonista do fator trabalho é ilustrada na Figura 11.4. A curva de demanda por trabalho da empresa (D) é traçada de forma negativamente inclinada, conforme mostramos que ela deve

FIGURA 11.4 Preços em um mercado de trabalho monopsonista

Se uma empresa enfrenta uma curva de oferta de inclinação positiva para trabalho (S), ela irá basear suas decisões na despesa marginal da contratação adicional (ME_l). Como S é positivamente inclinado, a curva ME_l encontra-se acima de S. A curva S pode ser considerada como o "custo médio da curva de trabalho" e a curva ME_l é marginal para S. Em l_1 a condição de equilíbrio $ME_l = MR_l$ é observada, e essa quantidade será contratada a uma taxa de salário de mercado de w_1. Observe que o monopsonista adquire menos trabalho do que seria adquirido se o mercado de trabalho fosse perfeitamente competitivo (l^*).

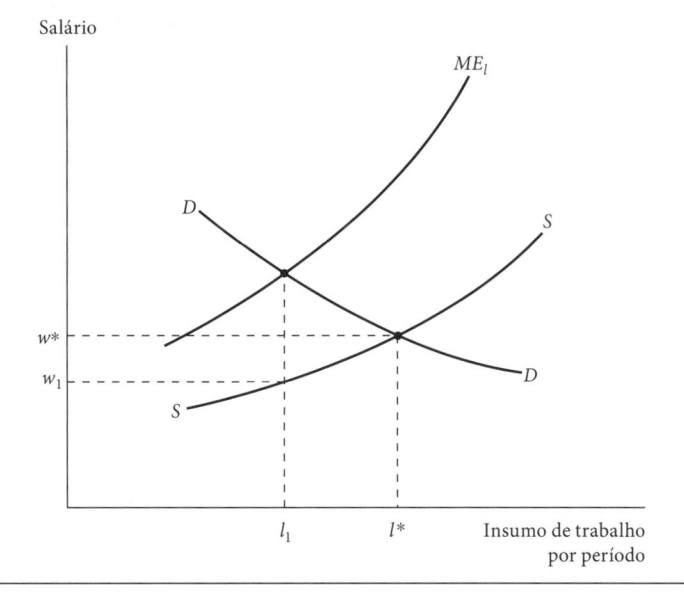

ser.[10] Aqui também a curva ME_l associada à curva de oferta de trabalho (S), é construída da mesma forma que a curva de receita marginal associada a uma curva de demanda pode ser construída. Como S é positivamente inclinada, a curva ME_l encontra-se acima de S em todos os pontos. O nível de insumo de trabalho de maximização de lucro para o monopsonista é dado por l_1, pois para esse nível de insumo a condição de maximização de lucro se mantém. Em l_1 a taxa de salário no mercado é dada por w_1. Observe que a quantidade de trabalho demandada é inferior àquela que seria contratada em um mercado de trabalho perfeitamente competitivo (l^*). A empresa restringiu a demanda de insumo em função de sua posição monopsonística no mercado. A "curva de demanda" para um monopsonista consiste em um único ponto dado por l_1, w_1. O monopsonista escolheu esse ponto como o mais desejável de todos os pontos na curva de oferta, S. Um ponto diferente não será escolhido a menos que alguma variação externa (como um deslocamento na demanda pelo produto da empresa ou uma mudança na tecnologia) afete o produto da receita marginal do trabalho.[11]

EXEMPLO 11.4 Contratação monopsonística

Para ilustrar esses conceitos em um contexto simples, suponha que os trabalhadores de uma mina de carvão possam extrair duas toneladas de carvão por hora, e o carvão seja vendido a $ 10 por tonelada. Portanto, o produto da receita marginal de um minerador de carvão é de $ 20 por hora. Se a mina de carvão é a única contratante de mineradores na região, e encontra uma curva de oferta de trabalho da forma

$$l = 50w, \quad (11.45)$$

então essa empresa deve reconhecer que suas decisões de contratação afetam os salários. Expressando o custo salarial total como função de l,

$$wl = \frac{l^2}{50}, \quad (11.46)$$

permite ao operador da mina (talvez apenas de forma implícita) calcular a despesa marginal associada à contratação dos mineradores:

$$ME_l = \frac{\partial wl}{\partial l} = \frac{l}{25}. \quad (11.47)$$

Equiparando isso ao produto da receita marginal dos mineradores de $ 20 sugere que o operador da mina deva contratar 500 trabalhadores por hora. Nesse nível de emprego, o salário será de $ 10 por hora – apenas metade do valor do produto da receita marginal dos trabalhadores. Se o operador da mina fosse forçado pela concorrência no mercado a pagar $ 20 por hora, independentemente do número de mineradores contratados, então o equilíbrio de mercado teria sido estabelecido em $l = 1,000$ em vez dos 500 contratados sob condições monopsonísticas.

PERGUNTA: Suponha que o preço do carvão aumente para $ 15 por tonelada. Como isso afetaria a contratação do monopsonista e os salários dos mineradores de carvão? Os mineradores se beneficiariam plenamente do aumento de seu MRP?

---

[10] A Figura 11.4 destina-se apenas como um instrumento pedagógico e não pode ser rigorosamente justificada. Em particular, a curva identificada como D, embora seja para representar supostamente a curva de "demanda" por trabalho (ou produto da receita marginal), não tem um significado preciso para o comprador monopsonista de mão de obra, porque não podemos construir essa curva confrontando a empresa com uma taxa de salário fixa. Em vez disso, a empresa vê toda a curva de oferta, S, e usa a curva auxiliar ME_l para escolher o ponto mais favorável em S. Em sentido estrito, não existe nada como a curva de demanda do monopsonista. Isso é análogo ao caso de um monopólio, para o qual não poderíamos falar da "curva de oferta" de um monopolista.

[11] Um monopsônio também pode praticar a discriminação de preços. Para obter uma discussão detalhada da análise de estática comparativa da demanda de fator nos casos de monopólio e monopsônio, consulte W. E. Diewert, "Duality Approaches to Microeconomic Theory", em K. J. Arrow and M. D. Intriligator, Eds., *Handbook of Mathematical Economics* (Amsterdã: Holanda do Norte, 1982), v. 2, p. 584–90.

11.7 SINDICATOS

Por vezes, os colaboradores podem achar vantajoso filiar-se a um sindicato para atingir objetivos que possam ser alcançados de forma mais eficiente em grupo. Se a filiação a um sindicato fosse totalmente voluntária, poderíamos supor que cada membro do sindicato obtém um benefício positivo de pertencer a ele. Todavia, a filiação obrigatória (a "empresa fechada" [closed shop]) geralmente é utilizada para manter a viabilidade da organização sindical. Caso todos os colaboradores decidissem sozinhos sobre a filiação, sua decisão racional seria de não filiar-se ao sindicato, evitando assim cobranças e outras restrições. No entanto, eles se beneficiariam de remunerações mais altas e melhores condições de trabalho conquistadas pelo sindicato. O que parece ser racional do ponto de vista de cada colaborador pode revelar-se irracional do ponto de vista de um grupo porque o sindicato é prejudicado pelos "caroneiros (free riders)". Portanto, a filiação obrigatória pode ser um meio necessário de manter o sindicato como um agente de negociação eficaz.

11.7.1 Objetivos dos sindicatos

Um bom ponto de partida para nossa análise do comportamento dos sindicatos é descrever seus objetivos. Uma primeira hipótese que podemos fazer é que os objetivos de um sindicato são, em certo sentido, uma representação razoável dos objetivos de seus associados. Essa hipótese evita o problema da liderança sindical e desconsidera as aspirações pessoais desses líderes, que podem estar em conflito com os objetivos de base. Portanto, espera-se que os líderes sindicais expressem os desejos dos associados.[12]

Em alguns aspectos, os sindicatos podem ser analisados da mesma forma que as empresas monopolistas. O sindicato encontra uma curva de demanda por trabalho; porque ele é a única fonte de oferta, pode escolher em que ponto dessa curva ele irá operar. O ponto realmente escolhido pelo sindicato, obviamente, dependerá de quais objetivos específicos ele decidiu buscar. Três escolhas possíveis são ilustradas na Figura 11.5. Por exemplo, o sindicato pode escolher oferecer a quantidade de trabalho que maximiza a folha salarial total ($w \cdot l$). Se for esse o caso, ele irá oferecer a quantidade para a qual a "receita marginal" da demanda de trabalho seja igual a 0. Essa quantidade é dada por l_1 na Figura 11.5, e a taxa de salário associada a essa quantidade é w_1. Portanto, o ponto E_1 é a combinação salário/quantidade preferível. Observe que a taxa de salário w_1 pode haver um excesso de oferta de trabalho, e o sindicato deve, de alguma forma, alocar os empregos disponíveis para os trabalhadores que os desejam.

FIGURA 11.5 Três pontos possíveis na curva de demanda por trabalho que um sindicato monopolista pode escolher

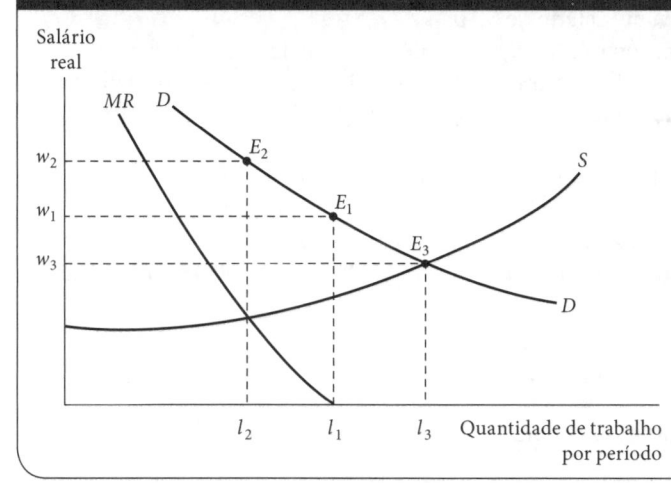

Um sindicato possui o monopólio na oferta de trabalho, logo ele pode escolher o ponto mais desejável na curva de demanda por trabalho. Três desses pontos são mostrados na figura. No ponto E_1, os pagamentos totais de mão de obra ($w \cdot l$) são maximizados; em E_2, a renda econômica que os trabalhadores recebem é maximizada; e em E_3, a quantidade total de serviços de mão de obra ofertados é maximizada.

---

[12] No entanto, muitas análises recentes giram em torno da questão sobre se os associados "potenciais" do sindicato têm alguma voz na definição dos objetivos do sindicato, e como os objetivos do sindicato podem afetar os desejos dos trabalhadores com diferentes níveis de experiência no trabalho.

Outro objetivo possível que o sindicato deve buscar é escolher a quantidade de trabalho que maximizaria a renda econômica total (isto é, os salários menos os custos de oportunidade) obtida pelos associados que estão empregados. Isso exigiria a escolha da quantidade de trabalho para a qual os salários totais adicionais obtidos por ter mais um associado ao sindicato empregado (a receita marginal) seja igual ao custo extra de atrair esse membro ao mercado. Portanto, o sindicato deve escolher a quantidade l_2, na qual a curva de receita marginal cruza a curva de oferta.[13] A taxa de salário associada a essa quantidade é w_2, e a combinação salário/quantidade desejada é identificada como E_2 no diagrama. Com o salário w_2, muitos indivíduos que desejam trabalhar ao salário prevalecente permanecem desempregados. Talvez o sindicato possa "taxar" a renda econômica elevada obtida por aqueles que trabalham para transferir a renda para aqueles que não trabalham.

Uma terceira possibilidade seria que o sindicato desejasse o emprego máximo de seus associados. Isso consistiria na escolha do ponto w_3, l_3, que é precisamente o ponto que resultaria se o mercado fosse organizado de forma perfeitamente competitivo. Nenhum emprego maior do que l_3 poderia ser alcançado, porque a quantidade de trabalho que os associados do sindicato ofertam seria reduzida para salários inferiores a w_3.

EXEMPLO 11.5 Modelando um sindicato

No Exemplo 11.4 analisamos um contratante monopsonístico de mineradores de carvão que encontra uma curva de oferta dada por

$$l = 50w. \tag{11.48}$$

Para analisar as possibilidades de sindicalização para combater este monopsonista, suponha que (ao contrário do Exemplo 11.4) o monopsonista tenha uma curva negativamente inclinada do produto da receita marginal para o trabalho da forma

$$MRP = 70 - 0,1l. \tag{11.49}$$

Estabelecendo $MRP = ME_l$, é fácil mostrar que, na ausência de um sindicato efetivo, um monopsonista optaria pela mesma combinação salário/contratação como no Exemplo 11.4: 500 trabalhadores seriam contratados com um salário de $ 10.

Se o sindicato pode estabelecer um controle sobre toda a oferta de trabalho a esse empregador, ele pode tentar alcançar os vários resultados mostrados na Figura 11.5. Por exemplo, o sindicato poderia pressionar para obter a solução competitiva (E_3). Solucionando as Equações 11.48 e 11.49 juntas (e supondo que $MRP = w$), esse equilíbrio oferta/demanda resultaria em um contrato de trabalho no qual $l^* = 583$, $w^* = 11,7$. Esse sindicato poderia optar por outras soluções mostradas na Figura 11.5 calculando a curva de "receita marginal" associada à curva de demanda por trabalho dessa empresa. Uma vez que os salários totais ao longo dessa curva de demanda são dados por $MRP \cdot l = 70l - 0,1l^2$, essa relação é dada por $\partial(MRP \cdot l)/\partial l = 70 - 0,2l$. A folha salarial total é maximizada quando

$$70 - 0,2l = 0, \quad \text{logo,} \quad l^* = 350, w^* = 35. \tag{11.50}$$

Esse é o contrato mostrado pelo ponto E_1 na Figura 11.5.

---

[13] Matematicamente, o objetivo do sindicato é escolher l de modo a maximizar $wl -$ (a área sob S), onde S é a curva de oferta compensada para trabalho e reflete os custos de oportunidade do trabalhador em termos de lazer perdido.

Por fim, o sindicato poderia procurar maximizar a renda econômica por trabalhador. Isso pode ser feito ao encontrar onde a curva de receita marginal cruza a curva de oferta de trabalho:

$$70 - 0{,}2l = \frac{l}{50}, \tag{11.51}$$

que apresenta uma solução de

$$11l = 3.500 \quad \text{ou} \quad l^* = 318, \ w^* = 38{,}2. \tag{11.52}$$

Esse contrato é representado pelo ponto E_2 na Figura 11.5. O fato de que todos os três contratos preferidos pelo sindicato diferem substancialmente do resultado desejado pelo monopsonista sugere que o resultado final, nesta situação, será determinado por meio de algum tipo de barganha entre as duas partes. Observe que a variação nos níveis desejados de contratação é um pouco menor do que a variação no nível salarial desejado. Isso sugere que o impacto do poder de barganha, pelo menos neste exemplo, provavelmente será mais fortemente refletido no salário que ao final será estabelecido.

PERGUNTA: Qual dos três contratos salariais descritos neste exemplo, se houver, representa um equilíbrio de Nash?

EXEMPLO 11.6 Modelo de barganha sindical

A teoria dos jogos pode ser utilizada para ganhar entendimento sobre a economia dos sindicatos. Como uma ilustração simples, suponha que um sindicato e uma empresa envolvam-se em um jogo de dois estágios. No primeiro estágio, o sindicato define a taxa de salário que seus trabalhadores aceitarão. Dado esse salário, a empresa escolhe seu nível de emprego. Esse jogo de dois estágios pode ser solucionado por indução reversa. Dado esse salário w especificado pelo sindicato, o problema de segundo estágio da empresa é maximizar

$$\pi = R(l) - wl, \tag{11.53}$$

em que R é a função receita total da empresa expressa como função do emprego. A condição de primeira ordem para um máximo aqui (supondo que o salário seja fixo) é a familiar.

$$R'(l) = w. \tag{11.54}$$

Supondo que l^* resolva a Equação 11.54, o objetivo do sindicato é escolher w para maximizar a utilidade

$$U(w, l) = U[w, l^*(w)], \tag{11.55}$$

e a condição de primeira ordem para um máximo é

$$U_1 + U_2 l' = 0 \tag{11.56}$$

ou

$$U_1/U_2 = -l'. \tag{11.57}$$

Em palavras, o sindicato deve escolher w de modo que sua MRS seja igual ao valor absoluto da inclinação da função demanda por trabalho da empresa. A combinação w^*, l^* resultante desse jogo é claramente um equilíbrio de Nash.

Eficiência do contrato de trabalho. O contrato de trabalho w^*, l^* é Pareto ineficiente. Para verificar isso, observe que a Equação 11.57 sugere que pequenos movimentos ao longo da curva de demanda por trabalho da empresa (l) deixa o sindicato igualmente bem. No entanto, o teorema do envelope sugere que uma diminuição em w deve aumentar os lucros da empresa. Assim, deve existir um contrato w^p, l^p (em que $w^p < w^*$ e $l^p > l^*$) em que a empresa e o sindicato encontram-se em melhor situação.

A ineficiência do contrato de trabalho, nesse jogo de dois estágios, é semelhante à ineficiência de alguns dos equilíbrios de Nash repetidos. Isso sugere que, com rodadas repetidas de negociações contratuais, podem ser desenvolvidas estratégias de gatilho (*trigger*) que formam um equilíbrio perfeito de subjogo e mantêm os resultados de Pareto superiores. Para obter um exemplo simples, consulte o Problema 11.10.

PERGUNTA: Suponha que a função receita total da empresa diferisse dependendo se a economia estava em expansão ou recessão. Que tipos de contratos de trabalho podem ser Pareto ótimos?

Resumo

Neste capítulo analisamos alguns modelos que enfocam nos preços no mercado de trabalho. Como a demanda por trabalho já foi considerada como sendo derivada da hipótese de maximização de lucro no Capítulo 8, aqui a maioria dos novos materiais enfoca na oferta de trabalho. Nossos principais achados foram os seguintes.

- Um indivíduo que maximiza a utilidade escolherá ofertar uma quantidade de trabalho em que sua taxa marginal de substituição do consumo por lazer seja igual à taxa de salário real.
- Um aumento no salário real cria efeitos substituição e renda que operam em direções opostas ao afetar a quantidade de trabalho ofertada. Esse resultado pode ser resumido por uma equação do estilo Slutsky muito parecida com a já derivada na teoria do consumidor.
- Um mercado de trabalho competitivo estabelecerá um salário real de equilíbrio em que a quantidade de trabalho ofertada pelos indivíduos seja igual à quantidade demandada pelas empresas.
- Os salários podem variar entre os trabalhadores por vários motivos. Os trabalhadores podem investir em diferentes níveis de habilidades e, portanto, possuem produtividades diferentes. Os empregos podem diferir em suas características, criando assim diferenciais salariais compensatórios. E os indivíduos podem enfrentar diferentes graus de sucesso na procura de emprego. Os economistas desenvolveram modelos que abordam todas essas características do mercado de trabalho.
- O poder de monopsônio das empresas do lado da demanda do mercado de trabalho reduzirá a quantidade de trabalho contratado e o salário real. Como no caso de monopólio, haverá também uma perda no bem-estar.
- Os sindicatos trabalhistas podem ser tratados analiticamente como monopólio de ofertantes de trabalho. A natureza do equilíbrio do mercado de trabalho na presença dos sindicatos dependerá, essencialmente, dos objetivos que o sindicato opta por buscar.

Problemas

11.1 Suponha que existam 8.000 horas em um ano (na verdade há 8.760), e que um indivíduo possua um salário potencial de mercado de $ 5 por hora.

a. Qual é a renda integral individual? Se ele escolher destinar 75% dessa renda ao lazer, quantas horas serão trabalhadas?
b. Suponha que um tio rico faleça e deixe ao indivíduo uma renda anual de $ 4.000 por ano. Se ele continuar destinando 75% dessa renda integral ao lazer, quantas horas serão trabalhadas?
c. Como sua resposta na parte (b) mudaria se o salário de mercado fosse $ 10 por hora em vez de $ 5 por hora?
d. Construa um gráfico da curva de oferta de trabalho individual sugerida nas partes (b) e (c).

11.2 Como vimos neste capítulo, os elementos da teoria da oferta de trabalho também podem ser derivados a partir de uma abordagem de minimização de despesas. Suponha que a função utilidade de uma pessoa para consumo e lazer assuma a forma Cobb-Douglas $U(c, h) = c^\alpha h^{1-\alpha}$. Logo, o problema de minimização de despesas é

minimizar $c - w(24 - h)$ s.t. $U(c, h) = c^\alpha h^{1-\alpha} = \overline{U}$.

a. Utilize essa abordagem para derivar a função dispêndio deste problema.
b. Utilize o teorema do envelope para derivar as funções de demanda compensada para consumo e lazer.
c. Derive a função de oferta de trabalho compensada. Mostre que $\partial l^c / \partial w > 0$.
d. Compare a função de oferta de trabalho compensada da parte (c) com a função de oferta de trabalho não compensada no Exemplo 11.2 (com $n = 0$). Use a equação de Slutsky para mostrar por que os efeitos substituição e renda de uma variação no salário real estão precisamente compensando na função não compensada de oferta de trabalho Cobb-Douglas.

11.3 Um programa de assistência social para pessoas de baixa renda oferece a uma família uma bolsa de $ 6.000 por ano. Essa bolsa é reduzida em $ 0,75 para cada $ 1 de outras rendas que a família possui.

a. Quanto em benefícios sociais a família receberá se não houver outras rendas? Se o chefe da família ganhar $ 2.000 por ano? E quanto a ganhar $ 4.000 por ano?
b. Em que nível de rendimentos a bolsa social torna-se 0?
c. Suponha que o chefe dessa família possa ganhar $ 4 por hora, e que essa família não possua outra renda. Qual seria a restrição orçamentária anual dessa família se ela não participasse do programa de assistência social? Ou seja, como o consumo (c) e as horas de lazer (h) estão relacionados?
d. Qual seria a restrição orçamentária se a família optar por participar do programa de assistência social? (Lembre-se, a bolsa social só pode ser positiva.)
e. Construa um gráfico de seus resultados das partes (b) e (c).
f. Suponha que o governo altere as regras do programa de assistência social para permitir que as famílias mantenham 50% do que ganham. Como isso mudaria suas respostas das partes (d) e (e)?
g. Utilizando seus resultados da parte (f), você pode prever se o chefe desta família trabalhará mais ou menos diante das novas regras descritas na parte (f)?

11.4 Suponha que a demanda por trabalho seja dada por

$$l = -50w + 450$$

e a oferta seja dada por

$$l = 100w,$$

em que l representa o número de pessoas empregadas e w seja a taxa de salário real por hora.

a. Quais seriam os níveis de equilíbrio para w e l neste mercado?
b. Suponha que o governo pretenda aumentar o salário de equilíbrio para $ 4 por hora oferecendo um subsídio aos empregadores para cada pessoa contratada. De quanto esse subsídio deveria ser? Qual seria o novo nível de equilíbrio de emprego? Quanto de subsídio total seria pago?

c. Suponha, em vez disso, que o governo implemente um salário mínimo de $ 4 por hora. Quanto de trabalho seria demandado a esse preço? Quanto de desemprego haveria?
d. Construa um gráfico de seus resultados.

11.5 Carl, o alfaiate, é proprietário de uma grande fábrica de roupas em uma ilha isolada. A fábrica de Carl é a única fonte de emprego para a maioria dos habitantes da ilha, e assim Carl atua como um monopsonista. A curva de oferta para os funcionário da fábrica é dada por

$$l = 80w,$$

em que l é o número de funcionários contratados e w é seu salário por hora. Suponha que a curva de demanda por trabalho de Carl (produto da receita marginal) seja dada por

$$l = 400 - 40MRP_l.$$

a. Quantos funcionários Carl irá contratar para maximizar seus lucros, e que salário ele pagará?
b. Suponha, agora, que o governo implemente uma lei de salário mínimo beneficiando todos os funcionários da fábrica. Quantos funcionários Carl irá contratar agora, e quanto desemprego haverá se o salário mínimo for definido em $ 4 por hora?
c. Construa um gráfico de seus resultados.
d. Como um salário mínimo imposto sob monopsônio difere em resultados comparado com um salário mínimo imposto sob concorrência perfeita? (Suponha que o salário mínimo esteja acima do salário determinado pelo mercado).

11.6 A Ajax Coal Company é a única contratante de mão de obra em sua região. Ela pode contratar qualquer número de funcionários de ambos os sexos que deseja. A curva de oferta para mulheres é dada por

$$l_f = 100w_f,$$

e para homens por

$$l_m = 9w_m^2,$$

em que wf e w_m são as taxas de salário por hora pagas às mulheres e aos homens, respectivamente. Suponha que a Ajax venda seu carvão em um mercado perfeitamente competitivo a $ 5 por tonelada, e que cada funcionário contratado (homem ou mulher) possa extrair 2 toneladas por hora. Se a empresa desejar maximizar os lucros, quantos funcionários, homens ou mulheres, devem ser contratados, e quais serão as taxas de salário para esses dois grupos? Quanto a Ajax ganhará em lucros por hora com seus maquinários para mineração? Como esse resultado será comparado àquele em que a Ajax foi restringida (digamos, pelas forças do mercado) em pagar a todos os funcionários o mesmo salário com base no valor de seus produtos marginais?

11.7 A Universal Fur está localizada em Clyde, Baffin Island, e vende gravata-borboleta de pele em todo o mundo a um preço de $ 5 cada. A função de produção das gravatas-borboleta de pele (q) é dada por

$$q = 240x - 2x^2,$$

em que x é a quantidade de peles usadas a cada semana. As peles são fornecidas somente pela Dan's Trading Post, que as obtém contratando caçadores esquimós a uma taxa de $ 10 por dia. A função de produção semanal da Dan, de peles, é dada por

$$x = \sqrt{l},$$

em que l representa o número de dias do tempo dos esquimós usado a cada semana.

a. Para um caso de quase concorrência em que a Universal Fur e a Dan's Trading Post atuam como tomadoras de preço de peles, qual será o preço de equilíbrio (p_x) e quantas peles serão negociadas?
b. Suponha que a Dan atue como monopolista, enquanto a Universal Fur permaneça como tomadora de preços. Qual será o equilíbrio no mercado de peles?
c. Suponha que a Universal Fur atue como monopsonista, mas a Dan atue como tomadora de preços. Qual será o equilíbrio?
d. Construa um gráfico de seus resultados, e discuta o tipo de equilíbrio que é provável que surja na barganha de monopólio bilateral entre a Universal Fur e a Dan.

11.8 Seguindo o espírito de jogo do mercado de trabalho descrito no Exemplo 11.6, suponha que a função da receita total da empresa seja dada por

$$R = 10l - l^2,$$

e que a utilidade do sindicato seja uma função simples da folha salarial total: $U(w, l) = wl$.

a. Qual é o contrato salarial do equilíbrio de Nash no jogo de dois estágios descrito no Exemplo 11.6?
b. Mostre que o contrato salarial alternativo $w' = l' = 4$ é Pareto superior ao contrato identificado na parte (a).
c. Em que condições o contrato descrito na parte (c) seria sustentável como um equilíbrio perfeito de subjogo?

Problemas analíticos

11.9 Diferenciais salariais compensatórios para o risco

Um indivíduo recebe uma utilidade da renda diária (y), dada por

$$U(y) = 100y - \frac{1}{2}y^2.$$

A única fonte de renda são os rendimentos. Logo, $y = wl$, em que w é o salário por hora e l são as horas trabalhadas por dia. O indivíduo sabe de um emprego que paga $5 por hora para uma jornada diária de 8 horas. Qual remuneração deve ser oferecida para um trabalho em uma construção onde as horas de trabalho são aleatórias – com uma média de 8 horas e um desvio padrão de 6 horas – para que o indivíduo aceite esse trabalho mais "arriscado"? *Dica*: Este problema faz uso da identidade estatística

$$E(x^2) = \text{Var } x + E(x^2).$$

11.10 Oferta de trabalho familiar

Uma família com dois membros adultos procura maximizar uma função utilidade da forma

$$U(c, h_1, h_2),$$

em que c é o consumo familiar e h_1 e h_2 são horas livres de cada membro da família. As escolhas são restringidas por

$$c = w_1(24 - h_1) + w_2(24 - h_2) + n,$$

em que w_1 e w_2 são os salários de cada membro da família e n é a renda não derivada do trabalho.

a. Sem tentar uma representação matemática, utilize as noções dos efeitos substituição e renda para discutir os sinais prováveis dos efeitos substituição cruzada $\partial h_1/\partial w_2$ e $\partial h_2/\partial w_1$.

b. Suponha que um membro da família (digamos, indivíduo 1) possa trabalhar em casa, convertendo, assim, horas de lazer em consumo de acordo com a função

$$c_1 = f(h_1),$$

em que $f' > 0$ e $f'' < 0$. Como essa opção adicional afeta a divisão do trabalho ótima entre os membros da família?

11.11 Alguns resultados da teoria da demanda

A teoria desenvolvida neste capítulo aborda a oferta de trabalho como a imagem espelhada da demanda por lazer. Logo, todo o conjunto da teoria da demanda desenvolvida na Parte 2 do livro torna-se relevante para a análise da oferta de trabalho também. Aqui estão três exemplos.

a. *Identidade de Roy.* Nas Aplicações do Capítulo 5, mostramos como as funções de demanda podem ser derivadas das funções de utilidade indireta utilizando a identidade de Roy. Utilize uma abordagem semelhante para mostrar que a função de oferta de trabalho associada ao problema de maximização da utilidade descrito na Equação 11.20 pode ser derivada a partir da função de utilidade indireta por

$$l(w, n) = \frac{\partial V(w, n)/\partial w}{\partial V(w, n)/\partial n}.$$

Ilustre esse resultado para o caso Cobb-Douglas descrito no Exemplo 11.1.

b. *Substitutos e complementos.* Uma variação no salário real afetará não só a oferta de trabalho, mas também a demanda por itens específicos nas cestas de consumo preferidas. Desenvolva uma equação do estilo Slutsky para o efeito preço cruzado de uma variação em w em um item de consumo específico e depois use-a para discutir se o lazer e o item são substitutos ou complementos (líquidos ou brutos). Forneça um exemplo de cada tipo de relação.

c. *Oferta de trabalho e despesa marginal.* Use uma derivação semelhante à usada para calcular a receita marginal para uma determinada curva de demanda para mostrar $ME_l = w(1 + 1/e_{l,w})$.

11.12 Oferta de trabalho intertemporal
É relativamente simples estender o modelo de um único período da oferta de trabalho, apresentada no Capítulo 11, a diversos períodos. Aqui, analisamos um exemplo simples. Suponha que um indivíduo faça suas decisões de oferta de trabalho e consumo sobre dois períodos.[14] Suponha que essa pessoa inicie o período 1 com uma riqueza inicial W_0 e que ele tenha 1 unidade de tempo para destinar ao trabalho ou lazer em cada período. Desta forma, a restrição orçamentária de dois períodos é dada por $W_0 = c_1 + c_2 - w_1(1 - h_1) - w_2(1 - h_2)$, onde $w's$ são as taxas de salários reais predominantes em cada período. Aqui, tratamos w_2 como incerto, portanto a utilidade no período 2 também será incerta. Se supormos que a utilidade seja aditiva sobre os dois períodos, teríamos $E[U(c_1, h_1, c_2, h_2)] = U(c_1, h_1) + E[U(c_2, h_2)]$.

a. Mostre que as condições de primeira ordem para a maximização da utilidade no período 1 são as mesmas que as mostradas no Capítulo 11; em particular, mostre que $MRS(h_1 \text{ para } c_1) = w_1$. Explique como as variações em W_0 afetarão as escolhas reais de c_1 e h_1.

b. Explique por que a função de utilidade indireta para o segundo período pode ser escrita como $V(w_2, W^*)$, em que $W^* = W_0 + w_1(1 - h_1) - c_1$. (Observe que, como w_2 é uma variável aleatória, V também é aleatório).

c. Utilize o teorema do envelope para mostrar que a escolha ótima de W^* exige que os multiplicadores de Lagrange para a restrição da riqueza nos dois períodos obedece à condição $\lambda_1 = E(\lambda_2)$ (em que λ_1 é o multiplicador de Lagrange para o problema original e λ_2 é o multiplicador de Lagrange associado ao problema de maximização da utilidade do período 2). Ou seja, a utilidade marginal esperada da riqueza deve ser a mesma nos dois períodos. Explique o seu resultado de forma intuitiva.

d. Embora a estatística comparativa desse modelo dependerá da forma específica da função utilidade, discuta, em termos gerais, como uma política pública que adicionou k dólares a todos os salários do período 2 pode esperar que afete as escolhas em ambos os períodos.

---

[14] Aqui supomos que o indivíduo não descarte a utilidade no segundo período e que a taxa de juros existente entre os dois períodos seja zero. O desconto em um contexto de vários períodos é mencionado no Capítulo 12. A discussão nesse capítulo também generaliza a abordagem para analisar as alterações no multiplicador de Lagrange ao longo do tempo apresentado na parte (c).

CAPÍTULO DOZE
Capital e tempo

Neste capítulo, apresentaremos uma introdução da teoria do capital. De diversas formas tal teoria assemelha-se à nossa análise anterior de preços de insumos em geral – os princípios de escolha de insumos de maximização de lucro não mudam. Mas a teoria do capital acrescenta uma dimensão de tempo importante para tomada de decisão econômica; aqui, a nossa meta é explorar tal dimensão extra. Começamos com uma caracterização ampla do processo de acumulação de capital e a noção da taxa de retorno. Então, voltaremos para os modelos mais específicos de comportamento econômico com o tempo.

12.1 CAPITAL E A TAXA DE RETORNO

Quando falamos do estoque de capital de uma economia, queremos dizer a soma total de máquinas, prédios e outros recursos reprodutíveis em existência em algum momento. Esses ativos representam alguma parte da produção anterior da economia que não foi consumida e que foi colocada à parte para ser utilizada no futuro. Todas as sociedades, desde a mais primitiva à mais complexa, empenham-se na acumulação de capital. Os caçadores na sociedade primitiva que tiravam um tempo da caça para fazer flechas, indivíduos em uma sociedade moderna que utilizam parte das rendas para comprar casas ou governos que tributam cidadãos para comprar barragens e agências de correio estão essencialmente se envolvendo no mesmo tipo de atividade: alguma parte da produção atual é colocada de lado para utilizar na produção de outro produto no futuro. Conforme vimos no capítulo anterior, isso também é verdadeiro para o capital humano – indivíduos investem tempo e dinheiro para aperfeiçoarem suas habilidades; assim, podem ganhar mais no futuro. O "sacrifício" presente para o ganho futuro é o aspecto essencial em toda acumulação de capital.

12.1.1 Taxa de retorno

O processo de acumulação de capital é imaginado esquematicamente na Figura 12.1. Nos dois painéis da figura, a sociedade está consumindo inicialmente o nível c_0 e isso acontece há algum tempo. No tempo t_1, uma decisão é tomada para reter alguns produtos (quantidade s) a partir do consumo atual por um período. Começando no período t_2, este consumo retido é, de algum modo, colocado em uso para produzir consumo futuro. Um conceito importante ligado a este processo é a *taxa de retorno*, que é obtida sobre o consumo colocado de lado. No painel (a), por exemplo, todo o consumo retido é utilizado para produzir um produto adicional somente no período t_2. O consumo é aumentado pela quantidade x

> **FIGURA 12.1** Duas visões de acumulação de capital
>
> Em (a), a sociedade retém algum consumo atual (s) para fartar-se (com consumo extra x) no período seguinte. A taxa de retorno de um período um seria medido por x/s − 1. Já a sociedade em (b) tem uma visão mais em longo prazo e utiliza s para aumentar o consumo perpetuamente por y. A taxa de retorno perpétua seria dada por y/s.
>
> (a) Retorno de um período
>
> (b) Retorno perpétuo

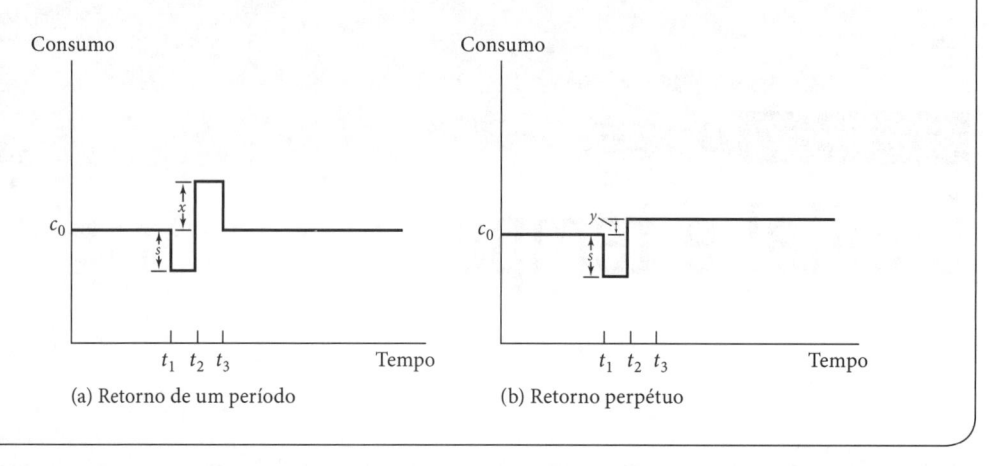

no período t_2 e depois volta ao nível de longo prazo c_0. A sociedade poupa em 1 ano para ostentar no próximo ano. A taxa de retorno (de um período) a partir desta atividade é definida abaixo:

DEFINIÇÃO

Taxa de retorno de um único período. A *taxa de retorno de um único período* (r_1) em um investimento é o consumo extra fornecido no período 2 como uma fração do consumo perdido no período 1. Isto é,

$$r_1 = \frac{x-s}{s} = \frac{x}{s} - 1. \tag{12.1}$$

Se $x > s$ (se houver mais consumo na saída deste processo do que na entrada), diríamos que a taxa de retorno de um período da acumulação de capital foi positiva. Por exemplo, se a retenção de 100 unidades do consumo atual permitiu que a sociedade consumisse 110 unidades extras no próximo ano, então a taxa de retorno de um período seria de

$$\frac{110}{100} - 1 = 0{,}10$$

ou de 10%.

No painel (b) da Figura 12.1, a sociedade tem uma visão mais de longo prazo na acumulação de capital. Novamente, um valor s é posto de lado no momento t_1. Agora, no entanto, este consumo retido é utilizado para aumentar o nível de consumo para todos os períodos no futuro. Se o nível permanente de consumo for aumentado para $c_0 + y$, definimos a taxa de retorno perpétua da seguinte forma:

DEFINIÇÃO

Taxa de retorno perpétua. A *taxa de retorno perpétua* (r_∞) é o aumento progressivo permanente para o consumo futuro expresso como uma fração do consumo inicial perdido. Isto é,

$$r_\infty = \frac{y}{s}. \tag{12.2}$$

Se a acumulação de capital suceder no aumento permanente de c_0, então, r_∞ será positivo. Por exemplo, suponha que a sociedade retenha 100 unidades de produto no período t_1 a ser designado para a acumulação de capital. Se este capital permitir que o produto seja aumentado em 10 unidades a cada período no futuro (começando no período t_2), a taxa de retorno perpétua seria de 10%.

Quando os economistas falam da taxa de retorno para a acumulação de capital, eles têm em mente algo entre esses dois extremos. De uma maneira mais livre, devemos falar da taxa de retorno como uma medida dos termos nos quais o consumo de hoje pode ser transformado em consumo de amanhã (isso será feito mais explicitamente logo adiante). Uma pergunta natural é como é determinada a taxa de retorno da economia. De novo, o equilíbrio vem da oferta e da demanda dos bens atuais e futuros. Na próxima seção, apresentaremos um modelo simples de dois períodos no qual esta interação oferta-demanda é demonstrada.

12.2 DETERMINAÇÃO DA TAXA DE RETORNO

Nesta seção, descreveremos como a operação de oferta e demanda no mercado para os bens "futuros" estabelece uma taxa de retorno de equilíbrio. Começaremos analisando a ligação entre a taxa de retorno e o "preço" dos bens futuros. Então, mostraremos como os indivíduos e as empresas provavelmente reagirão a este preço. Finalmente, essas ações são juntadas (como fizemos para a análise de outros mercados) para mostrar a determinação de um preço de equilíbrio de bens futuros e para examinar algumas características daquela solução.

12.2.1 Taxa de retorno e o preço dos bens futuros

Para a maioria das análises deste capítulo, presumiremos que há somente dois períodos a serem considerados: o período atual (indicado pelo subscrito 0) e o próximo período (subscrito 1). Utilizaremos r para indicar a taxa de retorno (único período) entre os dois períodos. Portanto, conforme definido na seção anterior,

$$r = \frac{\Delta c_1}{\Delta c_0} - 1, \tag{12.3}$$

em que a notação Δ indica a mudança no consumo durante os dois períodos.

Observe que, durante esta discussão, estamos utilizando os valores absolutos das mudanças no consumo como nas Equações 12.1 e 12.2.

Reescrevendo a Equação 12.3, temos:

$$\frac{\Delta c_1}{\Delta c_0} = 1 + r, \tag{12.4}$$

ou

$$\frac{\Delta c_0}{\Delta c_1} = \frac{1}{1 + r}. \tag{12.5}$$

O termo à esquerda da Equação 12.5 registra quanto c_0 deve ser perdido se c_1 for aumentado por 1 unidade; ou seja, a expressão representa o "preço" relativo de 1 unidade de c_1 em termos de c_0. Assim, definimos o preço de bens futuros.

> **DEFINIÇÃO**
>
> **Preço dos bens futuros.** O *preço relativo dos bens futuros* (p_1) é a quantidade de bens atuais que devem ser deixados de lado para aumentar o consumo futuro em 1 unidade. Isto é,
>
> $$p_1 = \frac{\Delta c_0}{\Delta c_1} = \frac{1}{1 + r}. \tag{12.6}$$

Agora, continuaremos desenvolvendo uma análise de oferta-demanda da determinação de p_1. Fazendo isso, também teremos desenvolvido uma teoria de determinação de r, a taxa de retorno neste modelo simples.

12.2.2 Demanda de bens futuros

A teoria da demanda de bens futuros é oura aplicação de modelo de maximização de utilidade desenvolvido na Parte 2 deste livro. Aqui, a utilidade do indivíduo depende dos consumos presente e futuro [ou seja, utilidade = $U(c_0, c_1)$], e ele decide como alocar a riqueza atual (W) entre esses dois bens.[1] Riqueza não gasta no consumo atual pode ser investida à taxa de retorno r para obter o consumo do próximo período. Como antes, p_1 reflete o custo presente do consumo futuro, e a restrição orçamentária individual é dada por

$$W = c_0 + p_1 c_1. \qquad (12.7)$$

Essa restrição é ilustrada na Figura 12.2. Se o indivíduo escolhe gastar toda a sua riqueza em c_0, então, o consumo total atual será W sem que ocorra consumo no período 2. Alternativamente, se $c_0 = 0$, então c_1 será dado por $W/p_1 = W(1 + r)$. Ou seja, se toda riqueza é investida à taxa de retorno r, a riqueza atual crescerá para $W(1 + r)$ no período 2.[2]

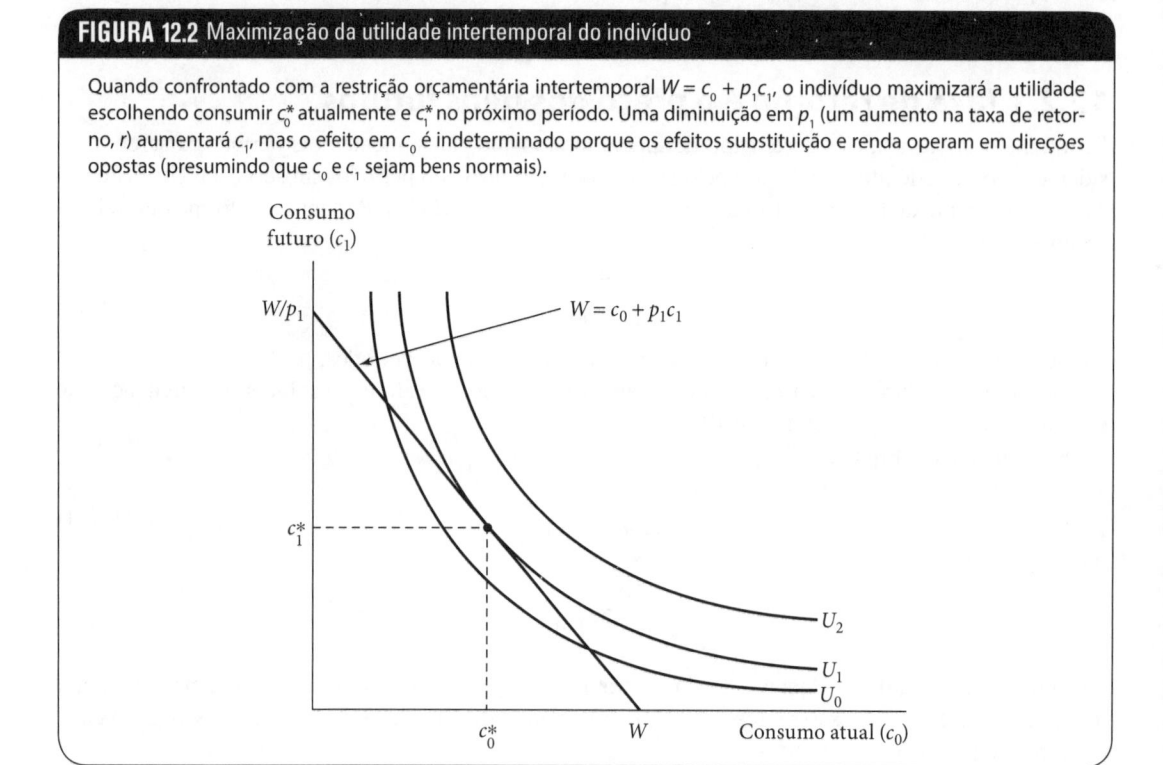

FIGURA 12.2 Maximização da utilidade intertemporal do indivíduo

Quando confrontado com a restrição orçamentária intertemporal $W = c_0 + p_1 c_1$, o indivíduo maximizará a utilidade escolhendo consumir c_0^* atualmente e c_1^* no próximo período. Uma diminuição em p_1 (um aumento na taxa de retorno, r) aumentará c_1, mas o efeito em c_0 é indeterminado porque os efeitos substituição e renda operam em direções opostas (presumindo que c_0 e c_1 sejam bens normais).

---

[1] Para uma análise do caso em que o indivíduo tenha renda para os dois períodos, veja o Problema 12.1.
[2] Esta observação rende uma interpretação alternativa da restrição orçamentária intertemporal, que pode ser escrita em termos da taxa de retorno como

$$W = c_0 + \frac{c_1}{1 + r}.$$

Isso ilustra que este é o "valor presente" de c_1 que entra na restrição orçamentária atual do indivíduo. O conceito de valor presente é descrito em mais detalhes adiante neste capítulo.

12.2.3 Maximização de utilidade

A imposição do mapa da curva de indiferença do indivíduo para c_0 e c_1 na restrição orçamentária na Figura 12.2 ilustra a maximização de utilidade. Aqui, a utilidade é maximizada no ponto c_0^*, c_1^*. O indivíduo consume c_0^* atualmente e escolhe poupar $W - c_0^*$ para consumir no próximo período. Este consumo futuro pode ser encontrado na restrição orçamentária como

$$p_1 c_1^* = W - c_0^* \tag{12.8}$$

ou

$$c_1^* = \frac{(W - c_0^*)}{p_1} \tag{12.9}$$

$$= (W - c_0^*)(1 + r). \tag{12.10}$$

Em outras palavras, a riqueza que não é atualmente consumida $(W - c_0^*)$ é investida à taxa de retorno, r, e aumentará para render c_1^* no próximo período.

EXEMPLO 12.1 Impaciência intertemporal

As escolhas da maximização de utilidade do indivíduo obviamente dependerão de como se sente sobre os méritos relativos de consumir atualmente ou esperar para consumir no futuro. Uma maneira de refletir a possibilidade de que as pessoas mostrem alguma impaciência nas escolhas é presumir que a utilidade do consumo futuro é implicitamente descontado na mente do indivíduo. Por exemplo, podemos presumir que a função utilidade para o consumo, $U(c)$, é a mesma para os dois períodos (com $U' > 0$, $U'' < 0$), mas que a utilidade do período 1 seja descontada na mente do indivíduo por uma "taxa de preferência temporal" de $1/(1 + \delta)$ (onde $\delta > 0$). Se a função utilidade intertemporal também for separável, podemos escrever

$$U(c_0, c_1) = U(c_0) + \frac{1}{1 + \delta} U(c_1). \tag{12.11}$$

Maximização desta função está sujeita à restrição orçamentária intertemporal

$$W = c_0 + \frac{c_1}{1 + r}, \tag{12.12}$$

que rende a seguinte expressão para o lagrangiano:

$$\mathscr{L} = U(c_0, c_1) + \lambda \left[W - c_0 - \frac{c_1}{1 + r} \right], \tag{12.13}$$

e as condições de primeira ordem para um máximo são

$$\frac{\partial \mathscr{L}}{\partial c_0} = U'(c_0) - \lambda = 0,$$

$$\frac{\partial \mathscr{L}}{\partial c_1} = \frac{1}{1 + \delta} U'(c_1) - \frac{\lambda}{1 + r} = 0, \tag{12.14}$$

$$\frac{\partial \mathscr{L}}{\partial \lambda} = W - c_0 - \frac{c_1}{1 + r} = 0.$$

Dividindo a primeira e a segunda e rearranjando os termos, temos[3]

$$U'(c_0) = \frac{1+r}{1+\delta} U'(c_1).\tag{12.15}$$

Como se presume que a função utilidade para consumo seja a mesma nos dois períodos, podemos concluir que $c_0 = c_1$ se $r = \delta$, que $c_0 > c_1$ se $\delta > r$ [para obter $U'(c_0) < U'(c_1)$, exige-se $c_0 > c_1$] e que $c_0 < c_1$ para $r > \delta$. Portanto, o aumento ou diminuição do consumo do indivíduo do período 0 ao período 1 dependerá exatamente da impaciência da pessoa. Embora um consumidor possa ter a preferência por bens atuais ($\delta > 0$), o indivíduo pode ainda consumir mais no futuro do que no momento atual se a taxa de retorno recebida sobre a poupança for alta o suficiente.

Suavização de consumo. Como as funções de utilidade geralmente apresentam uma utilidade marginal decrescente para o consumo, os indivíduos buscarão equalizar a utilidade entre os períodos. A magnitude de tal suavização dependerá da disposição do indivíduo em substituir o consumo ao longo do tempo que é ilustrado pela curvatura das curvas de indiferença da função utilidade. Por exemplo, se a função utilidade tiver a forma CES:

$$U(c) = \frac{c^{1-\gamma}}{1-\gamma} \quad \text{para} \quad \gamma \geq 0, \gamma \neq 1$$
$$= \ln(c) \quad \text{para } \gamma = 1.\tag{12.16}$$

Os valores maiores de γ curvarão o mapa da indiferença mais acentuadamente, e esta pessoa estará menos disposta a substituir o consumo de um período por outro. Se esta taxa de preferência temporal da pessoa for $\delta = 0$, a Equação 12.15 resultará em

$$c_0^{-\gamma} = (1+r)c_1^{-\gamma} \quad \text{ou} \quad \frac{c_1}{c_0} = (1+r)^{1/\gamma}.\tag{12.17}$$

Se $r = 0$, esta pessoa equalizará o consumo nos dois períodos, não importando qual seja o valor de γ. No entanto, uma taxa de juro real positiva incentivará esta pessoa a ter $c_1 > c_0$ e a extensão desta preferência dependerá de γ (que chamamos anteriormente de coeficiente de "aversão relativa ao risco", mas neste contexto é chamado, às vezes, de o coeficiente de "aversão à flutuação"). Por exemplo, se $r = 0,05$ e $\gamma = 0,5$,

$$\frac{c_1}{c_0} = (1,05)^2 = 1,1025 \tag{12.18}$$

e o consumo do período 2 será aproximadamente 10% maior do que o consumo do período 1. Por outro lado, se $r = 0,05$ e $\gamma = 3$,

$$\frac{c_1}{c_0} = (1,05)^{1/3} = 1,0162 \tag{12.19}$$

e o consumo do período 2 será somente 1,6% maior do que o consumo do período 1. No último caso, uma taxa de juros real positiva proporciona um incentivo muito menor para sair dos níveis de consumo equalizados.

PERGUNTA: Nos últimos 50 anos, os dados empíricos mostram que o consumo *per capita* aumentou a uma taxa anual de aproximadamente 2% na economia norte-americana. Qual seria

---

[3] Às vezes, a Equação 12.15 é chamada "equação de Euler" para a maximização de utilidade intertemporal. Como já mostramos, uma vez que a função utilidade específica é definida, a equação indica como o consumo muda com o tempo.

a taxa de juros real necessária para que este aumento fosse de maximização de utilidade (novamente, presumindo que $\delta = 0$)? *Nota:* Voltaremos à relação entre a suavização de consumo e a taxa de juros real no Exemplo 12.2. O Problema 12.13 mostra como as taxas de desconto intertemporais que seguem um padrão hiperbólico podem ser utilizadas para explicar por que as pessoas, às vezes, tomam decisões que parecem "míopes".

12.2.4 Efeitos de mudança em *r*

A análise estática comparativa do equilíbrio ilustrada na Figura 12.2 é clara. Se p_1 diminuir (ou seja, se *r* aumentar), então, os dois efeitos de renda e de substituição farão com que haja mais demanda para c_1 – exceto no evento improvável que c_1 seja um bem inferior.

Portanto, a curva de demanda para c_1 será negativamente inclinada. Um aumento em *r* diminui efetivamente o preço de c_1, e o consumo de tal bem, portanto, aumenta. Esta curva de demanda é nomeada com *D* na Figura 12.3.

Antes de encerrar a nossa discussão das decisões intertemporais dos indivíduos, devemos apontar que a análise não permite uma afirmação inequívoca a ser feita sobre o sinal de $\partial c_0/\partial p_1$. Na Figura 12.2, os efeitos substituição e renda trabalham em direções opostas; assim, nenhuma previsão definida é possível. Uma diminuição em p_1 fará com que o indivíduo substitua c_0 para c_1 nos seus planos de consumo. Mas a diminuição em p_1 aumenta o valor real da riqueza, e este efeito de renda aumenta c_0 e c_1. Expresso de um jeito diferente, o modelo ilustrado na Figura 12.2 não permite uma previsão definitiva sobre como as mudanças na taxa de retorno afetam no acúmulo de riqueza no período atual (poupança). Um *r* maior produz efeitos substituição que favorecem mais a poupança e efeitos renda que favorecem menos. Então, em última análise, a direção do efeito é uma questão empírica.

12.2.5 Oferta de bens futuros

Por um lado, a análise da oferta de bens futuros é muito simples. Podemos argumentar que um aumento no preço relativo de bens futuros (p_1) induzirá as empresas a produzirem mais, pois o rendimento para isso, agora, é maior. Esta reação é refletida na curva de oferta positiva *S* na Figura 12.3. Pode-se esperar

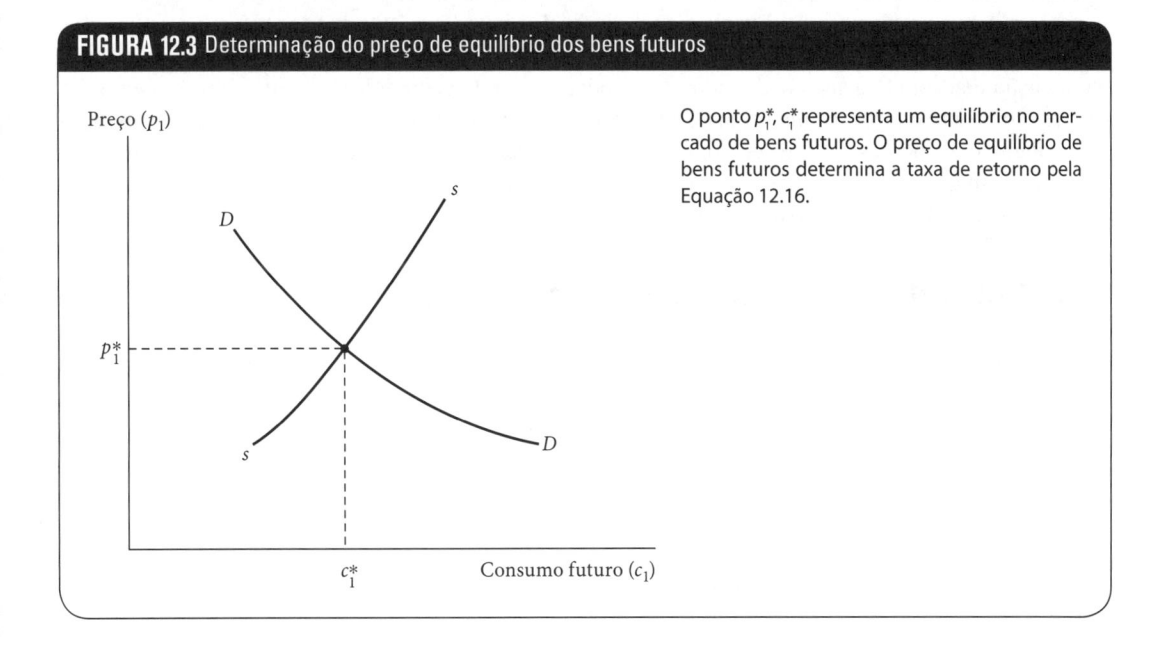

FIGURA 12.3 Determinação do preço de equilíbrio dos bens futuros

O ponto p_1^*, c_1^* representa um equilíbrio no mercado de bens futuros. O preço de equilíbrio de bens futuros determina a taxa de retorno pela Equação 12.16.

que, como na nossa análise prévia perfeitamente competitiva, esta curva de oferta reflita o aumento dos custos marginais (ou rendimentos decrescentes) que as empresas vivenciam quando tentam transformar bens atuais em futuros pela acumulação de capital.

Infelizmente, ao pesquisar mais sobre a natureza da acumulação de capital, ocorrem complicações que ocupam os economistas por centenas de anos.[4] Basicamente, todas elas são derivadas de problemas no desenvolvimento de um modelo tratável do processo de acumulação de capital. Para o nosso modelo de comportamento individual, este problema não surge, porque presumimos que o "mercado" cotou uma taxa de retorno aos indivíduos; assim, eles poderiam adaptar seu comportamento a ela. Também devemos seguir esta rota quando descrevemos as decisões de investimento das empresas, mencionadas posteriormente neste capítulo. Mas, para desenvolver um modelo adequado de acumulação de capital pelas empresas, devemos descrever precisamente como c_0 se "transforma" em c_1 e, assim, leva-nos mais longe para as complexidades de teoria do capital. Em vez disso, estaremos satisfeitos em desenhar a curva de oferta na Figura 12.3 com uma inclinação positiva na presunção de que tal formato é intuitivamente razoável. Muito da análise subsequente neste capítulo pode servir para convencer-lhe de que este é realmente o caso.

12.2.6 Preço de equilíbrio para bens futuros

O equilíbrio no mercado apresentado na Figura 12.3 está em p_1^*, c_1^*. Naquele ponto, a oferta e a demanda de bens futuros dos indivíduos estão em equilíbrio, e a quantidade necessária para os bens atuais serão colocados na acumulação de capital para produzir c_1^* no futuro.[5]

Há diversos motivos para esperar que p_1 seja menor que 1; ou seja, custará menos que o sacrifício de um bem atual para "comprar" um bem no futuro. Conforme apresentamos no Exemplo 12.1, pode ser argumentado que os indivíduos exijam alguma premiação pela espera. Provérbios cotidianos ("vale mais um pássaro na mão do que dois voando", "viva hoje") e realidades mais substanciais (a incerteza do futuro e a finitude da vida) sugerem que os indivíduos sejam geralmente impacientes nas decisões de consumo. Portanto, a acumulação de capital, conforme o apresentado na Figura 12.3, acontecerá somente se o sacrifício atual, de alguma forma, valer a pena.

Também há os motivos de oferta para acreditar que p_1 será menor que 1. Todos estes motivos envolvem a ideia de que a acumulação de capital é "produtiva": sacrificar um bem hoje renderá mais do que um bem no futuro. Alguns exemplos simples de produtividade do investimento de capital são fornecidos pelas atividades pastorais como o crescimento das árvores ou o envelhecimento de vinho e queijo. Os donos de viveiros de árvores e operadores de vinhedos e leiteria "se abstêm" de vender os produtos na crença que o tempo tornará os produtos mais valiosos no futuro. Embora seja óbvio que a acumulação de capital na sociedade industrial moderna seja mais complexa do que o crescimento das árvores (considere construir uma usina de aço ou um sistema de energia elétrica), os economistas acreditam que os dois processos apresentam alguma similaridade. Nos dois casos, o investimento de bens atuais faz com que a produção leve mais tempo e seja mais complexa, havendo, portanto, um aumento na contribuição de outros recursos utilizados na produção.

12.2.7 Taxa de retorno de equilíbrio

A Figura 12.3 mostra como o preço de equilíbrio dos bens futuros (p_1^*) é determinado no mercado por tais bens. Como os consumos presente e futuro consistem do mesmo bem, isso também determinará a taxa de retorno de equilíbrio de acordo com a relação

$$p_1^* = \frac{1}{1 + r^*} \quad \text{ou} \quad r^* = \frac{1 - p_1^*}{p_1^*}. \tag{12.20}$$

---

[4] Para uma discussão, consulte M. Blaug, *Economic Theory in Retrospect*, rev. ed. (Homewood, IL: Richard D. Irwin, 1978), Capítulo 12.
[5] Esta é uma forma bem simplificada da análise originalmente apresentada por I. Fisher, *The Rate of Interest* (New York: Macmillan, 1907).

Como p_1^* será menor que 1, esta taxa de retorno de equilíbrio será positiva. Por exemplo, se $p_1^* = 0{,}95$, então $r^* = 0{,}05/0{,}95 \approx 0{,}05$ e diríamos que a taxa de retorno é de "5%." Retendo 1 unidade de consumo no ano 0, um indivíduo conseguiria comprar 1,05 unidade de consumo no período 1. Portanto, a taxa de retorno de equilíbrio mostra os termos nos quais os bens podem ser realocados ao longo do tempo tanto para os indivíduos quanto para as empresas.

12.2.8 Taxa de retorno, taxas de juros reais e taxas de juros nominais

O conceito de taxa de retorno que estamos analisando aqui é, às vezes, utilizado de forma sinônima com o conceito relacionado da taxa de juros "real". Neste contexto, os dois conceitos são referidos ao retorno real disponível da acumulação de capital. Este conceito deve ser diferenciado da taxa de juros nominal realmente disponível nos mercados financeiros. Especificamente, se for esperado que os preços gerais aumentem por $\dot{p}_e$ entre dois períodos (ou seja, $\dot{p}_e = 0{,}10$ para uma taxa de inflação de 10%), então esperamos que a taxa de juros nominal (i) seja dada pela equação

$$1 + i = (1 + r)(1 + \dot{p}_e), \qquad (12.21)$$

porque um credor potencial espera ser compensado pelo custo de oportunidade de não investir no capital real (r) e pelo aumento geral nos preços $\dot{p}_e$. Expansão da Equação 12.17 rende

$$1 + i = 1 + r + \dot{p}_e + r\dot{p}_e; \qquad (12.22)$$

e, presumindo que $r \cdot \dot{p}_e$ seja pequeno, teremos uma aproximação mais simples

$$i = r + \dot{p}_e. \qquad (12.23)$$

Se a taxa de retorno real for de 4% (0,04) e a taxa de inflação esperada for de 10% (0,10), então, a taxa de juros nominal seria de aproximadamente 14% (0,14). Portanto, a diferença entre as taxas de juros nominais observadas e as taxas de juros reais podem ser consideráveis nos ambientes inflacionários.

EXEMPLO 12.2 Determinação de Taxa de Juros Real

Um modelo simples de determinação de taxa de juros real pode ser desenvolvido presumindo que o consumo aumente a uma taxa exógena, g. Por exemplo, suponha que o único bem de consumo seja uma fruta perecível e que esta fruta venha de árvores que estejam crescendo a uma taxa g. De modo mais realista, g pode ser determinado pelas forças macroeconômicas, como a taxa de mudança técnica no modelo de crescimento de Solow (veja nas Aplicações do Capítulo 6). Não importa como a taxa de crescimento é determinada, a taxa de juros real deve ajustar-se para que os consumidores estejam dispostos a aceitar esta taxa de crescimento no consumo.

Consumo ótimo. O consumidor típico quer que o padrão de consumo maximize a utilidade recebida deste consumo ao longo do tempo. Ou seja, o objetivo é maximizar

$$\text{utilidade} = \int_0^\infty e^{-\delta t} U(c(t))dt, \qquad (12.24)$$

em que δ é a taxa pura de preferência temporal. A cada instante do tempo, esta pessoa ganha um salário w e ganha para juros r de seu estoque de capital k. Portanto, este capital evolui de acordo com a equação

$$\frac{dk}{dt} = w + rk - c \qquad (12.25)$$

e é limitado pelas restrições finais $k(0) = 0$ e $k(\infty) = 0$. A expressão do Hamiltoniano aumentado para este problema de otimização dinâmica (consulte Capítulo 2) resulta em

$$H = e^{-\delta t}U(c) + \lambda(w + rk - c) + k\frac{d\lambda}{dt}. \qquad (12.26)$$

Portanto, o "princípio do máximo" exige

$$H_c = e^{-\delta t}U'(c) - \lambda = 0;$$

$$H_k = r\lambda + \frac{d\lambda}{dt} = 0 \quad \text{ou} \quad r\lambda = -\frac{d\lambda}{dt}. \qquad (12.27)$$

A resolução da equação diferencial implicada pela segunda condição resulta na conclusão que $\lambda = e^{-rt}$, e a substituição disso na primeira condição mostra que

$$U'(c) = e^{(\delta - r)t}. \qquad (12.28)$$

Consistente com os nossos resultados do Exemplo 12.1, a utilidade marginal do consumo deve aumentar ou diminuir com o tempo, dependendo da relação entre a taxa de preferência temporal e a taxa de juros real. Quando a utilidade toma a forma CES $U(c) = c^{1-\gamma}/(1-\gamma)$, $U'(c) = c^{-\gamma}$, a Equação 12.28 resulta na solução explícita

$$c(t) = \exp\left\{\frac{(r - \delta)}{\gamma}t\right\}. \qquad (12.29)$$

Quando $r > \delta$ o consumo aumenta com o tempo. Mas esta taxa de aumento dependerá do quanto a pessoa está disposta a aceitar um consumo desigual. Um valor alto de γ indica uma indisposição para substituir o consumo ao longo do tempo, então a taxa de aumento do consumo ótimo será mais lenta.

Determinação da taxa de juros real. O único "preço" nesta economia simples de árvore-fruta é a taxa de juros real, r. Se a taxa de aumento no consumo for de origem exógena dada por g, a taxa de juros real deve ser ajustada para que a taxa de aumento seja desejada pela pessoa típica. Portanto, deve ser o caso que

$$g = \frac{(r - \delta)}{\gamma} \quad \text{ou} \quad r = \delta + \gamma g \qquad (12.30)$$

Paradoxo da taxa de juros real. A Equação 12.30 fornece a base para o que é chamado "paradoxo da taxa de juros real". Ao longo do tempo, o consumo real *per capita* cresceu em aproximadamente 1% ao ano na economia norte-americana. Muitos estudos empíricos sugerem que γ seja de aproximadamente 3. Consequentemente, mesmo que a taxa de preferência temporal seja zero, a taxa de juros real deve ser em torno de 3%. Com um valor mais realista de $\delta = 0,02$, a taxa de juros real deve ser de aproximadamente 5%. Mas a taxa de juros real sem riscos nos Estados Unidos nos últimos 75 anos foi de, aproximadamente, 2%. Ou há algo de errado com este modelo ou as pessoas estão muito mais propensas a aceitarem um consumo desigual do que geralmente se acredita.

PERGUNTA: Como os resultados deste exemplo devem ser aumentados para permitir a possibilidade de que g possa estar sujeito a flutuações aleatórias? (Veja também o Problema 12.9.)

12.3 PREÇO DE ATIVOS ARRISCADOS

O modelo de consumo intertemporal também fornece perspectivas do preço de ativos arriscados. Nesta seção, resumimos alguns dos resultados básicos que podem ser obtidos utilizando-se esta abordagem. Definimos um "ativo arriscado" como um investimento de um período no período 0 que renderá um investimento incerto de x_i no período 1. O preço deste ativo no período 0 é dado por p_i e queremos descobrir os determinantes deste preço. Estabelecer o preço também estabelecerá a taxa bruta de retorno deste ativo, $R_i = x_i/p_i$. Obviamente, esta taxa bruta de retorno também é incerta.

Para desenvolver uma teoria de como este ativo é precificado, presumimos que um indivíduo típico escolha quanto investir no ativo arriscado para maximizar uma função utilidade de dois períodos na forma de

$$U(c_0, c_1) = U(c_0) + \frac{1}{1+\delta} E[U(c_1)] \tag{12.31}$$

sujeito a

$$c_0 = y_0 - np_i \quad \text{e} \quad c_1 = y_1 + nx_i, \tag{12.32}$$

em que y_0 e y_1 são ganhos (exógenos) nos dois períodos e n é o número das unidades do ativo arriscado comprado. Por conta do risco envolvido neste investimento, c_1 é incerto – portanto, explicando o uso do operador de valor esperado na Equação 12.31. Ao substituir as restrições orçamentárias na função utilidade, teremos

$$U(c_0, c_1) = U(y_0 - np_i) + \frac{1}{1+\delta} E[U(y_1 + nx_i)]. \tag{12.33}$$

A diferenciação desta expressão com relação a n fornece a condição de primeira ordem para o investimento ótimo neste ativo arriscado:

$$\frac{\partial U(c_1, c_2)}{\partial n} = -p_i U'(c_0) + \frac{1}{1+\delta} E[x_i U'(c_1)] = 0 \quad \text{ou} \quad p_i = \frac{1}{1+\delta} \cdot E \frac{x_i \cdot U'(c_1)}{U'(c_0)}. \tag{12.34}$$

Esta é a equação fundamental para o preço dos ativos arriscados derivado de um modelo com base em consumo. Se deixarmos $m = U'(c_1)/(1+\delta)U'(c_0)$, a equação pode ser simplificada como

$$p_i = E(m \cdot x_i). \tag{12.35}$$

Isso mostra que o preço do ativo arriscado é dado pelo valor esperado do produto de duas variáveis aleatórias. O termo aleatório m na expressão serve para descontar o retorno arriscado x_i da mesma maneira que a taxa real de juros serve para descontar um retorno certo de um período de x como $x/(1+r)$. Por este motivo, às vezes, m é chamado "fator estocástico de desconto".[6] Este fator é aleatório, pois o retorno do ativo afeta o consumo (e, portanto, a utilidade marginal) no período 1.

12.3.1 Taxa de retorno sem risco

Quando o retorno no ativo for certo, a Equação 12.35 repete basicamente o que apresentamos no Exemplo 12.1. Se representarmos o valor do período 1 deste ativo sem risco como x_f, obteremos:

$$p_f = E(m)x_f \quad \text{ou} \quad R_f = \frac{x_f}{p_f} = \frac{1}{E(m)}, \tag{12.36}$$

em que R_f é o retorno bruto no ativo sem risco. Isso também é o resultado dado na Equação 12.15 com uma notação levemente diferente.

---

[6] É fornecido um amplo uso deste conceito em J. Cochrane, *Asset Pricing*, edição revista (Princeton: Princeton University Press, 2005).

12.3.2 Risco sistemático e idiossincrático

Geralmente, o preço de um ativo arriscado, de acordo com a Equação 12.35, dependerá do produto de duas variáveis aleatórias. Para ter perspectiva adicional desta relação, podemos utilizar um resultado geral da estatística matemática: que, para quaisquer variáveis aleatórias, x e y, $E(x \cdot y) = E(x) \cdot E(y) + Cov(x, y)$. Ou seja, o valor esperado do produto de duas variáveis aleatórias pode ser desmembrado em dois termos – o produto dos valores esperados das duas variáveis e um termo que representa a covariância entre as variáveis (veja também o Problema 2.16). Aplicando isso à Equação 12.35, temos

$$p_i = E(m \cdot x_i) = E(m) \cdot E(x_i) + Cov(m, x_i) = \frac{E(x_i)}{R_f} + Cov(m, x_i). \tag{12.37}$$

Este desmembramento oferece uma das perspectivas mais importantes da abordagem com base no consumo para o preço de ativos arriscados. Se o fator de desconto estocástico (m) e o retorno aleatório de um ativo arriscado não forem correlacionados (ou seja, sua covariância é zero), então, o preço do período 0 do ativo arriscado será simplesmente o valor esperado do retorno incerto do período 1 descontado (utilizando a taxa sem risco) para o período 0. Tal ausência de correlação entre m e x_i ocorreria se a variação no retorno ao ativo arriscado fosse "ruidoso" relacionado somente àquele ativo e não a outro resultado relevante para o planejamento de consumo do indivíduo. Em economia financeira, tal risco é chamado "idiossincrático". Então, a conclusão é que o risco idiossincrático não afeta no preço dos ativos arriscados.

As possíveis correlações entre m e x_i são chamadas "risco sistemático". Para ver como tal risco afeta no preço do ativo, lembre-se de que o único elemento aleatório no fator de desconto estocástico m é a utilidade marginal do consumo no período 1 [que é $U'(c_1)$]. Considere um ativo arriscado cuja recompensa seja positivamente correlacionada com os "bons tempos" na economia como um todo. Quando há bons tempos, o ativo terá uma recompensa favorável e o consumo também será alto. Mas quando o consumo é alto, a utilidade marginal do consumo será baixa. Portanto, m e x_i serão negativamente correlacionados e o preço deste ativo será menor do que o de outro ativo de risco semelhante que incorpore somente o risco idiossincrático. Alternativamente, um ativo que recompensa em "tempos ruins" induzirá a uma correlação positiva entre m e x_i. O preço excederá a de um ativo semelhante que incorpore somente o risco idiossincrático. A conclusão é que o preço[7] dos ativos arriscados refletirá o desejo do indivíduo de mitigar as flutuações no consumo. Os ativos que ajudam terão um preço alto, enquanto aqueles que exacerbam tais flutuações terão um preço menor.

Claro, a nossa apresentação da abordagem com base em consumo do preço dos ativos arriscados é extremamente simplista. Os resultados apresentados aqui fornecem somente o início mais elementar para a economia financeira, um assunto muito amplo. Alguns resultados adicionais são ilustrados no Problema 12.12. Mas todas as informações são apenas uma pequena parte deste campo que se expande rapidamente.

12.4 DEMANDA DA EMPRESA POR CAPITAL

As empresas alugam máquinas de acordo com os mesmos princípios de maximização de lucro mencionado no Capítulo 8. Especificamente, em um mercado perfeitamente competitivo, a empresa escolherá contratar uma quantidade de máquinas para as quais o produto da receita marginal seja precisamente igual à taxa de locação no mercado. Nesta seção, primeiro investigaremos os determinantes desta taxa de locação de mercado, presumindo implicitamente que todas as máquinas são alugadas a partir de outras empresas. Posteriormente, ainda nesta seção, veremos que esta análise é pouco modificada quando as empresas, na verdade, possuem as máquinas utilizadas.

---

[7] Este resultado frequentemente é afirmado em termos de taxa esperada de retorno, $E(R_i) = E(x_i)/p_i$. Os ativos cujos retornos são negativamente correlacionados a m terão taxas esperadas de retorno maiores do que as daqueles cujos retornos são positivamente correlacionados a m.

12.4.1 Determinantes das taxas de locação de mercado

Considere uma empresa no segmento de locação de máquinas para outras empresas. Suponha que a empresa tenha uma máquina (digamos, um carro ou uma retroescavadeira) que tenha um preço corrente de mercado p. Quanto a empresa cobrará pela locação da máquina? O proprietário da máquina terá dois tipos de custos: a depreciação da máquina e o *custo de oportunidade* de ter os fundos ligados à máquina em vez de um investimento para ganhar a taxa de retorno corrente disponível. Se presumirmos que os custos de depreciação por período sejam uma porcentagem constante (d) do preço de mercado da máquina e que a taxa de juros real seja dada por r, então, os custos totais para o proprietário da máquina para um período serão dados em

$$pd + pr = p(r + d). \qquad (12.38)$$

Se presumirmos que o mercado de locação de máquinas seja perfeitamente competitivo, então não haverá lucro de longo prazo alugando máquinas. Os mecanismos do mercado garantirão que a taxa de locação por período para a máquina (v) seja exatamente igual aos custos do proprietário da máquina. Assim, teremos o resultado básico que

$$v = p(r + d). \qquad (12.39)$$

A taxa de locação competitiva é a soma do juro perdido e os custos de depreciação que o proprietário da máquina deve pagar. Por exemplo, suponha que a taxa de juros real seja de 5% (ou seja, 0,05) e que a taxa de depreciação física seja de 15% (0,15). Suponha também que o preço atual de mercado da máquina seja de $ 10 mil. Então, neste modelo simples, a máquina teria uma taxa de locação anual de $ 2 mil [= $ 10 mil $\times$ 10,5 + 0,15] por ano; $ 500 deste valor representaria o custo de oportunidade dos fundos investidos na máquina e os $ 1.500 restantes seriam os custos físicos da depreciação.

12.4.2 Máquinas sem depreciação

No caso hipotético de uma máquina que não se deprecia ($d = 0$), a Equação 12.39 pode ser escrita como

$$\frac{v}{p} = r. \qquad (12.40)$$

Em equilíbrio, uma máquina de vida infinitamente longa (sem depreciação) é equivalente a um título perpétuo e, portanto, deve "render" a taxa de retorno de mercado. A taxa de locação como uma porcentagem do preço da máquina deve ser igual a r. Se $v/p > r$, então todos se apressariam para comprar a máquina, pois a locação das máquinas renderia mais do que as taxas de retorno alhures. Semelhantemente, se $v/p < r$, então ninguém se interessaria em locar máquinas, pois seria possível fazer mais em investimentos alternativos.

12.4.3 Propriedade das máquinas

Até então, a nossa análise presume que as empresas aluguem todas as máquinas que utilizam. Embora tal locação aconteça no mundo real (por exemplo, muitas empresas arrendam aviões, tratores, carros de carga e computadores para outras empresas), é mais comum que as empresas possuam as máquinas que utilizam. Uma empresa comprará uma máquina e a utilizará em combinação com o trabalho contratado para fabricar o produto. A propriedade das máquinas tornará a análise de demanda por capital algo mais complexa do que a demanda por trabalho. No entanto, reconhecendo a distinção importante entre *estoque* e *fluxo*, podemos mostrar que essas duas demandas são muito semelhantes.

Uma empresa utiliza os *serviços de capital* para fabricar o produto. Esses serviços são uma magnitude de *fluxo*. É a quantidade de horas-máquina que é relevante para o processo de produção (assim como é para horas-trabalho), não a quantidade de máquinas *per se*. No entanto, normalmente, supõe-se que o fluxo de serviços de capital seja proporcional ao *estoque* de máquinas (100 máquinas, se totalmente utilizado por 1 hora, pode entregar 100 horas-máquina de serviço); portanto, esses dois conceitos diferentes são normalmente utilizados de forma sinônima. Se durante um período uma empresa desejar determinada quantidade de horas-máquina, isso geralmente significa que a empresa quer determinada quantidade de máquinas. A demanda da empresa por serviço de capital é também uma demanda por capital.[8]

Uma empresa que maximiza lucros em concorrência perfeita escolherá o nível de insumos de modo que o produto da receita marginal de uma unidade extra de qualquer insumo seja igual ao seu custo. Este resultado também vale para a demanda por horas-máquina. O custo de serviços de capital é dado pela taxa de locação (v) na Equação 12.39. Este custo é suportado pela empresa que ou aluga a máquina no mercado aberto ou possui a máquina. No primeiro caso, é um custo explícito enquanto, no último caso, a empresa é essencialmente composta de dois negócios: (1) fabricação de produto e (2) propriedade das máquinas e a locação delas para si mesma. Neste segundo papel, as decisões das empresas seriam as mesmas que em qualquer outra locadora de máquinas, pois incorre nos mesmos custos. O fato da propriedade, em uma primeira aproximação, é irrelevante para a determinação de custo. Portanto, a nossa análise anterior de demanda de capital aplica-se ao caso dos proprietários também.

DEFINIÇÃO

Demanda por capital. Uma empresa que maximiza lucro que encontra um mercado de locação perfeitamente competitivo para capital contratará insumo de capital adicional até o ponto no qual o produto da receita marginal (MRP_k) for igual à taxa de locação de mercado, v. Na concorrência perfeita, a taxa de locação refletirá os custos de depreciação e os custos de oportunidade dos investimentos alternativos. Assim, teremos

$$MRP_k = v = p\,(r + d). \qquad (12.41)$$

12.4.4 Teoria de investimento

Se uma empresa obedece à regra de maximização de lucro da Equação 12.41 e descobre que precisa de mais serviços de capital do que pode ser fornecido pelo estoque existente de maquinário, então, há duas escolhas. Primeira: pode contratar máquinas adicionais necessárias no mercado de locação. Isso seria formalmente idêntico à decisão de contratar mão de obra adicional. Segunda: a empresa pode comprar novas máquinas para atender às necessidades. Esta segunda alternativa é normalmente a mais escolhida; chamamos a compra de novos equipamentos pela firma de *investimento*.

A demanda de investimento é um componente importante da "demanda agregada" na teoria macroeconômica. Normalmente, supõe-se que demanda por plantas e equipamentos (ou seja, máquinas) esteja inversamente relacionada à taxa real de juros ou o que chamamos "taxa de retorno". Utilizando a análise desenvolvida nesta parte do texto, podemos demonstrar as ligações neste argumento. Uma diminuição da taxa de juros real (r), *ceteris paribus*, diminuirá a taxa de locação do capital. Como o juro perdido representa um custo implícito para o proprietário de uma máquina, uma diminuição em r efetivamente reduz o preço (ou seja, a taxa de locação) de insumos de capital. Esta diminuição em v implica que o capital se torna um insumo relativamente menos caro; isso levará as empresas a aumentarem o uso de capital.

12.5 CRITÉRIO DE VALOR PRESENTE DESCONTADO

Geralmente os analistas têm uma abordagem diferente para a teoria dos investimentos físicos das empresas focando no valor presente dos retornos que o investimento oferece. Esta abordagem chega a muitas

---

[8] As decisões das empresas em como utilizar intensivamente o dado estoque de capital durante um período são normalmente analisadas como parte do estudo de ciclos de negócio.

das mesmas conclusões já vistas. Quando uma empresa compra uma máquina, a empresa economiza um fluxo de locação líquida que dura enquanto a máquina é utilizada. Portanto, para decidir pela compra da máquina, a empresa deve calcular o valor presente descontado (*PDV*) deste fluxo de locações e comparar isso ao preço presente da máquina. Desta maneira, a empresa terá que considerar os custos de oportunidade associados aos pagamentos de juros perdidos colocando esses fundos em um equipamento. Se o preço da máquina exceder o *PDV* do fluxo de taxas de locação, isso não é um bom investimento e a empresa se recusará a fazer isso. Por outro lado, a empresa comprará qualquer máquina para o qual o preço estará abaixo do *PDV* do fluxo de locação, e a empresa continuará comprando máquinas adicionais até que não haja mais nenhum ganho adicional a ser feito.

12.5.1 Um caso simples

Como uma aplicação particularmente simples deste princípio, presuma que a taxa de locação da máquina seja uma constante (v) em cada período, e que a máquina durará "para sempre". Com essas suposições simplificadas, podemos escrever o valor presente descontado da propriedade da máquina como

$$PDV = \frac{v}{(1+r)} + \frac{v}{(1+r)^2} + \cdots + \frac{v}{(1+r)^n} + \cdots$$

$$= v \cdot \left(\frac{1}{(1+r)} + \frac{1}{(1+r)^2} + \cdots + \frac{1}{(1+r)^n} + \cdots \right)$$

$$= v \cdot \left(\frac{1}{1 - 1/(1+r)} - 1 \right) \qquad (12.42)$$

$$= v \cdot \left(\frac{1+r}{r} - 1 \right)$$

$$= v \cdot \frac{1}{r}.$$

Mas em equilíbrio $p = PDV$, então

$$p = v \cdot \frac{1}{r} \qquad (12.43)$$

ou

$$\frac{v}{p} = r, \qquad (12.44)$$

como já foi apresentado na Equação 12.40. Para este caso, o critério de valor descontado presente proporciona resultados idênticos aos destacados na seção anterior.

12.5.1.1 Caso geral
A Equação 12.39 também pode ser derivada para o caso mais geral no qual a taxa de locação da máquina não é uma constante ao longo do tempo e no qual há alguma depreciação. Esta análise é mais facilmente executada utilizando o tempo contínuo. Suponha que a taxa de locação para uma máquina *nova* a qualquer momento s seja dada por $v(s)$. Presuma também que a máquina se deprecia exponencialmente a uma taxa de d.[9] Portanto, a taxa líquida de locação (e o produto de receita

---

[9] Nesta visão da depreciação, presume-se que as máquinas "evaporem" a uma taxa fixa por unidade de tempo. Este modelo de depreciação é, de muitas maneiras, idêntico às suposições de decaimento radioativo feita na física. Existem outras formas possíveis que a depreciação física pode assumir; esta é apenas uma das matematicamente tratáveis.
É importante manter o conceito de depreciação física (depreciação que afeta a produtividade da máquina) distinta da depreciação contábil. O último conceito é importante somente quando o método de depreciação contábil escolhida pode afetar a

marginal) de uma máquina diminui com o tempo à medida que a máquina é utilizada. Nos anos *s*, a taxa de locação líquida de uma máquina *antiga* comprada em um ano anterior (*t*) seria

$$v(s)e^{-d(s-t)}, \qquad (12.45)$$

porque *s* − *t* é a quantidade de anos nos quais a máquina está sendo usada. Por exemplo, suponha que a máquina tenha sido comprada nova em 2011. A taxa de locação líquida em 2016 seria a taxa de locação ganhada pelas novas máquinas em 2016 [*v*(2016)] descontada por e^{-5d} com relação à depreciação que acontece com uma máquina de cinco anos.

Se a empresa está considerando a compra quando ela é nova no ano *t*, acertar descontar todos esses valores de locação líquida até tal data. Portanto, o valor presente da locação líquida no ano *s* descontado até o ano *t* é (se *r* for a taxa real de juros)

$$e^{-r(s-t)}v(s)e^{-d(s-t)} = e^{(r+d)t}v(s)e^{-(r+d)s} \qquad (12.46)$$

porque, novamente, (*s* − *t*) anos passam de quando a máquina é comprada até que a locação líquida seja recebida. Portanto, o valor presente descontado da máquina comprada no ano *t* é a soma (integral) desses valores presentes. Esta soma deve ser realizada do ano *t* (quando a máquina é comprada) durante todos os anos no futuro:

$$PDV(t) = \int_{t}^{\infty} e^{(r+d)t}v(s)e^{-(r+d)s}ds. \qquad (12.47)$$

Uma vez que, no equilíbrio, o preço da máquina no ano *t*[*p*(*t*)] será igual a este valor presente, temos a seguinte equação fundamental:

$$p(t) = \int_{t}^{\infty} e^{(r+d)t}v(s)e^{-(r+d)s}ds. \qquad (12.48)$$

Esta equação bastante formidável é simplesmente uma versão mais complexa da Equação 12.41 e pode ser utilizada para derivar a Equação 12.39. Primeiro, reescreva a equação como

$$p(t) = e^{(r+d)t}\int_{t}^{\infty} v(s)e^{-(r+d)s}ds. \qquad (12.49)$$

Agora, diferencie com relação a *t* utilizando a regra de obter a derivada de um produto:

$$\frac{dp(t)}{dt} = (r+d)e^{(r+d)t}\int_{t}^{\infty} v(s)e^{-(r+d)s}ds - e^{(r+d)t}v(t)e^{-(r+d)t}$$
$$= (r+d)p(t) - v(t). \qquad (12.50)$$

Logo,

$$v(t) = (r+d)p(t) - \frac{dp(t)}{dt}. \qquad (12.51)$$

---

taxa de tributação dos lucros da máquina. No entanto, do ponto de vista econômico, o custo de uma máquina é um custo irrecuperável: qualquer escolha em como "eliminar" este custo é, até certo ponto, arbitrária.

Este é precisamente o resultado apresentado anteriormente na Equação 12.39, exceto para o termo $-dp(t)/dt$ que foi adicionado. A explicação econômica para a presença deste termo adicional é que ele representa o ganho de capital obtido pelo proprietário da máquina. Por exemplo, se for esperado que o preço da máquina aumente, o proprietário pode aceitar locar por um preço menor que $(r + d)p$.[10] Por outro lado, se o preço da máquina é esperado diminuir $[dp(t)/dt < 0]$, o proprietário precisará alocar por um valor maior do que o especificado na Equação 12.39. Se for esperado que o preço da máquina permaneça constante, então $dp(t)/dt = 0$ e as equações serão idênticas. Esta análise mostra que há uma relação definida entre o preço de uma máquina a qualquer momento, o fluxo de locações implícitas futuras que a máquina promete e a taxa de locação atual para a máquina.

EXEMPLO 12.3 Corte de uma árvore

Como um exemplo do critério *PDV*, considere o caso de um agricultor que deve decidir quando cortar uma árvore em crescimento. Suponha que o valor da árvore a qualquer momento, t, seja dado por $f(t)$ (em que $f'(t) > 0$, $f''(t) < 0$) e l dólares foram investidos inicialmente como pagamento para os trabalhadores que plantaram a árvore. Presuma também que a taxa de juros contínua de mercado seja dada por r. Quando a árvore for plantada, o valor presente descontado dos lucros do proprietário da árvore é dado por

$$PDV(t) = e^{-rt}f(t) - l, \qquad (12.52)$$

que é simplesmente a diferença entre (o valor presente) as receitas e os custos presentes. Então, a decisão do agricultor consiste em escolher a data do corte t para maximizar este valor. Como sempre, este valor pode ser encontrado pela diferenciação:

$$\frac{dPDV(t)}{dt} = e^{-rt}f'(t) - re^{-rt}f(t) = 0 \qquad (12.53)$$

ou, dividindo os dois lados por e^{-rt},

$$f'(t) - rf(t) = 0. \qquad (12.54)$$

Portanto,

$$r = \frac{f'(t)}{f(t)}. \qquad (12.55)$$

É válido salientar duas características desta condição ótima. Primeiro, observe que o custo inicial de trabalho some com a diferenciação. Este custo é (até no sentido mais literal) um custo "irrecuperável" que é irrelevante na decisão de maximização de lucro. Segundo, a Equação 12.55 pode ser interpretada como dizendo que a árvore deve ser cortada quando a taxa de juros for igual à taxa proporcional de crescimento da árvore. Este resultado faz sentido intuitivamente. Se a árvore crescer mais rapidamente do que a taxa de juros prevalecente, então o proprietário deve deixar o fundo investido na árvore, porque a árvore fornece o melhor retorno disponível. Por outro lado, se a árvore crescer menos rapidamente do que a taxa de juros prevalecente, então a árvore deve ser cortada e o fundo obtido da venda deve ser investido de outra maneira a uma taxa r.

A Equação 12.55 é apenas uma condição necessária para um máximo. Diferenciando a Equação 12.54 novamente, é fácil ver que é exigido também, no valor escolhido de t,

---

[10] Por exemplo, as casas alugadas em subúrbios com preços que se valorizam rapidamente geralmente alugarão por menos do que o custo real do proprietário porque ele também ganha com a valorização do preço.

$$f''(t) - rf'(t) < 0 \tag{12.56}$$

se as condições de primeira ordem representam um máximo verdadeiro. Por presumirmos que $f'(t) > 0$ (a árvore está sempre crescendo) e $f''(t) < 0$ (o crescimento diminui com o tempo), é claro que esta condição é válida.

Uma ilustração numérica. Suponha que as árvores cresçam de acordo com a equação

$$f(t) = \exp\{0{,}4\sqrt{t}\}. \tag{12.57}$$

Esta equação sempre apresenta uma taxa de crescimento positiva $[f'(t) > 0]$ e, porque

$$\frac{f'(t)}{f(t)} = \frac{0{,}2}{\sqrt{t}}, \tag{12.58}$$

a taxa de crescimento proporcional da árvore diminui com o tempo. Se a taxa de juros real fosse, digamos, 0,04, então poderíamos decidir o tempo de corte ótimo como

$$r = 0{,}04 = \frac{f'(t)}{f(t)} = \frac{0{,}2}{\sqrt{t}} \tag{12.59}$$

ou

$$\sqrt{t} = \frac{0{,}2}{0{,}04} = 5,$$

então

$$t^* = 25. \tag{12.60}$$

Até os 25 anos, o volume de madeira da árvore aumenta a uma taxa de mais de 4% ao ano; então, a decisão ótima é permitir que a árvore cresça mais. Mas, para $t > 25$, a taxa de crescimento anual diminui para menos de 4%; assim, o agricultor pode encontrar novos investimentos – talvez plantar novas árvores.

Análise estática comparativa. O efeito de uma mudança na taxa de juros real no corte de árvore pode ser mostrado neste exemplo aplicando os métodos de estática comparativa apresentados no Capítulo 2 para a condição de otimalidade dada na Equação 12.54:

$$\frac{dt(r)}{dr} = -\frac{-f(t)}{f''(t) - rf'(t)} \leq 0 \tag{12.61}$$

em que a desigualdade final deriva da condição de segunda ordem para um máximo (Equação 12.56): conforme já esperado, uma taxa real de juros maior fará com que a empresa corte a árvore mais cedo antes que a taxa de crescimento caia muito. Por exemplo, se $r = 0{,}05$, o tempo de corte ótimo cai de 25 para 16 anos.

PERGUNTA: Suponha que todos os preços (incluindo os das árvores) aumentassem em 10% ao ano. Neste problema, como isso mudaria os resultados ótimos de colheita?

12.6 PREÇO DE RECURSO NATURAL

O preço dos recursos naturais é uma preocupação dos economistas pelo menos desde a época de Thomas Malthus. A questão principal é se o sistema de mercado pode alcançar uma alocação desejada de tais recursos dada a sua natureza, em última análise, finita e esgotável. Nesta seção, observamos um modelo simples de preço de recurso para ilustrar algumas das perspectivas que a análise econômica pode fornecer.

12.6.1 Preço e produção de maximização de lucro

Suponha que uma empresa tenha um estoque finito de determinado recurso. Denote o estoque do recurso a qualquer momento por $x(t)$ e a produção atual deste estoque por $q(t)$. Portanto, o estoque deste recurso evolui de acordo com a equação diferencial

$$\frac{dx(t)}{dt} = \dot{x}(t) = -q(t), \tag{12.62}$$

em que utilizamos a notação ponto para denotar uma derivada no tempo. O estoque deste recurso é limitado por $x(0) = \bar{x}$ e $x(\infty) = 0$. A extração deste recurso apresenta custos médio e marginal constantes para as mudanças nos níveis de produção, mas este custo pode mudar com o tempo. Portanto, os custos totais da empresa a qualquer ponto no tempo são $C(t) = c(t)q(t)$. A meta da empresa é maximizar o valor presente descontado dos lucros sujeito à restrição dada na Equação 12.62. Seja $p(t)$ o preço do recurso no momento t, então o valor presente dos lucros futuros é dado por

$$\pi = \int_0^\infty [p(t)q(t) - c(t)q(t)]e^{-rt}dt, \tag{12.63}$$

em que r é a taxa de juros real (suposta como constante ao longo de nossa análise). O hamiltoniano aumentado para este problema de otimização dinâmica rende

$$H = [p(t)q(t) - c(t)q(t)]e^{-rt} + \lambda[-q(t)] + x(t)\frac{d\lambda}{dt}. \tag{12.64}$$

O princípio do máximo aplicado a este problema dinâmico tem duas condições de primeira ordem para um máximo:

$$H_q = [p(t) - c(t)]e^{-rt} - \lambda = 0,$$

$$H_x = \frac{d\lambda}{dt} = 0. \tag{12.65}$$

A segunda condição implica que o "preço sombra" do estoque de recurso deva permanecer constante com o tempo. Como a produção de uma unidade do recurso reduz precisamente 1 unidade no estoque, não importando quando é produzido, qualquer trajetória em que este preço sombra variar não será ótima. Agora, se resolvermos a condição de primeira ordem para λ e diferenciar com relação ao tempo, obtemos (utilizando o fato que $d\lambda/dt = 0$)

$$\frac{d\lambda(t)}{dt} = 0 = \dot{\lambda} = (\dot{p} - \dot{c})e^{-rt} - r(p - c)e^{-rt}. \tag{12.66}$$

Dividindo por e^{-rt} e rearranjando os termos, teremos uma equação que explica como o preço do recurso deve variar com o tempo:

$$\dot{p} = r(p - c) + \dot{c}. \tag{12.67}$$

Observe que a variação de preço tem dois componentes. O segundo componente mostra que as variações de preços seguem todas as variações nos custos marginais de extração. O primeiro mostra que, mesmo que não mude o custo de extração, haverá uma tendência ascendente nos preços que refletirão o valor da escassez do recurso. A empresa terá um incentivo para adiar alguma produção de recurso somente se a abstenção render um retorno equivalente à taxa de juros real. Caso contrário, é melhor para a empresa vender todos os ativos de recursos e investir os fundos alhures. Este resultado, primeiramente observado[11] por Harold Hotelling no início da década de 1930, pode ser simplificado presumindo que os custos marginais de extração sejam sempre zero. Neste caso, a Equação 12.67 reduz para a equação diferencial simples

$$\dot{p} = rp, \tag{12.68}$$

cuja solução é

$$p = p_0 e^{rt}. \tag{12.69}$$

Ou seja, os preços aumentam exponencialmente à taxa de juros real. De modo geral, suponha que os custos marginais também sigam uma tendência exponencial dada por

$$c(t) = c_0 e^{\gamma t}, \tag{12.70}$$

em que γ pode ser positivo ou negativo. Neste caso, a solução da Equação diferencial 12.67 é

$$p(t) = (p_0 - c_0)e^{rt} + c_0 e^{\gamma t}. \tag{12.71}$$

Isso esclarece ainda mais que o preço do recurso é influenciado por duas tendências: uma renda de escassez crescente que reflete o valor de ativo do recurso e a tendência nos custos marginais de extração.

EXEMPLO 12.4 Os preços de recurso podem diminuir?

Embora a observação original de Hotelling sugira que os preços de recursos naturais devam aumentar à taxa de juros real, a Equação 12.71 esclarece que esta conclusão não é inequívoca. Se os custos marginais de extração diminuírem por conta dos avanços técnicos (ou seja, se γ for negativo), então é possível que o preço do recurso também diminua. As condições que levariam à diminuição dos preços de recurso podem ser expressas mais explicitamente pelo cálculo da primeira e segunda derivadas do preço com relação ao tempo na Equação 12.71:

$$\frac{dp}{dt} = r(p_0 - c_0)e^{rt} + \gamma c_0 e^{\gamma t},$$

$$\frac{d^2 p}{dt^2} = r^2(p_0 - c_0)e^{rt} + \gamma^2 c_0 e^{\gamma t} > 0. \tag{12.72}$$

Por conta da segunda derivada ser sempre positiva, precisamos examinar somente sinal da primeira derivada em $t = 0$ para concluir quando o preço cai. Nesta data inicial,

$$\frac{dp}{dt} = r(p_0 - c_0) + \gamma c_0. \tag{12.73}$$

---

[11] H. Hotelling, "The Economics of Exhaustible Resources", *Journal of Political Economy* (abr. 1931): 137-75.

Portanto, os preços diminuirão (pelo menos inicialmente), desde que

$$\frac{-\gamma}{r} > \frac{p_0 - c_0}{c_0}. \tag{12.74}$$

Esta condição claramente não pode ser atendida se os custos marginais de extração aumentarem com o tempo ($\gamma > 0$). Mas se os custos diminuírem, é possível um período de diminuição do preço real. Por exemplo, se $r = 0{,}05$ e $\gamma = -0{,}02$, então os preços diminuiriam se as rendas iniciais de escassez fossem menores que 40% dos custos de extração. Embora eventualmente os preços possam aumentar, um recurso muito abundante que teve diminuições significativas nos custos de extração teria um período relativamente longo de diminuição de preços. Isso parece ser o caso do petróleo, por exemplo.

PERGUNTA: A empresa estudada nesta seção é tomadora de preços? Como a análise se diferenciaria se a empresa fosse monopolista? (Veja também o Problema 12.10.)

12.6.2 Generalização do modelo

A descrição do preço de recurso natural dado aqui fornece somente uma visão breve deste tópico importante.[12] Algumas questões adicionais consideradas pelos economistas incluem otimalidade social, substituição e recursos renováveis.

12.6.2.1 Otimalidade social
As tendências de preços descritas na Equação 12.71 são economicamente eficientes? Ou seja, elas maximizam o excedente do consumidor além de maximizar os lucros das empresa? A nossa discussão anterior sobre o consumo ótimo ao longo do tempo sugere que a utilidade marginal do consumo deve variar de determinadas maneiras prescritas caso o consumidor permaneça no seu caminho ótimo. Como os indivíduos consumirão qualquer recurso até o ponto no qual o preço seja proporcional à utilidade marginal, parece plausível que as tendências de preço calculadas aqui possam ser consistentes com o consumo ótimo. Mas uma análise mais completa precisaria considerar a taxa de preferência temporal do consumidor e a sua disposição de substituir por um recurso cada vez mais caro; então, não há uma resposta clara. Em vez disso, a otimalidade da trajetória indicada pela Equação 12.66 dependerá das especificidades da situação.

12.6.2.2 Substituição
Uma questão relacionada é como os recursos substitutos devem ser integrados a esta análise. Uma resposta relativamente simples é fornecida ao considerar como o preço inicial (p_0) deve ser escolhido na Equação 12.71. Se tal preço for a combinação inicial de preço-quantidade que é o equilíbrio de mercado, então – presumindo que todos os outros preços de recursos finitos sigam uma tendência de tempo semelhante – os preços relativos de recursos não mudarão e (com algumas funções utilidade), as trajetórias no tempo para preço-quantidade de todos eles podem configurar um equilíbrio. Uma abordagem alternativa seria presumir que um substituto perfeito para o recurso seja desenvolvido em algum momento no futuro. Se o novo recurso estiver disponível em oferta perfeitamente elástica, então, sua disponibilidade imporia um limite ao preço do recurso original; isso também teria implicações para p_0 (veja o Problema 12.7). Mas todas essas soluções para a modelagem da substituibilidade são casos especiais. Para modelar a situação de forma mais geral exige-se um modelo de equilíbrio geral e dinâmico capaz de capturar interações em muitos mercados.

---

[12] Para uma amostra dos modelos de otimização dinâmica aplicados a questões de recursos naturais, consulte J. M. Conrad e C. W. Clark, *Natural Resource Economics: Notes and Problems* (Cambridge: Cambridge University Press, 2004).

12.6.2.3 Recursos renováveis

Uma complicação final que pode ser adicionada ao modelo de precificação de recurso apresentado aqui é a possibilidade de o recurso em questão não ser finito: pode ser renovado por ações naturais ou econômicas. Esses seriam os casos de madeira ou bancos de pesca, nos quais diversos tipos de atividades renováveis são possíveis. A consideração formal de recursos renováveis exige uma modificação da equação diferencial que define as mudanças no estoque do recurso, que não mais assume a forma simples dada na Equação 12.62. A especificação das trajetórias de preço que maximizam o lucro em tais casos pode se tornar muito complicada.

Resumo

Neste capítulo examinamos diversos aspectos da teoria do capital, com ênfase em integrá-la com a teoria de alocação de recursos ao longo do tempo. Abaixo seguem alguns resultados.

- A acumulação de capital representa o sacrifício do consumo presente pelo futuro. A taxa de retorno mede os termos nos quais esta comercialização pode ser realizada.
- A taxa de retorno é estabelecida por mecanismos, como os que estabelecem qualquer preço de equilíbrio. A taxa de retorno de equilíbrio será positiva, refletindo as preferências relativas dos indivíduos para os bens presentes sobre o futuro e a produtividade física positiva da acumulação de capital.
- A taxa de retorno (ou taxa de juros real) é um elemento importante nos custos gerais associados à propriedade de capital. É um determinante importante da taxa de mercado de locação do capital, v.
- Os retornos futuros dos investimentos de capital devem ser descontados à taxa de juros real prevalecente. O uso de tais noções de valor presente fornece uma alternativa para abordar o estudo das decisões de investimento da empresa.
- O acúmulo de riqueza individual, o preço de recurso natural e outros problemas dinâmicos podem ser estudados utilizando as técnicas da teoria do controle ótimo. Normalmente tais modelos produzem resultados de tipo competitivo.

Problemas

12.1 Um indivíduo tem uma riqueza fixa (W) para distribuir entre o consumo em dois períodos (c_1 e c_2). A função de utilidade individual é dada por

$$U(c_1, c_2),$$

e a restrição orçamentária é

$$W = c_1 + \frac{c_2}{1 + r},$$

em que r é a taxa de juros de um período.

a. Mostre que, para maximizar a utilidade dada esta restrição orçamentária, o indivíduo deve escolher c_1 e c_2 de tal modo que MRS (de c_2 para c_1) seja igual a $1 + r$.
b. Mostre que $\partial c_2/\partial r \geq 0$, mas que o sinal de $\partial c_1/\partial r$ é ambíguo. Se $\partial c_1/\partial r$ for negativo, o que você conclui sobre a elasticidade-preço de demanda para c_2?
c. Como suas conclusões da parte (b) seriam alteradas se o indivíduo receber a renda em cada período (y_1 e y_2) de modo que a restrição orçamentária seja dada por

$$y_1 - c_1 + \frac{y_2 - c_2}{1 + r} = 0?$$

12.2 Presuma que um indivíduo espere trabalhar por 40 anos e depois se aposente com uma expectativa de vida de 20 anos a mais. Suponha também que os ganhos do indivíduo aumentem a uma taxa de 3% ao ano e que a taxa de juros também seja de 3% ao ano (o nível de preço geral é constante neste problema). Qual fração (constante) de renda o indivíduo deve poupar em cada ano de trabalho para conseguir um nível de renda de aposentadoria igual a 60% dos ganhos no ano imediatamente antes da aposentadoria?

12.3 À medida que o uísque envelhece, o valor encarece. Um dólar de um uísque escocês no ano 0 vale $V(t) = \exp\{2\sqrt{t} - 0{,}15t\}$ dólares no momento t. Se a taxa de juros for de 5%, após quantos anos a pessoa deve vender o uísque escocês para maximizar o *PDV* desta venda?

12.4 Como no Exemplo 12.3, suponha que as árvores sejam produzidas aplicando 1 unidade de trabalho no momento 0. O valor da madeira contida na árvore é dada em qualquer momento t por $f(t)$. Se o salário de mercado for w e a taxa de juros real for r, qual é o *PDV* deste processo de produção e como t deveria ser escolhido para maximizar este *PDV*?

  a. Se o valor ótimo de t for indicado por t^*, mostre que a condição "sem lucro puro" de concorrência perfeita precisará que
  $$w = e^{-rt}f(t^*).$$
  Você pode explicar o significado desta expressão?
  b. Uma árvore vendida antes de t^* não será cortada imediatamente. Em vez disso, ainda fará sentido para o novo proprietário deixar que a árvore continue crescendo até t^*. Mostre que o preço de uma árvore de u anos será we^{ru} e que este preço excederá o valor da madeira na árvore [$f(u)$] para todo valor de u exceto $u = t^*$ (quando esses dois valores forem iguais).
  c. Suponha que um proprietário tenha um bosque "equilibrado" com uma árvore de "cada" idade de 0 a t^*. Qual seria o valor deste bosque? *Dica:* É a soma dos valores de todas as árvores no lote.
  d. Se o valor do bosque for V, mostre que os juros instantâneos em V (ou seja, $r \cdot V$) são iguais aos "lucros" obtidos a cada momento pelo proprietário do terreno, onde lucros são a diferença entre a receita obtida da venda de uma árvore totalmente madura [$f(t^*)$] e o custo de plantação de uma nova (w). Este resultado mostra que não há lucro puro ao fazer empréstimo para comprar um bosque, porque o proprietário terá que pagar pelos juros em cada momento exatamente o que obteria ao cortar uma árvore totalmente madura.

12.5 Este problema foca na interação dos impostos sobre lucros corporativos com as decisões de investimento das empresas.

  a. Suponha (contrário ao fato) que os lucros sejam definidos para fins tributários como o que chamamos de lucro econômico puro. Como um imposto sobre tal lucro afetaria nas decisões de investimento?
  b. De fato, os lucros são definidos para fins tributários como
  $$\pi' = pq - wl - \text{depreciação},$$
  em que a depreciação é determinada pelas diretrizes governamentais e industrial que buscam alocar um custo de máquina sobre seu tempo de vida "útil". Se a depreciação for igual à deterioração física atual e se uma empresa estiver em equilíbrio competitivo de longo prazo, como um imposto sobre π' seria afetado pela escolha de insumos de capital da empresa?
  c. Dada as condições da parte (b), descreva como o uso de capital será afetado pela adoção de políticas de "depreciação acelerada", que especifica taxas de depreciação maiores que da deterioração física na vida precoce da máquina, mas com taxas muito menores de depreciação à medida que a máquina "envelhece".
  d. Sob as condições da parte (c), como uma diminuição no imposto sobre lucros corporativos afetaria no uso de capital?

12.6 Um consultor de vendas de seguros de vida persistente ouviu que deveria usar o seguinte argumento: "Na sua idade, um seguro de vida completo de $ 100 mil é muito melhor do que um seguro de vida similar a termo. Com um seguro de vida completo, você pagará $ 2 mil por ano nos primeiros quatro anos, mas mais nada pelo resto de sua vida. Já no seguro de vida similar a termo, você pagará $ 400 dólares, mas será para sempre. Se você vive 35 anos, pagará somente $ 8 mil pelo seguro completo, mas $ 14 mil (= $ 400 · 35) pelo seguro a termo. Com certeza, o completo é um negócio melhor". Presumindo que a suposição de expectativa de vida do consultor de vendas esteja correta, como você avaliaria este argumento? Especificamente, calcule o valor presente descontado dos custos de prêmio dos dois seguros, presumindo que a taxa de juros seja de 10%.

12.7 Suponha que um substituto perfeito para o petróleo seja descoberto em 15 anos e que o preço deste seja equivalente ao preço do petróleo de

$ 125 por barril. Suponha que o custo marginal de extração atual do óleo seja de $ 7 por barril. Presuma também que a taxa de juros real seja de 5% e que os custos de extração real diminuam a uma taxa de 2% ao ano. Se os preços do petróleo seguirem a trajetória descrita na Equação 12.71, qual seria o preço atual do petróleo? A sua resposta ajudou a entender a precificação real no mercado de petróleo?

Problemas analíticos

12.8 Tributação do ganho de capital
Suponha que o indivíduo tenha W dólares para alocar entre o consumo deste período (c_0) e o consumo do próximo período (c_1) e que a taxa de juros seja dada por r.

a. Faça um gráfico do equilíbrio inicial do indivíduo e indique o valor total da poupança do período atual ($W - c_0$).
b. Suponha que, após o indivíduo tomar a decisão de poupar (comprando títulos de um período), a taxa de juros diminua para r'. Como isso alteraria a restrição orçamentária do indivíduo? Mostre a nova posição de maximização de utilidade? Discuta como a posição melhorada do indivíduo pode ser interpretada como resultado do "ganho de capital" nas compras iniciais de títulos.
c. Suponha que a fisco queira impor um imposto com base na "renda" sobre o valor dos ganhos de capital. Se todos os tais ganhos são valorizados em termos de c_0 à medida que "se acumulam", mostre como tais ganhos devem ser medidos. Nomeie este valor como G_1.
d. Suponha que, em vez disso, os ganhos de capital sejam medidos à medida que são "realizados" – ou seja, os ganhos de capital sejam definidos para incluir somente aquela parte dos títulos resgatados para comprar c_0 adicionais. Mostre como esses ganhos realizados podem ser medidos. Nomeie este valor como G_2.
e. Desenvolva uma medição do aumento verdadeiro na utilidade que resulte da diminuição em r, medido em termos de c_0. Nomeie este ganho de capital "verdadeiro" como G_3. Mostre que $G_3 < G_2 < G_1$. O que você conclui sobre a política de tributação que tributa somente os ganhos realizados?

Nota: Este problema é adaptado de J. Whalley, "Capital Gains Taxation and Interest Rate Changes", *National Tax Journal* (mar. 1979): 87-91.

12.9 Poupança precaucionária e prudência
O Exemplo 12.2 pergunta como a incerteza sobre o futuro pode afetar nas decisões de poupança da pessoa. Neste problema, exploraremos esta questão mais profundamente. Toda a nossa análise tem como base o modelo simples de dois períodos no Exemplo 12.1.

a. Para simplificar, presuma que $r = \delta$ na Equação 12.15. Se o consumo for certo, isso implica que $u'(c_0) = u'(c_1)$ ou $c_0 = c_1$. Mas suponha que o consumo no período 1 esteja sujeito a um choque aleatório de média zero, de modo que $c_1 = c_1^p + x$, em que c_1^p é o consumo planejado do período 1 e x é uma variável aleatória com um valor esperado de 0. Descreva por que, neste contexto, a maximização de utilidade exige $u'(c_0) = E[u'(c_1)]$.
b. Utilize a desigualdade de Jensen (consulte o Capítulo 2) para mostrar que esta pessoa escolherá $c_1^p > c_0$ se e somente se u' for convexo – ou seja, se e somente se $u''' > 0$.
c. Kimball[13] sugere utilizar o termo "prudência" para descrever uma pessoa cuja função utilidade seja caracterizada por $u''' > 0$. Descreva por que os resultados da parte (b) mostram que tal definição é consistente com o uso diário.
d. No Exemplo 12.2, mostramos que as taxas de juros reais na economia norte-americana parecem muito baixas para reconciliar as taxas efetivas de crescimento do consumo com evidência sobre a disposição dos indivíduos de viver as flutuações de consumo. Se as taxas de crescimento do consumo forem incertas, isso explicaria ou exacerbaria o paradoxo?

12.10 Monopólio e preços de recursos naturais
Suponha que uma empresa seja o único proprietário de um estoque de um recurso natural.

---

[13] M. S. Kimball, "Precautionary Savings in the Small and in the Large", *Econometrica* (jan. 1990): 53-73.

a. Como a análise da maximização dos lucros descontados da venda deste recurso (Equação 12.63) deve ser modificada para levar este fato em conta?
b. Suponha que a demanda para o recurso em questão tenha uma forma de elasticidade constante $q(t) = a[p(t)]^b$. Como isso modificaria a dinâmica do preço apresentada na Equação 12.67?
c. Como a resposta ao Problema 12.7 seria modificada se toda a oferta de petróleo fosse de propriedade de apenas uma empresa?

12.11 Economia de madeira renovável

Os cálculos no Problema 12.4 presumem que não há diferença entre as decisões de cortar uma árvore e gerenciar um bosque. Mas gerenciar um bosque também envolve replantio, que deve ser explicitamente modelado. Para isso, presuma que o proprietário de um lote esteja considerando o plantio de uma árvore a um custo w, colhendo a árvore em t^*, plantando outra, e assim por diante. Então, o fluxo de lucro descontado desta atividade é

$$V = -w + e^{-rt}[f(t) - w] + e^{-r2t}[f(t) - w] + \cdots + e^{-rnt}[f(t) - w] + \cdots.$$

a. Mostre que o valor total desta atividade de colheita planejada é dado por
$$V = \frac{f(t) - w}{e^{-rt} - 1} - w.$$

b. Descubra o valor de t que maximiza V. Mostre que este valor resolve a equação
$$f'(t^*) = rf(t^*) + rV(t^*).$$

c. Interprete os resultados da parte (b): Como eles refletem o uso ótimo do "insumo" tempo? Por que o valor de t^* especificado na parte (b) é diferente do que consta no Exemplo 12.2?

d. Suponha que o crescimento da árvore (medido em dólares constantes) siga a função logística
$$f(t) = 50/(1 + e^{10 - 0,1t}).$$
Qual é o valor máximo da madeira disponível desta árvore?

e. Se o crescimento da árvore for caracterizado pela equação dada na parte (d), qual é o período de rotação ótimo se $r = 0{,}05$ e $w = 0$? Este período apresenta um rendimento "máximo sustentável"?

f. Como o período ótimo mudaria se r diminuísse para 0,04?

Nota: A equação derivada na parte (b) é conhecida na economia florestal como a equação de Faustmann.

12.12 Mais da taxa de retorno de ativo arriscado

Muitos resultados da teoria de finança são enquadrados nos termos da taxa esperada de retorno bruto $E(R_i) = E(x_i)/p_i$ para um ativo arriscado. Neste problema, pede-se para que se obtenham alguns desses resultados.

a. Utilize a Equação 12.37 para mostrar que $E(R_i) - R_f = -R_f \, Cov(m, R_i)$.

b. Na estatística matemática, a desigualdade de Cauchy-Schwarz afirma que para quaisquer duas variáveis aleatórias x e y, $|Cov(x, y)| \leq \sigma_x \sigma_y$. Utilize este resultado para mostrar que $|E(R_i) - R_f| \leq R_f \sigma_m \sigma_{R_i}$.

c. **Limite do Índice de Sharpe.** Em finanças, o "índice de Sharpe" é definido como o retorno excedente esperado de um ativo arriscado sobre a taxa sem riscos dividida pelo desvio-padrão do retorno desse ativo arriscado. Ou seja, índice de Sharpe $= [E(R_i) - R_f]/\sigma_{R_i}$. Utilize os resultados da parte (b) para mostrar que o limite superior para o índice de Sharpe é de $\sigma_m/E(m)$. (*Nota:* A razão do desvio-padrão de uma variável aleatória a sua média é chamada "coeficiente de variação" ou CV. Esta parte mostra que o limite superior do índice de Sharpe é dado pelo CV da taxa de desconto estocástico.)

d. **Aproximação do CV de m.** O fator de desconto estocástico, m, é aleatório porque o crescimento do consumo é aleatório. Às vezes, é conveniente presumir que o crescimento do consumo siga uma distribuição "lognormal" ou seja, o logaritmo do crescimento do consumo segue uma distribuição normal. Seja o desvio-padrão do logaritmo do crescimento do consumo dado por $\sigma_{\ln \Delta c}$. Dadas essas suposições, pode ser mostrado que $CV(m) = \sqrt{e^{\gamma^2 \sigma^2_{\ln \Delta c}} - 1}$. Utilize este resultado para mostrar que uma aproximação para o valor deste radical pode ser expresso como $CV(m) \cong \gamma \sigma_{\ln \Delta c}$.

e. **Paradoxo do prêmio das ações.** Busque na internet os dados históricos sobre o índice médio de Sharpe para um índice amplo do mercado de ações nos últimos 50 anos. Utilize este resultado com a estimativa aproximada de que $\sigma_{\ln \Delta c} \approx 0{,}1$ para mostrar que as partes (c) e (d) deste problema implicam um valor muito alto para o parâmetro de aversão relativa ao risco do indivíduo γ. Ou seja, o índice histórico relativamente alto de Sharpe para ações pode ser justificado somente pela nossa teoria se as pessoas forem muito mais aversas a riscos do que geralmente se presume ser. Isso é chamado "paradoxo do prêmio de ações". O que você faz com isso?

Problema comportamental

12.13 Desconto hiperbólico

A noção de que as pessoas podem ser "míopes" foi formalizada por David Laibson em "Golden Eggs and Hyperbolic Discounting" (*Quarterly Journal of Economics*, maio 1997, p. 443-77). Neste artigo, o autor crê que os indivíduos maximizam uma função de utilidade intertemporal da forma

$$\text{utilidade} = U(c_t) + \beta \sum_{\tau=1}^{\tau=T} \delta^\tau U(c_{t+\tau}),$$

em que $0 < \beta < 1$ e $0 < \delta < 1$. O padrão temporal particular desses fatores de desconto leva à possibilidade de miopia.

a. Laibson sugere valores hipotéticos de $\beta = 0{,}6$ e $\delta = 0{,}99$. Mostre que, para esses valores, os fatores pelos quais o consumo futuro é descontado segue um padrão geral hiperbólico. Ou seja, mostre que os fatores diminuem significativamente para o período $t + 1$ e então seguem uma taxa geométrica estável de diminuição para os períodos subsequentes.

b. Descreva intuitivamente por que este padrão de taxas de desconto pode levar a um comportamento míope.

c. Mais formalmente, calcule a *MRS* entre c_{t+1} e c_{t+2} no momento t. Compare-a à *MRS* entre c_{t+1} e c_{t+2} no momento $t + 1$. Explique por que, com uma taxa de juros real constante, isso implicaria escolhas "dinamicamente inconsistentes" ao longo do tempo. Especificamente, como a relação entre c_{t+1} e c_{t+2} ótimos diferem nessas duas perspectivas?

d. Laibson explica que o padrão descrito na parte (c) levará o "eu inicial" a encontrar maneiras para restringir os "eus futuros" e, assim, alcançar a maximização de utilidade completa. Explique por que tais restrições são necessárias.

e. Descreva algumas outras maneiras pelas quais as pessoas buscam restringir suas escolhas futuras no mundo real.

GLOSSÁRIO

A

Ajuste walrasiano de preços A hipótese de que os mercados são equilibrados por meio de ajustes nos preços em resposta ao excesso de demanda ou oferta.

Alocação eficiente de Pareto Uma alocação de recursos na qual nenhum indivíduo pode estar em melhor situação sem colocar alguém em pior situação.

Análise normativa Análise econômica que assume uma posição sobre como os atores econômicos ou mercados devem operar.

Análise positiva Análise econômica que busca explicar e prever eventos econômicos reais.

Atividades de captura de renda Os agentes econômicos se envolvem em atividades de captura de renda quando utilizam o processo político para gerar rendas econômicas que normalmente não ocorreriam nas transações de mercado.

B

Bem inferior Um bem que é adquirido em menores quantidades à medida que a renda individual aumenta.

Bem normal Um bem para o qual a quantidade demandada aumenta (ou permanece constante) à medida que a renda individual aumenta.

C

Caminho de expansão O *locus* da combinação de insumos de minimização de custos que uma empresa escolherá para produzir vários níveis de produto (quando os preços dos insumos forem mantidos constantes).

Concorrência perfeita O modelo econômico mais amplamente utilizado: presume-se que exista um grande número de compradores e vendedores para qualquer bem, e cada agente é um tomador de preços. *Consulte também* Tomador de preços.

Condições de Kuhn-Tucker Condições de primeira ordem para um problema da otimização no qual estão presentes restrições de desigualdade. Essas são generalizações das condições de primeira ordem para a otimização com restrições de igualdade.

Condições de primeira ordem Condições matemáticas que devem ser necessariamente realizadas se uma função assumir seu valor máximo ou mínimo. Normalmente mostra que qualquer atividade deve ser aumentada até o ponto em que os benefícios marginais sejam iguais aos custos marginais.

Condições de segunda ordem As condições matemáticas exigidas para assegurar que os pontos para os quais as condições de primeira ordem sejam atendidas são, de fato, pontos máximos ou pontos mínimos verdadeiros. Essas condições são atendidas por funções que obedecem a certos pressupostos de convexidade.

Curva de contrato O conjunto de todas as alocações eficientes de bens entre aqueles indivíduos em uma economia de troca. Cada uma dessas alocações tem a propriedade de que nenhum indivíduo pode melhorar sua situação sem colocar alguém em pior situação.

Curva de demanda individual A relação *ceteris paribus* entre a quantidade de um bem que um indivíduo escolhe consumir e o preço do bem. Uma representação bidimensional de $x = x(p_x, p_y, I)$ para uma pessoa.

Curva de demanda Um gráfico que mostra a relação ceteris paribus entre o preço de um bem e a quantidade comprada desse bem. Uma representação bidimensional da função demanda $x = x(p_x, p_y, I)$.
É citada como demanda "marshalliana" para diferenciá-la do conceito de demanda compensada (hicksiana).

Custo econômico O custo relevante para tomar decisões econômicas. Inclui pagamentos explícitos de insumos, bem como custos de oportunidade que só podem ser implícitos.

Custo irrecuperável Um gasto em um investimento que não pode ser revertido e não possui valor de revenda.

Custo marginal (CM) O custo adicional incorrido para a produção de mais uma unidade de produto: $MC = \partial C/\partial q$.

Custo médio O custo total por unidade de produção: $AC(q) = C(q)/q$.

Custos fixos Custos que não variam à medida que o nível de produção varia. Exemplos incluem gastos em um produto que não podem ser variados em curto prazo ou gastos envolvidos na invenção de um produto. *Consulte também* Custos variáveis.

Custos variáveis Custos que variam em resposta às variações no nível de produto que está sendo produzido por uma empresa. Isso está em oposição aos custos fixos, que não variam.

D

Demanda condicional por insumo *Consulte* Funções de demanda por insumo.

Demanda de mercado A soma das quantidades de um bem demandado por todos os indivíduos em um mercado. Dependerá do preço do bem, dos preços de outros bens, das preferências de cada consumidor e das rendas de cada consumidor.

Despesa marginal de insumo O aumento dos custos totais que resulta da contratação de mais uma unidade de insumo.

Diagrama da caixa de Edgeworth Um dispositivo gráfico utilizado para demonstrar a eficiência econômica. Mais frequentemente utilizado para ilustrar a curva de contrato em uma economia de troca, mas também útil na teoria da produção.

Diferencial salarial compensatório Diferenças nos salários reais que surgem quando as características das ocupações fazem com que os trabalhadores, em suas decisões de oferta, prefiram um emprego em detrimento de outro.

Distinção entre curto prazo e longo prazo Uma distinção conceitual feita na teoria da produção que distingue entre um período de tempo sobre o qual alguns insumos são considerados como sendo fixos e um período mais longo em que todos os insumos podem ser variados pelo produtor.

Doutrina de custo de oportunidade A observação simples, embora abrangente, de que o verdadeiro custo de qualquer ação pode ser medido pelo valor da melhor alternativa que deve ser abdicada quando a ação é tomada.

Dualidade A relação entre qualquer problema de maximização condicionada e seu problema "dual" de minimização condicionada relacionada.

E

Economia de troca Uma economia na qual a oferta de bens é fixa (isto é, não ocorre produção). Contudo, os bens disponíveis podem ser realocados entre os indivíduos na economia.

Efeitos produção e substituição Entram em ação quando uma variação no preço de um insumo que uma empresa utiliza faz com que a empresa altere a quantidade dos insumos que ela irá demandar. O efeito substituição ocorreria mesmo que a produção fosse mantida constante, e ele é refletido pelos movimentos ao longo de uma isoquanta. Por outro lado, os efeitos produção ocorrem quando os níveis de produção variam e a empresa move-se para uma nova isoquanta.

Efeitos renda e substituição Dois efeitos diferentes que entram em jogo quando um indivíduo enfrenta um preço alterado de algum bem. O efeito renda surge porque uma variação no preço de um bem afetará o poder de compra individual. No entanto, mesmo que o poder de compra seja mantido constante, o efeito substituição fará com que os indivíduos realoquem seus gastos. O efeito substituição é refletido nos movimentos ao longo de uma curva de indiferença, enquanto que o efeito renda implica um movimento para uma curva de indiferença distinta. *Consulte também* Equação de Slutsky.

Efeitos substituição Consulte Efeitos renda e substituição; Efeitos produção e substituição; Equação de Slutsky.

Eficiência econômica Existe quando os recursos são alocados de modo que nenhuma atividade possa ser aumentada sem reduzir alguma outra. *Consulte também* Alocação eficiente de Pareto.

Elasticidade de substituição Uma medida de como os insumos são substituíveis na produção, relacionada à curvatura da isoquanta.

Elasticidade Uma medida livre de unidade do efeito proporcional de uma variável sobre a outra. Se $y = f(x)$, então $e_{y,x} = \partial_y/\partial_x \cdot x/y$.

Elasticidade-preço compensada A elasticidade-preço da função de demanda compensada $x^c(p_x, p_y, U)$. Ou seja, $e_{x^c,p_x} = \partial x^c/\partial p_x \times p_x/x^c$.

Elasticidade-preço cruzada da demanda Para a função demanda $x(p_x, p_y, I)$, $e_{x,p_y} = \partial x/\partial p_y \cdot p_y/x$.

Elasticidade-preço da demanda Para a função demanda $x(p_x, p_y, I)$, $e_{x,p_x} = \partial x/\partial p_x \cdot p_x/x$.

Elasticidade-renda da demanda Para a função demanda $x(p_x, p_y, I)$, $e_{x,I} = \partial x/\partial I \cdot I/x$.

Equação de Slutsky Uma representação matemática dos efeitos substituição e renda de uma variação de preço sobre as escolhas de maximização da utilidade:

$$\partial x/\partial p_x = \partial x/\partial p_x|_{U=\overline{U}} - x(\partial x/\partial I).$$

Equilíbrio de Cournot Equilíbrio em um jogo de configuração de quantidade envolvendo duas ou mais empresas.

Equilíbrio Uma situação na qual nenhum ator possui um incentivo para alterar seu comportamento. A um preço de equilíbrio, a quantidade demandada pelos indivíduos é exatamente igual àquela ofertada por todas as empresas.

Equilíbrio walrasiano Uma alocação de recursos e um vetor de preços associado, de modo que a quantidade demandada seja igual à quantidade ofertada em todos os mercados a esses preços (supondo que todas as partes atuem como tomadoras de preços).

Excedente do consumidor A área abaixo da curva de demanda marshalliana e acima do preço de mercado. Mostra o que um indivíduo pagaria pelo direito de fazer transações voluntárias a esse preço. As variações no excedente do consumidor podem ser usadas para medir os efeitos de bem-estar das variações de preço.

Excedente do produtor O retorno extra que os produtores obtêm realizando transações ao preço de mercado sobre e acima do que ganhariam se não tivessem produzido nada. É ilustrada pelo tamanho da área abaixo do preço de mercado e acima da curva de oferta.

F

Fator de desconto O grau em que uma recompensa no próximo período é descontada ao tomar as decisões deste período; denotado no texto por δ. Se r for a taxa de juros de um período, então geralmente $\delta = 1/(1 + r)$.

Fronteira de possibilidade de produção O *locus* de todas as quantidades alternativas de vários produtos que podem ser produzidos com quantidades fixas de insumos produtivos.

Função Cobb-Douglas Uma forma funcional fácil utilizada na teoria do consumidor e do produtor. Um exemplo de função utilidade Cobb-Douglas é $U(x, y) = x^\alpha y^\beta$.

Função côncava Uma função que encontra-se abaixo do seu plano tangente em toda parte.

Função custo *Consulte* Função custo total

Função de bem-estar social Um dispositivo hipotético que registra os pontos de vista da sociedade acerca da equidade entre os indivíduos.

Função custo total Uma função $C(v, w, q)$ que mostra o custo mínimo (C) de produção de q unidades de produto quando os preços de insumos são v e w.

Função de demanda compensada Função que mostra a relação entre o preço de um bem e a quantidade consumida enquanto mantém a renda real (ou utilidade) constante. Denotada por $x^c(p_x, p_y, U)$.

Função de oferta Para uma empresa que maximiza o lucro, uma função $q(P, v, w)$ que mostra a quantidade ofertada (q) como uma função do preço do produto (P) e preços de insumos (v, w).

Função de produção Uma função matemática conceitual que registra a relação entre os insumos de uma empresa e seus produtos. Se a produção for função apenas de capital e trabalho, ela será denotada por $q = f(k, l)$.

Função de utilidade indireta Uma função valor que representa a utilidade como função de todos os preços e renda.

Função utilidade Uma conceituação matemática da forma como os indivíduos ordenam as cestas de bens e serviços. Se houver apenas dois bens x e y, a utilidade é denotada por $U(x, y)$.

Função dispêndio Uma função valor derivada do problema de minimização de gastos individuais. Mostra o gasto mínimo necessário para obter um determinado nível de utilidade: dispêndio = E (p_x, p_y, U).

Função homogênea Uma função, $f(x_1, x_2, \ldots, x_n)$, é homogênea de grau k se $f(mx_1, mx_2, \ldots, mx_n) = m^k f(x_1, x_2, \ldots, x_n)$.

Função homotética Uma função que pode ser representada como uma transformação monotônica de uma função homogênea. As inclinações das linhas de contorno para essa função dependem apenas das razões das variáveis que entram na função, não de seus níveis absolutos e, portanto, são constantes ao longo de um raio a partir da origem.

Função lucro Uma função valor que mostra a relação entre os lucros máximos de uma empresa (Π^*) e os preços de produto e de insumo que enfrenta:
$$\text{lucro} = \Pi^* (P, v, w)$$
Função quase côncava Uma função para a qual o conjunto de todos os pontos para os quais $f(X) > k$ é convexo.
Função valor Resultado de um problema de otimização que mostra o valor otimizado como função apenas de variáveis exógenas.
Funções de demanda por insumo Essas funções mostram como a demanda por insumos para uma empresa que maximiza o lucro está fundamentada nos preços dos insumos e na demanda pelo produto. Por exemplo, a função demanda pelo insumo trabalho pode ser expressa como $l = l(P, v, w)$, em que P é o preço de mercado do produto da empresa. As funções de demanda *condicional* por insumos [$l^c(v, w, q)$] são derivadas da minimização de custos, e não refletem necessariamente as escolhas de produção que maximiza o lucro.

I

Índice de Lerner Uma medida do poder de mercado dada pelo markup percentual sobre o custo marginal:
$$L = \frac{P - MC}{P}.$$

Indústria de custo constante Uma indústria na qual a expansão da produção e a entrada de novas empresas não têm efeito sobre as curvas de custo de empresas individuais.
Indústria de custo crescente Uma indústria em que a expansão da produção cria externalidades de aumento de custos que fazem com que as curvas de custo dessas empresas na indústria desloquem-se para cima.
Indústria de custo decrescente Uma indústria em que a expansão da produção gera externalidades de redução de custos que fazem com que as curvas de custo dessas empresas na indústria desloquem-se para baixo.
Insumo inferior Um fator de produção que é utilizado em quantidades menores à medida que a produção de uma empresa se expande.

J

Jogo de soma zero Um jogo no qual os ganhos de um jogador são as perdas de outro jogador.

Jogo Uma representação abstrata de uma situação estratégica constituída por jogadores, estratégias e recompensas.

L

Lema de Shephard Aplicação do teorema do envelope, que mostra que as funções de demanda compensada do consumidor e que as funções de demanda por insumo (produção constante) de uma empresa podem ser obtidas a partir da diferenciação parcial das funções dispêndio ou das funções de custo total, respectivamente.
Linha de contorno O conjunto de pontos ao longo do qual uma função apresenta um valor constante. Prático para representar funções tridimensionais graficamente em duas dimensões. São exemplos, os mapas da curva de indiferença individuais e os mapas de isoquanta de produção das empresas.
Longo prazo *Consulte* Distinção entre Curto prazo e Longo prazo.
Lucros A diferença entre a receita total que uma empresa recebe e seus custos econômicos totais de produção. Os lucros econômicos são iguais a zero sob concorrência perfeita no longo prazo. No entanto, os lucros do monopólio podem ser positivos.

M

Mapa da curva de indiferença Um mapa de contorno da função de utilidade individual que mostra aquelas cestas de bens alternativas a partir do qual o indivíduo obtém níveis iguais de bem-estar.
Mapa de isoquanta Um mapa de contorno da função de produção da empresa. Os contornos mostram as combinações alternativas de insumos produtivos que podem ser usados para produzir determinado nível de produção.
Modelo de equilíbrio geral Um modelo de uma economia que retrata a operação de diversos mercados de forma simultânea.
Modelo de equilíbrio parcial Um modelo de um único mercado que ignora as repercussões em outros mercados.
Monopsônio Um setor no qual existe apenas um único comprador do bem.

P

Paradoxo de Giffen Uma situação em que o aumento do preço de um bem leva os indivíduos a consumir mais desse bem. Surge porque o bem em questão é inferior, e porque o efeito renda induzido pela variação do preço é mais forte do que o efeito substituição.

Perda de peso morto Uma perda de transações mutuamente benéficas. Perdas no excedente do consumidor e do produtor que não são transferidos para outro agente econômico.

Primeiro teorema da economia do bem-estar Todo equilíbrio walrasiano é ótimo de Pareto.

Princípio lump sum A demonstração de que impostos sobre o poder de compra ou transferências gerais são mais eficientes do que os impostos e subsídios sobre bens individuais.

Produtividade marginal decrescente *Consulte* Produto físico marginal.

Produto da receita marginal (*MRP*) A receita extra obtida por uma empresa ao vender o produto que é produzido por mais uma unidade de algum insumo. Por exemplo, no caso da mão de obra, $MRP_l = MR \cdot MP_l$.

Produto físico marginal (*MP*) O produto adicional que pode ser produzido por mais uma unidade de um determinado insumo, enquanto mantém todos os outros insumos constantes. Se $q = f(k, l)$, $MP_l = MP_l = \partial q/\partial l$. Normalmente, pressupõem-se que a produtividade marginal de um insumo diminui à medida que unidades adicionais de insumo são colocadas em uso enquanto mantém outros insumos fixos.

Produto médio Produção por unidade de um dado insumo. Por exemplo, o produto médio do trabalho é denotado por $AP_l = q/l = f(k, l)/l$.

R

Receita marginal (*MR*) A receita adicional obtida por uma empresa ao ser capaz de vender mais uma unidade de produto. $MR = dR/dq$.

Renda Pagamentos a um fator de produção que excede o montante necessário para mantê-lo em seu emprego atual.

Resposta da oferta Aumentos na produção impulsionados pelas variações nas condições da demanda e nos preços de mercado. Normalmente, é feita uma distinção entre respostas da oferta em curto e longo e prazos.

Retornos constantes de escala *Consulte* Retornos de escala.

Retornos crescentes de escala *Consulte* Retornos de escala.

Retornos de escala Uma maneira de classificar as funções de produção que registra como o produto responde aos aumentos proporcionais em todos os insumos. Se um aumento proporcional em todos os insumos faz com que a produção aumente em uma proporção menor, a função de produção exibe retornos decrescentes de escala. Se o produto aumentar em proporção maior que os insumos, a função de produção exibe retornos crescentes. O retorno constante de escala é o meio-termo onde os insumos e os produtos aumentam nas mesmas proporções. Matematicamente, se $f(mk, ml) = m^k f(k, l)$, $k > 1$ implica em retornos crescentes, $k = 1$ retornos constantes, e $k < 1$ retornos decrescentes.

Retornos decrescentes de escala *Consulte* Retornos de escala.

S

Salário O custo da contratação de um trabalhador por 1 hora. Denotado no texto por w.

Segundo teorema da economia do bem-estar Qualquer alocação ótima de Pareto pode ser alcançada como um equilíbrio walrasiano por meio de transferências adequadas de dotações iniciais.

Pressuposto *ceteris paribus* A hipótese de que todos os outros fatores relevantes são mantidos constantes ao examinar a influência de uma variável particular em um modelo econômico. Expresso em termos matemáticos pelo uso de diferenciação parcial.

T

Taxa de locação O custo da contratação de uma máquina por 1 hora. Denotado no texto por v.

Taxa de retorno A taxa em que os bens presentes podem ser transformados em bens futuros. Por exemplo, uma taxa de retorno de um período de 10% implica que, renunciando 1 unidade de produto neste período produzirá 1.10 unidades de produto no próximo período.

Taxa de transformação do produto (*RPT*) A taxa na qual um produto pode ser trocado por outro no processo produtivo, mantendo as quantidades totais de insumos constantes. A *RPT* é o valor absoluto da inclinação da fronteira de possibilidade de produção.

Taxa marginal de substituição (*MRS*) A taxa na qual um indivíduo está disposto a trocar um bem por outro enquanto mantém-se em situação igualmente boa. A *MRS* é o valor absoluto da inclinação de uma curva de indiferença:

$$MRS = -\frac{dy}{dx}\bigg|_{U=\overline{U}}.$$

É geralmente pressuposto que a *MRS* é decrescente, ou seja, que *MRS* cai quando mais *x* é adicionado e *y* retirado.

Taxa marginal de substituição decrescente. *Consulte* Taxa marginal de substituição.

Taxa marginal de substituição técnica (*RTS*) A taxa na qual um produto pode ser trocado por outro no processo produtivo, enquanto mantém os insumos constantes. A *RTS* é o valor absoluto da inclinação de uma isoquanta.

Teorema de Euler Um teorema matemático: se $f(x_1, \ldots, x_n)$ for homogênea de grau k, então

$$f_1 x_1 + f_2 x_2 + \cdots + f_n x_n = kf(x_1, \ldots, x_n).$$

Teorema do envelope Um resultado matemático: a derivada de uma função valor em relação a uma variável exógena é igual à derivada parcial do problema original de otimização em relação a essa variável quando todas as variáveis endógenas assumem seus valores ótimos.

Tomador de preços Um agente econômico que toma decisões na hipótese de que essas decisões não terão efeito sobre os preços de mercado existentes.

Transferência tributária A resposta do mercado à imposição de um imposto que faz com que a incidência do imposto recaia sobre algum agente econômico diferente daquele que realmente paga o imposto.

U

Utilidade esperada A utilidade média esperada de uma situação arriscada. Se houver *n* resultados, $x_1, \ldots, x_n$ com probabilidade $p_1, \ldots, p_n$, então a utilidade esperada é dada por

$$E(U) = p_1 U(x_1) + p_2 U(x_2) + \ldots p_n U(x_n).$$

Utilidade marginal (*MU*) A utilidade extra que um indivíduo recebe por consumir mais uma unidade de um determinado bem.

V

Valor presente descontado (*PDV*) O valor atual de um montante em dinheiro a ser pago em algum momento no futuro. Leva em consideração o efeito dos pagamentos de juros.

Variação compensatória (VC) A compensação necessária para restaurar o nível de utilidade original de uma pessoa quando os preços variam.

Variação equivalente O custo adicional de obter o novo nível de utilidade quando os preços variam.

ÍNDICE REMISSIVO

A
Abordagem direta, 2, 148
Abordagem indireta, 2, 148
Agregação
    Cournot, 155
    Engel, 154-155
Agregação de Cournot, 155
Agregação de Engel, 154-155
Ajuste de preço walrasiano, 327, 338-339
Alocação do tempo, 351-353
    análise gráfica, 353-354
    efeitos renda e substituição de uma variação na taxa de salário real w, 353-354
    maximização de utilidade, 352-353
    modelo simples de dois bens, 351-353
Altruísmo, 111
Análise de curto prazo, 221-229
    custos fixos e variáveis, 222
    custos marginais e médios de curto prazo, 224
    custos totais, 222
    determinação do preço, 271-276
    excedente do produtor em, 248-251
    gráficos de curvas de custo unitário, 227-229
    não otimalidade de, 222
    relação entre curvas de custo de curto e longo prazo e, 224-227
Análise de incidência tributária, 299-303
    análise de bem-estar, 301
    custos de transação, 302-303
    efeitos sobre os atributos das transações, 303
    modelo de estática comparativa de incidência tributária, 300-301
    perdas de peso morto e elasticidade, 301-302
Análise de longo prazo
    elasticidade de oferta, 288
    equilíbrio de longo prazo, 283-285, 289-291
    excedente do produtor no, 292-295
    forma da curva de oferta, 285-288
    visão geral, 281
Análise empírica
    computadores e, 17
    importância da, 3
Análise de estática comparativa, 278, 300-301
    deslocamentos na demanda, 288-290
    estrutura industrial, 288
    mudanças nos custos de insumo, 290-292

    no modelo de equilíbrio geral, 322-325
Análise normativa, 7
Análise positiva, 7
Antiderivadas
    cálculo de, 60
    definição, 61
Apoio político para políticas comerciais, 326
Aproximações de Taylor, 83
Aversão ao risco
    Veja também Incerteza
Axiomas de escolha racional, 85-86

B
Bem-estar
    alteração no, e curva de demanda marshalliana, 161-162
    análise de, 301
    análise de, aplicada, 296-298
    avaliação, controles de preço e escassez, 298-299
    cálculo de perda, 297-299
    do consumidor e a função de dispêndio, 159
    economia do, 16
    economia do, no modelo walrasiano com produção, 340-341
    efeitos sobre o, das variações no preço, 161-163
    eficiência econômica e, 295-298
    equilíbrio geral e, 341-349
    perda do, a partir de um aumento de preço, 162
    primeiro teorema da economia do, 330-340
    segundo teorema da economia do, 334-336
Benefício marginal, 42
Benefícios obrigatórios, 360
Bens
    econômicos, em funções de utilidade, 88
    futuros, 379-380, 384
    inferior, 135-136, 140
    normal, 135-136
    variações no preço de, 137-140
Bens futuros, 379-380, 384
Bens inferiores, 135, 139-140
Bens normais, 135
Bentham, Jeremy, 86

C
Cálculo de uma variável, 19-24
    condição de primeira ordem para um máximo, 21

condições de segunda ordem e curvatura, 48-49
derivadas, 20
regras para encontrar derivadas, 22-24
segundas derivadas, 21-22
valor da derivada em um ponto, 20-21
Cálculo de várias variáveis, 24-34
cálculo das derivadas parciais, 25
condições de primeira ordem para um máximo, 33-34
condições de segunda ordem, 35
derivadas parciais, 24-29
elasticidade, 26-28
funções implícitas, 31-32
regra de cadeia com muitas variáveis, 29-31
teorema de Young, 28, 29
Cálculos relâmpagos, 109
Cálculo, teorema fundamental de, 61-63
Caminho de expansão, 202-206, 254-255
Capital, 377-402
acumulação de, 377-379
capitalização de rendas, 293-294
custos, 197-198
demanda por, 388-390
preço de ativos arriscados, 387
preço de recurso natural, 395-398
taxa de retorno, 377-386
Capital humano, 361-364
Caso de dois insumos, 254
Caso de insumo
elasticidade de substituição, 182-183
retornos de escala, 180-181
Caso de insumo único, 253
Caso de n bens, 114-121
condições de primeira ordem, 114
implicações das condições de primeira ordem, 115
interpretando o multiplicador de Lagrange, 115
soluções de canto, 116-121
CDF (função de distribuição acumulada), 73
CEO (*chief executive officer*), 234
Chief executive officer (CEO), 234
Classificação das curvas de oferta de longo prazo, 287
Complementos
perfeitos, 100
Complementos perfeitos, 100
Completude e preferências, 86
Comportamento de desequilíbrio, 299
Computadores e análise empírica, 17
Concavidade
da fronteira de possibilidades de produção, 319-320
funções quase côncavas, 53-56
Concorrência
perfeita, 271, 311
Concorrência imperfeita, 341

Concorrência perfeita
definição, 272
equilíbrio de longo prazo, 283
pressupostos comportamentais, 312
lei do preço único, 312
Condições de Kuhn-Tucker, 48
Condições de primeira ordem, 114-116
método do multiplicador de Lagrange, 40
para um máximo, 21, 33-35, 112-113
Condições de segunda ordem, 21, 35, 237, 252-253
e curvatura, 48-56
múltiplas variáveis, 38-39
funções côncavas e convexas, 54-55
para um máximo, 113-114
Consumo
convexidade e, balanceado em, 92-97
de bens, utilidade de, 87
Contabilidade de crescimento, 190-191
Continuidade
preferências e, 86
Controles de preço e escassez, 298-299
avaliação de bem-estar, 299
comportamento de desequilíbrio, 299
Convexidade, 92-97
Cournot, Antoine, 155
Covariância, 77-78
Curva de oferta
causas para os deslocamentos em, 276
curto prazo, 243-246
de longo prazo, 285-288
deslocamentos na, 276-277
importância das curvas de demanda, 276-277
importância do formato da curva de demanda, 276-277
importância do formato de, 276-277
Curva de oferta do mercado (de curto prazo), 271-272, 359
Curva de receita média, 241
Curvas de contrato, 332-335
Curvas de custo de longo e curto prazo, 224-226
Curvas de demanda
compensadas, 144-147
definição, 142
deslocamento em, 142, 276
funções demanda e, 142-143
importância das curvas de oferta, 276-277
importância do formato da curva de oferta, 276-277
individual, 140-143
não compensada, 146-147
Curvas de demanda compensada, 143-147
definição, 145
e não compensadas, 146-147
lema de Shephard, 145-146
relação entre curvas não compensadas, 148-152

variação compensatória e, 159-161
Curvas de demanda não compensada, 146-147
Curvas de demanda hicksiana, 144-145
    lema de Shephard, 145-146
    relação entre compensada e não compensada, 146-147
Curvas de demanda individual, 140-143
Curvas de custo
    deslocamento em, 210
    unitário, 226
Curvas de indiferença
    convexidade das, 92, 96-97
    definição, 89
    e transitividade, 91
    mapas, 91, 98
    matemática de, 95-98
Curvas de indiferença, convexidade de, 92-93, 96-98
Curvas de longo prazo do produtor, 292-295
Curvas de oferta de curto prazo, 243-244, 276
Curvas de oferta de longo prazo, 286-288
Custo contábil, 198
Custos de serviços empresariais, 198
Custo médio (AC), 206
    análise gráfica de, 209
    definição, 206
    propriedades de, 212
Custos
    contabilidade, 198
    econômico, 198-199
Custos de insumo
    estrutura da indústria e, 291-292
    mudanças em, 290-292
Custos de transação, 204-303
Custos econômicos, 198-199
    definição, 198
Custos fixos
    curto prazo, 222
    exemplos práticos de, 228-229
Custos fixos de curto prazo, 222
Custos marginais (MC), 206, 209, 223
    análise gráfica de, 209
    definição, 206
Custos variáveis, 222
Custos variáveis de curto prazo, 222

D

Debate sobre as Leis dos Cereais, 325-326
Decisão de fechamento, 243-246
Demanda por insumos
    decomposição da, em componentes de substituição e de produção, 257-258
    maximização de lucro e, 252
Demanda condicional por insumos, 218-220
    escolhas de insumos para minimizar custos, 201
    Lema de Shephard e, 218

Demanda de mercado, 265-269
    curva da demanda de mercado, 266
    definição, 268
    deslocamento na curva de, 266-267
    elasticidade da, 269
    generalizações, 268
    notação simplificada, 268
Demanda marshalliana, 151-153, 161-163
Derivadas parciais
    cálculo, 25
    definição, 24
    de segunda ordem, 28
    unidades de medida e, 26
Derivadas parciais cruzadas, 50
Derivadas parciais de segunda ordem, 28
Derivadas
    definição, 20
    homogeneidade e, 56
    parciais, 24-29
    parciais cruzadas, 50
    regras para cálculo de, 22-23
    segundas, 21-22
    valor em um ponto, 20-21
Desconto hiperbólico, 401
Despesa marginal (ME), 367
Desvio padrão, 75-77
Diagrama da caixa de Edgeworth, 313-314, 332
Diminuição no preço, análise gráfica de uma, 137
Distinção de curto prazo, longo prazo, 221-229
    custos fixos e variáveis, 222
    custos marginal e médio de curto prazo, 224
    custos totais, 222
    gráficos de curvas de custo unitário, 227-228
    não otimalidade de, 222
    relação entre curvas de custo de curto e longo prazo e, 224-226
Distinção positiva-normativa, 7
Distribuição binomial, 71
    variâncias e desvios-padrão para, 75
    valores esperados de, 72-75
Distribuição exponencial, 71
    valores esperados de variáveis aleatórias, 74
    variâncias e desvios padrão, 75
Distribuição (gaussiana) (normal), 72, 76-77
Distribuição uniforme, 71-76
Dotações iniciais, 327
Doutrina de custo de oportunidade, 13, 319-321
Dualidade, 43-45

E

Economia de troca, 334-336
Economia moderna, inauguração da, 8
Efeitos de produtividade cruzada, 177-178
Efeitos renda, 133-170
    elasticidades de demanda, 151-158

excedente do consumidor, 158-163
preferência (revelada) e efeito substituição, 163-165
variações na renda, 135-136
variações no preço, 137-140, 149-152
variações no salário rel, 354
Efeitos de preço cruzado
maximização de lucro e demanda por insumo, 257
Efeitos produção
maximização de lucro e demanda por insumo, 256-257
princípio de, 257
Efeitos substituição, 137-140, 149, 256
caso de dois bens, 111-114
elasticidades de demanda, 154-158
excedente do consumidor, 158-163
funções de demanda, 133-135
funções e curvas de demanda, 140-143
impacto nas elasticidades de demanda, 155-158
importância de, 156
maximização de lucro e demanda por insumo, 256
mudanças no salário real, 353
negatividade dos, 165
preferência revelada e, 163-165
princípio de, 256
variações de preço, 137-140, 148-151
Eficiência
alocação eficiente de Pareto, 331
alocações eficientes, 314-315
análise de bem-estar de, 295-298
conceito de, 16
Eficiência econômica
análise de bem-estar de, 295-298
conceito de, 16
Egoísmo, 110
Elasticidade
definições gerais de, 26-27
de oferta (de longo prazo), 288
de substituição, 182-183, 221
interpretação de, no modelo matemático de equilíbrio de mercado, 279-281
receita marginal e, 237-240
Elasticidade constante, 241
Elasticidade da demanda
preço, 151-152
preço cruzada, 152
preço cruzada da demanda compensada, 153
preço (próprio), 153
Elasticidade de oferta, 272-273
Elasticidade da oferta de curto prazo, 272-273
Elasticidade de oferta de longo prazo, 288
Elasticidade preço, 151-152
Elasticidade de substituição, 101, 182-183, 214
definição 182
descrição gráfica de, 183

Elasticidade preço cruzada da demanda, 152
Elasticidade preço cruzada da demanda compensada, 153
Elasticidade preço cruzada da demanda compensada, 153
Elasticidade renda da demanda, 152
Elasticidades da demanda, 151-158
elasticidade preço de demanda, 152
elasticidade preço e dispêndio total, 153
elasticidades preço compensadas, 153-154
marshalliana, 151-152
relações entre, 154-158
Elasticidades de Morishima, 215
Empresa fechada, 369
Empresas, 233-235
caminho da expansão, escolhas de insumo para minimizar custos, 201-205
fatores de complicação, 234
modelo simples de, 233
relação com teoria do consumidor, 234-235
Equação de Slutsky, 149-151
para a oferta de trabalho, 356-357
Equilíbrio
computável, 341-347
Veja também Equilíbrio geral; Modelo de equilíbrio parcial
walrasiano, 328, 339
Equilíbrio competitivo de longo prazo, 282
Equilíbrio de longo prazo
análise estática comparativa de, 289-291
caso de custo constante, 283-285
condições para, 282
Equilíbrio geral, 311-349
análise estática comparativa, 322-325
com dois bens, 314-322
modelagem e preços de fator, 325-326
modelo matemático de produção troca, 337-341
modelo matemático de troca, 326-336
sistema de preço perfeitamente competitivo, 311-312
Escala mínima eficiente (*MES*), 209
Escolha
racional, axiomas de, 85-86
Escolha de produto, 2365
Escolha racional, axiomas de, 85-86
Estatística matemática, 69-79
Estimativas empíricas, 289
Estoques, 62
Estrutura da indústria, 288
Excedente do consumidor, 161-162
alteração no bem-estar e curva de demanda marshalliana, 161-163
bem-estar do consumidor e função dispêndio, 159
conceito, 161
definição, 162
uso da curva de demanda compensada para mostrar VC, 159-160

Excedente do produtor
   definição, 249, 292
   em curto prazo, 248-251
   no longo prazo, 292-295
Experimentos controlados, 3

F

Fator estocástico de desconto, 387
Fisher Body, 234
Forma funcional e elasticidade, 27-28
Fórmula de coeficiente angular, 33
Foundations of Economic Analysis (Samuelson), 16
Friedman, Milton, 2
Fronteira de possibilidade de produção, 13-15, 315
   concavidade da, 319-320
   definição, 3165
   e ineficiência econômica, 14-15
   funções implícitas e, 31-32
Função custo total, 206
Função de custo marginal de curto prazo (*SMC*), 224, 226-229
Função de distribuição acumulada (CDF), 73
Função de elasticidade de substituição constante CES
   definição, 71
   exemplos de, 70-72
   variáveis aleatórias e, 69
Função de oferta de mercado de curto prazo, 272
Função de produção de proporções fixas, 184-186, 210-211
Função de produção Cobb-Douglas, 186-187
   deslocamento, 216
   funções de custo, 217
   progresso técnico em, 191-192
   relações de envelope e, 224-227
Função de produção Leontief, 187-188
Função de utilidade indireta, 121
Função de utilidade Stone-Geary, 131
Função valor, 38, 121
Função quase côncava, 53-56
   funções côncavas e, 53-56
Funções côncavas, 51-56
Funções de bem-estar social, 336-337
Funções de custo, 197-232
   análise gráfica dos custos totais, 206-207
   definições de custos, 197-200
   deslocamento em curvas de custo e, 209-221
   distinção de curto e longo prazo, 221-229
   escolhas de insumos para a minimização de custos, 200-205
   homogeneidade, 212
   lema de Shephard e elasticidade de substituição, 221
   médio e marginal, 206, 209
   preços de insumo e, 212
   relacionamento entre maximização de lucro e minimização de custo, 199

Funções de demanda compensada, 144-145, 147
Funções de demanda por insumo, 253
Funções de dispêndio, 159
   definição, 127
   propriedades de, 127-128
Funções lucro, 246-251
   curto prazo, 250-251
   definição, 246
   propriedades das, 246
   resultados de envelope, 247-248
Funções de produção, 171-196
   CES, 187-188
   Cobb-Douglas, 186, 191-192
   definição, 171
   dois insumos, 173-174
   elasticidade de substituição, 182-183
   homotética, 180-181
   linear, 184
   mapas de isoquantas e a taxa de substituição técnica, 174-178
   produtividade marginal, 171-174
   progresso técnico, 189-192
   proporções fixas, 184-186
   rendimentos de escala, 178-180
Função de produção linear, 184
Funções homogêneas, 56-59
   derivativas e, 56
   funções homotéticas, 57-59
   Teorema de Euler, 57
Funções homotéticas, 57-59, 180-181
Funções implícitas, 31-32

G

General Motors (GM), 234, 262
Giffen, Robert, 140
GM (General Motors), 234, 262

H

Homogeneidade
   da demanda, 134-135, 154
   e derivadas, 56
   e funções de demanda, 328-330
   funções de custo, 211
   funções de dispêndio, 127
   funções de lucro, 247
   modelo matemático de troca, 327
Hotelling, Harold, 248

I

Incerteza
   em modelos econômicos, 193
Índice de Lerner, 240
Indústria de custo constante, 283-284
   definição, 288
   equilíbrio inicial, 283

oferta infinitamente elástica, 284-285
respostas a um aumento na demanda, 284
Indústria crescente, custo da, 285-286
Indústria de custo decrescente, 287-289
Inflação pura, 134
Informação
    em modelos econômicos, 193
Insumos
    demanda condicional por, e lema de Shephard, 218-221
    oferta, e excedente do produtor de longo prazo, 294-295
    substituição, 214-215
Insumos, inferioridade de, 203
Integração, 59-64
    antiderivadas, 59-61
    diferenciação da integral definida, 63-64
    integrais definidas, 61
    por partes, 61
    teorema fundamental do cálculo, 61-63
Intensidades do fator, 318
Investimento, 390-394
    teoria de, 390
Isoquantas, definição, 175. *Veja também* Mapas de isoquantas

L

Lei do preço único, 312
Lei de Walras
    equilíbrio e, 328
    modelo matemático de produção e troca, 337-341
Lema de Shephard, 145-146
    definição, 145
    demanda condicional por insumos e, 218-220
    elasticidade de substituição e, 221
Leontief, Wassily, 188
Lerner, Abba, 240
Linhas de contorno, 34
Lucros (econômico), 236

M

Malthus, Thomas, 172, 395
Mapa da curva de indiferença, 91, 98
Mapas de isoquantas, 174-178
    elasticidade de substituição, 183
    função com retornos constantes de escala, 179-180
    funções de produção simples, 185
    importância dos efeitos de produtividade cruzada, 177-178
    inferioridade de insumos, 203
    progresso técnico, 189
    taxa de substituição técnica, 174-175
Máquinas sem depreciação, 389
Markup preço-custo marginal, 240-241

Marshall, Alfred, 9, 16, 262, 265
Maximização
    condicionada, 40-46, 52-53
    de várias variáveis, 33-35
    função de uma variável, 19-23
Maximização condicionada, 40-45
    cercas ótimas e, 43-45
    condições de primeira ordem e, 40
    condições de segunda ordem e, 52
    dualidade, 43-45
    método multiplicador de Lagrange, 40-42
    problema formal, 40
    teorema de envelope em, 45-46
Maximização de lucro, 233-263
    análise gráfica, 237
    cálculo das derivadas e, 25
    condições de segunda ordem e, 237
    decisão, 242-243
    definição, 236
    demanda por insumo e, 252-258
    escolha de produto e, 235
    funções de lucro, 245-251
    funções de uma variável, 49
    hipóteses de otimização e, 5-6
    marginalismo e, 235
    minimização de custo e, 199-200
    natureza e comportamento das empresas, 233-235
    oferta de curto prazo por uma empresa tomadora de preço, 242-246
    princípio de 236
    receita marginal e, 237-242
    teste de previsões de, 2-3
    teste de suposições de, 3
Maximização da utilidade, 109-129
    altruísmo e egoísmo, 110
    análise gráfica do caso de dois bens, 111-114
    caso de n bens, 113-120
    e cálculos relâmpagos, 109
    função da utilidade indireta, 121
    intertemporal do indivíduo 380
    minimização dos dispêndios, 124-127
    oferta de trabalho, 353
    pesquisa inicial, 110
    princípio *lump sum*, 122-124
    propriedades das funções de dispêndio, 127-128
Maximização de utilidade de dois bens, 111-114
    condições de primeira ordem para um máximo, 112-113
    condições de segunda ordem para um máximo, 112
    restrição orçamentária, 111
    soluções de canto, 114
ME (dispêndio marginal), 367
Mercados
    ferramentas para estudo, 16

reação a um deslocamento na demanda, 274-275
taxas de locação, 389
Mercados de trabalho, 351-374
    alocação do tempo, 351-354
    análise matemática da oferta de trabalho, 354-358
    curva de oferta de trabalho de mercado, 359
    equilíbrio no, 359-361
    monopsônio no mercado de trabalho, 366-368
    sindicatos, 369-372
    variação salarial, 365-366
MES (escala mínima eficiente), 209
Minimização
    de custos, 199-201, 204-205
    do dispêndio, 124-127
Minimização de custo
    ilustração de processo, 204
    princípio de, 201
    relacionamento entre maximização de lucro e, 199-201
Minimização de dispêndio, 124-127
Modelo simples de dois bens
    alocação de tempo, 351-352
Modelo de equilíbrio geral, 12, 323-324
    computável, 341-344
    simples, 342-344
Modelo de equilíbrio parcial, 12, 265-310
    análise de incidência tributária, 299-304
    análise de longo prazo, 282-284
    análise estática comparativa, 289-292
    controles de preço e escassez, 298-299
    demanda de mercado, 265-269
    deslocamentos nas curvas de oferta e de demanda, 276-277
    determinação de oferta de mercado de curto prazo, 271-275
    eficiência econômica e análise de bem-estar, 295-298
    elasticidade de oferta de longo prazo, 288
    equilíbrio de longo prazo, 282-285
    excedente do produtor em longo prazo, 292-295
    forma da curva de oferta de longo prazo, 285-288
    modelo de estática comparativa do equilíbrio de mercado, 278-281
    preço no curtíssimo prazo, 269-271
    tempo de resposta da oferta, 269
Modelo de ego múltiplo, 169
Modelos de equilíbrio geral computável (CGE), 341-347
    estrutura de, 341
    percepções econômicas dos, 342-344
    solução de, 341
Modelos econômicos, 236
Modelos econômicos, 1-17
    desenvolvimentos modernos em, 16-17

distinção positiva-normativa, 7
estrutura de modelos econômicos, 4-6
modelos teóricos, 1
suposição *ceteris paribus*, 3
suposições sobre otimização, 5-6
teoria econômica do valor, 7-17
teste de, 2-3
Modelos teóricos, 1
Monopsônio, 366-368
Morishima, M., 215
MP (produto físico marginal), 172
MRP (produto da receita marginal), 252
Mudança de variável, 60
Mudança na demanda, 267
Multiplicador de Lagrange
    como razão custo-benefício, 42
    em maximização de utilidade de n bens, 115
    interpretação, 41-42
    método do, 40
    solução por meio do, 47
MU (utilidade marginal), 95-96, 115

N

Não otimalidade dos custos de curto prazo, 222
Não unicidade das medidas de utilidade, 86
Notação vetorial, 326-328

O

Oferta de longo prazo e demanda
    deslocamento em, 288-290
    equilíbrio, 10-12, 312-313
    síntese da, 9-12
Oferta de longo prazo infinitamente elástica, 284-285
Oferta de trabalho, 354-358
    formulação dual do problema, 355
    equação de Slutsky para a oferta de trabalho, 356-358
Oferta fixa, alocação, 67-69
Otimalidade social, 397
Otimização
    dinâmica, 65-69
    suposições, 7
Otimização dinâmica, 65-69
    princípio do máximo, 66-68
    problema de controle ótimo, 65-66

P

Paradoxo água-diamante, 8, 12
Paradoxo de Giffen, 140
Paradoxo do prêmio das ações, 402
Pareto, Vilfredo, 16, 331
Participações orçamentárias, 118-120
Perda de peso morto, 301-303
Período de mercado, 269
Ponto de equilíbrio, 10

Pontryagin, L. S., 66
Precifiço de recurso natural, 395-398
    diminuição de preços, 396-397
    otimalidade social, 397
    preço e produção de maximização de lucro, 395-397
    recursos renováveis, 398
    substituição, 397
Preço de equilíbrio
    definição, 274
    determinação do, 275, 321-322
    equilíbrio de oferta-demanda, 10-11
    para futuros bens, 384
Preços
    de futuros bens, 379, 384
    efeitos sobre bem-estar de, 161-163
    em análise de curto prazo, 271-276
    em curtíssimo prazo, 269-270
    lei do preço único, 312
    perfeitamente competitivo, 311-312
    resposta às variações de, 148-152
    versus valor, 7-8
Preços de fatores, 325-326
Preferências, 86-103
    axiomas da escolha racional, 86-87
    caso de muitos bens, 102-103
    trocas e substituição, 89-95
    funções utilidade para preferências específicas, 98-101
    matemática das curvas de indiferença, 95-98
    utilidade, 86-89
    visão geral, 87
Preferências homotéticas, 101
Preferências não homotéticas, 102
Previsões, testes, 2-3
Primeiro teorema da economia do bem-estar, 330-333
    definição, 332
    diagrama de caixa de Edgeworth, 332
Princípio do máximo, 66-69
Princípio *lump sum*, 122-123
Princípios de Economia (Marshall), 9
Problema de controle ótimo, 66
Problema dual da minimização do dispêndio, 124-125
Produção e troca, modelo matemático de, 337-341
    economia do bem-estar no modelo walrasiano com produção, 339-341
    equilíbrio walrasiano, 339
    restrições orçamentárias e lei de Walras, 338
Produtividade marginal, 171-174
    decrescente, 173
    produto físico marginal, 172
    produto físico médio, 173-174
    taxa de substituição técnica (RTS), 176
Produto físico médio, 173-174
Produto da receita marginal (MRP), 252

Produto físico marginal (MP), 172
Produtos
    maximização de lucro, para recursos naturais, 395-398
Progresso técnico, 189-192
    contabilidade do crescimento, 190-191
    efeitos em produção, 322
    medição do, 189
    na função de produção Cobb-Douglas, 191-192
Propriedade das máquinas, 389-390
Propriedades cardinais, 58-59
Propriedades das funções de dispêndio, 127-128
Propriedades ordinais, 58-59

R

Recursos renováveis, 397-398
Regra da cadeia, 23, 29-31
Relação custo-benefício, 42-43
Receita marginal (MR), 237-242
    capitalização de, 294
    curvas, 240-242
    das funções de demanda linear, 238
    definição, 236
    e elasticidade, 239-240
    markup preço-custo marginal, 240
    ricardiana, 293-294
Renda ricardiana, 293-294
Rendimentos decrescentes, 317
Rendimentos decrescentes de escala, 178-179
Retornos constantes de escala, 179
Retornos de escala, 178-181
    caso de n insumos, 181
    constante, 179
    definição, 179
    funções de produção homotéticas, 180-181
Resposta da oferta, 269
Restrições de desigualdade, 46-48
    exemplo de duas variáveis, 46
    folga complementar, 48
    solução por meio dos multiplicadores do lagrangiano, 47
    variáveis de folga, 47
Restrições orçamentárias no modelo com atributos
    no caso de dois bens, 111
    modelo matemático de troca, 327, 337-338
Ricardo, David, 8-9, 293-294
RPT (taxa de transformação do produto), 315-317

S

SAC (Função de custo médio total de curto prazo), 224, 226-229
Salários
    diferenciais compensatórias, 364-365
    variação em, 365
Samuelson, Paul, 16, 163

Scarf, Herbert, 342
Segundas derivadas, 21-22
Segundo teorema da economia do bem-estar, 333-336
Shephard, R. W., 145
Sindicatos, 369-372
    modelagem, 370-371
    modelo de barganha (sindical), 371-372
    objetivos, 369-373
Síntese de oferta-demanda de Marshall, 9-12
Sistema de preço perfeitamente competitivo, 311-312
    lei do preço único, 312
    pressupostos comportamentais, 312
Slutsky, Eugen, 149
SMC (função de custo marginal de curto prazo), 224, 226-228
Smith, Adam, 8-9, 16, 110, 178, 330, 332, 340
Solow, R. M., 191
Substitutos
    de recursos renováveis, 397-398
    elasticidade de, lema de Shephard e, 221
    perfeito, 99
Substitutos perfeitos, 99
Suposição *ceteris paribus*, 3
    derivadas parciais e, 26
    em escolhas de maximização de utilidade, 86-88

T

Tamanho quantitativo de mudanças nas curvas de custo, 215
Taxação
    excesso de carga de, 302-303, 344
Taxa de retorno
    demanda de bens futuros, 380
    determinação, 379-386
    efeitos de mudanças em r, 383-385
    equilíbrio, 384
    maximização de utilidade, 381-383
    oferta de bens futuros, 384
    perpétua, 378
    preço dos bens futuros e, 379
    sem risco, 387
    taxas de juros, 385-386
    único período, 378
    visão geral, 377-378
Taxa de retorno de equilíbrio, 384
Taxa de retorno de um único período, 378
Taxa de retorno perpétua, 378
Taxa marginal de substituição técnica (RTS)
    definidos, 175
    decrescente, 176-177
    importância dos efeitos de produtividade cruzada, 177-178
    motivos para a diminuição, 175-176
    produtividades marginais e, 175-176

Taxa de transformação do produto (RPT), 316
Taxa marginal de substituição (MRS)
    com muitos bens, 103
    curvas de indiferença, 95-96
    definição, 89
Taxas de juros, 385-386
Taxas de locação, 389
Taxas de juros nominais, 385-386
Taxas de juros reais, 385-386
Tempo
    alocação do, 351-354
Tempo da resposta de oferta, 269
Teorema central do limite, 72
Teorema de Brouwer, 330
Teorema do envelope, 35-39
    caso de múltiplas variáveis, 38-39
    em problemas de maximização condicionada, 39-45
    exemplo específico de, 35-36
    funções de custo Cobb-Douglas e, 224, 226
    funções de lucro, 247-248
    lema de Shephard e, 218
Teorema de Euler, 57
Teorema de Young, 28
Teorema fundamental do cálculo, 61-63
Teoria de preferência revelada, 163-165
    abordagem gráfica, 164
    negatividade do efeito substituição, 165
Teoria do consumidor, relação da empresa com, 234-235
Teoria do trabalho sobre o valor de troca, 8
Teste
    hipóteses, 76
    previsões, 2-3
Tomadores de preço, 238, 242-246
Trabalho
    benefícios obrigatórios, 360-361
    custos, 197
    produtividade, 171-173
Transformações monotônicas, 57-59
Transitividade
    curvas da indiferença e, 91
    preferências e, 85-86
Troca
    apoio político para, 326
    preços, 325-326
Troca, modelo matemático de, 326-337
    equilíbrio e Lei de Walras, 328
    existência de equilíbrio no modelo de troca, 329-330
    funções de bem-estar social, 336
    funções de demanda e homogeneidade, 328
    notação vetorial, 326-327
    primeiro teorema da economia do bem-estar, 330-333

segundo teorema da economia do bem-estar, 333-336
utilidade, dotações iniciais e restrições orçamentárias, 327
Trocas e substituição, 89-95
    convexidade, 92-97
    mapas de curva da indiferença, 91
    taxa marginal de substituição, 89-92
    transitividade, 91

U

Utilidade, 86-89
    argumentos de funções de, 87-89
    bens econômicos, 88
    definição, 88
    do consumo de bens, 87
    funções para preferências específicas, 98-102
    maximização da, 352-353, 381-383
    modelo matemático de troca, 327
    não unicidade das medidas, 86
    preferências, 85-86
Utilidade CES, 101-102, 187
    funções de custo, 210
    oferta de trabalho, 358
    participações orçamentárias e, 118-120
Utilidade Cobb-Douglas, 98
    oferta de trabalho e, 356-358
    soluções de canto, 113, 116-121
Utilidade marginal (MU), 95-96, 115-116

V

Valor
    primeiros pensamentos econômicos sobre, 7-8
    teoria econômica de, 7-17
    teoria sobre valor de troca, 8
Valor de troca, teoria do trabalho sobre, 8
Valor presente descontado (PDV)
    decisões de investimento, 390-394
Valores, integrais definidas
    definição, 61
diferenciação, 63-64
Valor esperado, 72-75
Valor no conceito de troca, 8
Valor no conceito de uso, 8
Variância, 75
Variação compensatória (VC), 159
Variações na renda, 135-137
Variáveis
    aleatórias, 69-71, 75-77
    de folga, 47-48
    endógenas, 5
    exógenas, 5
    funções de duas, 49
    funções de uma, 48-50
    funções de várias, 24-36
    independentes, 31
    independentes, funções implícitas e, 31
    mudança de variável, 60
    regra de cadeia com muitas, 29-31
Variáveis aleatórias
    contínuas, 69
    discretas, 70
    e funções de densidade de probabilidade, 70
    valor esperado de, 72-75
    variância e desvio padrão de, 75
Variáveis aleatórias contínuas, 70
Variáveis aleatórias discretas, 70
Variáveis endógenas, 4-5
Variáveis exógenas, 4-5
Verificação de modelos econômicos, 2-3
    importância da análise empírica, 3
    modelo de maximização de lucro, 2
    teste de previsões, 2
    teste de suposições, 3
VC (variação compensatória), 159

W

Walras, Leon, 12, 328-332
Wealth of Nations, The (Smith), 8